Pois não

Pois não

Brazilian Portuguese Course
for Spanish Speakers,
with Basic Reference Grammar

— Com licença!?

— Pois não.

Saci

Caapora

Antônio Roberto Monteiro Simões

Requests for permission to reproduce material from this work should be sent to:

Permissions
University of Texas Press
P.O. Box 7819
Austin, TX 78713-7819
www.utexas.edu/utpress/about/bpermission.html

♾ The paper used in this book meets the minimum requirements of ANSI/NISO Z39.48-1992 (R1997) (Permanence of Paper).

Library of Congress Cataloging-in-Publication Data

Simões, Antônio R. M.
  Pois não : Brazilian Portuguese course for Spanish speakers, with basic reference grammar / Antônio Roberto Monteiro Simões.
      p. cm.
  Rev. ed. of Com licença / Antônio Roberto Monteiro Simões (University of Texas Press, 1992).
  English, Portuguese, and Spanish.
  Includes index.
  ISBN 978-0-292-71781-7 (pbk. : alk. paper)
  1. Portuguese language—Textbooks for foreign speakers—Spanish. 2. Portuguese language—Grammar. I. Simões, Antônio R. M., Com licença. II. Title.
  PC5067.3.S56 2007
  469.2'461—dc22
                                  2007041740

En souvenir de Papou, and to Fábio, Bruno, Lindsey and Isabella

Contents

Preface

Pois não accomplishes two main goals. First, it teaches the equivalent of one year of college Portuguese in one semester, three times a week, to Spanish speakers who also have a solid English foundation. Secondly, this book serves as a basic reference guide to Brazilian Portuguese, for the same audience. *Cela va sans dire*, it is an intensive course contrasting Portuguese and Spanish with reliance on English comprehension.

The target audience of *Pois não* is Spanish speakers learning Brazilian Portuguese, but the book is useful to any user—students, teachers or anyone else who wants to learn Brazilian Portuguese. Thus, *Pois não* relies on grammar and pronunciation explanations and drills to teach Brazilian Portuguese. Most importantly, it provides explanation to all grammar and pronunciation topics dealt with in the book enabling adult learners to acquire the language piece-by-piece. In other words, *Pois não* satisfies an adult expectation with respect to language learning by breaking down Portuguese into small components.

Pois não discusses important pronunciation and grammar concepts that other teaching materials leave out. Instructors and students who consult this book will learn about concepts such as *subordination*, *phonology*, *phonetics*, to mention some. These concepts have become taboos for some instructors and students, but *Pois não* attempts to eliminate these taboos while also giving the option of skipping these discussions. Hence, the user of these materials—depending on his or her needs—can either focus on the drills in the book, concentrate on both the explanations and drills, or use the book as a reference grammar, that is to say for consultation only.

In addition to teaching pronunciation and grammar concepts, *Pois não* also realizes that language learning or acquisition in the classroom depends mainly on *use* and *imagination*. A successful teaching and learning program must convey to the student that the **language network** is a living organism. Like all natural languages, Brazilian Portuguese is a **network** of interrelated components, *viz.* grammar, pronunciation, culture, nationhood, behavior, language memory, language history, literature, music, to mention some. The role of a teacher is to present this living network to the students **in the target language.** In other words, speak Portuguese as much as possible with a reasonable degree of accuracy.

Although students will learn Portuguese pronunciation primarily by listening to their instructor, the ideal pronunciation acquisition should also include other sources of input through imitation, comprehensive input, and the use of creativity. This course uses the language television speakers, especially from the two main cultural centers of Brazil, Rio de Janeiro and Salvador, Bahia, as its main reference for pronunciation. Pronunciation should be one of the main focus of Spanish speakers learning Portuguese.

Pois não contains a number of mechanical explanations regarding pronunciation using minimal pairs, such as *pôde/pode, são/sal, pães/pais,* etc., which are important in a contrastive course such as this one. However, it is sufficient to go through them once. It is not necessary to repeat them in pairs; imitations are only necessary for fine tuning. Once the students become aware of the significance of these differences, the teacher should move away from mechanical and controlled practices and into actual discourse (**comprehensive input**). Students should then be guided to become inventive and take initiative with the language.

For those students who do not feel comfortable speaking in the classroom, small group activities are helpful to get them involved in using the language. In addition, the instructor may suggest that students write journals and make regular recordings (reading aloud, spontaneous narration without reading, or dialogues with other students) outside the classroom. These journals and recordings can be handed in every 2-4 weeks, so that the instructor can follow the student's progress. Filming students' performances in the target language is also very helpful, if the students have access to adequate filming facilities. In either case, audio-recording or filming, the results will be better if the students listen to or see themselves after the recordings.

Pronunciation and grammar are the focuses of this book; however, *Pois não* also offers innovative learning techniques through its work with **gestures** (facial gestures) in communication. This book contains drills on gestures in order to create an awareness of the importance of gestures in communication and improve pronunciation, especially in words ending in –*m* and nasal vowels, in Portuguese. Note that *imitation* plays a major role in learning gestures.

With respect to **the recordings of dialogues for this course**, sometimes they will not match what appears in print. People who performed the recordings were instructed to change the written dialogues as needed, to make them feel comfortable with their performance and be as natural as possible. Students should not be surprised if the recorded dialogues differ from what is actually seen in the book. This was done on purpose. Therefore, use the written dialogues in the book as a **guide** to what was actually recorded, as you exercise your ear during the listening process. Many parts will coincide, but some will not. The differences, as it will be realized, are not difficult to catch. *The main goal of the recordings* is to promote oral and visual comprehension, that is **passive** learning. Speaking, namely active learning is expected to happen in the classroom and in other opportunities.

The contents in *Pois não* are complemented nicely by the layout of the book, which is designed to advance the student quickly toward language creation and immersion. *Pois não* contains mechanic, controlled exercises in the beginning and then moves gradually into less controlled exercises and finally into drills that should allow the student to *use* and *take initiative*, to *create* with the language. Errors that might occur in a student's attempt to create with the language should not slow down their production. These errors should be simply monitored by the instructor or the student for developing an awareness of their learning process. While awareness of error patterns may not help some students, it may help others, so gauge accordingly.

There is a considerable amount of material in this course. The instructor may not have time to teach everything in one semester. Some classes may finish everything before the end of the semester, but some may not. Here are a few suggestions in order to help the teacher and student advance quickly through the coursework:

- If the teacher finds that there is too much to cover in one period, he/she should select the most important parts. I would suggest that the selection include the use and placement of object pronouns (Unit 5); the present perfect compared with the preterite (Unit 6); and the future subjunctive and the personal infinitive (Unit 9). The personal infinitive should not take much time to understand, but it is important to cover it.

- Some of the reading sections of this course are intended for users of advanced university preparation, such as senior undergraduate, graduate students, and teachers. For this reason, the beginning and end of these sections are identified with the labels below. The instructor or the student may skip these readings if they wish to do so.

 LEITURA DE NÍVEL AVANÇADO

FIM DA LEITURA DE NÍVEL AVANÇADO

- *Pois não* contains answers to all exercises. By providing the answers, we hope to make this book self-explanatory and easier for students and teachers accustomed to studying on their own. However, it is crucial to the success of this course that the users answer the exercises before looking them up. Providing answers also saves time in the classroom. Exercises with answers often make explanations easier to understand, especially for an audience of Spanish speakers who already understand similar grammatical structures. This also means that a teacher may skip over some of the grammar points if the students are clear on the answers. Consequently, the teacher will have more time to *use* the language in speaking and writing activities in the classroom, especially through the situations suggested at the end of each unit.

For those interested in increasing their contact with the Portuguese language outside the classroom, there are many Brazilian radio stations, newspapers, and Portuguese language websites available on the internet. They are usually free and provide an excellent way to have more **input** of a foreign language—a subtle yet effective way of helping the student absorb the language. Listening to a foreign radio station while we work, eat, or do anything else can also make our living more pleasant.

Below is a list of links, current as of 2007. This list is also available and updated on my website web.ku.edu/~brasilis. Happy navigating!

http://www.estacaodaluz.org.br (Museu da Língua Portuguesa, em São Paulo)
http://www.carla.umn.edu (Center for Advanced Research on Language Acquisition)
http://www.cambito.com.br/
http://www.hildebrando.com.br/licoes.html
http://clubedoprofessor.com.br/escolas/joanadarc/tarefas/ (for children, but useful)
http://www.saunalahti.fi/~huuhilo/portuguese/
http://www.tvcultura.com.br/aloescola/linguaportuguesa/
http://www.gramaticaonline.com.br/
http://www.word2word.com/coursead.html#portuguese
http://www1.universia.net/CatalogaXXI/pub/ir.asp?IdURL=132635&IDC=10010&IDP=ES&IDI=1
http://languagecenter.cla.umn.edu/lc/Citlali/Portugues.html
http://www.bbc.co.uk/portuguese/
http://tltc.la.utexas.edu/brazilpod/tafalado/
http://www.laits.utexas.edu/orkelm/ppe/intro.html
http://www.laits.utexas.edu/orkelm/casos/intro.html
http://www.uni.edu/becker/PortugueseWebsites.html
http://www.bibvirt.futuro.usp.br/index.php
http://www.maria-brazil.org
http://www1.lanic.utexas.edu/la/brazil/
http://www.latam.ufl.edu/portugueselanguagejournal/index.html
http://www.verbix.com/languages/portuguese.shtml
http://www.logosconjugator.org/newverb/verba_dba.verba_main.create_lang_page?lang=PT&total_verb=4972
http://revisor.com.ar/
http://200.225.157.123/dicaureliopos/home.asp?logado=true (Aurélio Dictionary)

IMPORTANT – In 2007, as we finalized the publication of this book, the new Portuguese spelling reform generated considerable discussion in Brazil. This spelling reform may take effect in 2008. *Pois não* has not adopted the changes in this edition because they affect minimally this course. The users of *Pois não*, however, should consult the section "Spelling Reform – *Reforma Ortográfica*," in Appendix 3 – Orthography, which summarizes the new reform.

Antônio Roberto Monteiro Simões
Lawrence, Kansas, USA
September 2007

Acknowledgments

At first, I would like to recognize the help that I received in a variety of ways, from the following people, in alphabetical order:

Affonso Romano de Sant'Anna, Andréa Lemos Ferreira, Antonio Duarte, Antonio Moreno, April del Campo, Beth Anne Schmierer for her priceless suggestions and support, Bobby Chamberlain, Bruno Germain Simões, Bruno Pieroni, Cacilda Rêgo, Carlos von Monfort, Carmen Tesser, Charles A. Perrone, Clarice Amorim, Dale April Koike, Denise Reis, Duc Nguyen, Edma Delgado, Elizabeth Jackson, Elizabeth Herron-Sweet, Fábio Germain Simões, Fred Ellison, Gustavo Sudré, Jim and Martha Graham, Jon Vincent (in memoriam), Jonathan Max Bloch, Joscicleide Santos, José Augusto Carvalho, Karin Van den Dool (in memoriam), Kenneth David Jackson, Leonardo Veronez Simões, Lori Hope, Marcella Vasconcellos, Margo Milleret, Marilene Magario, Mary Dorst, Michael Conroy, Milton Azevedo, Odessa Popinhak dos Reis, Orlando Kelm, Pam LeRow, Patrick Sullivan de Oliveira, Paul Sneed, Paula Courtney, Peter Dixon, Rafael DeMarco, Rebecca Magario, Regina Lauderdale, Rita de Cássia Santos, Roberta Donateli Simões, Roberta M. Cavitt, Roziany A.M. Villaça, Severino Albuquerque and Steve Thomas.

Thanks to the following authors, their families and heirs, I was able to use the Portuguese and Spanish texts in this book.

Caetano Veloso, Carlos Drummond de Andrade, Cecília Meireles, Chico Buarque de Hollanda, Daniel Samper Pizano, Fernando Sabino, Francis Hime, Gilberto Gil, José Carlos Capinam, Luís Fernando Veríssimo, and Ziraldo Alves Pinto.

Their texts are key to the success of this course. They are acknowledged accordingly were their texts appear in the course.

The following people either authorized to use their photos or helped me reaching the authors or companies whose texts or photos are used in this book:

Alexandre Carlos Teixeira (texts by Cecília Meireles), Andréa dos Santos (Fermata, texts by Chico Buarque), Aurélio Simões Monteiro (in memoriam), Bias Arrudão (Dedoc – Editora Abril), Clara Recht Diament (texts by Carlos Drummond de Andrade), Daniel da Silva Rocha (texts by Carlos Drummond de Andrade), Debora de Souza (Caetano Veloso), Grace de Souza (Editora Abril, *Veja* Magazine), Herculano José (texts by Caetano Veloso), João Bethencourt (texts by Carlos Drummond de Andrade), Joaquim Palmeiro (Brazilian Embassy, Washington, D.C.), Kelly J. Chalou (texts by Caetano Veloso), Margarete Pereira, Marilda Ferreira (Marola Edições, texts by Chico Buarque), Marta Antunes (Brazilian Embassy in Washington, D.C), Miriam

Campos (texts by Luís Fernando Veríssimo), Pablo La Rosa (his own photos), Priscila Azul, Sônia Pepe (text by Gilberto Gil and José Carlos Capinam), Tadeu Monteiro Simões, Tarcísio Zandonade (Brazilian Embassy in Washington, D.C), and Waldemar Marchetti (texts by Caetano Veloso).

The folklore figures were drafted by Sylvie G. Covey under my orientation, whose works can be found at www.sylviecovey.com. Sylvie gave a new stylized look to the figures of Saci and Caapora. Beth Anne Schmierer kindly edited several passages of the manuscript. Theresa May, who welcomed *Com licença!* to UT Press, was again the key person behind this new project to produce *Pois não*.

The University of Kansas provided me with the academic support of the Department of Spanish and Portuguese and the recording facilities of the EGARC Language Laboratory in the production of this book. The recording were made with the invaluable help of its former director, Bill Comer. Jonathan Perkins, the Associate Director of EGARC, and his laboratory assistants, Jennifer Laverentz, Nathan McKee, Matt Walker and Garrett Anderson have also been of great assistance to this project.

Part of the research underlying this work was possible thanks to a grant from the United States Department of Education, Title VI International Research and Studies Program, under the supervision of USDE Officer José Martínez.

Flight of the 14bis (1906), built by Brazilian engineer Alberto Santos Dumont (1873-1932), in France. *Courtesy of the Brazilian Embassy in Washington*

Pois não

Introduction

Olá! Meu nome é Saci Pererê, mas também tem gente que me chama de Matita Pereira e outros nomes. A Caapora gosta de mandar em mim, e é por isso que estou sempre me escondendo dela.

Sou Caapora, Caipora ou Curupira, depende da região. Tenho que botar o Saci na linha porque ele é muito levado. Se você também for muito levado que nem o Saci, abra o olho comigo.

(¡Hola! Mi nombre es Saci Pereré, pero también hay quienes me llaman Matita Pereira y otros nombres. A Caapora le gusta darme órdenes y es por eso que siempre me escondo de ella.)

(Soy Caapora, Caipora o Curupira, eso depende de la región. Tengo que hacerle a Saci portarse bien porque es muy travieso. Si eres también travieso como Saci, ¡ojo!)

The title of this course, *Pois não*, is a reply to the question *Com licença?* In English, it would be equivalent to answering "Sure," "Yes," "Go Ahead," etc. to the requests "May I?," or "Pardon me!?," which are approximate translations of *Com licença?* In the title cover of this book Caapora says "*Com licença!?*" and Saci Pererê replies with the title of the book: "*Pois não.*" In sum, generally *pois não* means *pois sim*, namely "Yes."

The preceding dialogue between Saci and Caapora will probably prompt an important question: When is it appropriate to use informal or formal Brazilian Portuguese? Although it depends in large part on the situation, there are essentially two forms of Brazilian Portuguese—the in**form**al or colloquial and the **form**al or careful language. It is important that the student learn to navigate and distinguish between both early on in the learning process.

Brazilians, compared to other cultures, are often perceived as a more informal people. Foreigners who learn Portuguese in Brazil or with Brazilians may develop a tendency to write using short forms and expressions that are more suitable in the spoken language or in contexts such as chatting on the internet. The student should get used to distinguishing these forms, especially in formal (usually letters, compositions, essays, and even some personal notes) from the informal language (usually the spoken language). Of course, there is a careful spoken language, which it is similar to the careful or formal written language.

Pois não presents many slang words and expressions suitable for spoken Portuguese, but it also makes the student aware of the need to avoid overusing informality in writing. For example, instead of *dele*, one may need to use *seu* or some other constructions, in a more careful style; likewise, instead of *dum*, use *de um*; instead of *tá* use *está*; instead of *bão* use, *bom*; and many others. In spoken and informal contexts, however, it is almost obligatory to pay attention and practice the use of slang and new constructions in Brazilian Portuguese because language is a living organism.

0.1 Brazilian Portuguese and Spanish

This section acquaints students with the textbook style and introduces the course to them in the first days of class. There is no separate laboratory manual or workbook; everything is integrated into a single volume.

A comparison of written Spanish and Brazilian (or Peninsular) Portuguese reveals more similarities than differences for a novice in the study of languages. Both languages are still heavily characterized by Arabic borrowings. J. N. Green (*The Romance Languages,* ed. M. Harris and N. Vincent, Oxford University Press, 1988, pp. 123–124) estimates that cognates between Castilian Spanish and Peninsular Portuguese may be as high as 89 percent. In the case of Brazilian Portuguese, these numbers, of course, change—and probably decrease—if we compare the vocabularies of Spanish and Brazilian Portuguese because of borrowings from African and Brazilian Indigenous languages.

This book contains a glossary of approximately fifteen-hundred words. We can estimate that about half of these words are spelled similarly to their Spanish counterparts and probably easy to understand for college students who speak Spanish. The rest of the vocabulary will require some effort on the part of students if they want to *understand* Brazilian Portuguese. To *produce* satisfactorily in Brazilian Portuguese, a good deal of attention should be paid to spelling and pronunciation in general.

Sections 0.1.1 and 0.1.2 below present many false cognates which are amusing and sometimes embarrassing.

0.1.1 False Cognates: "Eu Não Falo Português" by Daniel Samper Pizano

The text below synthesizes with very intelligent humor some vocabulary traps or *falsos amigos* in Portuguese and Spanish. Enjoy the reading and try to learn some of these vocabulary differences. They are explained in the text itself and most of them will reappear during this course.

Eu Não Falo Português
de Daniel Samper Pizano

A diferencia de la mayoría de las personas – que entienden idiomas pero no los hablan –, a mí me sucede con el portugués que lo hablo pero no lo entiendo. Es decir, aprendí la música pero me falta la letra. Y como saben que adoro a Brasil, aunque nos hayan secuestrado a Amparito Grisales, mis amigos me aconsejaban que tomara unas clases para aprenderlo como Deus manda. Yo pensé que era una pendejada, pues español y portugués se parecen tanto que no precisaba tomar clases. Sin embargo, para salir de dudas, resolví preguntárselo a Norma Ramos, una buena amiga brasileña con la que me encontré cierto día en que ambos almorzábamos en una churrasquería rodizio.

- Norma: dime la verdad. Siendo el portugués un dialecto derivado del español, ¿tú crees que necesito tomar clases de portugués? – le pregunté en el mejor portugués de que fui capaz.
- Al fondo a la derecha – me contestó Norma, y siguió comiendo.

Fue una experiencia terrible. Allí mismo decidí que no solo iba a tomar clases de portugués, sino que Norma tendría que ser mi profesora. Ella – que es puro corazón y mechas rubias – aceptó con resignación misericordiosa. Y como yo le insistiera que me hablase en portugués todo el tiempo, me dijo que desde el lunes nos sentaríamos a estudiar dentro de su *escritório*. Me pareció bastante estrecho el lugar, pero llegué ese lunes decidido a todo.

Yo creía que el portugués era el idioma más fácil del mundo. Pero la primera lección que saqué es que resulta peligrosísimo justamente por lo que uno cree que se trata tan solo de español deshuesado. *Escritório* no quiere decir escritorio, sino oficina; en cambio, *oficina* quiere decir taller; y *talher*, significa cubiertos de mesa. No me atrevía a preguntar a Norma cómo se dice escritorio (nuestro tradicional escritorio de cajones y vade, en el caso de gerentes de medio pelo); pero ella, que es tan inteligente, lo adivinó en mis ojos aterrados. "Escritorio se dice *escrivaninha*", observó Norma. "¿Escriba niña?" comenté desconcertado: "Así decimos a las secretarias", Norma sonrió con benevolencia.

Le pedí que decretáramos un rato de descanso. "Un *rato* en portugués es un ratón", respondió inflexible. "Fíjate lo que me pasa por hablar como un loro", traté de disculparme. "Um *louro* en portugués es un rubio", dijo ella. "Y rubio seguramente se dirá 'papagayo'", comenté yo tratando de hacer un chiste. Glacial, Norma aclaró:

- *Ruivo* es pelirrojo; y *papagaio* es *loro*.
- Perdóname, Norma, pero es que yo hablo mucha basura.
- *Vassoura*, no. *Lixo. Vassoura* quiere decir escoba.
- Y escoba, ¿significa . . .?
- *Escova* significa cepillo.

Era suficiente para el primer día. A la siguiente lección regresé dispuesto a cometer la menor cantidad posible de errores. Le rogué a Norma que me regalara un tinto, a fin de empezar con la cabeza despejada. Me lo trajo de café brasileño, a pesar de lo cual quise ser amable y dije que lo encontraba exquisito.

- No veo porque te desagrada – me contestó ella.

- Al contrario: lo encuentro exquisito – insistí yo, sin saber que ya había cometido el primer error del día.

"*Esquisito* quiere decir en portugués, desagradable, extraño", suspiró Norma. Confundido, le eché la culpa a la olla. "La *panela*, corrigió Norma. "No lo noté endulzado", comenté yo. "La *panela*, en portugués, es la olla", dijo Norma. ¿"Y olla no quiere decir nada?", pregunté yo. "*Olha*, quiere decir mira", contestó ella. "Supongo que tendrán alguna palabra para panela", me atreví a decir. "Panela se dice *rapadura*", sentenció Norma. No quise preguntar cómo llamaban a la raspadura. Simplemente le dije que salía un segundo al baño y sólo volví una semana más tarde.

Norma estaba allí, en su *escritório* (¿en su *panela*? ¿en su *lixo*?), esperándome con infinita paciencia. Siempre en portugués, le pedí perdón y le dije que me tenía tan abrumado el portugués, que ya no me acordaba ni de mi apellido. "De su *sobrenome*, dirá" comentó ella: "*apelido* quiere decir apodo". Intenté sonreír: "Trataré de no ser tan torpe". Dijo Norma: "no exagere: *torpe* es infame; *inábil* sí es torpe". Con este nuevo desliz se me subió la temperatura. Quise tomar un vaso de água ("*vaso* es florero – corrigió ella – ; *copo* es vaso y *floco* es copo") y me justifiqué diciendo que el viaje hasta su escritório había sido largo, porque venía de una finca. "*Comprido*, no largo; *fazenda*, no finca", dijo Norma. "*Largo* quiere decir ancho, así como *salsa* significa perejil y *molho* significa salsa.

Me di por vencido. Acepté que el portugués era un idioma difícil y entonces sí se iluminaron los ojos a Norma. La cuestión era de orgullo. De ahí en adelante no me regañó sino que me mostró todas las diferencias que existen entre palabras homófonas de los dos idiomas. Caro se disse *costoso*, porque *custoso* quiere decir difícil; morado se dice *roxo*, porque rojo se dice *vermelho*; escenario se dice *palco*, porque palco se dice *camarote*; *cadeira* no es cadera, sino asiento; *bilhete* no es billete, sino *nota*; pero en cambio *nota* sí quiere decir billete; *maluco* es loco y *caprichosa* es limpia; *distinto* es distinguido y *presunto* es jamón.

"Pero – remató Norma – sobre todo, nunca vas a decir buseta en el Brasil, porque *boceta* en realidad es cuca y *cuca* quiere decir cabeza, de manera que esta última, aunque no la puedes decir en Cuba, sí puedes mencionarla en el Brasil".

Era demasiado. Pedí permiso para no volver nunca a clases de portugués, el idioma más difícil del mundo. Norma me preguntó por qué.

- La verdad, Norminha, estoy "mamao" . . .

- *Mamão*, no – corrigió Norma antes de que yo huyera para siempre: esgotado. *Mamão* quiere decir papaya. Pero no vas a decirlo nunca en Cuba.

Reprinted with permission
in Pizano, Daniel Samper. *Postre de Notas*. Bogotá, Colombia: P & J Editores [1983, 1984].

Can you remember some of the Portuguese vocabulary above? First, try to fill in the spaces in the passage below, without looking at the text. Then, after you finish, look at the text above and compare your answers.

Yo creía que el portugués era el idioma más fácil del mundo. Pero la primera lección que saqué es que resulta peligrosísimo justamente por lo que uno cree que se trata tan solo de español deshuesado. *Escritório* no quiere decir escritorio, sino oficina; en cambio, *oficina* quiere decir taller; y *talher*, significa cubiertos de mesa. No me atrevía a preguntar a Norma cómo se dice escritorio (nuestro tradicional escritorio de cajones y vade, en el caso de gerentes de medio pelo); pero ella, que es tan inteligente, lo adivinó en mis ojos aterrados. "Escritorio se dice *escrivaninha*", observó Norma. "¿Escriba niña?" comenté desconcertado: "Así decimos a las secretarias", Norma sonrió con benevolencia.

"Un *rato* en portugués es un ratón", respondió inflexible.

- *Escova* significa cepillo.

"*Esquisito* quiere decir en portugués, desagradable, extraño", suspiró Norma.

Con este nuevo desliz se me subió la temperatura. Quise tomar *un copo da* água ("*vaso* es florero – corrigió ella – ; *copo* es vaso y *floco* es copo") y me justifiqué diciendo que el viaje hasta su escritório había sido largo, porque venía de una finca. "*Comprido/longo* no largo; *fazenda*, no finca", dijo Norma. "*Largo* quiere decir ancho, así como *salsa* significa perejil y *molho* significa salsa."

Me di por vencido. Acepté que el portugués era un idioma difícil y entonces sí se iluminaron los ojos a Norma.

0.1.2 False Cognates: Word List

Portuguese	Spanish
ainda	todavía
acordar	despertarse
açougue	carnicería
anedota	chiste
apelido	sobrenombre = *apodo*
apenas	sólo, solamente
aula	clase
balcão	tablero
Sobrenome	*apellido*

---

[1] There is another word for dog, "cão." "Cão" has a more limited usage when referring to a dog. It is common to say "cão" in the sense of "demon, devil; mean person," e.g. *Esse cara é o cão*. Interestingly, it is often used in home signs to alert visitors of dogs, maybe to emphasize the devilish, ferocious nature of the dog: *Cuidado com o cão* ("Beware of dog"). The feminine, *cadelinha* (or *cadela*), is commonly used.

banana	plátano
barata	cucaracha; femenino de barato
bater, dar porrada	pegar
bilhão (v. trilhão)	mil millones
borracha	caucho
borracharia	lugar donde se arreglan llantas/neumáticos
borracheiro	persona que arregla llantas/neumáticos
botar	poner, colocar
brincar	jugar
cachorro[1]	perro
cachorrinho; filhote de cachorro	cachorro
camareiro (v. garçom)	sirviente/criado de cuarto
catarro (v. meleca)	moco
cena	tablado, escena de teatro
*chingar (v. xingar)	---
cigarro	cigarrillo
criança	niño
doce	dulce
embaraçado	turbado, desconcertado, avergonzado
escova	cepillo
escritório	oficina (Span. *escritorio* = Port. *escrivaninha*)
esquisito	raro, extraño
estorinha, narração	anédocta
fechar	cerrar
galho	rama
garçom (v. camareiro)	camarero
gracejador; espirituoso	gracioso
graciosa (usado para mulheres)	chica elegante
graduado de universidade (v. posgraduado)	subgraduado (Latin America)
jornal	periódico
ladrilho (v. tijolo)	azulejo
largo	ancho
mala	equipaje
ninguém	nadie
ninho	nido
novela (v. romance)	telenovela
oficina	taller
padre	cura
palco	tablado, escenario
paquete	término vulgar para menstruo, reglas
pegar	coger; sacar; agarrar
película	piel fina
pelo	pelo de animal
pó (v. polvo)	polvo
podre	podrido

polvo (v. pó)	pulpo
porra (vulgar), esperma	esperma
posgraduado (v. graduado)	graduado (Latin America)
pronto	preparado, listo
(rapidamente)	(pronto)
punheta	masturbación (término vulgar)
rato	ratón
reparar	notar, ver
ressaca	cruda; el momento tras una borrachera
romance (v. novela)	novela
saco	bolsa que contiene los testículos; escroto
salsa	parejil
saltar	brincar, saltar
sobremesa	postre
sobrenome	apellido
sótão	desván
taça	copa
taco	taco de billar
talher	una pieza del servicio de mesa
tijolo (v. ladrilho)	ladrillo
tirar	quitar; sacar
trilhão (v. bilhão)	un millón de millones
turma	grupo de personas; estudiantes en una clase
vaso	jarrón; asiento para evacuar el vientre
vassoura	escoba
venta	ventanas de la nariz
xingar	insultar con palabras vulgares

Focinho de porco (*hocico de cerdo*) é focinho de porco, tomada elétrica (*enchufe*) é tomada elétrica, rato é rato, camundongo é camundongo; mosca é mosca, mosquito é mosquito; borboleta é borboleta, mariposa é mariposa; ananás é ananás e **abacaxi é abacaxi**.

Abacaxi is native to Brazil. Generally, it has a slightly sweeter and softer pulp than *ananás*. It usually has a cuneiform shape and its leaves have sharper needles.

This list shows the main usage of these words in Portuguese. A dictionary may show that some of these words have an additional and similar meaning to their Spanish counterparts, but Brazilians do not usually use them in that sense. For instance, one of the meanings of *gracioso* in Portuguese is *encantador, que tem graça*, usually employed to describe a gracious woman. That is true, but most frequently Brazilians employ *gracioso* with the meaning of *gracejador*, i.e. a negative connotation for someone who likes to make jokes—a kind of wisecracker.

There are sentences that will mislead speakers in both languages: "Esta comida está esquisita" has a negative connotation in Brazilian Portuguese because *esquisito* means "strange." "Seu saco é esquisito" does not translate as the Spanish "Su saco es exquisito," because *saco* has several translations in Brazilian Portuguese, depending on the context, but in this sentence it will be interpreted most likely as "testicle(s)."

Likewise, some frequently-used words in Spanish are of difficult usage for Brazilians, such as the verbs *volverse, ponerse,* and *llegar a.* Spanish differentiates between *calidad* and *cualidad,* but both words are translated in Portuguese (and English as well) as *qualidade* and "quality" respectively. The list of false cognates above and in general are also traps for Brazilians, e.g. Span. *anécdota, billón, brincar, coger, ladrillo, pegar, presunto, rato,* and many others.

A Spanish speaker traveling through Brazil will find amusing situations due to false cognates and cultural differences between Brazilians and Hispanics. Take a look at the next picture and answer the following question.

> **Las fotos A y B a continuación son de**
> 1. un tipo de taberna popular en Brasil.
> 2. un negocio de arreglar y vender llantas.
> 3. una taberna que suele estar cerca de un *motel.*
> 4. un negocio de ventas de productos derivados del caucho.
> 5. un negocio de jardinería.
> 6. una taberna y dancetería donde suelen ir los universitarios.

A.	B.
	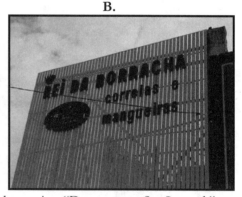

Answer: See in the next page, below the section "Do not say... Say Instead."

0.1.3 Common Mistakes

Taking into account the preceding section, the table below shows common expressions in Portuguese—with direct correlations to Spanish—that should not be said in Portuguese. The list is not intended to be exhaustive, but it contains expressions commonly heard among learners of Portuguese who often makes wrong guesses regarding the meaning of Spanish and Portuguese words with similar forms. The **asterisk** indicates that the expression is not Brazilian Portuguese. When there is no asterisk it means that it is an acceptable expression but the actual meaning may surprise.

Do not say	Say instead
A gente meaning "people" (a gente = nós)	As pessoas
Carniceiro or carniceria	Açougueiro or açougue
"Cu" for the letter "q" (*cu = culo en español*)	"Que" [ke]
Desgraçadamente	Infelizmente
Despertar-se (*menos común*)	Acordar
*Dormir-se	Dormir
*É/Parece/etc. como **isso**/assim	É/Parece **assim**.
Estou casado/a. Está casado/a.	É casado/a. Me casei. Se casou.
Estou cheio (*después de comer, pero hoy en día se oye cada vez más esa expresión entre brasileños*)	Estou satisfeito/a; Comi bem.
Esquisito, rico (*en relación a la comida*)	Delicioso, gostoso
*Ficar-se	Ficar
*Isto é **de você**.	Isto **é seu**.
Levava uma camisa.	Vestia uma camisa.
Maior (*para el hijo primogénito, el más viejo*)	Mais velho — *older*
*Mais grande	Maior — *size*
*Mais pequeno	Menor
*Me comí um sanduíche riquíssimo.	Comi um sanduíche delicioso.
*Me gosto isso/disso.	Gosto disso.
*Morrer-se	Morrer
*Nos vamos.	Vamos embora.
*Nos vemos, adeus.	Até logo. Tchau. Até mais.
Paquete (*término vulgar para menstruación*)	Pacote
*Parar-se	Parar
Posso borrar (borrar =*puedo cagar* or *ensuciar*) o quadro-negro?	Posso apagar o quadro-negro?
Punheta (=*término vulgar para masturbación*)	Quebrei or machuquei o pulso.
*Ruvio/rubio	Louro (ruivo quiere decir *pelirrrojo*)
*Tirar-se	Jogar-se; atirar-se; tirar
Vamos baixar.	Vamos descer.
Varão/barão	Homem; rapaz
Volto num rato. (=*Vuelvo llevado por/ montado en un ratón.*)	Volto num/em um instante/minuto.
*Vou a me acostar um pouco.	Vou (me) deitar.

Answers to the preceding question regarding the pictures ***Borracharia*** and ***Rei da Borracha***: A.2. and B.4. *Borracharia* é um estabelecimento onde se vendem e consertam pneumáticos (esp. *llantas*, ing. *tires*). Em espanhol e inglês *borracha* quer dizer *caucho* e *rubber*, respectivamente.

0.1.4 Mopho-Syntactic Differences: Preliminary Remarks

Morphological and syntactic differences exist in great number. In order to deal with the differences, we suggest testing the student on verb and noun forms, regularly. Syntactic differences, such as certain uses of the subjunctive—especially the **future subjunctive** and the use of the **present perfect** (Spanish *he hablado, has hablado, . . .*)—require special attention from Spanish speakers. The future subjunctive is not used in Spanish anymore, except in some literary expressions of very limited usage, e.g. *fuere lo que fuere, sea lo que fuere* (Eng. "Whatever will be"), *viniere lo que viniere* (Eng. "Whatever comes"). On the other hand, in Portuguese the future subjunctive is still highly productive even among children: *Se Deus quiser* (Eng. "God willing"), *Seja o que for* (Eng. "Whatever will be"), *quando eu puder* (Eng. "whenever I can").

Although the subjunctive is not explained until the last unit, instructors should start using the subjunctive as soon as possible because students in this course are already accustomed to using the subjunctive in Spanish. This can be done by pointing it out to students whenever it happens spontaneously in class or by short presentations of selected cases of usage of the subjunctive, as the course progresses. Furthermore, if a student goes abroad he/she will hear the subjunctive already in the first days of his/her stay and will normally want to know how to use it immediately. This course does not advise *testing* the subjunctive in exams before the last unit, though. The subjunctive should simply be briefly discussed during class activities if the occasion happens. For this reason, the subjunctive will be used several times before the last unit, especially in the "Diversões, Bate-Bola e Pipoca Quentinha" sections, starting in Unit 4, until Unit 8.

Other syntactic differences include the use of personal **a** in Spanish, as in *A*l *gato persigue el perro* versus Portuguese, *O cachorro está correndo atrás do gato* (Eng. "The dog is chasing the cat"). Neither Portuguese nor English use personal **a** as Spanish does.

Similarly, the use of another kind of **a** in Spanish, in periphrastic constructions, is not present in their Portuguese equivalents:

*Voy **a** comenzar mañana.*   (Eng. "I will start tomorrow")
Vou começar amanhã.   (Eng. "I will start tomorrow")

With respect to word order, we find differing trends in Portuguese and Spanish. Like other Romance languages, both languages inherited from Latin a great deal of **flexibility** in the ordering of words. However, Spanish has a greater tendency to a *verb + subject* word order. The sentence below,

Sí, lo decidimos nosotros[2].   *decidimos* (verb) + *nosotros* (subject)

---

[2] Daniel Samper's text "Eu não falo português," pp. 2-4, has many examples of reverse order verb+subject in Spanish (e.g. *insistí yo, respondió ella, contestó ella*, etc.) which can be used for discussion in the classroom.

is equivalent to

Sim, nós decidimos isso.

Port: MC

nós (subject) + *decidimos* (verb)

Obviously, Brazilian Portuguese can have a *verb + subject* word order. However, just like many other similarities between both languages, one feature is more predominant in one language than in the other.

Another topic of interest in Portuguese and Spanish is the use of subject pronoun. In Brazilian Portuguese, the subject pronoun may not appear in commonly used expressions or in a sentence where the subject is obvious,

"– *Cê viu esse filme? – Vi sim,*" without the subject "eu" before "vi."

A good way to understand how this works in Brazilian Portuguese is to compare the use of subject pronoun in English, Spanish and other Romance languages. In general, Brazilian Portuguese has shown in the last two hundred years or so a shift toward an increasing use of **explicit subject (*sujeito pleno*)**, especially in the **spoken** language. The works of Fernando Tarallo, at UNICAMP in São Paulo, are a good point of departure to understand this trend in Brazilian Portuguese.

Some languages, known as **null-subject** languages, do not need to use an explicit subject, because the verb ending clearly indicates the subject. In between these languages with explicit and null subjects there are **pro-drop** languages. Pro-drop languages use explicit or null subjects to varying degrees. English and French, for instance, need to use explicit subjects. Italian and Latin are more like a null-subject language. If we placed these languages as well as Spanish and Brazilian Portuguese in an axis going from languages with explicit subject to null subject, this is how we could depict them:

Explicit Subject	Pro-Drop	Null Subject

English-French————————Brazilian Portuguese————Spanish———Italian–Latin

In the case of Brazilian Portuguese, it is necessary to distinguish between the written and the spoken language. In our time, **spoken** Brazilian Portuguese seems to be shifting toward French for its frequent use of explicit subject pronouns. The written language is still a pro-drop language, but less than Spanish. A new language style or register in Brazilian Portuguese is currently being created on the internet, especially in e-mails and chatting rooms (e.g. *naum* instead of *não*). This internet code shows a mix of spoken and written language in Brazilian Portuguese with a pro-drop tendency.

With respect to the use of **object pronoun**, Brazilian Portuguese is very different not only from English and Spanish, but also from Peninsular Portuguese. In Brazilian Portuguese, especially in the spoken language, the **object pronoun** is frequently omitted as in the short dialogue above,

Vi sim,

which is unlikely to happen in Spanish (*Sí,* **lo** *vi.*). This is due to a number of factors, especially the difficulty Brazilians have with the grammatical rules of pronoun placement, which are explained in Unit 5.

In closing this section, it is worth mentioning that one of the main purposes of this book is to give an awareness of these differences, which often surprise Spanish speakers learning Portuguese who are misled by the idea of two very similar languages. Knowing Spanish can be both an advantage and a disadvantage. A helpful strategy to use this advantage *as an advantage* is to study Portuguese as if you were studying another language as distant as Greek, Chinese or Yoruba.

Now let us look at pronunciation, the main linguistic component that differentiates these two languages.

0.2 The Sound Systems of Spanish and Brazilian Portuguese

It is curious that native speakers of Portuguese understand a good deal of spoken Spanish whereas native speakers of Spanish frequently have more difficulty understanding spoken Portuguese. I was told that the late Brazilian linguist Mattoso Câmara, Jr., explained that this was due to the difference in the number of vowels of the two languages. That is in fact one of the reasons, but there are others. For many centuries, Spanish has been characterized by a system of five stable vowels, whereas Portuguese has a system of twelve unstable vowels, namely vowels that change in quality.

Changes in vowel quality permeates Portuguese and this instability has characterized the language throughout its evolution. Vowels in Portuguese change their quality according to their position. If they are in a strong position they keep their quality. **Changes occur in weak position.** The vowels *e* and *o*, for example, in the word *escrito* are pronounced [i] and [u] because they are in weak positions in the word: [iS.krí.tu].[3] The vowel *i* in the syllable *-cri-* is in a strong position (*i* does not change in an easily noticeable way in Portuguese). On the other hand, at the end of the word *escritor* the vowel *o* is pronounced [o] because it is in a strong position: [iS.kri.tóR]. Spanish is different from Portuguese in this respect. *Relative* to Portuguese or English, what we see in written Spanish tends to mirror what you hear or say in spoken Spanish.

In addition to coming to grips with vowel instability in Portuguese, Spanish speakers will have to learn seven more vowels to become proficient in Brazilian Portuguese. Although the Portuguese alphabet contains five letters

---

[3] Capital "S," "Z" and "R" in these transcriptions mean that these sounds vary depending on the region and sometimes the speaker. Later on in this book, we offer more explanation about this topic. Symbols enclosed in slashes or square brackets indicate pronunciation. Slashes (//) enclose phonological transcription, i.e. phonemes, broad transcription, whereas brackets ([ ]) enclose phonetic transcription, i.e. more details.

that represent its vowels (*a, e, i, o, u*), these letters do not sufficiently represent the actual number of vowel sounds. For this reason, other letter symbols are introduced as visual aids for pronunciation. Specifically, in this text we look at a set of twelve: one subset of seven oral vowels and one subset of five nasal vowels. Spanish, on the other hand, has five oral vowels and no nasal vowels that affect word meaning as Portuguese nasal vowels do. This point will become more clear in the sections on pronunciation involving open vowels and nasal vowels. For now, it is sufficient to point out that open vowels in Brazilian Portuguese are probably the greatest concern to Spanish speakers of Portuguese, with respect to pronunciation.

0.2.1 Some Consonant Features: b, d, g; "S" in Syllable Final Position

The pronunciation of vowels is not the only difference between Portuguese and Spanish. Consonants in Brazilian Portuguese are also pronounced much differently than they are in Spanish, especially the consonants in Spanish varieties spoken in Latin America and the Caribbean—or any place outside the center and north of Spain, where *castellano* is spoken.

Phonetically, consonants differ from vowels in that the articulators (lips, tongue, etc.) come into contact when we produce consonants. However, Spanish spoken outside the center and north of Spain—not *castellano*—changes considerably the pronunciation of the stop consonants "b, d, g" into soft or "fricative"-like consonants (e.g. "aβογaðo," "aᵇogaᵈo" or "aᵇogao"). Depending on the situation, these consonants may simply not be heard (e.g. *"a o á o"* for *abogado*). What happens to these consonants in Spanish is that the articulators move toward each other but stop before making contact. The sentence below is an illustration of this common type of pronunciation in Spanish. Note in this example that the letters "b, d, g" are reduced and sometimes "deleted," depending on when, where, and by whom they are said:

> *Mi a**b**uelita está cansa**d**a, ya no a**g**uanta más.*

These highlighted consonants have varying degrees of reduction, e.g. *aᵇuelita, a'uelita, auelita; cansaᵈa, cansa'a, cansá; aᵍuanta, a'uanta, auanta.*

Examples of consonant weakening and deletion are abundant in the Spanish speaking world, especially in the so-called *tierras bajas* of Latin America—the Caribbean, Argentina, Chile, etc.—and in the south of Spain. Examples can easily be found on the streets in the south of Spain or in the formal speech of a president of Chile explaining to his nation that he had nothing to hide from the accusations of political corruption:

> - *No hay na'a, a'solutamente na'a …"* (Eng. "There is nothing, nothing at all…")

The "d" in "nada" was not pronounced.

Likewise, Martin Fierro's *gaucho* characters would have a similar deletion of consonants in their dialogues, e.g. "cuñao" instead of "cuñado" (Eng. "brother-in-law"). This consonant weakening is not limited to "b, d, g." The famous Argentine comic strip, Mafalda, or many real life speakers in Argentina, Chile, Uruguay, Cuba, Dominican Republic, Puerto Rico, the coastal areas of Venezuela, and so on may not pronounce the alveolar "s" in syllable final position, as in the words "e*s*te" (Eng. "this") or "do*s* pane*s*" (Eng. "two breads"). Instead, they will change the "s" into an h-like sound, like in the English word "**h**igh," namely "*ehte*" and "*doh paneh*" or they will not pronounce the "s" at all, e.g. "*ete*" or "*do pane.*"

The singer Bebe, probably from Extremadura, Spain, has an outstanding interpretation of her song "Malo" (2005, www.holatv.ca) in which these and other features can be heard in passages like "*morao (morado) de mis mejillas,*" "*estoy cansá (cansada),*" "*una ve má no (una vez más no)*" to mention some.

On the other hand, in Brazilian Portuguese and English the articulators normally come into contact. For example, when pronouncing the word "**b**um!" in Brazilian Portuguese or "**b**ang" in English inside a sentence, the lips will meet to produce a hard **b**.

Thus—and as seen in more detail in the pronunciation drills later in this book—the consonants **b**, **d**, and **g** are different in Brazilian Portuguese and Spanish, especially the consonant **d**, which is dental in Spanish and alveolar or alveopalatal for the majority of the Brazilian population.

Everyone needs to learn new sounds and sentence constructions when studying a different language. It is helpful to compare the Spanish and the Brazilian Portuguese systems and then draw a list of new sounds on which oral drills are based. The new sounds are illustrated in drawings according to the vocal-tract forms required to produce them. If there are no drawings, that is because in these cases the illustrations are not helpful (e.g. nasal vowels). The listing of the two sound systems uses English as an interface when the simple comparison of Spanish and Brazilian Portuguese is not sufficient.

0.2.2 The Oral Vowels: Spanish and Brazilian Portuguese

Among the seven oral vowels of Brazilian Portuguese, two are known for requiring particular attention from Spanish speakers because Spanish does not have them. They are the open vowels /ø/ and /ɛ/. English has two vowels usually described in English phonetics as **tense** (/ø/), as in *dog, saw, bore, bought*, and **lax** (/ɛ/), as in *pet, fresh, bet*, which are very similar to but not the same as the ones in Brazilian Portuguese. Consequently, the Brazilian Portuguese vowels will require some work on the part of English speakers as well.

Students are often misled by some of the comparisons made to help them learn these two vowels. For example, the vowels in the words *bait* and *bet*, *boat* and *bought* are used as equivalents to the Portuguese sounds /e/, /ɛ/, /o/, and /ø/. This is helpful only if we think of them as monothongs, or the nucleus of these diphthongs (*bait*) because their Portuguese counterparts are not long or lengthened. In other words, they are not diphthongs or diphthongized in Portuguese as they are in English. An effective drill to *feel* these differences is to practice these English words with short or stable (not lengthened) vowels, with an abrupt ending, unlike the typical dumping ending of English vowels. English speakers who have knowledge of Spanish can perceive the differences between long or lengthened vowels of English and abrupt-ending vowels in Spanish, in order to work on their pronunciation of Portuguese abrupt ending vowels.

Vowel Quality in English, Spanish and Portuguese
As you listen to the audio and video recordings in this book, feel free to stop them at any moment, as needed. The speaker in this section is male, a *capixaba-colatinense* from Espírito Santo.

Eng	*Span*	Eng	*Span*	Eng	*Span*	Eng	*Span*	Eng	*Span*
no	*no*	sea	*sí*	say	*sé*	low	*lo*	tree	*tri*

This is what it would be for something similar in English and Portuguese in terms of open/closed vowels:

Eng	*BrP*	Eng	*BrP*	Eng	*BrP*
boat	*boto (golfinho; type of fish)*	bonus	*bônus*	web	web[i]
paw	*pode (poder, present tense)*	*saw*	*só*		

Interestingly, students from northeastern U.S. have an advantage because their pronunciation of *paw* and *Poe* are closer to the vowels of Brazilian Portuguese than other US varieties. In the case of open /ɛ/, it may be helpful to initially target the English vowel /æ/, as in "Pat" or "bat," to arrive at the pronunciation of Brazilian Portuguese /ɛ/ as in (*eu*) *peso*, *quero*, *Zeca*, etc. Although these are different **phonemes**[4], this strategy may prove helpful for both English and Spanish speakers who also speak English.

Below is a table that compares oral vowels. To better understand the table, note the following:

- "No equivalent" means that there is no equivalent phoneme; that is, the sound does not exist, or it may exist but the speaker may not be aware of it.

---

[4] A **phoneme** can be described in practical and brief terms as *the most basic linguistic sound that affects the meaning of a word.*

- The phonetic symbols of the International Phonetic Alphabet (IPA) for the semi-vowels /y, w/ are not used in this table. In the phonetic transcriptions they will be represented with raised "i"s [ⁱ] and "u"s [ᵘ].
- Colon (:) after vowels indicates lengthening.

Comparison of Oral Vowels in Spanish and Brazilian Portuguese, Using English Vowels When Spanish Lacks the Equivalent
(Male speaker, *capixaba-colatinense* from Espírito Santo)

Spanish	Brazilian Portuguese	English closer equivalents
/i/ Bras<u>í</u>lia	/i/ Bras<u>í</u>lia	
/e/ (el) p<u>e</u>so	/e/ (o) p<u>e</u>so	/e:/b<u>ai</u>t; (also /ɪ/ as in b<u>i</u>t)
No equivalent	/ɛ/ (eu) p<u>e</u>so	/ɛ/ p<u>e</u>t; (also /æ/ as in P<u>a</u>t)
/a/ Mach<u>a</u>do	/a/ Mach<u>a</u>do	
No equivalent	/ø/ p<u>o</u>sso	/ ø / d<u>o</u>g or /ø:/ b<u>ou</u>ght
/o/ p<u>o</u>zo	/o/ p<u>o</u>ço	/o:/ b<u>oa</u>t (French *beau*)
/u/ H<u>u</u>go	/u/ H<u>u</u>go	

0.2.3 The Nasal Vowels: Brazilian Portuguese

In general, neither Spanish nor English have nasal vowels that are significant enough to change the meaning of a word. Again, English speakers may have an advantage here because English does have the interjection "uh-huh" (/ã-ˈhã/), which can be regarded for teaching purposes as a very close equivalent of Brazilian Portuguese /ã/, as in *cantando*.

Spanish does not have nasal vowels as in Brazilian Portuguese, especially if we consider **nasal sounds at the end of a word**. For the nasal sounds, it is very important to practice auditory drills in combination with production drills. The student must *hear* the different nasal feature of these vowels. The table below provides a summary of the nasal vowels.

Spanish closer equivalents	Brazilian Portuguese	English closer equivalents
t<u>i</u>nto	/ĩ/ ass<u>im</u>	No equivalent
c<u>e</u>ntro	/ɛ̃/ c<u>e</u>ntro	No equivalent
z<u>a</u>nja	/ã/ r<u>ã</u>	uh-uh
t<u>o</u>nto	/õ/ t<u>om</u>	No equivalent
m<u>u</u>ndo	/ũ/ at<u>um</u>	No equivalent

Note that Spanish speakers should not have difficulties using Portuguese nasal vowels **inside a word**. Their difficulty will appear in nasals at the end of a word. The visual image of words spelled with a final –*m* tends to mislead non-native speakers. Despite its spelling, this ending is in fact a nasal vowel or a diphthong, e.g. *som, nenhum, assim, falam, vem, porém, aparecem*, etc.

0.3 The Consonants: Spanish and Brazilian Portuguese

Here too, Spanish speakers have a considerable number of new sounds to learn, as indicated in the table below.

It can never be overemphasized that the similarities of Spanish and Portuguese may be an advantage, but if this advantage is not properly used, it will become a disadvantage. For example, the Spanish sounds "ll" and "ñ" are close to Brazilian Portuguese *lh* and *nh*, but if not differentiated as it should be, they will result in a strong accent. In an attempt to help students with proper pronunciation of these sounds, we represent them in the bracket transcriptions as close as possible to the sequence of tongue movements in their pronunciation. Therefore, the symbols [ⁱỹ] and [lⁱy] are visually more informative for English and Spanish speakers, than the other alternatives of the IPA, [ɲ] and [λ] respectively. For this reason, [ⁱỹ] and [lⁱy] or simply [ỹ] and [lⁱ] are the options used here.

Lastly, Spanish *jota* [x] substitutes very well for the Brazilian Portuguese sounds of the letters *rr* (*carro*) and *r* at the beginning of a word (*rio*) or at the end of a syllable (*Marcos*). In addition to Spanish *jota*, there are other alternatives in the pronunciation of these r-letters in Brazilian Portuguese. Among the other alternatives, we find English "h" sound, French *r-grasseyé*, Spanish trill, and also a "mute" *r* in word final position. The *jota* pronunciation is an advantage that Spanish speakers should use.

**Comparison of Spanish and Brazilian Portuguese Consonants,
Using Some of the English Consonants as Interface**
(Male speaker, capixaba-colatinense from Espírito Santo)

Spanish	Brazilian Portuguese	English
/p/ **p**ura	/p/ **p**ura	
/b/ [b] **v**uelo, [β] a**b**uelo	/b/ **b**otar (in Span. = poner)	
/t/ **t**aco	/t/ **t**aco	
/d/ [d] **d**a, [ð] A**d**a	/d/ A**d**a	
/k/ **c**asa	/k/ **c**asa	
/g/ [g] **g**ata, [ɣ] la **g**ata	/g/ **g**ata, a **g**ata	
/m/ **m**apa	/m/ **m**apa	
/n/ **n**ada	/n/ **n**ada	
/ñ/ or /ɲ/ ma**ñ**ana	/ɲ/ [ⁱỹ] man**h**ã	No actual equivalent
/f/ **f**é	/f/ **f**é	/f/ **f**ault
No equivalent	/v/ **v**otar	/v/ **v**ault
/s/ **s**é	/s/ **s**ei, ca**ç**a, ca**ss**a	/s/ **s**ea
No equivalent	/z/ fa**z**er, ca**s**a	/z/ **z**oo

No equivalent	/š/ acho	/š/ mission, fish
No equivalent	/ž/ ajo, garagem	/ž/ vision
/x/ jota	[x] rota, carro, genro, desrespeito	The h-sound, as in "hope" is fine.
/rr/ querría, carro; softer than in BP	[rr] rota, carro, genro, desrespeito; harder than in Spanish	No equivalent
/r/ quería	/r/ queria	
/l/ lata	/l/ lata	
/ll/ caballero; close to BP, but not the same. It can be pronounced like the "y" sound in Spanish "mayo" and English "yes."	[lⁱy] or /λ/ cavalheiro; a tongue gesture with three sounds in very fast sequence: l+i+y-like sound, as in "mayo" or "yes," namely a combination of sounds that can be represented like [lⁱy]: [ka.va.lⁱyéⁱ.ru]	

This comparison of both phonological systems **in terms of their sound segments** shows that the difficulty a Brazilian has when learning the Spanish sound system may be *relatively* minimum. He/She will mainly have to learn the sound /rr/, as in Spanish *perro*. This sound, however, exists in a "harder" version in some dialects of Brazilian Portuguese as a variant of the /R/ sound. Spanish speakers learning Brazilian Portuguese need to learn a considerable number of new sounds.

There are other areas of Spanish pronunciation that will require considerable attention of a Brazilian, such as rhythm, vowel stability and how consonants are "softer" in Spanish. The rhythm features of Spanish are different from Brazilian Portuguese. Vowel raising, so common in Brazilian Portuguese (e.g. *foto*, *padre*, pronounced *fótu*, *pádri*), is less frequent in Spanish and for some Spanish speakers it is rare or non-existent. Consonants in Spanish are generally less "hard" than in Brazilian Portuguese.

In the preceding pages we introduced all vowels and consonants in Spanish and Brazilian Portuguese and used English as an interface to help illustrate Brazilian Portuguese sounds not found as phonemes of Spanish. These Brazilian Portuguese phonemes that do not exist in Spanish are given below in a separate list to provide students with a reference list of relevant phonemes to learn.

0.3.1 Summary of Sounds of Brazilian Portuguese That Are Not Part of the Inventory of Spanish Sounds

The table below depicts 13 phonemes in Brazilian Portuguese that Spanish does not have. In addition to learning these new phonemes, there are phonetic differences between both languages that need attention, e.g. the soft and hard pronunciation of consonants. The box below has a summary of the new phonemes.

Portuguese Phonemes New to Spanish
(Male speaker, *capixaba-colatinense* from Espírito Santo)

Oral Vowels	Nasal Vowel	Consonants
/ɛ/ (eu) p<u>e</u>so /ø/ p<u>o</u>sso	/ĩ/ m<u>i</u>nto, ass<u>im</u> /ẽ/ com<u>e</u>nta /ã/ c<u>an</u>tando, r<u>ã</u>, /õ/ resp<u>on</u>do, t<u>om</u> /ũ/ m<u>un</u>do, at<u>um</u>	/v/ votar /z/ casa /š/ acho /ž/ ajo [lʸy] cavalheiro [ĩỹ] manhã

Besides this major list of sounds, there are two sets of consonants containing significant phonetic differences that need pronunciation drills. The first of these sets includes /b, d, g/ and the second is formed with the two sounds spelled *ll* and *ñ* in Spanish and *lh* and *nh* in Portuguese, discussed in the preceding section. Again, it does not hinder communication to pronounce these Brazilian Portuguese sounds like their Spanish counterparts, but it creates a strong accent for the speaker who does. Figure 1 suggests the position of the vocal-tract articulators when producing these sounds in both languages.

0.3.1.2 Comparison of Spanish *ll* and *ñ* with Portuguese *lh* and *nh*

LEITURA DE NÍVEL AVANÇADO

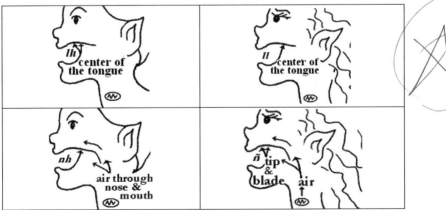

Figure 1. Comparison of Spanish *ll* and *ñ* with Brazilian Portuguese counterparts *lh* and *nh*. The symbol ⓦ indicates voiced sounds. The arrows show show roughly the areas **targeted** by the tip, blade or center (dorsum) of the tongue as well as the air flow from the lungs through the mouth and nose.

In Figure 1, the arrow lines indicate the varying positions of the tongue when it approaches the palate. Spanish *ñ*, for example, is pronounced as if there were a little "i" after a "n," as in "man^{i}ana." In Brazilian Portuguese, this little "i" does not appear after *nh* in *ma.nhã* (not **ma.nh^{i}ã*). This "i" can be imagined preceding the *nh* as in (*ma^i.nhã* or yet *mãe+nhã* or *mãe+^{i}ỹã*). It may, however, follow the *lh* as in *cavalh^{i}eiro*, in Brazilian Portuguese. Note that the pronunciation of Spanish "ll" outside the center and north of Spain is indistinguishable from Spanish "y," namely most Spanish speakers pronounce "mallo" and "mayo" in the same way.

Speakers of Spanish will ideally produce the Brazilian Portuguese sounds *lh* /λ/ and *nh* /ỹ/ farther back in the mouth than their Spanish counterparts.

In the case of /ỹ/, there are varying degrees of tongue approximation or contact with the palate, depending on speech style (formal or informal), speakers, words said in isolation, in discourse and other factors. The more clear one intends to be, the closer will be the tongue and the palate. In actual discourse it is more common to see an **approximation** of the tongue toward the soft palate.

In sum, to easily visualize these sounds in Brazilian Portuguese, think of *lh* as a sequence of three almost simultaneous sounds, [l^{i}y], and *nh* as a nasalized "y," that is [ỹ].

FIM DA LEITURA DE NÍVEL AVANÇADO

0.4 Names of the Alphabet Letters; Phonetic Symbols

The pronunciation symbols are optional, but they should be used if the instructor and students feel comfortable with them. These symbols have been used very effectively in the classroom for pronunciation drills because it is helpful to have a visual image of how a word should be pronounced. Students should not be requested to learn them by heart, but to learn how to use them.

Upon using the table for phonetic transcription in the next page, note that a letter may have different pronunciations, depending on where it appears in the word. The **r**s vary according to the region, and sometimes personal preference. The **s** in syllable final position varies in two ways. The most common is the alveolar *s*; the other is the *Carioca* palatal variety (like the *sh* in English as in *flash*). These differences should not confuse the student. Just pick the ones you prefer or talk to your instructor for advise. We suggest that Spanish speakers pick the *jota*-like sound [x] for the word-initial *r* and for the double *r*. Use the single Spanish *r* elsewhere. English speakers may want to use the *h*-like sound [h] where Spanish speakers uses Spanish *jota*.

Contrary to Spanish, the alphabet letters in Portuguese are masculine: **o** *a*, **o** *b*, **o** *c*, **o** *d*, **o** *f*, **o** ch, . . . **o** *z*.

Table 1. Phonetic Symbols

Alphabet Letter	Phonetic Symbol	Alphabet Letter	Phonetic Symbol	Alphabet Letter	Phonetic Symbol
a	[a] **a**to	i	[i] **cis**co [ⁱ] se**is**	r	[ɾ] ra**r**o, ve**r**
ã, an am	[ã] l**ã**, **an**tes [ãᵘ] fala**m**	im in	[ĩ] or [ĩ ⁱ] s**im** [ĩ] s**in**to	r [χ] and [я] are less common	/R/ [x] **r**aro, ve**r** [h] **r**aro, ve**r** [χ] **r**aro, ve**r** [я] **r**aro, ve**r** [Ø] mute ve**r**
b	[b] **b**oto	j	[ž] **j**ogo		
c	[s] **c**ito, **c**éu [k] **c**ama, **c**om, **c**ulpa	k	[k] **k**art	rr [χ] and [я] are less common	/R/ [x], [h], [я], [χ], [ɾ] ca**rr**o
ç	[s] dan**ç**a, la**ç**o, a**ç**úcar	l	[l] brasi**l**eiro [ᵘ] Brasi**l**	s	/S/ [s] três, desde [z] [š] três, [ž] desde
ch	[š] **Ch**ico	lh	[ⁱy] or [λ] fi**lh**o	s	[z] a**s**a
d	[d] **d**esde, **d**ar, **d**o, **d**uas [ɖ] **d**igo, bo**d**e, des**d**e	m	[m] **m**ais [~] ca**m**po, bo**m**	ss	[s] a**ss**a
e	[e] s**e**ja [ɛ] s**e**te [i] s**e**te [ⁱ] pass**e**ar	n	[n] ca**n**a [~] ca**n**to, ze**n**	t	[t] **t**eve, **t**al, **t**om, **t**una [ʈ] **t**ime, par**t**e
é ê	[ɛ] Z**é** [e] z**ê**	nh	[ⁱỹ] or [ɲ] te**nh**o	u	[u] **ú**vula, [ᵘ] esto**u**
em en	[ẽⁱ] b**em**, z**en** [ẽ] b**en**to	o	[o] am**or** [ø] m**o**do [u] m**o**do [ᵘ] enjô**o**	um un	[ũ] or [ũᵘ] b**um**! [ũ] n**un**ca
f	[f] **f**oto			v	[v] **v**oto
g+o,a,u g+i,e	[g] **g**ol, **g**ala, **g**ula [ž] **g**iz, **g**ê	ó ô	[ø] d**ó** [o] av**ô**	w	[w] Os**w**ald [ᵘ] **w**att
gu+e,i	[g] pa**gu**e, se**gu**inte	om õ, on	[õ] or [ãᵘ] b**om** [õ] p**õ**e, t**on**to	x	[s] trou**x**e [z] e**x**ato [ks] ne**x**o [š] Te**x**aco
		p	[p] **p**ato		
gü+e,i	[gᵘ] a**gü**entar, ar**gü**ir	q	[k] **p**ar**qu**e, a**qu**ilo	y	[i] Lis**y** [ⁱ] Ble**y** [ž] **j**arda
h	mute: **h**otel	qü	[kᵘ] elo**qü**ente, tran**qü**ilo	z	[z] fa**z**er

Exercise 1 – Becoming familiar with **phonetic transcription**. The following model gives examples of transcription into Spanish, English, and Brazilian Portuguese. Transcribe only into Brazilian Portuguese.

MODEL:	Spanish	English	Brazilian Portuguese
	cazar [ka.sár]	pie [paⁱ]	carro [ká.Ru]
	mucho [mú.ʈo]	physics [fı.ziks]	mel [méᵘ]

Before transcribing: Note that the letters *r* and *s* in syllable-final position (*carta, beber, casta, bebes*) should be transcribed with capital letters to indicate that their pronunciations vary significantly in Brazilian Portuguese and one cannot predict a teacher's accent. The transcriptions will look like [káR.ta, be.béR, káS.ta, bé.biS].

General Spanish

1) cien
2) delante
3) joven
4) vino
5) Brasil
6) haber
7) chico
8) aquí
9) cinco
10) azul

Brazilian Portuguese

1) universidade
2) matrícula
3) ficar
4) tudo
5) Brasil
6) castelhano
7) diante
8) prédio
9) onde
10) José
11) um
12) cinco
13) seis
14) sete
15) nove
16) Acho que é azul.

Answers (Remember that these are phonetic symbols, not letters. Therefore, there is only one stress marker, the acute sign (´). The acute sign can be placed over open and closed vowels. **General Spanish: (t and d = dental)** 1. [sⁱen]; 2. [de.lán̩.te]; 3. [xó.βen]; 4. [bí.no]; 5. [bra.síl]; 6. [a.βér]; 7. [ʈí.ko]; 8. [a.kí]; 9. [síŋ.ko]; [a.súl]. **Brazilian Portuguese:** (generally, **t and d = alveolar**; they are dental in some Northeastern areas, e.g. Pernambuco): 1) [u.ni.veR.si.dá.di]; 2) [ma.trí.ku.la]; 3) [fi.káR]; 4) [tú.du]; 5. [bra.zíᵘ]; 6) kas.te.lⁱyá.nu]; 7) [diá.ʈi]; 8) [pré.ḍⁱu]; 9) [ó.ḍi]; 10) [žu.zé]; 11) [ũ]; 12) [sí.ku]; 13) [séⁱs]; 14) [sé.ʈi]; 15) [nó.vi]; [á.šu kⁱé a.zúᵘ].

0.5 Diacritics, Hyphen and Other Symbols

Written Portuguese uses hyphens and diacritics differently than Spanish. The tables below summarize their use as well as other symbols in Brazilian Portuguese.

Table 3. Portuguese Diacritics, Hyphen and Other Symbols

Note: English *letter in italics* = Spanish *letra cursiva* or *bastardilla* = Portuguese *letra grifada, cursiva* or *itálica*; English **letter in bold** = Spanish **letra negrilla** or **negrita** = Portuguese **letra em negrito** or **letra negrita**.

Symbol	Name in Portuguese	Function
´	Acento agudo	It indicates stressed vowels: mínimo, mútuo; and stressed and open vowels: sábado, cafuné, módulo.
`	Acento grave	It indicates contraction or fusion of the preposition a with the articles a, as resulting in à, às; and also with the preposition a with the demonstrative pronouns aquele(s), aquela(s), aquilo, resulting in the forms àquele(s), àquela(s), àquilo: *Vou à Bahia* (ir a + a Bahia).
^	Acento circunflexo	It indicates a stressed vowel: *pânico*; and stressed and closed vowels: *Prazer em conhecê-lo, Jô Soares*. The vowels **i** and **u** can only have acute marker.
'	Apóstrofo	In general, it indicates suppression of letters: *Vou p'ra Pasárgada e não p'a P'rtugal*.
" "	Aspas	Usually, it indicates a citation, dialogue, highlighted segments, novelties, etc.
*	Asterisco	In linguistics, it is used to indicate that a word or expression is not acceptable by a native speaker. E.g. **Me comi todo!* instead of *Comi tudo!* Sometimes, it is used to replace a vulgar expression: "*Mais esquisito do que o * da gia.*" Other functions can be found depending on the convention.
/	Barra diagonal	One of its functions is to enclose a phonological transcription, namely a broad transcription. It is also used in abbreviations, e.g. *a/c* ("*aos cuidados*, ing. "in care of").
¸	Cedilha	The *cedilha* (¸) is written under the letter **c**, before **a, o** or **u**, for an "s" sound: *faça, faço, açúcar*. Before "e" and "i" there is no *cedilha* because the sound *c + i* or *+ e* is always "s:" *cinema, céu*. On the other hand, **c** without *cedilha* and followed by **a, o, or u** has a "k" sound: *casa, coisa, culto*.
{ }	Chaves	It has several functions. It can indicate a unit higher than brackets or an alternative operation (i.e. or) within the same formal rule, etc.
[ ]	Colchetes	Brackets can indicate a unit higher than the unit in between parentheses. It also holds a phonetic transcription, namely more detailed transcription.
:	dois pontos	Among its many functions, the colon is used to express what is said or a series of items or examples.

Symbol	Name in Portuguese	Function
-	Hífen	Also called *traço/tracinho* (*de união*), it is used to connect two or more lexical units: *super-homem, calaram-se, pão-de-ló*. The hyphen is often used to separate words at the end of a line: *cader- / no, acen- / tuação*. There is a different use in Portugal with the monosyllabic forms of "haver" when followed by a preposition: *hei-de, hão-de*, etc. But in Brazil: *hei de, hão de*. The general convention regarding the use of hyphen is based on the following: *Hyphen can only be used on compound words that maintain its phonetic independence by keeping its own stress, and still forming a perfect unit of sense.* In practice, however, the best is to consult a dictionary when in doubt. <u>The upcoming *Reforma Ortográfica* (2008) voted to abolish some of its use. See new rules in Appendix-3.</u>
( )	Parênteses	It separates an additional non-essential information, without altering the syntactic structure. It has many other functions, e.g. the order of arithmetic operations, the optional use of an element, etc.
.	Ponto	It denotes a pause that ends a sentence or a complete statement.
!	Ponto de exclamação	It signals a surprise or emphasis.
?	Ponto de interrogação	Usually it indicates a question.
;	Ponto e vírgula	It suggests pauses larger than pauses of a coma and shorter than pauses of a period.
...	Reticências	Normally used for incomplete statement, statements "in suspension."
~	Til	In Portuguese, a tilde is used over vowels to indicate a nasal vowel, not necessarily stressed: *órfão, mãe, pão*.
—	Travessão	In general, it alternates with parentheses.
¨	Trema	In Brazilian Portuguese (**not in Portugal**) it tells when the letter "u" is pronounced: *güe, güi, qüe e qüi: lingüística, agüentar, cinqüenta, freqüente*. In practice, many people and publications forget to use *trema* where it applies. <u>The upcoming *Reforma Ortográfica* (2008) approved its abolition.</u> Consult Appendix-3 for more information.
,	Vírgula	It indicates a short pause within a sentence.

0.6 The Portuguese Alphabet and Writing System

The Alphabet

Letter	Pronunci- ation	Transcription	Letter	Pronunci- ation	Transcription
a	a	[a]	n	ene or nê	[ɛ́.ni] or [ne]
b	bê	[be]	nh	ene-agá or nê-agá	[ɛ́.nia.gá] or [ne-a.gá]
c	cê	[se]	o	ó	[ø] ing. p<u>aw</u>
ç	cê cedilha or cê-cedilhado	[sé-se.ḍí.lⁱya] or [sé-se.di.lⁱyá.du]	o	ô	[o]
ch	cê-agá	[sé-a.gá]	p	pê	[pe]
d	dê	[de]	q	quê	[ke]
e	é	[ɛ] ing. s<u>e</u>t	r	erre or rê	[ɛ́.Ri] or [Re]
e	ê	[e]	rr	erre-erre or rê-rê	[ɛ́.Ri-ɛ́.Ri] or [Re-Ré]
f	efe or fê	[ɛ́.fi] or [fe]	s	esse	[ɛ́.si]
g	gê	[že] ing. vi<u>si</u>on	ss	esse-esse	[ɛ́.si-ɛ́.si]
h	agá	[a.gá]	t	tê	[te]
i	i	[i]	u	u	[u]
j	jota	[žó.ta]	v	vê	[ve]
k	cá	[ka]	w	dáblio	[dá.bliᵘ]
l	ele or lê	[ɛ́.li] or [le]	x	xis	[šis] ing. **fish**
lh	ele-agá or lê-agá	[ɛ́.li-a.gá] or [le-a.gá]	y	ípsilon or ipsilóni	[í.p(i.)si.lõ] or [i.pi.si.ló.ni]
m	eme or mê	[ɛ́.mi] or [me]	z	zê	[ze]

0.7 Accentuation

Rules of accentuation in both Spanish and Portuguese are based on native speaker's knowledge of the language. For foreign students, accent marks are primarily helpful for the purposes of reading aloud and for remembering in part how a word is pronounced.

There are similarities between accentuation rules in Spanish and Portuguese. This first year course expects students to master only the rules related to Spanish. The teacher, however, may chose to do otherwise.

Important! Note that in the rules below, most of the times the circumflex goes on the vowels **e** and **o**. It is only placed over the **a** when followed by a nasal consonant (**ân**(**h**), **âm**). The vowels **i** and **u** do not have a circumflex, because they do not have corresponding open vowels as **e** and **o** have.

1. Words in Brazilian Portuguese are frequently stressed on the penultimate (next-to-last) syllable. In Spanish, the number of penultimate words seems to be higher (approx. 2/3) than in Brazilian Portuguese. Because this stress pattern is very common in both languages, words stressed on next-to-last syllable are less likely to have a stress marker, and for this reason they are considered *unmarked*. Examples:

Brazilian Portuguese	Spanish
carro	carro
domingo	domingo
interessante	interesante
complicado	complicado

2. Words ending in two vowels, followed or not by *s,* stressed on the penultimate syllable (antepenultimate **vowel**), do have a written accent in Portuguese:

Brazilian Portuguese		Spanish	
Spelling	Pronunciation	Spelling	Pronunciation
Mário	[má.rⁱu]	Mario	[má.rio]
rádio(s)	[Rá.dⁱu(S)]	radio(s)	[rá.dio(s)]
glória	[gló.rⁱa]	gloria	[gló.ria]

Note-1: The way in which this rule is stated allows for greater generalization than traditional rules. It applies, for example, to other words not usually part of this group: á.re.a, pá.re.o, etc. usually pronounced [á.rⁱa], [pá.rⁱu], etc.

Note-2: Words stressed on the penultimate **vowel** will not have a written accent as they do when they form a hiatus in Spanish. Note that normally the vowel "**a**" in Brazilian Portuguese does not become a semi-vowel (e.g. Bahia = [ba.í.a] and **not** *[ba.íª]. Similarly, in Brazilian Portuguese words ending in **–io** and **–ia without** a stress marker, **contrary to Spanish,** stress the –i–: *epidemia, fantasia, Maria, academia, seria, faria, democracia, nostalgia,* etc. But, if there is a stress marker, the accent falls where the stress marker indicates: *Mário, Fábio, hidrogênio,* etc.

Brazilian Portuguese		Spanish	
Spelling	Pronunciation	Spelling	Pronunciation
Maria	[ma.rí.a]	María	[ma.rí.a]
frio	[frí.ᵘ]	frío	[frí.o]

<u>Marked</u> cases, i.e. less frequent than the penultimate

3. As in Spanish, words stressed on the antepenultimate syllable will always need a diacritic:

Brazilian Portuguese	Spanish
sábado	sábado
gramática	gramática
(área) compare rule 2	área

4. Words stressed on the last syllable and ending in *l, u, z, i, r* or *s* (*luzir* in Portuguese means "to shine") do not have a diacritic.

Brazilian Portuguese	Spanish
espa<u>nhol</u>	espa<u>ñol</u>
⭐ Pe<u>ru</u>	Perú
rap<u>az</u>	mat<u>iz</u>
⭐ be<u>bi</u>	bebí
estud<u>ar</u>	estu<u>diar</u>

5. However, if the word is stressed on the last syllable and ends in *o, e,* or *a,* followed or not by *s,* a diacritic is necessary.

Brazilian Portuguese	Spanish
vovó	(abuela) llegó
vovô	(abuelo) —
cafés	cafés
português	portugués
está	está

REMEMBER: In Portuguese, except for the vowels *i* and *u,* diacritics also indicate when the vowel is open (´) or closed (^): *fonética* (/ɛ/, open, as in *met, set*), *pêssego* (/e/, closed, as in *bait, bit*), *pólvora* (/ø/, open, as in *saw, paw, flaw*), and *trôpego* (/o/, closed, as in *boat, flow*).

6. In Brazilian Portuguese, if the vowels *a, e,* and *o* need a stress marker and are followed by a nasal consonant, a circumflex (^) must be used.

Brazilian Portuguese	Spanish
atômico	atómico
pântano	pántano
tônico	tónico

Exercise 2 – Write the stress marker correctly and indicate the rule to which it refers.

MODEL: republica ( )   república (3)
                  Jose ( )   José (5)

1. pronuncia	8. portugues	15. cafes
2. familia	9. secretaria (a pessoa)	16. colibris
3. Silvia	10. gramatica	17. urubus
4. voce	11. gas	18. marajas
5. matricula	12. robo	19. Tapajos
6. ela esta	13. robos	20. Maria
7. Antonio	14. ate	21. Mario

Answers: 1. pronúncia (2); 2. família (2) 3. Sílvia (2); 4. você (5); 5. matrícula (3); 6. está (5); 7. Antônio (2,6); 8. português (5); 9. secretária (2); 10. gramática (3); 11. gás (5); 12. robô (5); 13. robôs (5); 14. até (5); 15. cafés (5.); 16. colibris (4, no stress marker); 17. urubus (no stress marker, 4); 18. marajás (5); 19. Tapajós (5); 20. Maria (2, Note; no stress marker); 21. Mário (2).

0.8 Warming Up: Getting Ready to Use the Language

The introductions below contain expressions in careful (formal) and colloquial (informal) styles. The ones that are colloquial are identified as (*Coll*), and careful as (Careful). For instance, *você* is heard both in careful and informal styles, especially in urban areas. Expressions that can be used in any situation are not labeled.

     Keep in mind that when we approach a person for the first time, it is safer to do so in careful style. Then, as we become familiar with the person and the cultural context we *negotiate* styles.

0.8.1 Useful Expressions for Classroom Activities

Agora vamos fazer um ditado.   Podem usar lápis ou caneta.
Preparem-se . . .   Repita o que ela disse.
Escreva(m)   Não entendo. Não entendi.
Leia(m)   Ponto final. Terminou o ditado.
Repita(m)   Abram aspas. Fechem aspas.
Traduza(m)   Júnior, leia o que você escreveu.
Escute(m)   Laura, você entendeu o que o
Responda(m)   Júnior disse?

Abra(m) os livros.
Feche(m) os livros.
Venha(m) ao quadro-negro.
Venha(m) ao quadro.
Escreva(m) na lousa.
Com licença.
Desculpe.
Repetindo . . .
Pode repetir?
Mais devagar, por favor.

Como se diz . . . ?
Como se diz "apellido" em
português?
O que significa "brincar"?
Alguma pergunta?
Quem gostaria de ler?
Ponto! Vírgula! Ponto e vírgula!
Ponto de interrogação.
Ponto de exclamação!
Travessão.

0.8.2 Colloquial Greetings (*Saudações*)

Oi. (*Coll*)
Diz aí, Fernando! (*Coll*)
E aí, Rafael!? (*Coll*)
Olá! (*Coll*)
Falaê, Carol!
Falaí, Rodrigo! (*Coll*)

Que tal? Tudo em cima? (*Coll*)
Como estão as coisas? (*Coll*)
Tudo legal? (*Coll*)
Cumequié, meu irmão? (*Coll*)
Olha só! Você por aqui? (*Coll*)
Beleza? (*Coll*)

0.8.3 Leave-Takings (*Despedidas*)

Ciao! Tchau! (*Coll*)
Até logo! Até a vista!
Até mais.
Até segunda. (terça, . . .
sábado, domingo)
A gente se vê (por aí).
(*Coll*)
Vãobora. (*Coll*)

Vamos embora.
Valeu. Beleza. Falou. (*Coll*)
Combinado.
Um abraço.
Um abraço (no seu pessoal) (na sua
família)
Desaparece não, hem! (*Coll*)
Agora tenho que ir.

0.8.4 Introductions (*Apresentações*), Reactions (*Reações*)

Qual/Como (é) o seu nome?
Meu nome é _____.
Como se chama?
Me chamo _____.
Você conhece o/a _____.
(Coll)
O senhor/A senhora conhece
o/a _____. (Careful)
Prazer. (Careful)
Como vai?
Ótimo.
Excelente.
Legal . . . Jóia. Joinha. Beleza. (*Coll*)
De acordo.

Claro!
Com certeza.
Tá certo.
Certo.
Olha, (eu) tenho minhas
dúvidas.
Não acho, não.
A gente dá um jeito.
Só vendo.
Sei não.
Combinado. (*Coll*)
Valeu. (*Coll*)
Me passa o seu telefone.
Anota aí. (*Coll*)

0.8.5 General Expressions

Sim. É sim. Não.
Aí, não! Assim, não! Assim não dá!
Obrigado. Obrigada (see note 1, below). De nada.
Desculpe.
Com licença. Pois não.
De onde você é? Você é de onde?
Cê é de onde? (*Coll*)
Sou de . . .
Você mora onde? Onde você mora?
Moro em . . .
Onde fica o banheiro/o toalete/a piscina/a sua casa/esse lugar/...?
Fica longe/perto/aqui atrás/na rua .../lá na .../à direita/à esquerda.
Estou perdido. Estou perdida. Estamos perdidos. Estamos perdidas.
Estou cansado/ cansada/ triste/ nervoso/ feliz/ com medo /
   com frio/ com calor/com sede/ com pressa/ com fome.
Você gosta de dançar/jogar futebol/ler/viajar . . .?
Um pouco. Muito. Não muito. Quase nada.
Qual o seu número de telefone?

0.9 Short Dialogues Using the Preceding Expressions

The following dialogues contain useful constructions that can be memorized and reused in classroom conversation. Some names are omitted on purpose, in the left-hand column. Students may fill in these names mentally.

Dialogue 1 (The speakers are from São Paulo, but lived mostly abroad)

SÍLVIA: – Dona Regina, tudo bem?
REGINA: – Bem, obrigada.

Dialogue 2 (Ricardo is from Minas and Osvaldo is from Espírito Santo)

RICARDO: – Oi, **seu** Osvaldo. **Tudo bom**?
OSVALDO: – Tudo bem, obrigado. E você?
RICARDO: – Tudo bem.

Notes:
1. Despite the grammatical "incorrectness" of "obrigad<u>o</u>" as a reply said by women, nowadays we hear both "obrigad<u>o</u>" and "obrigad<u>a</u>" among women.
2. *Seu* and *dona* before a proper name mean Mr. and Mrs. respectively.
3. It is not predictable when Brazilians will say *Tudo bem* or *Tudo bom*.
   Tudo bem or Tudo bom do not reveal the actual feelings of a person. It is like saying "Hi" or "Hola." If someone needs to know about an actual situation regarding a crucial issue, it is preferable to ask for precise answers. He/she should not stop asking about serious issues at a *tudo bem* reply and assume that all is or went fine. It would be

culturally naïve to do so. A *Brazilian* reply "Tudo bem" or "Tudo bom" with a vague intonation most likely mean that nothing is or went well.

3. The difference between *todo* and *tudo* is explained in Unit 8.

Dialogue 3 (The actual recordings are slightly different. This was done on purpose. Students should listen to them more than once, if needed)

SÍLVIA:	– Oi, dona Regina!
REGINA:	– Silvinha! Como vai?
SÍLVIA:	– Vou bem, obrigada. E a senhora?
?	– Estou atrasada. Tchau!
?	– Tchau!

Dialogue 4

RICARDO:	– Oi, seu Osvaldo. Tudo bem?
OSVALDO:	– Tudo bom, Ricardo! Rapaz, você engordou, hem!?
RICARDO:	– É. Deve ser a cerveja e a boa vida. 'Tá com inveja?
?	– Eu??? Ficou maluco? E a família, como vai?
?	– Vai bem, obrigado. Abraço no seu pessoal. Tchau.
?	– Tchau.

Note: *Está* or *'tá com inveja* means "Are you jealous?;" *Ficou maluco?* means "Are you nuts?;" *Abraço no seu pessoal* means "Give my best to your folks." The actual recording is different, but very close, for example, *como você 'tá gordo*.

Dialogue 5

SÍLVIA:	– Oi, dona Regina! Como vai a senhora? Quanto tempo!
REGINA:	– Silvinha! Você por aqui? Como você está bem! E a família, como vai?
SÍLVIA:	– Todo mundo vai bem, obrigad<u>o</u>. E a senhora?
?	– Sempre com altos e baixos, mas a gente vai levando. Aparece lá em casa (n)este fim de semana.
?	– (Es)tá bem. Vou sim. Tchau!
?	– Tchau, Silvinha!

Note: Sílvia actually says *obrigad<u>o</u>*, in the recording.

Dialogue 6 (This dialogue is more playful, with a "stronger" cultural touch. Duda and Zeca are nicknames for Eduardo and José. If needed, the teacher can wait to use this dialogue later on, until students become more proficient in the Portuguese. Duda is from Minas and Zeca is from Espírito Santo)

(Duda, screaming from the window of a bus, to Zeca, at the bus stop)

DUDA:	– Qualé seu vagabundo! Falaê!
ZECA:	– Seu sacana! Veja só . . . 'cê deu um ninja na gente, hem! Quando vai ser o churrasco?

– Sábado agora, lá em casa, na hora do almoço. 'Cê vai lá?
– Apareço sim.
– Juízo, hem rapaz!
– He, he, he . . . Beleza! 'Cê também!

Notes:

Seu sacana! (This expression is considered too vulgar by many people, but it is very common among male close friends) You, little devil! Little rascal! *Span. ¡Granuja!, ¡Eres un sinvergüenza!*

On March 3rd. 2007, the Jornal Nacional (Rede Globo) showed a press interview given by the mayor of São José, in the Grande Florianópolis, Santa Catarina, in which he uses the word *sacanagem* (Eng. "mean trick; bull-shit") while defending his nepotism: "-... *vou exonerar até a primeira-dama, o que é uma sacanagem! Vamos e venhamos...*

Dar. um ninja: disappear like magic, as a Ninja Turtle character does. *Span. Desaparecer como si fuera mágica, como lo hace uno de los personajes tortuga de los Ninjas.*

Juízo, hein rapaz! (hein = hem) You better behave, man. *Span. ¡Ojo!/¡Pórtate bien, hombre!* The speaker is from Minas, and he says *rapaz* and not *rapáz*.

0.10 Translation

Translations are helpful drills for Spanish speakers because they make students aware of subtle differences in spellings and meanings between Portuguese and Spanish. They will be available at the end of all units in this course.

Exercise 3 – The following Spanish sentences are based on preceding dialogues. Translate them into Brazilian Portuguese using the dialogue as a guide.

1. Estoy bien, gracias.
2. ¡Hombre! Te ves gordo.
3. ¿Qué tal?
4. ¿Cómo está Ud., señora?
5. ¡Hola! señora Regina.
6. Bom dia, seu Oswaldo. Como vai o senhor?
7. ¿Qué dices? ¿Cómo estás?

Suggested answers: 1. Vou bem, obrigada(o); 2. Rapaz! Como você 'tá gordo; 3. Como vai? or Tudo bem?; 4. Como vai a senhora? 5. Oi, dona Regina! 6. Buenos días señor Oswaldo, como está? 7. Falaê! Como vai?

0.11 Dictation

Dictations are also helpful drills for Spanish speakers because they make students aware of subtle differences in spellings between Portuguese and Spanish and they provide a powerful visual aid to remember common expressions. Like the translations, they will be available at the end of all units in this course.

The instructor may read the following short dialogues twice each, for a preliminary drill and give instructions to the students to transcribe the dialogues. Then a few students should read aloud what they have written.

1. SÍLVIA: – Regina, tudo bem?
   REGINA: – Bem, obrigada.

2. RICARDO: – Oi, seu Osvaldo. Como vai?
   OSVALDO: – Vou bem, obrigado. E você?

For additional dictation dialogues, we suggest using dialogues 1-6 in the previous pages (section 0.9) and expressions in section 0.8.1.

0.12 Brazilian Popular Music (*Música Popular Brasileira – MPB*)

 Following is a first text in Brazilian Portuguese to spark the students' curiosity. Students are not expected to understand it. A Spanish translation follows immediately. The text is not supposed to be used or studied in the classroom in the first unit; it is provided simply for the students' enjoyment and to give students a preliminary feeling about the similarities and differences between Brazilian Portuguese and Spanish.

As músicas populares do Brasil apresentadas no final de cada unidade deste livro fazem parte de uma atividade facultativa deste programa. Cabe ao professor decidir como utilizá-las na aula, mas o autor deste livro tem utilizado essas músicas nos 2–3 primeiros minutos de cada aula. Basta tocar a mesma música antes de cada aula enquanto durarem as unidades. Não é necessário explicar o conteúdo das letras, embora às vezes isso possa ser feito. Os estudantes gostam destes primeiros minutos com música antes de começar a aula. Em outras palavras, é uma espécie de preparação inicial para cada aula.	*Las canciones populares del Brasil presentadas al final de cada unidad de este libro forman parte de una actividad facultativa de este programa. El profesor puede decidir cómo las utilizará en la clase, pero el autor de este libro ha estado utilizando esas canciones en los 2–3 primeros minutos de cada clase. Basta con tocar la misma canción mientras duren las unidades. No es necesario explicar el contenido de las letras, aunque a veces se pueda hacerlo. Les gustan a los estudiantes estos primeros minutos con canciones antes de comenzar la clase. En otras palabras, es una especie de preparación inicial a cada clase.*
As músicas foram selecionadas de acordo com o apelo ilustrativo de cada	*Se seleccionaron las canciones por el atractivo ilustrativo de cada una. Esas*

uma. Essas músicas acrescentam algo mais aos pontos estudados em cada capítulo. Além disso, essas músicas têm uma certa importância histórica no desenvolvimento da música popular do Brasil. Foram selecionados compositores já estabelecidos para assim evitar que as músicas caiam em desuso. O professor pode acrescentar outras músicas que sejam do seu próprio repertório. É boa prática manter uma relação entre a letra apresentada e os pontos estudados, embora isto não seja estritamente necessário.

A seleção não é nem pretende ser representativa do que é a MPB. Faltam excelentes compositores por falta de espaço, por problemas de obtenção de direitos de reprodução e muitas outras razões que não têm nada que ver com a importância do compositor.

canciones agregan algo más a los puntos estudiados en cada capítulo. Además, esas canciones tienen una cierta importancia histórica en el desarrollo de la canción popular en Brasil. Se buscó seleccionar compositores ya establecidos y, de esta manera, evitar que las canciones se caigan en desuso. El profesor puede añadir otras canciones que sean de su propio repertorio. Es buena práctica mantener una relación entre la letra presentada y los puntos estudiados, aunque esto no es estrictamente necesario.

La selección no es ni pretende ser representativa de lo que es la música popular brasilera. Faltan excelentes compositores por falta de espacio, por problemas de obtención de derechos de reproducción y muchas otras razones que no tienen nada que ver con la importancia del compositor.

Velha Guarda da MPB: (*second from left*) Donga, Ataulfo Alves, Pixinguinha (center, dark suit), J. Cascata (*rear*), João da Baiana, Ismael Silva and Alfredinho do Flautim. Courtesy of *Veja* Magazine

Unit 1. Primeiros Contatos

OBJECTIVES

This lesson introduces basic information about Brazil and Brazilian Portuguese. It covers regular verbs, the verb *gostar (de)*, articles, gender and number. Pronunciation drills start with the two open vowels to give students the most exposure possible to these vowels.

Likewise for Spanish, in Brazilian Portuguese it is crucial to realize that the verb subject or the "actor" in a sentence is often not explicit. When it is implicit, it is because the context or verb morphology is sufficient in pointing out who or what the subject or "actor" is. Drills in this unit and in this book include the use of implicit subjects.

Remember that the dialogue scripts for the recordings in this course simply served as guide to the speakers. The speakers were instructed to use the written texts as guides and to change the texts as they feel like, as they performed.

- *Context* – University settings, first contacts with Brazil and its language.
- *Grammar* – Indicative Mode, Present of Regular Verbs; Definite and Indefinite Articles; Noun Gender and Plurals; Spanish *gustar* and Portuguese *gostar* **de**.
- *Pronunciation* – You will be introduced to three Brazilian Portuguese sounds to be learned: two oral vowels, /ɛ/ and /ø/, and one nasal vowel, /ĩ/. Then you will learn how Brazilian Portuguese combines *d* and *t* with the vowel *i*, to create sounds that are similar to English "j" and others, e.g. **J**oe; and Spanish and English "ch" as in *chico* and *chin*.
- *Vocabulary* – You will learn vocabulary related to the university, the names of languages, common expressions for introductions, greetings, leave-takings, and a number of frequent nicknames (*apelidos*).
- *Conversation* – You will be able to introduce yourself to someone, to greet people, to say what you do in class, to ask the location of buildings and places on campus, and to use basic vocabulary related to university life. Then, you should attempt to be imaginative with the language, even if you commit mistakes. Its is important to take risks. As we say in Brazil, a misstep or a *faux pas* helps standing up, correcting posture (*o tropeção ajuda a endireitar-se*). "Stand up" and try again, until you feel in control.
- *Song* – "O Estrangeiro" (1989) by Caetano Veloso
- *Writing Drills* – Vocabulary groupings by topic and rewriting of dialogues studied.

This units may take approximately 5 to 6 classes of 50 minutes each.

1. Na Universidade

Observe in all dialogues that some words and expressions are more frequent than others, e.g. "Não sei," "Acho que." At the beginning, it may be helpful to pay more attention to them and use them as much as possible. Once you feel that you have acquired them, move on to other ones.

These three photos were taken on the campus of the Universidade Federal do Espírito Santo – UFES – in Vitória, Espírito Santo, Brazil. (2003)

1.1 Dialogue: O Primeiro Dia na Universidade

Emilio, a student from Mexico, has just arrived in Brazil to study. This is his first day in the university. Note that toward the end of the dialogue, the names of Emilio and Antônio were left out on purpose. You are supposed to guess who is speaking.

EMILIO: – *Oiga, ¿habla Ud. español?*

ANTÔNIO: – Entendo um pouco de castelhano . . .

EMILIO: – *¿Castellano? . . . ¿Por qué no español?*

ANTÔNIO: – [Thinking]

EMILIO: – *¿Acaso existe una diferencia entre el castellano y el español?*

ANTÔNIO: – Huumm . . . 'Sei não . . . Parecem ser a mesma coisa, né [informal, same as "não é"]?

EMILIO: – *Me parece que sí hay una diferencia. No se habla el castellano en Latinoamérica. Me acuerdo de que hace algún tiempo un amigo me explicaba eso.*

ANTÔNIO: – É mesmo?

EMILIO: – *Sí, sí, ahora veo. En España la lengua principal es el castellano, que por tradición se habla en el Centro y Norte de España. Puede que esté equivocado, pero me parece que los que vinieron a Latinoamérica hablaban otro tipo de español. Tal vez el español que se habla en el sur de España. Curioso, ¿no?*

             – É . . .

             – *En Europa la gente tiene muy en cuenta esas cosas. Para ellos lo que se habla en el Brasil es el brasilero o brasileño.*

             – Ah, não. Aqui nós falamos português.

             – *Eso no es lo que piensan los portugueses ni los europeos.*

             – Acho que eles estão enganados.

             – *Es bastante común en Europa que la gente diga que en los* EE.UU. *se habla americano, en Inglaterra se habla inglés, en México se habla mexicano, en el Brasil se habla brasilero y demás.*

             – Que gozado! Então não falamos português no [*en el*] Brasil?

             – *Me parece que no. El portugués se habla en Portugal.*

             – Quando eu contar isso ao meu professor de português, ele vai ficar furioso.

             – *Ya se me olvidaba lo que le iba a preguntar: ¿Dónde está la oficina de español?*

             – Oficina do espanhol? Aqui na universidade?

             – *Sí. Tengo que hablarle a la secretaria del departamento de español.*

ANTÔNIO (em dúvida):– Ah, sim! A secretaria de espanhol fica logo ali. A oficina do seu amigo eu não sei, não.

             – *Ah . . . Gracias.*

             – De nada.

Dialogue notes:

"*Sei não* is a common and shorter way to say *Não sei, não.*

"*Crer* does exist in Portuguese; *achar* and *acreditar*, however, are much more common equivalents of Spanish "creer" and "pensar." This seems to be a consequence of the unpleasant-sounding forms of *crer* to the Brazilian ear: *eu cri, elas criam*, etc.

Oficina (in Spanish) = *secretaria* (in Portuguese; the stressed vowel is "i").

Secretaria (in Spanish) = *secretária* (in Portuguese; the stressed vowel is "á")

Campus of the Universidade Federal do Espírito Santo – UFES – in Vitória, Espírito Santo, Brazil. (Photos 2003)

Questions

Most of the answers to the following questions can be found in the dialogue. Use the vocabulary listing at the end of this unit, if needed. If necessary, refer to the two following pages for verb forms or the verb appendix at the end of this book. **Remember that all exercises in this course are immediately followed by suggested answers. But make sure that you cover these answers until you have yours.** The dialogues and other audio and visual exercises are designed for passive learning, that is oral comprehension.

1.   Como Antônio responde à pergunta: "Por favor, você fala espanhol?"
2.   Qual é a língua do Antônio?
3.   Antônio acha que os europeus e os portugueses têm razão em falar que no Brasil se fala brasileiro?
4.   A quem Antônio vai contar que no Brasil se fala brasileiro?
5.   Quando Emilio pergunta onde é o escritório de espanhol, Antônio entende o quê?
6.   Você acha que há muita diferença entre português e espanhol?

Keep the answers below covered until you have yours. ☺

Suggested answers: 1. Antônio explica que ele entende um pouco de castelhano; 2. Ele fala o português do Brasil; 3. Não. Antônio acha que eles estão enganados; 4. Ele falou que vai contar ao professor dele; 5. Antônio entende "oficina", que em português e em espanhol são duas palavras diferentes; 6. Há sim menos diferença do que as diferenças entre o português e o italiano ou francês, porém há muitas diferenças.

1.2 Indicative Mode, Present Tense

1.2.1 Regular Verb Forms

Conjugation	Infinitive	Pronunciation
First	trabalh**Ar** "to work"	[trabaliyáR]
Second	com**Er** "to eat"	[kuméR]
Third	part**Ir** "to leave"	[paRʧíR] "ti" = *Span.* "ch"

1.2.2 Present Tense

Subject Pronoun	Verb Forms	Pronunciation
	TRABALHAR	
Eu	trabalh**o**	[éᵘ tra.bá.liyu]
Tu	trabalh**as**	[tu tra.bá.liyaS]
Ele, ela	trabalh**a**	[é.li έ.la tra.bá.liya]
Nós	trabalh**amos**	[nóS tra.ba.liyá.muS]
Vós	trabalh**ais**	[vóS tra.ba.liyáiS]
Eles, elas	trabalh**am**	[é.liS έ.laS tra.bá.liyãᵘ]

The full set of verb forms is given once only for illustration. From here on the course gives only the four common verb forms. Appendix 10 contains all forms. The *vós* is not normally used in Brazilian Portuguese. The *tu*-form still exists in some varieties of Brazilian Portuguese.

In the introduction, it was explained that Portuguese and Spanish don't use explicit subjects or "actors" if the context, verb morphology and other factors allow. The term "subject" is a syntactical term; "actor" (or "agent") is the semantic equivalent of "subject." They are used in this course as synonyms. Native speakers know who or what the actor is because of the verb ending or other information contained in the sentence. In such situations the use of an explicit actor or subject is not *economic*, it is redundant.

English uses explicit subjects in nearly all English sentences because its verb morphology rarely changes (*I **ate**, you **ate**, he **ate**, we **ate**, they **ate**, I **eat**, you **eat**, she **eats**, we **eat**, they **eat***, etc.). Therefore, the first thing to do upon reading Portuguese and Spanish sentences is to **focus** on the verb **ending**. Then, if necessary, look for an explicit subject if there is one. Below, there are some drills regarding the use of implicit subject.

Therefore, as the verb morphology below is studied, students should pay attention to the verb endings.

COMER

Eu	como	[éᵘ kṍ.mu]
Você, ele, ela	come	[vo.sé, é.li, ɛ́.la kṍ.mi]
Nós	comemos	[nóS ku.mẽ́.mus]
Vocês, eles, elas	comem	[vo.séⁱS, é.liS, ɛ́.laS kṍ.mẽⁱ]

PARTIR

Eu	parto	[éᵘ páR.tu]
Você, ele, ela	parte	[vo.sé, é.li, ɛ́.la páR.ʧi]
Nós	partimos	[nóS paR.ʧí.muS]
Vocês, eles, elas	partem	[vo.séⁱS é.liS ɛ́.laS páR.tẽⁱ]

LEITURA DE NÍVEL AVANÇADO

As indicated in the transcriptions above, in Brazilian Portuguese, vocalic sounds followed by nasal consonants, i.e. "m, n, nh," tend to be nasalized when they are in a **strong** position. They can be in a strong position in a variety of ways. For example, they are strong if they are stressed (*ca.ma*), if they are followed by a nasal consonant that is before a pause (*ti.nham*), if the nasal consonant is followed by another consonant (*gen.te*), and so forth. In the verb conjugation above, the vowels followed by "m" are strong and therefore nasalized, because they are either stressed (*come, comemos, partimos*) or followed by a pause (*comem, par.tem*).

On the other hand, the first *o* [u] in *co.me.mos* is weak. This "o" is not stressed, not followed by a pause, and the "m" after it is followed by the vowel "e" and not by a consonant.

FIM DA LEITURA DE NÍVEL AVANÇADO

Exercise 1 – Implicit Subject Identification and Verb Forms. Firstly, write in parentheses the subject according to the verb ending. Remember that in Portuguese, like in Spanish, verb endings and the context tell the subject. This often makes it unnecessary to write the subject. On the other hand, in English it is always necessary to write the subject because in general there are no verb ending like in Portuguese and Spanish. After finishing the first part of this exercise, fill in the correct form of the verb in items 1-10.

a) Me cham**o** Oswaldo. (Subject? ___)
b) Acab**am** de chegar. (Subject? ___)
c) Trabalh**o** sim, e muito. (Subject? ___)

d) Nunca com**emos** lá. (Subject? ___)
e) Não ach**o** ele inteligente, não. (Subject? ___)
f) Entend**o** um pouco de castelhano. (Subject? ___)
g) Fic**a** logo ali em frente da casa do Alberto. (Subject? ___)
h) Est**ão** enganados, Ricardo. (Subject? ___)
i) Como v**ai**? (Subject? ___)
j) V**ou** bem, Neide. Obrigado. (Subject? ___)

1. And**o** com ele.
    Nós
    Você
    Elas

2. Trabalh**o**.
    Tu
    Ele
    Nós
    Vós
    Eles ganham. ☺

3. Assist**em** às aulas de português.
    (**às** is the contraction of the preposition **a** + article **as**)
    Nós
    Eu
    Você

4. Abri**mos** os cadernos.
    Eu
    Pedro e José
    Ela

5. Escrev**em** cartas.
    Nós
    Eu
    Ele

6. Você imagin**a** muitas coisas.
    Eu
    Ricardo e eu
    Vocês

7. Jorge part**e** em uma semana.
    Eu
    Celso e Osvaldo
    Nós

8. Ach**o** que ela tem razão.
   Jair e eu
   Vocês
   Ela

9. Trabalh**o** e ganh**o** bem.
   Você _____ e _____ mal.
   Nós _____ e eles _____.

10. Eu cor**ro** e vocês fic**am** parados.
    Ela _____ e ele _____ _____.
    Elas _____ e nós _____ _____.

Answers: a) eu; b) eles, elas, vocês, etc.; c) eu; d) nós; f) eu; g) neutro: alguma coisa, algo, isso, o lugar, ele, etc.; h) eles (enganad<u>os</u>), vocês, etc.; i) você, o senhor, a senhora, ele, etc.; j) eu. 1. andamos, anda, andam; 2. trabalhas, trabalha, trabalhamos, trabalhais; 3. assistimos, assisto, assiste; 4. abro, abrem, abre; 5. escrevemos, escrevo, escreve; 6. imagino, imaginamos, imaginam; 7. parto, partem, partimos; 8. achamos, acham, acha. 9. trabalha-ganha; trabalhamos-ganham; 10. corre-fica parado; correm-ficamos parados.

Exercise 2 – Identify the subjects/actors in the dialogue below. Indicate if the subject is implicit because of the form of the verb (verb morphology) or if it is because of the context.

Dialogue	Subject/Actor implicit or explicit? If implicit, what cues you?
- Bom dia, Dona Júlia!	
- Bom dia, seu Álvaro. Como (1) v**ai** a família?	(1) _____
- Todos (2) v**ão** bem, obrigado. E o seu filho [*su hijo*], (3) consegu**iu** o emprego [*consiguió el empleo*]?	(2) _____ (3) _____
- Ah, sim... (4) Tev**e** sorte [*tuvo suerte*] e já (5) começ**ou** a trabalhar.	(4) _____ (5) _____
- Que bom! (6) Tudo de bom p'ra ele.	(6) _____
- Obrigado. (7) P'ra senhora também.	(7) _____
- Adeuzinho.	
- Até mais, Da. Júlia.	

Answers: (1) explícito, a família; (2) explícito, todos; (3) explícito, o seu filho or implicit, ele; (4) implícito, ele (verb morphology); (5) implícito, ele (verb morphology); (6) implícito, "eu-Da. Júlia" (context: "eu desejo"); (7) implícito, "eu-seu Álvaro" (context: "eu desejo o mesmo")

1.3 Pronunciation: /e/, /ɛ/; /o/, /ø/; /i/, /ĩ/; "ti, t<u>e</u>, di, d<u>e</u>"

This section introduces the following about Brazilian Portuguese: (1) a summary of general rules of pronunciation, (2) lip configurations of the seven oral vowels, and (3) the specific pronunciation of two oral open vowels, /ɛ/ and /ø/, often represented by the letters "é, ó;" one nasal vowel, /ĩ/, represented by the letters "-in, -im;" and the alveopalatal pronunciation of the two consonants "t, d" when they are followed by the letter "i" ("ti, di") or by the letter "e" when "e" is pronounced as [i].

> The next pages contain some mechanical drills to help students to understand how pronunciation in Brazilian Portuguese works. Do not overuse them because their excessive repetition may end up confusing you. These drills were prepared to alert the student about these differences. It may be sufficient to work once on each of them. The actual mastering of all new sounds will come more effectively in actual discourse and in classroom activities that give the student a chance to **use** the language beyond simple repetition of words and sentences.

The general rules of pronunciation below are intended as a quick reference guide to be studied and revisited as the course progresses.

1.3.1 Nine Simplified Rules of Pronunciation

These rules are based on the accent of television speakers at national level, in Brazil. Although these rules work for the most part of Brazil, there are areas where we find differences. Instructors may want to comment on these differences.

It is preferable to avoid the terms "stressed" and "non-stressed" because of the theoretical implications behind them. It is more practical and appropriate for this course to use the terms "strong" and "weak" instead (See also section 1.2.1). Furthermore, any word with more than one written vowel will have one vowel that is more prominent than the other vowel(s).

With the exception of the **function words** that have only **one vowel**, e.g. *o, a, os, as, que, de, em, por, me, te, se, lhe* and so on, all words have one stronger vowel. Words with more than one vowel have a **strong**er vowel; the other or the others are **weak**er. **Function words** are part of a group of words that function as connectors of words or other linguistic units or are attached to words, e.g. prepositions, conjunctions, articles, object and relative pronouns.

Open vowels like the ones in *v<u>o</u>vó, Zez<u>é</u>* and many others are not presented with these rules because it is not possible to fully predict when they will occur. Learning when to use them requires different strategies. But it is helpful to know that **open vowels** occur in **strong ("stressed")** syllables.

The changes below are based on the **written** language. The actual **sound** is represented **in brackets**.

RULE 1.   **Weak** *e* is pronounced as **[i]**: *diferente* → *diferent*[i].

         Note: The written vowel *e* is always "weak" in pos-strong position (*onde, antes*) and in monosyllabic function words (*e, em, se, de, me, que*)

RULE 2.   In **pre-stressed** position *e* may be weak or not. It is normally weak in the pre-stressed sequences **en-, em-, des-,** and **es-**: *en*tregar, *des*ligar, *em*pacotar, *Es*panha, *des*truir, *es*tou, *des*fazer.

RULE 3.   When the **letters** *t* and *d* are followed by the sound **[i]** or by the letter *i*, they are pronounced as **[ṭi]** and **[ḍi]**, respectively: *diferent*[i] from rule 1 becomes [ḍ]*iferen*[ṭi], that is [ḍi.fe.rẽ́.ṭi].

         Note: Obviously, rule 3 only applies if [i] is present. If the letter "e" is pronounced as [e], then **t** and **d** do not change. Hence, words like *teatro, futebol, depois* may often be heard as [te.á.tru], [fu.te.bǿ^u], [de.póⁱS]. In some northeastern dialects, **t** and **d** are always dental, like in Spanish.

RULE 4   Likewise for *e*, in rule 1, when the letter *o* is "weak" it becomes [u]. Therefore, *pouco, o, do, acho, acabo* are pronounced as [pó^u.ku], [u], [du], [á.šu], [a.ká.bu].

RULE 5   The letter *l* in syllable final position is normally [^u]:

Brasil	=	[bra.zí^u]	BUT	*brasileiro*	= [bra.zi.léⁱ.ru]
faltar	=	[fa^u.táR]		*falar*	= [fa.láR]
azul	=	[a.zú^u]		*azulado*	= [a.zu.lá.du]
Elza	=	[é^u.za]		*Elisa*	= [e.lí.za]
sol	=	[sǿ^u]		*solar*	= [so.lár]

RULE 6   A **strong vowel** followed by *s* or *z* in **word final position** produces an additional *i-zinho*: **vogal** + ⁱ + **S**:

três	→ [treⁱS]	BUT	*máscara*	→ [máS.ka.ra]
				(but not *[maⁱS.ka.ra])
rapaz	→ [Ra.páⁱS]		*matas*	→ [má.taS]
				(but not *[má.taⁱS])

Note: This rule 6 does not apply to the dialect of Minas Gerais.

RULE 7   Brazilian Portuguese in general adds a supporting *e* [i] vowel when a syllable ends in stop consonants (**p t k b d g**), **f** and **v**, creating a new syllable, af.ta → á.fi.ta, Prav.da → Prá.vi.da, Nick → Nique, etc.

objeto	[o.bi.žé.tu]	*técnico*	[té.ki.ni.ku]
advogado	[a.di.vo.gá.du]	*pneu*	[pi.néu]

Observe the following linguistics loans from English:

piquenique	[pi.ki.ní.ki]	*espaguete*	[iS.pa.gé.ʈi]
pingue-pongue	[pĩ.gi.pő.gi]	*esputinique*	[iS.pu.ʈi.ní.ki]

Davide or *Davi* for David, *Oswalde* for Oswald, *bigue* for big, etc.

RULE 8   The intervocalic letter "**s**" becomes [**z**]:

preside nte	*O s alunos e professore s se manifestaram contra Da. Teresa.*
maravilho sa	*Os parques são a s áreas mai s agradáveis das cidades.*

Note: In fact the letter "z" in world final position is actually [s], (e.g. pa z). However, when there is a link this same rule applies:
paz e amor = [páⁱ.zi.amór]

RULE 9   Do not pronounce the consonants **m** and **n** in word final position. Observe:

V + m or n → ~~m~~ ~~n~~		→ [$\tilde{V}^{\tilde{v}}$] or [$\tilde{V}$]
também	→ *també~~m~~*	→ *tamb*[ɛ̃ⁱ]
falam	→ *fala~~m~~*	→ *fa*ʎ[ã ͫ]
garçom	→ *garço~~m~~*	→ *garç*[õ] or *garç*[ã ͫ]
hífen	→ *hífe~~n~~*	→ *híf*[ɛ̃ⁱ]

Checking comprehension – Apply the preceding rules of pronunciation in the following dialogue. First read the dialogue aloud. Then, write a phonetic transcription of it.

STUDENT 1: – O português é diferente do espanhol?
STUDENT 2: – Acho que é a mesma coisa.

Transcription: STUDENT 1: [u poR.tu.geⁱ.zé ɖi.fe.ré.ʈi du iS.pa $\tilde{}^{ⁱ}$.ỹóᵘʔ]
                 STUDENT 2: [á.šu kⁱ έ a méZ.ma koⁱ.za]
                 Intonation in phonetic transcriptions can be represented with arrows, but this course uses a question mark "ʔ," instead.

1.3.2 Lip Configurations of the Seven Oral Vowels of Brazilian Portuguese

The images below may help understanding how subtle and still critical is the shape of the lips in the production of open vowels in Brazilian Portuguese. Study the images of the open vowels taking into account all the other vowels.

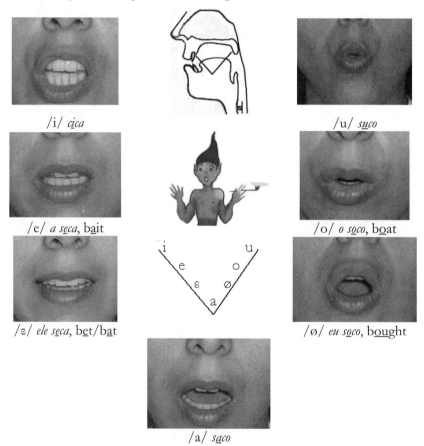

/i/ *cica*

/u/ *suco*

/e/ *a seca*, b<u>ai</u>t

/o/ *o soco*, b<u>oa</u>t

/ɛ/ *ele seca*, b<u>e</u>t/b<u>a</u>t

/ø/ *eu soco*, b<u>ough</u>t

/a/ *saco*

Figure 2 Lip configurations of the seven oral vowels of Brazilian Portuguese, /i/, /e/, /ɛ/, /a/, /o/, /ø/ and /u/. Spanish does not have the open vowels /ɛ/ and /ø/. For this reason, English examples are used. The photos are of a Brazilian adult female.

1.3.3 The Vowels /e/ and /ɛ/, /o/ and /ø/

 **LEITURA DE NÍVEL AVANÇADO**

Most pronunciation descriptions made for the purpose of teaching rely on traditional articulatory phonetics. In other words, the production of open vowels is traditionally described in terms of the movements of the jaws, the shape of the lips or the opening between the tongue and the roof of the mouth. We can often become confused with these descriptions for a number of reasons. One of them is because we cannot *see* the complete image of tongue movements inside the mouth. Another difficulty is that the differences between vowels are not as distinct as for consonants.

In the case of open and closed distinction the differences are even less noticeable. Factors such as the movements of the back of the tongue, total spaces created by tongue shape, lip rounding, front versus back vowels, they all play a significant role in the distinction of one vowel from another. Therefore, it would be unnecessarily long and complex to discuss these factors within the scope of this course.

Therefore, we will avoid to discuss the actual articulatory description of open and closed vowels. We chose to use a practical alternative which is to firstly train ours ears and then try to produce these vowels in isolated words and sentences, and eventually in spontaneous dialogues (discourse). Since English lax /ɛ/ and tense /ø/ vowels are **to some extent** similar to the open vowels of Portuguese, we will also use English as an interface between Portuguese and Spanish. Once the student **hears** these differences, then we can move on to the production of these open vowels. This is similar to what we do naturally in our early ages learning our native language.

**FIM DA LEITURA
DE NÍVEL AVANÇADO**

1.3.3.1 Auditory Identification

You will hear a series of words read in groups of three. Each group contains one word that does not belong. Once you feel comfortable in identifying which word does not belong to the group, you have made a major step toward mastering the sounds of Brazilian Portuguese. Stop the recordings as needed.

The words you will hear in Exercise 1 come from Brazilian Portuguese. But before you go into Brazilian Portuguese, observe how this perceptual test would be in English:

(a) bet   (b) bet   (c) bait   (d) All the same — Answer: (c)
(a) boat   (b) bought (c) boat   (d) All the same — Answer: (b)
(a) seat   (b) seat   (c) seat   (d) All the same — Answer: (d)

Auditory exercise 1. Listen to the recordings and then check your answers with the answers below. In class the instructor can repeat these drills with different answers. *Cuidado* because in some groups there may be no difference.

Group 1: sol vs sou	(a)	(b)	(c)	(d) All the same
Group 2: cerca (n.) vs cerca (v.)	(a)	(b)	(c)	(d) All the same
Group 3: vim vs vi	(a)	(b)	(c)	(d) All the same
Group 4: pô vs pó	(a)	(b)	(c)	(d) All the same
Group 5: leu vs léu	(a)	(b)	(c)	(d) All the same
Group 6: si vs sim	(a)	(b)	(c)	(d) All the same
Group 7: olho (n.) vs olho (v)	(a)	(b)	(c)	(d) All the same
Group 8: gosto (n.) vs gosto (v.)	(a)	(b)	(c)	(d) All the same
Group 9: deste (dem.) vs deste (v.)	(a)	(b)	(c)	(d) All the same
Group 10: força (n.) vs força (v.)	(a)	(b)	(c)	(d) All the same

Answers for the recording: Group 1, (b); Group 2, (b); Group 3 (b); Group 4 (a); Group 5, (c); Group 6, (d); Group 7, (a); Group 8, (a); Group 9, (c); Group 10, (c).

 Auditory exercise 2. Let's make the preceding exercise a little more challenging. Instead of isolated words, we will work with short sentences. Tell which sentences are significantly different.

As an illustration, we show below a similar perceptual test in English. We cannot do the same with Spanish because open vowels are not phonemes in Spanish.

Suppose your hear the following sentences in English:

Group 1		Group 2	
a) Saw what?		a) Give me a bet	
b) So what?		b) Give me a bet	
c) Saw what?		c) Give me a bet	
d) All the same		d) All the same	

The answer is 1 b) and 2 d).

Now, let's work on Brazilian Portuguese. Listen to the three sentences in each set and then decide which one is **significantly** different.

Group 1:   a) Ei! Isso aí é meu/mel.
             b) Ei! Isso aí é meu/mel.
             c) Ei! Isso aí é meu/mel.
             d) All the same   Your answer:

Group 2:   a) Nossa! Você queimou o olho/óleo.
             b) Nossa! Você queimou o olho/óleo.
             c) Nossa! Você queimou o olho/óleo.
             d) All the same   Your answer:

Group 3:   a) Agora repitam: ele/ele.
             b) Agora repitam: ele/ele.
             c) Agora repitam: ele/ele.
             d) All the same   Your answer:

 Auditory exercise 3. Your instructor will read aloud the seven words below. Circle the ones that contain the open /ɛ/.

janela, caneta, ele [he], este [this], leste [east], sexta, sesta.

 Auditory exercise 4. Your instructor will read aloud eight words. Circle the ones that contain the open /ø/. <u>After</u> <u>you</u> <u>finish</u>, <u>work</u> <u>with</u> <u>the</u> <u>videos</u>, but first read the instructions below. Then, go to page 51 to continue you work with the audio recordings.

senhor, senhora, copo, novo, nova, corpo, jogo, [eu] jogo.

Answers: G1 a; G2 b; G3 b; Auditory exercises 1 and 2: janela, este [east], sesta; senhora, copo, nova, [eu] jogo.

1.3.3.2 VISUAL Identification of Brazilian Portuguese Sounds

 VIDEOS – All natural languages combine the use of speech sounds with facial and body gestures. Noticing facial gestures in a language may help our speaking. Work with the two sets of videos. One of them has sound and the other does not. Work back and forth between them and train yourself to understand the facial gestures of the speakers, especially their lip movements.

The videos are identified with the Unit number, letters in alphabetical order, page number, etc. Use the letters in alphabetical order as your reference. First, work with the soundless videos. Then, check the answers below and open the videos with sound.

Visual Exercise – According to the facial expressions in the soundless videos, which are the words or/and expressions said by the speakers?

a. ( ) Oi.   ( ) Olá.
b. ( ) Um motel   ( ) Um hotel
c. ( ) Só   ( ) Sou
d. ( ) Isso aí é mel.   ( ) Isso aí é meu.
e. ( ) Tudo bem   ( ) Também
f. ( ) Onde está o meu?   ( ) Onde está o seu?
   ( ) Onde está o céu?
g. ( ) Ela pôde trabalhar.   ( ) Ela pode trabalhar.
h. ( ) Sou eu mesmo.   ( ) É ela mesma.
   ( ) Só eu mesmo.

Answers to soundless videos: a. (x) Oi; b. (x) Um hotel; c. (x) Sou; d. (x) Isso aí é meu; e. (x) Também; f. (x) Onde está o seu?, (x) Onde está o céu?; g. (x) Ela pode trabalhar; h. (x) Sou eu mesmo. (x) Só eu mesmo.

1.3.3.3 Comprehension and Production

Listening and Pronunciation – Exercise 1. Repeat once the following words after your instructor. Then, transcribe them phonetically.

pê, pé, deça, dessa, vovô, vovó, pôde, pode, [eu] selo, selo.

Suggested answers to all of the words: [pe], [pɛ], [désa], [dɛ́sa], [vovó], [vøvǿ], [pódi], [pǿdi], [sélu], sɛ́lu].

Trava-língua – O Malandro

As a fun break, read aloud the following tongue twister from the speech of a *malandro*. Depending on the context the word *malandro*, probably derived from Italian *malandrino*, can have negative or positive connotation, such as little rascal, fox, trickster, rogue, bum, smart, reverent, false, lazy, etc.

Ora essa meu caro Lessa, como é que você me dá uma dessa, com um relógio sem peça e gente aqui à beça!

Listening and Pronunciation – Exercise 2. Reinforcing Auditory Identification – Your instructor will read only **one** of the words in each of the following pairs of words. Circle the one you hear. Then read through the list once.

> este [this], leste (east); mossa, moça; posso, poço; pê, pé; deça, dessa; vovô, vovó; pôde, pode; [eu] selo, selo.

Listening and Pronunciation – Exercise 3. Reinforcing Auditory Identification – First listen to the recordings. The recordings contain all the words. Then, read aloud **one** item in each of the pairs of words and sentences. Avoid reading them in pairs. It is suggested that you read one item from each pair or read only one of the columns. For example, instead of reading *cacete* followed by *cassete*, read either *cacete* or *cassete*, and so on.

1. pê	*P*	pé	*pie*
2. pelo	*por el*	pelo	*pelo, descortezo*
3. cacete	*palo*	cassete	*cinta*

4. Olhe o *P* dele!	*¡Mire su P!*
5. Olhe o pé dele!	*¡Mire su pie!*
6. Onde está o seu?	*¿Dónde está el suyo?*
7. Onde está o céu?	*¿Dónde está el cielo?*

8. boto	*tipo de pez*	boto	*pongo*
9. pôde	*pudo*	pode	*puede*

10. Vovô está contente.	*Abuelito está contento.*
11. Vovó está contente.	*Abuelita está contenta.*
12. Ela pôde trabalhar.	*Ella pudo trabajar.*
13. Ela pode trabalhar.	*Ella puede trabajar.*

 Listening and Pronunciation – Exercise 4. First, indicate which ones you hear. Only some of the items below will be read aloud. Then, you read all of them aloud.

1. Fé	10. Essa deve ser Adele.
2. Fê (abreviación de Fernando)	11. Prazer, Jó de Almeida.
3. Bobô (herida, languaje infantil)	12. Prazer, Jô de Almeida.
4. Bobó (plato de camarón)	13. É, gosto mesmo.
5. Poço	14. É gosto mesmo.
6. Posso	15. Sou eu mesmo.
7. Ele (él)	16. Só eu mesmo.
8. Ele (la letra "l")	17. Entendi, é ele sim.
9. Essa deve ser a dele	18. Entendi, é "l" sim.

Answers according to the recordings (In classroom activities the instructor may read different items and thus have different answers):

Answers to Pronouncing Exercise 4: (Listening part) 1, 4, 6, 8, 9, 12, 14, 16, 18.

 Listening and Pronunciation Exercise 5. The song by Caetano Veloso, *O Estrangeiro* at the end of this chapter, has open and closed vowels. The passage below, from the song, has some of them. Listen to the recording, but your instructor can also read the same passage aloud. Indicate the open vowels. Then, read the verses aloud yourself paying special attention to the open and closed vowels.

Pareceu-lhe uma boca banguela.	*Que era tudo quanto havia então de*
E eu, menos a conhecera mais a amara?	*aurora.*
Sou cego de tanto vê-la, de tanto tê-la	*Estão às minhas costas um velho de*
estrela	*cabelo nas narinas*
O que é uma coisa bela?	*E uma menina ainda adolescente e*
O amor é cego	*muito linda*
Ray Charles é cego	*Não olho pra trás mas sei de tudo*
Stevie Wonder é cego	*Cego às avessas, como nos sonhos,*
	vejo o que desejo.
(. . .)	*Mas eu não desejo ver o terno negro*
	do velho

Answers: Column 1: banguela, cego (4), é (4), bela; Column 2: era, aurora, costas, velho (2), olho, cego, às avessas, terno.

1.3.4 The Vowels /i/ and /ĩ/

Brazilian Portuguese has five nasal vowels, in addition to its seven oral vowels. Nasal phonemes in Brazilian Portuguese are relatively easy to learn if they are **inside a word** (e.g. *santo, bondade, interior*). At the **end of words**, nasal vowels and diphthongs will require practice for Spanish and English speakers.

This section presents one of the five nasal vowels, the nasal vowel /ĩ/, represented by the letters "-in, -im," in the written language. Students may become excessively concerned with nasal sounds in Portuguese and exaggerate the nasalization. Therefore, **inflating** of nasalization should be avoided.

 Auditory Exercise 1. Listen to the recordings and then check your answers with the answers below. In class the instructor can repeat these drills with different answers. **Cuidado!** In some groups there may be no difference.

Group 1: dirigindo vs dirigido	(a)	(b)	(c)	(d) All the same
Group 2: sim vs si	(a)	(b)	(c)	(d) All the same
Group 3: vim vs vi	(a)	(b)	(c)	(d) All the same
Group 4: Quito vs quinto	(a)	(b)	(c)	(d) All the same
Group 5: ri vs rim	(a)	(b)	(c)	(d) All the same

Answers for the audio recording: Group 1 (a); Group 2 (b); Group 3 (d); Group 4 (c); Group 5 (c).

 Auditory Exercise 2. Tell if there is one sentence significantly different or if they are all the same.

Group 1:   a) Esse escritor é muito lido/lindo.
            b) Esse escritor é muito lido/lindo.
            c) Esse escritor é muito lido/lindo.
            d) All the same.   Your answer:

Group 2:   a) O bom mesmo é o dindim/Didi. (*dindim*: money (slang))
            b) O bom mesmo é o dindim/Didi.
            c) O bom mesmo é o dindim/Didi.
            d) All the same.   Your answer:

Group 3:   a) Eu vim/vi ontem à tarde.
            b) Eu vim/vi ontem à tarde.
            c) Eu vim/vi ontem à tarde.
            d) All the same.   Your answer:

Answers for the audio recording: Group 1 (d); Group 2 (b); Group 3 (d).

 Auditory Exercise 3. Listen to the following recording below. Then, read them aloud. In class, the instructor may want to repeat this drill.

fita	*cinta*	finta	*drible en fútbol*
cito	*(yo) cito*	sinto	*siento*

Foi uma boa vida	*Fue una buena vida*
Foi uma boa vinda.	*Fue una buena venida*
Ele está fugido.	*Desapareció*
Ele está fugindo.	*Huye*

Transcription and Pronunciation Exercise. First write the pronunciation of the Brazilian Portuguese words, and then pronounce them according to your transcription.

1.	pê	*P*	7. avó	*abuela*
2.	selo	*estampilla*	8. pode	*puede*
3.	avô	*abuelo*	9. vida	*vida*
4.	pôde	*pudo*	10. cito	*cito*
5.	pé	*pie*	11. vinda	*venida*
6.	selo	*[yo] estampillo*	12. sinto	*siento*

Answers: (Remember that these are phonetic symbols, not letters. Therefore, there is only one stress marker, the acute sign (´). The acute sign can be placed over open and closed vowels.) 1. [pe]; 2. [sélu]; 3. [avó]; 4. [pódi]; 5. [pɛ]; 6. [sɛlu]; 7. [avǫ́]; 8. pǫ́ɖi]; 9. [vída]; 10. [sítu]; 11. [vĩda]; 12. [sĩtu].

1.3.4.1 VISUAL Identification of the Vowels /i/ and /ĩ/

 VIDEOS – Again, work initially on the videos that have no sound. Try to understand the words and basic expressions in the videos, based on the facial gestures of the speakers, especially the lips.

 According to the videos, which are the words said by the speakers? After you have your answers, check the answer below and open the corresponding videos with sound.

i. ( ) Sim	( ) Só	( ) Cima
( ) Vim	( ) Vime	( ) Também
( ) Tim	( ) Time	( ) Tudo
j. ( ) Não	( ) Mim	( ) Mime

Answers to videos: i. (x) Sim, (x) Cima, (x) Vim, (x) Vime, (x) Tim, (x) Time; j. (x) Mim, (x) Mime.

1.3.5 Pronunciation of [ʧi] and [ʤi]

According to the nine rules discussed previously, the letters *t* and *d* have a special pronunciation when followed by the vowel letter *i* or the **sound** [i], e.g. *típico, dívida, noite, pode*. In the case of the letter *t*, it sounds like *ch* in both Spanish and English (*chico* and *church*). In the case of the letter *d*, Spanish does not have an equivalent, but English does: *judge*. The letters *t* and *d* in Brazilian Portuguese also undergo these changes whenever the letter *e* is pronounced as [i], e.g. *noite, bode*.

🧑 LEITURA DE NÍVEL AVANÇADO

In Spanish, in Peninsular Portuguese and in some areas of Brazilian Northeast, *t* and *d* are pronounced as dental consonants. In English *t* and *d* are alveolar consonants. In other words, in Spanish these sounds are pronounced by targeting the front of the tongue toward the upper front teeth, whereas in English these sounds are made slightly more inside the mouth, toward the root of the front upper teeth, an area known in phonetics as the alveolar region. In Brazilian Portuguese the tongue contacts the alveolar region in most areas of

Brazil. In spontaneous discourse, though, Spanish *d* tends to lack contact between tongue and upper teeth. For this reason, it is often described as "soft *d*." Spanish speakers need to change their soft pronunciation of "d" as well as "b" and "g" into hard consonants, when speaking in Portuguese and English. The consonants "b, d, g" in Portuguese and English "explode" when pronounced.

**FIM DA LEITURA
DE NÍVEL AVANÇADO**

 Exercise 1 Learn the pronunciation of *t* and *d* when followed by an *i* or [i] in the following words:

par**ti**da	quen**te**	bo**de**	**ti**a
tina	on**de**	chu**te**	excelen**te**
paco**te**	Bete (Elizabe**te**)	consoan**te**	remé**di**o
dívida	**ti**me **de** fu**te**bol	vin**te**	den**te**
mal**di**to	paten**te**	**di**reto	me**di**r

Exercise 2 Identify the sounds [t̬i] (as in *church, chico*) and [d̬i] (as in *judge*) in the following sentences:

1. Entendo um pouco de castelhano.
2. Oficina do espanhol? Aqui na universidade?
3. De nada! Todo mundo vai bem. Aparece lá em casa este fim de semana.
4. Quando Maricela pergunta onde é o escritório de espanhol, Antônio entende o quê?
5. Jorge parte em uma semana, mas Celso e Diana partem amanhã à noite.
6. "A praia de Botafogo era uma esteira rolante de areia branca e óleo diesel." (*O estrangeiro*, Caetano Veloso)
7. "E o Pão de Açúcar menos óbvio possível / À minha frente" (*O estrangeiro*, Caetano Veloso)
8. "Estão às minhas costas um velho de cabelo nas narinas / E uma menina ainda adolescente e muito linda" (*O estrangeiro*, Caetano Veloso)

Answers: 1. Entendo um pouco **de** castelhano; 2. Oficina do espanhol? Aqui na universida**de**? 3. **De** nada! Todo mundo vai bem. Aparece lá em casa este fim **de** semana; 4. Quando Maricela pergunta on**de** é o escritório **de** espanhol, Antônio entende o quê? 5. Jorge **par**te em uma semana, mas Celso e **Di**ana partem amanhã à noite. 6. "A praia **de** Botafogo era uma esteira rolante **de** areia branca e óleo **di**esel." (*O estrangeiro*, Caetano Veloso) 7. "E o Pão **de** Açúcar menos óbvio possível / À minha frente" (*O estrangeiro*, Caetano Veloso) 8. "Estão às minhas costas um velho **de** cabelo nas narinas / E uma menina ainda adolescente e muito linda" (*O estrangeiro*, Caetano Veloso)

1.4 Spanish and Portuguese Diphthongs

 **LEITURA DE NÍVEL AVANÇADO**

Very often, the so-called rising diphthongs *ue* and *ie* in Spanish correspond to the open vowels of Brazilian Portuguese. These same Spanish diphthongs followed by a nasal consonant also correspond more often than not to Brazilian Portuguese -*om*, -*on*, -*em* and -*en* pronounced [õ] and [ẽ] or [ẽ]: *bueno-bom, fuente-fonte, siempre-sempre, diente-dente.*

Rising diphthongs in general, not only *ue* and *ie*, are much less frequent in Brazilian Portuguese than in Spanish. Except in very few cases, e.g. *agüentar*, rising diphthongs are pronounced like hiatus, e.g. *pi.e.da.de, pi.a.da*, etc. and not *pie.da.de, pia.da*, etc.

Falling diphthongs **are common** in Brazilian Portuguese, especially the ones that are a result of "l" changed into "ᵘ" in syllable final position (*saldo* [sáᵘ.du], *solto* [sóᵘtu], *Cacilda* [ka.síᵘ.da], *azul* [a.zúᵘ], *mil* [míᵘ], etc.). The diphthongs *ei* and *ou* are still productive, but they usually become monothongs, that is *ei* shortens to "e" and *ou* to "o," like in *primeiro, manteiga, estou, tesouro*, which are normally pronounced as *primero, mantega, istô, tisoro.*

FIM DA LEITURA DE NÍVEL AVANÇADO

1.4.1 Spanish Stem-Changing Verbs and Their Portuguese Counterparts

 Observe how the Spanish stem-changing verbs change from stressed *e* to *ie*, and from stressed *o* to *ue*, whereas in Portuguese, under similar circumstances the verbs change from /e/ to /ɛ/ and from /o/ to /ø/. The stressed vowels are underlined.

COMEÇAR	COMENZAR
começo /ɛ/	comienzo
começa /ɛ/	comienza
começamos[5] /e/	comenzamos
começam /ɛ/	comienzan

---

[5] In some areas of Brazil, especially in the North and Northeast, pretonic **e** stays open, in prestressed position, e.g. *começamos* /ɛ/.

MOSTRAR	MOSTRAR (*Spanish*)
(eu) m**o**stro [mǿS.tru]	m**ue**stro
(ele) m**o**stra [mǿS.tra]	m**ue**stra
(nós) m**o**stramus [moS.trá.mus][6]	m**o**stramos
(eles) m**o**stram [mǿS.trã ͧ]	m**ue**stran

As we can see from the examples above, most verbs in Spanish that undergo a stem change *o* → *ue* or *e* → *ie,* such as *jugar* → *juego*, *mover* → *muevo*, *comenzar* → *comienzo*, have counterparts in Portuguese that undergo changes not reflected in regular writing, but rather in pronunciation as the phonetic transcription shows. This correspondence works well, but we may occasionally find exceptions, such as Brazilian Portuguese *(eu) m**o**rro* with a closed "o" and Spanish *m**ue**ro*.

1.4.2 Spanish Stem-Changing Nouns and Their Portuguese Counterparts

There is a similar correspondence for **nouns**, as in the comparisons below. It works most of the time, but again there are exceptions, as in Spanish *cu**e**ro* , *p**ue**rto*, *h**ue**so* and Portuguese *c**o**ro*, *p**o**rto*, *o**ss**o*, with a closed "o." In Portuguese, there is a word, *eu coro*, from *corar*, with an open *o*. There is also *coro* with a closed *o* which means "choir."

 Nouns

Braz. Port. /ɛ/	Spanish "ie"	Braz. Port /ø/	Spanish "ue"
dez	diez	corda	cuerda
sete	siete	escola	escuela
pedra	piedra	morte	muerte
pele	piel	porta	puerta
terra	tierra	roda	rueda

These strategies can help. It is useful to know them, although experience teaches that what works the best is to learn the words by simply memorizing them as we progress in the learning process.

---

[6] Idem, for pretonic **o**, which remain open in these dialects, e.g. Fortaleza.

Exercise 3 Consider the following **Spanish** verbs: **acertar, almorzar, atravesar, confesar, contar, defender, entender, gobernar, negar, perder, soltar.** In Portuguese they have either the same spelling or they are very similar. Give the **I** and **They-**forms of these verbs in Portuguese. Note in these verbs that in Portuguese "s" between vowels is pronounced as "z." In order to maintain the "s" sound, it is necessary to write double "ss" (atrave**ss**ar, etc.). All the corresponding Portuguese **oral** vowels are open.

Eu	(acertar)	Eu	(defender)
Eles	(acertar)	Eles	(defender)
Eu	(almoçar)	Eu	(entender)
Eles	(almoçar)	Eles	(entender)
Eu	(atravessar)	Eu	(governar)
Eles	(atravessar)	Eles	(governar)
Eu	(confessar)	Eu	(negar)
Eles	(confessar)	Eles	(negar)
Eu	(contar)	Eu	(perder)
Eles	(contar)	Eles	(perder)
Eu	(soltar)		
Eles	(soltar)		

Answers (open vowels are in bold): eu ac**e**rto, eles ac**e**rtam; alm**o**ço, alm**o**çam; atrav**e**sso, atrav**e**ssam; conf**e**sso, conf**e**ssam; c**o**nto, c**o**ntam; def**e**ndo, def**e**ndem; ent**e**ndo, ent**e**ndem; gov**e**rno, gov**e**rnam; n**e**go, n**e**gam; perco (closed, exception), p**e**rdem; s**o**lto, s**o**ltam.

Exercise 4 Using the discussion above, try to guess the Portuguese correspondences in the list of Spanish words below.

bien	bueno
cierto	fiesta
fuente	luego
nieto	nueve
puesto	tiempo

Answers: bem, certo, fonte, neto, posto, bom, festa, logo, nove, tempo.

1.4.3 Spanish *Gustar* and Portuguese *Gostar de*

The verb *gostar de* in Portuguese is generally a **regular** verb. It is, however, a stem-changing verb. The stressed "o" of the stem is "open." In Spanish the stem vowel "u" (*gustar*) does not change. On the other hand, *gustar* in Spanish is conjugated in a particular way: the "subject" usually follows the verb; the "actor" usually precedes the verb and it functions as indirect object pronoun.

In the three sentences below, the subjects are "sus primos," "el teatro," and "el fútbol" because they change the verb ending. The indirect object pronouns are "a ella," "me," and "a nosotros." Therefore, *gostar de* is conjugated as a regular verb. It is similar in **meaning** to Spanish *gustar;* but they have very different sentence structures. Compare their constructions and vowel quality:

(Spn) A ella le gustan sus primos.	(Port) Ela gosta dos seus primos. /ø/
(Spn) Me gusta el teatro.	(Port) Gosto de teatro. /ø/
(Spn) A nosotros nos gusta el fútbol.	(Port) Gostamos de futebol. /o/

Note: As noted earlier, in some areas of Brazil—e.g. Fortaleza, Pernambuco—, the *o* may be open through all these verb forms. Therefore, *mostramos, gostamos,* will also be open [møs.trã́.mus], [gøs.tã́.mus].

Exercise 5 Translate from Spanish into Portuguese.

Gostar de, Pres. Ind: gosto de /ø/   gostamos de /o/
                   gosta de /ø/   gostam de /ø/

1. A ellos les gusta comprar libros.
2. Me gusta quedarme aquí.
3. Nos gusta la clase de alemán.
4. ¿Te gusta escribir con bolígrafo o con lápiz?
5. No les gusta esta película, ¿verdad?

Answers: 1. Eles gostam (mesmo) de comprar livros. 2. Gosto de ficar aqui. 3. Gostamos da aula de alemão. 4. Você gosta de escrever com caneta (esfereográfica) ou com lápis? 5. Vocês/Eles não gostam deste filme (não), não é mesmo?

1.5 Primeiros Contatos

This section has brief information regarding greetings, leave-takings and forms of address. The introduction also has expressions that should be consulted and reused here. For more details about the use of *você* and other expressions, consult the appendix of this book.

1.5.1 Greetings and Leave-Takings

In Brazil, it is not common for someone to say "Bons dias." The singular "Bom dia" is used, instead, and only in the morning. "Boa tarde" and "Boa noite" are used, respectively, in the afternoon and evening.

More often "Tudo bem" and "Como vai" replace the expressions above. It is unpredictable what the other person will say. A "tudo bem?" will be replied with another "tudo bem" or any other greeting, especially "Tudo bom." This may be a Brazilian way to add variation to life, as the late Jon Vincent once observed.

Other common leave-taking constructions are "Tchau," used among friends, and "até logo," "até amanhã," used in any situation.

Friendly kissing on the cheeks is also common among Brazilians. However, one needs to know well the other person to do it. Some people will naturally do this with everyone they meet, others kiss only family members, some prefer not to do it. The cultural behavior varies in this context. One needs to observe how people do and then decide what to do.

1.5.2 Forms of Address

Spanish	Brazilian Portuguese
Usted	O senhor, a senhora
Tú	Você (tu, in some areas, especially in some of the northeastern and southern areas)

With the complete loss of *vós* (equivalent to Spanish *vosotros*) and partial loss of *tu* in Brazilian Portuguese, the pronoun *você* (or *cê* as a colloquial alternative) plays a role similar to "you" in English. It is common to use *você* in formal and informal situations among younger people. Although older people are accustomed to hearing *o senhor* and *a senhora* from someone they do not know or in informal situations, the use of *você* is sometimes used by older people, as well. As a safe rule, if in doubt, use the verb without the subject: "Sabe onde é o hotel?" *O senhor* e *a senhora* should be used if one wants to be formal: "O senhor/A senhora sabe onde fica o hotel?"

Dona and *Professora* are used with *a senhora,* and *seu* and *Professor* are used with *o senhor.* In Brazil, avoid to use *senhorita* for unmarried women; use *você,* or *senhora* if older. Although *senhorita* is "correct," and older generations may still say it, in general it sounds peculiar in today's cultural environment of Brazil.

As with all forms of address, **você, o senhor, a senhora**, etc. are 2nd person but they are used with **verbs in the 3rd person**.

Querido or **querida** is more appropriate among intimate people, e.g. boy/girl-friend, especially in the opening of a love letter. When writing to an acquaintance or a friend, use **Caro** or **Cara**.

> ### Appendix 9 in this book has more details about this topic as well as some comparison with usage in Portugal.

Rule of Thumb:

If you normally use *seu* or *dona* plus a first name in addressing someone (e.g., a parent of a friend or a merchant), then *o senhor* or *a senhora* should be used with that person to express "you." Otherwise, the norm is *você*.

Exercise 6 What form of address would you use in the following situations?

1. You approach a friend: _____ tem um lápis?
2. You are interviewing a woman in her forties for the purpose of employment. _____ trabalha?
3. You find a six-year-old child lost in a shopping mall. Como _____ se chama?
4. You need to find the post office and ask a woman who appears to be 25 years old. _____ sabe onde é o correio?
5. You are a young person and need to find the post office. Ask a man who appears to be 45 years old. _____ sabe onde é o correio?
6. You are a teacher and tell your students: Agora _____ podem sair.
7. Ask your doctor, whose first name is Afonso: _____ , _____ está ocupado agora?
8. You are talking to a store employee, a woman 40 years old: _____ Matilde, _____ sabe quanto custa isso?
9. You are talking to a store employee, a man 40 years old: _____ Álvaro, _____ sabe quanto custa isso?
10. You are talking to a store employee, a woman 20 years old: _____ Rita, _____ sabe quanto custa isso?

Answers: 1. Você; 2. A Senhora; 3. você; 4. você; 5. O senhor; 6. vocês; 7. Doutor, o senhor; 8. Dona, a Senhora; 9. Seu, o senhor; 10. (nothing), você.

Exercise 7 Use the proper greetings, pronouns, and titles in the following situations.

Situation 1: Hélio, 18 years old, visits with Dr. Jairo de Oliveira and his wife, Mrs. Zélia de Oliveira.

HÉLIO: – Como vai _____, _____ Célia?
ZÉLIA: – Vou bem, obrigada. E _____, Hélio?
HÉLIO: – Bem, obrigado. Tudo bem, _____ Jairo? Como vai _____?

Situation 2: In the morning, Rita and Sônia, two students, see their older teacher, Professor Albuquerque, in the hall.

RITA E SÔNIA: – _____, Professor.
PROF. ALBUQUERQUE: – _____.
RITA E SÔNIA: – Como vai _____.
PROF. ALBUQUERQUE: – Bem, obrigado. E _____?

Situation 3: In the afternoon, Mrs. Giselda Pelegrini and her husband, Mr. Jair Pelegrini, are strolling on the sidewalk and see their friend Mrs. Olga Ribeiro, wife of Dr. Arnaldo Ribeiro, walking with her dog.

JAIR E GISELDA: – _____ _____, Olga.
OLGA: – _____ _____.
JAIR E GISELDA: – Tudo bem, _____ Olga?
OLGA: – Bem, obrigada. E _____?
JAIR E GISELDA: – Mais ou menos. E o Arnaldo?
OLGA: – Está bem, obrigada. Até logo.
JAIR E GISELDA: – Até logo.

Answers: *Situation 1*: a senhora, dona, or simply "Como vai, dona Zélia; você; doutor; o senhor; *Situation 2*: Bom dia; Bom dia; o senhor; vocês; *Situation 3*: Boa tarde; Boa tarde; (nothing, that is "Como vai, Olga?"); vocês.

> Remember that in case of doubt, it is preferable to say "tudo bem/bom" and similar formulas. The answers here are given for cases where the speaker intends to refer to morning or afternoon. It is not common to use plurals like "*Bons dias."

Exercise 8 Students in class speak among themselves. Use the dialogue as reference.

STUDENT 1:   – Qual é o nome da língua que se fala na Espanha?
STUDENT 2:   – A língua que se fala na Espanha é _____.

STUDENT 3:   – Qual é o contrário de "igual"?
STUDENT 4:   – O contrário _____?

STUDENT 5:   – O que significa "né"?
STUDENT 6:   – _____.

STUDENT 7:   – Qual é a tradução de "Que gozado!" em espanhol?
STUDENT 8:   – _____.

STUDENT 9:   – Qual é a tradução em português de "ponerse furioso"?
STUDENT 10:   – _____.

Answers: *Student 2*: o espanhol. *Student 4*: O contrário de igual é diferente; *Student 6*: É o mesmo que "não é." *Student 8*: Uma das traduções é "¡Qué chistoso!" *Student 10*: A tradução de "ponerse furioso" em português é "ficar furioso."

Exercise 9 Combine the columns to create a dialogue. This may be harder to do, but the answers will help afterwards.

1. Sim, mas parece muito curto.
2. Olha só! Cortou o cabelo?
3. Olá 'miga, tudo bem?
4. É verdade, cresce sim. O problema são essas malditas rugas.
5. Menina, deixa eu ir! Tenho uma reunião e já estou atrasada.
6. Tchau.

a. Então tá. Sexta à noite a gente se vê, hem?! Tchau.
b. Ixe! Nem fala em rugas. Só uma plástica pra acabar com elas.
c. É . . . mas depois cresce outra vez.
d. Tudo bom, miga. E você?
e. Só um pouquinho. Fiz algumas mechas. Gostou?

Answers: 3.d., 2.e., 1.c., 4.b., 5.a, 6.

Exercise 10. Indicate the careful/formal style with an "F" and the colloquial or informal with a "I."

1. ( ) Beleza!
2. ( ) Qual (o) seu nome?
3. ( ) Valeu! Um abraço.
4. ( ) (Writing) Querido Daniel, (. . .)
5. ( ) Bom dia, como vai?
6. ( ) (Writing) Caro Juliano, (. . .)
7. ( ) E aí?
8. ( ) É um grande prazer.
9. ( ) Cê tá bem?
10. ( ) (Writing) Prezado Senhor Jurandir, (. . .)

Suggested answers (Check with your instructor about his/her view on this matter. Although most style differences are universal within Brazil, some expressions may be colloquial for some but not for others. Also urban and interior practices may differ. In an uncertain situation, begin with a formal style. As you *negotiate* with the language, you will find out what is appropriate.): 1. I; 2. I or F; 3. I; 4. Informal, intimate; 5. I or F; 6. F or I with caution; 7. I; 8. F; 9. I; 10. F.

Exercise 11 Translate from Portuguese into Spanish.

1. Qual o seu nome?
2. Você gosta de viajar?
3. Prezado Senhor Jurandir, (. . .)
4. Valeu!
5. Querido Daniel, (. . .)
6. Acho que elas estão enganadas.
7. Eu falo brasileiro, você fala espanhol, os espanhóis falam castelhano e assim por diante.
8. Onde fica o escritório de espanhol?
9. Onde é a oficina?

Suggested answers: 1. ¿Cómo se/te llama/s? 2. Te gusta viajar? 3. Prezado/Estimado Señor Jurandir. 4. ¡Gracias! o ¡De acuerdo! ¡Vale! Etc. 5. Caro Daniel, but in general shows more intimacy than in Spanish; 6. Creo que (ellas) se equivocaron o están equivocadas. 2. Hablo brasilero o brasileño, hablas español, los españoles hablan castellano y demás. 3. ¿(En) Dónde queda la oficina de español? 4. ¿(En) Dónde es/queda el taller?

1.6 The Negative

> O Júlio sabe chinês, mas a Maria Teresa não sabe chinês, não.
> - Você não fala francês? - Sim, eu falo francês.
> O Pedro, o José e a Isabel não freqüentam a aula de espanhol.

These examples reflect a more careful way of speaking. Colloquial usage, however, may be shortened as follows:

> – E aí?! Cê fala francês? – Falo (sim).
> – Cê sabe a lição? Sei não.

The articles before proper names, *o Júlio, a Maria, o Pedro*, in the sentences inside the box probably caught your attention. Articles before proper names may be used to refer to someone in a specific way or to show familiarity: "Pelé e Kaká são grandes jogadores de futebol," if you want to show emphasis or if you want to show that you know them well, even if you never met them, you may want to say "O Pelé e o Kaká são grandes jogadores de futebol."

Negative constructions are made by placing *não* before the verb. It is common in negative questions to keep the word order *Não* + verb: *Você não gosta de estudar?* It is also common to use expletive constructions like *Não* + verb + *não*: "Não gosto, não," or simply "Não gosto."

Do not be misled by the word order of the common expression "Sei <u>não</u>." This a reduced form derived from "Eu não sei, <u>não</u>."

Exercise 12 Rewrite the following sentences as negatives.

MODEL: Eles falam francês.
             Eles não falam francês.

1.   Entendemos castelhano.
2.   O escritório fica no prédio azul.
3.   Eu estudo chinês na universidade.
4.   O refeitório fica ali.
5.   Elas estão enganadas.

Answers: 1. Não entendemos castelhano. 2. O escritório não fica no prédio azul. 3. Eu não estudo chinês na universidade. 4. O refeitório não fica ali. 5. Elas não estão enganadas.

Exercise 13 Answer the following questions with a negative construction.

MODEL: Você fala francês?
             Não, (eu) não falo francês, *or*
             Não, não falo não.

1.   Você compra muita coisa?
2.   Elas estudam alemão?
3.   Você trabalha?
4.   Sabe onde fica a oficina de carros?

Suggested answers: 1. Não, eu não compro muita coisa, *or* Não, eu não compro muita coisa não, *or* Compro não. 2. Não, (elas) não estudam (alemão) or Estudam não; 3. Não, eu não trabalho, *or* Não, eu não trabalho não, Trabalham não; 4. Não sei, não or Sei não.

1.7 Articles

1.7.1 Definite Articles

Definite articles agree in gender and number with the noun they precede.

o aluno	os alunos	a aluna	as alunas
el alumno	*los alumnos*	*la alumna*	*las alumnas*

| o senhor | os senhores | a senhora | as senhoras |
| *el senhor* | *los señores* | *la señora* | *las señoras* |

Definite articles are normally used to make nouns more specific (see preceding page with respect to article before proper names). It is most frequently used before a noun that is unique, part of the same universe of the speakers or before a noun that has already been mentioned in the context in which it appears. The definite article will not be used before a noun if it is the first time it is introduced in a situation or discourse. If one uses a definite article before a noun that is new information, the other person or audience will be surprised or feel "lost." The short dialogue below helps illustrating this.

-   Hola, Julia. ¿Qué tal?
-   Así, así . . . Pero tú tampoco me parece bien, Carmen . . .
-   Estoy un tanto preocupada con **el** partido.
-   ¿Cómo? ¿Qué partido?

(Delante de la sorpresa de Julia, Lola explica a qué partido se refería. Después de la explicación, Carmen ya no se sorprenderá cuando Julia le hable del partido, porque eso pasa a ser información nueva.)

Similarly, in Portuguese the same surprise will emerge:

-   Oi, Júlia. ¿Tudo bem?
-   Sei não . . . mais ou menos. Mas você também não parece bem . . .
-   'Tô um pouco preocupada com *o* jogo.
-   Como assim? Que jogo?

The surprising appearance or use of the definite article disturbed the communication.

1.7.2 Indefinite Articles

Indefinite articles agree in gender and number with the noun they precede.

| um aluno | uns alunos | uma aluna | umas alunas |
| *un alumno* | *unos alumnos* | *una alumna* | *unas alumnas* |

| um senhor | uns senhores | uma senhora | umas senhoras |
| *un señor* | *unos señores* | *una señora* | *unas señoras* |

Indefinite articles are usually used to refer to something vague, when a noun is less specific. For this reason, one of the main functions of indefinite articles is to introduce new information.

Exercise 14 Replace the definite article with its corresponding indefinite article.

MODEL: o professor → um professor

1. a árvore
2. os costumes
3. os chineses
4. as frases
5. os deveres de casa

6. o giz
7. as cores
8. o espanhol
9. a aula
10. o prédio

Answers: 1. uma árvore; 2. uns constumes; 3. uns chineses; 4. umas frases; 5. uns deveres de casa; 6. um giz; 7. umas cores; 8. um espanhol; 9. uma aula; 10. um prédio.

Exercise 15 Fill in the blank with the appropriate definite or indefinite article, according to the cues in parentheses.

1. Trabalho n_____ refeitório da universidade. (the only one)
2. Ela sempre fala de _____ chinês que estuda na faculdade. (not sure who he is)
3. Quero falar com _____ aluna inteligente. (someone, anyone intelligent)
4. Acho que _____ senhores estão enganados. (these gentlemen in front of the speaker)
5. Gosto d_____ relógios que estão aqui. (specifically these in front, nearby)
6. Gosto de _____ relógios que estão lá. (some of the watches over there)

Answers: 1. no; 2. um; 3. uma; 4. os; 5. dos; 6. uns.

1.8 Noun Gender and Plurals

1.8.1 Gender

As in Spanish, nouns in Portuguese have masculine or feminine forms. There are, however, many nouns that have the opposite gender in the two languages. Spanish words for appliances usually end in –dora and are feminine (*la computadora*). The equivalent words in Portuguese usually end in –dor and are masculine (*o computador*). The letters of the alphabet are feminine in Spanish and masculine in Portuguese. Compare the brief list below. On the other hand, the majority of fruit and flower trees keep the same gender of the fruit: *a maçã, a macieira; o cravo, o craveiro*. However, there are a couple of exceptions: *o figo, a figueira, a castanha, o castanheiro* (it is common to say *a castanheira*, though); *a pinha, o pinheiro*.

Same Gender		Different Gender	
Portuguese	**Spanish**	**Portuguese**	**Spanish**
o livro	el libro	a árvore	el árbol

o caderno	el cuaderno	a cor	el color
a livraria	la librería	o costume	la costumbre
a universidade	la universidad	a dor	el dolor
a lição	la lección	o ensino	la enseñanza
a paz	la paz	o giz	la tiza
a parte	la parte	o gravador	la grabadora

Note: There is in Spanish *el parte*, which means a report. *La parte*, i.e. a portion of something, is far more frequent.

As said earlier, a common divergence occurs with the names of letters:

Portuguese	Spanish	Portuguese	Spanish
o a	la a	o cá	la ka
o bê	la be	o agá	la ache
o cê	la ce	o xis	la exis

Exercise 16 In the following list of words, write M if the noun is masculine and F if it is feminine; also write the definite and indefinite articles in Portuguese.

1. colega
2. caneta
3. gravador
4. aula
5. chinês
6. apagador
7. lápis
8. giz
9. oficina
10. refeitório
11. liqüidificador (*licuadora*)
12. computador
13. equipe
14. leite
15. mel
16. nariz
17. ponte
18. retrete, retreta, latrina
19. sal
20. sangue
21. rosa, roseira

Answers: 1. M or F (o, a; um, uma); 2. F (a, uma); 3. M (o; um); 4. F (a, uma); 5. M (o; um); 6. M (o, um); 7. M (o; um); 8. M (o, um); 9. F (a; uma); 10. M (o, um); 11. M (o, um); 12. M (o, um); 13. F (a, uma); 14. M (õo, um); 15. M (o, um); 16. M (o, um); 17. F (a, uma); 18. F (a, uma); 19. M (o, um); 20. M (o, um); 21 F (a, uma).

1.8.2 Plurals

RULE 1. Nouns ending in a vowel form their plural by adding **-s**.

a caneta   as canetas
a universidade   as universidades

RULE 2. Nouns ending in the consonants *r, s, z* form their plural by adding **-es**.

o apagador   os apagadores

o chinês	os chineses
o rapaz	os rapazes

If the noun ends in *s* in an unstressed syllable, it does not change:

o lápis	os lápis
o ônibus	os ônibus

RULE 3. In nouns ending in *l*, the stressed syllables form plural by changing *l* to **is**.

o azul	os azuis
o espanhol	os espanhóis

Nouns ending in *il* in stressed syllables form plural by changing *l* to **s**.

o fuzil	os fuzis
o funil	os funis

In **unstressed** syllables *il* changes to **eis**.

fácil	fáceis
difícil	difíceis

RULE 4. Nouns ending in *m* change *m* to **ns**.

homem	homens
jovem	jovens

RULE 5. Nouns ending in *-ção* change to **-ções**. Other nouns ending in *-ão* may change to -ães, -ões or -ãos.

Rule 5 is the simplest rule for those who know Spanish: with very few exceptions, one needs only find a similar word in Spanish and drop the *n*, for example,

Portuguese: união becomes uniões
Spanish: unión becomes unio*n*es

To form the plural of *mão*, find the plural of Spanish *mano*, drop the *n* and add a tilde (~): *manos* ma_os *mãos*.

Exercise 17 Change the underlined words to their plural forms and make other necessary changes in the sentences.

        1. O homem compra livro.
        2. Ela explica uma lição difícil.
        3. Eu procuro um carro azul.
        4. Você sempre lava a mão?
        5. Não entendo esta nação.

Answers: 1. Os homens compram livros. 2. Elas explicam umas lições difíceis. [lecciones, leccioes, lições]. 3. Eu procuro uns carros azuis. 4. Vocês sempre lavam as mãos? (manos, maos, mãos] 5. Não entendo estas nações [naciones, nacioes, nações].

Exercise 18 Put the following words in their plural forms.

        1. aula de espanhol   7. lápis
        2. azul   8. russo
        3. giz   9. chinês
        4. dever de casa   10. alemão
        5. espanhol   11. oração
        6. senhor   12. lição

Answers: 1. aulas de espanhol; 2. azuis; 3. gizes; 4. deveres de casa; 5. espanhóis; 6. senhores; 7. lápis; 8. russos; 9. chineses; 10. alemães; 11. orações; 12. lições.

Exercise 19 Change all elements of the following sentences into the plural wherever possible.

1.   O alemão mora aqui.
2.   O que você acha? Compro o lápis ou não?
3.   Ela gosta de um chinês.
4.   Eu trabalho para uma senhora francesa.

Answers: 1. Os alemães moram aqui. 2. O que vocês acham? Compramos os lápis ou não? 3. Elas gostam de uns chineses. 4. Nós trabalhamos para umas senhoras francesas.

1.9 Dictation

Students are expected to become familiar with the sentences for dictation in this section, before coming to class. The instructor may also assign other passages for these dictations such as the dialogue at the beginning of this unit or song lyrics.

Dictations may be very useful for students of typologically close languages, like the target audience of this course.

Exercise 20 Study the following sentences. They will be read to you in different order by the teacher. Remember the vocabulary for dictation in the introduction of this book (*vírgula, ponto, repito*, etc.). Your teacher will use it to optimize the use of Portuguese in the classroom.

1. Este chinês não gosta de falar japonês.
2. No caderno escrevemos com lápis, mas no quadro-negro escrevemos com giz.
3. Há um gravador no refeitório. Que esquisito . . .
4. Você já conhece o Celso?
5. Os alemães falam alemão.
6. Acho que ele mora no Rio.
7. Acho feia a cor dessa árvore.
8. Prazer em conhecê-lo, seu José.
9. Gostaria de lhe apresentar a dona Sílvia.
10. Como se diz "apagador" em espanhol?
11. Estou com muita fome.
12. Moramos na rua Maine, 3.
13. Meu escritório fica aqui perto.
14. Você já conhece o Serginho?
15. Iiii, rapaz! Acho que estamos perdidos.

1.10 Translation

Short translations will add additional and useful training to Spanish speakers learning Brazilian Portuguese

Exercise 21 Translate the following words into Brazilian Portuguese, preceded by the proper definite article.

1. pluma
2. pasillo
3. taller
4. aula
5. grabadora
6. cinta
7. creer
8. equivocado
9. vivir
10. allá

Answers: 1. a caneta; 2. o corredor; 3. a oficina; 4. a sala de aula; 5. o gravador; 6. a fita; 7. achar; 8.enganado; 9. morar; 10. lá.

Exercise 22 Translate the following sentences or expressions into Portuguese.

1. ¿Dónde queda la oficina?
2. ¡Mucho gusto!
3. Me gustaría presentarle.

Answers: 1. Onde fica o escritório? 2. Prazer. 3. Gostaria de lhe apresentar.

1.11 Diversões, Bate-Bola e Pipoca Quentinha

This is an optional section. "Bate-bola" [bá.ʧi bó.la] is a term borrowed from soccer terminology in Brazil It is a type of soccer scrimmage among Brazilians. It means a soccer game just for fun, no actual competition involved. *Pipoca* means *palomita* in Spanish and *popcorn* in English.

    It is up to the student to go through these exercises. Of course, these are very helpful if there is time for them. Find the answers after the last exercise.

1.11.1 Spelling, Accentuation, Plurals

1. Often the Portuguese equivalent of the Spanish *-ci-* and *-z-* is *-ç-*. Write the following words in Portuguese:

cabeza	gracia	Sometimes this is not the case:
licencia	cazar	
manzana	lazo	paciencia razón
transición	nación	inicio limpieza
quizás	justicia	

    It is very common for the letter *h* in word-initial position in Spanish to change to the letter *f* in Portuguese.

hoja	hervir
hambre	huir
horno	humo
hijo	herida
hada	hablar

2. Write any necessary diacritics on the following words:

gostaria, medico, ali, Maria, panico, atomico, Peru, historia, Silvio, livraria, Helio, da, bem, amem, rio, nostalgia, matricula, Monica, arvore, daiquiri, vovo (masc.), rodape, tatu, aqui, la, passaro, gramatica, sabado, importancia, ginasio, telefonico

3. Write the following words in the plural: pão, mão, razão, patrão, maçã, limão, tradução.

4. Pluralize the following group as well: sol, paz, homem, igual, azul, qualquer, fácil, bom, difícil, jornal, bem, garçom.

Answers: 1. cabeça, licença, maçã; transição, quiçá, graça, caçar, laço; nação, justiça; paciência; início, razão, limpeza; folha, fome, forno; filho, fada, ferver, fugir, fumo, ferida, falar. 2. gostaria, médico, ali, Maria, pânico; Peru, história, Sílvio; livraria, Hélio, dá, bem, amém, rio, nostalgia, matrícula, Mônica, árvore, daiquiri, vovô, rodapé, tatu, aqui, lá, tatu, pássaro, gramática, sábado, importância, ginásio, telefônico. 3. pães, razões, maçãs, traduções; sóis, pazes, homens, iguais, azuis, quaisquer, fáceis, bons, difíceis, jornais, bens, garçons.

Copacabana, Baía da Guanabara, Rio, Brasil. (Photo 2003)

1.12 Song: "O Estrangeiro" (1989) by Caetano Veloso

The composer who opens this series of musical illustrations is Caetano Veloso (1942–). "O Estrangeiro" was selected for this first unit because its theme has an artistic description of the feelings foreigners may have upon arriving in Brazil. Students in this course will most likely relate to these initial steps into the Brazilian culture.

Although there are many outstanding contemporary Brazilian songwriters, Caetano Veloso probably shares with Chico Buarque and Gilberto Gil the greatest prestige. If you want to know more about Brazilian songwriters, there are books that you can consult. Some of them are the following:

Albin, Ricardo Cravo. 2003. *O livro de ouro da MPB – a história de nossa música popular de sua origem até hoje.* Rio de Janeiro: Ediouro, 2003.
Enciclopédia da Música Brasileira: popular, erudita e folclórica. 1998. São Paulo: Art Editora, Publifolha.
Guerreiro, Goli. 2000. *A Trama dos Tambores - A Música Afro-pop de Salvador.* São Paulo: Edições 34.
Mota, Nelson. 2000. *Noites Tropicais: Solos, Improvisos e Memória Musical.* Rio de Janeiro, Objetiva.
Perrone, Charles A. *Masters of Contemporary Brazilian Song– MPB, 1965–1985* Austin: University of Texas Press, 1989.

Sant'Anna, Affonso Romano de. *Música popular e moderna poesia brasileira*
    Petrópolis: Vozes, 1978.
Tinhorão, José Ramos. 1998. *História da Música Popular Brasileira*. São Paulo,
    Edições 34.

O Estrangeiro – *The Stranger* (1989) de Caetano Veloso

 Caetano Veloso's "O Estrangeiro" (1989) follows, with a translation. This song tries to convey the feelings that someone can have at first contact with Brazil, particularly with Rio. The vocabulary in this song is not meant to be tested.

The speaker who reads the lyrics of this song is a young female student from Pernambuco, who have traveled outside Pernambuco for long periods of time. She still maintains the dental pronunciation of **t** and **d** in general, especially after [i]. Therefore, her pronunciation of the consonants **t** and **d** is closer to Spanish, instead of the palatalized alveolar pronunciation of **t** and **d**, as described in the Nine Simplified Rules of Pronunciation, on page 43.

O pintor Paul Gauguin amou a luz da Baía de Guanabara	The painter Paul Gauguin loved the light of Guanabara Bay
O compositor Cole Porter adorou as luzes na noite dela	The composer Cole Porter loved the lights of her night
A Baía de Guanabara	Guanabara Bay
O antropólogo Claude Lévi-Strauss detestou a Baía de Guanabara:	The anthropologist Claude Lévi-Strauss detested Guanabara Bay
Pareceu-lhe uma boca banguela.	It looked to him like a toothless mouth
E eu, menos a conhecera mais a amara?	And I — if I knew her less would I love her more?
Sou cego de tanto vê-la, de tanto tê-la estrela	I'm blind from so often seeing her, from so often staring starry
O que é uma coisa bela?	What is a beautiful thing?
O amor é cego	Love is blind
Ray Charles é cego	Ray Charles is blind
Stevie Wonder é cego	Stevie Wonder is blind
E o albino Hermeto não enxerga mesmo muito bem	and Hermeto the albino doesn't really see very well
Uma baleia, uma telenovela, um alaúde, um trem?	A whale, a soap opera, a lute, a train
Uma arara?	A parrot
Mas era ao mesmo tempo bela e banguela a Guanabara	But Guanabara was both beautiful and toothless at the same time
Em que se passara passa passará o raro pesadelo	In which had taken place, takes and will take place the rare nightmare
Que aqui começo a construir sempre buscando o belo e o Amargo	That here I begin to build always searching for Beauty and the Bitter
	I didn't dream it:

Eu não sonhei:	Botafogo beach was a rolling walkway
A praia de Botafogo era uma esteira	of white sand and diesel oil
rolante de areia branca e óleo diesel	Beneath my tennis shoes
Sob meu tênis	The least obvious Pão de Açúcar
E o Pão de Açúcar menos óbvio	possible in front of me
possível	A Pão de Açúcar with unsuspected
À minha frente	corners
Um Pão de Açúcar com umas arestas	The harsh orange light against the
insuspeitadas	almost not-light almost not-purple
A áspera luz laranja contra a quase	Of the white of the sands and the foam
não luz quase não púrpura	Which was all that was there of the
Do branco das areias e das espumas	dawn
Que era tudo quanto havia então de	At my back a man with hair in his
aurora.	nostrils
Estão às minhas costas um velho de	And a girl, still adolescent and very
cabelo nas narinas	pretty
E uma menina ainda adolescente e	I don't look back, but I know all about
muito linda	it
Não olho pra trás mas sei de tudo	Backwardly blind, as in dreams, I see
Cego às avessas, como nos sonhos,	what I desire
vejo o que desejo.	But I don't wish to see the old man's
Mas eu não desejo ver o terno negro	black suit
do velho	Nor the almost not purple teeth of the
Nem os dentes quase não púrpura	girl
da menina	(Think Seurat and think impressionist
(Pense Seurat e pense impressionista	this bit about light on the whites tooth
essa coisa de luz nos brancos dente e	and wave
onda mas não pense surrealista que é	But don't think surrealist because that's
outra onda)	another trip)
E ouço as vozes	And I hear the voices
Os dois me dizem	Of two that tell me
Num duplo som	In a double sound
Como que sampleados num	Like they've been sampled on a
Sinclavier:	synclavier
"É chegada a hora da reeducação de	"The hour of someone's reeducation
alguém	has arrived
Do Pai do Filho do Espírito Santo	The father, the son, and the holy ghost,
amém	amen
O certo é louco tomar eletrochoque	What's right is shock therapy for
O certo é saber que o certo é certo	madmen
O macho adulto branco sempre no	What's right is to know that right is right
comando	The adult white male always in
E o resto ao resto, o sexo é o corte, o	command
sexo	And the rest take the rest, sex is the cut:
Reconhecer o valor necessário do ato	sex
hipócrita	To recognize the value and necessity of

Riscar os índios, nada esperar dos pretos"	the hypocritical act
E eu, menos estrangeiro no lugar que no momento	Cross out the Indians, expect nothing from the Blacks"
Sigo mais sozinho caminhando contra o vento	And I, less a stranger in this place than in the moment
E entendo o centro do que estão dizendo	Go on alone walking against the wind
Aquele cara e aquela:	And understand the core of what they're saying , that guy
É um desmascaro	and her,
Singelo grito:	It's an unmasking — a single cry
"O rei está nu".	"The king is naked!"
Mas eu desperto porque tudo cala frente ao fato de que o rei é mais bonito nu	But I wake up because all becomes silent Before the fact that the king is more beautiful naked
E eu vou e amo o azul, o púrpura e o amarelo	And I go on and love the blue, the purple and the yellow
E entre o meu ir e o sol, um aro, um elo.	And between my going and that of the sun: a hoop, a link
("Some may like a soft Brazilian singer But I've given up all attempts at perfection")	("Some may like a soft Brazilian singer But I've given up all attempts at perfection")

© Warner/Chappell Music (Brasil) Rua Marquês de São Vicente, 99 – 5°. andar. Gávea – Rio de Janeiro – RJ, Brasil – CEP 22451-041.

1.13 Carrying On – Drills on Communicative Competence

If you are a native speaker of Spanish or if you speak Spanish well, it is desirable to get into the habit of speaking in Portuguese from the first day of class, even if your Portuguese constructions are heavily influenced by Spanish, at the beginning.

Use the situations below to start to communicate in Portuguese. Gradually eliminate the use of Spanish as you progress. Knowledge of Spanish will help you to understand how Portuguese works, and this is very helpful. However, to use that advantage in your favor you have to think of Portuguese as if it were Greek or Chinese. Otherwise, to your disadvantage, you will accommodate.

1.13.1 Situations to Use and Create with the Language

Situation 1: Below there is a list of common first names and some of their corresponding nicknames in Brazil. It is very common among Brazilians to modify other people's names with an additional suffix (*Pedrinho*, *Carlão*, etc.), by shortening them (*Lena* for *Helena*, *Gabi* for *Gabriela*, etc.), or by giving them a nickname. Some *apelidos* may easily relate to the person's name, but sometimes they do not. *Pelé* is from *Édson*. *Júnior* or *Juninho*, an alternate for *Filho* (Span. *hijo*), is added someone's full name whose full name is the same as his father's name. Regardless of how pleasant or unpleasant a *apelido* is, it is part of the Brazilian culture to use *apelidos*.

Note that these nicknames often become public. This may also reflect the degree of informality among Brazilians. If you follow soccer, for instance in Europe or in Brazil, note that Brazilian players have their first names or nicknames on their uniforms (Roberto Carlos, Ronaldinho Gaúcho, Serginho, Cicinho, Pelé, Cafu, Dida, Kaká and many others). Players from other countries, however, have their family name on their uniforms (Henry, Rooney, Maradona, Zidane, Maldini, Beckenbauer, Platini, and many others). Maybe your teacher will want to nickname you. *O que você acha?*

Nicknames (Port. *apelidos*, Span. *apodos*)

Nome	Apelido	Nome	Apelido
Alberto	*Beto, Bebeto, Betinho*	Helena	*Lena, Leninha*
Antônio	*Antonico, Nico, Tom,*	Joaquim	*Quim, Quinzim, Quincas*
	Toninho, Tônio, Totonho,	José	*Zé, Zeca*
	Toni, Tonico,	Jurandir	*Juca, Jura*
Augusto	*Gugu, Guga, Tuta*	Luis	*Lula, Lulu*
Bruno	*Bruninho, Ninho, Bubu*	Manuel	*Mané*
Cafuringa	*Cafu*	Margarida	*Margô*
Carlos	*Cacá, Caco, Carlão*	Maria José	*Zezé*
Édson	*Edinho*	Pedro	*Pepé, Pepeu, Pedrinho*
Eduardo	*Edu, Duda, Dudu*	Roberto	*Bebeto, Beto, Betinho, Bob,*
Fábio	*Fabi, Fafá, Fabinho*		*Rob*
Fátima	*Fafá*	Ronaldo	*Rô, Ronaldinho, Dinho,*
Fernando	*Nando, Fê*		*Nando, Naldo, Roni,*
Francisco	*Chico, Kiko*		*Rónaldi (from*
Gabriela	*Bibi, Gabi, Biela, Bebela,*		*Ronald)*
	Ela, Bebel	Teresa	*Tetê, Tê, Terê*
Gustavo	*Guga, Guto, Gugu, Gu,*	Ubirajara	*Bira*
	Tavo, Tavinho	Ubiratam	*Bira*

For more names and nicknames, check the website, as of 2006, http://www.mingaudigital.com.br/rubrique.php3?id_rubrique=126. If the link does not work anymore, use a search engine with the key word "apelidos."

Situation 2: Grouping of Related Vocabulary

Semantic Fields

It may be helpful to learn vocabulary according to semantic fields. Students can participate in this activity by suggesting words according to the field they belong. The teacher or the students will organize these words on the blackboard and then build simple sentences with verbs already learned (*trabalhar, conhecer, morar, gostar de*, etc.). Below there is an illustration of semantic fields, which is intended to help with this activity. This activity can be repeated in future units.

Languages	Classroom Objects	Academic Disciplines
o alemão	o apagador, o livro	a biologia
o chinês	a cadeira, a lousa	a economia
o espanhol	o caderno, o mapa	a filosofia
o francês	a caneta, a mesa	a geografia
o inglês	a escrivaninha, papel	a história
o italiano	a fita, o quadro-negro	a matemática
o japonês	o giz, a química	
o português	o gravador	
o russo	o lápis	

Places on Campus		People
a banca (de jornais)		o aluno, a aluna
a faculdade		o amigo, a amiga
a biblioteca		o avô, a avó
o centro universitário		o/a colega
a clínica		o doutor, a doutora
o dormitório		o/a estudante
o edifício		o rapaz, o garoto, a garota
o estádio		o/a jornalista
a escola		o jornaleiro, a jornaleira
o escritório		o moço, a moça
a farmácia	o pátio	o secretário, a secretária
o ginásio	o prédio	o senhor, a senhora
o hospital	o refeitório	o vovô, a vovó
o laboratório	a sala de aula	
a livraria	a universidade	

Situation 3: Study the expressions in the preliminary unit, **section 0.8**, especially 0.8.2 through 0.8.5. Pay attention to the differences in formal and informal situations. If needed, talk to your instructor about these different

situations to find out how to use the language formally and informally, in different contexts.

First, all students will stand up and walk around the classroom to meet and talk with other students, using the vocabulary in section 0.8. Pretend to be in an **informal** situation. Students will meet as many classmates as possible in brief casual dialogues. Clipped forms (like English "whatcha," "dontcha") can be used, if appropriate.

An informal dialogue:

RITINHA:	– Oi, Kiko! Tudo bom?
KIKO:	– Tudo bem, menina. Cumequitá?
RITINHA:	– Você já conhece a Mara?
KIKO:	– Ainda não.
RITINHA:	– Vamos lá falar com ela. Ela está doida para te conhecer.

RITINHA:	– Oi, Mara! Este é o Kiko. Já conhecia?
KIKO:	– Prazer . . . Kiko. Tudo bem?
MARA:	– Ainda não conhecia . . . Tudo bem, e você?
KIKO:	– Tudo bom.

Other very informal expressions:

Fala aí, ô meu! Cumequitá a barra?	Tudo certim?
Como vão as coisas?	Cê tá bom?– Tô bem, e você?
Cuméquié? Tudo legal?	Combinado assim? Falou.
Cuméquitá?	Hoje essa praia tá craude, nega/o.
Depois eu ligo procê.	Tudo jóia?– Joinha.
Putz, meu. Cê deu mole nessa.	Falaí rapaz!
Tava todo zuado.	Só tem doido . . .

Cumequitá? = Como é que está?
Cumequié? = Como é que é?
Tudo certim = Tudo certinho?
Tá craude = Está *crowded* (from English)
Putz! Cê deu mole nessa = Oh, mine! You messed it up; You let it happen to you; you didn't apply yourself.
Zuado (probably from = Misbehaved; messed up; not serious; bad;
  zoar, zumbir)   nuts; like a zoo; it depends on context.
Só tem doido . . . = Everyone's nuts . . .

Then, use the dialogues below as a guide to perform **formal situations**. Study them as your background information. Simulate these situations in the classroom, make changes and adaptations as needed. After becoming familiar with these basic dialogues, move on. Imagine you are at a Brazilian university and you meet someone. Struck up a simple conversation in the best way you can. It is important to try.

Apresentações ("presentaciones")

Dialogue 1

STUDENT 1:   – Qual é o seu nome?
STUDENT 2:   – Meu nome é _____. E o seu?
STUDENT 1:   – Meu nome é _____.

Dialogue 2, outside the classroom

LÚCIA: – Oi, seu Júlio! Tudo bom?
JÚLIO: – Tudo bem, Dona Lúcia.
LÚCIA: – O senhor já conhece a Maria Teresa?
JÚLIO: – Ainda não.
LÚCIA: – Vamos lá falar com ela. Ela quer conhecer o senhor.

LÚCIA: – Maria Teresa, este é o senhor Júlio.
JÚLIO: – Como vai, Dona Maria Teresa?
MARIA TERESA: – Tudo bem, obrigada. E o senhor?
JÚLIO: – Tudo bom, obrigado.

Situation 4: SPEAKING AND WRITING One or more students will be
assigned to prepare a short class presentation on vocabulary for the next class.
This/These student/s will lead the next class for approximately 5 minutes.
They can prepare their presentation in any way they want. Look at the
vocabulary list at the end of this unit. Then find on the internet, or in other
sources, images that are directly related to some of the vocabulary, five to ten
words. In one page organize these images leaving blanks for the class to fill in
with the correct words and articles that corresponds to them. *Divirtam-se!*

Suggestion:

Answer: *o jornaleiro (o vendedor de jornais)*; or *a banca de jornais.*

Situation 5: WRITING AND SPEAKING Try to invent short dialogues
using the false cognates of the preliminary unit, **0.1.1 False Cognates**. The
dialogues will most likely be amusing.

Situation 6: PRESENTATIONS IN CLASS As soon as possible during
this course, students should start making 2-5 minute presentations at the

beginning of classes. These presentations should be simple. No need for extensive research.

All the information they need for their presentations can be found either in this book or on the internet. They will show their view of any grammar or pronunciation topic, cultural information, current events, music, movies. In other words, they will show their understanding the Portuguese grammar, of Brazil and the Portuguese World. For the teacher, this is helpful because it will show where their difficulties are. Furthermore, it makes students responsible for finding out about the Portuguese language.

1.14 Active Vocabulary

Notice that although this list is long, most of this vocabulary is similar in Spanish. Class activities based on Situation-4 above can help to learn this vocabulary.

Noun

o alemão, a alemã	el alemán, la alemana
o aluno, a aluna	el/la alumno/a
o amigo, a amiga	el/la amigo/a
o apagador	el borrador
a árvore	el árbol
o assento	el asiento
a aula	la clase
o avô, a avó	el/la abuelito/a
(avô, avó = 3rd person; 2nd and 3rd persons = vovô, vovó)	
a banca (de jornais)	el kiosko/puesto de periódicos
o bate-papo	la charla
a biblioteca	la biblioteca
a biologia	la biología
a cadeira	la silla
o caderno	el cuaderno
a caneta	la pluma
a carreira	la carrera
a carta	la carta
o chinês, a chinesa	el/la chino/a
a classe	el aula
a clínica	la clínica
o/a colega	el compañero de clase
o colégio	el colegio
a conversa	la conversación
a conversação	la conversación
a cor	el color
o corredor	el pasillo, el corredor
o costume	la costumbre

o cursinho	el curso preparatorio para el vestibular
o curso	la clase, el curso
o dever de casa	la tarea, el dever
o diálogo	el diálogo
o diploma	el diploma, el título
a dor	el dolor
o dormitório	el dormitorio
o doutor, a doutora	el/la doctor/a
a dúvida	la duda
a economia	la economía
o edifício	el edificio
(=prédio; but *Edifício Colatina* and not **Prédio Colatina*)	
o ensino	la enseñanza
o envelope	el sobre
a escola (secundária)	la escuela (secundaria)
o escritório	la oficina
a escrivaninha	el escritorio
o/a espanhol/a	el/la español/a
o estádio	el estadio
o/a estudante	el/la estudiante
o exame	el examen
o exercício	el ejercicio
a faculdade	la facultad
a farmácia	la farmacia
o filme	la película
a filosofia	la filosofía
a física	la física
a fita	la cinta
o francês, a francesa	el francés, la francesa
a frase	la frase
o garoto, a garota	el chico/la chica; el joven/la joven (*BrPort.* minha garota: *Span.* mi novia)
a geografia	la geografía
o ginásio (esportivo)	el gimnasio
o giz	la tiza
o gravador	la grabadora
a história	la historia
o hospital	el hospital
o inglês, a inglesa	el inglés, la inglesa
o italiano, a italiana	el/la italiano/a
o japonês, a japonesa	el japonés, la japonesa
o jornal	el periódico
o/a jornalista	el/la periodista
o jornaleiro	el vendedor de periódicos, el diariero
o laboratório	el laboratorio

o lápis	el lápiz
a lição	la lección
a livraria	la librería
o livro	el libro
a lousa	la pizarra
o mapa	el mapa
a matemática	las matemáticas
a matrícula	la matrícula
a mesa	la mesa
o moço, a moça	el/la muchacho/a, el/la chico/a
a nota	la nota; la cuenta
a oficina	el taller
a oração	la oración
o papel	el papel
a palavra	la palabra
o pátio	el patio
a paz	la paz
a parte	la parte (*el parte* means a report).
a pergunta	la pregunta
o português, a portuguesa	el portugués, la portuguesa
o prédio	el edificio
(but *Edifício Colatina* and not **Prédio Colatina*)	
o quadro-negro	la pizarra
a química	la química
o rapaz	el muchacho, el chico
o refeitório	la cafetería
o relógio	el reloj
a resposta	la respuesta
o russo, a russa	el/la ruso/a
a sala de aula	el aula
a secretária	la secretaria
a secretaria	la secretaría; la oficina de una escuela o facultad
o senhor, a senhora	el/la señor/a; Ud.
a tarefa	la tarea
o trabalho	el trabajo, la tarea
a universidade	la universidad
o vestibular	el examen de ingreso/admisión a la facultad; la selectividad
o vovô, a vovó	el/la abuelito/a
(2nd person = vovô, vovó; 3rd person = avô, avó)	

Adjectives

doido/a	loco/a
enganado/a	equivocado/a, engañado/a

furioso/a	furioso/a
gozado/a	chistoso/a, curioso/a
maluco/a	loco/a
sorridente	sonriente

Verbs

abrir	abrir
achar	pensar, creer
andar	andar
aprender	aprender
aprender de cor	saber de memoria
assistir	asistir
começar	comenzar
comprar	comprar
conhecer	conocer
contar	contar
estão	están
enganar	engañar
ensinar	enseñar (sólo en el sentido de dictar, nunca en el sentido de mostrar)
entender	entender
escrever	escribir
estudar	estudiar
falar	hablar
ficar	quedar
freqüentar	asistir
gostar de	gustar
há (haver)	hay (haber)
morar	vivir
mostrar	mostrar
parecer	parecer
partir	partir
precisar	necesitar
procurar	buscar
sei	sé
sei não	no sé
ter	tener
trabalhar	trabajar
vai	va
vender	vender

Persons

eu	yo
(tu)	tú
você	usted
ele, ela	él, ella

nós	nosotros
(vós)	(vosotros)
eles, elas	ellos, ellas
vocês	Ustedes
O senhor, a senhora	Usted

Common Expressions

Bem, obrigado/a	Bien, gracias
bom, boa	bueno, buena
De nada	De nada
em dúvida	con duda, inseguro
estar doido/a para	tener ganas de
gostaria de lhe apresentar	me gustaría presentarle
igualmente	igualmente
logo ali	cerca, por allá
longe (daqui)	lejos (de aquí)
mesma coisa	lo mismo
muito	mucho
(Muito) prazer!	¡Mucho gusto!
Não é?	¿Verdad?
Né?	(combination of "Não é?")
obrigado/a	gracias
oi, olá	hola
perto (daqui)	cerca (de aquí)
por favor	por favor
Prazer (em conhecê-lo/a)	¡Mucho gusto!
Que gozado!	¡Qué chistoso! ¡Qué curioso!
seu José	Señor Arciniega (Spanish uses the last name)
dona Cristina	Señora Arciniega
no equivalent	Doña
tem razão	tiene razón
Tudo bem?	¿Qué tal? (Brazilian Portuguese "Que tal? Is Normally is used only in the sense of Spanish "¿Qué te/le parece?")
Tchau	Adiós, nos vemos

Adverbs

aí	ahí
ali	allí
aqui	aquí
assim	así, de esta/esa manera
então	entonces
já	ya
lá	allá
muito	muy
não	no

pouco	poco
sim	sí
só	sólo

Articles

a(s)	la, las
o(s)	el, los
um, uns	uno, unos
uma, umas	una, unas

Prepositions

de	de
em	en

Conjunctions

e	y
mas	pero
que	que

Pronouns

este	este
meu, minha	mi
seu, sua	su

Interrogatives

Quem?	¿Quién(es)?
Qual?	¿Cuál?
Quais?	¿Cuáles?

Unit 2. Vamos Sair um Pouco

OBJECTIVES – Unit 2 contains irregular verbs in the present tense of the indicative mood. It also presents the use of **ir** in periphrastic constructions and discusses the use of **ser, estar** and **ficar**. In addition to these new verb forms and usage it discusses other grammatical points, as specified below. Two new phonemes, namely sounds are also introduced.

- *Context* – Going out, exploring more about Brazil: restaurant, food.
- *Grammar* - Indicative Mode, Present of Irregular Verbs, Present Progressive Ir, Ir + Infinitive; Present Tense, Indicative Mode: Pôr, Querer, Ter, Vir; Ser, Estar and Ficar; Agreement with Ser; Combination of em, de, a, por, and Articles; Diminutives and Augmentatives; Interrogative and Exclamatory Words: Word Order; Comparatives and Superlatives; Cardinal Numbers.
- *Pronunciation* – This lesson reviews the pronunciation of /e/ and /ɛ/, /o/ and /ø/ and introduces two new sounds: the nasal vowel /ã/, and the consonant /z/.
- *Vocabulary* – Review of lesson 1 vocabulary, words related to food, drink, numbers.
- *Conversation* – You will be able to order food in a restaurant, talk about food and drinks, ask questions in general, and count.
- *Writing* – At the end of this unit, there are a few writing situations, mainly for listing down vocabulary words.
- *Song* – "Soy Loco por Ti, América" by Gilberto Gil and José Carlos Capinam.

This unit should require approximately 6 classes of 50 minute each.

Camelô, vendedor de rua (street vendor)
© The University of New Mexico, Latin American Institute, Photographer: Siegfried Mühläusser. Left picture: *Ladeira* (slope; downhill) in the interior of the state of São Paulo. Courtesy of Pablo de la Rosa

2. PONTOS DE ENCONTRO: RESTAURANTES, BARZINHOS E BOTECOS

The speakers come from different areas of Brazil. The female speaker who opens the dialogue is from São Paulo; Felipe is from Minas, Alberto is from Rio, Carmem from Pernambuco, Rosa from Paraná and the waiter is from Espírito Santo. After becoming familiar with the text, students may reinterpret it in a skit in the classroom, without looking at the dialogue. Some verb endings are highlighted to remind students to focus on these endings, instead of the explicit subject. Remember that the speakers may have changed parts of the dialogue, but they did not change the general idea of the script.

2.1 Dialogue: No Restaurante

Restaurant *Moqueca & Cia.* in Vitória, Brazil, specialized in seafood.

 Duas estudantes, Rosa e Carmem, vão ao restaurante com os namorados, Alberto e Felipe. Rosa, a namorada do Alberto, é mexicana. Os outros três são brasileiros. Os dois rapazes já estão no restaurante. Remember to use the dialogue below as a **guide** to the actual dialogue in the recordings. The actual dialogues may be different.

ALBERTO: – É, rapaz, essas duas são fogo!
FELIPE: – Pois é. Essas duas estão sempre atrasadas. Cê sabe que rapadura é doce, mas não é mole . . . Te**mos** que agüentar, né?

Rosa e Carmem chegam depois de vinte minutos.

ROSA: – Esta**mos** atrasadas?
ALBERTO: – Não!!! Que nada! Nós é que chegamos cedo.
ROSA: – Não precis**am** fazer essa cara feia.
CARMEM: – Não va**mos** brigar outra vez. Quando vocês chegam atrasados a gente não fica assim. Vai Beto! diz aí o que você quer beber.

ALBERTO: — Bom . . . **vou** de caipirinha. Vocês é que pagam hoje, né isso?

ROSA: — Beleza. Eu também quero uma caipirinha. E você, Carmem?

CARMEM: — Uma cerveja. E você, Felipe?

FELIPE: — Me v**ê** uma cerveja também.

CARMEM: — Garçom! Por favor, duas caipirinhas e duas cervejas na conta deles.

ALBERTO: — Que nada! Na conta de vocês.

FELIPE: — Ah, e um peixim frito, fazendo um favor.

ROSA: — Caipirinha . . . Caipirinha vem da palavra "caipira," não é?

CARMEM: — Ach**o** que sim. Como é "caipira" em espanhol?

ROSA: — Eu acho que esta palavra em espanhol é "campesino."

GARÇOM: — Pra quem é a cerveja?

ALBERTO (apontando para Carmem e Felipe): — P'ros dois. (i.e. para os dois)

FELIPE: — Huumm! Esse peixe está bom. . . [tá bã͞u]

GARÇOM: — Vocês querem o cardápio?

CARMEM: — Por favor.

GARÇOM: — A moqueca capixaba está ótima.

ROSA: — Beto, está a fim de comer uma moqueca?

ALBERTO: — Fal**ou**! E vocês?

CARMEM: — Uma lagosta ao forno.

FELIPE: — Uma lagosta ao forno . . .? Ach**o** que v**ou** querer o mesmo.

CARMEM: — Garçom, mais uma cervejinha, por favor.

GARÇOM (de bom humor): — Estupidamente gelada?

CARMEM: — Mas é claro! Estupidamente gelada pra todo mundo.

Depois de comer o prato principal.

GARÇOM: — Vocês querem sobremesa?

CARMEM: — Só um cafezinho.

TODOS: — Um cafezinho.

ROSA: — Mas sem açúcar, por favor. Estou de dieta.

GARÇOM: — Quatro cafezinhos, não é?

TODOS: — É.

Green and ripe coffee berries   Just baked *Pão-de-queijo*

Notes about the dialogue:
- *Né* is the contraction of *não é*.

- *Caranguejo* (see photo at the end of the unit 2) is a very common appetizer or dish, especially in the coastal areas of Brazil. It is found in marshes. *Siri*, the other kind of crab more known among Americans, has its habitat in the sea.

- *Caipirinha*: A Brazilian cocktail often confused with *batida*. Caipirinha, in general, is prepared with lime, **Brazilian sugar**, ice and an *aguardente* that can be rum, vodka, tequila, or *cachaça*. Cachaça is the most popular alcoholic beverage in Brazil, made from sugarcane. Batida is prepared only with cachaça, lime, and, optionally, Brazilian sugar. In Brazilian Portuguese the word for lime is *limão*. Brazilians prefer lime instead of lemon. In general, Brazilians note the difference when a different kind of sugar is used in *batidas* or *caipirinhas*, for the distinct flavor of Brazilian sugar.

- The diminutive *–inho* is sometimes reduced to *–im*, pronounced [i] in fluent speech. The late Brazilian composer Tom Jobim named one of his records "Passarim," [pa.sa.ɾí] instead of "Passarinho" (Both mean "Pajarito," in Spanish).

- *Capixaba* is the name given to the inhabitants of Vitória, the capital of the State of Espírito Santo. Nowadays, it is common to use it to mean all the inhabitants of the State of Espírito Santo. *Moqueca capixaba* is an excellent dish made with fish and optionally with other seafood. There is also *peixada* dish, also made with fish (*peixe*), but not considered a fine dish as *moqueca* is, and thus the derogative saying *Moqueca só capixaba, o resto é peixada*.

- The slang expression *Falou!* is roughly equivalent to "You said it!" or "All right!." It is an old slang, similar to nowadays *Beleza!, Jóia!* etc.

- Brazilians like beer extremely cold. It seems that a German tourist once criticized this "nonsense" habit. The late José Carlos Oliveira, a *cronista* with typical Brazilian irreverence reacted by coining the expression *estupidamente gelada*.

Questions

Answers to the following questions can be found in the dialogue. Use the vocabulary listing at the end of this unit, if needed.

1. Quem são Alberto e Felipe?
2. Quem é a namorada do Alberto?
3. Quem chega mais cedo?
4. Quando elas chegam?
5. Os rapazes também costumam chegar atrasados ou são sempre pontuais?
6. O que a Carmem acha da reação deles?
7. O que eles bebem?
8. Você conhece a caipirinha? E a batida?
9. De acordo com o garçom, que tal a moqueca?
10. Como está a cerveja?
11. Você diria "estupidamente gelada" a um garçom que você não conhece?

12. Como é a sobremesa?
13. Você sabe o que quer dizer "rapadura"? E a palavra "mole"?
14. Se você já sabe o que significam *rapadura* e *mole*, então é fácil entender a frase "rapadura é doce, mas não é mole," não é mesmo?

Suggested answers: 1. Alberto e Felipe são os namorados de Rosa e Carmem; 2. Rosa é a namorada de Alberto; 3. Os rapazes chegam mais cedo; 4. Vinte minutos depois; 5. Claro que chegam atrasados! 6. Que não é preciso brigar. Quando eles atrasam elas não ficam assim; 7. Alberto e Rosa tomam uma caipirinha, mas Carmem e Felipe tomam uma cerveja; 8. Sim, conheço or Não não conheço, etc. 9. O garçom explica que a moqueca está ótima; 10. Superfria, estupidamente gelada; 11. Somente se a situação permitir, ou se conhecemos bem o garçom; 12. Em lugar da sobremesa eles preferem um cafezinho ou cafezim; 13. No espanhol da Venezuela, do México e outros países há um termo aproximado que é *panela*. Em inglês se usa o mesmo termo que em português ou então *brown sugar loaf*. Rapadura é uma espécie de barra feita com o caldo da cana-de-açúcar, do tamanho de um tijolo (esp. *ladrillo*, ing. *brick*) e de outros tamanhos. A consistência da rapadura também pode variar, mas em geral é dura. Recentemente descobriu-se que é uma excelente fonte de alimento, simples e superbarato. Hoje em dia certas receitas de chocolate de qualidade usam a rapadura como adoçante. *Mole* tem diferentes traduções. Se poderia traduzir ao espanhol como *blando* ou *flojo*. 14. No contexto do diálogo, esta frase quer dizer que eles gostam das namoradas, que elas são legais (esp. *chévere*), porém são difíceis de agüentar (esp. *aguantar*), that is "duras."

2.2 Irregular Verbs

2.2.1 Present Tense, Indicative Mode

Subject Pronoun	Verb Form	Pronunciation
	SER	[séR]
Eu	sou	[éu sóu]
Você, Ele, Ela	é	[vo.sé, é.li, ɛ.la ɛ́]
Nós	somos	[nóS só.muS]
Vocês, Eles, Elas	são	[vo.séⁱs é.lis ɛ.las sã͂ᵘ]

Subject Pronoun	Verb Form	Pronunciation
	ESTAR	[iS.táR]
Eu	estou	[éu iS.tóu]
Você, Ele, Ela	está	[vo.sé, é.li, ɛ.la iS.tá]
Nós	estamos	[nóS iS.tá.muS]
Vocês, Eles, Elas	estão	[vo.séⁱS é.liS ɛ.laS iS.tã͂ᵘ]

2.2.2 A Comparison of *Ser, Estar* and *Ficar*

The usage of *ser* and *estar* in Portuguese is similar to Spanish. In both languages, *estar* is generally used to tell the "**location**" or changes affecting people or things.

Spanish	**Portuguese**
Estoy en Brasil.	*Estou no Brasil.*
Estoy nervioso.	*Estou nervoso.*

In Portuguese, however, **estar** is mainly used for **transitory** "location."

"- Alô, pai! Já estou em casa."	(- *¡Aló, papá! Ya estoy en la casa.*)
Toninho e Rafaela estão no Rio.	(- *Toninho y Rafaela están en Rio.*)

Ser is used for **fixed** "location" ("geographical" location as in examples 1 and 2). *Ser* is also used for the inherent nature of people and things, and as a result, *ser* also informs of their "natural" features (examples 3 and 4).

1. Acho que Canudos é no Sertão.	(*Creo que Canudos está en el Sertão.*)
2. A casa é nesse bairro.	(*La casa está en ese barrio.*)
3. São produtos brasileiros.	(*Son productos brasileños.*)
4. Ela é uma professora chinesa.	(*Ella es una profesora china.*)

There is an exception to the explanation about *ser* in the preceding box. But this should offer no difficulty to Spanish speakers, because *ser* in Spanish has the same usage when the subject is an event (*reunión*) in relation to a locative (*edificio*).

- Onde é a reunião?	- *Dónde es la reunión?*
- É neste edifício.	- *Es en este edificio.*

In Portuguese, **ficar** (never *ficar-se) alternates with *ser* to indicate **fixed** location. In similar context Spanish uses *estar* or *quedar* (not *quedarse*).

*Onde **fica** o escritório?* or *Onde **é** o escritório?*

are equivalent to Spanish

*¿Dónde **queda** la oficina?* or *¿Dónde **está** la oficina?*

In Portuguese, *Onde **está** o escritório?* is rarely used. It can be used to create some humor, because it means that someone "lost" his/her office and is trying to find it. A wisecracker would not miss the chance to answer *Deve ter se escondido por aí* (*Debe haberse escondido en alguna parte*).

In addition to its reference to position, *ficar* is frequently used as the equivalent of English "stay, become" and Spanish "quedar" (*Quedamos en salir mañana* / *Ficamos de sair amanhã*) and "quedarse" (*Se quedó en casa por un rato* / *Ficou algum tempo em casa*). Do the exercises 1 and 2 below and then study the additional explanation that follows.

Exercise 1 Understanding the verb *ficar*. Write the meaning of *ficar* **in Spanish**, in the sentences 1-16.

> **FICAR** can be rendered in Spanish as **estar, ubicarse; ser; permanecer; quedar(se); detenerse; restar, faltar, sobrar; tornarse** (utilizado en acciones reflexivas); **ponerse, volverse; ensuciarse; dejar.**

EXAMPLE: *Onde fica o escritório?*
Answer: *quedar, estar, ubicarse.* (Sometimes the precise meaning will depend on the context.)

1. A universidade fica na rua São Vicente.
2. Pode ficar à vontade.
3. Você vai ficar em casa?
4. Isso é segredo. Isso fica entre nós.
5. Colatina fica no Espírito Santo.
6. Não vai ficar nenhuma pessoa?
7. Elas ficam com as camisas?
8. Se continuam a gastar dessa maneira, não vai ficar um centavo.
9. Esses meninos vão ficar sujos!
10. E eu? Vou ficar de fora?
11. Nós ficamos aqui!
12. Ela vai ficar furiosa!
13. A despesa fica por conta deles.
14. Acho que eles vão ficar zangados.
15. Você vai ficar aí sentado o tempo todo?
16. Mamãe fica sempre braba comigo.

Suggested answers: 1. quedar, estar; 2. quedar(se), ponerse; 3. quedar(se), estar; 4. quedar(se); 5. quedar, estar; 6. quedar(se), permanecer; 7. quedar(se), permanecer; 8. quedar(se), restar, sobrar; 9. ensuciarse (reflexive action), quedar(se); 10. quedar; 11. quedar(se), permanecer; 12. ponerse; 13. quedar(se), ser; 14. ponerse; 15. quedar(se), permanecer, detenerse; 16. ponerse.

Exercise 2 In the following exercise, fill in the blanks with the correct form of *ser*, *estar* or *ficar*.

1. Eu _____ mexicano.
2. Onde _____ sua casa?
3. Onde você deixou os livros?
   Ihh! Rapaz . . . Acho que eles _____ na biblioteca.
4. Nós _____ contentes.
5. Ela _____ na casa da Paula.
6. Vocês _____ estudantes?
7. Eu _____ muito bonito hoje, não é mesmo?
8. Você _____ muito metido. (metido = *show off*)
9. Juninho _____ muito inteligente.
10. Ricardo e eu _____ colegas de escola.
11. Acho que esse banco _____ lá no centro.
12. Regina e Moacir _____ completamente enganados!
13. Aqui _____ os cadernos!
14. Angélica e Susana já _____ no restaurante.
15. Esse rapaz não é fácil. Ele _____ fogo!
16. _____ outra vez atrasado!

Suggested answers: 1. sou; 2. é, fica; 3. ficaram; 4. estamos, ficamos (past tense, ing. "became"); 5. está; 6. são; 7. estou; 8. é, está; 9. é; 10. somos; 11. é, fica; 12. estão; 13. estão; 14. estão; 15. é, está; 16. estou, está.

2.2.3 *Ser, Estar* and *Ficar*: More

Although *ser* and *estar* have similar usage in Portuguese and Spanish, there are some differences.

In Spanish it is common to say *Estoy casado/a* or *Está casado/o* to mean "I am married," "He/she is married." In Portuguese, it is grammatically correct to say *Estou casado/a* or *Está casado/a*, but it sounds peculiar, because it means that someone succeeded finding a husband or wife. In Portuguese, *ser* is used instead, to indicate that someone is married, as in *Ela é casada*.

 **LEITURA DE NÍVEL AVANÇADO**

Another way of looking into the differences between *ser* and *estar* is to focus on the adverbs of place, also known as locatives, which may accompany these verbs. For instance, if these verbs are followed by a locative, Spanish seems to distinguish the use *ser* and *estar* according to the type of subject. If the verb is followed by a locative, we have to find out if the subject is an **event** (meeting, game, etc.) or a **non-event**. (persons, things, etc.). It follows that Spanish uses *estar* to state the location or position of **non-events**.

Pepe **está** en un coche que corre demasiado.
(Locative: en un coche; non-event: Pepe)
El departamento **está** arriba.
(Locative: arriba; non-event: departamento)

Then, when stating the position of **events**, Spanish normally uses *ser*.

La reunión **es** arriba. (Locative: arriba; event: reunión)

Although less frequently, in Spanish one could say "La reunión *está* arriba" if *reunión* means the group of people, the persons. In such a case, "reunión" would be a *non-event*. If one means the expected interactions of the persons in the meeting, as we normally do, then *ser* is more appropriate.

FIM DA LEITURA DE NÍVEL AVANÇADO

In sum, in Portuguese it is helpful to distinguish between fixed and transitory features of the subject. If we can refer to a transitory location or position, both languages have a similar usage (*Ellos ya* **están** *en el sitio* is similar to *Eles já* **estão** *no local*). On the other hand, and this reinforces what was just said previously, if the location or the position is fixed, Spanish uses *estar* or *quedar*, while Portuguese uses *ser* or *ficar*, as we illustrate below.

Spanish	Portuguese
Fixed Position or Location	
Brasilia **está** en el centro de Brasil	Brasília **é** no centro do Brasil.
Brasilia **queda** en el centro de Brasil.	Brasília **fica** no centro do Brasil.
El Mineirão **está** en la Pampulha.	O Mineirão **é** na Pampulha.
El Mineirão **queda** en la Pampulha.	O Mineirão **fica** na Pampulha.
- Dónde **queda** ese banco?	- Onde **fica** esse banco?
- Creo que **está** en el Bexiga.	- Acho que **é** no Bexiga.

These are the main differences. It is important now to bring these uses into context for a better mastery of these differences. Other uses will simply coincide in both languages. For example,

Spanish	Portuguese
Pepe **está** arriba.	O Zeca **está** lá em cima.
La bicicleta **está** en el garaje.	A bicicleta **está** na garagem.
El desfile va a **ser** en el sambódromo.	O desfile vai **ser** no sambódromo.
El partido **fue** en el Beira-Rio.	O jogo **foi** no Beira-Rio.
Los niños **quedaron** en el parque.	Os meninos **ficaram** no parque.

The conjugation of *ficar* is regular, but it will have some spelling changes, such as in *fique*, *fiquemos*, and similar ones.

2.2.4 Agreement with *Ser*

This section is helpful to Spanish speakers, but it is intended to be even more helpful to native speakers of English learning Portuguese.

LEITURA DE NÍVEL
AVANÇADO

In Brazilian Portuguese[7], normative grammars have endless rules and details with respect to agreement with **ser**. As a result, Brazilians are often confused regarding the correct agreement with *ser*. An adequate simplification of these rules can be attempted and this is what this section does.

Before we attempt a simple explanation regarding the agreement with **ser**, we need to review some basic notions regarding **copula** verbs, namely verbs like *ser*, *estar*, *parecer* and alike.

It is helpful to imagine sentences with copula verbs as a scale. In this imaginary scale, the verb, represented by the equal sign (=), holds the center support of the scale whereas the subject (**S**) is one of the plates and the attribute (**A**) the other, where **S = A**. In Spanish and Portuguese this position can be reversed to **A = S** because of their flexible word order. On the other hand, English is usually characterized by a fixed word order *subject + verb + attribute*, which makes agreement with "to be" easier than agreement with "ser" in Portuguese and Spanish.

Subject	To Be	Attribute
You	are	the best player.
The best player	is	you.

Spanish and Portuguese are not bound to the fixed word order of *subject + verb + attribute* (**S+V+A**). As a result, the verb may agree with the subject or the attribute. In English, the fixed position of these elements result in an agreement of the verb with the subject. Hence, the greater difficulty in some sentences for Portuguese and Spanish speakers to decide

---

[7] I am thankful to José Augusto Carvalho for his insights regarding agreement with **ser** in Portuguese. He wrote on this topic in his column of May 22, 2006, in the newspaper *A Gazeta*, from Vitória, Espírito Santo. I adapted some of his examples here.

when to agree with the subject or with the attribute.

In Spanish, there have been attempts to explain the agreement with **ser** in terms of the following personal pronouns hierarchy:

- **first person prevails over the second person**, and
- **second person over third person**, regardless of the word order.

Although this work for most cases, sometimes it does not as in

Tú no eres yo y ella no es yo tampoco.

Then, there is a number hierarchy – plural prevails – which cannot be taken too rigidly. Therefore, in cases with two third persons, singular and plural, it is similar to Portuguese. In other words, in both languages there is a *tendency* to make the agreement with the plural, as in

*Lo más aburrido **son las demasiadas explicaciones**.*
*O mais chato **são as explicações em excesso**.*

The table below summarizes some of the basic differences and similarities in the three languages. Parentheses mean optional usage. S stands for subject, V for verb and A for attribute.

Portuguese SVA or AVS	Spanish AVS or SVA	English SVA
O artista sou eu.	El artista soy yo.	The artist is me.
(Eu) sou o artista.	Yo soy el artista.	I am the artist.
(Nós) somos os brasileiros.	(Nosotros) somos los brasileros.	We are the Brazilians.

Portuguese SVA or AVS	Spanish AVS or SVA	English SVA
Os brasileiros somos nós.	Los brasileros somos nosotros.	The Brazilians are us.
O time são as qualidades dos seus jogadores.	El equipo es las cualidades de sus jugadores.	The team is the qualities of its players.
É você.	Eres tú.	It is you.
(Eu) não sou você e você não é eu.	(Yo) no soy tú y tú no eres yo.	I'm not you and you're not me.
Que horas são?	¿Qué hora es?	What time is it?

**FIM DA LEITURA
DE NÍVEL AVANÇADO**

In Portuguese, the three basic rules below should be sufficient. There are also stylistic preferences, but we dont need to discuss them in this course.

However, it may be of assistance to know that there are alternatives to these basic rules. For example,

> (a) *Maria **é** dois olhinhos azuis.*
> (b) *Maria **são** dois olhinhos azuis.*
> (c) *Os Estados Unidos **são** um país de imigrantes.*
> (d) *Os Estados Unidos **é** um país de imigrantes.*

are all correct. The basic rules below are helpful but one has to keep in mind that they explain only (a) and (c) above (see rules 2 and 3 below). The other alternatives, (b) and (d) are a matter of personal preferences; in (d) one can also interpret "Estados Unidos" as one unit, and therefore singular.

Basic rules of agreement with **ser**:

> 1) Personal pronouns (eu, você, nós, etc.) prevail in the agreement with **ser**.
> **Note:** In the case of two personal pronouns, the subject prevails over the attribute.
> 2) Nouns referring to people (Pedro, os meninos, etc.) prevail over the others nouns;
> 3) Plural should prevail over the singular, even if it sounds unusual, e.g. *Aquilo são as compras que você pediu* or *As compras que você pediu são aquilo; Quem são esses caras?* or *Esses caras são quem?*.

Reinforcement exercise 1 – Decide the form of **ser**, and indicate inside the parentheses the number of the normative rule above (1, 2 or 3) that explains your decision.

1. (   ) Ela não _____ eu.
2. (   ) Nem eu _____ ela.
3. (   ) Os donos desta casa _____ nós.
4. (   ) O Brasil _____ os brasileiros.
5. (   ) O telhado _____ palhas secas.
6. (   ) Quem _____ esse Carlos?
7. (   ) Esse Carlos _____ eu!
8. (   ) Acho que já _____ três horas da tarde.
9. (   ) Mas aqui _____ ainda uma hora da tarde.
10. (   ) Os chineses _____ nós.
11. (   ) Os chineses _____ eles.
12. (   ) Quem _____ os interessados?

Answers: 1. é (1, Note); 2. sou (1, Note); 3. somos (1); 4. são (3); 5. são, eram (3); 6. é (there is no conflict, no rule is needed because both are 3rd. person singular); 7. sou (1); 8. são (there is no conflict because there is only one element to agree with); 9. é (idem); 10. somos (1); 12. são (3).

Reinforcement exercise 2 – OPTIONAL: Study the sentences in the two columns below. Sentences in both columns are the same. Firstly, indicate on the left column which forms are **correct** (**c**) or incorrect (*****) according to Brazilian normative grammars. Secondly, on the right column, try to guess which forms are **a**cceptable, **u**nacceptable or not sure (**?**), according native speakers of Brazilian Portuguese who answered to this questionnaire. It is all right if you are not sure. The answers are provided right after, but don't look at the answers immediately. Try on your own first.

Which Ones Are Correct, According to the Norm	Which Ones Are Acceptable By Native Speakers, Despite the Grammar
1. ( ) O melhor candidato sou eu.	1. ( ) O melhor candidato sou eu.
2. ( ) Eu sou o melhor candidato.	2. ( ) Eu sou o melhor candidato.
3. ( ) Os estudantes somos nós.	3. ( ) Os estudantes somos nós.
4. ( ) Nós somos os estudantes.	4. ( ) Nós somos os estudantes.
5. ( ) Quanto são dois mais dois?	5. ( ) Quanto são dois mais dois?
6. ( ) Dois mais dois são quanto?	6. ( ) Dois mais dois são quanto?
7. ( ) Quanto é dois mais dois?	7. ( ) Quanto é dois mais dois?
8. ( ) Dois mais dois é quanto?	8. ( ) Dois mais dois é quanto?
9. ( ) Que hora é?	9. ( ) Que hora é?
10. ( ) Que horas são?	10. ( ) Que horas são?
11. ( ) O que mais importa é meus filhos.	11. ( ) O que mais importa é meus filhos.
12. ( ) O que mais importa são meus filhos.	12. ( ) O que mais importa são meus filhos.
13. ( ) A vida é sofrimentos sem fim.	13. ( ) A vida é sofrimentos sem fim.
14. ( ) A vida são sofrimentos sem fim.	14. ( ) A vida são sofrimentos sem fim.
15. ( ) Meu grande problema é essas crianças.	15. ( ) Meu grande problema é essas crianças.
16. ( ) Meu grande problema são essas crianças.	16. ( ) Meu grande problema são essas crianças.
17. ( ) Essas crianças é meu grande problema.	17. ( ) Essas crianças é meu grande problema.
18. ( ) Essas crianças são meu grande problema.	18. ( ) Essas crianças são meu grande problema.

Answers (Do you have yours?):

The column on the right reflects the answers from twenty schooled adults of both sexes, from the states of São Paulo, Rio and Espírito Santo. This verification was done by e-mail in May of 2006. The combination of symbols (*, c, a, u, ?) means varying degrees of judgments from highest to lowest, e.g. (au?) means that most find it acceptable, some find it unacceptable, and a few are not sure what to say, etc.

Correct or Incorrect, According to the Grammatical Norm	Acceptable, Unacceptable, Not Sure (?), **According to Native Speakers**
1. (c) O melhor candidato sou eu.	1. (a) O melhor candidato sou eu.
2. (c) Eu sou o melhor candidato.	2. (a) Eu sou o melhor candidato.
3. (c) Os estudantes somos nós.	3. (a) Os estudantes somos nós.
4. (c) Nós somos os estudantes.	4. (a) Nós somos os estudantes.
5. (c) Quanto são dois mais dois?	5. (au?) Quanto são dois mais dois?
6. (c) Dois mais dois são quanto?	6. (au) Dois mais dois são quanto?
7. (*) Quanto é dois mais dois?	7. (au) Quanto é dois mais dois?
8. (*) Dois mais dois é quanto?	8. (au?) Dois mais dois é quanto?
9. (*) Que hora é?	9. (au) Que hora é?
10. (c) Que horas são?	10. (a) Que horas são?
11. (*) O que mais importa é meus filhos.	11. (u?a) O que mais importa é meus filhos.
12. (c) O que mais importa são meus filhos.	12. (a) O que mais importa são meus filhos.
13. (*) A vida é sofrimentos sem fim.	13. (?ua) A vida é sofrimentos sem fim.
14. (c) A vida são sofrimentos sem fim.	14. (?u) A vida são sofrimentos sem fim.
15. (*) Meu grande problema é essas crianças.	15. (au?) Meu grande problema é essas crianças.
16. (c) Meu grande problema são essas crianças.	16. (au) Meu grande problema são essas crianças.
17. (*) Essas crianças é meu grande problema.	17. (u?) Essas crianças é meu grande problema.
18. (c) Essas crianças são meu grande problema.	18. (a?) Essas crianças são meu grande problema.

2.2.5 *Estar*: Present Progressive, Indicative Mode

	falAr	**comEr**	**abrIr**
Est**ou**	falando	comendo	abrindo
Est**á**	falando	comendo	abrindo
Est**amos**	falando	comendo	abrindo
Est**ão**	falando	comendo	abrindo

The formation of progressive forms in Portuguese is regular. All infinitive endings *-r* are dropped and replaced by *-ndo*, without exception.

In Brazilian Portuguese the present progressive is similar to Spanish in form. It uses *estar* as the helping verb and the main verb has an invariant ending, *-ndo*. Its use, however, is similar to American English, not to Spanish.

In Spanish the progressive construction is normally used to describe events that are in progress: "Estoy hablando" means now. Normally, Spanish does not express events in the future with present progressive forms. Brazilian Portuguese and English have constructions like "Estou resolvendo isso na semana que vem" ("I am taking care of this next week"), considered ungrammatical in Spanish, although nowadays one can hear Spanish speakers using these progressive constructions similar to English and Portuguese.

Exercise 3 Complete the following sentences with the correct form of the present progressive (*estar* + *-ndo*). Use one of the verbs in the following list. Use each verb only once.

    falar, abrir, comer, gostar

1. Acho que elas _____ a porta agora.
2. Estou mais sarado porque _____ bem.
3. Pablo e eu _____ português muito bem.
4. Luís Carlos _____ do trabalho.

Answers: 1. estão abrindo; 2. estou comendo; 3. estamos falando; 4. está gostando.

2.3 Pronunciation: /a/ and /ã/

2.3.1 Pronunciation Review: /e/ and /ɛ/, /o/ and /ø/

Study the following words and sentences. They are being reused to help you with another drill below, which uses the lyrics of "Tropicalia." The expressions below contain the open vowels /ɛ/ (*set*) and /ø/ (*flaw*) contrasted with the "closed" vowels /e/ (*bait* or *bit*) and /o/ (*Poe*, or French *beau*). Remember that open vowels occur in strong positions, not in weak position. Your instructor will read them in random order. Write down only the words that contain open vowels.

/ɛ/ and /e/: janela, prazer, colher, você, pé, seu, pê, céu, colega, português, quero, caneta, escrever, vê-la, leste (east), este (this), meta (goal), meta (put), sete, terra, escreve, Pelé, café, seca (drought), vê, seca (it dries), pressa, chega, fresco, freguês, perna.

/ø/ and /o/: ótimo, senhora, novo, senhor, nova, folha, avô, avó, alô, sol, sou, relógio, corte (court), corte (cut), moça, mossa, ovos, ovo, escola, famoso, famosos, famosa, toda, novos, nova, garoto, povo, hora, só.

- Este é o Pelé. O Pelé e o Maradona gostam muito de jogar bola, mas o Pelé é melhor, porque é o Rei do Futebol e joga muito mais. Se quiser saber mais, é só perguntar a um brasileiro.
- A letra "esse" parece uma cobra.
- Pedro, é melhor você não ficar por perto.
- Mostra essa borboleta só pra ela, pra ele não.
- O petróleo é nosso!
- Cuidado que esse sol tá quente à beça.

Answers: /ɛ/ janela, colher, pé, céu, colega, quero, este (east), meta (goal), sete, terra, escreve, Pelé, café, seca (it dries), pressa, perna; /ø/ ótimo, senhora, nova, avó, sol, relógio, corte (cut), mossa, ovos, escola, famosos, famosa, novos, nova, hora, só.
Este é o Pelé. O Pelé e o Maradona gostam muito de jogar bola, mas o Pelé é melhor, porque é o Rei do Futebol e joga muito mais. Se quiser saber mais, é só perguntar a um brasileiro; A letra "esse" parece uma cobra.
Pedro, é melhor você não ficar por perto; Mostra essa borboleta só pra ela, pra ele não; O petróleo é nosso!; Cuidado que esse sol tá quente à beça.

2.3.2 Pronunciation: /a/ and /ã/, /s/ and /z/

 Preliminaries: Auditory Identification – You can read the dialogue below or listen to it. Whichever way you go, after you become familiar with it, try to identify the z-sounds as well as the open vowels.

MARCELA E BRUNO, Cariocas, entre 20 e 25 anos.

(Telefone discando. Telefone toca duas vezes.)

A. Alô?
B. Alô. O Bruno está?

A. É . . . Sou eu. Quem é?

B. É Marcela!

A. Oi, Marcela, tudo bem?

B. Oi, Bruno! Tudo bom?

A. Tudo bom.

B. Eu (es)to(u) te ligando p(a)ra te dar parabéns.

A. Ô, obrigado. Você (es)tá fazendo alguma coisa hoje à noite?

B. Não, (es)tou fazendo nada, não.

A. Tá, porque a gente (es)tá se encontrando p(a)ra celebrar o aniversário um pouquinho ali no Caneco. (Vo)cê vai chegar?

B. Ah, que legal, vou sim. Que horas (vo)cês (es)tão indo?

A. Umas dez.

B. Tá bom, então eu te encontro lá, então.

A. Tá bom. O(lha) . . .

B. Hum?

A. Não esquece o presente.

B. (Risos) Tá bom. Um beijo.

A. Beijo.

B. Tchau.

Answers: (Telefone discando. Telefone toca duas vezes.)

A. Alô? / B. Alô. O Bruno está? / A. É... Sou eu. Quem é? / B. É Marcela! / A. Oi, Marcela, tudo bem? / B. Oi, Bruno! Tudo bom?

A. Tudo bom. / B. Eu (es)to(u) te ligando p(a)ra te dar parabéns. / A. Ô, obrigado. Você (es)tá fazendo alguma coisa hoje à noite? / B. Não, (es)tou fazendo nada, não. / A. Tá, porque a gente (es)tá se encontrando p(a)ra celebrar o aniversário um pouquinho ali no Caneco. (Vo)cê vai chegar? / B. Ah, que legal, vou sim. Que horas (vo)cês (es)tão indo? / A. Umas dez. / B. Tá bom, então eu te encontro lá, então. / A. Tá bom. O(lha)... / B. Hum? / A. Não esquece o presente. / B. (Risos) Tá bom. Um beijo. / A. Beijo. / B. Tchau.

Oral Exercise 1 Repeat after your teacher the following Portuguese words and sentences.

The simple repetition in these exercises is not intended to make anyone fluent in a foreign language. These repetitions are a simple and fast way to point out these significant differences. They are provided to help to perceive these new sounds and also to understand the importance of making them as close to native pronunciation as possible.

Portuguese	Spanish	Portuguese	Spanish
lá	*allá*	lã	*lana*
tapa	*palmada, manazo*	tampa	*tapa*
Que mata bonita!	*¡Qué bonito bosque!*		
Que manta bonita!	*¡Qué bonito poncho!*		

2.3.3 Pronunciation: /s/ and /z/

Oral Exercise 2 Listen to the recordings. The speaker is from the state of Espírito Santo.

Portuguese	Spanish	Portuguese	Spanish
caça	*caza*	casa	*casa*
doce	*dulce*	doze	*doce*
roça	*campo*	rosa	*rosa*
seca	*(él) seca*	Zeca	*Pepe*
assa	*(él) asa*	asa	*ala*

Aqui se caça.	*Aquí se caza.*	Aqui se casa.	*Aquí se casa.*
Eu gosto da roça.	*Me gusta el campo.*	Eu gosto da Rosa.	*Me gusta Rosa.*

Oral Exercise 3 Read aloud the two texts below. Nasal vowels, open vowels and z-sounds are underlined. It is not necessary to overstress the nasals.

Cantando no parque catando papel Ivan 'tá sambando com manta de lã porque lá no parque o frio é feroz, é tanto que dói, às seis da manhã	**A Mona Lisa da Rosa** Há uma coisa na casa da Rosa que é gozada. É um Zorro na cozinha, com uma camisa azul e um sorriso de musa, misteriosa.

2.3.3.1 VISUAL Identification of Brazilian Portuguese Sounds

VIDEOS – As in Unit 1, the sound was eliminated in one set of videos in order to increase awareness of our linguistic gestures during communication. Work with the soundless videos and then check your answers. The male speaker is from Rio and the female speaker is from Pernambuco.

Visual exercise – According to the videos Unit2 a, b, c, d, e, f, which are the words or/and expressions said by the speakers?

a. ( ) Quim [kĩ]　　( ) Kim [kim]　　( ) lã
　 ( ) lama　　　　( ) Sou　　　　 ( ) sol
b. ( ) tal　　　　 ( ) Levamos　　 ( ) Levam
c. ( ) Estou bebendo　( ) Estou bem, sim.
d. ( ) Queima.　　　( ) Quem é?
　 ( ) Sim.　　　　( ) Um hotel

e. ( ) tê   ( ) Tem.   ( ) Temo.
f. ( ) Estou numa boa.   ( ) Estou num motel. ( ) Estou num hotel.

Answers to the videos without sound: a. (x) Quim [kĩ], (x) lã, (x) sol;
b. (x) tal, (x) Levam; c. (x) Estou bem, sim; d. (x) Quem é?, (x) Sim, (x) Um hotel;
e. (x) Tem, (x) Temo; f. (x) Estou num motel.

2.3.3.2 Sounds [e] and [ɛ], [o] and [ø], [z] and [ã]

Listen to the recording and focus on the sounds underlined on the text. Then, you may want to find the complete lyrics on the internet. You are not expected to understand the lyrics completely.

At this point try to hear the differences in the sounds pointed out to you. The letters underlined represent some of the sounds already studied. The letter "s" in word final position changes to "z" if it is linked to the following vowel. The speaker is from Espírito Santo.

Tropicália (1968) *de Caetano Veloso*
© Warner/Chappell Edições Musicais Ltda.
Rua General Rabelo, 43 – RJ – Brasil. All rights reserved

(. . .)	Entre os girass<u>ó</u>is
Na mão direita tem uma ro<u>s</u>eira	Viva a Maria-ia-ia
Autentic<u>an</u>do a et<u>e</u>rna primav<u>e</u>ra	Viva a Bahia-ia-ia-ia
E nos jardins o<u>s</u> urubus	No pulso esquerdo o b<u>an</u>g-b<u>an</u>g
Passeiam a tarde inteira	Em suas veias c<u>o</u>rre muito pouco s<u>an</u>gue (. . .)

Vocabulary for "Tropicália:"

mata: bosque	bossegunda-feira: bossa + segunda-feira
joelho: rodillas	fossa: (jerga) depresión emotiva
criança: niño	roça: campo
urubu: especie de buitre de color negro	porém: pero

Urubus in a tree nearby a garbage dump in the first photo and then in a marsh. Despite being considered an ugly bird, the *urubu* plays a vital role in the ecological balance of our planet, by feeding on garbage.

Exercise 4 First transcribe the pronunciation of the Brazilian Portuguese words, and then pronounce them according to your transcription.

1. no restaurante	7. Acho que sim
2. Rosa e Carmem chegam	8. Ótimo
3. Vamos brigar	9. Que tal
4. Vamos brincar	10. Estupidamente gelada
5. Eu quero um peixinho	11. um cafezim
6. Tom Jobim gosta de passarim	12. prato principal

Answers: 1. [nu ReS.taᵘ.rã̃.ʧi]; 2. [Rǿ.zaⁱ káR.mẽᶦ šé.gãᵘ] or also with "linking," which we will study in unit 9, [Rǿ.zi káR.mẽᶦ šé.gãᵘ]; 3. [vá.muZ bri.gáR]; 4. [vá.muZ brĩ .káR]; 5. [éᵘ kέ.ru ũ peⁱ.šíᶦ.ỹu] or [éᵘ kέ.rũ peⁱ.šíᶦ.ỹu]; 6. [tǒ ĵo.bí gǿS.ta ɖi pa.sa.rí]; 7. [á.šu ki sí]; 8. [ǿ.ʧi.mu]; 9. [ki táᵘʔ]; 11. [ũ ka.fɛ.zí]; 12. [prá.tu prĩ.si.páᵘ].

2.4 Combination of *em, de, a, por* and Articles

Copacabana é **no** Rio. Ipanema fica **no** Rio. Ela é amiga **da** família. Vou **à** universidade.	Passo **pelo** restaurante. Moram **numa** casa velha. Moram **em uma** casa velha. É o nome **dum** brasileiro. É o nome **de um** brasileiro.	SPECIAL CASE: Vou **em** casa. Vou **na** casa da Lúcia.

2.4.1 Obligatory Combinations (Definite Articles)

Singular			**Plural**		
Prep + Art		*Combination and Pronunciation*	*Prep + Art*		*Combination and Pronunciation*
em	o	no /nu/	em	os	nos /nuS/
de	o	do /du/	de	os	dos /duS/
a	o	ao /aᵘ/	a	os	aos /aᵘS/
por	o	pelo /pélu/	por	os	pelos /péluS/
em	a	na /na/	em	as	nas /naS/
de	a	da /da/	de	as	das /daS/
a	a	à /a/	a	as	às /aS/
por	a	pela /péla/	por	as	pelas /pélaS/

2.4.2 Optional Combinations (Indefinite Articles)

All the optional combinations may be found in speech and writing. The uncombined forms are found chiefly in writing. This course recommends using only uncombined forms in written language. It is a good practice to avoid the combined forms in writing, especially in the writing of essays, formal letters, and alike.

	Singular			Plural	
Prep	*+ Art*	*Combination and Pronunciation*	*Prep*	*+ Art*	*Combination and Pronunciation*
em	um	num /nũ/	em	uns	nuns /nũS/
de	um	dum /dũ/	de	uns	duns /dũS/
em	uma	numa /nǘma/	em	umas	numas /nǘmaS/
de	uma	duma /dǘma/	de	umas	dumas /dǘmaS/

	Singular			Plural	
Prep	*+ Art*	*Uncombined Form and Pronunciation*	*Prep*	*+ Art*	*Uncombined Form and Pronunciation*
em	um	em um /ẽⁱ ũ/	em	uns	em uns /ẽⁱ ũS/
de	um	de um /ḍi ũ/	de	uns	de uns /ḍi ũS/
em	uma	em uma /ẽⁱ ǘma/	em	umas	em umas /ẽⁱ ǘmaS/
de	uma	de uma /ḍi ǘma/	de	umas	de umas /ḍi ǘmaS/

In the **special case** involving the word *casa,* there will be no combination if *casa* means "home" *hogar,* because there is no article before *casa* with this meaning. In Portuguese this meaning will be marked by an absence of a qualifying prepositional phrase after *casa.*

When *casa* means "house" (Spn *casa*) there will be both an article and a prepositional phrase: "a casa do Pedro." Thus, "Vou à casa do Pedro," "Estou na casa do Pedro."

Exercise 5 Combine the following prepositions and articles.

1. a + a   _____   6. por + as   _____
2. de + umas   _____   7. em + a   _____
3. por + o   _____   8. a + os   _____
4. a + as   _____   9. de + uns   _____
5. de + uns   _____   10. por + a   _____

Answers: 1. à; 2. dumas; 3. pelo; 4. às; 5. duns; 6. pelos; 7. na; 8. aos; 9. duns; 10. pela.

Exercise 6 Find the prepositions and articles used to make the following combinations. MODEL: *pelo* is from *por* + *o*

1. dumas _____   6. do   _____
2. às   _____   7. numas   _____
3. num   _____   8. pela   _____
4. ao   _____   9. duns   _____
5. pelos _____   10. à   _____

Answers: 1. de + umas; 2. a + as; 3. em + um; 4. a + o; 5. por + os; 6. de + o; 7. em + umas; 8. por + a; 9. de + uns; 10. a + a.

Exercise 7 Fill in the blanks with combined or uncombined forms of preposition and article.

1. Passamos _____ universidade.
2. "Caipirinha" vem _____ palavra "caipira."
3. O escritório do Jairo fica _____ centro.
4. Quero uma lagosta _____ forno.
5. Estamos _____ casa _____ amigo.
6. livro é _____ rapaz que está aqui.
7. Estão precisando _____ você _____ classe.
8. Gosto _____ livros de Jorge Amado.

Answers: 1. na/numa/em uma/pela/por uma; 3. no; 5. na/numa/em uma, dum/de um; 7. de, na/numa/em uma.

Exercise 8 Complete the explanations below.

1. The word casa is not preceded by an article when it means in English and Spanish _____ and _____ respectively.
2. Combination of prepositions and _____ _____ is optional.
3. All obligatory combinations involve a preposition and a _____ _____.

Answers: 1. home, hogar; 2. indefinite articles; 3. definite article.

2.5 More Verbs

2.5.1 Present Tense, Indicative Mode: *Ir*, *Ir* + Infinitive

IR /iR/

Eu	**vou**	/vó^u/
Você, Ele, Ela	**vai**	/vosé éli éla vaⁱ/
Nós	**vamos**	/nóS vãmuS/
Vocês, Eles, Elas	**vão**	/voséⁱS éliS élaS vã^ũ/

The use of *ir* in Portuguese is very similar to *ir* in Spanish. Two differences have to be taken into consideration, however. Firstly, Brazilian Portuguese does not have **ir-se*, as Spanish does. In Spanish there is a difference between *ir* and *irse* (=*salir*) that does not exist in the same way in Brazilian Portuguese. The closest in Portuguese to Spanish *irse* is *ir-se embora*, which alternates with the nonreflexive *ir embora*. *Ir-se embora* is limited, in spoken language, to the first person singular, but *ir embora* is not.

Secondly, in Spanish there is always a preposition after the verb *ir* if a complement follows: "Nos vamos a la escuela," "Voy al cine," "Voy a jugar contigo," and so on. In Brazilian Portuguese the preposition appears only if a noun follows *ir*: "Vou ao Brasil," "Vamos ao teatro." **If an infinitive follows *ir*, there is no *a*, that is no preposition: "Vão brigar com elas," "Vou dormir agora," and never "*Vão a brigar com elas," "*Vou a dormir agora."**

Exercise 9 In the following exercise, first conjugate the verb *ir* correctly, and then decide if a preposition follows it. If a preposition is necessary, write it down.

1. Geraldinho acha que ele _____ _____ comer muito.
2. Helena e eu _____ _____ restaurante.
3. Quero _____ _____ seu apartamento, está bem?
4. Estou contente porque elas _____ _____ almoçar aqui.

Answers: 1. vai comer muito; 2. vamos ao restaurante; 3. ir ao seu apartamento, está bem?; 4. vão almoçar aqui.

Exercise 10 Find the errors in the text below and write the correct forms.

> Essa escola fica em o centro da cidade. Tenho que ir-me lá amanhã. Se quiser (*quieres*) pode ir-se comigo. Vou a encontrar com um artista famoso e acho que você vai a gostar de conhecê-lo. É o cantor Jota Quest. Que tal? Quer ir?

Texto corrigido:

Essa escola fica ~~em o~~ no centro da cidade. Tenho que ~~ir me~~ ir lá amanhã. Se quiser (*quieres*) pode ~~ir se~~ ir comigo. ~~Vou a encontrar~~ Vou me encontrar com um artista famoso e acho que você ~~vai a gostar~~ vai gostar de conhecê-lo. É o cantor Jota Quest. Que tal? Quer ir?

2.5.2 Present Tense, Indicative Mode: *Pôr, Querer, Ter, Vir*

Note that these verbs are like their Spanish counterparts in that they expand into other constructions: "Tenho que estudar," "Queremos falar com você," and so on.

Subject	Verb	Pronunciation	Verb	Pronunciation
	PÔR	/poR/	**QUERER**	/keréR/
Eu	ponho	/pṍⁱỹu/	quero	/kéru/
Você	põe	/pṍ ⁱ/	quer	/kéR/
Nós	pomos	/pṍmuS/	queremos	/kerẽ́muS/
Vocês	põem	/pṍ ⁱ/	querem	/kérẽⁱ/
	TER	/teR/	**VIR**	/viR/
Eu	tenho	/tẽ́ⁱỹu/	venho	/vẽ́ⁱỹu/
Você	tem	/tẽ́ⁱ/	vem	/vẽ́ⁱ/
Nós	temos	/tẽ́muS/	vimos	/vĩ́muS/
Vocês	têm	/tẽ́ⁱ/	vêm	/vẽ́ⁱ/

Reinforcement Exercise Fill in the spaces with the correct form of the verb. Then, underline the open vowels.

	Infinitive	*eu*	*ela*	*nós*	*eles*
1.	_____	_____	_____	_____	gostam
2.	_____	conto	_____	_____	_____
3.	começar	_____	_____	_____	_____
4.	_____	_____	_____	somos	_____
5.	_____	_____	está	_____	_____
6.	_____	_____	acha	_____	_____

7.	_____	_____	_____	entendemos _____
8.	ficar	_____	_____	_____ _____
9.	_____	_____	quer	_____ _____
10.	_____	_____	_____	_____ põem
11.	_____	_____	_____	_____ vêm
12.	ter	_____	_____	_____ _____

Answers: 1. gostar, gosto, gosta, gostamos; 2. contar, conta, contamos, contam; 3. começo, começa, começamos, começam; 4. ser, sou, é, são; 5. estar, estou, estamos, estão; 6. achar, acho, achamos, acham; 7. entender, entendo, entende, entendem; 8. fico, fica, ficamos, ficam; 9. querer, quero, queremos, querem; 10. pôr, ponho, põe, pomos, põem; 11. vir, venho, vem, vimos; 12. tenho, tem, temos, têm.

Exercise 11 Write the correct form of *vir* or *querer.*

1. Geraldo acha que nós _____ aqui muito cedo.
2. De sobremesa eu _____ queijo com goiabada.
3. Que meninas complicadas! Não sei o que elas _____.
4. Nós _____ o pudim da vovó.
5. Quem _____ moqueca?
6. Você vem sempre aqui com os amigos, não é? – Eu não. Eu mesmo só _____ com a Ângela.
7. (No telefone) Alô! Vocês estão atrasados outra vez! Vocês _____ ou não vêm?
8. Qual de vocês duas _____ no meu carro?

Answers: 1. vimos (*viemos*, in the past, would be more frequent in this context, but the present tense form is fine); 2. quero; 3. querem; 4. queremos; 5. quer; 6. venho; 7. vêm; 8. vem.

Exercise 12 Write the correct form of *pôr* or *ter.*

1. Os professores _____ os livros na mesa.
2. Nós já _____ os cadernos que precisamos para essa aula.
3. Gérson, Jairzinho e eu _____ que aprender a falar chinês.
4. Eu não _____ açúcar no café.
5. Ela _____ sal no feijão quando prepara a feijoada?
6. Meninos, vocês _____ comer os legumes!
7. Você _____ coragem de _____ isso na mesa dele?
8. Eles vão _____ falar com elas, não tem jeito. [não tem jeito = there is no other solution]

Answers: 1. põem; 2. temos; 3. temos; 4. ponho; 5. põe; 6. têm que/de; 7. têm, pôr; 8. ter que/de.

2.6 Diminutives and Augmentatives

As in Spanish, both diminutive and augmentative suffixes change the meaning of the words they are added to, depending on context, intonation, and facial expression.

2.6.1 Diminutives

*Sou **feinho**, mas bem arrumado, simpático e cheiroso. Somando tudo isso, fica **bonitinho**.* (Soy feocito, pero bien cuidado, simpático y (bien) oloroso. Sumando todo eso, queda guapito.)

> (Ronaldinho Gaúcho, in *Veja*, 24 de maio de 2006. Ronaldinho is considered one of the best soccer players in the world. His fans find him "very good looking.")

Um garotinho, **Quinzim**, entra na padaria e o dono logo o atende:

- E aí, **Quinzim**. Tudo bem?
- Bom dia, seu Nestor. Tem pão **quentim**?
- Saiu **agorinha**, meu filho!
- Poxa . . . E quando é que ele volta?

In general, *-inho* is similar to Spanish *-ito*. These are the common forms of diminutive: *-inho(a)*, *-zinho(a)*. The **masculine** form often reduces from *-inho* to *-im* [ĩ] in spontaneous speech: *peixinho* → *peixim*. The feminine does not reduce.

Noun	Diminutive	Noun	Diminutive
amiga	amiguinha	animal	animalzinho
casa	casinha	cão	cãozinho
filho	filhinho	lugar	lugarzinho

Adjective or Adverb	Diminutive	Adjective or Adverb	Diminutive
agora	agorinha	bom	bonzinho
bonita	bonitinha	manhã	manhãzinha
tarde	tardinha	menor	menorzinho

Portuguese has different kinds of diminutives, like *-acho* in *riacho*, *-ela* in *rodela* (rounded slice), *-eto* in *folheto* (brochure). The diminutives *-inho* and *-zinho* are the most frequent. In sports, especially in soccer, fans often refer to their rival teams as *timeco* ("little team").

The diminutive *-inho* in general adds a note of affection and familiarity (at times exaggerated): "Vem, filhinho!" ("Come here, sonny!") "Que gracinha!" ("How cute!"). It can also emphasize temporal and spatial expressions: *à tardinha* (Late afternoon), *pertinho* (Near by).

It is very difficult to establish simple rules for the usage of these endings. At best we can suggest the following. In most cases, words that are stressed on the penultimate syllable (LIvro, caDERno) add *-inho/a*, *livrinho*, *caderninho*. Exceptions happen if the word ends in *-e, or -i*: *cidade* → *cidadezinha*.

Words stressed on the last syllable or ending in a nasal tend to add the suffix *-zinho*: *menor* → *menorzinho*.

Words ending in a vowel but accented on the antepenultimate syllable may go either way: *máquina* → *maquininha* or *maquinazinha*.

Exercise 13 Change the following words into their diminutive forms.

1. perto	4. Antônio	7. (a) carne	10. (a) palavra	13. (o) pai
2. pouco	5. (o) teatro	8. (o) espanhol	11. (a) mãe	14. João
3. (o) rapaz	6. (o) queijo	9. (a) lição	12. (o) pé	15. (o) menino

Answers: 1. pertinho; 2. pouquinho; 3. rapazinho; 4. Antôninho; 5. o teatrinho; 6. o queijinho; 7. a carnezinha or the more common, a carninha; 8. o espanholzinho; 9. a liçãozinha; 10. a palavrinha; 11. mãezinha; 12. o pezinho; 13. paizinho; 14. Joãozinho; 15. menininho.

2.6.2 Augmentatives

As with the diminutives, there are a great number of augmentative suffixes in Portuguese. We are mentioning only the main augmentative suffixes here so that the student recognizes them in a text or conversation. Comparing them with their Spanish equivalents *-ón, -ona*, is also helpful: "La mujerona que trabaja allí es antipática." In the examples below, we suggest in parentheses some of the common connotation of these words with augmentative suffixes.

Ele está crescendo muito. Está ficando um **rapagão**. (positive)
Esta senhora é **bonitona**, não é? (positive, but not sexy or sensual)
O **Zezão** (negative) parece meio biruta (*un tanto loco*), você não acha?
Presta atenção, seu **cabeção**! (negative *cabeção* means *burro* and it may be heard among friends who are used to teasing each other.)
Esse cara é um **espertalhão**. (negative)

Noun	Augmentative	Noun	Augmentative
	-ão		*-ona*
casa	casarão	mulher	mulherona
dinheiro	dinheirão	bonita	bonitona
bonito	bonitão	amiga	amigona

The number of augmentative suffixes in Portuguese is considerable: *ricaço* (*rico*), *fornalha* (*forno*), *bocarra* (*boca*), *copazio* (*copo*), *homenzarrão* (*homem*), *vozeirão* (*voz*), *casona* (*casa*), and so on. Because of the great number of rules for augmentatives, their formation and usage are better learned by using words with these suffixes as new vocabulary.

2.7 Interrogative and Exclamatory Words: Word Order

Quem é você?
Que menina educada, não é?
Onde mora o Paulinho?
Como é que você quer o café: com açúcar ou sem açúcar?
Como você quer o pão: com manteiga ou sem?
Cadê o Maurício?
Que agradável surpresa!
Que nada!

2.7.1 Interrogatives

Interrogative	Optional Expansion	Spanish
quem (always singular)	quem é que	quién
onde	onde é que	dónde
quando	quando é que	cuándo
qual (quais)	qual é que	cuál
como	como é que	cómo
quanto (quantos)	quanto é que	cuánto
(o) que	(o) que é que	qué
o quê (near a question mark: "… o quê?")	_____	qué
a que	_____	a qué
Cadê	_____	Dónde está

Notes:

1. The optional expansions are not possible if a noun follows the interrogative word: *Que livro é este?* never **Que é que livro é este?*

2. *Cadê* is quite common in Brazilian Portuguese. It comes from *O que é (feito) de?* which became *Quede?, Quedê?* and finally *Cadê?*. It cannot be followed by *é que. Cadê* is equivalent of *Onde está?* for temporary location. It is not used for asking directions. The forms *quedê* and *quede* are still used in Brazil.

2.7.2 Exclamatory Words

Brazilian Portuguese	**Spanish**
que	qué
como	cómo

- Qué situação!
- Como ele ficou triste! Você precisava ver.

2.7.3 Word Order

 **LEITURA DE NÍVEL AVANÇADO**

Constructions with interrogative words are similar to Spanish. Very often, exclamatory words in Spanish change the regular word order from noun + adjective into adjective + noun after exclamatory words: "¡Qué lindo coche!" Brazilian Portuguese normally keeps the regular word order: "Que carro lindo!"

Although Brazilian Portuguese sometimes uses a verb + subject + object, if there is an object, there is a *tendency* to keep the fixed order subject + verb + complement, even in interrogative constructions: "Ele fala espanhol?" "Você vai levar o menino?" "Onde vocês estão?"

Spanish word order is more flexible than word order in Portuguese. That is why a sentence in Spanish may sound ambiguous in Spanish, while its equivalent ones in Portuguese and in English are not ambiguous.

Jorge vio Mariana.

This sentence means either *A Jorge vio Mariana* or *Jorge vio a Mariana*. The personal **a** is necessary to clarify who sees who. This sentence counterparts in Portuguese and English are clear because of the word order.

Jorge viu Mariana.   Jorge saw Mariana.

One of the characteristics of declarative sentences in Spanish is the use of subject after the verb: "Llegó **el niño** para explicar a su papá cómo funciona la computadora," "Ese pan te lo comiste **tú**, ¿verdad?." Brazilian Portuguese may have similar constructions, but much less often than Spanish. D'Introno et al.,

Cómo dominar la lingüística (Madrid: Editorial Playor, 1988), discuss word order that is common in Spanish, but in Brazilian Portuguese: "¿Quién bostezó?" "Bostezó **Luis**," or "¿Quién rompió el vidrio?" "Lo rompió **Luis**," and so on.

**FIM DA LEITURA
DE NÍVEL AVANÇADO**

Exercise 14 Fill in the blanks with the correct interrogative or exclamatory word. Indicate if an expansion of these words is possible or not. As usual, cover the answers below, before you work on the exercise.

1. _____ quer beber suco?
2. Oi, Tonim! _____ seu irmão? Chama ele p'ra vir conosco.
3. _____ é o carro do Alberto?
4. _____ alunos ela tem?
5. _____ vocês chegam?
6. _____ é o escritório para matrícula?
7. _____ eles querem pelo peixe?
8. _____ sobremesa deliciosa!
9. _____ é isso?
10. _____ é gostoso este queijo!
11. _____ moquecas vocês querem?
12. _____ são os alunos que estão aqui?
13. Paiêêê!!! _____ minha bola?

Answers: 1. Quem (é que); 2. Cadê (cannot be followed by "é que"); 3. Qual (é que); 4. Quantos ("é que" is not possible); 5. Quando (é que); 6. Onde (é que) or Qual (é que); 7. Quanto (é que); 8. Que; 9. (O) Que (é que); 10. Como; 11. Quantas; Que (i.e. de peixe, camarão VG (i.e. "big"), camarão médio, etc.); 12. Quais/quem; 13. Cadê (cannot be followed by "é que").

Exercise 15 Write a question, using the interrogatives studied, for the following answers.

Model: _____ estuda?
                Olha, o Paulão estuda na Faculdade de Medicina.
                Answer: *Onde (é que) o Paulão estuda?*

1. _____ está morando? – O Fernando está morando na cidade.
2. Fernando _____ fazendo [haciendo] o quê? – Está jogando futebol.
   (Note that before a proper nouns, Brazilian Portuguese uses the article optionally. It would be fine to say "O Fernando" to mean a person the speaker

knows and wants to refer to specifically)

3. _____ o menininho? – Está embaixo da mesa!

4. _____? – Eu tenho duas irmãs.

5. _____? – Ele está contente.

Answers: 1. Onde (é que) o Fernando está morando? (or Onde (é que) está morando o Fernando?); 2. Fernando está fazendo o quê?; 3. Cadê o menininho? (or Onde (é que) está o menininho?); Você tem quantas irmãs?; 5. Como (é que) ele está?

2.8 Comparatives and Superlatives

Comparatives and superlatives are usually formed with **adjectives** and **adverbs**.

2.8.1 Comparatives

In terms of stylistics, **comparative** constructions can easily fall into heavy, too elaborated style if not used with caution. Therefore, we suggest that they be used with parsimony and extra carefully.

Adjectives

Olha, posso até estar errada, mas eu acho aquela Zezé muito **mais** boba **(do) que** o irmão dela.

Olha, posso até estar errada, mas eu acho aquela Zezé **tão** boba **como** (or **quanto**) o irmão dela.

Olha, posso estar errada, mas eu acho aquela Zezé **menos** boba **(do) que** o irmão dela.

(Adapted from an overheard *fofoca* (gossip) conversation)

Adverbs

Viviam **mais** apaixonadamente **(do) que** qualquer mortal.

Viviam **tão** apaixonadamente **como** (or **quanto**) qualquer pessoa que leva a vida a sério.

Coitados, viviam **menos** apaixonadamente **(do) que** a gente.

2.8.2 Superlatives

Superlatives denote an extreme or unsurpassed level of quality. Superlatives are also formed with **adjectives** and **adverbs**.

Actual superlatives (*dificílimo*, *simpaticíssimo*, etc.) are not much used in Brazil, although they are still used. The correct formation of superlatives is difficult to remember, because of the many rules it has. As a result, it is much more common to hear superlatives with intensifiers such as *muito, super-, arqui- extra-, hiper-, ultra-* (*muito difícil, muito simpático, superdifícil, supersimpático,* etc.). For this reason we suggest in this particular case "to do as Brazilians do." Use preferably **muito** and **super-** instead of suffixes like *-imo, -íssimo, -érrimo,* etc. Adverbs in **–mente** often alternate with *muito* and *super-* to form superlatives (*extraordinariamente simpática, horrivelmente antipática,* etc.).

Grammars prescribed that **super** must be connected with hyphen to words beginning with **r** or **h**, e.g. *super-homem.* Otherwise, it must be connected directly to the word without hyphen, e.g. *superabundante, superintessante.* **But** please consult Appendix 3, for new *Reforma Ortográfica* [2008].

Adjectives

Kaká é hoje considerado **o melhor** jogador do mundo.
Essa lição sobre os superlativos é **dificílima.**
Eu também achei **superdifícil.**
Essa piada é **ótima.**
Miga, hoje você está **chiquérrima!** (*miga* is a common way to say *amiga,* among women; *chiquérrima* is also limited to usage among women. For some women, however, it may sound affected or irritating.)

Adverbs

Isso me pareceu **pouquíssimo,** mas o que se há de fazer? . . .
O senhor está **muitíssimo** enganado!!!
Ainda é pouco, **muito pouco.** Bota mais, por favor.
Volte **o mais depressa** possível.
À noite, quando fechava os olhos, sentia você **pertinho** de mim.

Because some superlatives already indicate an utmost level of quality, it is not necessary nor correct to add another superlative to it (e.g. **muito ótimo, *muito péssimo, *muito dificílimo, *supersapientíssimo,* etc.). Below a list of some superlative forms. Most of them may sound antiquate or affected.

ágil	agílimo, agilíssimo	louvável	laudabilíssimo
agradável	agradabilíssimo	macio	maciíssimo
alto	supremo, sumo, altíssimo	magro	macérrimo
amável	amabilíssmo	**mau**	**péssimo, malíssimo**
amigo	amicíssimo	miserável	miserabilíssimo
antigo	antiqüíssimo	mísero	misérrimo
baixo	ínfimo, baixíssimo	negro	nigérrimo, negríssimo
bom	**ótimo, boníssimo**	nobre	nobilíssimo
célebre	celebérrimo	**pequeno**	**mínimo, pequeníssimo**
cheio	cheíssimo	pessoal	personalíssimo
cruel	crudelíssimo	pobre	paupérrimo

difícil	dificílimo	provável	probabilíssimo
doce	dulcíssimo, docíssimo	sábio	sapientíssimo
fácil	facílimo	sagrado	sacratíssimo
feio	feíssimo	semelhante	simílimo
fiel	fidelíssimo	sensível	sensibilíssimo
frágil	fragílimo, fragilíssimo	sério	seríssimo (fr. seriíssimo)
geral	generalíssimo	simpático	simpaticíssimo
grande	**máximo, grandíssimo**	simples	simplicíssimo, simplíssimo
inferior	ínfimo (=baixo)	superior	supremo, sumo (=alto)
horrível	horribilíssimo	terrível	terribilíssimo
incrível	incredibilíssimo	veloz	velocíssimo
livre	libérrimo, livríssimo	visível	visibilíssimo

2.8.3 Comparatives and Superlatives of *bom* (Span. *bueno*), *mau* (Span. *malo*), *grande* (Span. *grande*) and *pequeno* (Span. *pequeño*)

Adjectives	Comparatives	Relative Superlatives	Absolute Superlatives
bom	melhor	o melhor	ótimo
mau	pior	o pior	péssimo
grande	maior	o maior, o máximo	muito grande, grandíssimo
pequeno	menor	o menor, o mínimo	muito pequeno, mínimo

Reinforcement Exercise-1 Guess the superlative forms of the adjectives below.

These are some of the formation rules. If the adjective ends in

consonant other than the ones below, add –*íssimo*
vowel, drop the vowel and add –*íssimo*
-*vel*, replace –*vel* by –*bilíssimo*
-*z*, replace –*z* by –*císsimo*
-*m*, replace –*m* by –*níssimo*
-*ão*, replace –*ão* by –*aníssimo*

1. triste   trist _____
2. feio   _____
3. amigo   _____
4. capaz   capa _____
5. feliz   _____
6. bom   ó _____

9. móvel   mo _____
10. terrível   _____
11. fácil   _____
12. livre   lib _____
13. pobre   _____
14. alto   su _____

7. mau   _____   15. são   san _____

8. sábio   sap _____   16. vão   _____

Reinforcement Exercise-2 First, take another look at the song "O Estrangeiro" in the preceding unit. It has a translation that will help. Note that Caetano uses images that could be expressed with comparatives (e.g. *pareceu-lhe uma boca banguela* as "tão feia como uma boca banguela"). As explained above, a good author may avoid them. The song also has two uses of **muito**. Furthermore, his other song, "Tropicália", also has one use of **muito**. Can you find them?

After you studied the two songs, work on the exercise below. Rewrite the sentences below with the intensifiers **muito**, **super** or **extraordinariamente**.

Model: Esse cara _____. (inocente)
           Esse cara é muito inocente. Esse cara é superinocente.
           Esse cara é extraordinariamente inocente.

1. *Pareceu-lhe uma boca* **banguela.**
2. *O que é uma coisa* **bela**?
3. *O amor é* **cego.**
4. *Em que se passara passa passará o* **raro** *pesadelo*
5. *A praia de Botafogo era uma esteira rolante de areia* **branca** *e óleo diesel*
6. *A* **áspera** *luz laranja contra a quase não luz quase não púrpura*
7. *Mas eu não desejo ver o terno* **negro** *do velho*

Answers: Reinforcement Exercise-1: 1. tristíssimo; 2. Feíssimo; 3. amicíssimo; 4. capacíssimo; 5. felicíssimo; 6. ótimo or boníssimo; 7. péssimo or malíssimo; 8. sapientíssimo; 9. mobilíssimo; 10. terribilíssimo; 11. facílimo; 12. libérrimo; 13. paupérrimo; 14. supremo, sumo, altíssimo; 15. saníssimo; 16. vaníssimo.
Reinforcement Exercise-2: *O Estrangeiro*: muito bem, muito linda; *Tropicália*: muito pouco (sangue); *O Estrangeiro*: muito banguela, superbanguela, extraordinariamente banguela; 2. muito bela, superbela, extraordinariamente bela; 3. muito cego, supercego, extraordinariamente cego; 4. muito raro, super-raro, extraordinariamente raro; 5. muito branca, superbranca, extraordinariamente branca; 6. muito áspera, superáspera, extraordinariamente áspera; 7. muito negro, supernegro, extraordinariamente negro.

2.9 Cardinal Numbers: 0–29

6 vão aonde agora?   (6 = 'cês [se^{i}s], vocês)
Uma goiabada, por favor!
Duas saladas, por favor!
Dezesseis garrafas de cerveja pra dois!
Meia dúzia de ovos e meio quilo de açúcar.
¼ p'ra dois, por favor!   (¼ = um quarto)

Estorinha com números:

Lá vai o jornaleiro gritando pela rua:
– Vinte e uma pessoas enganadas por um menino! Vinte e uma pessoas enganadas por um menino!
– Me dá um jornal! grita um senhor que vai passando.
   Pega o jornal e descobre que o jornal é velho. Vai reclamar, mas ouve o menininho que continua:
– Vinte e duas pessoas enganadas por um menino! Vinte e duas . . .

Below is one of the many variants of a children play, usually said while marching. Other rimes can be attempted, if wanted.

> *Um, dois, feijão com arroz*
> *Três, quatro, comida no prato*
> *Cinco, seis, pimenta procês*   [procês: para vocês]
> *Sete, oito, é meu o biscoito*
> *Nove, dez, chulé no pé . . .* [chulé (slang): mal olor de los pies]

   Spanish and Brazilian Portuguese have similar forms in their number system. The main difference is the feminine form of two (*duas*). Another difference is that in Portuguese *um* does not undergo the change that Spanish *uno* does. Later in this course, we will see on a related matter that *primeiro* and *terceiro* never reduce as in Spanish (*primer restaurante*, *tercer hotel*, etc.) Compare both languages:

Spanish	**Portuguese**
uno, dos, tres	um, dois, três
un alumno	**um** aluno
– *¿Está en el tercer piso?*	– *Está no terceiro andar?*
– *Sí, en el tercero.*	– *Sim, no terceiro.*

 The recording includes only the number 0-20.

0 zero	9 nove	16 dezesseis	23 vinte e três
1 um, uma	10 dez	17 dezessete	24 vinte e
2 dois, duas	11 onze	18 dezoito	quatro
3 três	12 doze	19 dezenove	25 vinte e cinco
4 quatro	13 treze	20 vinte	26 vinte e seis
5 cinco	14 quatorze or	21 vinte e um,	27 vinte e sete
6 seis	catorze	vinte e uma	28 vinte e oito
7 sete	15 quinze	22 vinte e dois,	29 vinte e nove
8 oito		vinte e duas	

2.9.1 Related Words

Portuguese	Spanish	Portuguese	Spanish
adição	adición	multiplicação	multiplicación
dezena	decena	subtração	substracción
divisão	división	um terço	un tercio
dois quilos	dos kilos	vez (vezes)	vez (veces)
dois quartos	dos cuartos		
um quarto	un cuarto		
mais	más		
média	promedio		
meia dúzia	media docena	adicionar	agregar
meio quilo	medio kilo	dividir	dividir
um quilo	un kilo	multiplicar	multiplicar
menos	menos	somar	sumar
metade	mitad	subtrair	restar, sustraer

Exercise 16 Say aloud the missing numbers. Do not say the –*m* in u*m*. Say it as if it were written *ŭ*.

1. _____, dois, _____, quatro, _____, seis, _____, oito, nove, _____.
2. dezenove, _____, dezessete, _____, quinze, _____.
3. Só os números pares: vinte, _____, vinte e quatro, _____, vinte e oito.
4. Só os números ímpares: _____, vinte e três, _____, vinte e sete, _____.
5. 10 _____, 12 _____, 14.

Answers: 1. *ŭ*, (*fem.* uma) três, cinco, sete, dez; 2. dezoito, dezesseis, quatorze/catorze; 3. vinte e dois (*fem.* duas), vinte e seis; 4. vinte e um (*fem.* vinte e uma), vinte e cinco, vinte e nove; 5. onze, treze.

Exercise 17 Read the following words aloud.

1. 1 amigo
2. 1 amiga
3. 2 sorvetes
4. 2 feijoadas
5. 1 exercício
6. 1 lagosta
7. 2 saladas
8. 3 cafés
9. 7 lápis
10. 8 copos
11. 12 garrafas
12. 19 escritórios
13. 20 mapas
14. 21 apagadores
15. 21 cadeiras
16. 22 professores
17. 22 perguntas
18. 29 respostas
19. 11 sucos
20. 18 moquecas

Answers: 1. um (*ŭ*); 2. uma; 3. dois; 4. duas; 5. um; 6. uma; 7. duas; 8. três; 9. sete; 10. oito; 11. doze; 12. dezenove; 13. vinte; 14. vinte e um; 15. vinte e uma; 16. vinte e dois; 17. vinte e duas; 18. vinte e nove; 19. onze; 20. dezoito.

Exercise 18 Look around in the classroom and answer the following questions aloud.

1. Quantas alunas há na sala de aula?
2. Quantas cadeiras há aqui?
3. Quantos apagadores encontramos aqui?
4. Há quantos professores nesta classe?
5. Quantos quadros há? (quadros = quadros-negros)

Suggested answers: 1. Aqui há (or nós temos) doze/ treze/ quatorze/ quinze/etc. alunas; 2. Só contando...; 3. Só um (apagador); 4. U*m* (*ũ*) or uma professor/a; 5. (Há) dois.

Exercise 19 Fill in the blanks. Careful! Not all words are used.

1. Para conseguir a _____ dos números 5, 10, 10 e 15 temos que _____ 5 _____ 10 _____ 10 _____ 15 e depois dividir por quatro.
   (terço, mais, mais, mais, média, somar)
2. "Pedrinho, você pode ir ao mercado e comprar duas _____ de ovos e _____ quilo de carne? Obrigada, filhinho."
   (meio, dúzias, meia dúzia)
3. Um conjunto de dez objetos da mesma natureza é uma _____ e um conjunto de doze objetos da mesma natureza é uma _____.
   (média, meia dúzia, dúzia, dezena)

Answers: 1. média, somar, mais, mais, mais; 2. dúzias, meio; 3. dezena, dúzia.

2.10 Constructions with *Estar com* and *Ficar com*

2.10.1 Common Combinations with *Estar com* and *Ficar com*

	calor, fome, frio, sede, sono
Estar com	saudade(s) (de)
	ciúme(s) (de)
Ficar com	raiva
	vontade

Estou com saudades.
Fico com saudades quando vejo coisas brasileiras.
Estamos com muita fome.
Ficamos com fome quando sentimos o cheiro de cebola.
Está com ciúme dela.
Fica com ciúme dela sem nenhuma razão.

These constructions are similar to Spanish, but Brazilian Portuguese avoids constructions using *ter*. *Estar* refers to a lasting state whereas *ficar* refers to changes that in English may be translated with the verb *to become, to feel* and in Spanish with *tornarse, ponerse, volverse, sentir*.

Exercise 20 – Fill in the blanks with constructions using e*star com*.

> MODEL: Eu gostaria de dormir porque _____.
> Answer: *estou com sono*.

1. Aqui fora a temperatura está a 5 graus centígrados abaixo de zero. (Nós) _____.
2. Nossa! Você deve _____. Como você come!
3. Garçom, meu filhinho _____. Um copo d'água, por favor.
4. (Eu) _____. A temperatura está a 35 graus C e com muita umidade.
5. Claro que _____! Ele está convidando minha namorada para jantar.
6. Sim, _____ do Brasil. Há um tempão não vamos lá.
7. Deve _____ porque não quer falar.

Suggested answers: 1. estamos com (muito) frio; 2. estar com fome; 3. está com sede; 4. Estou com calor; 5. estou com ciúme(s); 6. estamos com saudade(s); 7. estar com raiva.

Exercise 21 – Fill in the blanks with constructions using *ficar com*.

> MODEL: Você _____ quando não dorme?
> Answer: *fica com raiva, or fica com sono*.

1. Sempre que a Regina fala de comida o Reginaldo _____.
2. Com esse cheirinho de cebola frita eu também _____.
3. Eles _____ depois de correr muito, mas só querem beber suco.
4. Jurandir não gosta de ver a Martinha conversar com outros rapazes, _____ sempre _____.
5. Esse carro é muito quente. Sempre que entro nesse carro eu _____.
6. Ei! (Você) não _____ só por causa disso, né? (Es)tava só brincando.
7. Tô indo, hem! Quando chegar eu aviso. Vou _____ de você. Beijo!

Suggested answers: 1. fica com fome/raiva, etc.; 2. fico com fome; 3. ficam com sede, etc.; 4. fica sempre com ciúme(s); 5. fico com calor; 6. ficar com raiva; 7. ficar com (muita(s)) saudade(s).

2.11 Dictation

As a reminder, students are expected to become familiar with the sentences for dictation in this section, before coming to class. The instructor may also assign other passages for these dictations such as the dialogue at the beginning of this unit or the lyrics of the songs.

Exercise 22 – Write down the following sentences, which will be read to you in random order.

1. Rosa, a namorada de Alberto, é mexicana.
2. Nós é que chegamos cedo.
3. Essas duas são fogo, mas esses dois também.
4. Não vamos brigar outra vez.
5. Que tal uma cerveja estupidamente gelada?
6. Cadê os dois menininhos?
7. Vocês têm que comer uma dúzia de ovos.
8. Vou casar com ela amanhã de manhã.
9. Estou com vontade de comer salada.
10. Ficamos com fome com o cheirinho de cebola frita.
11. Você fica brabo/bravo com os seus amigos?
12. Quem são esses dois?

2.12 Translation

Exercise 23 – Translate from Spanish into Brazilian Portuguese.

1. ¿Quieren Uds. postre y una taza de café?
2. Los niños están jugando en el parque.
3. Tengo hambre y quiero comer dos ensaladas.
4. Para la cena ponen siempre una comida que a mí me parece picante.
5. Voy a probar lo que tienen aquí en la panadería.

Suggested answers: 1. Vocês querem sobremesa e uma xícara de café? or Vocês querem sobremesa e um cafezinho? 2. Os meninos estão brincando/jogando no parque; 3. Estou com fome e quero comer duas saladas; 4. Para o jantar colocam/servem sempre uma comida que me parece picante; 5. Vou experimentar o que eles têm aqui na padaria.

2.13 Diversões, Bate-Bola e Pipoca Quentinha

A. Give appropriate oral responses to these informal questions and statements.

1. Oi!
2. Como é que vai?
3. Bom fim de semana.
4. Tudo bem?
5. Até amanhã.
6. Cê entendeu tudo?
7. Cuméquitá a barra?

8. Com licença.
9. Você gosta de mim?
10. Dá licença?
11. Tudo legal?
12. Que é que você conta de novo?
13. Podemos jantar amanhã, que tal?
14. Estão prontos?

Suggested answers: 1. Oi! cuméquié? Tudo jóia? 2. Tô num baixo astral (I feel awful!);
3. Legal! Você também; 4. Tudo bom/bem; 5. 'Té (a)manhã; 6. Deus me livre! or
Bulhufas (both can be understood as "nothing at all"); 7. A barra 'tá muito pesada, or
Nem te conto; 8. Pois não! 9. Gosto não, or Nem um pouco; 11. Tudo, e você; 12.
Mesmo esquema de sempre, e você? 13. Combinado! or Ótimo, podemos sim, etc. 14.
Sim, estamos.

B. Provide the correct definite article.

1. água
2. vovô
3. legume
4. sorvete
5. facas

6. árvore
7. copos
8. leite
9. sucos
10. pastel

11. aula
12. garfos
13. salada
14. xícara
15. canetas

Answers: 1. a; 2. o; 3. o; 4. o; 5. as; 6. a; 7. os; 8. o; 9. os; 10. o; 11. a; 12. os; 13. a; 14. a;
15. as.

C. Fill in the blanks with the correct form of *ser*.

1. Eu _____ alemão.
2. Nós _____ alunos desta universidade.
3. Os senhores _____ todos professores?
4. Você _____ de São Paulo, não é isso?
5. Eu e minha mãe _____ chinesas.
6. Onde _____ a sala de aula?
7. Como _____ o seu nome?

Answers: 1. sou; 2. somos; 3. são; 4. são; 5. somos; 6. é; 7. é.

D. Fill in the blanks with *ser, estar,* or *ficar* in the present tense.

1. Eles _____ zangados quando você fala alto?
2. Esta cadeira não _____ deste senhor, não.

3. professor já _____ na sala.
4. Como você _____ forte!
5. meu escritório _____ na Avenida Rio Branco.
6. Elas _____ muito inteligentes.
7. Quem _____ vocês?
8. A Argentina _____ na América do Sul.
9. _____ muito quente hoje.
10. Quanto _____ dois e dois?
11. Dois e dois _____ quatro.
12. Dois e dois _____ quanto?

Answers: 1. ficam; 2. é; 3. está; 4. está; 5. fica; 6. são; 7. são; 8. fica; 9. Está; 10. são; 11. são; 12. são.

E. Identify the subjects/actors in the dialogue passages below. Indicate if the subject is implicit because of the form of the verb (verb morphology) or if it is because of the context. Focus on verb endings.

Dialogue Passages	**Subject/Actor implicit or explicit? If implicit, what cues you?**
– (1) *Oiga, ¿habla Ud. español?*	(1) _____
– (2) Entendo um pouco de castelhano . . .	(2) _____
– Huumm . . . (3) 'Sei não . . . (4) Parecem ser a mesma coisa, né?	(3) _____ (4) _____
– (5) É . . .	(5) _____
– (6) *Eso no es lo que* (7) *piensan los portugueses ni los europeos.*	(6) _____ (7) _____
– (8) Acho que eles estão enganados.	(8) _____
– (9) Que gozado! Então não (10) falamos português no Brasil?	(9) _____ (10) _____
– *Ya se me* (11) *olvidaba lo que le* (12) *iba a preguntar: ¿Dónde* (13) *está la oficina de español?*	(11) _____ (12) _____ (13) _____
– (14) Oficina do espanhol? Aqui na universidade?	(14) _____
– *Sí.* (15) *Tengo que hablarle a la secretaria del departamento de español.*	(15) _____

Answers: 1. Usted (implicit, verb morphology); 1. Eu (implicit, verb morphology); 3. Eu (implicit, verb morphology); 4. Castelhano e espanhol, Elas (implicit, verb morphology, context from actual dialogue); 5. Isso, the idea of "curioso" (implicit, verb morphology, context); 6. Eso (explicit, verb morphology); 7. los portugueses ni los europeos (explicit, verb morphology); 8. Eu (implicit, verb morphology); 9 Isso (é) (implicit, context); 10. nós (implicit, verb morphology); 11. lo que (explicit, verb morphology, sentence structure); 12. yo (implicit, verb morphology, context); 13. la oficina de español (explicit, verb morphology, sentence struture, word order); (14) (fica aonde a) oficina do espanhol (explicit, context); 15. Yo (implicit, verb morphology).

2.14 Song: "Soy Loco por Ti, América" (1967) by Gilberto Gil and José Carlos Capinam

Some explanations in this and next units will appear in Brazilian Portuguese. In preparation for the increasing use of Brazilian Portuguese in the next units, the paragraph below is in Portuguese, followed by a translation in Spanish.

Nesta música vemos um apelo de grande força, pela integração latino-americana. O Brasil sempre procurou se identificar como um país à parte no mundo latino-americano. Nos anos sessenta, esse sentimento começou a mudar. "Soy Loco por Ti, América" (1967) reflete um pouco dessa mudança no Brasil, combinando ritmos do Caribe e do Brasil, com uma letra que mistura o espanhol e o português. A interpretação correta de letras e melodias dessa época é sempre problemática porque a ambigüidade era quase obrigatória entre os artistas, para proteger-se da censura nos anos 60 e 70. Há nesta música, por exemplo, uma referência breve a Che Guevara, difícil de compreender; além disso, a melodia usa, no refrão, partes de uma publicidade conhecida da companhia brasileira de aviação, VARIG. Por quê? Comenta-se que durante o domínio militar, a companhia aérea PANAIR foi obrigada a fechar e ceder à VARIG o espaço que até então aquela ocupava/havia ocupado. Outras referências a essa época podem ser encontradas nesta canção/música e outras desses anos 60 e 70, no Brasil.

Sem necessidade de entrar em um estudo profundo do texto, os estudantes se beneficiariam muito com um pequeno trabalho de tradução espanhol-português, português-espanhol, das palavras e frases sublinhadas na letra da música assim como com breves análises dos sons estudados até aqui e claramente presentes nesta música.

En esta canción vemos un llamamiento de gran fuerza a la unidad latinoamericana. Brasil ha buscado siempre identificarse como un país diferente en el mundo latinoamericano. En los años sesenta, ese sentimiento comenzó a cambiar. "Soy Loco por Ti, América" (1967) refleja un poco de ese cambio en Brasil, combinando ritmos del Caribe y Brasil, con una letra que mezcla el español y el portugués. La interpretación correcta de letras y melodías de esa época es siempre problemática porque la ambigüedad era casi obligatoria entre los artistas, para protegerse de la censura de los años 60 y 70. Hay en esta canción, por ejemplo, una referencia breve al Che Guevara, difícil de comprenderse; además de eso, la melodia usa, en el refrán, partes de una publicidad conocida de la compañía brasileña de aviación, VARIG. Por qué? Se comenta que durante el dominio militar, se obligó a la compañía aérea PANAIR que cerrara y cediera a VARIG el espacio que hasta entonces aquélla había ocupado. Se puede encontrar en esta y otras canciones más referencias a esa época de los años 60 y 70 en Brasil.

Sin necesidad de entrar en un estudio profundizado del texto, los estudiantes se beneficiarían mucho con un pequeño trabajo de traducción español-portugués, portugués-español, de las palabras y frases subrayadas en la letra de la canción así como con breves análisis de los sonidos estudiados hasta aquí y claramente presentes en esta canción.

Soy Loco por Ti, América (1967)
de *Gilberto Gil*
letra de *José Carlos Capinam*

The female speaker is from São Paulo

Soy loco por ti, América
Yo voy a traer una mujer playera
Que su nombre sea Marty
Que su nombre sea Marty
Soy loco por ti de amores
Tenga como colores
La espuma blanca de Latinoamérica
y el cielo como bandera,
y el cielo como bandera.

Soy loco por ti, América
Soy loco por ti, de amores.
Soy loco por ti, América
Soy loco por ti, de amores.

Sorriso de quase nuvem
Os rios, canções, o medo
O corpo cheio de estrelas
O corpo cheio de estrelas
Como se chama a amante
Este país sem nome
Este tango, este rancho,
    este povo?
Dizei-me, arde o fogo de
conhecê-la, o fogo de conhecê-la.

Soy loco por ti, América
Soy loco por ti, de amores.

El nombre del hombre muerto
Ya no se puede decirlo, quem sabe?
Antes que o dia arrebente
El nombre del hombre muerto
Antes que a definitiva noite
Se espalhe em Latinoamérica
El nombre del hombre es pueblo
El nombre del hombre es pueblo.

Soy loco por ti, América, soy loco por
ti de amores
Soy loco por ti, América, soy loco por
ti de amores

Espero o amanhã que cante, el
nombre del hombre muerto
Não sejam palavras tristes, soy loco
por ti de amores
Um poema ainda existe
com palmeiras, com trincheiras,
Canções de guerra, quem sabe
Canções do mar
Ay, hasta te conmover

Soy loco por ti, América, soy loco por
ti de amores
Estou aqui de passagem,
sei que adiante um dia vou morrer
De susto, de bala ou vício, de susto de
bala ou vício

Num precipício de luzes
entre saudades, soluços, ou vou
morrer de bruços
Nos braços, nos olhos
Nos braços de uma mulher
Nos braços de uma mulher

Mais apaixonado ainda dentro dos
braços da camponesa guerrilheira
Manequim, ai de mim
Nos braços de quem me queira, nos
braços de quem me queira

Soy loco por ti, América
Soy loco por ti de amores

2.15 Carrying On – Drills on Communicative Competence

Situations from Unit 1 may be recycled. Otherwise, we suggest the following.

Situation-1 Students can start a variety of assignments. They can start writing voluntary or required *diários* with complete and correct dates (e.g. 7 de setembro de 2007) for each entry. Their *diários* do not have to reveal anything true about the students. They can be all made up. They should hand in their *diários* every ten days or so for a quick check by the instructor. They can also look on the internet for songs in Portuguese that they like, select and briefly present them in class.

Situation-2 Another activity for students to do outside class is to record themselves in Portuguese, every ten days or so. These recordings can be about any subject with approximately three minutes duration each. They can be short readings, monologues or dialogues of short duration. It is important that they listen to themselves and hand in their recordings once a month or so. The instructor can listen to their recordings and give them feedback accordingly.

Situation-3 Students may invent and lead different types of presentation. For a vocabulary review, for instance, one student can create and present a bingo that combines the use of interrogative words and words from the active vocabulary in this unit and the preceding units. Then, on a page, create a table with approximately 10 cells and give the page a title in Portuguese. Inside each cell write something known about everyone in class or outside class. Then, provide brief instructions in Portuguese, such as *Use palavras interrogativas para saber as respostas sobre as células que estão neste quadro*. The cells will have sentences like "Tem duas filhas," "O apelido dela é Zezé," etc. To know who has two daughters or whose nickname is Zezé, students will have to walk around and ask questions like "Quem tem duas filhas?" "Qual o seu apelido?" "Seu apelido é Zezé?" and questions alike. The answers will be written down in the same cell. The first one who completes all the cells wins.

Situation-4 Another assignment would be to create *palavras-cruzadas* or *Sopa de Letras*. Then, the student who creates it will lead the presentation. Compare the example below, by Antonio Duarte, a former student of mine, at KU. The answers are in the next page.

Substantivo		Verbo		Adjetivo	
Silla	Cuchillo	Conocer	Decir	Loco	Helado
Panadería	Oído	Llegar	Venir	Caliente	(frozen)
Mantequilla		Necesitar		Sonriente	Dulce

A	S	S	O	R	R	I	D	E	N	T	E
P	R	Q	P	M	Z	N	L	H	K	O	X
R	B	P	M	Q	O	A	C	A	F	Y	A
E	Q	R	A	G	E	H	C	R	Z	D	I
C	C	C	A	D	E	I	R	A	J	W	R
I	A	H	D	E	F	E	L	S	D	Y	A
S	I	R	N	T	J	D	T	K	I	G	D
A	G	I	E	T	N	A	M	N	Z	I	A
R	M	V	G	D	G	C	H	C	E	F	P
B	L	C	O	N	H	E	C	E	R	U	U
T	C	I	D	U	I	F	N	C	V	N	Q
O	D	A	L	E	G	X	O	O	B	S	A
O	K	E	J	O	U	V	I	D	O	T	W

Situation-5: No Restaurante. The whole class becomes a restaurant. Separate students in small groups, simulating a restaurant table. The teacher will play the *garçom* or *garçonete*. During their interactions at the table, the students can use vocabulary they already know, such as

> Como se diz em português _____?
> Que palavra se usa em português para _____?
> Que quer dizer _____ em espanhol?
> O que vocês querem comer?
> O que você gosta?
> Como você quer o café?
> Você conhece o/a _____?
> _____, este/a é o/a _____
> (Muito) prazer! tudo bem? Como vai?
> A salada está boa/ruim, não é?
> Estou com fome/sede.
> Que horas são? Está na hora de sair/ir. Tenho que ir, desculpem.
> Garçom, a conta por favor.

These situations can be explored during different hours of the day, *de manhã, de tarde* or *de noite*. Use the *cardápio* and other information in the next pages for this activity.

Situation 6: WRITING Study the pictures related to food in this unit. Choose one or more of them and try to recall the vocabulary they relate to. As you remember the vocabulary names, you or another student write them down. In addition to writing down each work, make an attempt to recall their gender as well. Another way of doing this is to convey to other students their descriptions with hand gestures, drawing on the blackboard descriptions in Spanish or in Portuguese, and the other students will guess the names. In later

Pois não – Simões

units, after everyone is more fluent with the language, these pictures and others can be "revisited" for more detailed descriptions.

Answers to the *palavras-cruzadas* in situation-4.

A	S	S	O	R	R	I	D	E	N	T	E
P	R	Q	P	M	Z	N	L	H	K	O	X
R	B	P	M	Q	O	A	C	A	F	Y	A
E	Q	R	A	G	E	H	C	R	Z	D	I
C	C	C	A	D	E	I	R	A	J	W	R
I	A	H	D	E	F	E	L	S	D	Y	A
S	I	R	N	T	J	D	T	K	I	G	D
A	G	I	E	T	N	A	M	N	Z	I	A
R	M	V	G	D	G	C	H	C	E	F	P
B	L	C	O	N	H	E	C	E	R	U	U
T	C	I	D	U	I	F	N	C	V	N	Q
O	D	A	L	E	G	X	O	O	B	S	A
O	K	E	J	O	U	V	I	D	O	T	W

Au bon vin!
Cozinha nacional e internacional

**Aceitamos cartões de crédito
e cartões de débito**

Nota cultural: No Brasil não se serve água automaticamente como nos EUA. Normalmente, os clientes pedem a água que poderá ser água de torneira (zero oitocentos) ou em garrafa (a pagar).

Cardápio

SALADA	SOBREMESA
Salada mista servida com tempero Ranch ou vinagrete	Bolo de chocolate Torta de limão Creme de papaya
PRATOS PRINCIPAIS Servidos com pão e manteiga, queijo e biscoitos salgados	**CAFÉ DA MANHÃ** Servido com manteiga, geléia, goiabada, mel, pães e biscoitos
Frango Assado Peito de frango com molho de pimentão vermelho e tomate seco, servido com batata e vagem	**Bebidas** Sucos diversos Refrigerantes Águas naturais e minerais Café expresso Chá, mate ou chocolate
Tortellini aos Quatro Queijos Tortellini Grande mesclado com molho de cogumelo com queijo e complementado com molho marinara	**Comidas** Frutas Cereais Croissantes Bolos
Torta de bacalhau Preparada com bacalhau desfiado, palmito, batata, azeite de oliva, azeitona, cebola, ovos e farinha de trigo. Servido com arroz especial do cozinheiro-chefe.	Queijos Iogurtes Ovos Omelete simples Presunto, bacom ou salsicha Rodelas de banana Banana da terra frita com açúcar e canela

BEBIDAS ALCÓOLICAS [aᵘ.kó.li.kas]
Temos uma excelente seleção de vinhos, cervejas, coquetéis e licores.

Bom apetite!

Restaurante em Ouro Preto, Minas Gerais

Restaurante em Pedra Azul, Espírito Santo

Restaurante no *Triângulo das Bermudas*, Praia do Canto, Vitória, Espírito Santo

R o L i Ú d i **Restaurante chique** Aberto todos os dias  *Caranguejo no mangue* (Span. cangrejo en la marisma)	**Servimos lanches** média com pão e manteiga cafezinho sucos em geral bolo de fubá, sonho e mentira, ovos fritos, omelete lingüiça **Temos também almoço e janta** Prato feito ou comida ao quilo **Special:** Caranguejos frescos do nosso cativeiro, escolhidos e preparados na hora.

Fruits and Manioc (*f* means feminine; *m* means masculine)

Manga *(f)*

Maracujá *(f)*

goiaba *(f)*

mandioca *(f)*

caju *(m)*

tamarino or tamarindo *(m)*

carambola *(f)*

genipapo *(m)*

Fruta-do-conde *(f)*

Romã *(m)*

2.16 Active Vocabulary

Portuguese	Spanish
Nouns	
o abacaxi	el ananás
a adição	la adición
a água	el agua
o açougue	la carnicería
o açougueiro	el carnicero (*Carniceiro* has a negative connotation in Brazilian Portuguese, meaning "sanguinary")
o açúcar	el azúcar
a alface	la lechuga
o almoço	el almuerzo
o ananás	el ananás
o aperitivo	el aperitivo
o arroz	el arroz
a bandeja	la bandeja, la salvilla
a batata	la papa
a batatinha frita (batata frita)	las papas fritas
a bebida (gasosa)	la bebida (gaseosa)
o bife	el bisté
o biscoito	la galleta; el cracker; la galleta salada
o bolo	el pastel; el panecillo; el bollo
o café	el café
o café da manhã	el desayuno
o cafezinho	la tacita de café
o caipira	el pueblerino; el paleto; el serrano, el montañés, el campesino, el palurdo
a caipirinha	coctel preparado con ron, limón y azúcar
o cardápio	el menú
a carne	la carne
o cereal	el cereal
a cerveja	la cerveza
o chá	el té
o chocolate	el chocolate
a cidade	la ciudad
a colher	la cuchara
a comida	la comida
a conta	la cuenta
o copo	el vaso
a coragem	la valentía; el coraje
a dezena	la decena
a dúzia	la docena
o ensopado	el guisado, el ragú

a faca	el cuchillo
o feijão	el frijol; las habichuelas; el poroto
a feijoada	plato típico con frijol
o fogo	el fuego
o forno	el horno
o frango	el pollo
frango assado	pollo asado
a frigideira	la cacerola, el sartén
o garçom	el camarero
a garçonete	la camarera
o garoto/a garota	el/la chico/chica; el/la muchacho/a
o garfo	el tenedor
a garrafa	la botella
a goiabada	la pasta de guayaba
o guardanapo	la servilleta
o guaraná	el refresco del fruto guaraná, un fruto común en el Brasil
o irmão/a irmã	el/la hermano/a
a janta, o jantar	la cena
a lagosta	la langosta
o legume	la legumbre
o leite	la leche
a loja	la tienda
a louça	la vajilla de porcelana, la loza
o macarrão	el macarrón; el sphagetti; el fideo
o mamão	el papaya
a marmita	la viandera
a manteiga	la mantequilla
a média	el promedio; la taza con leche y café
o menino/a menina	el/la niño/a, el/la muchacho/a, el/la chico/a
o menu	el menú
a mesa	la mesa
a metade	la mitad
o mel	la miel
a mexerica	una especie de mandarina
a moqueca	plato de pescado
o moço/a moça	el/la muchacho/a
o molho	la salsa
o namorado	el novio (not engaged)
o noivo	el pretendiente, el prometido (engaged)
a nota	la cuenta
o ovo	el huevo
a padaria	la panadería
o padeiro	el panadero
a panela	la olla, la cazuela
o pão	el pan

o pastel	la empanada, la tarta
o peixe	el pescado, el pez
o peixinho	el pecesito, el pescadito
o pedido	la orden
a porta	la puerta
o prato	el plato
o quarto	el cuarto
o queijo	el queso
o quibe	especie de empanada de carne y cereales
o quilo	el kilo
a raiva	la rabia
o rapaz	el joven, el muchacho
o repolho	la col, el repollo
o restaurante	el restaurante
a rua	la calle
o sal	la sal
a salada	la ensalada
a salsa	el perejil
a sobremesa	el postre
a sopa	la sopa
o sorvete	el helado
o suco	el jugo
a taça	la copa
o terço	el tercio
o tomate	el tomate
a torta	la tarta, la torta
o vinho	el vino
vinho tinto	vino tinto
a xícara	la taza (el objeto, v. média)

Adjectives

atrasado/a	atrasado/a
brabo/a	furioso/a
bravo/a	bravo/a, valiente, valeroso/a
branco/a	blanco/a
apimentado/a	picante, caliente
brasileiro/a	brasileño/a, brasilero/a
delicioso/a	rico/a
doce	dulce
frito/a	frito/a
gelado/a	frío/a, helado/a
bem gelado/a	bien frío/a
gostoso/a	sabroso/a
irônico/a	irónico/a
mexicano/a	mexicano/a
morno/a	tibio/a

ótimo	excelente
principal	principal
quente	caliente
salgado/a	salado/a
zangado/a	enojado/a, molesto/a

Verbs

abrir	abrir
adicionar	agregar
beber	beber
brigar	pelear, pegarse
brincar	jugar, bromear
chegar	llegar
comer	comer
dever	deber
dividir	dividir
entrar	entrar
estar	estar
experimentar	probar
ficar (never *ficarse)	quedar, permanecer, tornarse
ir	ir
multiplicar	multiplicar
pagar	pagar
passear	pasear
pôr	poner
precisar	necesitar, tener que
querer	querer
ser	ser
somar	sumar
subtrair	restar, sustraer
ter	tener
tomar	tomar, beber, sacar
vir	venir

Common Expressions

acho que sim	creo que sí
alguma coisa leve	algo ligero
Chega!	¡Basta!
Como se diz?	¿Cómo se dice?
estar atrasado	estar atrasado
ficar com a cara amarrada	ponerse enojado, de mal humor
ficar com raiva	(enojarse)
ficar zangado	(enojarse)
isso mesmo!	¡eso es! ¡así es!
jeito	manera

ter jeito	haber solución
outra vez	otra vez
que nada!	¡al contrario! ¡no!
o que	lo que
ser fogo	ser increíble, ser imposible
ser fogo na roupa	ser difícil
Vamos entrando!	Pase(n)! Entre(n)!

Adverbs

atrasado	atrasado
cedo	temprano
fora	afuera
fora de	fuera de
já	ya
mais	más
sempre	siempre
também	también

Prepositions

ao, à	al, a la
depois (de)	después (de)
do, da	del, de la
no, na	en el, en la
pelo, pela	por el, por la
sem	sin

Others

delas	suya, de ellas
dois	dos (masc.)
duas	dos (fem.)
um	uno, un
uma	una

Cebola roxa, batata , abóbora *(especie de calabaza, parte de cima)*, cebola (2004)

Batata doce, pepino, inhame, abobrinha, berinjela, pimentão verde (2004)

Alho-porro, aipo or salsão (2004)

Pimentão verde, coco (*em cima*), pimentão vermelho, repolho roxo (*em cima*), chuchu, cenoura (2004)

Unit 3. Entre Familiares e Amigos

OBJECTIVES – This unit is not as demanding as the two first ones. There aren't as many grammar points. Learning the irregular verbs morphology will require some attention, though. On the other hand, this change in pace should be a good opportunity to explore the student creativity in Portuguese and to monitor unwanted interferences from Spanish, if any.

- *Context* – Speaking on phone; getting together;
- *Grammar* – Indicative Mode, Present of Irregular Verbs:
  dar, dizer, fazer, medir, ouvir, pedir, poder, trazer, saber; verbs in *–cer*;
  Possessive Adjectives and Pronouns; *seu* vs. *dele*; Interrogative
  Words (more); *Por que, Porque, Por quê,* and *Porquê*; Cardinal Numbers
  (30-99); Spelling Changes with *c/ç, qu/c, gu/g, g/j*;
- *Pronunciation* – This lesson contains three new sounds: the nasal vowel /u/,
  and two consonants, /š/ and /ž/.
- *Vocabulary* – Review of previous lessons' vocabulary and words related to
  business and professions, expressions used in telephoning, more phrases of
  introduction and expressions of time. The new vocabulary in this unit is
  related to family and relatives and also to phone conversation;
- *Conversation* – You will be able to talk on the phone, talk about your
  profession or future profession, expand ways of introducing people, tell
  time.
- *Song* – "Pedro Pedreiro," Chico Buarque

This units may take approximately 4 classes of 50 minutes each.

3. Reunindo-se com a Família

This dialogue can be used as a basis for sketches in the classroom. For example, two or three students can pretend they are talking on the phone. These "phone talks" work better if students do not face each other.

Frequent constructions are underlined to help select material to be memorized or focused on. Likewise in other units, the actual recording and the script do not always correspond.

The speakers come from different states in Brazil. It opens with a speaker from Espírito Santo; "Alguém" is from Pernambuco, Rosângela is from Paraná, her *mãe* is from São Paulo and Júlio is from Rio.

3.1 Dialogue: Dando um Telefonema

- *Alô, o tatu taí?*

- *Ah, toma vergonha, Saci! Mas que trote mais bobo! Você não tem o que fazer, não?*

- *Não, o tatu num tá naum.*

- *Mas a mulher do tatu tando é o mesmo que o tatu tá. Sacou?*

Beleza!

Rosângela está telefonando para a mãe dela. Rosângela quer passar o fim de semana com a família de Júlio, o marido dela. Ela disca; porém o telefone está ocupado. Mais tarde, disca outra vez e uma pessoa atende.

(ALGUÉM):　　– (difícil de ouvir) Pronto!
ROSÂNGELA:　– (quase gritando) <u>Alô</u>, mãe! <u>Aqui é</u> a Rosângela!
(ALGUÉM):　　– Rosângela? 'Tem ninguém aqui com esse nome não.
ROSÂNGELA:　– Ah, <u>desculpe! Foi engano</u>.

　　　　　　　Rosângela desliga o telefone e disca outra vez. O telefone toca e a mãe dela atende.

MÃE:　　　　 – Alô! Dois-três-dois, nove-<u>meia</u>-zero-um. <u>Quem fala</u>?
ROSÂNGELA:　– Ah, até que enfim! Alô, mãe! Aqui é a Rosângela
MÃE:　　　　 – Oi, minha filha! Aqui já (<u>es</u>)<u>tá tudo prontinho</u> p'ra festinha de vocês este fim de semana. <u>Quando vocês chegam</u>?

(Telefone com barulho)

ROSÂNGELA:	– Mãe! A ligação não (es)tá boa. Deve ser (o) meu celular. <u>(Vo)cê (es)tá ouvindo?</u>
MÃE:	– Sim, sim. <u>Pode falar.</u> O telefone está com esse barulho, mas dá p'ra entender.
ROSÂNGELA:	– Mãe, posso passar este fim de semana com a família do Júlio?
MÃE:	– <u>Dá pra falar mais alto?</u> (Vo)cê vem com a família do Júlio? Está bom.
ROSÂNGELA:	– Não, mãe! <u>Não é isso!</u>
MÃE:	– Não (es)tou entendendo . . .
ROSÂNGELA:	– Vou passar o fim de semana *com* a família do Júlio.
MÃE:	– Mas não é possível, Rose! Vocês não vão fazer isso! Estamos preparando essa festinha p'ra vocês.

Júlio, o marido de Rosângela, está acompanhando a conversa no outro telefone.

JÚLIO:	– Alô, dona Amélia! É o Júlio falando, hem!
MÃE:	– Júlio, meu filhinho. Por que vocês não vêm aqui neste fim de semana?
JÚLIO:	– Minha mãe também quer ver a Rose. No outro fim-de-semana nós ficamos com vocês.
MÃE:	– Não! <u>Assim não dá.</u>
JÚLIO:	– Dona Amélia! A senhora é fogo, hem! <u>Vamos fazer o seguinte</u>: nós passamos o sábado lá em casa e o domingo na casa da senhora.
MÃE:	– <u>Assim está bem.</u>

Júlio falando baixinho no ouvido de Rosângela.

JÚLIO:	(– É bom desligar logo porque ela pode <u>mudar de idéia</u>.)
ROSÂNGELA:	(– Ai! A sua mãe é a mesma coisa!)
MÃE:	– <u>É o que,</u> Rose?
ROSÂNGELA:	– Tudo bem, mãe. Domingo nós chegamos aí. Tchau e um beijão pra todo mundo.
MÃE:	– <u>Pra vocês também.</u> Domingo estamos esperando, hem? <u>Tchauzinho.</u>
ROSÂNGELA:	– Tchau. Beijo, mãe!
JÚLIO:	– Tchau, dona Amélia.

Notes:

1. *Foi engano*: *Me equivoqué* (Literally *Fue un engaño*).

2. In Brazil, it is common to say *meia*, instead of *seis* when speaking on the phone. It is supposed to avoid confusion with the number *três*, pronounced "treis."

3. It would be more logical to say *mais forte*; however, both Spanish and Portuguese more commonly say *más/mais alto*.

4. *Em casa* is used because *casa* means *hogar*, "home" in this sentence. When Portuguese *casa* is modified (e.g. *da senhora*) it means *casa* in Spanish or "house" in English. When modified, it requires an article, *na casa da senhora*.

5. *É o que* is the same as *O que é*.

Questions

1. Quem é Rosângela? Que está fazendo?
2. O que é que acontece quando ela disca?
3. Quais são as pessoas que atendem o telefone?
4. O que uma pessoa diz quando atende o telefone? Mencionar algumas expressões comuns.
5. Em geral, como se diz em português este número de telefone: 221-7668?
6. Por que Rosângela está telefonando?
7. Durante a conversa telefônica, a mãe de Rosângela ouve bem o que ela diz?
8. Qual é a reação da mãe de Rosângela?
9. Que está fazendo Júlio durante o telefonema?
10. Quem propõe uma solução para o impasse?
11. Por que Júlio está falando baixinho?

Suggested answers: 1. Rosângela é a mulher de Júlio e está conversando no telefone com a mãe dela; 2. Ela discou (*hizo el número*) o número errado e a ligação caiu em outra residência; 3. Um desconhecido atende o telefone e depois a mãe dela atende; 4. A pessoa desconhecida disse (*dijo*) que devia ser engano. A Rosângela também disse que sim, que havia sido engano; 5. No Brasil, é comum dizer: dois-dois-um, sete-meia-meia-oito; 6. Para explicar à mãe que não vai poder passar o fim de semana com ela; 7. Às vezes não, porque há um barulho na linha; 8. Ela não pode acreditar... E explica que todos estão esperando os dois para uma festinha para eles; 9. Júlio está ouvindo a conversa em outra linha; 10. Foi Júlio que achou uma boa solução; 11. Júlio está falando baixinho porque senão a sogra dele pode ouvir os comentários dele.

3.2 Present Tense, Indicative Mode

3.2.1 *Dar, Dizer, Fazer, Medir, Ouvir, Pedir, Poder, Trazer, Saber*

These verbs are similar in use and meaning to their Spanish counterparts.

Verb Form	Pronunciation	Verb Form	Pronunciation	Verb Form	Pronunciation
DAR	[daR]	**DIZER**	[di.zéR]	MEDIR	[me.ɖíR]
dou	[douᵘ]	digo	[dí.gu]	meço	[mé.su]
dá	[da]	diz	[diS]	mede	[mé.ɖi]
damos	[dã́.muS]	dizemos	[di.zẽ́.muS]	medimos	[mi.ɖi.muS]
dão	[dãᵘ]	dizem	[dí.zẽ ĩ]	medem	[mé.dẽ ĩ]
OUVIR [oᵘ.víR]		**PEDIR** [pe.ɖíR]		**FAZER**	[fa.zéR]
ouço	[óᵘ.su]	peço	[pé.su]	faço	[fá.su]
ouve	[óᵘ.vi]	pede	[pé.ɖi]	faz	[faⁱS]
ouvimos	[oᵘ.ví.muS]	pedimos	[pi.ɖí.muS]	fazemos	[fa.zẽ́.muS]
ouvem	[óᵘ.vẽ ĩ]	pedem	[pé.dẽ ĩ]	fazem	[fá.zẽ ĩ]
PODER [po.deR]		**TRAZER**	[tra.zéR]	**SABER** [sa.béR]	
posso	[pɔ́.su]	trago	[trá.gu]	sei	[seⁱ]
pode	[pɔ́.ɖi]	traz	[traⁱS]	sabe	[sá.bi]
podemos	[po.dẽ́.muS]	trazemos	[tra.zẽ́.muS]	sabemos	[sa.bẽ́.muS]
podem	[pɔ́.dẽ ĩ]	trazem	[trá.zẽ ĩ]	sabem	[sá.bẽ ĩ]

Note: It would be redundant to write stress markers on monosyllabic words in transcriptions because there is only one full vowel where to write the marker. The small ones, in superscript format, are semi-vowels.

Reinforcement Exercise See if you can recall the forms of the preceding verbs by filling in the spaces below.

Infinitive	*eu*	*você*	*nós*	*eles*
1. _____	_____	_____	medimos	_____
2. _____	trago	_____	_____	_____
3. dar	_____	_____	_____	_____
4. _____	_____	_____	_____	pedem

5. poder   _____   _____   _____   _____
6. _____   _____   _____   dizemos   _____
7. saber   _____   _____   _____   _____

Answers: 1. medir, meço, mede, medem; 2. trazer, traz, trazemos, trazem; 3. dou, dá, damos, dão; 4. pedir, peço, pede, pedimos; 5. posso, pode, podemos, podem; 6. dizer, digo, diz, dizem; 7. sei, sabe, sabemos, sabem.

Exercise 1 In the following sentences, write the correct form of the verb in the present. Some verbs are used more than once. The names used in the sentences are common *apelidos* in Brazil.

ouvir, dar, dizer, medir, fazer, poder, trazer, saber

1. Quem _____ vir amanhã? Venham porque _____ que a festa vai sacudir o planeta.
2. Curioso, só mesmo o Pepeu e eu que _____ esse barulho no telefone. Ninguém mais parece _____ esse barulho.
3. Eu _____ onde está o Jorginho, mas a Tetê não _____.
4. A Margô e a Gabi _____ telefonemas para os namorados todos os dias.
5. Eu _____ 1 metro e setenta e cinco centímetros, porém o Carlão _____ muito mais do que eu.
6. Eu _____ muito este programa de rádio, mas _____ que vai acabar.
7. Eu sempre _____ coisas p'ra Lena, mas não _____ se ela _____ que gosto muito dela, gosto p'ra valer.
8. A Fafá _____ que vai chegar na semana que vem, mas eu só acredito quando ela estiver (*cuando llegue*, Future Subjunctive) aqui.

Answers: 1. pode, dizem; 2. ouvimos, ouvir; 3. sei, sabe; 4. dão; 5. meço; mede; 6. ouço, dizem; 7. trago, sei, sabe; 8. diz.

Student Interaction In the following oral exercise, students ask each other one of the questions. Each student is supposed to say the name of the classmate she/he is asking the question. If the students agree, give each one in the classroom a Brazilian nickname, or change their English nickname a Portuguese pronunciation (Bill is [bíᵘ], Jim is [žĩ], and others. In answering, the other students should use one of the following verbs in the indicative mode, present tense: *ouvir, dar, dizer, fazer, medir, pedir, poder, trazer, saber.* Of course, the teacher may want to extend this list of verbs (e.g. *Você **tem** quantos metros?*).

1. QUESTION: _____, você mede quantos metros?
   ANSWER: Eu _____ 6 pés, 5 pés e algumas polegadas, 1 metro e setenta, etc.

2. QUESTION: _____, você sabe falar português?
   ANSWER: _____.
3. QUESTION: _____, _____, _____, vocês podem contar até vinte e
   um?
   ANSWER: _____.
4. QUESTION: Quem traz sempre sanduíche para comer na hora do almoço?
   ANSWER: _____.

Suggested answers: 1. Fulano, (vo)cê mede quantos metros? Eu meço 6 pés; 3. Fulano,
Fulana, Beltrano e Cicrana vocês podem contar até 21? Sim, podemos: um, dois, três...;
4. Eu trago. Eles também trazem, etc.

3.2.2 Verbs Ending in -cer

Saber and *conhecer* have the same meanings in Spanish and Portuguese.

Subject Pronoun	Verb Form	Pronunciation
	CONHECER	[kõ$^{\uparrow}$.ỹe.séR]
Eu	conheço	[kõ$^{\uparrow}$.ỹé.su]
Você, Ela, Ele	conhece	[kõ$^{\uparrow}$.ỹé.si]
Nós	conhecemos	[kõ$^{\uparrow}$.ỹe.sẽ́.muS]
Vocês, Elas, Eles	conhecem	[kõ$^{\uparrow}$.ỹé.sẽ$^{\uparrow}$]

Reinforcement Exercise Fill in the spaces with the correct form of a verb
from the list. Use each verb only once.

esquecer, parecer, aparecer, conhecer, crescer, lembrar (Span *acordar*)

1. Eu não _____ a Vera. Não sei se é uma pessoa de confiança. Você
   _____?
2. Os jogadores _____ supercontentes com a notícia de que vão receber
   ainda mais.
3. Como esse menino está grande! _____ sem parar.
4. Vocês sempre se _____ de fechar a porta. Um dia vai entrar ladrão por
   aqui e aí vocês vão se _____ de fechar, né?.
5. Eu _____ na sua casa amanhã, está bem?
6. Vê se _____ lá em casa. Há um tempão que a gente não se vê.
   Note: Brazilians often say sentence number 6. It is really hard to decide if they
   mean it or not. One has to play by ear, but usually, if they really mean it, they
   will sound emphatic or they will later on remind you about it.

Answers: 1. conheço, conhece; 2. parecem; 3. Cresce; 4. esquecem, lembrar; 5. apareço; 6. aparece.

3.3 Pronunciation: /u/, /ũ/; /š/, /ž/; -m Endings

Preliminary Exercise: Auditory Identification – You can read the two dialogues below or listen to them. After you become familiar with it, try to identify the sounds studied in this section, /ũ/; /š/, /ž/, -m endings and the /z/ sound studied in the preceding unit.

1. secretária eletrônica
(Telefone discando. Telefone toca cinco vezes. Secretária eletrônica atende.)

A. (Voz na secretária eletrônica) - *Alô, aqui é o Fernando, eu não posso atender o telefone agora. Por favor deixe o seu recado após o sinal. (Bipe)*
B. (Recado na secretária eletrônica) *Alo, Fê, sou eu. Olha só, é, eu (es)tou no trânsito, eu (es)tou presa aqui na ponte ainda, e não vai dar p(a)ra chegar aí na hora que a gente combinou. E ... Cadê você? Era p(a)ra (vo)cê (es)tar aí me esperando. É ... Então, é, eu devo (es)tar chegando aí em meia hora, e se eu não chegar em meia hora eu volto a ligar de novo porque o trânsito (es)tá horrível, (es)tá bom? Beijinho, tchau tchau.*

Orelhão, pay phone.

2. engano

(Telefone discando. Telefone toca duas vezes.)

A. Alô?
B. Alô, é da casa da Carolina?
A. Não, tem nenhuma Carolina aqui, não.
B. Ué? Não é 555-7088?
A. Não, n(ão) é não, (vo)cê... É engano.
B. Ah, tá, (o)brigado.
A. (De) nada. Tchau.

Answers: /ũ/; /š/, /ž/, -m endings. **1. secretária eletrônica:** (Telefone discando (*carioca* accent). Telefone toca cinco vezes. Secretária eletrônica atende.) / A. (Voz na secretária eletrônica) Alô, aqui é o Fernando, eu não posso atender o telefone agora.

Por favor deixe o seu recado após o sinal. (Bipe)/ B. (Recado na secretária eletrônica) Alô, Fê, sou eu. Olha só, é, eu (es)tou no trânsito, eu (es)tou presa aqui na ponte ainda, e não vai dar p(a)ra chegar aí na hora que a gente combinou. E ... Cadê você? Era p(a)ra (vo)cê (es)tar aí me esperando. É ... Então, é, eu devo (es)tar chegando aí em meia hora, e se eu não chegar em meia hora eu volto a ligar de novo porque o trânsito (es)tá horrível, (es)tá bom? Beijinho, tchau tchau.

2. engano (Telefone discando. Telefone toca duas vezes.) / A. Alô? / B. Alô, é da casa da Carolina? / A. Não, tem nenhuma Carolina aqui, não. / B. Ué? Não é 555-7088? / A. Não, n(ão) é não, (vo)cê... É engano. / B. Ah, tá, (o)brigado. / A. (De) nada. Tchau.

3.3.1 /u/ and /ũ/

Phonemes are placed in contrastive pairs simply to show how important it is to distinguish them. Their mispronunciation will result in a different word. Overdoing them is not advised. The actual goal is to contextualize their use as suggested at the end of each unit, in classroom situations.

	Portuguese	Spanish	Portuguese	Spanish
	mudo	*mudo*	mundo	*mundo*
	o caso	*el caso*	um caso	*un caso*
	nuca	*nuca*	nunca	*nunca*
	tuba	*tuba*	tumba	*tumba*
	O mudo está doente.	*El mudo está enfermo.*	O mundo está doente.	*El mundo está enfermo.*
	Este foi o caso interessante.	*Este fue el caso interesante.*	Este foi um caso interessante.	*Este fue un caso interesante.*

3.3.2 /š/ and /ž/

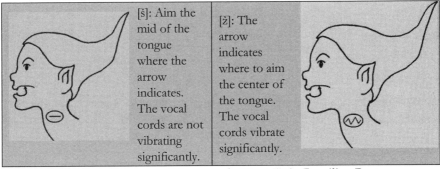

[š]: Aim the mid of the tongue where the arrow indicates. The vocal cords are not vibrating significantly.

[ž]: The arrow indicates where to aim the center of the tongue. The vocal cords vibrate significantly.

Figure 3. Vocal tract image of the sounds [š] vs [ž] in Brazilian Portuguese

Preliminary Exercise 1 Repeat **some** of the following words and sentences after your teacher:

Portuguese	Spanish	Portuguese	Spanish
acho	*pienso*	ajo	*actúo*
China	*China*	Gina	*Gina*
Que queixim gostoso!	*¡Qué mentoncito suave!*	Que queijim gostoso!	*¡Qué rico quecito!*

Preliminary Exercise 2 Repeat the following tongue twisters after your teacher:

Acho que a Xuxa está cheia desse chato.
(*Creo que Xuxa está harta de ese pesado.*)

Hoje a garagem do Jorge está jóia.
(*Hoy el garaje de Jorge está bien arreglado.*)

3.3.3 -m Ending

The tendency among foreigners learning Portuguese is to pronounce the *-m* at the end of words. Final *-m* does not exist in spoken Brazilian Portuguese. To avoid pronouncing it, nasalize the preceding vowel or vowels and *do not let your lips make the closing and reopening movements* that one makes saying *"mmm"* in English. Pay special attention to lip position.

Figure 4. Possible lips configuration for the pronunciation of the written *-m* in the word *um*, and in the word *bem*.

A common and amusing situation among foreigners happens when they say the final *-m* in *um hotel*. When someone pronounces this *–m* he/she ends up saying *um motel*. In Brazil, "motel" is a place to spend a couple hours in intimacy with someone. The way to avoid this mistake is to pronounce *um* without the *–m*, as in [ũ o.téᵘ] to really mean *um hotel*.

3.3.4 Auditory Training and Production

Exercise 1 Your instructor will read only one of the words in each of the following pairs. Write the ones you hear. (The instructor may want to work on this drill with the book closed.)

  sim, si; lá, lã; são, sal; pão, pau; mundo, mudo; cão, cal; campeão, capiau

Exercise 2 First, repeat the following words after your instructor. Then, transcribe them phonetically.

  chegam, falam, bebem, trazem, abrem, saem, vim, assim

Answers: [šé.gãᵘ], [fá.lãᵘ], [bé.bẽⁱ], [trá.zẽⁱ], [á.brẽⁱ], [sá.ẽⁱ], [vĩⁱ], [a.sĩⁱ].

Exercise 3 The following three texts emphasize drills on the sounds being studied here. First, listen to the recording. Then, read aloud the "Poema das Sete Faces," written by Carlos Drummond de Andrade (1902-1987). Note the use of *a gente* (Portuguese and Spanish *nos*, English "us") in the last verse. The speaker is from Espírito Santo.

"Poema das Sete Faces" (1930) by Carlos Drummond de Andrade

Quando nasci, um anjo torto
desses que vivem na sombra
disse: Vai, Carlos! ser *gauche* na vida.

  As casas espiam os homens
  que correm atrás das mulheres.
  A tarde talvez fosse azul,
  não houvesse tantos desejos

O bonde passa cheio de pernas:
pernas brancas pretas amarelas.
Para que tanta perna, meu Deus, pergunta meu coração.
Porém meus olhos não perguntam nada.

  O homem atrás do bigode
  É sério, simples e forte.
  Quase não conversa.
  Tem poucos, raros amigos
  o homem atrás dos óculos e do bigode.

Meus Deus, por que me abandonaste
se sabias que eu não era Deus
se sabias que eu era fraco.

Mundo, mundo, vasto mundo,
se eu me chamasse Raimundo,
seria uma rima.
Não seria uma solução.
Mundo mundo vasto mundo,
Mais vasto é meu coração.

Eu não devia te dizer
mas essa lua
mas esse conhaque
botam a gente comovido como o diabo.   *Used with permission*

"Uns" (1983) by Caetano Veloso

 The complete lyrics of this song can be found on the internet. The song has many nasal vowels that can help for further practice. Likewise, the song "Tropicália" has many words with nasal sounds. It is important to study nasalization, but no need to overstress it.

(. . .)	uns cem	(. . .)
uns não	uns sem	uns dizem sim
uns hão de (. . .)	(. . .)	E não há outros

© GAPA LTDA (Guilherme Araújo Produções Artísticas Ltda), administrada por Warner/Chappell Edições Musicais Ltda. Rua General Rabelo, 43 - RJ - Brasil. All rights reserved.

"Na chácara do Chico Bolacha" (1964) by Cecília Meireles

 The following poem by Cecília Meireles (1901-1964) has many instances of the *ch* in Portuguese, which is pronounced like the English *sh* in *show*, and not like the Spanish *ch*. Study the recordings or listen to your teacher, and then practice with the poems yourself.

"Na chácara do Chico Bolacha"

Na chácara do Chico Bolacha,   *chácara: chacra, finca*
o que se procura   *Chico* is the *apelido* for Francisco
nunca se acha!

Quando chove muito,
O Chico brinca de barco,
porque a chácara vira charco.

Quando não chove nada,
Chico trabalha com a enxada   *enxada: azada (Eng. spade)*
e logo se machuca   *se machuca: se lastima*
e fica de mão inchada.

Por isso, com o Chico Bolacha,
o que se procura
nunca se acha.

Dizem que a chácara do Chico   *chuchu: especie de legumbre verde, más o menos*
só tem mesmo chuchu   *cilíndrico (vea la foto del chuchu en la última* e
um cachorrinho coxo   *página de la unidad anterior)*
que se chama Caxambu.   *cachorrinho: perrito*

Outras coisas,
ninguém procure,
porque não acha.
Coitado do Chico Bolacha!   *coitado do: el pobrecito*

Used with permission

Exercise 4 – Your instructor will read only one of the words in each of the following pairs, taken from the song **Uns**. Write the ones you hear.

   uns, us; tão, tal; são, sal; não, nau; hão, ao; uns pés, us pês;
   uns mãos, uns maus; só, sou; cem, sei; mal, mão.

Exercise 5 – Read aloud the following words. Note in brackets a possible variation in pronunciation. In clear and emphatic contexts, some speakers may lengthen or have a different pronunciation of these nasal sounds. Check with your instructor what his/her preferences are.

-im /ĩ/ or [ĩⁱ]   vim, sim, passarim, peixim, assim
-em /ẽⁱ/   sem, quem, trazem, fazem, conhecem, bem
-am /ãᵘ/   dançam, tomam, moram, jantam
-om /õ/ or [ãᵘ]   som, bom, garçom (often, the "ungrammatical" spelling of this particular group will reflect its different pronunciation, e.g. *são* instead of *som*, *bão* instead of *bom*, *garção* instead of *garçom*)
-um /ũ/ or [ũᵘ]   um, atum, ziriguidum

Exercise 6 – Transcribe phonetically the pronunciation of the following words.

1. Pronto.
2. Desculpe, foi engano.
3. Fim de semana.
4. Quando chove muito
5. Assim está bem
6. Em vocês também
7. Eu gosto da Rose
8. O mundo está doente
9. Duas cervejas para os dois chineses
10. O que se procura nunca se acha

Answers: 1. [prṍ.tu]; 2. [diS.kú^u.pi / fo^i ĩgã́.nu]; 3. [fĩ di se.mã́.na]; 4. [kũã́.du šó.vi mũ^i .tu]; 5. [a.sĩ́ iS.tá bẽ^i]; 6. [ĩ vo.sé^{i}S tã.bẽ́^{i}]; 7. [e^u góS.tu da Ró.zi]; 8. [dú.as seR.vé.žaS pá.ra ^{u}S dóiS ši.né.zis]; 9. [u ki si pro.kú.ra nṹ.ka si á.ša].

3.4 Possessive Adjectives and Pronouns

The partial loss of the form *tu* in Brazilian Portuguese, following the complete loss of the *vós* (Span. *vosotros*), has brought some unbalance to the pronominal system of Brazilian Portuguese. Maybe Ferdinand de Saussure's definition of language as a system where all elements hold themselves together (*un système où tout se tient*) explains the unbalance in the pronominal system of Brazilian Portuguese. A balanced system would show a symmetrical correspondence like

Eu	Nós
Tu	Vós
Ele, ela	Eles, elas

Nowadays, this system became unbalanced with losses and additions in the following way (parentheses mean that the form is still productive):

Eu	Nós	Eu	Nós
(Tu)	~~Vós~~ ➡	Você (tu)	Vocês (~~tus~~, ~~vós~~)
Ele, ela	Eles, elas	Ele, ela	Eles elas

Você and **vocês** agree with the 3rd person form of the verbs.

Therefore, this unbalance is reflected in the use of *tu*, which is limited to some regions of Brazil. Its replacement by *você* happens in most of the country. *Tu* is supposed to match with the pronouns *te, teu, teus, tua, tuas,* but in some regions *tu* (and also *você*) matches with the pronouns *lhe, lhes*. In addition, in Rio for example, it may take the verb to the third person, instead of second (e.g. *Tu vem comigo?* instead of *Tu vens comigo?*).

Therefore, the partial loss of *tu* led to the partial loss of *teu*. *Seu*, then, instead of referring only to the third person, also refers to the second person, thereby creating potential ambiguity. Speakers compensate for the ambiguity by reserving *seu* for the second person and using *dele(s)* for the third person.

There are other more stylistic and elaborate solutions among learned people, which are grammatically accepted, but often too artificial. In this course we simplify the use of the possessive since it is possible to do so. Just remember that it is more appropriate to use *dele, dela, deles, delas* in the spoken language. Often one may need to use *dele* in written language, to avoid ambiguity, but *dele* should, whenever possible, be limited to the spoken language.

It is helpful to alert Spanish speakers to a common mistake they make with the use of **de você**. This expression is grammatically correct in some contexts, but its usage is very limited. It is sometimes used for emphasis and for functions other than possession (e.g. *Não estavam falando de mim, não! Estavam falando **de você**!*). Spanish speakers have a tendency to overuse *de você* instead of *seu*. The use of *de você* instead of *seu* must be eliminated. On the other hand, the plural **de vocês** should be used because it is the only option equivalent to "yours" in the plural.

3.4.1 Adjectives

Subject Pronoun	Portuguese	Spanish
Eu	meu(s), minha(s)	mi(s)
Você	seu(s), sua(s)	tu(s)
Ele, Ela	*dele/dela* (spoken)	su(s)
Nós	nosso(s), nossa(s)	nuestro/a(s)
Vocês	de vocês	su(s), de Uds.
Elas, Eles	*deles, delas* (spoken)	su(s)

Note: In the written language, use the possessor's name, as an alternate to *dele(s), dela(s)*. Example: *Estes são os livros do presidente.*

3.4.2 Pronouns

Subject Pronoun	Portuguese	Spanish
Eu	o meu(s), a minha(s)	el (los) mío(s)
Você	o seu/a sua(s)	el (los) tuyo(s)
Ele, Ela	o dele/a dela (spoken)	el (los) suyo(s)
Nós	o(s) nosso(s)	el (los) nuestro(s)
Vocês	o(s) de vocês	el (los) suyo(s), el (los) de Uds.
Elas, Eles	o(s) deles, a(s) delas (spoken)	el (los) suyo(s)

Note: In the written language, instead of *o(s) dele(s), a(s) dela(s), dele(s),* try finding other stylistic solutions. Example: *Os que pertencem ao presidente são estes.*

Exercise 3 – Adjectives: Complete with *dele(s), dela(s),* in the spoken language.

1. Gosto muito da cozinha _____. (ele)
2. Você sabe onde estão os amigos _____. (ele)
3. Pedrinho quer ser o marido _____. (ela)
4. Eu sempre trago as coisas _____. (ela)
5. Ela diz que não gosta _____. (eles)
6. Acho que o restaurante é _____. (eles)
7. Nós moramos na casa _____. (elas)
8. Eu sei onde fica o escritório _____. (elas)

Answers: 1. dele; 2. dele; 3. dela; 4. dela; 5. deles; 6. deles; 7. delas; 8. delas.

Exercise 4 Complete as needed or rewrite the following sentences according to the model. Notice that the exercise links first person to *meu*, second person to *seu*, and so on.

MODEL: - Essa escola é tão pobre que você teve que comprar um giz?
       - *Nossa! Então esse giz é seu!?*

1. - Eu tenho uns lápis.
2. - Jairzinho e Juca compraram essa oficina para consertar carros.
3. - Ritinha, minha filha, esse pãozinho não é _____. Você já comeu (Span. *comí*). Esse pãozinho é do Leo.
4. - Eu tenho um caderno mas essa caneta eu peguei com o Edinho.
5. - Cecília e André têm quatro filhos.
6. - Eu dei (Span. *di*) trinta apagadores para aquela professora.
7. - Elizabete e eu temos um escritório.

8. - Nós temos duas filhas.
9. - Amoreco, adivinha o que eu trouxe (Span. *traje*) de presente p'ra você!?
     - O quê?
     - Aquele carrinho vermelho (Span. *rojo*) que você sempre quis (Span. *quiso*)
10. - Tenho um computador que está com muitos problemas.
11. - E só queria passar esse problema p'ra você. Agora o problema é _____. Divirta-se!
12. - Jairzinho e João Carlos só jogam no time porque os pais _____ deram (Span. *dieron*) a bola para o time.

Suggested answers: 1. Os lápis são meus; 2. A oficina é deles; 3. seu; O pãozinho é dele; 4. O caderno é meu, porém a caneta não é minha, é dele (do Edinho); 5. Os filhos são deles; 6. Os apagadores são dela; 7. O escritório é nosso; 8. (Elas) são nossas filhas; 9. O carrinho é dela; 10. O computador é meu; 11. seu; 12. Agora a bola é deles, quer dizer, do time.

Exercise 5 – Pronouns: Fill in the first blank with any noun and then complete with *o dele(s)*, *o dela(s)*, etc., according to the cues in parentheses.

   MODEL: Este é meu _____. Qual é _____? (ela)
           Este é meu <u>livro.</u> Qual é <u>o dela</u>?

1. Aqui estão meus _____. Onde estão _____? (ele)
2. Esta é minha _____. Onde está _____? (ele)
3. Estas são minhas _____. Quais são _____? (ela)
4. Aqui estão meus _____. Onde estão _____? (elas)
5. Nossos _____ estão prontos. Como estão _____? (ele)
6. Nosso time está bem. Como está _____? (eles)
7. Nossa _____ está aqui. Onde está _____? (ela)

Suggested answers: 1. amigos/os dele; 2. namorada, a dele; 3. canetas/as dela; 4. irmãos, os delas; 5. meninos/os dele; 6. o deles; 7. avó/a dela.

Exercise 6 – Pronouns: Replace the possessive adjectives in the following sentences with a pronoun.

   MODEL: São nossos primos. *São os nossos.*

1. Patrícia gosta do meu apartamento.
2. Meu dever de casa é difícil.
3. Minha esposa é linda.
4. Minhas aulas começam amanhã.
5. Quero ver seu horário, Iara.

6. Este é o horário dele.
7. Estes são os apagadores dela.
8. Quais são os sogros deles?

Answers: 1. Patrícia gosta do meu; 2. O meu é difícil; 3. A minha é linda; 4. As minhas começam amanhã; 5. Quero ver o seu, Iara; 6. Esse é o dele; 7. Estes são os dela; 8. Quais são os deles.

3.5 Interrogative Words (continued)

3.5.1 Combined Forms

Interrogative	Combined Form	Spanish
a quem	a quem é que	a quién(es)
de quem	a quem é que	de quién(es)
com quem	com quem	con quíen(es)
aonde	aonde é que	adónde
para onde	para onde é que	para dónde
de que	de que é que	de qué
com que	com que é que	con qué
para que	para que é que	para qué

Exercise 7 Write questions, using the preceding combined forms, to the following answers.

MODEL: Nós trabalhamos para a dona Cristina.
        Para quem vocês trabalham?

1. (O) Zé Mário vai para a aula.
2. Ela quer a caneta para escrever uma carta.
3. Gilberto e Tadeu estão brincando com o irmão deles.
4. Este caderno pertence ao Moacir.
5. Estes pratos são dele.
6. Eles estão falando de futebol.

Answers: 1. Para onde vai o Zé Mário? 2. Para que (or P'ra que) ela quer a caneta? 3. Com quem Gilberto e Tadeu estão brincando? 4. A quem pertence este caderno? (or De quem é este caderno?) 5. De quem são estes pratos? 6. (Eles) estão falando de que?

3.5.2 *Por que, Porque, Por quê* and *Porquê*

Não sei por que ele gosta dela.
Por que ele gosta dela?

> Ah, é só porque ela é bonitinha.
> O quê?! Por quê??? Ah, não acredito!
> É sim! Esse é o porquê do amor dele.

Look at the Spanish and English equivalents of these forms:

Brazilian Portuguese	**Spanish**	**English**
Por que (two words)	Por qué	Why
porque (one word)	porque	because
por quê? (two words, near a question mark)	por qué?	why?

For the same reason, we use **quê** near a question mark: Isso é feito de quê? Often we find **porquê** (one word) used as a noun and not as a question word. In this case, a circumflex is placed on it:

Brazilian Portuguese	**Spanish**	**English**
o porquê	el porqué	the "why" (the reason)

Unit 8 has a *crônica* by Fernando Sabino, *Hora de Dormir*, with several uses of **porque**, **por que** and **por quê**. Can you find them?

Exercise 8 Fill in the blanks with *por que, porque, por quê*, or *porquê*.

1. Afinal, nós estamos aqui _____?
2. _____ o César está atrasado?
3. Não sei _____ vocês estão cantando.
4. Você chegou (Span. *llegó*) mais cedo _____?
5. Quem pode explicar _____ desse telefonema?
6. Nós temos que começar agora _____?
7. _____ eles têm que trazer a família?
8. Minha irmã vem _____ ela gosta daqui.
9. Que coisa! É sempre eu! Sempre eu! _____? _____?

Answers: 1. por quê; 2. Por que; 3. por que; 4. por quê; 5. o porquê; 6. por quê; 7. Por que; 8. porque; Por quê, Por quê.

3.6 Cardinal Numbers: 30–99

Although cardinal numbers are similar in Spanish and Portuguese, in Portuguese the number **two** has a feminine form (*duas*), in addition to the masculine form (*dois*).

30 trinta	62 sessenta e dois (duas)
31 trinta e um(a)	69 sessenta e nove
32 trinta e dois (duas)	70 setenta
39 trinta e nove	71 setenta e um (uma)
40 quarenta	72 setenta e dois (duas)
41 quarenta e um(a)	79 setenta e nove
42 quarenta e dois (duas)	80 oitenta
49 quarenta e nove	81 oitenta e um(a)
50 cinqüenta	82 oitenta e dois (duas)
51 cinqüenta e um(a)	89 oitenta e nove
52 cinqüenta e dois (duas)	90 noventa
59 cinqüenta e nove	91 noventa e um(a)
60 sessenta	92 noventa e dois (duas)
61 sessenta e um(a)	99 noventa e nove

Jogo de palavras com números:

- Normalmente 60 aonde? Senta aqui do meu lado, uai! (60 = 'cê senta)
- 80 ção! Tudo bem? 20 ver. (80 ção = Oi, tenta ção!; 20 = Vim te)
- 100 dinheiro não se consegue muito. 70, 70 mas não consegue.

Uma estorinha divertida:

Era aula de aritmética e o professor estava ensinando adição para a turma (Span. *clase*). O professor querendo ver se todos haviam entendido, chamou (Span. *llamó*) o Joãozinho para ajudar:

- Joãozinho, vamos ver se você entendeu.
- Pode perguntar, fesô.
- Vejamos . . . Vamos dizer que eu te dou 40 reais, a professora Teresa te dá mais 50 reais e outra pessoa ainda te dá mais 80 reais. Fez (Span. *hizo*) as contas, não é mesmo? E então? Você ganha 40 mais 50 mais 80 . . . Aí você fica com . . .? com?
- Contente!!!

Exercise 9 Read aloud after your instructor.

1. 34 cadeiras	5. 75 senhoras	9. 92 pessoas
2. 86 mesas	6. 48 lápis	10. 11 cafés
3. 67 telefonemas	7. 22 garrafas	11. 96 páginas
4. 18 edifícios	8. 35 cidades	12. 68 sorvetes

Answers: 1. trinta e quatro cadeiras; 2. oitenta e seis mesas; 3. sessenta e sete telefonemas; 4. dezoito edifícios; 5. setenta e cinco senhoras; 6. quarenta e oito lápis; 7.

vinte e duas garrafas; 8. trinta e cinco cidades; 9. noventa e duas pessoas; 10. onze cafés; 11. noventa e seis páginas; 12 sessenta e oito sorvetes.

Exercise 10 – Student Interaction: Students ask each other addition and subtraction questions.

MODEL: STUDENT 1: Marta, quantos são dois mais dois?
STUDENT 2: Dois mais dois são cinco. (Es)tou brincando!
São quatro.

STUDENT 3. Jairo, quantos são quarenta e dois menos doze?
STUDENT 4: Xiii! Complicou. Ok, quarenta e dois menos doze
são trinta.

1. $12 - 4$
2. $17 + 80$
3. $14 + 14$
4. $25 + 55$
5. $70 - 23$
6. $59 + 11$
7. $90 - 20$
8. $50 - 35$
9. $19 - 18$
10. $18 + 18$

Suggested answers: 1. Jônatas, quantos são doze menos quatro? Jô: Doze menos quatro são oito. 2. Agora é você, Camila. Você tem dezessete e adiciona mais 80. Você fica com quanto? Camila: Fico com noventa e sete. 3. André, quanto é que dá quatorze mais quatorze? André: São vinte e oito. 5. Quem sabe quantos são setenta menos vinte e três? Um aluno levanta a mão rápido: São quarenta e sete. 6. E aí Genaro!? Cinqüenta e nove mais onze? Gê: Sessenta! Não! Não!... Setenta!!! 7. E a galera aí de trás? Se eu tenho noventa e tiro vinte? Todos em coro: Setenta!!! 9. Agora ficou animado! Agora só os rapazes: Quanto resta de dezenove menos dezoito? Os rapazes: Um [ũ]. 10. E as meninas? Só as meninas p'ra terminar. Dezoito vezes dois? Trinta e seis!!!

Exercise 11 – Student Interaction: One student at a time tries to guess a number from 0 to 9 that another student chose in secret.

MOACIR: – Favor escrever um número de 0 a 9, mas eu não posso ver.
GLÁUCIA E BETE: – Pronto. (O número secreto de Gláucia e Bete é 6)
MOACIR: – Agora, favor dobrar, quer dizer, multiplicar por dois o número que vocês têm.
GLÁUCIA E BETE: – Está bem. (12)
MOACIR: – Agora é só multiplicar por 5.
GLÁUCIA E BETE: – Estamos multiplicando . . . Pronto. (60)
MOACIR: – Qual é o número depois de multiplicar por 5?
GLÁUCIA E BETE: Assim não vale! (That is not fair!)
MOACIR: – Vocês têm que falar!

GLÁUCIA E BETE: – Está bem. Vamos dar uma colher de chá. O número é
60.
MOACIR: – (Tirando o zero de 60) O número é 6.

Repeat the trick with other numbers.

3.7 Spelling: The letters g/gu, g/j, c/ç, c/qu

Eu reajo bem às críticas, mas ela reage melhor.
(Both "j" and "g" sound like [ž] as in "vision.")
Eu conheço o Álvaro de nome, mas ele não me conhece.
(Both "ç" and "c" sound like [s] as in "see.")

These spelling changes are like their Spanish counterparts. Spanish **j** (*dirijo*) coincides with Portuguese **j**, but it has a different pronunciation. Spanish *z* (*almorzar*) is equivalent to *c-cedilhado*, or *c-cedilha* (*almoçar*).

In order to understand these spelling changes, first, look at the infinitive form. The infinitive will have the sound needed throughout all conjugated forms. If the infinitive has a "soft *c*," spelling will change to keep a soft-c as needed; if the infinitive has a "hard *g*," spelling changes will be made to keep the "hard *g*" sound, and so on.

Second, see which vowel follows these consonants. The "e" and "i" vowels change spelling in one way and "a, o, u," in another.

3.7.1 Spelling Changes: Portuguese g, gu and j → [g] and [ž]

Note how spelling alternates between g ↔ gu and g ↔ j, depending on the vowels after them and on how they sound. Study the following spelling changes:

Spanish	**Portuguese**
The spelling changes, but the "jota" sound [x] is kept.	*The spelling changes, but the sound [ž] is kept.*
dirigir [di.ri.xír]	**dirigir** [ɖi.ri.žíR]
dirijo [di.rí.xo]	dirijo [ɖi.rí.žu]
dirige [di.rí.xe]	dirige [ɖi.rí.ži]
dirigimos [di.ri.xí.mos]	dirigimos [ɖi.ri.žíˆ.muS]
dirigen [di.rí.xen]	dirigem [ɖi.rí.žẽˆ]

| *The spelling changes, but the sound [g] is kept.* | *The spelling changes, but the sound [g] is kept.* |

conseguir [kon.se.gír]   **conseguir** [kõ.se.gíR]

consigo [kon.sí.go]   consigo [kõ.sí.gu]
consigue [kon.sí.ge]   consegue [kõ.sέ.gi]
conseguimos [kon.se.gí.mos]   conseguimos [kõ.se.gí̜muS]
consiguen [kon.sí.gen]   conseguem [kõ.sέ.gẽ̜ⁱ]

3.7.2 Spelling Changes: Portuguese c/ç, qu/c → [s] and [k]

Sound	Spelling		Sound	Spelling	
[s], or "soft" *c*	ce	ça	[k], or "hard" *c*	que	ca
	ci	ço		qui	co
		çu			cu
[ž], or "soft" *g*	ge	ja	[g], or "hard" *g*	gue	ga
	gi	jo		gui	go
		ju			gu

Let's consider the verb *conhecer*.

1. Initialization: What is the infinitive sound of "c" in *conhecer*? It is *c*, pronounced [s], or "soft *c*."
2. Pronunciation: How do we keep the [s] sound of the infinitive? You can refer to spelling changes above, but when we have *a, o, u,* then *ç* replaces *c* of *conhecer* → *conheço*.

Another example: *proteger*.

1. Initialization: Infinitive? [ž], or "soft g."
2. Pronunciation: To keep "soft *g*," change *g* into *j* when the vowels are *a, o, u: protejo.*

If these spellings did not take place we would read the examples this way:

*conheco *[koⁱ̃.ɲé.ku], not [koⁱ̃.ɲé.su]
*protego *[pro.té.go], not [pro.té.žu]

Exercise 10 – Give the Portuguese equivalents of the following Spanish forms.

1. conocemos	6. siguen	11. poco
2. comenzar	7. comienzo	12. poquito
3. sigo	8. parece	13. taza
4. seguimos	9. comenzamos	14. tacita
5. conoce	10. conozco	15. amiguito

Answers: 1. conhecemos; 2. começar; 3. sigo; 4. seguimos; 5. conhece; 6. seguem; 7. começo; 8. parece; 9. começamos; 10. conheço; 11. pouco; 12. pouquinho; 13. taça; 14. tacinha; 15. amiguinho.

Exercise 11 – Give the correct spelling for the following verb changes.

1. parecer	eu _____	eles	_____
2. atingir	eu _____	elas	_____
3. seguir	eu _____	vocês	_____
4. dirigir	eu _____	eles	_____
5. pegar	eu _____	elas	_____
6. esquecer	eu _____	vocês	_____
7. começar	eu _____	eles	_____
8. brincar	eu _____	elas	_____
9. descer	eu _____	vocês	_____
10. eleger	eu _____	eles	_____

Answers: 1. pareço, parecem; 2. atinjo, atingem; 3. sigo, seguem; 4. dirijo, dirigem; 5. pego, pegam; 6. esqueço, esquecem; 7. começo, começam; 8. brinco, brincam; 9. desço, descem; 10. elejo, elegem.

3.8 Dictation

Dictation 1 Study the following sentences. Your instructor will read all or some of them. Write down only the *words* with open vowels. The open vowels are underlined. Remember that you can pronounce *pode* more easily it you start with the English word *paw*, as *pawde*.

1. Cuidado com o olho.
2. Eta, que queijo gostoso!
3. Ele pode (*paw*de) trabalhar.
4. Ele pôde trabalhar.
5. Eu gosto da Rosa.
8. Eu conheço a tia dela.
9. Há duas horas que estão esperando.
10. Lá em casa nós não atendemos o telefone depois das onze da noite.
11. Cuidado com o óleo.

6. Eu gosto da roça.
7. Vovô está falando com vovó.
12. Eta, que queixo gostoso!
13. Eu conheço a tia dele.
14. Vovó está falando com vovô.

15. Cuidado que esse sol está quente à beça.
16. O concerto começa às nove horas.
17. Filhinho, você não pode pintar o céu de amarelo.
18. Minha nossa! Olha o seu rosto!

Dictation 2 The passages below contain the open vowels /ɛ/ and /ø/. Your instructor will read them aloud. Write down only the words that contain open vowels. Then, the instructor may want to read it again or work on a different song. Other sounds that may be of interest: ʒ, um, -m ending words, etc.

E entendo o centro do que estão dizendo
Aquela cara e aquela:
É um desmascaro
Singelo grito:
"O rei está nu".
Mas eu desperto porque tudo cala frente ao fato de que o rei é mais bonito nu
E eu vou e amo o azul, o púrpura e o amarelo
E entre o meu ir e o sol, um aro, um elo. ("O Estrangeiro" Caetano Veloso)

Num precipício de luzes
entre saudades, soluços, ou vou morrer de bruços
Nos braços, nos olhos
Nos braços de uma mulher (Gilberto Gil e José Carlos Capinam)

Answers: E entendo o centro do que estão dizendo / Aquela cara e aquela: / É um desmascaro / Singelo grito: / "O rei está nu". Mas eu desperto porque tudo cala frente ao fato de que o rei é mais bonito nu / E eu vou e amo o azul, o púrpura e o amarelo / E entre o meu ir e o sol, um aro, um elo.
Num precipício de luzes / entre saudades, soluços, ou vou morrer de bruços
Nos braços, nos olhos / Nos braços de uma mulher

3.9 Translation

Exercise 12 Translate the following sentences into Brazilian Portuguese.

1. No sé por qué está hablando por teléfono.
2. Puedo decir que traen siempre las cosas que me gustan.
3. ¿De quiénes son los borradores en el escritorio?
4. ¿Dónde están los muchachos que vienen siempre temprano en la mañana?
5. Hago las tareas en la biblioteca.

Suggested answers: 1. Não sei por que ele está dando um telefonema; 2. Posso dizer que trazem sempre as coisas que eu gosto. 3. De quem são os apagadores na escrivaninha? 4. Onde estão os rapazes que vêm sempre cedo de manhã? 5. Faço os deveres de casa na biblioteca.

3.10 Diversões, Bate-Bola e Pipoca Quentinha

A. Read the following text carefully and give the Spanish equivalent of the underlined words. Point out how they are different in both languages. Refer to the line numbers on the left in your work.

1. Hoje estou a fim [*tengo ganas*] de impressionar meus amigos
2. estrangeiros. É a primeira vez que <u>vêm</u> ao Brasil e <u>ainda</u> não <u>conhecem</u>
3. muita coisa por aqui. <u>Vou preparar</u> um prato com mariscos porque os
4. estrangeiros em geral pensam que no Brasil nós só comemos feijoada.
5. Feijoada é bom de vez em quando e quando <u>faz frio</u>. A feijoada é uma
6. espécie de prato nacional, mas há outras coisas além da [*además de la*]
7. feijoada. A propósito, feijoada não é <u>só feijão</u> preto com arroz e carne.
8. A feijoada é preparada de maneira diferente de acordo com a região no
9. Brasil. É um prato que os brasileiros adaptaram [*adaptaron*] dos
10. escravos africanos. Os escravos preparavam [*preparaban*] sua comida
11. com os restos das comidas dos senhores das terras. Da mesma
12. forma, <u>os legumes</u> que os senhores das terras não comiam
13. <u>ficavam</u> para os escravos. Porém, como <u>se diz</u> no Brasil, nada como
14. um dia depois do outro . . . Hoje, a feijoada bem preparada, na hora
15. certa, com <u>laranja</u>, carne seca, paio (*excelente salchicha de puerco*), couve,
16. farofa [*harina tosca, gruesa, de la mandioca con varios ingredientes*], etc., uma
17. <u>sobremesa</u> leve e um cafezinho cem por cento arábica, encorpado, só
18. mesmo em alguns sonhos . . .
19.   Mas por que estou falando de feijoada? Ora só... Às vezes me perco
20. (*me pierdo*) em transgressões... Como dizia (*decía*) acima, hoje <u>tenho</u> que

21. preparar um prato diferente para meus amigos estrangeiros. Vou
22. preparar uma torta de bacalhau [*pastel de bacalao*], com uma entrada de
23. quibe e terminar com uma <u>salada</u> de frutas. <u>Talvez</u>, uhmm. . . quem
24. sabe . . . Acho que vou preparar um abacaxi recheado de frutas. A idéia
25. é excelente porque eu tenho certeza de que eles não sabem o que é um
26. abacaxi. Por sinal, poucos são os estrangeiros que sabem o que é um
27. abacaxi. No Brasil, nós temos o ananás e o abacaxi. Não é a mesma
28. coisa, não. Abacaxi é mais gostoso, mais docinho, ao passo que o
29. ananás é menos <u>doce</u>. O abacaxi <u>pode</u> espetar [*picar*] quando o
30. seguramos ao passo que o ananás não espeta. Em geral, a forma dos
31. dois é diferente: ananás é mais cilíndrico e o abacaxi tem forma de
32. cone. Não é fácil notar essas diferenças, mas o brasileiro sabe dessas
33. coisas. Espero poder impressionar meus amigos hoje na janta.

Suggested answers: **Line 2:** *É = es*, in Spanish there is no stress marker and there is an extra *s*; *vêm = vienen*, there is also *vem = viene*, without the the circumflex, in the singular; *ainda = aún* and *todavía*, *todavia* in Portuguese has other meanings like, *sin embargo, pero, aunque*, etc; *conhecem = conocen*; **line 3:** *vou preparar = voy a preparar*, in Spanish there is an *a* between *ir* and an infinitive. In Portuguese the verb *ir* has an *a* only if a noun follows it; **line 5:** hace frío; **line 7:** *sólo frijol*; **line 12:** *las legumbres*, feminine in Spanish; **line 13:** *quedaban*; *se dice*; **line 15:** *naranja*; **line 17:** sobremesa = postre, in Spanish, *sobremesa* means the moment after the meal when people sit and talk; **line 20:** *tengo*; **line 23:** *ensalada*; *tal vez*, in Spanish it is two words and in Portuguese one; **line 29:** *dulce*, *puede*, with open "o" [ø] in Portuguese.

B. Give a negative answer in a complete sentence.

1. Você é brasileiro?
2. Tem um quibe na sua garagem?
3. Você quer beber geléia?
4. O professor brinca na sala de aula?
5. Você gosta de suco de alface com tomate?
6. Os alunos estão abrindo os livros durante as provas?

Suggested answers: 1. Não, não sou brasileiro/a; 2. Tá maluco, cabeção? Claro que não!; 3. Não quero, não; geléia eu como; 4. O professor deste semestre gosta de brincar. Aquele do ano passado era muito sério; 5. Deus me livre! Não gosto disso, não; Alguns sim, porque o professor só vive no mundo da lua . . .

C. Use one of the verbs in parentheses to complete the sentences.

1. Esse cara só _____ besteiras [*tonterías*]. (medir, dizer, ficar)
2. Não sou baixinho assim não! Eu _____ mais de um metro e sententa. (saber, vir, medir)
3. Você está _____ um barulho? (comer, ouvir, trazer)

4. Eu ainda não _____ a lição de cor. (dar, brincar, saber)
5. Ele _____ (pedir, sair, fazer) um dinheirinho ao vovô todo fim de semana e o vovô sempre _____ (pedir, dar, dizer).
6. "Eu sei que _____ (ir, pedir, sair) te amar, por toda a minha vida eu _____ (ir, pedir, sair) te amar." (Vinicius de Morais)

Answers: 1. diz; 2. meço; 3. ouvindo; 4. sei; 5. pede, dá; 6. vou, vou.

D. Complete the following questions.

1. _____ que a baiana tem?
2. _____ aquele menininho? Faz uma hora que o procuro.
3. _____ são os alunos que gostam de pão com manteiga?

Suggested answers: 1. O que é; 2. Cadê; 3. Quais.

E. Fill in the blanks to complete the dialogue.

– Alô! De onde fala?
– Aqui é 3222-6363
– _____
– Sim, mas agora eles estão ocupados.
– _____
– Pode deixar que eu aviso.
– _____
– Ótimo! Eles vão ficar muito contentes.
– _____
– Até logo.

Suggested answers: Oi, você deve ser o Tonico, né? Seus pais já chegaram (*llegaron*)? – Está bem. Por favor, diz a eles que o Vanderlei telefonou e que já estou indo p'raí. – Avisa também que já consegui (*conseguí*) as passagens deles. – Maravilha! Até mais.

F. Read the following text and answer the questions.

Meu nome é Joaquim, mas os meus amigos me chamam de Quinzim. Gostaria de falar do meu tio Celso. Quem conhece o tio Celso sabe como o escritório dele é desorganizado. Além disso [además de eso] ele nunca chega na hora. Está sempre atrasado.

Acho que é um problema de família porque o escritório do pai dele também é uma bagunça [desorganizado]. Mamãe acha que o tio Celso é assim porque ele é solteiro. Quando eu vou ao escritório do tio Celso eu não gosto porque há livros e papéis nas cadeiras e eu nunca sei onde estão as coisas.

Questions

1. Como é o tio Celso?
2. Quando é que o tio Celso chega atrasado?
3. Onde está o problema segundo o Quinzim?
4. (O) que é que a mãe do Quinzim acha?
5. Por que o Quinzim não gosta de ir ao escritório do tio?

Suggested answers: 1. O tio Celso é muito desorganizado; 2. Sempre! Parece um mau hábito; 3. Deve ser um problema de família; 4. Ela acha que quando ele se casar (*se case*) ele muda; 5. Porque ele nunca sabe onde estão as coisas.

3.11 Song: "Pedro Pedreiro" (1965) by Chico Buarque

Esta música está sendo apresentada aqui por razões que se tornam evidentes depois que se lê em voz alta ou se canta a letra. Há, na letra, não só uma grande ocorrência de sons nasais, especialmente as palavras terminadas em "-m," como também construções já estudadas. Algumas palavras que talvez possam dificultar a compreensão estão sublinhadas e acompanhadas de uma definição logo após a letra.

Para estudantes que já sabem esp nhol, o vocabulário de "Pedro Pedreiro" (1965) é simples. A letra fala de um personagem que está esperando algo que nunca chega, ou seja o absurdo da condição humana, um tema semelhante ao da peça de 1949 de Samuel Beckett, *En attendant God* (*Waiting for Godot*). Pode ser que o autor, Chico Buarque, que vamos apresentá-lo melhor no final da unidade 4, tenha se inspirado em Beckett para compor "Pedro Pedreiro".

Pedro Pedreiro, (1965) de Chico Buarque

The speaker is from Rio.

Pedro <u>pedreiro</u>
<u>penseiro</u>
esperando o trem
Manhã, parece, carece de esperar
também
Para o bem de quem tem bem
De quem não tem <u>vintém</u>
Pedro pedreiro fica assim pensando
Assim pensando o tempo passa
E <u>a gente</u> vai ficando pra trás
Esperando, esperando, esperando
Esperando o sol
Esperando o trem
Esperando o aumento
Desde o ano passado

Manhã, parece, carece de esperar
também
Para o bem de quem tem bem
De quem não tem vintém
Pedro pedreiro está esperando a
morte
Ou esperando um dia de voltar pro
norte
Pedro não sabe mas talvez no fundo
Espera alguma coisa mais linda que o
mundo
Maior que o mar
Mas pra que sonhar
Se dá o desespero de esperar demais
Pedro pedreiro quer voltar atrás

Para o mês que vem
Pedro pedreiro penseiro esperando o trem
Manhã, parece, carece de esperar também
Para o bem de quem tem bem
De quem não tem vintém
Pedro pedreiro espera o carnaval
E a sorte grande do bilhete
    pela <u>federal</u>
Todo mês
Esperando, esperando, esperando
Esperando o sol
Esperando o trem
Esperando o aumento
Para o mês que vem
Esperando a festa
Esperando a sorte
E a mulher de Pedro
Está esperando um filho
Pra esperar também

Pedro pedreiro penseiro esperando o trem

Que ser pedreiro pobre e nada mais
Sem ficar esperando, esperando, esperando
Esperando o sol
Esperando o trem
Esperando um aumento para o mês que vem
Esperando um filho pra esperar também,
Esperando a festa
Esperando a sorte
Esperando a morte
Esperando o norte
Esperando o dia de esperar ninguém
Esperando enfim nada mais além
Da esperança aflita, bendita, infinita
Do apito do trem

Pedro pedreiro pedreiro esperando
Pedro pedreiro pedreiro esperando
Pedro pedreiro pedreiro esperando o trem
Que já vem, que já vem, que já vem...

Copyright © 1965 by Fermata do Brasil (Editora Música Brasileira Moderna Ltda.)

Vocabulary:

pedreiro: *albañil; obrero*
penseiro (neologismo): *preocupado, ansioso*
vintém: *plata, dinero*

a gente: *nosotros*
federal: *lotería*

3.12 Carrying On – Drills on Communicative Competence

Situation 1: SPEAKING You and a friend of yours are waiting for another friend in a restaurant near a park. The *baiana* in the photo works at the park, in front of the restaurant. You both have been waiting for more than 20 minutes. Since your friend is taking too long to arrive, you decide to walk around and visit the lady's stand. What do you see in the photo or what can you imagine in that context? Try to create a vocabulary list and organize the words in groups like sports, dressing, food, drinks, etc. Then create sentences with the vocabulary list just created. Here is some additional vocabulary to start with: *almoçar, jantar, tomar, comer, beber, voleibol, futivôlei, skate, guaraná, canudo, com fome, com sede, balangandãs.*

A *baiana* lady selling typical dishes from Bahia.

Finally, your friend arrives with a lame excuse. You all kid about it, greeting your friend. Then the three of you go back to the restaurant and order coffee and sweets. A conversation takes place.

Situation 2: SPEAKING Two students will be talking on the phone. But first, do as if you dialed the wrong number. A third student plays the role of someone who picks up the phone after the wrong call ("Desculpe, foi engano."). In the second attempt, simulate an informal situation, such as an invitation to a movie or a restaurant, or a formal situation, such as a conversation between businesspeople, or yet a telephone call to find out about an apartment or house to rent [*alugar*]. Students cannot look at each other during the telephone conversation.

Situation 3: SPEAKING Students in class answer questions about the relationship of each member of the following clan.

AVÓS: Vovó Inês e vovô Carlinhos
PAIS: Dona Rita e seu Emílio

FILHOS DE DONA RITA E SEU EMÍLIO: Alberto, Ricardo (casado com Márcia), Paulo e Reginaldo (casado com Sílvia)

FILHOS DE RICARDO E MÁRCIA: Míriam, Celso e Geraldo
FILHOS DE REGINALDO E SÍLVIA: Antônio e Lúcia

Vocabulary: quem, qual, quais, de quem
sobrinho/a, primo/a, genro, nora, sogro/a
avô, avó, mãe, pai, filho/a, neto/a, irmão, irmã, tio/a
esposo/a, marido, mulher, casado/a, solteiro/a, viúvo/a
família; enteado/a

In the Portuguese culture, the order of the two last names, when they are given to the children, is different from Spanish. The last name of the mother comes first (middle name) and the last name of the father comes last (last name). The son of Maria Cristina Oliveira and José Luís da Silva Bueno will be named Sérgio Oliveira Bueno.

If you find the above complicated, how about this one?

> *No final dos anos 50 comecei a ter um caso com a minha televisão. Cheguei a ter relações com quatro televisões ao mesmo tempo no meu quarto. Mas só fui me casar em 1964, quando consegui meu primeiro aparelho de vídeo, minha mulher.* (Andy Warhol)

Situation 4: SPEAKING We are somewhere in Brazil. There will be a *churrasco* on Saturday, in the building where lives a family that you know. You are invited (*convidado*). Imagine any city or town in Brazil where this can take place. Maybe you also want to find out about this region. Family members will come, but friends are also invited. Although the *churrasco* is scheduled to start "*lá pelo meio-dia*," only those who are preparing the *churrasco* will actually arrive *lá pelo meio-dia.* The hosts (*anfitriões*) spent all morning preparing the *churrasco*. Some guests (*convidados*) will start arriving around *meio dia e meia, uma hora da tarde* . . . If you want to come at noon, there is no problem, you'll be always very welcomed, but make sure you know that most likely you'll be talking with the *anfitriões* while they are still making last minute arrangements, walking between the *churrasco* area and their apartment, in addition to talking with you. Relax! Do not make any attempt to change this world . . . Have a drink meanwhile, ask if you can put on some nice songs or if you can give them a hand (*Posso ajudar em alguma coisa?*). As most people start arriving, anywhere after *meio-dia e meia*, you will be introduced to everyone. You may need to review the related vocabulary for introductions in the preliminary unit as well as the vocabulary about family, such as mother, father, son, daughter, cousin, mother-in-law, boy-friend, girl-friend, fiancé, fiancée, and the vocabulary about food. For this skit, get together as many people as need from the classroom. Some students will play the hosts, other will play family members, other can be friends . . . Some of them will be there sooner than others.

The figure below has useful vocabulary for carnivores in a *churrasco*. These terms may change, depending on the region in Brazil. The English and Spanish translations may not be as accurate as intended, because of the way cattle are cut in different countries. With respect to the Brazilian Portuguese, the favorite cuts tend to have the same names in all regions, e.g. *cupim, filé mignon, maminha, fraldinha, alcatra* and *picanha*. These best-sellers, namely the *carne de primeira*, are around areas 6-8, 11-17, 21, in the chart.

Partes Mais Populares do Boi

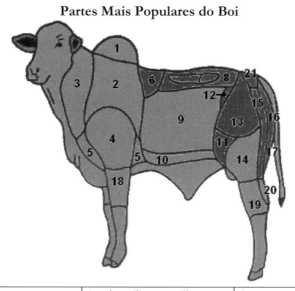

1 cupim	joroba; giba; morrillo	**hump**
2 acém	cogote; espaldilla; paleta; aguja	**chuck**, brisket
3 pescoço	cogote; cuello; pescuezo	**chuck**, neck
4 braço; paleta	marucha; paleta; espaldilla; llana; pez; brazuelo	**chuck**, shoulder; **brisket**, shank cross cut
5 peito	pecho (seis costillas)	breast; brisket (six ribs)
6 capa de (contra) filé	tapa de bife ancho; lomo alto	**rib**; prime rib; rib cap; short loin
7 filé mignon	filete; solomillo	tenderloin; filet mignon
8 contra filé; filé de lombo	solomillo (de lomo)	sirloin
9 ponta de agulha; costela **9** aba de filé (parte de cima)	costilla; falda; chuleta falda de filete; lomo bajo	**rib**; short rib; rib **rib**; skirt of tenderloin
10 barriguinha, matambre	matambre; falda	**flank**; tri-tip; skirt steak, flank steak
11 maminha (de alcatra)	colita de cuadril	**sirloin**; bottom sirloin
12 fraldinha	babilla	**sirloin**; top sirloin
13 alcatra	contra; cuadril; tapilla	**round**, **rump**; sirloin
14 patinho	culata de contra; corvejón; jarrete	**round**; shank; knuckle; thin flank
15 lagarto	redondo	**round**; eye of the round
16 chã de fora	nalga de afuera	**round**; sirloin butt; outside round
17 chã de dentro	nalga de adentro	**round**; top inside of round; eye of round
18 músculo do braço	brazuelo; bola de lomo	**shank**; muscle; hock
19 músculo traseiro	músculo trasero	**shank**; rump steak; hock
20 garrão do traseiro, músculo de segunda	garrón trasero; músculo de segunda	**shank**; muscle (not a prime cut)
21 picanha	tapa de cuadril; cadera	**round**; rump cover; cap of round

Situation 5: This situation can be incorporated into the situation 4 above, or the students can perform them separate. Discuss how barbecues are made in the US and other parts of the world. Compare with *churrascos* in Brazil. Make sure you discuss the ingredients, the quality of the meat, the way the meat is cut, how long it lasts, anything you can imagine that called you attention. Then consider the advantages and disadvantages of being a carnivore or a vegetarian.

 Situation 6: FACIAL AND LIP GESTURES – There is no video for this activity. However, the instructor can work again on simple facial expressions. Simply read silently to the class, or invite a Brazilian to do this, or bring videos to class and put the volume down so that no sound can be heard. Then, everyone will try to understand what is being said, by focusing on lips and other facial movements.

Situation 7: SPEAKING AND POSSIBLY WRITING – Culturally speaking, most Brazilians miss a lot some of their Brazilian "fundamentals." Some of these *fundamentals* are *praia, sol, botecos, carnaval, futebol, voleibol, cafezinho, barzinho, violão* or combinations of them such as **um barzinho e um violão**.

Given this cultural context, imagine that the class is in a *barzinho* and if possible with a *violão*. If there is no *violão*, try having some MBP in the background. The song *Girl From Ipanema* and thousands of others were and continue to be composed in this context. The photos in the following pages may help to imagine different situations. Perhaps the instructor will want to keep notes of what will be done or "created" in these activities and later, in other classes, review or recycle this spontaneous production by the students. *Divirtam-se!*

Situation 8: SPEAKING AND WRITING – By now, students in this type of course should be able to write simple and short texts. The next unit start writing drills. As a transition to the next unit, the class can be divided in groups who will coordinate their efforts to invent dialogues accompanied with short descriptions of the situations. Verbs can be in the present tense. This should take around 20 minutes. After the dialogues are finished, each group will read what they wrote. The teacher may highlight parts of their dialogues, by writing on the blackboard words or sentences from the dialogues.

3.13 Active Vocabulary

Portuguese	Spanish
Nouns	
o abraço	el abrazo
o afilhado/a afilhada	el/la ahijado/a
o aniversário	el cumpleaños
aniversário de casamento	el aniversario
o auto(móvel)	el auto(móvil)
o avô, a avó	el/la abuelo/a
o barulho	el ruido
o bebê	el nené, el bebé
o beijo	el beso
as bodas de ouro	los 50 años de casado
as bodas de prata	los 25 años de casado
o carro	el coche, el carro
o casamento	la boda
o cunhado/a cunhada	el/la cuñado/a
o esposo/a esposa	el/la esposo/a
a festa	la fiesta
o filho/a filho	el/la hijo/a
o genro	el yerno
o homem	el hombre
o impasse	el callejón sin salida, el impase
a lembrança	el recuerdo
lembrancinha	recuerdecito
a linha telefônica	la línea telefónica
a madrinha	la madrina
a mãe	la madre
o menino	el niño
a mulher	la mujer
o namorado/a namorada	el/la novio/a
o neto/a neta	el/la nieto/a
o noivo, a noiva	el prometido, el novio de compromiso, el fiancé; la prometida, la novia de compromiso, la fiancée
a nora	la nuera
o padrinho	el padrino
o passageiro	el pasajero
o pai	el padre
o primo	el primo
o sobrinho/a sobrinha	el/la sobrino/a
o ouvido	el oído
a reação	la reacción
o sogro/a sogra	el/la suegro/a

o tio/a tia	el/la tío/a
o telefone	el teléfono
o truque	la trampa

Adjectives

pronto/a	listo/a, preparado/a

Verbs

acompanhar	acompañar, seguir
acontecer	pasar, suceder
adicionar	agregar
atender	contestar el teléfono
chegar	llegar
conhecer	conocer
dar	dar
desligar	colgar
dever	deber
diminuir	disminuir
discar	marcar el número, discar
dizer	decir
dividir	dividir
dobrar	doblar
fazer	hacer
gritar	gritar
mencionar	mencionar
multiplicar	multiplicar
ouvir	oír
poder	poder
saber	saber
somar	sumar
subtrair	restar, sustraer
telefonar	telefonear, llamar
tirar	sacar
trazer	traer

Common Expressions

adeus(inho)	adiós
Assim não dá!	¡Esto no (es posible)!
Assim não vale!	¡Esto no vale!
dar um telefonema	telefonear, llamar al teléfono
dar uma colher de chá	Darle una oportunidad o una ayuda a uno?
em geral	por lo general
Foi (É) engano	Me equivoqué
É o quê?	¿Qué pasó?
meia (no telefone, e às	seis

vezes dando informação
  falada)
mudar de idéia   cambiar de opinión
Pronto! Alô!   ¡Aló! ¡Bueno!

Prepositions
dela, dele   de ella, de él; su

Adverbs
ainda   todavía
assim   así
seguinte   siguiente
quase   casi
senão   de otra manera, si no

Unit 4. Fantasias, Sonhos e Realidades

OBJECTIVES

The main focus of this lesson is the study of the past tense forms of the indicative mode and their usage. But it also covers several other grammar points and it starts the first drills on writing composition.

Photographer: Siegfried Mühläusser. © The University of New Mexico, Latin American Institute

- *Context* – World of fantasy, stories in the past;
- *Grammar* – Indicative Mode, Past and Present:
    Past: Preterite of Regular Verbs
    Past: Imperfect of Regular Verbs
    Past: Preterite and Imperfect: *Ser, Ir, Estar, Poder, Ter*
    Expressions of Time - Telling Time: Days of the Week, Months,
        Special Vocabulary
    Fazer and *Haver*
    Weather and Time with *Ser, Estar, Fazer,* and *Haver*
    Demonstratives: Adjectives and Pronouns
    Combinations with *Em* and *De;* combinations with *A*
    Prepositional Pronouns and Combinations
    Pronouns as Objects of Prepositions
    Cardinal Numbers: 100–1,000,000
- *Pronunciation* – This lesson studies the nasal vowels /ɛ̃/ and /õ/ and the consonants /l/ and /ɾ/ and /R/
- *Vocabulary* – Review of preceding vocabulary and new words related to calendar, hours, numbers, and measurements.
- *Communicative competence* – The student will be able to tell stories in the past (imperfect and preterite), contrast this skill with the use of present tense, and talk about measurements, time, and dates.
- *Writing* – You will start to produce short texts, like notes and short paragraphs.
- *Song in this unit* – Songs in this unit: "A banda," Chico Buarque

This units may take approximately 5 classes of 50 minutes each.

4. No Mundo da Imaginação

Language is inventiveness. This unit has the ideal context – fantasy, dreams – to create with Brazilian Portuguese. You will be using verbs in the past, most of the time like Spanish. The obstacle will be the forms of the preterit, but you can eliminate this obstacle quickly by using the language as much as possible, from now on. *É importante tentar usar a língua, mesmo errando . . . Lembre-se de que "o tropeção* (Span. *paso en falso) ajuda a se aprumar"* (Span. *incorporar-se, enderezarse*).

Crianças de uma tribo Tupi-Guarani no Brasil, brincando na areia. (Photo 2006)

4.1 Reading: "O Menino Maluquinho" by Ziraldo (Alves Pinto)

The following text is provided to motivate students to create with the language. It is a good text for reading aloud and becoming familiar with the preterite and imperfect verbal aspects in Brazilian Portuguese. The expression "ter fogo no rabo" is normally used only in reference to children. Sometimes, adults use it with other adults they know well, for fun. The reader in the recording is from Minas. His pronunciation of *vez, pés, aliás* and words alike is different. Can you hear the difference?

Era uma vez um menino maluquinho.
Ele tinha o olho maior do que a barriga
<u>tinha fogo no rabo</u>
tinha vento nos pés
    umas pernas enormes
      (que davam para abraçar o mundo).

Era um menino impossível!

Ele era muito sabido
ele sabia de tudo
a única coisa que ele não sabia
era como ficar quieto.

Pra uns, era um uirapuru
pra outros, era um saci.

Na turma em que
ele andava
ele era
o menorzinho
o mais espertinho
o mais bonitinho
o mais alegrinho
o mais
maluquinho.

O menino maluquinho
jogava futebol.
E toda a turma
ficava esperando
ele chegar
pra começar o jogo.

É que o time
era cheio de craques
e ninguém queria
ficar no gol.
O menino maluquinho
era um goleiro maluquinho.
Ele pegava todas!

Mas
teve uma coisa que ele
não pôde pegar
não deu para ele segurar.

O menino maluquinho
não conseguiu segurar o tempo!

Used with permission.

-É, esse aí é fogo! Me imita direitim.

E aí, o tempo passou.

E, como todo mundo,
o menino maluquinho cresceu.
Cresceu
e virou um cara legal!
Aliás,
virou o cara mais legal
do mundo!
Mas, um cara legal,
MESMO!

E foi aí que
todo mundo descobriu
que ele
NÃO tinha sido [esp. *no había sido*]
um
menino
maluquinho
ele foi um menino FELIZ!

Questions

1. O que quer dizer:
   - ter o olho maior que a barriga;
   - ter fogo no rabo;
   - ter vento nos pés;
   - (não) dar para segurar;
   - cheio de craques;
   - virar um cara legal.
2. Por que é que o menino maluquinho tinha o olho maior que a barriga?
3. Você pode abraçar com as pernas?
4. Por que ele tinha fogo no rabo e vento nos pés?
5. Quem era o maior da turma dele?
6. Porque a turma dele ficava esperando por ele para jogar bola?
7. Ele conseguiu ser goleiro contra o tempo?
8. O que acontece com ele?

Suggested answers: 1. Ter o olho maior que a barriga quer dizer pedir mais do que precisa, ser guloso, ou algo assim; ter fogo no rabo: rabo quer dizer em espanhol *cola*, *trasero*; ter vento nos pés: ser muito rápido; (não) dar para segurar: (não) é possível controlar, agarrar; cheio de craques: a maioria dos jogadores eram excelentes; virar um cara legal: tornar-se uma pessoa maravilhosa; 2. Queria mais do que podia comer; 3. Eu posso, mas em geral eu abraço com os braços. As crianças quando saltam nos nossos braços costumam colocar as pernas em volta da nossa cintura; 4. Não ficava quieto e corria muito rápido por tudo quanto é canto (*corría por todas partes; canto = rincón en este contexto*) 5. Não sei. Só sei que ele era o menor (no Brasil não se diz "mais pequeno"); 6. Porque ele era o goleiro e em geral ninguém gosta de ser goleiro; 7. Não. Os anos passaram por ele como passam para todo mundo; 8. Mais tarde ele se transformou em uma pessoa maravilhosa.

4.2 Indicative Mode, Past and Present

Native speakers of Spanish should have little difficulty *using* the preterit and imperfect in a first year course in Portuguese. Their main obstacle will be the forms of these verbs, especially the preterit forms.

For Spanish speakers without native proficiency, their difficulty with Portuguese will depend on the difficulty they may or not have using the preterite and imperfect in Spanish. For the typical student of this course, the basic idea behind the use of preterit and imperfect can be summarized in terms of **discourse characteristics**. The <u>imperfect</u> is the typical form for <u>description</u> and the **preterit** is normally used for **actions** and **events that happened** (*acontecimentos*). This explanation is sufficient in a study of Spanish and Portuguese in contrast.

4.2.1 Past: Preterite of Regular Verbs

Preterite forms in Spanish stress the last vowel of the third person singular (-i<u>ó</u>), whereas in Portuguese, the stress is on the vowel before the last (-<u>e</u>u, -<u>i</u>u, -<u>o</u>u). Another difference is that both -*er* and -*ir* verbs have the same endings in the preterite forms in Spanish; in Portuguese they are different:

	Spanish				**Portuguese**		
	-ER		**-IR**		**-ER**		**-IR**
com-	**í**	part-	**í**	*com-*	*i*	*part-*	*i*
	iste		**iste**		*(este)*		*(iste)*
	ió		**ió**		*eu*		*iu*
	imos		**imos**		*emos*		*imos*
	—		**—**		*—*		*—*
	ieron		**ieron**		*eram*		*iram*

Verb Form	**Verb Form**	**Verb Form**
MORAR	**BEBER**	**ABRIR**
mor*ei*	beb*i*	abr*i*
mor*ou*	beb*eu* (Spn. *bebió*)	abr*iu* (Spn. *abrió*)
mor*amos*	beb*emos*	abr*imos*
mor*aram*	beb*eram*	abr*iram*

Reinforcement exercise Tell which personal pronouns go with the verb endings and the verb forms. *Olhe as respostas abaixo somente depois de ter as suas.*

1. -i _____?
2. -mos _____?
3. -ram _____?
4. -eu _____?
5. -ou _____?

6. -iu _____?
7. falei _____?
8. parti _____?
9. chegou _____?
10. pareceu _____?

11. sonhei _____?
12. morou _____?
13. saiu _____?
14. vi _____?
15. atingiu _____?

16. falou _____?
17. comi _____?
18. dormiu _____?
19. comeu _____?
20. cheguei _____?

Answers:

1. eu
2. nós
3. eles, elas, vocês
4. ele, ela, você
5. ele, ela, você

6. ele, ela, você
7. eu
8. eu
9. ele, ela, você
10. ele, ela, você

11. eu
12. ele, ela, você
13. ele, ela, você
14. eu
15. ele, ela, você

16. ele, ela, você
17. eu
18. ele, ela, você
19. ele, ela, você
20. eu

Exercise 1 – Fill in the blanks with the correct subject pronoun: eu, você, nós, vocês.

1. _____ beberam   5. _____ morei
2. _____ moraram   6. _____ morou
3. _____ bebeu   7. _____ bebi
4. _____ abri   8. _____ abriu

Answers: 1. eles, elas, vocês; 2. eles, elas, vocês; 3. ele, ela, você; 4. eu; 5. eu; 6. ele, ela, você; 7. eu; 8. ele, ela, você.

Exercise 2 – Using the preceding information, try to figure out the verb forms in the preterite in the following sentences.

chegar, morar, achar, explicar, começar, conhecer

1. Parece que o Alfredo finalmente _____ o caderno que ele perdeu.
2. As aulas dele _____ na semana passada.
3. Acho que o seu Getúlio _____ da Europa.
4. Dona Carolina _____ que ela me _____ quando eu era menino.
5. "Sim! _____ com eles no ano passado, mas agora não moro mais."

Answers: 1. achou; 2. começaram; 3. chegou; 4. explicou, conheceu; 5. morei.

4.2.2 Past: Imperfect of Regular Verbs

Verb Form	Verb Form	Verb Form
MORAR	**BEBER**	**ABRIR**
morava	bebia	abria
morava	bebia	abria
morávamos	bebíamos	abríamos
moravam	bebiam	abriam

Exercise 3 – Using the preceding information, try to figure out the verb forms in the imperfect, preterite and the present in the following sentences.

terminar, gostar, brincar, dormir, chegar, ficar, melhorar, trabalhar

1. Antes, _____ juntos, mas agora não brincamos mais.

2. Quando meninos, nós gostávamos muito de uma cama e _____ pelo menos umas dez horas por dia.
3. A Rita não era muito de jogar futebol. O que ela _____ mesmo era de jogar vôlei.
4. Até o ano passado eu tinha uma vida muito estressada, _____ todos os dias até às 23:30. Mas este ano _____ mais cedo. Isso _____ muito a minha vida porque agora posso chegar às 18:30, brincar com as crianças e passar as noites mais tranqüilas com minha esposa.
5. Eram muito preguiçosos [esp. *perezosos*]. Só _____ felizes quando _____ as aulas.

Answers: 1. brincávamos; 2. dormíamos; 3. gostava; 4. trabalhava, chego/estou chegando; 5. ficavam, terminavam.

4.2.3 Past: Preterite and Imperfect: *Ser, Ir, Estar, Poder, Ter*

Preterite

Verb Form	Verb Form	Verb Form	Verb Form	Verb Form
SER	**IR**	**ESTAR**	**PODER**	**TER**
fui	fui	estive	pude	tive
foi	foi	esteve	pôde	teve
fomos	fomos	estivemos	pudemos	tivemos
foram	foram	estiveram	puderam	tiveram

Imperfect

era	ia	estava	podia	tinha
era	ia	estava	podia	tinha
éramos	íamos	estávamos	podíamos	tínhamos
eram	iam	estavam	podiam	tinham

Exercise 4 Tell which are the personal pronouns of the verbs. Cover the answers of the book and have yours ready, before you check.

1. teve _____?
2. foi _____?
3. estive _____?
4. tinha _____?
5. fui _____?
6. esteve _____?
7. pôde _____?
8. fomos _____?
9. ia _____?
10. era _____?
11. podia _____?
12. pude _____?
13. tive _____?
14. estava _____?
15. bebia _____?

Answers:
1. ele, ela, você
2. ele, ela, você
3. eu
4. eu, ele, ela, você
5. eu

6. ele, ela, você
7. ele, ela, você
8. nós
9. eu, ele, ela, você
10. eu, ele, ela, você

11. eu, ele, ela, você
12. eu
13. eu
14. eu, ele, ela, você
15. eu, ele, ela, você

Exercise 5 *Pense rápido!* ☺ Fill in the blanks with the proper forms of the preterite and imperfect.

	Infinitive	eu	você	nós	vocês
1.	_____	_____	_____	_____	tiveram
2.	_____	estava	_____	_____	_____
3.	_____	_____	era	_____	_____
4.	_____	falei	_____	_____	_____
5.	_____	_____	_____	comemos	_____
6.	_____	_____	_____	_____	foram
7.	_____	estive	_____	_____	_____
8.	_____	_____	_____	_____	abriam
9.	_____	_____	tinha	_____	_____
10.	_____	_____	_____	bebíamos	_____
11.	_____	achava	_____	_____	_____

Já tem suas respostas? Olha lá, hem!

Answers: 1. ter, tive, teve, tivemos; 2. estar, estava, estávamos, estavam; 3. ser, era, éramos, eram; 4. falar, falou, falamos, falaram; 5. comer, comi, comeu, comeram; 6. ir or ser, fui, foi, fomos, fomos; 7. estar, esteve, estivemos, estiveram; 8. abrir, abria, abria, abríamos; 9. ter, tinha, tínhamos, tinham; 10. beber, bebia, bebia, bebiam; 11. achar, achava, achávamos, achavam.

Exercise 6 – Study the two texts below.

In the first one, identify the preterit and imperfect forms. Secondly, decide if they are used for *descrição* (imperfect) or *ação* (or *acontecimento*). Finally, write down the subject of the verbs in (a) through (j) indicating if they are explicit, implicit and why you know.

Teclando na internet:

1. Gustavo diz: Hã! Mas o pitbul atacou mesmo a cachorra (Spn. *perra*) dela?
2. Bárbara diz: Claro. Detesto pitbul. Que bicho feio! Só (*a.*) serve pra dar medo.

3. Gustavo diz: (*b.*) Deve ter sido um trauma pra vc, né?
4. Bárbara diz: (*c.*) Verdade . . . mas nem lembro bem. Eu era muito pequena.
5. Gustavo diz: Às vezes esses traumas ficam dentro da gente mesmo quando naum (*d.*) lembramos.
6. Bárbara diz: Pode ser. Lembro que a polícia chegou e (*e.*) matou o bicho.
7. Gustavo diz: (*f.*) Na sua frente?
8. Bárbara diz: É . . . tinha outras crianças. O pitbul agarrou a cachorra e naum largou mais. O dono chegou e deu uma paulada (Spn. *golpeó con un palo*) no animal, ele ficou meio zonzo e largou a cachorra já toda ensangüentada. Aí né, ele mesmo pediu à polícia que (*g.*) matasse (Span. *matara* or *matase*) o pitbul dele.
9. Gustavo diz: Que coisa horrível.
10. Bárbara diz: Foi sim. Olha, tenho que sair agora, (*h.*) flw?
11. Gustavo diz: Blz. Depois a gente (*i.*) fala mais. Bj.
12. Bárbara diz: Bj. (*j*) Fui.

Note: Internet chats use many different spellings: *vc=você, flw=falou, blz=beleza, bj=beijo, naum=não*, etc. In Brazilian Portuguese, *pitbul* is normally pronounced as [pi.ʈi.bú]

    In the second one, fill in the blanks with the correct form of either the preterite or the imperfect of one of the verbs in parentheses.

Um susto

A única vez em que eu _____ (1. *morar, passar*) por um cemitério _____ (2. *levar, segurar*) um susto enorme. _____ (3. *ficar, ser*) uma noite calma de verão. Paulinho e eu _____ (4. *achar, voltar*) de uma festa e _____ (5. *pegar, ter*) que passar pelo cemitério à meia-noite! Quando _____ (6. *passar, chegar*) pelo lado de fora, _____ (7. *brincar, ouvir*) algumas vozes:

    – Um pra mim, outro procê (*para você*), um pra mim, outro procê . . .

    Logo _____ (8. *virar, pensar*) que _____ (9. *ser, ter*) as almas penadas dividindo os mortos entre elas. Nós _____ (10. *morar, ter*) uns doze anos. De repente tudo _____ (11. *morar, ficar*) em silêncio e as vozes _____ (12. *conseguir, falar*):

    – Agora vamos pegar os dois que estão lá fora.

    Nós dois, paralizados de terror, _____ (13. *começar, pegar*) a chorar quando duas amigas nossas apareceram no muro, em lugar das almas penadas:

    – Oi! 'Cês 'tão chorando por quê?

– Ah, são vocês? Pensávamos que fossem uns fantasmas . . . Puxa! Ainda bem . . .

– Que nada, seus bobocas! _____ (14. *ficar, responder*) as meninas. Nós estamos aqui roubando coco. Dois cocos caíram aí fora. Podem ficar com eles.

Depois disso, _____ (15. *ouvir, voltar*) para casa contentes porque ganhamos dois cocos e não eram as almas. Eram duas capetinhas maluquinhas com quem nós _____ (16. *achar, costumar*) brincar.

Answers: Internet text: line 1. atacou (action); line 4. era (description of the woman); line 6. chegou (action), matou (action); line 8. tinha (description of the place), agarrou (action); line 9. não largou (action, something that happened), chegou (action), deu (action); line 10. ficou (happened), largou (action); line 11. pediu (action); line 14. Foi (happened); line 16. Fui (action). Internet text - Subjects: (a) pitbul (implicit, verb form, context); (b) Isso (implicit, verb form, context); (c) Isso (é) (implicit, context); (d) nós (implicit, verb form); (e) (implicit, verb form, context); (f) a polícia (matou) (implicit, context); (g) que/a polícia (implicit, verb form, context); (h) neutro/isso (falou=está bem?) (implicit, verb form, context); (i) a gente/nós (explicit, verb form, context); (j) eu (implicit, verb form). Second text: 1. passei; 2. levei; 3. Era; 4. voltávamos; 5. tínhamos/tivemos; 6. passávamos; 7. ouvimos; 8. pensamos; 9. eram; 10. tínhamos; 11. ficou; 12. falaram; 13. começamos; 14. responderam; 15. voltamos; 16. costumávamos.

4.3 Pronunciation: /e/ and /ẽ/; /l/, /r/ and /R/

There are four new sounds in this section. The nasal vowel will change the meaning of a word if mispronounced as an oral vowel. But they are relatively easier to learn when they are inside of a word. In word final position, nasal vowels usually require more practice. The consonant "l," if mispronounced will not change the meaning of a word, but it will signal a strong foreign accent. Regarding the "r"s, in some cases their mispronunciation will signal a strong accent and in some cases may change the meaning of the word.

4.3.1 /e/ and /ẽ/

Portuguese	Spanish	Portuguese	Spanish
meta	*meta*	menta	*menta*
cedo	*temprano*	sendo	*siendo*
vede	*veáis*	vende	*vende*

Você está com medo. *Estás con miedo.*
Você está comendo. *Estás comiendo.*

Bom dia, seu Beto.   *Buenos días, señor Beto.*
Bom dia, seu Bento.   *Buenos días, señor Bento.*

4.3.2 /l/, /ɾ/ and /R/

Many native speakers of English carry the English features of "l" and "r" into Spanish even when they speak Spanish even if they have a near-native language proficiency in Spanish. This section is intended to help eliminating these English features from Portuguese and consequently from Spanish.

Brazilian Portuguese *l.*

Brazilian Portuguese "l" is pronounced like Spanish "l" when in syllable initial position. However, when pronounced in syllable final position, *i.e.* before a consonant and as the last letter in a word, it is pronounced as a semi-vowel, [ᵘ].

Syllable or Word Initial Position: l=l		Syllable or Word Final Position: Braz Port l=ᵘ Spn l=l	
Braz. Port.	**Spanish**	**Braz. Port.**	**Spanish**
e.la	e.la	a.bril [a.brí ᵘ]	a.bril [a.βríl]
lâm.pa.da	lám.pa.ra	cul.pa.do [kuᵘ.pá.du]	cul.pa.do [kul.pá.ðo]
sa.la.da	en.sa.la.da	al.to [áᵘ.tu]	al.to [al.to]

In English, "l" in initial position is similar to Portuguese and Spanish, e.g. *light, along*. However, English "l" in syllable final position has an additional velar feature, as in *Kill Bill*. When this "l" appears inside a word, it may in fact be a double "l," as in *Cal.i.for.nia*, that is Cal.li.for.nia.

It is not surprising that many English speakers, even if they are highly proficient in Spanish or Portuguese, they will pronounce the "l" in Portuguese or Spanish with a velar feature. Although in Peninsular Portuguese "l" in syllable final position is like English, Brazilian Portuguese and Spanish do not have this velar trait.

A common mistake found among native speakers of English, who are also Spanish speakers is their pronunciation of "l" in words like **ela** or **ele** in Brazilian Portuguese. Their misstep is a result of a mistaken syllabication of this word. Instead of pronouncing like **e.la** or **e.le**, the students pronounce it like ***el.a** or ***el.e**.

It is difficult to design a drill to correct this. One drill for *noticing* syllabication in Portuguese in addition to explanations, is to ask students to repeat **ela** continuously, as in a cycle, but to start this chain of "ela" and "ele" (namely [e.**li**]) with the syllable **la** and **li** as in

la.e la.e la.e la.e la.e la.e la.e la.e la.e la.e la.e la.e la <u>ela</u>!
li.e li.e li.e li.e li.e li.e li.e li.e li.e li.e li.e li.e li <u>ele</u>!

Brazilian Portuguese *r*

Speaking Brazilian Portuguese with English-r will sound like a *caipira* (probably *hillbilly* in English), people who speak with a stigmatized pronunciation, from the rural areas of Brazil.

It is common to imitate the *caipiras* on movies, television, radio, in circles of friends when telling a story, but especially during the months of June and July, when we have in Brazil the *festas juninas* (in June) and *festas julinas* (in July). The kid in the picture is ready to start to *dançar quadrilha* in a *festa junina*, dressed like a *caipira*. He may emphasize the *r-caipira* accent when speaking during these parties, if he is not shy. Although the *r-caipira* usually occurs with *r* in syllable final position (e.g. *Vou abrir a porta*), foreign pronunciation of retroflex-r tend to occur with all **r**s. In the classroom, it is a common practice to avoid this pronunciation, although we can hear the *r-caipira* in main urban areas like Campinas, in the state of São Paulo, and among some Brazilian teachers abroad.

Let's study these three consonants. The single "r" represented as /r/ is similar to the Spanish single "r" in words like *pero, cara*. The other "r" represented as /R/ is pronounced in different ways, but one of them is similar to Spanish "jota" in words like *jamón, garaje*. In some regions in Brazil, it is also pronounced as a "hard" version of Spanish *vibrante múltiple* "r"s in words like *rei, perro*.

1. Simple /r/ or tap ("r" between vowels and after consonants except *n*)

   para, fresco, parei, branco, caro

   Comprei um prato para Maria.
   Iara mora na praça.

2. Simple /r/ or tap, or fricative /R/ ("r" in syllable-final)

   ver.me.lho, par.te, per.ti.nho, car.tas, He<u>n</u>.ri.que, fa.lar

   O barco está perto do porto.
   Carla vai partir com Gilberto.

3. Fricative /R/ ("rr" between vowels, "r" in word-initial position and after *n* and *s*)

morro, corro, carros, cachorro, "burrocracia"

Os cachorros correm.
Esse carro não sobe a ladeira do morro.
Henrique é o genro mais honrado do planeta.

rir, Roberto, rosa, roupa, roubou

Roberto roubou a roupa desse rapaz.
Rinocerontes não relincham, quem relincha é o burro ou o cavalo.
O rato comeu a manteiga de amendoim na ratoeira e pum! Quase morreu.

4.3.3 Auditory Identification

 You will hear a series of words read in groups of three. Each group contains one word that does not belong.

Auditory exercise 1. Listen to the recordings and then check your answers with the answers below. In class the instructor can repeat these drills with different answers. The stress markers are left out on purpose. **Cuidado!** In some groups there may be no difference.

Group 1: sente vs sete	(a)	(b)	(c)	All the same
Group 2: porta (standard) vs porta (*caipira*)	(a)	(b)	(c)	All the same
Group 3: ela vs ela (with velar feature)	(a)	(b)	(c)	All the same
Group 4: Mar morto	(a)	(b)	(c)	All the same
Group 5: mel	(a)	(b)	(c)	All the same
Group 6: Silvia	(a)	(b)	(c)	All the same
Group 7: perto	(a)	(b)	(c)	All the same
Group 8: Pet vs pente	(a)	(b)	(c)	All the same
Group 9: frete vs frente	(a)	(b)	(c)	All the same
Group 10: nele	(a)	(b)	(c)	All the same

Answers: Group 1, (a); Group 2, (b); Group 3 (c); Group 4 (c); Group 5, (c); Group 6, (a); Group 7, (all the same); Group 8, (c); Group 9, (c); Group 10, (a).

 Auditory exercise 2. Teclando na internet: Now listen to the reading of the text below. Find out for yourself about pronunciation features studied so far. Gustavo is from Espírito Santo and Bárbara is from Pernambuco.

1. Gustavo diz: Hã!? Mas o pitbul atacou mesmo o cachorro (Spn. *perro*) dela?
2. Bárbara diz: Claro. Detesto pitbul. Que bicho feio! Só serve pra dar medo.
3. Gustavo diz: Deve ter sido um trauma pra vc, né?

4.   Bárbara diz: Verdade . . . mas nem lembro bem. Eu era muito pequena.

5.   Gustavo diz: Às vezes esses traumas ficam dentro da gente mesmo quando naum lembramos.

6.   Bárbara diz: Pode ser. Lembro que a polícia chegou e matou o bicho.

7.   Gustavo diz: Na sua frente?

8.   Bárbara diz: É . . . tinha outras crianças. O pitbul agarrou a cachorra e naum largou mais. O dono chegou e deu uma paulada (Spn. *golpeó con un palo*) no animal, ele ficou meio zonzo e largou a cachorra já toda ensangüentada. Aí né, ele mesmo pediu à polícia que matasse (Span. *matara* or *matase*) o pitbul dele.

9.   Gustavo diz: Que coisa horrível.

10. Bárbara diz: Foi sim. Olha, tenho que sair agora, flw?

11. Gustavo diz: Blz. Depois a gente fala mais. Bj.

12. Bárbara diz: Bj. Fui.

Answers: 1. Gustavo diz: Mas o pitbul atacou mesmo o cachorro (Spn. *perro*) dela? / 2. Bárbara diz: Claro. Detesto pitbul. Que bicho feio! Só serve pra dar medo. / 3. Gustavo diz: Deve ter sido um trauma pra vc, né? / Bárbara diz: Verdade . . . mas nem lembro bem. Eu era muito pequena. / 4. Gustavo diz: Às vezes esses traumas ficam dentro da gente mesmo quando naum lembramos. / 5. Bárbara diz: Pode ser. Lembro que a polícia chegou e matou o bicho. 6. Gustavo diz: Na sua frente? 8. Bárbara diz: É . . . tinha outras crianças. O pitbul agarrou a cachorra e naum largou mais. O dono chegou e deu uma paulada (Spn. *golpeó con un palo*) no animal, ele ficou meio zonzo e largou a cachorra já toda ensangüentada. Aí né, ele mesmo pediu à polícia que matasse (Span. *matara* or *matase*) o pitbul dele. / 9. Gustavo diz: Que coisa horrível. / 10. Bárbara diz: Foi sim. Olha, tenho que sair agora, flw? / 11. Gustavo diz: Blz. Depois a gente fala mais. Bj. / 12. Bárbara diz: Bj. Fui.

4.3.4 VIDEOS – Lip and Facial Gestures

 First, go to the folder that has videos without sound. Work initially with video **a** which consists of nine sets of three words. Tell which words sound different or if they sound similar. The speaker is from Minas Gerais.

Example: amei vs amém

(a) amei   (b) amém   (c) amém.   Answer: (a)
(a) amém   (b) amém   (c) amém.   Answer: all the same.

Video **a**: porta   (a) (b) (c)   All the same
              um hotel vs um motel   (a) (b) (c)   All the same
              com   (a) (b) (c)   All the same
              sem vs sema   (a) (b) (c)   All the same
              Kim [kim] vs Quim [ki]   (a) (b) (c)   All the same
              perto   (a) (b) (c)   All the same
              bobô vs bobó   (a) (b) (c)   All the same

sou vs sol	(a) (b) (c) All the same
cacete vs cassete	(a) (b) (c) All the same

 The next set of videos, from **b** to **e**, has pairs of sentences. Tell which pairs of sentences are read. The speaker is from Rio.

Video **b**: ( ) Correu muito pouco.   ( ) Correm muito pouco.
( ) Corremos muito pouco.

Video **c**: ( ) Ganha p'ra valer.   ( ) Ganham p'ra valer.
( ) Ganhamos p'ra valer.

Video **d**: ( ) Estou num mantel.   ( ) Estou num hotel.
( ) Estou num motel.

Video **e**: ( ) Tê   ( ) Tem.   ( ) Temo.

Answers: Video **a**: porta (a), um hotel/motel (c), com (same), sem (c), Kim/Quim (a), perto (c), bobô/bobó (c), sou/sou (c), cacete/cassete (b); video **b**: (x) Correm muito pouco. (x) Corremos muito pouco; video **c**: (x) Ganham p'ra valer. (x) Ganhamos p'ra valer; video **d**: (x) Estou num hotel. (x) Estou num motel; video **e**: (x) Tem. (x) Temo.

 Review Exercise: Dictation – Study the following passage from the preceding unit. They contain the open vowels /ɛ/ and /ø/. Your instructor may want to read this text aloud. Write down only the words that contain open vowels.

Hoje estou a fim de impressionar meus amigos estrangeiros. É a primeira vez que vêm ao Brasil e ainda não conhecem muita coisa por aqui. Vou preparar um prato com mariscos porque os estrangeiros em geral pensam que no Brasil nós só comemos feijoada. Feijoada é bom de vez em quando e quando faz frio. A feijoada é uma espécie de prato nacional, mas há outras coisas além da feijoada. A propósito, feijoada não é só feijão preto com arroz e carne. A feijoada é preparada de maneira diferente de acordo com a região no Brasil. É um prato que os brasileiros adaptaram dos escravos africanos.

Answers: (...) É a primeira vez que vêm ao Brasil e ainda não conhecem muita coisa por aqui. (...) no Brasil nós só comemos feijoada. Feijoada é bom de vez em quando e quando faz frio. A feijoada é uma espécie de prato nacional, mas há outras coisas além da feijoada. A propósito, feijoada não é só feijão preto com arroz e carne. A feijoada é preparada de maneira diferente de acordo com a região no Brasil. É um prato que os brasileiros adaptaram dos escravos africanos.

 Reading Exercise The following texts were both written by the Brazilian writer Cecília Meireles (1901-1964). As you will notice, they have many instances of the sounds studied in the present lesson.

"Pregão do Vendedor de Lima" and "A Lua é do Raul" (1964), by
Cecília Meireles

Pregão do vendedor de lima	**A lua é do Raul**
O rumo é que leva o remo	Raio de lua.
O remo é que leva a rima.	Luar.
	Lua do ar
O ramo é que leva o aroma	azul.
porém o aroma é da lima.	Roda da lua.
	Aro da roda
Lima rima	na tua
pela rama	rua,
lima rima	Raul!
pelo aroma.	
	Roda o luar
É da lima o aroma a aromar	na rua
	toda
É da lima-lima	azul.
lima da limeira	
do ouro da lima	Roda o aro da lua.
o aroma de ouro do ar!	
	Raul,
	a lua é tua,
	a lua da tua rua!
Used with permission.	
	A lua do aro azul.

Listening Identification – The text below contains a number of sounds
already studied in this course. You can try to identify any of the sounds already
study. Try identifying the open vowels and all instances of /z/, /š/, and /ž/
sounds.
ž

1. No Brasil, durante os meses de junho e julho ocorrem festejos
2. de tradição católica, chamados de "festas juninas" ou "festas
3. julinas" dependendo do mês em que ocorrem. As famílias se
4. organizam e participam porque também é uma oportunidade
5. para se arrecadar dinheiro para as igrejas. Nessas festas têm feiras
6. de todos os tipos, onde se vendem bebidas de todos os tipos,
7. desde a água e o guaraná até o uísque. O ponto alto dessas festas
8. são as roupas caipiras para as danças em quadrilhas e as
9. fogueiras. As crianças adoram e os pais também, porque é
10. um momento de rever os amigos numa pausa das correrias
11. do dia-a-dia.

Answers:
Open vowels: 1. oc_orrem; 2. cat_ólica, f_estas, f_estas; 3. oc_orrem; 4. _é; 5. N_essas f_estas; 7.
at_é, d_essas, f_estas; 9. _é.

Z-sound: (cases of assimilation (e.g. *desde*) are not included in these answers, although one could consider them as "z" sound) 1. Brasil, meses; 3. mes em (linking, both are read as one word); 4. organizam; 5. as igrejas; 6. todos os; "se vendem" is not like a "z" because it does not form a new syllable; 8. danças em quadrilhas e; 9. crianças adoram; 10. os amigos numa pausa.

/š/: **ch**amados, but a carioca would also say "s" in syllable final as "sh" except if there is a linking with the following vowel, a voiced consonant or "s:" ocorrem fe**s**tejo**s**, chamados de "fe**s**ta**s** juninas" [linking with vowel "ou"] or "fe**s**ta**s** julinas" dependendo do mê**s** [linking with vowel "e"] em que aparecem. A**s** famílias se [linking with consonant "s"] organizam e participam porque também é uma oportunidade para se arrecadar dinheiro para a**s** [linking with vowel "i"] igreja**s**. etc.

/ž/: feste**j**os de tradição católica, chamados de "festas **j**uninas" ou "festas **j**ulinas" dependendo do mês em que aparecem. As famílias se organizam e participam porque também é uma oportunidade para se arrecadar dinheiro para as i**gr**eja**s**.

For cariocas, the phonetic [ž] surfaces before voiced consonants: festejo**s** de tradição católica, chamado**s** de "festas juninas" ou "festa**s** julina**s**" dependendo do mês em que aparecem. As famílias se organizam e participam porque também é uma oportunidade para se arrecadar dinheiro para as igrejas. Nessas festas têm feira**s** de todos os tipos, onde se vendem bebida**s** de todos os tipos, de**s**de a água e o guaraná até o uísque.

4.4 Expressions of Time

The most noticeable difference between Spanish and Portuguese is the use of **Que horas são?** in the plural as the equivalent to Spanish question **¿Qué hora es?**, in the singular.

4.4.1 Telling Time

A aula é à uma hora em ponto.	1:00
uma e dez.	1:10
uma e quinze.	1:15
uma e vinte.	1:20
uma e meia.	1:30
às vinte para as duas.	1:40
às dez para as três.	2:50
São duas da madrugada.	2:00 A.M.
duas e dez da tarde.	2:10 P.M.
oito e meia da manhã.	8:30 A.M.
Faltam vinte para as nove.	8:40
Faltam quinze para as nove.	8:45
São cinco para as nove.	8:55
É meio-dia. 12:00 [*mediodía*]	
É meia-noite. 12:00 [*medianoche*]	

> It is common to use the following, especially in announcements:
>
> Hoje, às 13:00   (Eng. 1:00 P.M.)
> Amanhã, às 14:30   (Eng. 2:30 P.M.)
> Sábado, às 20:45   (Eng. 8:45 P.M.)
> Domingo, às 17:35   (Eng. 5:35 P.M.)

Exercise 7 Give the correct expression of time according to the information in parentheses.

1. **Que horas são?**
   (2:00 P.M.) <u>Duas horas da tarde</u>.

2. Que horas são?   (6:00 A.M.) _____
3. Que horas são?   (1:00 A.M.) _____
4. Que horas são?   (4:30 P.M.) _____
5. Que horas são?   (11:50 P.M.) _____

Suggested answers: 2. Ainda são seis horas, por quê?; 3. Uma da manhã, uma da madrugada; 4. Dezesseis e trinta; 5. Onze e cinqüenta da noite, dez para meia-noite.

Exercise 8 In answering the following questions, include the verb from the question in your answer.

MODEL: A que horas você almoçou hoje?
        Hoje eu *almocei às duas horas* (2:00)

1. A que horas você chega amanhã?
   Se o trem não atrasar, eu _____ _____ (1:30 P.M.)
2. Vocês vão para o Rio hoje?
   Sim, nós _____ hoje _____ (8:00 P.M.)

3. Que horas são?   _____ _____ (11:45).
4. Faltam quantos minutos para as nove?   _____ _____ (8:35)
5. Que horas são?   _____ _____ (1:00 A.M.)
6. Quando você viaja?   _____ _____ (12:00 P.M.)
7. Vocês chegam quando?   _____ _____ (3:15 P.M.)
8. A que horas começa a aula?   _____ _____ (7:00 A.M.)
9. A que horas termina a aula?   _____ _____ (9:30 A.M.)
10. A que horas você foi para o trabalho.   _____ trabalhar _____ (7:15 P.M.)

Answers: 1. chego à uma e meia/trinta (or chego às treze e trinta); 2. vamos daqui a pouco, às 20 horas (oito da noite); 3. São onze e quarenta e cinco (or são quinze para as doze); 4. Faltam vinte e cinco minutos para as nove; 5. É uma da manhã/da madrugada em ponto; 6. viajo ao meio-dia (às doze); 7. chegamos às três e quinze da tarde (or às quinze e quinze); 8. começa às sete; 9. termina às nove e meia/trinta da manhã; fui trabalhar às dezenove e quinze (or sete e quinze da noite).

4.4.2 Days of the Week, Months, Special Vocabulary

It is common to omit the word *feira* from the days of the week: "Hoje é quinta," "amanhã é sexta."

Spanish uses *el* before the days of the week when it does not mean the same day, similar to English "on" (On Monday we will have supper, won't we?). Portuguese uses *na* (*em* + *a*) optionally, but it does not use *o* or *a*:

<u>*El*</u> *lunes vamos a cenar, ¿verdad?*	(Na) Segunda vamos jantar, não é?
	never **<u>A</u>* segunda vamos jantar, não é?

In Portugal, when writing dates, the convention is to use capital letters with months in documents, whereas in Brazil the practice is to use small letters:

31 de dezembro de 2007 (Brazil) - 31 de Dezembro de 2007 (Portugal)

Note that the days of the week and months are not accompanied by an article. The names of the seasons have an article.

Na *primavera,* **em** *janeiro, faz muito frio no norte dos EUA.*

But not *Na primavera, **no** *janeiro, faz muito frio no norte dos EUA.*

Days of the Week	The Months	The Seasons
	janeiro ——— **Verão**	
	fevereiro	
domingo	março	
segunda-feira	**abril** ——— **Outono**	
terça-feira	maio	
quarta-feira	junho	
quinta-feira	**julho** ——— **Inverno**	
sexta-feira	agosto	
sábado	setembro	
	outubro ——— **Primavera**	
	novembro	
	dezembro	

Special Vocabulary

há/faz dois meses
no mês passado
há/faz duas semanas   anteontem   à meia-noite
na semana passada   anteontem à noite   ao meio-dia
há/faz alguns dias   ontem, ontem à noite   de madrugada
                             hoje   de manhã
daqui a alguns dias   amanhã   à (de) tarde
na semana que vem   depois de amanhã   à (de) noite
daqui a duas semanas
no mês que vem
daqui a dois meses

Exercise 9 Write and say the following dates in Portuguese.

1. Lunes, el 25 de diciembre
2. Miércoles, el 31 de marzo
3. Martes, el 18 de enero
4. Viernes, el 4 de octubre
5. Jueves, el 2 de septiembre

Answers: 1. Segunda-feira, 25 (vinte e cinco) de dezembro; 2. Quarta-feira, 31 de março; 3. Terça-feira, 18 (dezoito) de janeiro; 4. Sexta-feira, 2 de setembro; 5. Quinta-feira, 2 (dois) de setembro.

Exercise 10 Answer the following questions with complete sentences.

1. Quais são os dias da semana?
2. Qual é a data de hoje?
3. Quais são os meses do ano?
4. Quando você nasceu?
5. Que dia vem depois de segunda-feira?
6. Quando é seu aniversário?
7. Há quantas semanas em um ano?
8. Que mês vem depois de outubro?
9. Quando vamos ter férias?

Answers: 1. Os dias da semana são domingo, segunda, terça, quarta, quinta, sexta e sábado; 2. Hoje é dia (...); 3. Os meses do ano são janeiro, fevereiro, março, abril, maio, junho, julho, agosto, setembro, outubro, novembro, dezembro; 4. Nasci em (...); 5. Depois de segunda-feira vem terça-feira; 6. Meu aniversário é no dia (...); 7. Em um ano há cinqüenta e duas semanas; 8. Novembro vem depois de outubro; 9. Daqui a dois meses; no mes que vem, etc.

Exercise 11 Answer the following questions with expressions such as "daqui a," "há vários meses."

> MODEL: Há quanto tempo você não vai ao teatro?
> Faz uns dois meses que não vou ao teatro.
> or Há uns dois meses que não vou ao teatro.

1. Quando você acha que vai viajar?
2. Faz quanto tempo que você não viaja?
3. Quando você acha que terminam seus estudos?
4. Quando começa o outono?
5. Há quanto tempo você começou a estudar português?

Suggested answers: 1. Acho que daqui a dois dias/daqui a duas semanas; 2. Não lembro bem, mas há pelo menos dois anos...; 3. Meus estudos devem terminar daqui a um ano; 4. No Brasil começa em abril, mas nos EUA começa em outubro; 5. Comecei a estudar português há cinco semanas.

4.4.3 *Fazer* and *Haver*

Verb Form	Verb Form
FAZER	**HAVER**
faço	hei
faz	há
fazemos	havemos
fazem	hão

Reinforcement Exercise Fill in the blanks.

	Infinitive	eu	você	nós	vocês
1.	_____	_____	_____	_____	esquecem
2.	fazer	_____	_____	_____	_____
3.	_____	_____	_____	havemos	_____
4.	_____	_____	parece	_____	_____
5.	_____	_____	tem	_____	_____
6.	_____	_____	_____	trazemos	_____
7.	_____	_____	sabe	_____	_____

Answers: 1. esquecer, esqueço, esquece, esquecemos; 2. faço, faz, fazemos, fazem; 3. haver, hei, há, hão; 4. parecer, pareço, parecemos, parecem; 5. ter, tenho, temos, tem; 6. trazer, trago, traz, trazem; 7. saber, sei, sabemos, sabem.

Exercise 12 Tell which are the personal pronouns of the verbs. Cover the answers of the book and have yours ready, before you check.

1. há ____?
2. fomos ____?
3. faço ____?
4. esteve ____?
5. hão ____?

6. faz ____?
7. pôde ____?
8. pude ____?
9. ia ____?
10. estive ____?

11. fui ____?
12. hei ____?
13. tive ____?
14. teve ____?
15. foi ____?

Answers:

1. ele, ela, você
2. nós
3. eu
4. ele, ela, você
5. eles, elas, vocês

6. ele, ela, você
7. ele, ela, você
8. eu
9. eu, ele, ela, você
10. eu

11. eu
12. eu
13. eu
14. ele, ela, você
15. ele, ela, você

4.4.4 Weather and Time with *Ser, Estar, Fazer* and *Haver*

EXAMPLES: Faz duas horas que estamos neste ônibus.
Daqui a dois anos . . .
Como está o tempo?
Está frio.

Não está fazendo sol.
Faz muito calor.
Está ventando.
Aqui é muito quente.

Faz duas horas que estamos aqui.
Há duas horas que estamos aqui.
Faz dois anos que trabalho no Brasil.
Há dois anos que trabalho no Brasil.

These expressions of time are similar to what we find in Spanish, except for the alternation between *há* and *faz* and a few expressions. In Spanish, it is appropriate to use only *hacer.*, instead of both *haber* and *hacer*; and it is not common to say **Está ventando*. It is preferable to say *Hace viento*, instead.

Exercise 13 Answer the following questions, incorporating the word or phrase in parentheses, when indicated.

1. Como está o tempo? (céu claro)
2. Está fazendo calor hoje? (frio)

3. Onde é mais quente? Aqui ou no Nordeste do Brasil?
4. Há quanto tempo estamos em aula?
5. Está ventando hoje? (hoje não, ontem sim)
6. Faz quanto tempo que vocês estão aqui?

Suggested answers: 1. Hoje o céu está claro; 3. Acho que no Nordeste do Brasil é mais quente; 5. Hoje não está ventando, mas ontem ventou muito.

Oral Exercise Your instructor will read the following short text. Try to answer the questions orally with expressions such as "à (de) noite\ao meio dia, à (de) tarde\de manhã," according to the content of the reading.

Um dia na vida de um garoto

Um garoto chamado Pedrinho vai à escola das 7 às 11. Depois da escola joga bola no parque das 13 às 17 horas. Quando termina de jogar bola, volta do parque e das 18 às 20 horas brinca de esconder [*juega al escondite*] com os amigos dele, em casa, antes de jantar.

1. Quando Pedrinho vai à escola?
2. Quando Pedrinho joga futebol no parque?
3. Quando ele brinca de esconder?

Answers: 1. Pedrinho vai à escola de manhã; 2. Das treze às dezessete horas; 3. Pedrinho brinca de esconder à noite or de noite.

Oral Exercise Your instructor will read the following short text. Try to answer the questions orally with expressions such as "faz/ há/ daqui/ ontem/ anteontem," according to the content of the reading.

Um dia na vida de um rapaz

Notas em um diário: Hoje é quinta e estou supercontente porque a Márcia falou que quer ir ao cinema comigo no sábado. Terça ela me telefonou para perguntar se eu gostava dos filmes de Cacá Diegues. Conheci a Márcia segunda-feira. Desde o ano passado estou sem namorada porque as garotas que conheci não me interessavam muito.

1. Há quanto tempo ele conheceu a Márcia?
2. Quando a Márcia vai com ele ao cinema?
3. Há quanto tempo ele não tem namorada?
4. Quando ela perguntou se ele gostava dos filmes de Cacá Diegues?

Answers: 1. Ele conheceu a Márcia há/faz uns três dias; 2. Ela falou que queria ir no sábado; 3. Há/faz um ano que ele está sem namorada; 4. Terça-feira, quando eles conversaram no telefone.

4.5 Demonstratives: Adjectives and Pronouns

> Quem é **aquele** rapaz?
> Vou gostar **deste** apartamento.
> Tudo **isso** é fácil.

Repeat after your instructor. Practicing pronunciation with another poem by Cecília Meireles (1901-1964) may help to memorize the correct form of neuter pronouns, in addition to improving pronunciation in general with sounds already studied in this course.

"Ou Isto ou Aquilo" (1964) by Cecília Meireles

Ou se tem chuva e não se tem sol
ou se tem sol e não se tem chuva!
    Ou se calça a luva e não se põe o anel,　　*se pone los guantes; se pone el anillo*
    ou se põe o anel e não se calça a luva!
Quem sobe nos ares não fica no chão,　　*sube en el aire; suelo*
quem fica no chão não sobe nos ares.
    É uma grande pena que não se possa　　*pueda*
    estar ao mesmo tempo nos dois lugares!
Ou guardo o dinheiro e não compro o doce　　*dulce*
ou compro o doce e gasto o dinheiro.
    Ou isto ou aquilo: ou isto ou aquilo . . .
    e vivo escolhendo o dia inteiro!　　*escogiendo*
Não sei se brinco, não sei se estudo,　　*juego*
se saio correndo ou fico tranqüilo.　　*salgo*
    Mas não consegui entender ainda
    qual é melhor: se é isto ou aquilo.

Used with permission.

Adverb	Masculine	Feminine	Neuter
aqui	este(s)	esta(s)	isto
aí	esse(s)	essa(s)	isso
ali, lá	aquele(s)	aquela(s)	aquilo

The preceding presentation of the demonstrative is the way grammars present demonstratives in Portuguese. However, the distinction between *este, esta, isto* and *esse, essa, isso* is not systematically observed in Brazilian Portuguese. Like Spanish *ese*, Brazilian Portuguese *esse* is more frequently used than *este*, regardless of the distance "here" vs "there." Some people will use them as prescribed in the grammars, though. But often the only distinction is made by the accompanying adverb of place: "Esse **aqui**," "Esse **aí**."

Tudo, the neuter adjective and pronoun (studied in Unit 8), frequently accompanies the neuters *isto, isso, aquilo*: "Tudo isto," "Tudo aquilo."

Exercise 14 Make the correct substitutions, according to the grammar.

Quero este prato aqui.　　Quero estes livros. (*livros*)
　　　　　　　　　　　　Quero esta caneta. (*caneta*)
　　　　　　　　　　　　Quero este gravador. (*gravador*)

1.　Vou comprar essa roupa aí. (carro, bolas, relógios)
2.　Aquele edifício ali é enorme. (prédios, livraria, salas de aula)

Suggested answers: 1. Vou comprar esse carro aí; Vou comprar essas bolas aí; Vou comprar esses relógios; 2. Aqueles prédios ali são enormes; Aquela livraria ali é enorme; Aquelas salas de aula ali são enormes.

Exercise 15 Answer the following questions according to the model.

Você quer esta salada?
Não, quero aquela; or, *Não, quero essa.*

1.　Você come este bife? Não, _____.
2.　Você conhece estes livros? Não, _____.
3.　Eles querem esta moqueca? Não, _____.
4.　Vocês querem estas sobremesas? Não, _____.

Suggested answers: 1. Não, como or prefiro aquele ali / esse aí; 2. Não, mas conheço aquele ali /esse aí do seu lado; 3. Não, querem aquelas/essas; 4. Não, queremos aquelas outras / essas aí da ponta.

4.5.1 Combinations with *Em* and *De*

Em			*De*		
neste(s)	nesta(s)	nisto	deste(s)	desta(s)	disto
nesse(s)	nessa(s)	nisso	desse(s)	dessa(s)	disso
naquele(s)	naquela(s)	naquilo	daquele(s)	daquela(s)	daquilo

4.5.2 Combinations with *A*

àquele(s)   àquela(s)   àquilo

Refiro-me àqueles senhores e não àquela senhora. (*a*+*aqueles*, *a*+*aquela*)

Exercise 16 Fill in the blanks with the correct demonstrative adjective or pronoun according to a cue in each sentence.

> Vou deixar _____ coisas aqui na classe.
> Answer: *estas*; cue: *aqui*.
> Gosto _____ jornais que estão lá.
> Answer: *daqueles* (gostar *de* + *aqueles*); cue: *lá*.

1. O que é _____ aí?
2. Gosto _____ caneta que tenho nas mãos.
3. Nós moramos _____ prédio lá.
4. O que você acha _____ ali.
5. Você tem que experimentar _____ caipirinha aqui.
6. Eu bebi _____ xícara aí!
7. Vocês podem levar _____ menina _____ teatro lá?
8. Seu Rubens sempre falou muito bem _____ rapazes aqui.

Answers: 1. isso; 2. desta; 3. naquele; 4. daquilo; 5. esta; 6. nessa; 7. esta/ essa/ aquela, naquele; 8. destes (also desses).

4.6 Prepositional Pronouns and Combinations

4.6.1 Pronouns as Objects of Prepositions

After *com*	After *para*	After *em*	After *de*
comigo	para mim	em mim	de mim
com você	para você	em você	de você
com o senhor	para o senhor	no senhor	do senhor
com a senhora	para a senhora	na senhora	da senhora
com ele	para ele	nele	dele
com ela	para ela	nela	dela
conosco	para nós	em nós	de nós
com vocês	para vocês	em vocês	de vocês
com os senhores	para os senhores	nos senhores	dos senhores
com as senhoras	para as senhoras	nas senhoras	das senhoras
com eles	para eles	neles	deles
com elas	para elas	nelas	delas

Exercise 17 Fill in the blanks according to the cues given in parentheses.

> MODEL: Ela quer falar _____ (vocês, eu).
> Vocês querem falar comigo.

1. Quero dar este sorvete _____ (nós, vocês duas).
2. Este é o restaurante _____ (esse aí, ela).
3. Você pode trazer aquele mapa ali _____ (eu, eu)?
4. Este é um presente _____ (esse aí, senhores).
5. Estou sempre pensando _____ (ele, elas).
6. Ela acredita _____ (eu, ela).
7. Você vem _____ (vocês, nós)?
8. Nós gostamos muito _____ (eu, essa senhora).

Answers: 1. Queremos dar este sorvete para/a vocês duas; 2. Esse aí é o restaurante dela; 3. Posso trazer aquele mapa ali para mim; 5. Ele está sempre pensando nelas; 6. Acredito nela; 7. Vocês vêm conosco? 8. Gosto muito dessa senhora.

4.7 Cardinal Numbers: 100 – 1,000,000

100	cem
101	cento e um(a)
102	cento e dois (duas)
199	cento e noventa e nove
200	duzentos/duzentas
300	trezentos/trezentas
400	quatrocentos/quatrocentas
500	quinhentos/quinhentas
600	seiscentos/seiscentas
700	setecentos/setecentas
800	oitocentos/oitocentas
900	novecentos/novecentas
1.000	mil
1.001	mil e um (uma)
1.055	mil e cinqüenta e cinco
1.100	mil e cem
1.101	mil cento e um (uma)
1.500	mil e quinhentos/quinhentas ("*e*" is there because the number ends in two zeros)
1.505	mil quinhentos/quinhentas e cinco
1.916	mil novecentos/novecentas e dezesseis
1.969	mil novecentos/novecentas e sessenta e nove
2.202	dois mil duzentos/duzentas e dois/duas

100.000	cem mil
101.000	cento e um/uma mil
200.000	duzentos/duzentas mil
200.5<u>00</u>	duzentos/duzentas mil <u>e</u> quinhentos/quinhentas
200.510	duzentos/duzentas mil quinhentos/quinhentas e dez
1.000.000	um milhão (de)
3.250.000	três milhões, duzentos/duzentas e cinqüenta mil

Cardinal numbers from *um milhão* and greater require a *de* when followed by a noun: "um milhão de pessoas," "dois milhões de livros," etc. Similarly, numbers less than *um milhão* are followed by *de* only when referring to groups: "uma dúzia de," "uma centena de."

Note: Bilhão in Brazil, US and other countries means "one thousand million" (10^9); In Portugal, Great-Britain, France, Germany, Spain and other countries, *bilhão* means "one million millions" (10^{12}).
Milhão (*million*, or *millón*) means "one thousand thousands" in all countries. Great-Britain and France also have *milliard* (10^9), which is the same as "one thousand millions," namely "bilhão" in Brazil.

Reading Exercise Remember to add words such as *e* or *de* if needed when reading the following phrases aloud.

1. 1.000/relógios
2. 230.000/rapazes
3. 80.000/chineses
4. 6.000/canetas
5. 501.000/anos
6. 320.000/garotas
7. 100.000/dólares
8. 95.000/marroquinos
9. 1.000.000/pesos
10. 1.010/apagadores
11. 6/cachorrinhos
12. 10/computadores
13. 100/quilômetros
14. 15/passarinhos

Answers: 1. mil relógios; 2. duzentos e trinta mil rapazes; 3. oitenta mil chineses; 4. seis mil canetas; 5. quinhentos e um mil anos; 6. trezentas e trinta mil garotas; 7. cem mil dólares; 8. noventa e cinco mil marroquinos; 9. um milhão de pesos; 10. mil e dez apagadores; 11. seis cachorrinhos or meia dúzia de cachorrinhos; 12. dez computadores; 13. cem quilômetros or uma centena de quilômetros; 14. quinze passarinhos.

Classroom Interaction 1 SPEAKING AND WRITING Repeat the activity from the preceding lesson where one student finds the number that one or more students wrote on a piece of paper. At this point, any number can be guessed. Remember to double first, then multiply by five. After the students have told what they got, cross out the last digit to find the secret number.

Classroom Interaction 2 SPEAKING AND WRITING One student in the classroom writes a number in a piece of paper. Create some rules, like *O número tem que ser entre 50 e 100*, etc. The other ones will say aloud the number and the student who knows the number will give cues like *Está quente* (i.e. close to the right answer), *Está frio* (i.e. far from the correct answer), congelado (i.e. very far!), *Nossa, quase acertou!* (i.e. within one or so numbers away), *Muito baixo* or *Muito alto* (i.e. the number said was much lower or much higher then the target), etc.

Exercise 18 Answer the following questions with a complete sentence.

1.   Na sua opinião, qual é a população do Brasil?
2.   Há quantos estudantes nesta classe?
3.   Quantos são duzentos mais mil?
4.   Quantos são mil e quatrocentos dividido por dois?
5.   Quantos são setenta vezes dois?
6.   Quantos são novecentos menos cem?
7.   Quando Pedro Álvares Cabral descobriu o Brasil?
8.   Quando Cristóvão Colombo descobriu a América?

Answers: 1. Acho que a população do Brasil hoje (2007) é de uns cento e noventa a duzentos milhões or mais de habitantes; 2. Só contando, deixa eu ver... vinte e dois estudantes; 3. Duzentos mais mil são mil e duzentos; 4. São setecentos; 5. Setenta vezes dois são cento e quarenta; 6. São oitocentos; 7. Pedro Álvares Cabral descobriu o Brasil no dia 21 de abril de mil e quinhentos; 8. Em mil quatrocentos e noventa e dois.

Reading Exercise This text contains vocabulary and constructions studied in the present and preceding units. Read it aloud after your instructor.

Isso Aí São Outros Quinhentos!

No Brasil a expressão "isso aí são outros quinhentos" é muito comum e quer dizer "isso é outra coisa" ou "isso é outro assunto", ou ainda, coloquialmente, "isso aí é outra jogada."

   Não se sabe ao certo como apareceu esta expressão, mas existe uma anedota a respeito. Conta-se que uma vez um bêbado [*borracho*] querendo conseguir dinheiro para beber e comer de graça, pensou num truque. Muito esperto e sem-vergonha, foi à igreja e durante o sermão interrompeu o padre:
– Seu padre! Ei, seu padre! E a minha grana [*dinheiro*], hem? Quando é que o senhor vai pagar aquela grana que eu lhe emprestei?
O padre, surpreendido em frente de todos, tentou acalmar o bêbado:
– Filho, você está me confundindo com outra pessoa.
– Que confundindo nada! Não vai dizer que o senhor não lembra?
Um dos fazendeiros mais ricos daquela cidadezinha do interior, com pena do padre, entendeu que o bêbado era muito malandro e tentou dar um jeito [encontrar uma solução]:
– Meu senhor, o senhor vai desculpar, mas quem pegou [*tomar*] dinheiro emprestado fui eu e não o padre. Não lembra?
O bêbado, muito malandro, não perdeu tempo:

– Claro que lembro! Mas isso aí são outros quinhentos!

4.8 Spelling: Letters a, e, é, i, o, ó, u; p, b, t, d, f, v

This section reinforces spelling rules already seen in the Introduction. Note in the table below that the term **strong** and **weak** are used instead of stressed and unstressed. If needed, see sections 1.2.1 and 1.3.1 for more discussion regarding strong and weak syllables.

Letters	Sounds	Condition or Position	Example
a, i, u	/a, i, u/	strong or weak	c<u>a</u>sa, s<u>i</u>ri, <u>u</u>r<u>u</u>b<u>u</u>
e	/e, ɛ/	strong	/e/ P<u>e</u>dro; /ɛ/ p<u>e</u>dra
e	[i]	weak, raised	verd<u>e</u>
é	/ɛ/	strong	intr<u>é</u>pido
o	/o, ø/	strong	/o/ o nam<u>o</u>ro; /ø/ eu nam<u>o</u>ro
o	[u]	weak, raised	<u>o</u> namor<u>o</u>
ó	/ø/	strong	S<u>ó</u>crates
p, b	/p, b/	syllable initial	<u>P</u>a.ra.í.<u>b</u>a. a.<u>b</u>a, A.ma.<u>p</u>á

Letters	Sounds	Condition or Position	Example
t, d	/t, d/	syllable initial	<u>t</u>o.<u>d</u>o, <u>d</u>o.te, a.<u>d</u>en.<u>t</u>ro.
t, d	[ţ, ḍ]	followed by **i** or raised **e**, i.e. [i]	<u>ti</u>.me, noi<u>te</u>, <u>di</u>sse, cida<u>de</u>
f, v	/f, v/	syllable initial	<u>f</u>a.<u>v</u>a, Ra.<u>f</u>a, <u>v</u>i.<u>v</u>a a <u>f</u>es.ta

Exercise 19 Complete the spelling using the preceding chart, if needed.

MODEL: Instructor: [dé.du]
Incomplete word: ded__   Answer: ded<u>o</u>

1. /ţípiku/	típic__	11./fógu/	fog__
2. /kᵘázi/	quas__	12./ḍizéR/	__izer
3. /kẽ̃ţi/	quen__e	13./votáR/	__otar
4. /póḍi/	pô__e	14./káRu/	carr__
5. /túdu/	t__do	15./aparési/	aparec__
6. /iSkóla/	__scola	16./vosé/	voc__
7. /óḍi/	ond__	17./ášu/	ach__
8. /ḍi náda/	d__ nada	18./paRţíR/	par__ir
9. /furiózu/	f__rios__	19./kumẽ̃muS/	c__mem__s
10./profesóR/	profess__r	20./sẽ̃pri/	sempr__

Answers: 1. o; 2. e; 3. t; 4. d; 5. u; 6. e; 7. e; 8. e; 9. u-o; 10. o; 11. o; 12. d; 13. v; 14. o; 15. e; 16. e; 17. o; 18. t; 19. o-o; 20. e.

Exercise 20 Complete their spelling. This exercise is similar to the preceding one, but all the words need two letters.

1. /kõmu si ɖiS/   Com__ s__ diz
2. /delisiózu/   __elici__so
3. /ísu méZmu/   __sso m__smo
4. /sobriméza/   sobr__m__sa
5. /véžu/   __ej__
6. /béⁱžu/   __eij__
7. /ɖiSkõtẽ̜t̜i/   descon__en__e
8. /eᵘ t̜ívi/   __u tiv__
9. /vĩmuS/   __im__s
10. /legúmiS/   leg__m__s

Answers: 1. o-e; 2. d-o; 3. i-e; 4. e-e; 5. v-o; 6. b-o; 7. t-t; 8. e-e; 9. v-o; 10. u-e.

4.9 Dictation

Besides learning the spellings in the following sentences, you should learn the meaning of each sentence as well.

1. Estou com medo porque o Saci me assustou.
2. Bom dia, seu Bento! Bom dia, seu Beto! Como vão os senhores?
3. O rapaz que roubou a roupa do Ricardo fugiu num carrão rosa.
4. A que horas você chegou ontem à noite?
5. Daqui a alguns dias nós vamos viajar.
6. Há duas semanas que não faço exercícios.
7. Acho que o Chico Bolacha foi ao Brasil no verão do ano passado.
8. Reginaldo teve que ir ao restaurante com a sogra.
9. Eu tinha cento e noventa e duas canetas, mas perdi todas.
10. Quantos são oitenta vezes onze?

Dictations may also include other texts, depending on the instructor.

4.10 Translation

Exercise 21 Translate from Spanish into Brazilian Portuguese.

1. ¿Quiere Ud. hablar conmigo?
2. ¿Cuánto son diez veces cien?
3. El "saci" es un personaje del folklore [*folclore*] brasileño que vive en los

bosques.
4. Pasado mañana vamos a ver una película.
5. Anteanoche fue al mercado y compró medio kilo de mantequilla.

Suggested answers: 1. O senhor quer falar comigo? 2. Quantos são dez vezes cem? 3. O "Saci" é um personagem do folclore brasileiro que vive (mora) nas matas; 4. Depois de amanhã vamos ver um filme. 5. Anteontem à noite foi ao mercado e comprou meio quilo de manteiga.

4.11 Writing Drills: Bilhete

MODEL: *(23/1/07)*

> *Renato mano velho,*
> *E o seu Flamengo perdeu, hein! Mas não precisa ficar triste, não é? Meu*
> *Vasco também ficou na pior. Mas daqui a uns meses tem mais. Amanhã*
> *de manhã, lá pelas 10 eu passo aqui para te pegar. Vamos tomar um*
> *cafezinho ou um chazinho para melhorar o astral. Se tiver outros planos,*
> *avise. Te cuida.*
>
> > *Rubinho*

Notes:
mano - hermano; Flamengo - equipo de fútbol de Rio; lá pelas - a eso de; pegar - recoger; vascaíno - hincha del equipo de fútbol Vasco da Gama, de Rio, a veces usado como apodo. Otros apodos: flamenguista (Flamengo), tricolor (Fluminense), botafoguense (Botafogo), cruzeirense (Cruzeiro), atleticano (Atlético), sampaulino (São Paulo), santista (Santos), corintiano (Corinthians), palmeirense (Palmeiras), gremista (Grêmio), colorado (Internacional), etc.

Writing Exercise Write a brief note to a friend. Your note should have a simple header with an abbreviated date and a friendly opening like "Oi, Gustavo," "Olá, Ubiratam," "Tudo bem, Amélia," "Como vai, dona Augusta?" Then write something simple like "I was passing by and decided to stop to say 'hi.' I will be in town tomorrow. Take care. Rui."

4.12 Diversões, Bate-Bola e Pipoca Quentinha

A. Rewrite the sentences in the plural, whenever possible.

1. A perna do capitão japonês era verde.
2. Incrível Esse cabeção fez gol de letra.
3. O fuzil do espanhol está num barril do hotel.
4. A informação do alemão sobre o pão do capitão anão [*enano*] ficou na mão do meu irmão mais moço [*más joven*].

5. O professor vai fazer uma pergunta infantil.
6. Um animal tropical está dançando com um lápis na mesa azul.

Answers: 1. As pernas dos capitães japoneses eram verdes; 2. Incrível! Esses cabeções fizeram gols de letra; 3. Os fuzis dos espanhóis estão nuns barris dos hotéis; 4. As informações dos alemães sobre os pães dos capitães anãos ficaram nas mãos dos meus irmãos mais moços; 5. Os professores vão fazer umas perguntas infantis; 6. Uns animais tropicais estão dançando com uns lápis nas mesas azuis.

B. Use the present tense of *ser* or *estar* to complete the paragraph.

O meu nome (1) _____ Lígia e (2) _____ do Brasil. Moro no Rio de Janeiro, mas agora (3) _____ morando em Pittsburgo, porque (4) _____ estudante na Pitt [píți]. Hoje (5) _____ muito frio porque nós (6) _____ em janeiro, que (7) _____ um mês de inverno nos EUA. Por causa desse frio (8) _____ doente, e por isso (9) _____ em casa, deitada e um tanto triste. (10) _____ três horas da tarde e (11) _____ nevando. A janela (12) _____ fechada e eu (13) _____ olhando por ela.

Answers: 1. é; 2. sou; 3. estou; 4. sou; 5. está; 6. estamos; 7. é; 8. estou; 9. estou; São; 11. está; 12. está 13. estou.

C. Read the text and answer the questions that follow.

Há muitos anos atrás aconteceu uma coisa gozada comigo. Eu ainda era garota, tinha uns treze anos e lá em casa nós tínhamos um cachorrinho que se chamava Caxambu. Caxambu gostava de esconder as coisas de todo mundo. Um dia, minha bola de futebol desapareceu e eu fiquei furiosa com o Caxambu. Naquela época não me importava perder nada: livros, cadernos, roupa, namorado, qualquer coisa menos bola de futebol. Minha família se espantava comigo mas eu era louca por futebol. Todos os sábados e domingos eu jogava bola e nossos jogos eram sagrados.
    Coitado do Caxambu! Fiz tanta maldade com ele porque achava que ele havia escondido minha bola. Só bem mais tarde lembrei que um amigo meu tinha pegado a bola emprestada. Quando meu amigo devolveu a bola eu quase chorei de arrependimento.

1. Qual era a idade da narradora?
2. Por que a narradora ficou furiosa?
3. Naquela época como reagia a narradora ao perder alguma coisa?
4. O que ela fez com Caxambu?
5. Quem tinha escondido a bola?

Suggested answers: 1. Tinha treze anos; 2. 3. Não ligava muito, exceto para a bola de futebol; 5. Ninguén. O cachorrinho não tinha culpa. Foi um amigo que tinha pegado a bola emprestada.

4.12.1 Subjunctive *Sem Estresse*

Short-lesson 1 – Subjuntivo sem estresse, para falantes de espanhol aprendizes de português.

We will start in this unit a series of five short lessons about the subjunctive. At the end of the next units (5, 6, 7 and 8) there will be other short lessons about the subjunctive. It is hoped that by the last unit, unit 9, the student will be well familiar with this verb mode and its forms. We have decided to use this strategy because of the similarities of the subjunctive in Spanish and Portuguese. Students would profit by learning about the subjunctive already at the beginning of this course. Let's start with frequent, basic cases.

In general, the subjunctive [8] is used in sentences with more than one conjugated verb to express an **attitude,** namely verb **mode**, regarding situations that have not happened yet. This is similar in Spanish and Portuguese. In the examples below, the subjunctive is in bold. The other conjugated verbs, including the ones that govern the verb in the subjunctive, are underlined.

For verb forms, you can consult the verb appendix, at the end of this book.

Spanish	**Brazilian Portuguese**

Note the combination of two simple sentences into one complex sentence.

El domingo <u>jugamos</u>.	<u>Jogamos</u> no domingo.
<u>Quieren</u> jugar.	<u>Querem</u> jogar.
<u>Quieren</u> que **juguemos** el domingo.	<u>Querem</u> que **joguemos** no domingo.
No <u>creo</u> en eso.	Não acredito nisso.
No <u>llegaremos</u> antes del almuerzo.	Não **chegaremos** antes do almoço.
No <u>creo</u> que **lleguemos** antes del almuerzo.	No <u>acredito</u> que a gente **chegue** antes do almoço.
A nadie le <u>gusta</u> ese tío.	Ninguém <u>gosta</u> desse cara.
No <u>conozco</u> a nadie	Não <u>conheço</u> niguém.
No <u>conozco</u> a nadie a quien le **guste** ese tío.	Não <u>conheço</u> ninguém que **goste** desse cara.

---

[8] The subjunctive can also be explained in terms of new and old information. However, there is no need to attempt other views, because most use of the subjunctive is very similar in both languages. The main difference is the Future Subjunctive.

The sentences below are already combined into one complex sentence.

Queremos que todos **aprendan** portugués.

Sí <u>es</u> muy feo, pero <u>espero</u> que **sepa** bailar.

<u>Espero</u> que no se **olvide** de abrir la puerta.

<u>Queremos</u> que todos **aprendam** português.

Sim, <u>é</u> muito feio, mas <u>espero</u> que **saiba** dançar.

<u>Espero</u> que não se **esqueça** de abrir a porta.

Checking - Guess the verb form in Portuguese:

Spanish	Brazilian Portuguese
1. Mónica <u>duda</u> que **digan** la verdad.	Mônica duvida que _____ a verdade.
2. Aunque **trabaje** mucho, <u>gana</u> muy poco.	Embora _____ muito, ganha muito pouco.

Answers: 1. digam; 2. trabalhe.

4.13 Song: "A Banda" (1966) by Chico Buarque

Francisco Buarque de Hollanda (1944–) é talvez o mais produtivo dos compositores de música popular do Brasil. Em termos de música engajada social e politicamente, costuma ser considerado o mais importante compositor que o Brasil produziu. Seu trabalho não se limita à música. Chico Buarque escreveu várias peças de grande impacto socio-político, entre as quais vale mencionar *Roda Viva* (1968), *Calabar* (1973), *Gota d'Água* (1975) e *Ópera de Malandro* (1979). Sua carreira como escritor não é de agora, porém nos últimos anos escreveu vários romances que o colocam entre os melhores escritores brasileiros do nosso tempo, *Estorvo* (1991), *Benjamim* (1995) e *Budapeste* (2003).

Chico Buarque (chicobuarque.uol.com.br) nasceu no Rio, mas passou sua infância e juventude em São Paulo. É filho de um historiador famoso, Sérgio Buarque de Holanda[9].

Nos anos 60 Chico começava seus primeiros passos musicais inspirado na bossa-nova e nos melhores compositores tradicionais brasileiros como Dorival Caymmi, Ataulfo Alves, Ismael Silva, Nélson Cavaquinho. Na bossa-nova Vinícius de Morais e principalmente o LP de João Gilberto, "Chega de saudades," trouxeram ([troᵘ.sέ.rãᵘ], Span. *trajeron*) para Chico Buarque os primeiros ingredientes para um trabalho musical que explodiu quando tinha

---

[9] The book *Raizes do Brasil* has one "l" for Holanda, Sérgio Buarque. *Budapeste* and other works by Chico Buarque list Chico Buarque de Hollanda, with two "l"'s. Chico Buarque himself signs with two "l"'s.

vinte e três anos e compôs a música "A Banda." "A Banda" (1966) foi uma das músicas vencedoras do II Festival de Música Popular Brasileira, em São Paulo. Este festival teve duas músicas que ganharam o primeiro lugar. A outra, outra obra-prima da música popular brasileira, foi "Disparada" de Geraldo Vandré e Theo Barros.

"A Banda" não tem que ser mas pode ser interpretada como uma música triste, pessimista, que mostra alguns momentos de alegria passageira, de uma felicidade que só dura enquanto [*mientras*] a banda passa pela cidade. Depois que a banda passa tudo volta ao normal, as pessoas voltam a ser o que eram . . . A letra fala dos vários tipos que caracterizam uma cidade: o faroleiro, a namorada debruçada na janela entre outros, e mostra que abandonamos o animal interior que temos como seres humanos enquanto houver (*haya*) música.

Em 1966, Chico Buarque estava surgindo e insurgindo-se no cenário nacional. Dois anos antes, em 1964, os militares haviam tomado o poder através de um golpe de estado. "A Banda" tentava infiltrar um pouco de amor em meio a tanta violência dessa época. Carlos Drummond de Andrade (1902-1987), talvez o mais genial dos poetas de língua portuguesa do século XX, deu as bem-vindas ao grande sucesso dessa música, em uma crônica, "Notas sobre A banda", publicada no jornal *Correio da Manhã*, em sua edição de 14 de outubro de 1966, da qual selecionamos uma passagem.

"A felicidade geral com que foi recebida essa banda tão simples, tão brasileira e tão antiga na sua tradição lírica, que um rapaz de pouco mais de vinte anos botou na rua, alvoroçando novos e velhos, dá bem a idéia de como andávamos precisando de amor. Pois a banda não vem entoando marchas militares, dobrados de guerra. Não convida a matar o inimigo, ela não tem inimigos, nem a festejar com uma pirâmide de camélias e discursos as conquistas da violência. Esta banda é de amor, prefere rasgar corações, na receita do sábio maestro Anacleto Medeiros, fazendo penetrar neles o fogo que arde sem se ver, o contentamento descontente, a dor que desatina sem doer, abrindo a ferida que dói e não se sente, como explicou um velho e imortal especialista português[†] nessas matérias cordiais".

   †Nota: Drummond se refere a um dos grandes sonetos do maior nome da literatura portuguesa, Luís Vaz de Camões (1524?-1580), *Amor é fogo que arde sem se ver; É ferida que dói e não se sente (...)*

A Banda (1966) de *Chico Buarque*

Refrão:	Estava à toa na vida	A minha gente sofrida
	O meu amor me chamou	Despediu-se da dor
	Pra ver a banda passar	Pra ver a banda passar
	Cantando coisas de amor.	Cantando coisas de amor.

O homem sério que contava dinheiro, parou
O faroleiro que contava vantagem, parou

A namorada que contava as estrelas, parou
Para ver, ouvir e dar passagem.

A moça triste que vivia calada, sorriu
A rosa triste que vivia fechada, se abriu
E a meninada toda se assanhou
Pra ver a banda passar, cantando coisas de amor.

O velho fraco se esqueceu do cansaço e pensou
Qu'inda era moço pra sair no terraço e dançou
A moça feia debruçou na janela
Pensando que a banda tocava pra ela.

A marcha alegre se espalhou na avenida e insistiu
A lua cheia que vivia escondida, surgiu
Minha cidade toda se enfeitou
Pra ver a banda passar, cantando coisas de amor.

Mas para (o) meu desencanto
O que era doce acabou
Tudo tomou seu lugar
Depois que a banda passou.

E cada qual no seu canto
E em cada canto uma dor
Depois da banda passar
Cantando coisas de amor.

Vocabulary:

à toa: *sin compromiso, sin dirección; al acaso*
assanhar-se: *agitarse (refiriéndose a los niños)*
o canto: *el canto; el rincón*
cheia: *llena*
contar vantagem: *ostentarse*
debruçar-se: *apoyarse*
espalhar-se: *extenderse; esparcirse*
esquecer-se: *olvidarse*
o faroleiro: *el ostentador*
Qu'inda (Que ainda): *Que todavía*

4.14 Carrying On—Drills on Communicative Competence

Situation 1. SPEAKING Study the situations in the preceding units to review the vocabulary and constructions and combine them with new ones. For example, find out about a classmate: first name, last name, where she/he is from, job, and so on.

Situation 2. SPEAKING "Enigmas populares: O que é, o que é?"

Adivinhanças or *charadas* [*Adivinanzas*] in Brazilian Portuguese are usually introduced by the question "O que é, o que é?"

> EXAMPLES: Advinhe! O que é, o que é? Quanto mais velho, mais novo é.
> Resposta: retrato.
> Qual é o animal que anda com as patas?
> Resposta: o pato.

O que é, o que é?
Altos palácios
lindas janelas
abrem e fecham
ninguém [*nadie*] mora nelas.

Quem sabe?
Como é possível dizer cinco dias da semana sem usar os nomes dos dias da semana (domingo, segunda, terça, etc.)?

Respostas: olhos; anteontem, ontem, hoje, amanhã e depois de amanhã.

Now, each student in class should think of one riddle to tell classmates, who will then guess the answer.

Situation 3. SPEAKING How interested are you in sports? If you are not, in what kind of entertainment are you interested? If you are interested in sports, is there any game you like? Check your Portuguese vocabulary for any kind of sports and entertainment. Here are some groups of words that may be useful. You may need to look up the meaning of some of these words. Groups of students will discuss their preferences or remember interesting events related to sports or other entertainments.

Esportes em Geral	Futebol	Diversões, Jogos
atletismo	ataque	jogo da amarelinha
automobilismo	córner or escanteio	jogo de cartas
basquete(bol)	defesa	jogo de damas
beisebol	driblar	jogo de xadrez
esgrima	gol (Span *gol* or *portería*)	totó
futebol	gol de bicicleta	
futebol americano	gol de letra	
futebol de areia	gol de placa	
futebol de salão	goleador, craque	
futebol de praia	goleiro or arqueiro	
jóquei	grama or gramado	
natação	grande área	
pelada	impedimento or banheira	
polo aquático	jogo, partida	
street soccer	lateral	
voleibol	lençol or chapéu	
	meia lua	
	meio de campo	
	pequena área	
	seleção	
	time, timão, equipe	
	tiro de meta	
	torcida	
	trave or travessão	

Situation 4. SPEAKING AND WRITING In a group of twenty-five people or more, it is fairly certain that some birthdates will coincide. Groups of twenty may also work. The fewer the number in a group, the smaller the chance of birthday coincidence. Someone in the classroom should ask the birthday (not the year) of everyone in class and write the dates on the blackboard.

If students want to sing "Happy Birthday" ("Parabéns"), these are the Portuguese words (Often people sing this song as a samba):

Parabéns pra você　　*parabéns: felicitaciones, enhorabuena*
Nesta data querida
Muitas felicidades
Muitos anos de vida

- Viva o/a _____!!! (name someone)
- Viva!!! (aplausos)
- É hora! É hora! É hora! É hora! É hora!
- É big, é big, é big, big, big. (Some people also say – É pique, é pique . . .)
- Ra! Ti! Buuuummmmm!!! + screams and rejoicing.

There is also a new *Parabéns* in Brazil, very popular, made by Xuxa and known as *Parabéns da Xuxa*. The lyrics can be easily found on the internet.

Situation 5. LISTENING AND READING Listen to the reading of the song "A Banda" and indicate which ones are the open vowels in this song.

Já tem suas respostas? Se já tem as respostas, então compare com as respostas abaixo.

Answers – Vogais abertas em "A Banda:"
O homem sério / A rosa triste / O velho fraco / debruçou na janela / tocava pra ela / A marcha alegre / O que era doce acabou

Situation 6. SPEAKING AND WRITING Story telling – All students will tell stories or dreams individually or in groups. The teacher can write their story or dream as the narration progresses. The teacher writes what they say on the blackboard or if using a computer, on the computer screen. In the case of stories or dreams in groups, each student contributes with one sentence that will make up a story of unpredictable ending, because it is all improvisation.

Situation 7. Students should continue to prepare short presentations individually or in groups about any topic related to this course, such as songs, television shows, cultural or social aspects of the Luso-Brazilian peoples, grammar activities on vocabulary, pronunciation, sintax, etc.

4.15 Active Vocabulary: Measurements, Numbers, Interrogatives, Expressions of Time; General

Portuguese	Spanish
Nouns	
o bilhete	el recado (written); el billete, el boleto de avión
o/a capeta	el/la diablo/a
a cara	la cara
o cara	el tipo, el sujeto
a chuteira	el zapato de fútbol
o craque	la estrella (in a sport)
a defesa	la defensa
o dia	el día
a equipe	el equipo
o gol	la portería; el gol; el arco
o gol de bicicleta	el gol de tijeras
o goleador	el goleador

o goleiro	el portero, el arquero
a grama	el césped
o inverno	el invierno
a jarda	la yarda
o jogo	el juego
de damas	de damas
de xadrez	de ajedrez
o jogo de cartas	la baraja
o juro	el interés (percentage)
o lençol	la sábana; drible en que se pasa la pelota por arriba de la cabeza del oponente y se la recupera por detrás de él
a libra	la libra
o maluco	el loco
a meia lua	la media luna
o menino	el chico, el niño
o mês	el mes
o metro	el metro
a milha	la milla
a onça	la onza; especie de jaguar de Brasil
o outono	el otoño
o pé	el pie
a perna	la pierna
a polegada	la pulgada
o quilo	el kilo
o quilômetro	el kilómetro
a primavera	la primavera
o recado	el recado (oral, usually, but also written)
o saci	el saci; entidad folklórica en Brasil
a semana	la semana
o tamanho	el tamaño
o tempo	el tiempo
o time	el equipo
a tonelada	la tonelada
a turma	los amigos de uno; la clase; grupo de personas
o uirapuru	el uirapuru (bird from the Amazon)
o verão	el verano
o xadrez	el ajedrez

Months, Days of the Week, Seasons

Note that names of months and days of the week are not preceded by a vowel. The names of the seasons are preceded by a vowel.

Portuguese	Spanish	Portuguese	Spanish
janeiro	*enero*	domingo	*domingo*
fevereiro	*febrero*	segunda-feira	*lunes*
março	*marzo*	terça-feira	*martes*
abril	*abril*	quarta-feira	*miércoles*
maio	*mayo*	quinta-feira	*jueves*
junho	*junio*	sexta-feira	*viernes*
julho	*julio*	sábado	*sábado*
agosto	*agosto*		
setembro	*septiembre*	(a) primavera	*(la) primavera*
outubro	*octubre*	(o) verão	*(el) verano*
novembro	*noviembre*	(o) outono	*(el) otoño*
dezembro	*diciembre*	(o) inverno	*(el) invierno*

Verbs

achar	creer, pensar; encontrar
abraçar	abrazar
acreditar (em)	creer (never in the sense of *pensar*)
andar	andar
conseguir	conseguir
crescer	crecer
dar para + INFIN	ser posible + INFIN
deixar	dejar
descobrir	descubrir
emprestar	prestar
pedir emprestado	pedir prestado
jogar + esporte	jugar (al) deporte
ler	leer
medir	medir
morar (em)	vivir (en)
passar	pasar
pegar	sacar, agarrar
perder	perder
segurar	agarrar
tentar	intentar
ver	ver
virar	tornarse; volverse

Adjectives

alegre	contento/a, alegre
bonito/a	bonito/a
cheio/a	lleno/a
comprido/a	largo/a

curto/a	corto/a
enorme	enorme
esperto/a	listo/a, experto/a
feliz	feliz
grande	grande, gran
largo/a	ancho/a
longo/a	largo/a
maluco/a	loco/a
pequeno/a	pequeño/a
quieto/a	calmado/a
velho/a	viejo/a

Time Expressions

amanhã	mañana
anteontem	anteayer
depois de amanhã	pasado mañana
hoje	hoy
ontem	ayer
semana passada que vem	semana pasada que viene

Common Expressions

aí	entonces
aliás	a propósito
cheio de	lleno de
de altura	de alto
de comprimento	de largo
é que	es que
era uma vez	érase una vez; érase lo que era
ficar quieto	calmarse
foi aí que	entonces
levar susto	asustar
maior	más grande
mais	más
menor	más pequeño
mesmo	mismo; aunque; hasta
ninguém	nadie
outro	otro
sabido	experto
saber de tudo	saber de todo
ser legal	ser muy buena gente; ser excelente
ter o olho maior do que a barriga	querer más de lo que puede
ter fogo no rabo	estar agitado (used to refer to children)
ter vento nos pés	ser rápido, ligero

Unit 5. Gestos Lingüísticos e Culturais

OBJECTIVES

This chapter continues the contrast between the past tenses, preterite and imperfect, with the addition of very common irregular verbs. Writing drills become more demanding. The main new information in this chapter is the **object (or complement) pronouns**.

Courtesy of the Brazilian Embassy in Washington, D.C.

- *Context* – O Brazil Como Nação; O Drible dos Gestos
- *Grammar* - Indicative Mode, Past and Present:
    The Preterite of *Dar, Vir, Querer, Dizer, Saber, Trazer, Fazer, Pôr, Haver*;
    The Imperfect of *Pôr, Vir, Haver*;
    Present of *Servir, Repetir, Dormir, Tossir, Seguir*.
    Direct and Indirect Object Pronouns
    Ordinal Numbers: 1–1,000
    Spelling
- *Pronunciation* – Negative Effects of Vowel Shortening and Lengthening in
    Brazilian Portuguese; Schwas
    Brazilian Portuguese Diphthongs; Pronunciation: Linking Cases
- *Vocabulary* – Earlier vocabulary is reviewed. New vocabulary refers to words
    needed in simple correspondence, higher numbers, and words related to
    clothing, to the human body, and idioms that use human body vocabulary.
- *Conversation* – You will be able to order food in a restaurant, talk about food
    and drinks, ask questions in general, and count. It is also important to pay
    attention to body gestures (face, eyes, lips, hands), as one talks in a different
    culture.
- *Writing Drills* – Spoken Language (Informal);
    Written Language (Careful): Letters
- *Song* – "Meu Caro Amigo," Chico Buarque and Francis Hime

    This unit requires approximately 5 classes of 50 minute each.

5. A CULTURA DOS GESTOS LINGÜÍSTICOS

The preceding chapters started with dialogues, a type of text that is naturally fit for reading aloud. The text in this unit was originally prepared for reading silently.

This passage was written mostly for two purposes. One of them is to illustrate the zooming effects in the alternation between present and past tenses. The *imperfect* is used mostly for *description* in general, sometimes for describing *fantasies* and the <u>preterit</u> for <u>actions</u> or <u>events that occurred</u>. This alternation is meant to reinforce the contrast between present and past tenses. The other purpose is to show one of the many windows we can choose to take a peak at the Brazilian culture in terms of behavior.

Courtesy of the Brazilian Embassy in Washington, D.C.

5.1 Reading: A Capoeira e o Berimbau

Hoje a capoeira é uma atração turística que os capoeiristas apresentam nas praias e praças públicas, especialmente no Rio e em Salvador, na Bahia. É um tipo de auto-defesa que requer muita habilidade nos movimentos das pernas e dos pés.

A capoeira chegou ao Brasil trazida pelos escravos africanos. Na época da colonização os escravos reuniam-se para aprender ou treinar esse tipo de auto-defesa. Quando os senhores dos escravos os viam durante os exercícios de capoeira, não sabiam que os escravos estavam jogando capoeira. Isto porque os escravos disfarçavam muito bem o que faziam. Para os senhores feudais os escravos estavam dançando ou brincando.

Dessa maneira os escravos aprendiam ou treinavam a capoeira antes de fugir para a floresta e assim formar os **quilombos**. Quilombos eram agrupamentos de escravos fugidos das senzalas. O mais famoso foi o Quilombo dos Palmares (1630-1694), que resistiu cerca de 70 anos aos ataques das tropas do governo.

Era preciso aprender a lutar capoeira porque a travessia das matas era perigosa. O treinamento para essa luta mortal se fazia com o acompanhamento rítmico do berimbau, um instrumento de música.

Se poderia perguntar se o berimbau não teria sido também uma arma. *Chi lo sa?* De qualquer maneira, vejamos. Era um instrumento de várias peças: (1) um arco de madeira com um arame ligando as duas extremidades do arco; (2) uma cabaça presa ao dorso da extremidade inferior, para efeitos acústicos; (3) uma vareta e um aro ou uma moeda para fazer vibrar o arame e produzir sons; e (4) um caxixi com pedrinhas ou algo similar dentro, para acentuar o ritmo. Sem querer ir além de uma simples conjetura podemos pensar que cada parte tinha possivelmente uma função dupla. Da mesma maneira que os escravos podiam usar o berimbau para dançar e cantar nos folguedos noturnos que faziam, podiam também usar essas peças do berimbau como arma ou utensílios de sobrevivência.

Imaginemos essa possível arma ou instrumento de sobrevivência da seguinte maneira. Dentro do caxixi não há pedrinhas, mas sim cabeças de flecha. Essas cabeças de flecha se encaixam na vareta para montar flechas. O arco e o arame formam o bodoque e a cabaça serve para carregar água. Pode ser uma interpretação fantasiosa, mas que vale a pena considerá-la pelas outras vias de interpretação que podem ser abertas.

Courtesy of the Brazilian Embassy in Washington, D.C.

Por exemplo, a capoeira contém toda uma história e tradição que podem auxiliar-nos em parte no entendimento do comportamento do brasileiro. No Brasil é comum dizer *Tudo bem*, *Tudo bom*, *Aparece lá em casa* e outras expressões que por mais simples que sejam causam dificuldades entre estrangeiros que normalmente interpretam essas expressões ao pé-da-letra. Dependendo em como são ditas, essas expressões podem significar o oposto daquilo que parecem dizer. Isso não quer dizer em hipótese alguma que o brasileiro seja falso. É simplesmente uma tentativa de ser *cordial* com a outra pessoa. Essa mesma idéia pode ser estendida à idéia de *cordialidade* mais conhecida através da obra de Sérgio Buarque de Hollanda, mas que na realidade já vinha sendo utilizada por outros autores que sugerem a origem dessa cordialidade já nos indígenas brasileiros, desde o primeiro dia da chegada oficial dos portugueses na terra brasílica e registrada na carta de achamento de Caminha.

O brasileiro em geral, até a metade do século passado, se distinguia por seu comportamento cordial. Porém, a partir talvez da segunda metade do século XX, essa característica começou a perder-se nas áreas urbanas, embora em certas áreas do Brasil, como no nordeste, ainda vejamos esses traços da cordialidade. Assim, essa cordialidade talvez agora limitada e a miscigenação *biológica* das raças ameríndia, africana, portuguesa e européia de cristão-novos são talvez os elementos mais importantes para ajudar-nos a compreender o comportamento do brasileiro e da formação do Brasil como *nação*, i.e. a língua, cultura, história e identidade brasileiras.

A capoeira pode ter sido uma das formas de disfarçar nossos **gestos** para sermos ambíguos quando for (Span. *sea*) necessário, como por exemplo em tempos de opressão. A cordialidade é um gesto que gera uma imagem externa que não traduz exatamente o que vai dentro. Isso pode confundir tanto o estrangeiro como o próprio brasileiro. Daí a confusão comum que o estrangeiro às vezes faz em interpretar a *cordialidade* do brasileiro. Essa analogia, ainda que sendo fantasiosa, nos permite imaginar que talvez os comportamentos do indígena e do africano tenham treinado o brasileiro a sobreviver a opressão das elites de maneiras cordial, disfarçada, tal como se fazia nos treinos de capoeira.

A línguagem – que não é somente voz, é também gestos – inclui esse comportamento cultural que gera malentendidos. Quando dizemos *passa lá em casa, tudo bem*, há que se levar em conta o contexto, a maneira em que se fala pela entoação, o brasileiro de diferentes áreas do Brasil e outros fatores que formam um conjunto de elementos que, se interpretados corretamente, nos darão uma idéia mais aproximada da verdade do sentido dessas expressões. Daí a necessidade de aprender a **negociar** todo e qualquer sentido, sempre que houver (Span. *siempre que haya*) dúvida.

Essa analogia, mesmo que seja mais imperfeita – fantasia – do que pretérito perfeita – ação, realidade –, pode nos levar até ao estudo dos pronomes objetos no português do Brasil. Obviamente trata-se de uma extrapolação no mínimo surpreendente, mas que nos permite aventurar-nos em nossa criatividade. Senão, vejamos.

No Brasil, desenvolveu-se essa característica linguística de não se usar o pronome objeto. Isso pode surpreender o estudante que fala espanhol ou inglês, acostumado ao uso do pronome. Há uma série de razões para explicar esse fenômeno brasileiro, e.g. o latim vulgar. Porém seria interessante imaginar outras possibilidades como o nosso desenvolvimento *cultural*, a nossa cordialidade ou quem sabe a pressão social para se evitar uma referência precisa. Há que se lembrar que os pronomes estão ligados a um referente. De todos os modos, qualquer que seja a razão, nesta unidade estudaremos os objetos direto e indireto e essa falta de precisão relativa aos referentes, ou seja a falta de objetos direto e indireto em certos contextos, no português do Brasil.

Notes: Folguedos (de folga): descanso, celebrações, festas. But the word *folguedo* is not common in spoken language. Brazilians have other words for these gatherings (e.g., *festejos, festança popular, festa popular*).

Sobre a *cordialidade*, veja-se:

Holanda, Sérgio Buarque de. *Raízes do Brasil*. Rio de Janeiro: José Olympio, 1936 ou mais recente.

Rocha, João Cezar de Castro. *Cordialidade à brasileira – mito ou realidade?* Rio de Janeiro: Museu da República, 2005.

Casa Grande, Senzala e uma capela no fundo, Pernambuco (2006)

Um casarão. Rio (2004)

Interior do mesmo casarão. Rio (2004)

Uma espécie de senzala, no porão do mesmo casarão acima, que supostamente teria abrigado escravos. Rio (2004)

Outra vista da mesma senzala. Rio (2004)

Questions

1. Onde se pode ver uma capoeira hoje em dia?
2. Há uma das partes do corpo que é muito usada na capoeira. Qual?
3. Como a capoeira chegou ao Brasil?
4. Que faziam os senhores dos escravos quando viam os escravos treinando?
5. Por que os escravos aprendiam a capoeira?
6. O que eram os quilombos?
7. Qual foi o quilombo mais famoso?
8. O que é o berimbau?
9. Você pode descrever o berimbau?
10. Pode-se dizer que o berimbau é uma arma?
11. Comente sobre a cultura dos gestos, as expressões em português que não devem ser lidas ao pé-da-letra.

Suggested answers: 1. Na Bahia, no Rio, em todo o Brasil e através do mundo; 2. Além das mãos, usa-se muito os pés; 3. Os escravos trouxeram a capoeira da África; 4. Achavam que eram brincadeiras, danças, festas; 5. Para defender-se nas matas quando fugiam para formar os quilombos; 6. Eram comunidades de escravos fugidos; 7. O quilombo mais famoso foi o de Palmares, que durou uns 70 anos; 8. Um instrumento que parece um bodoque, utilizado durante os treinamentos de capoeira; 9. É um instrumento musical de uma corda usado para manter o ritmo dos movimentos dos capoeiristas durante os exercícios de capoeira. É um instrumento de várias partes: (ver descrição acima); 10. Sim, porque não é difícil imaginá-lo como se fosse um bodoque com flechas; 11. De maneira semelhante ao que o berimbau disfarçava durante os treinamentos dos escravos, encontramos no português expressões que mudam de significado, dependendo da situação em que são usadas. Outra característica dos gestos podem ser encontradas nos olhos dos americanos, comparados com os olhos dos brasileiros. Procure observar com a ajuda dos seu professor se há uma diferença. Em geral, o brasileiro nota a diferença dos olhos de um americano a ponto de certos estudantes americanos que visitam o Brasil e se vestem como brasileiros ficarem surpresos: "-Como eles sabem que sou americana?" E não se trata somente da estatura física. Outra diferença pode ser encontrada na maneira de caminhar, nos movimentos das mãos, entre outros.

5.2 Indicative Mode, Past and Present

5.2.1 Past: Preterite

Verb Form	Pronun- ciation	Verb Form	Pronun- ciation	Verb Form	Pronun- ciation
DAR	[daR]	**VIR**	[viR]	**QUERER**	[ke.réR]
dei	[deⁱ]	vim	[vĩ]	quis	[kiS]
deu	[deᵘ]	veio	[vé.ⁱu]	quis	[kiS]
demos	[dẽ.muS]	vimos	[ví.muS]	quisemos	[ki.zẽ.muS]
deram	[dé.rãᵘ]	vieram	[vié.rãᵘ]	quiseram	[ki.zé.rãᵘ]

DIZER	[ɖi.zéR]	**SABER**	[sa.béR]	**TRAZER**	[tra.zéR]
disse	[ɖí.si]	soube	[soᵘ.bi]	trouxe	[troᵘ.si]
disse	[ɖí.si]	soube	[soᵘ.bi]	trouxe	[troᵘ.si]
dissemos	[ɖisḗmuS]	soubemos	[soᵘ.bḗ.muS]	trouxemos	[troᵘ.sḗ.muS]
disseram	[ɖi.sé.rã̃ᵘ]	souberam	[soᵘ.bé.rã̃ᵘ]	trouxeram	[troᵘ.sé.rã̃ᵘ]

FAZER	[fa.zéR]	**PÔR**	[poR]	**HAVER**	[a.véR]
fiz	[fiS]	pus	[puⁱS]	houve	[óᵘ.vi]
fez	[feⁱS]	pôs	[poⁱS]	houve	[óᵘ.vi]
fizemos	[fi.zḗ.muS]	pusemos	[pu.zḗ.muS]	houvemos	[oᵘ.vḗ.muS]
fizeram	[fi.zé.rã̃ᵘ]	puseram	[pu.zé.rã̃ᵘ]	houveram	[oᵘ.vé.rã̃ᵘ]

Note: In the preterite, the *houve* form is the only form of *haver* that most people use.

Exercise 1 Cover the preceding information and write the subjects of the following verb forms. This is also a training **in** reading **phonetic transcription**.

1. [troᵘ.si]: _____   6. [deⁱ]: _____   11. [pu.zé.rã̃ᵘ]: _____

2. [vé.ⁱu]: _____   7. [troᵘ.sé.rã̃ᵘ]: _____   12. [poⁱS]: _____

3. [ɖí.si]: _____   8. [deᵘ]: _____   13. [soᵘ.bi]: _____

4. [óᵘ.vi]: _____   9. [feⁱS]: _____   14. [troᵘ.sḗ.muS]: _____

5. [puⁱS]: _____   10. [vié.rã̃ᵘ]: _____   15. [fiS]: _____

Answers: 1. eu, ele/a, você; 2. ele/a, você; 3. eu, ele/a, você; 4. eu, ele/a, você; 5. eu; 6. eu; 7. eles/as, vocês; 8. ele/a, você; 9. ele/a, você; 10. eles/as, vocês; 11. eles/as, vocês; 12. ele/a, você; 13. eu, ele/a, você; 14. nós; 15. eu.

Exercise 2 Fill in the blanks with the preterite forms of the verbs from the following list. Each verb is to be used only once. Some sentences may have different correct answers.

> ser, estar, dar, querer, ser, trazer, ter, poder, dar, trazer, vir,
> fazer, poder, dar, pôr, dizer, saber, ter, ser, haver, compor, ser

1. Ontem a Andréa e a Jasmim _____ para cá todas as roupas que estavam em casa.
2. Anteontem minha garota e o irmão dela _____ que o Milton Nascimento vai chegar aqui amanhã de manhã para o concerto desta semana.
3. Eu _____ um apagador e um giz na gaveta do professor.
4. Nós _____ nossos deveres de casa porque ontem o professor ficou furioso conosco quando _____ que ninguém tinha feito nada.
5. Minhas irmãs _____ na Bahia no mês passado, durante duas semanas.
6. A Jandira só _____ terminar os trabalhos porque eu a ajudei.
7. Meu filho e eu já _____ ao Rio duas vezes.
8. Eu _____ que correr muito quando aquele monstro apareceu na minha frente.
9. Eu _____ um presente de aniversário para o João.
10. É, eles _____ trazer tudo isso, mas não _____, não _____ possível mesmo.
11. Eu _____ para cá porque já era tarde.
12. Olha só! Você _____ professor, mas virou jogador de futebol?
13. Que _____ ? Parece um acidente . . .
14. Na bossa-nova Vinícius de Morais e principalmente o LP de João Gilberto, "Chega de saudades," _____ para Chico Buarque os primeiros ingredientes para o trabalho musical que explodiu quando tinha 23 anos e _____ a música "A Banda."
15. "A Banda" (1966) _____ uma das músicas vencedoras do II Festival de Música Popular Brasileira em São Paulo.
16. Mas / _____ uma coisa que ele / não _____ pegar / não _____ para ele segurar.

Answers: 1. trouxeram; 2. disseram; 3. pus; 4. fizemos, soube; 5. estiveram; 6. pôde; 7. fomos; 8. tive; 9. dei; 10. quiseram, deu, foi; 11. vim; 12. foi; 13. houve; 14. trouxeram, compôs; 15. foi; 16. teve, pôde, deu.

5.2.2 Past: Imperfect: *Pôr, Vir, Haver*

Verb Form	Pronunciation	Verb Form	Pronunciation	Verb Form	Pronunciation
PÔR	[poR]	**VIR**	[viR]	**HAVER**	[a.véR]
punha	[pũ͡ĩ.ỹa]	vinha	[ví͡ĩ.ỹa]	havia	[a.ví.a]
punha	[pũ͡ĩ.ỹa]	vinha	[ví͡ĩ.ỹa]	havia	[a.ví.a]
púnhamos	[pũ͡ĩ.ỹã.muS]	vínhamos	[ví͡ĩ.ỹã.muS]	havíamos	[a.ví.ã.muS]
punham	[pũ͡ĩ.ỹã͡ũ]	vinham	[ví͡ĩ.ỹã͡ũ]	haviam	[a.ví.ỹã͡ũ]

Exercise 3 Cover the preceding information and write the subjects of the following verb forms. This is also a practice reading in **phonetic transcription**.

1. [pṹⁱ.ỹãᵘ]   4. [pṹⁱ.ỹa]   7. [tróᵘ.si]   10. [foⁱ]

2. [víⁱ.ỹa]   5. [puⁱS]   8. [deᵘ]   11. [troᵘ.sé.rãᵘ]

3. [a.ví.a]   6. [deⁱ]   9. [feⁱS]   12. [oᵘ.vé.rãᵘ]

Answers: 1. eles/as, vocês; 2. eu, ele/a, você; 3. eu, ele/a, você; 4. eu, ele/a, você; 5. eu; 6. eu; 7. eu, ele/a, você; 8. ele/a, você; 9. ele/a, você; 10. ele/a, você; 11. eles, elas, vocês; 12. eles, elas, vocês.

5.2.3 Present Tense, Mode Indicative of *Servir, Repetir, Dormir, Tossir* and *Seguir*

Eu **tusso** facilmente com essa poeira. (Span *polvo*).
A Penha não gosta de **servir** o Moacir, mas (o) **serve** assim mesmo.
Eles **repetem** o diálogo, porém só **repetir** (*repeti-lo*) não ajuda a aprender.
Olha, o que o Arnaldo **segue** mesmo é uma dieta relacionada ao tipo
    sangüíneo, que o está deixando bem magrinho (Span *delgadito*).

Infinitive	Endings 1st Person		Endings Other Persons
servIr	sIrv	o	sErv*e*, serv*Imos*, sErvem
repetIr	repIt	o	repEte, repetImos, repEtem
dormIr	dUrm	o	dOrme, dormImos, dOrmem
tossIr	tUss	o	tOsse, tossImos, tOssem
segulr	sIg	o	sEgue, seguImos, sEguem

Note: Capital letters indicate stressed vowel; open vowels are
        underlined.

Exercise 4 Cover the preceding information and write the subjects of the following verb forms. Then, indicate the ones with open vowels.

1. tenho: _____   6. fui: _____   11. serve: _____
2. tosse: _____   7. tive: _____   12. tusso: _____
3. põe: _____   8. punha: _____   13. foi: _____
4. repito: _____   9. trouxe: _____   14. sirvo: _____
5. repetem: _____   10. dei: _____   15. dorme: _____

Answers: 1. eu; 2. ele/a, você t<u>o</u>sse; 3. ele/a, você; 4. eu; 5. eles/as, vocês rep<u>e</u>tem; 6. eu; 7. eu; 8. eu, ele/a, você; 9. eu, ele/a, você; 10. eu; 11. ele/a, você s<u>e</u>rve; 12. eu; 13. ele/a, você; 14. eu; 15. ele/a, você d<u>o</u>rme.

Exercise 5 Fill in the blanks with the correct present tense form from the list. Use each verb only once.

servir, repetir, dormir, tossir, seguir

1. Eu deito às onze da noite e acordo às onze da manhã. Acho que eu _____ demais.
2. Meu filhinho _____ muito porque está doente.
3. A Bete, o Julinho e eu _____ o que o professor diz.
4. Vocês sempre _____ café com croissante aqui?
5. Você _____ trabalhando naquele restaurante?

Answers: 1. durmo; 2. tosse; 3. repetimos; 4. servem; 5. segue.

5.3 Pronunciation: Schwa, Lengthening and Diphthong

Although this course is aimed at Spanish speakers, the audience in general either knows English well or English is their native language. It is not surprising then that two of the main features of English pronunciation – shortening and lengthening – often interferes with Portuguese and often with Spanish. Vowels are susceptible to being reduced or lengthened depending on the rhythmic needs of the language and other factors. Kenneth Pike illustrated how rhythm can affect sound changes in English. The recurrent rhythmic beats that occur regularly at sentence stresses will reduce or extend the length of linguistic units as needed. For example, the sentence,

> If **'T**om will **'I** will.

will maintain a similar duration if we add the syllables "do it":

> If **'T**om'll do it **'I** will.

The first sentence has two beats or two syllable feet and five syllables. The second sentence also has two beats or two syllable feet but seven syllables. Normally, under similar circumstances, when we add syllables to Spanish the sentences will not shorten. In that respect, Brazilian Portuguese is in between English and Spanish. It is not necessary in this course to discuss the details of these differences, but *English speakers should not speak Brazilian Portuguese emphasizing syllable feet as strongly as in English.* This emphasis is a common tendency among English speakers learners of Portuguese and Spanish.

Therefore, although other factors may also influence the reduction or shortening of English vowels, in English these processes are related to rhythmic needs. A reduced vowel in English commonly becomes what we call a **schwa**, a central and reduced vowel, like the unstressed vowel "a" in "**a**bout" and the stressed "ou" in "s**ou**thern."

In addition to discussing these features, this section discusses another pronunciation feature known as **linking**. We will look into the basic characteristics of linking between words in Brazilian Portuguese.

5.3.1 Vowel Reduction (schwa) and Lengthening (diphthongization)

Like Spanish, Brazilian Portuguese does not shorten nor lengthen vowels as much as English does. When a vowel is shortened, it may become a **schwa**.

Schwas are reduced vowels realized in the center of the mouth. Brazilian Portuguese vowels are normally realized in the "periphery" of the mouth. There is vowel reduction in Brazilian Portuguese but it is of a different nature compared to English.

A schwa is commonly defined as an unstressed vowel. However, this definition is limited because there are stressed schwas in English words, e.g. *S**ou**thern*. For this reason, in terms of articulatory phonetics, it is preferable to say that **a schwa** *is a central, medium and reduced vowel*.

In discourse, namely in spontaneous, connected speech, English speakers normally reduce all weak ("unstressed") vowels into schwas. Schwas are a spread phenomenon in English, as indicated with a bar over the vowels in the words **off*i*ce**, **ø**ffici*a*l, **Tex*a*s**, **Mich*i*g*a*n**, to mention a few. Compare the words below.

No schwa	With schwa (/)	No schwa	With schwa (/)
Tom	at**ø**m, *Á*tom*i*c	man	wom*a*n
add	*Á*dditi**ø**n	men	wom*e*n

Furthermore and for rhythmic reasons, English often lengthens stressed vowels. Observe the *lengthening* of English vowels in the following words: h**a**te, m**a**de, ins**a**ne, b**o**de, c**o**de, b**o**nus, verb**o**se, t**o**ne, dep**o**se. English native speakers tend to transfer this lengthening when they learn Spanish or Portuguese, in addition to shortening vowels.

Lengthening is closely related to a vocalic feature called **diphthong**, namely, *diphthongization*. In Portuguese, **diphthongs** can be defined as a combination of two vowels (a vowel and a semi-vowel) within the same syllable. **Diphthongization** can be described as the lengthening that is given to a single vowel or monothong, especially in English.

5.3.2 Brazilian Portuguese Diphthongs and Their Spanish and English Equivalents

The table below has a summary of the diphthongs of Brazilian Portuguese, Spanish and English.

Rising Diphthongs				Falling Diphthongs			
Phonetic Symbol	Braz Port	Spanish	English	Phonetic Symbol	Braz Port	Spanish	English
^{i}e	Diego	Diego, dieta	—	e^i	sei	seis	sale
^{i}ɛ	dieta	—	—	ɛ^i	idéia	—	—
^{i}a	piada	copiar	—	a^i	sai	hay	site
^{i}ø	agiota	—	—	ø^i	dói	—	soy, boy
^{i}o	iodo	biógrafo	—	o^i	doido	doy	—
^{i}u	diurno	diurno	—	u^i	fui	¡Ui!	—
^{u}i	Luís	Luiz	—	i^u	viu	—	—
^{u}e	suevo	suerte, sueca	—	e^u	seu	pseudo	—
^{u}ɛ	sueca	—	—	ɛ^u	céu	—	—
^{u}a	suave	suave	—	a^u	sal	sauna	south
^{u}ø	suor	—	—	ø^u	sol	—	—
^{u}o	duodeno	mutuo	—	o^u	sou	Souto	so

1. Although this table provides excellent sound correspondences, some sound correspondences are hardly ideal across these three languages. **2.** In actual speech, rising diphthongs are limited to the sequences **qu, gu**: *qual*, *eqüestre, lingüiça*, etc. Otherwise they are usually *hiatuses*. A *hiatus* happens when we separate two adjacent vowels, e.g. *pa.ís*. **3.** The diphthong *ei* inside a word (*manteiga*) is usually pronounced as a monothong (*mantega*); *ou* tend to become monothong everywhere (*pouco → poco, falou → falô*).	

Phonetic Symbol	Braz Port	Spanish	English
u^u	sul	—	soon
i^i	—	—	seat
Nasal Falling Diphthongs			
ã^ĩ	mãe	—	—
ã^ũ	mão, amam	—	—
ẽ^ĩ	bem, benzim	—	—
õ^ĩ	põe, põem	—	—
ũ^ĩ	muito	—	—

The following exercises are intended to make students **notice** schwas and lengthening transfer from English into Brazilian Portuguese.

5.3.3 Auditory Identification

You will hear a series of words read in groups of three. Each group contains one word that does not belong.

Auditory exercise 1. Listen to the recordings and then check your answers with the answers below. In class the instructor can repeat or modify these drills with different answers. The speaker in these recordings attempts to speak with a strong foreign *sotaque* (Span. *acento*), in order to illustrate the differences between native and non-native pronunciation. For example, "*pessado" is said with the first "a" similar to a schwa, instead of the regular Brazilian Portuguese "passado;" "tempo" is said with lengthening, "*té:m-póᵘ," instead of the regular pronunciation of Brazilian Portuguese vowels which are characterized by abrupt endings.

1: cuidad**o**	(a)	(b)	(c)	All the same
2: m**a**ior	(a)	(b)	(c)	All the same
3: dó**la**res	(a)	(b)	(c)	All the same
4: **in**dependente	(a)	(b)	(c)	All the same
5: **im**portante	(a)	(b)	(c)	All the same
6: Foi na semana p**a**ssada.	(a)	(b)	(c)	All the same
7: Me p**a**rece bem.	(a)	(b)	(c)	All the same
8: Essa é minha **o**portunidade	(a)	(b)	(c)	All the same
9: Bu**e**nos Aires	(a)	(b)	(c)	All the same
10: Iss**o**! Ganhei um b**o**nus.	(a)	(b)	(c)	All the same

Answers: 1 (c); 2. (c); 3. (a); 4. (c); 5. (b); 6. (c); 7. All the same; 8. All the same; 9. (a); 10. (b).

Oral Exercise 1 First study the following pairs of words, then read them aloud, contrasting the lengthening of vowels in English words with the lack of lengthening in the Portuguese words. A superscript (ʰ) means aspiration. English **t** in "**too**," for example, is aspirated and thus, represented as [tʰu:]. A colon (:) means lengthening.

English	Portuguese	English	Portuguese
too [tʰu:]	tu [tu]	new [nu:]	no [nu]
e [i:]	e [i]	guru [gú:ru:]	guru [gurú]
lay [le:]	lê [le]	me [mi:]	me [mi]
key [kʰi:]	que [ki]	bay [be:]	bê [be]

Oral Exercise 2 Try reading the following English words as a Brazilian or a Spanish speaker could read them. In other words, do not lengthen the highlighted vowels. For instance, instead of saying "hawed" and "hayed" as [hø:d] and [he:d] or [heⁱd], say them as [høp] and [hed]. The open vowel /ø/ in (4) applies more specifically to Eastern U.S. English.

(1) h**AY**ed, h**AY**, b**AY**ed, h**A**te, M**A**de, l**AI**d, b**AI**t, ins**A**ne, b**A**y

(2) h**OE**d, h**OE**, b**O**de, c**O**de, b**OA**t, b**O**nus, t**OE**, yell**OW**, l**OW**, verb**O**se, t**O**ne, dep**O**se, d**OU**ghnut, sn**OW**ball

Next, read the following words as they should be pronounced (assuming that they are all short vowels for speakers of English):

(3) head, bed, led, bet, ser*e*nity, met, f*e*deral, fe*a*ther

(4) hawed, haw, bawd, cawed, bought, cause, saw, bore

Oral Exercise 3 Now try something similar with the pair of words below. Read them aloud in English with normal lengthening, and in Portuguese without lengthening. The Portuguese pronunciation cannot have the dumping feature of English. The vowels finish with an "**abrupt**" ending, relative to their English counterparts.

English	Brazilian Portuguese approximate equivalent
s<u>ea</u> (long **ea**)	**si** (**i** ends *abruptly*)
s<u>ee</u>n (long **ee**)	**sim** (**im** ends *abruptly*)
m<u>e</u> (long **e**)	**mi** (**i** ends *abruptly*)
tab<u>oo</u> (long **oo**)	tab**u** (**u** ends *abruptly*)
s<u>o</u> (long **o**)	s**ô** (*sou*; **o** ends *abruptly*)

Oral Exercise 4 The following are nasal *diphthongs* of Brazilian Portuguese. They should not be confused with lengthened vowels as studied in the preceding section. Practice the Brazilian Portuguese diphthongs in the following words and sentences.

Nasal /ãĩ/	Portuguese	Spanish	Portuguese	Spanish
	mães	*madres*	mais	*más*
	pães	*panes*	pais	*padres*
	cães	*perros*	cais	*muelle*

A mamãe leva os pães dos alunos.   A mamãe leva os pais dos alunos.
La mamá lleva los panes de los alumnos.   *La mamá lleva a los padres de los alumnos.*

Nasal /ãũ/	Portuguese	Spanish	Portuguese	Spanish
	mão	*mano*	mal	*mal*
	pão	*pan*	pau	*palo*
	tão	*tan*	tal	*tal*
	são	*son*	sal	*sal*
	acham	*creen*		
	levam	*llevan*		
	queriam	*querían*		
	órgão	*órgano*		

Os dois irmãos tocavam órgão e cantavam uma linda canção.
Los dos hermanos tocaban órgan y cantaban una linda canción.

O João e a Conceição não acham que o pão esteja assim tão caro!
João y Conceição no creen que el pan esté así tan caro.

Nasal /ɛ̃ĩ/	*Portuguese*	*Spanish*	*Portuguese*	*Spanish*
	sem	*sin*	sei	*sé*
	amém	*amén*	amei	*amé*
	nem	*ni*	Nei	*Nei*
	dizem	*dicen*		
	viagens	*viajes*		
	querem	*quieren*		

Ele vem no trem de Santarém.   Dizem que ele tem conta no armazém.
Viene en el tren de Santarem.   *Se dice que tiene cuenta en una abarrotería.*

Contém uma história.   Contei uma história.
Contiene una historia.   *Conté una historia.*

Sem nada disso!   Sei nada disso.
Sin nada de es!.(or Eso no!)   *No sé nada de eso.*

Nasal /õĩ/	*Portuguese*	*Spanish*
	põe	*pone*
	Camões	Camões
	regiões	*regiones*
	limões	*limones*
	lições	*lecciones*

Ela lê Camões.   Compramos limões e melões.
Ella lee Camões.   *Compramos limones y melones.*

5.3.4 Pronunciation: Linking Cases

Fluent speech in Brazilian Portuguese is characterized by a linking process between words, especially when words end in single tap, alveolar *r* (not [x], [h], mute-r, and similar ones), *s*, or *z*.

When *r* links to the following vowel, it creates a new syllable with the following vowel: *abrir e fechar* → *a.bri.**re**.fe.char, Oba! Vão pagar a gente* → *Oba! Vão.pa.ga.**ra**.gen.te.* If the *r* is realized as another variant, or not said at all, then there is either no linking or a different type of linking. Observe what happens when the *r* is mute: *abrir e fechar* → *a.bri.**e**.fe.chá, Oba! Vão pagar a gente* → *Oba! Vão.pa.gá.**a**.gen.te.*

When *s in a* **preceding** *word* links to the following vowel it is pronounced [z]: *os animais* becomes *o[z] animais, os urubus* becomes *o[z] urubus*, and so on. See the examples below (dots indicate syllable boundaries).

- lá.pi.**s e**. pa.pel [ze],
- ma.**r e**. ter.ra, etc. [re]
- te.mo.**s e**.le. co.nos.co [ze]
- e.ra u.ma. ve.**z um**. ga.to chi.nês [zũ]
- sa.iu. po.**r a**.í [ra]

But,

- El**e se** enganou. ([se] not *z* because the *s* is not in the preceding word.)

Examples of linking between words can be observed in all texts in this book. Note that the letter *z* at the end of a word is actually the sound [s]. However, it becomes [z] just like *s* when it links to the following vowel. The pronunciation of *rapaz* in isolation is [Ra.páⁱs]. If there is a linking, it becomes [Ra.pá.zi..mó.sa], namely *rapaz e moça*. In the case of *r,* there is linking only if the *r* is pronounced as an alveolar sound, that is, like the Spanish single *r* (and not when the *r* is pronounced like the Spanish *jota* or the English *h*).

In cases where a word ends in a vowel and the following one starts with a vowel, Brazilian Portuguese and Spanish share some similarities in terms of linking. The words are pronounced as a continuum, not with the glottal stop interruptions as it tends to happen in English. In English, there may be a separation of the words through the insertion of a glottal stop ('), a phonetic sound realized below the root of the tongue, in the larynx. For example, the sequence *Too easy* becomes *Too 'easy*. Many native speakers of Portuguese learning English would probably say these words as a continuum: *Tooeasy*.

In Brazilian Portuguese, syllable-final *l* inside or at the end of a word is generally pronounced as a semivowel [ᵘ]; therefore, it cannot be included in the linking processes shown here. In general, the sentence "Eu prefiro os meses de *abril e maio*" is not read in Brazilian Portuguese as [a.brí.li.má.ⁱu]. It is pronounced as [a.bríᵘ.i.má.ⁱu].

In sum, the linking processes discussed here will occur (1) when a word ends in *r, s, z* and the following word starts with a vowel (e.g. *mais um*), and (2) when the word ends in a vowel and the following word starts with a vowel (e.g. *urubu assustado*). In (2), if the first of the two words has a nonstressed vowel in word-final position, this vowel is regularly omitted in spontaneous conversation (e.g. *gato assustado*).

VIDEOS – Facial Gestures

Video a – Like in the preceding exercises on facial gestures, try to identify the words and expressions that are said. The speaker is American.

	English		Brazilian Portuguese equivalent
1. ( )	sea (long **ea**)	( )	**si** (**i** ends *abruptly*)
2. ( )	seen (long **ee**)	( )	**sim** (**im** ends *abruptly*)
3. ( )	me (long **e**)	( )	**mi** (**i** ends *abruptly*)
4. ( )	taboo (long **oo**)	( )	ta**bu** (**u** ends *abruptly*)
5. ( )	so (long **o**)	( )	s**ô** (*sou*; **o** ends *abruptly*)

	Spanish		Brazilian Portuguese equivalent
6. ( )	mal	( )	ma**l**
7. ( )	sal	( )	sa**l**
8. ( )	tal	( )	ta**l**
9. ( )	llevan	( )	leva**m**
10. ( )	querían	( )	queria**m**
11. ( )	sin	( )	se**m**
12. ( )	también	( )	també**m**

Answers: 1. (x) sea, (x) **si**; 2. (x) seen (x) s**im**; 4. (x) taboo; 5. s**ô**; 6. (x) mal, (x) ma**l**; (x) ta**l** (BrPort); 9. (x) llevan, (x) leva**m**; 11. (x) se**m** ; 12. (x) también; (x) també**m**.

5.4 Special Vocabulary

5.4.1 Human Body

Try reading the texts below paying attention to linking. Underline the cases of linking. Then compare your answers with the answers below.

Brincadeira de Crianças

- "Olá, seu **Costa**, amigo do **peito**! Sei que o senhor me de**testa** mas eu não me **queixo**. O senhor está com dor de **cabeça**? Tome um chá de **canela**!"

(Usually kids say this as they tap on the body parts of the other kid as the body parts are said.)

Piadas (Span. *chistes*)

Na sala de aula, a professora explica:

- O boi tem quatro patas e por isso o chamamos de quadrúpede. Está claro?

- Sim, 'fessora!
- Muito bem. Você aqui nessa fileira (Span. *hilera*) . . .
- Sim, 'fessora.
- Você tem dois pés e por isso nós te chamamos de . . .? de . . .?
- Flavim, 'fessora.

Answers (Expected linkings are underlined): Sei que o senhor me de**testa** mas eu não me **queixo**. O senhor está com dor de **cabeça**? Tome um chá de **canela**!"

    Na sala de aula, a professora explica:
- O boi tem quatro patas e por isso o chamamos de quadrúpede. Está claro?
- Sim, professora!
- Muito bem. Você aqui nessa fileira (Span. *hilera*) . . .
- Sim, professora.
- Você tem dois pés e por isso nós te chamamos de . . .? de . . .?
- Flavim, 'fessora.

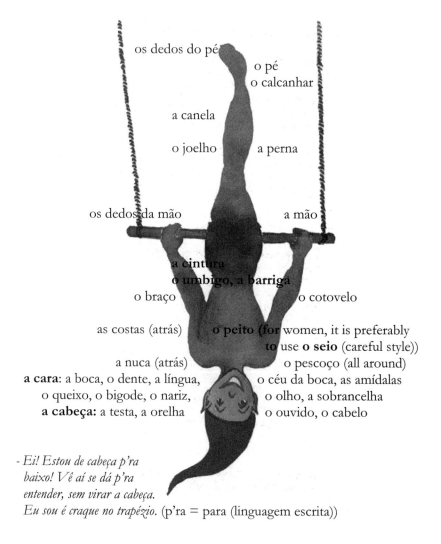

os dedos do pé
o pé
o calcanhar
a canela
o joelho
a perna
os dedos da mão
a mão
a cintura
o umbigo, a barriga
o braço
o cotovelo
as costas (atrás)
o peito (for women, it is preferably to use **o seio** (careful style))
a nuca (atrás)
o pescoço (all around)
a cara: a boca, o dente, a língua, o queixo, o bigode, o nariz,
o céu da boca, as amídalas
o olho, a sobrancelha
a cabeça: a testa, a orelha
o ouvido, o cabelo

- Ei! Estou de cabeça p'ra baixo! Vê aí se dá p'ra entender, sem virar a cabeça.
Eu sou é craque no trapézio. (p'ra = para (linguagem escrita))

5.4.2 Expressions Referring to Body Parts

Estar com dor de cabeça
ouvido
garganta
cotovelo (*"tener dolor en los codos," es decir, ponerse triste por celos o debido a alguna decepción amorosa; hay que que imaginarle a uno apoyándose a los codos, pensativo*)

Ficar de boca aberta (*sorprenderse*)
queixo caído (*sorprenderse*)
orelha em pé (*asustarse*)
olho (em alguma coisa ou em alguém) (*vigilar, observar, seguir*)

Ter o olho maior do que a barriga (*querer más de lo que se puede comer o agarrar o llevar.*)
a mão fechada (*ser tacaño*)

Dar de ombros (*no importarse, no dar importancia, no tener en cuenta*)
cara (com alguém)

Exercise 6: Body Parts Answer the following questions in complete sentences.

1. Quais as partes do corpo humano que mais utilizamos quando jogamos futebol?
2. Como usamos a escova e a pasta de dentes?
3. Por que, às vezes, não ouvimos bem?
4. Como se chamam as partes do rosto dos homens onde nasce cabelo?
5. O que acontece quando somos gulosos, ou seja, quando comemos mais do que devemos?
6. O que acontece quando tiramos a roupa?

Suggested answers: 1. Utilizamos mais os pés, as pernas e a cabeça. As mãos são pouco utilizadas; 2. A escova e a pasta dental nós usamos para escovar os dentes. Gozado, né? 3. Às vezes é porque o ouvido está sujo; 4. No rosto do homens, em geral, há a costeleta, o bigode, a barba e o queixo (queijo é outra coisa); 5. A barriga cresce, or então pode-se dizer que o peito caiu; 6. Quando tiramos a roupa ficamos sem roupa/ nus/ pelados.

Exercise 7: Match the phrases on the left with the words on the right.

1. parte superior do corpo humano onde fica o cérebro   a. o joelho
2. parte do corpo onde está o coração   b. o peito

3. órgão que usamos para perceber os sons
4. logo acima do olho, coberta de pêlos
5. parte acústica que leva os sons ao ouvido
6. entre o braço e o antebraço
7. localizada atrás do pescoço
8. em espanhol, em geral, se diz *pelo*
9. localizado no meio da perna, parte que permite dobrar a perna

c. a sobrancelha
d. a orelha
e. o cabelo
f. o cotovelo
g. a nuca
h. o ouvido
i. a cabeça

Answers: 1. i; 2. b; 3. h; 4. c; 5. d; 6. f; 7. g; 8. e; 9. a.

Exercise 8: Functions of Body Parts After deciding how the following items match, write a sentence describing the function of the body part.

MODEL: *a boca* falar, dormir, pegar, fofocar, comer, andar
           Com a boca comemos, falamos e fofocamos.

1. as mãos	6. o nariz	a. andar	h. ver
2. as pernas	7. os lábios	b. pegar	j. mastigar
3. os olhos	8. os ouvidos	c. tocar	k. cheirar
4. os dentes	9. os dedos	d. abraçar	l. escrever
5. os braços	10. os pulmões	e. beijar	m. correr
		f. ouvir	n. saltar
		g. respirar	o. gritar

Suggested answers: 1. Pego as coisas que quero com as mãos; 2. As pernas servem para correr; 3. Com os olhos eu consigo ver muita coisa; 4. Todo mundo mastiga com os dentes; 5. Eu abraço com os braços e não com as pernas; 6. O nariz serve para cheirar; 7. Os lábios servem para beijar; 8. Ouço com os ouvidos; 9. Com os dedos tocamos nos objetos ou tocamos instrumentos musicais; 10. Os pulmões nos permitem respirar.

Exercise 9 Fill in the blanks with words or phrases from the list. Use each item only once.

deixar de queixo caído
ter o olho maior do que a barriga
magro (*delgado*)

dar sempre de ombros
dar de cara
cheirinho

Lá onde eu moro, o (1) _____ de pão fresco sempre me acorda de manhã cedinho. Outro dia saí de manhã para comprar alguma coisa para tomar no café da manhã e (2) _____ com um amigo muito guloso que (3) _____ . Queria tudo o que via na confeitaria: bolo, doces, biscoitos, croissante, enfim, tudo. Porém, por incrível que pareça (Span. *parezca*) ele era bem (4) _____ . Nossa turma, ironicamente o chamava de Bola Sete, o contrário do que ele era

na realidade. Nós sempre fazíamos piadas dele, mas ele nem dava bola, (5) ___
___ .

Assim, depois de ter dado de cara com ele, dei um alô, brincamos um pouco um com o outro e comprei meu pão. Ele comprou não só o pão, mas também uma quantidade de croissantes, brioches e doces. Eu já sabia que ele não era fácil com a comida, e não fiquei surpreendido. O que (6) _____ foi quando ele me disse que aquele já era o segundo café da manhã dele.

Tem pessoas que tem uma sorte incrível. Comem, comem e não engordam. O Bola Sete tinha essa sorte. Mas eu gosto muito dele. Sempre foi um cara legal.

Nota: "Dar de ombros" is not as common as it used to be, but it is still used.

Answers: 1. cheirinho; 2. dei de cara; 3. tinha o olho maior do que a barriga; 4. magro; 5. dava sempre de ombros; 6. me deixou de queixo caído.

5.5 Direct and Indirect Object Pronouns: Usage and Placement

This section simplifies the normative use and placement of unstressed pronouns in two ways. The first is through a reference guide which attempts to present everything about unstressed pronouns solely with examples. It contains the most important and frequent cases of pronoun placement.

Right after the reference guide, the same topic is discussed with explanations and more detail, as a *leitura de nível avançado*. **The actual normative grammar rules (língua-padrão) for pronoun usage and placement are available in Appendix 8.**

As you read through these discussions, keep in mind that vowel-like pronouns (*o, a, os, as*) behave differently than pronouns that start with a consonant (*me, te, se, lhe, nos, lhes*).

5.5.1 Placement and Usage of Pronouns: A Quick Reference Guide

Spanish			Brazilian Portuguese		
Subject	Unstressed Pronoun		Subject	Unstressed Pronoun	
	Direct	Indirect		Direct	Indirect
yo	me	me	eu	me	me
nosotros, nosotras	nos	nos	nós	nos	nos
tú	te	te	tu	te	te
vosotros	os	os	vós	vos	vos
Ud (m), él	lo	le	O Sr., você, ele	o	lhe
Ud (f), ella	la	le	A Sra., você, ela	a	lhe
Uds (m), ellos	los	les	Os Srs., vocês, eles	os	lhes
Uds (f), ellas	las	les	As Sras., vocês, elas	as	lhes

a. With Conjugated Verb

Ellos nunca se entienden.   Eles nunca se entendem.
El profesor me llamó.   O professor me chamou.
La profesora se confundió.   A professora se confundiu.
João nos escribió.   João nos escreveu.

Me llamó.   Chamou-me.
Se confundió.   Confundiu-se.
Nos escribió.   Escreveu-nos.

b. With Infinitive

Los estudiantes van a acordarse.   Os estudantes vão lembrar-se.
Los estudiantes se van a acordar.   Os estudantes vão se lembrar.

Quieren divertirse.   Querem divertir-se.
Se quieren divertir.   Querem se divertir.

Hicieron lo imposible para ayudarme.   Fizeram o impossível para ajudar-me.
   Fizeram o impossível para me ajudar.

In Brazilian Portuguese, Place Vowel-like Pronouns (o, a, os, as) After the Infinitive

Vamos a llamarlos mañana.   Vamos chamá-los amanhã.
Los vamos a llamar mañana.   Vamos chamá-los amanhã.
Quieren sorprenderlos.   Querem surpreendê-los.
Los quieren sorprender.   Querem surpreendê-los.
No me gustaría pedirlo.   Não gostaria de pedi-lo

c. With Gerund (or Present Participle) and Past Participle

Todos están quejándose de ti.	Todos estão queixando-se de você.
Todos se están quejando de ti.	Todos estão se queixando de você.
Me lo habían comentado.	Tinham <u>me</u> falado sobre isso.
Yo lo había comprado ayer.	Eu <u>o</u> tinha comprado ontem. (**vowel-like**)
Las habíamos esperado.	Nós <u>as</u> tínhamos esperado. (**vowel-like**)

d. Common Constructions in Spanish Without Equivalents in BP

e.1. Reflexive or reflexive-like constructions.

Se comieron los bocadillos.	[Comeram os sanduíches.]
Se le rompió la puñeta.	[Quebrou o pulso.]
Se les olvidó todo.	[(Se) Esqueceram de tudo.]

e.2 Personal **a**.

*Conocí **a** todos ellos.*	Conheci todos eles.
*Adoraba **al** perrito de mi novia.*	Adorava o cachorrinho da minha garota.

e. Omission of Pronouns in Brazilian Portuguese.

Brazilians use object pronouns more often if they start with a consonant (*me, te, lhe, se, nos, lhes*). Vowel-like object pronouns (*o, a, os, as*) may sound peculiar, pedantic, e.g. *Nós **o** queremos*, and are not used as often in conversation. However, when vowel-like pronouns change their form and start with a consonant (*-lo, -la, -los,- las*), they tend to be more "welcomed," e.g. *Nós queremos consegui-**lo**.*

In Brazilian Portuguese, unlike Spanish and English, there is a tendency to not use object pronoun overall. The context may be sufficient, allowing speakers to drop the object pronoun.

<u>Me</u> <u>lo</u> trajo el correo.	(Foi o) correio que trouxe.
Sí, <u>lo</u> conozco.	Sim, conheço.
No, no <u>lo</u> hay. (un producto)	Não tem não.
<u>Me</u> <u>los</u> regaló mi abuelito.	Foi vovô que <u>me</u> deu.
Si <u>me</u> permiten, <u>las</u> llevo en mi carro.	Se <u>me</u> permitem, eu levo as senhoras.
Ya <u>se</u> <u>la</u> envié. (una muestra a él)	Já enviei para ele.
<u>Me</u> <u>lo</u> contó palabra por palabra.	<u>Me</u> contou palavra por palavra.
	or Contou palavra por palavra.
<u>Les</u> explicó todo.	Explicou tudo.
<u>Se</u> <u>lo</u> entrego <u>a Ud.</u>, ¿está bien?	Entrego (isso) ao Sr., está bem assim?
Se los presté a ustedes, ¿se acuerdan?	Emprestei aos senhores, lembram?

LEITURA DE NÍVEL AVANÇADO

5.5.2 Usage of Unstressed Pronouns: Detailed Presentation

Brazilians **avoid the vowel-like pronouns o, a, os, as**, especially in spoken language. For instance, instead of saying *Posso levá-la* (Span. *Puedo llevarla*), Brazilians in general prefer other solutions such as *Posso levar a Maria* (with the actual noun, instead of a pronoun) or *Posso levar* (no pronoun or noun; it relies on context).

Pronouns that start with a consonant (*me* [mi] *se* [si] *nos* [nuS]) are the ones commonly used. A particular pronoun usage occurs in the north and northeast of Brazil (Bahia, Pernambuco, etc.), namely, the use of *lhe* and *lhes* meaning "to you."

> **Lhe** *entrego tudo mais tarde.*   I will give everything **to you** later.

Some speakers outside these areas may do the same when they feel uncertain about the speaking styles to use. Instead of using the familiar *te* or the careful *o senhor* or *a senhora*, they will pick *lhe* as a kind of a "in-between" solution.

In Rio, São Paulo, and other regions, one observes the use of *te* meaning "to you:" *Te telefono mais tarde* or simply *Telefono mais tarde*, without the pronoun.

The use of *tu* in these areas of Brazil is often "ungrammatical" because these regions make the agreement of *tu* with the verb in third person: *Quando é que tu te deu conta disso?*. In Rio Grande do Sul, *gauchos* in general claim to use *tu* consistently and grammatically correct, along with *te*: *Quando é que te **deste** conta disso?* This inconsistent use of object pronouns in Portuguese is not new. Sousa da Silveira (in *Trechos Seletos*, Rio de Janeiro, F. Briguiet & Cia. 1963, pp. 46-56) discusses similar inconsistencies as *dupla sintaxe*, which can be dated back as far as in the time of Camões.

To summarize, Brazilian Portuguese has developed this interesting feature whereby the object pronoun is avoided or is not used at all in spoken and sometimes in written language. Study the *diálogo* below (Ø means a "missing element"):

> - Quem escreveu esse livro?
> - Acho que foi o Rubem Fonseca que Ø escreveu.

or

> - Quem escreveu esse livro?
> - Acho que foi o Rubem Fonseca que escreveu <u>esse livro</u>.

The equivalent dialogues in Spanish and English will normally show a pronoun.

- ¿Quién escribió ese libro?
- Creo que Rubem Fonseca (fue quien) <u>lo</u> escribió.

- Who wrote this book?
- I think (it was) Rubem Fonseca (who) wrote <u>it</u>.

If the object noun or pronoun is missing, native-speakers typically reconstruct the sentence by mentally adding the missing element. Another difference to take into account between Spanish and Portuguese is that Brazilians use one pronoun, the indirect pronoun, not two as in Spanish:

Spanish: *Ya **se la** entregué.*   Brazilian Portuguese: *Já **lhe** entreguei a carta.*

Exercício de fixação – Vamos checar se a explicação acima ficou clara. Sabemos que os brasileiros evitam o uso de pronomes, especialmente os pronomes-vogais na linguagem falada. Assim, em sua opinião, quais seriam as alternativas para as orações abaixo? Lembre-se de que essas orações estão gramaticalmente corretas.

1. Eu **lhe** falei.
2. Eu falei-**lhes**.
3. Nós **as** compramos.
4. Nós compramo-**lo**.

Suggested answers: Se você já tem a sua resposta, compare com as respostas sugeridas: 1. *Eu falei* **com a Cristina, com o Paulo, com o/a Fulano/a**, etc. ou *Falei* **com ela** ou **Falei com ele**, ou ainda *Falei* **com você**, etc. 2. *Falei* **com os estudantes**; *Falei* **com eles**, ou também *Falei* **com vocês**, etc. ou ainda sem nenhum pronome, *Falei*, etc. 3. *Nós compramos, Compramos, Nós compramos* **essas coisas/as flores**, etc. 4. *Nós compramos* **isso/o carro**, etc. *Compramos*, etc.

5.5.3 Attachment of Unstressed Pronouns: Detailed Presentation

5.5.3.1 Finding the Direct and Indirect Pronouns

Portuguese does not have the equivalent of the Spanish **personal a**.

Spanish
¿Conoces **al** profesor?
Al gato persigue el perro.

Portuguese
Conhece o professor?
O cachorro corre atrás do gato.

Explaining unstressed pronouns requires a basic understanding of what are direct and indirect complements. Some verbs will require no object (e.g. *caminhar, andar, correr*), some verbs require one object (e.g. *esperar, saber*), some verbs require two objects (e.g. *dar, entregar, escrever*). It requires additional study and experience with the language to understand this concept. But, there are some mechanical strategies that can help to find the kind of object a verb requires, such as the following.

When trying to identify direct and indirect complements, remember that **direct** usually answer the question **who** or **what**. To identify the **indirect** complement we ask a similar question with an additional preposition, namely **to/for** etc. **whom** or **to/for** etc. **what**.

   She hit his head really hard.

   *To whom did she hit? not possible, the question makes no sense
   *To what did she hit? not possible either
   Who did she hit? possible, but it does not apply to this sentence.
   What did she hit? possible and it does apply. The answer is **his head**.

Therefore, this sentence has a direct complement (complement = object), which is "his head." Direct complements in Portuguese can be replaced by one of the direct object pronouns *o, a, os, as* if needed.

The **indirect** complement is often accompanied by a <u>direct</u> complement:

   *I gave **him** <u>the book</u>.*

In other words, when there are two objects, one of them will be indirect and the other direct.

   I gave what? Answer: the book (direct)
   I gave (it) to whom? Answer: (to) him (indirect)

Therefore, there are two complements in this sentence: one direct, *book* and the other indirect, *him*.

This strategy is useful, but it does not apply to all cases. For instance, there is a group of verbs known as **verbos de regime** (Span. *verbos de régimen*, Eng. *objective case*), which take direct objects despite being followed by a preposition. In English for example, verbs like *ask for, listen to, look for, look at, pay for, wait for,* etc. take a *direct object* although they have a preposition after them. In fact, these verbs and their preposition form a single unit.

In Portuguese, the following verbs are common **verbos de regime**: *acabar com, acreditar em, assistir a, casar-se com, depender de, entrar em, mudar de, pensar em, rir de, sonhar com*, etc. **They take a direct object**.

5.5.3.2 The Written (Careful) and Spoken (Informal) Languages

Although it is often difficult to separate the spoken language from the written language in Brazilian Portuguese, it is helpful to set them apart. Thus, for practical purposes, we will consider the spoken language as the informal style and the written language the careful style of usage.

Let's first discuss the placement of pronouns in a **careful** context and then move to informal situations. As a rule of thumb, we can state that **if** Brazilians use object pronouns, **the object pronouns will most likely be placed *before* the *main* (lexical) verb.**

*Não **a** conheciam.*
*Estavam **lhe** falando.*
*Parece que ele queria **lhes** dizer alguma coisa.*

This **careful** or **written** general rule requires the following considerations.

a. Don't start a sentence with an object pronoun (the asterisk * means "inadequate"):

1. **Lhe expliquei várias vezes.*
2. *Eu lhe expliquei várias vezes.*
3. **Me diga uma coisa: o que houve?* **(Imperative)**
4. *Diga-me uma coisa: o que houve?* **(Imperative)**

The pronoun attachments in (1) and (3) are very common in spoken and even in written Brazilian Portuguese, despite being "ungrammatical." But to avoid conflict with the norm, the subject (*eu*) is added in (2). The other alternative, less common in Brazilian Portuguese, is to follow the norm and place the unstressed pronoun after the imperative as in (4).

b. When using a <u>vowel-like pronoun</u> (*o, a, os, as*) with <u>more than one verb</u>:

b.1 If the main verb is not followed by an infinitive, place the vowel-like pronoun before the conjugated (auxiliary) verb:

*Esses rapazes **as** tinham <u>conheci**do**</u> antes de você.* (not infinitive)
*Ela **o** está <u>contrata**ndo**</u> agora.* (not infinitive)

Otherwise, keep the general rule of <u>pronoun-before-main-verb</u>:

*Ela está **me** <u>contratando</u> agora.*
*Aquele menino já tinha **lhe** <u>contado</u> tudo.*
*Ninguém está **lhes** <u>contando</u> essas coisas.*

b.2 If the main verb is an **infinitive**, place the <u>vowel-like pronoun</u> **after** the **infinitive**. Pronouns starting with a consonant follow the general rule. Note the changes in orthography:

o, a, os, as → **lo, la, los, las**, after **r** e **s**.

Vamos *leva**r** o João* conosco.
　　→ Vamos *levá~~r~~ (o João)* conosco.
　　　　→ Vamos *levá-lo* conosco.
*Levamo**s** a Maria* para casa.
　　→ *Levamo~~s~~ (a Maria)* para casa.
　　　　→ *Levamo-la.*

b.3 Other less common but typical changes:

- Verbs ending in **z** should also follow rule b.2, but Brazilians don't bother using these forms because they sound awkward: *Fi**z** os deveres* → ***Fi-los**.*

- **s** is deleted in final position, before **n**: *Escrevemo~~s~~-nos muito.* → *Escrevemo-nos muito.* But, given the discussion above, what happens the most is *Nos escrevemos muito.* or *Nós nos escrevemos muito.*

- Word-final nasal sounds "spread" their nasality rightward, causing vowel-like pronouns to begin with /n/, thus: **-no/-na/-nos/-nas**.

  dão os** a eles* → *D**ão-nos** a eles.*
  levaram a** ao cinema* → *Levara**m-na** ao cinema.*

Native speakers of Brazilian Portuguese tend to avoid these last constructions because they are ambiguous in addition to sounding pedantic. For example, sentence *D**ão-nos** a eles* is not only peculiar but also leaves unclear who the referent is; it is intended to mean "Give them to them," but it could also mean "Give us to them."

FIM DA LEITURA
DE NÍVEL AVANÇADO

> **Helpful Rules** - In case of an "emergency," remember:
>
> - In the written language, if the sentence starts with a conjugated verb, place the object pronoun after the hyphen: *Escrevo-lhe*.[10]
> - In the written or spoken language, if the sentence starts with a subject, place the object pronoun between the subject and the verb: Eu **lhe** escrevo.
> - Use one pronoun, if needed, not two as in Spanish.
>
>
> Often, it is possible to omit the object pronoun and simply keep the noun, or better yet to use a prepositional phrase.

Exercício de fixação. Veja se entendeu. Reescreva as orações com os devidos pronomes.

1. Quero comer esse bolo.
2. Terminemos os trabalhos agora.
3. Vou medir essa porta.
4. Quem foi que pediu pra fechar a janela?
5. Afirmávamos essas coisas sem realmente compreendê-las.
6. Não sei se ela quer mesmo conhecer você.

Já tem suas respostas? Se já tem, então compare. Answers: 1. Quero comê-lo. 2. Terminemo-los agora. 3. Vou medi-la. 4. Quem foi que pediu para fechá-la. Afirmávamo-las sem realmente compreendê-las. 6. Não sei se ela quer mesmo te conhecer.

The transition **from careful to informal** poses no difficulty because pre-verbal pronoun attachment in Brazilian Portuguese is already well rooted and widely accepted. Non-native students need only to bear in mind that vowel-like pronouns should be avoided in spoken language. Instead, it is preferable to use the noun that the pronoun would replace or find other alternatives, e.g. prepositional phrases like *para ela* and *com vocês* which obviate the need for vowel-like pronouns.

Exercício – Reescreva as orações que estão em espanhol em orações equivalentes em português, em um contexto cuidadoso.

1. Pelé no me conoce.
2. ¿Quién le dió ese regalo?
3. Nos levantamos tarde o temprano, depende . . .
4. Mañana vamos a llevarte a la piscina.

---

[10] I am thankful to David Jackson for sharing with me how he deals with pronoun placement in Brazilian Portuguese. Some of his insights helped me in the discussion of pronoun placement in this course.

5. Nadie tiene que decirme eso.
6. Finalmente están explicándole todo.
7. Nos están pidiendo algo, pero no sé de qué se trata.
8. No tenemos ningún interés en conocerte.
9. Me gustaría sacarla de aquí.
10. Sólo quería hacerle un favor.
11. Vine para ayudarles.
12. Vamos a ponerla.

Primeiro escreva suas respostas. Depois compare com as respostas abaixo.
Suggested answers: 1. Pelé não me conhece. 2. Quem lhe deu esse presente? 3.
Nós nos levantamos cedo ou tarde, depende... 4. Amanhã vamos te levar na
piscina. 5. Ninguém tem que me dizer isso. 6. Finalmente estão lhe explicando
tudo. 7. Estão nos pedindo alguma coisa, mas não sei de que se trata. 8. Não
temos nenhum interesse em te conhecer. 9. Gostaria de tirá-la daqui or Gostaria
de te/lhe tirar daqui. 10. Só queria lhe fazer um favor. 11. Vim para lhes ajudar.
12. Vamos pô-la. or Vamos pôr a mesa, Vamos pôr a comida, Vamos por *algo*, etc.

Exercício – Reescreva as orações abaixo usando os pronomes de maneira
adequada, dentro de um contexto cuidadoso no Brasil.

1. Nós tínhamos conhecido a turma do Babado Novo muito antes de vocês.
2. Tenho explicado isso a eles, mas parece que ainda não entenderam.
3. Se quiser eu posso levar a senhora.
4. Espere, vamos abrir o carro.
5. Conhecemos essas estudantes.
6. Conhecemos um ao outro.
7. Conhecem essas estudantes.
8. Vamos pôr as meias.
9. Faria esse favor para ele.
10. Claro que vão fazer isso!

Já tem suas respostas? Suggested answers: 1. Nós a tínhamos conhecido muito antes
de vocês. 2. Tenho lhes explicado isso, mas parece que ainda não entenderam. 3. Se
quiser eu posso levá-la. 4. Espere, vamos abri-lo. 5. Nós as conhecemos. (ou o menos
usado, Conhecemo-las.) 6. Nós nos conhecemos. (ou Conhecemo-nos) 7.
Eles/Elas/Vocês as conhecem (ou, o menos usado Conhecem-nas) 8. Vamos pô-las.
9. Eu/Você/Ele/Ela etc. lhe faria esse favor. 10. Claro que vão fazê-lo.

Exercise – The following sentences have errors. Identify them errors and
write a correct sentence, in a careful context.

1. *Vou a porlo na escrivaninha.
2. *Foi chamar-as há pouco.
3. *Prazer em conhecer-o.
4. *Calou-se para não ferir-os.
5. *Tragam-o rápido.
6. *Dão-os a todo mundo.
7. *Vimos-nos.
8. *Isso é de você, tenho certeza.
9. *Diremos-lhes isso depois de amanhã. (Diremos = *diremos*)
10. *Vou abrir-la agora.

Answers: 1. Vou pô-lo na escrivaninha; 2. Foi chamá-las há pouco; 3. Prazer em conhecê-lo; 4. Calou-se para não feri-los; 5. Tragam-no rápido; 6. Eles/Elas etc. os dão a todo mundo ou ainda Dão-nos a todo mundo; 7. Vimo-nos; 8. Isso é seu, tenho certeza; 9. Nós lhe diremos isso depois de amanhã. 10. Vou abri-la agora.

Exercise 10 – Place the pronouns correctly according to the rules of the written language. To do this, (1) identify the type of complement: direct or indirect; (2) follow the general rule and make changes as needed.

1. Não telefonei ontem. (ele)
    Identify: Não telefonei para quem? *or*
               *Não telefonei quem? *or*
               Não telefonei para quê? *or*
               *Não telefonei quê?
               Answer: para quem.

The presence of *para* in the only possible question indicates that *most likely* the complement is indirect. This mechanical way of identifying complements is not 100 percent certain, but it works for most cases. Exceptions are learned by usage, or by receiving *input* from instructors or native speakers.

Placement: Since the complement is **indirect**, the pronoun has to be ***lhe***. The general rule in the written language is to place the pronoun before the main verb: *Não **lhe** telefonei ontem.*

2. Disse o que sabe. (eu)

    Identify: disse a/para quem? A/para mim, *indirect*
    Placement: the pronoun corresponding to *eu* is *me*. Do not start
                   a sentence with a verb.

    Answer: *Disse-me o que sabe.* or *Ele/Você etc. me disse o que sabe.*

3. Comprei para meu melhor amigo. (as lembranças)
4. Quando chamaram, já era tarde. (eu)
5. Farei alguns favores. (vocês)
6. Mário _____ visitou _____ ontem. (eu)
7. Sérgio _____ encontrou _____ na estação do metrô. (Gabriela)
8. "– Oi, Teresa, eu sempre _____ vejo _____ na biblioteca". (você)
9. Eu não _____ quero _____ gelada. (água)
10. Eles _____ conheceram _____ no ano passado. (nós)

Suggested answers: 3. Comprei-as para meu melhor amigo or Eu as comprei para meu melhor amigo. 4. Quando me chamaram, já era tarde; 5. Eu lhes farei alguns favores. 6. Mário me visitou ontem. 7. Sérgio a encontrou na estação do metrô. 8. "– Oi, Teresa, eu sempre te/a vejo na biblioteca" or "– Oi, Teresa, eu sempre vejo você na biblioteca." 9. Não quero, não. but Eu não a quero gelada or Eu não a quero is correct, but it will rarely or never be used. 10. Eles nos conheceram no ano passado.

Exercise 12 Rewrite the sentences below using a direct object pronoun in careful context.

1. Vocês viram os rapazes?
2. Vimos as moças no circo.
3. Raimundo fechou as janelas.
4. Eu pude ver o ladrão.
5. Tadeu e eu pudemos ver a fotografia.
6. O Luís Inácio não pôde ver os ladrões.
7. Eu pude ver as fotografias.
8. Quem viu o ladrão?
9. Teresa e Márcia viram a fotografia.
10. Todos viram os ladrões.
11. Eles viram as fotografias dos deputados.
12. Eles estão na cadeia há uma semana. Não vamos _____ nunca. (visitar)
13. O trabalho é muito difícil. Não posso _____. (fazer)

Suggested answers: 1. Vocês os viram? (or Vocês viram-nos?) 2. Nós as vimos no circo? 3. Raimundo as fechou. 4. Eu pude vê-lo. 5. Tadeu e eu pudemos vê-la. 6. O Luís Inácio não pôde vê-los. 7. Eu pude vê-las. 8. Quem o viu? 9. Teresa e Márcia a viram. (or Teresa e Márcia viram-na.) 10. Todos os viram. (or Todos viram-nos.) 11. Eles as viram. (or Eles viram-nas.) 12. Não vamos visitá-los nunca. 13. Não posso fazê-lo.

Exercise 13 Object pronouns as used in written language: Use the verb in the first sentence to complete or write the second one.

1. Escrevi uma carta para ele. _____ uma carta.
2. Vou oferecer um jantar para eles. _____ um jantar.
3. Vou apresentar meus amigos para elas. _____.
4. João, telefono para você amanhã. _____.
5. Vou ver os novos engenheiros e em seguida vou entregar os novos modelos a eles. _____ e em seguida _____.

Answers: 1. Eu lhe escrevi (or Escrevi-lhe); 2. Vou lhes oferecer; 3. Vou lhes apresentar meus amigos. 4. João, te/lhe telefono amanhã. 5. Vou vê-los e en seguida entregar-lhes os novos modelos.

Exercise 14 Unstressed Pronouns Rewrite the following sentences using the unstressed pronouns as used in careful style.

1. O professor não respondeu às questões.
2. Não posso dar atenção a vocês.

3. Finalmente você entregou as cartas à secretária.
4. Sugiro outra solução para vocês.
5. Nunca vi aquela moça antes.
6. Conheci os novos alunos ontem.
7. É preciso devolver o artigo para mim.
8. Os espectadores aplaudiram a atriz.
9. Dirá tudo a sua esposa, tenho certeza.
10. Reconhecemos a Carmen imediatamente.
11. Você trouxe os originais?
12. Ninguém escreveu ao presidente.
13. Você entregou a carta à secretária?
14. Você mostrou o projeto aos professores?
15. Laura e Andréa querem pedir carona ao motorista.
16. O professor devolveu o trabalho para mim.
17. Nossa família manda muitas cartas para nós.
18. Deixe a bebida na geladeira até amanhã. (Imperative)
19. Não diga nada para ela. Faça o seu trabalho e pronto. (Imperative)
20. Aqueles homens pediram uma informação a mim.

Suggested answers: 1. O professor não as respondeu. 2. Não posso lhes dar atenção (ou Não posso lhes dar atenção.) 3. Finalmente você lhe entregou as cartas. (or Finalmente você entregou-as à secretária.) 4. Eu lhes sugiro outra solução. 5. Nunca a vi antes. 6. Eu os conheci ontem. (or Conheci-os ontem.) 7. É preciso me devolver os artigos. (or É preciso devolvê-lo para mim.) 8. Os espectadores a aplaudiram. (or Os espectadores aplaudiram-na.) 9. Ele lhe dirá tudo, tenho certeza. 10. Nós a reconhecemos imediatamente. (or Reconhecemo-la imediatamente.) 11. Você os trouxe? (or Você trouxe?) 12. Ninguém lhe escreveu. 13. Você lhe entregou a carta? (or Você a entregou à secretária?) 14. Você lhes mostrou o projeto? (or Você o mostrou aos professores?) 15. Laura e Andréa querem lhe pedir carona. 16. O professor me devolveu o trabalho. 17. Nossa família nos manda muitas cartas. 18. Deixe-a na geladeira até amanhã. 19. Não lhe diga nada. Faça-o e pronto. 20. Aqueles homens me pediram uma informação.

5.6 Ordinal Numbers: 1–1,000

Primeiro(a)	Nono(a)	Qüinquagésimo(a)
Segundo(a)	Décimo(a)	Sexagésimo(a)
Terceiro(a)	Décimo(a)-primeiro(a)	Septuagésimo(a)
Quarto(a)	Décimo(a)-segundo(a)	Octagésimo(a)
Quinto(a)	Vigésimo (a)	Nonagésimo(a)
Sexto(a)	Vigésimo(a)-primeiro(a)	Centésimo(a)
Sétimo(a)	Trigésimo(a)	Milésimo(a)
Oitavo(a)	Quadragésimo(a)	Milionésimo(a)

Este é o meu primeiro carro.
Quem chegar em terceiro lugar paga a despesa.
D. Pedro Segundo.
Afonso Doze
Século vinte
Século três/terceiro
Meu escritório fica no décimo-quinto andar.
Meu escritório fica no quinze.

NOTE: There is a strong tendency to avoid ordinal numbers,
        especially those higher than ten.

Exercise 15 Fill in the blanks with ordinal numbers according to the number
in parentheses.

1. Quero chegar em _____ lugar. (1)
2. Quieto, menino! Já é a _____ vez que falo com você para não fazer isso!
    (1.000)
3. Vou explicar isso aí pela _____ e última vez! Se entender, bem! Se não
    entender, amém! (9)
4. Aquela artista é feia, mas é muito inteligente. Esta é a _____vez que vejo
    o mesmo filme dela. (3)
5. Fernando, gostaria de lhe apresentar Ricardo _____, um ex-aristocrata. (8)
6. Carlos _____ foi um dos reis da Espanha. (5)
7. Paulo _____ foi um papa. (6)
8. Depois da _____ lição, vamos ter uma prova. (10)
9. Agora o Robertinho vai contar a sua _____ mentira desta semana. (51)
10. Acabam de chegar os _____ convidados. (1)

Answers: 1. primeiro; 2. milésima; 3. nona; 4. terceira; 5. oitavo; 6. Quinto; 7. Sexto; 8.
décima; 9. qüinquagésima-primeira (ou Aqui está a namorada número 51, do
Robertinho. ☺); 10. primeiros.

Exercise 16 Answer each of the following questions in the negative, using the
next-lowest ordinal number.

    MODEL: Esta é a décima-primeira lição?
             Não, esta é a décima lição.

1. Vocês moram no quarto apartamento?
2. Esta é a oitava cadeira?
3. Foi no sétimo dia?
4. Já é a segunda vez que ele fala?
5. Deve ser a décima apresentação dele aqui, não é?
6. Eles chegam no terceiro vôo?

Suggested answers: 1. Não, nós moramos no terceiro (apartamento). 2. Não, esta é a sétima. 3. Não, foi no sexto (dia). 4. Esta é a primeira. 5. Não, esta é a nona (apresentação dele). 6. Não, no segundo.

5.7 Spelling: Nasalization with *m, n, nh* and ~

Letters Studied	Corresponding Sounds	Condition or Position	Example
m	/m/	Before vowel	*ma*mãe
	Nasalization	After vowel	assi*m*, co*m*pra
n	/n/	Before vowel	*n*ada
	Nasalization	After vowel	u*n*s, conte*n*te
nh	/ỹ/	always, everywhere	ne*nh*um, **Nh**ônhô
~	Nasalization	Placed on vowel	manh**ã**, maç**ã**, p**õ**e, milh**õ**es

NOTE: Usually, *nh* nasalizes the preceding vowel, as much as *m* and *n* do.

Exercise 17 Read the sound representation and then fill in the blanks with the correct spelling.

1. [ómẽⁱs]   hom____s
2. [ví]   v____
3. [ũs]   ____
4. [tãbẽⁱ]   tamb____
5. [sẽⁱ]   c____
6. [aᵘgũs/]   alg____s
7. [áʃãᵘ]   ach____
8. [déṭi/]   d____te
9. [sẽⁱ dúvida]   ____dúvida
10. [géRu]   g____ro
11. [lá]   l____
12. [así]   ass____
13. [púỹa/]   pu____a
14. [parésẽⁱ]   parec____
15. [iStãᵘ]   est____
16. [žazmí]   jasm____
17. [sépri]   s____pre
18. [aída]   a____da
19. [méṭi]   m____te
20. [subríỹu]   sobr____o

Answers: 1. en; 2. im; 3. uns; 4. ém; 5. em; 6. uns; 7. am; 8. en; 9. em; 10. en; 11. ã; 12. im; 13. nh; 14. em; 15. ão; 16. im; 17. em; 18. in; 19. en; 20. inh.

Exercise 18 Fill in the blanks with the correct spelling.

1.	[mamã˥s]	mam____s	6.	[pã́ᵘ]	p____
2.	[vãᵘ]	v____	7.	[lisó˥s]	liç____s
3.	[asó˥s]	aç____s	8.	[masã́]	maç____
4.	[korasã́ᵘ]	coraç____	9.	[žuã́ᵘ/	Jo____
5.	[dã́ᵘ]	d____	10.	[patrã́ᵘ]	patr____

Answers: 1. ães; 2. ão; 3. õe; 4. ão; 5. ão; 6. ão; 7. õe; 8. ã; 9. ão; 10. ão.

5.8 Dictation

Dictation 1 Study the following words. They contain the open vowels /ɛ/ (as in English *bet*) and /ø/ (as in English *dog's paw*) contrasted with the vowels /I/ (English *Dip it!*) and /o/ (English *Poe, foal*). Your instructor will read them in random order. Write down only the words that contain open vowels.

/ɛ/ and /e/:
janela, prazer, colher, você, pé, seu, pê, céu, colega, português, quero, caneta, escrever, sexta, borboleta, cassete, neto, cadê, essa, ela, ele, espere, certo, trazer.

/ø/ and /o/:
ótimo, senhora, novo, senhor, nova, folha, avô, avó, alô, sol, sou, relógio, boy, boi, nove, nosso, rosto, bola, porta, bossa-nova, cobra.

Answers: /ɛ/— jan<u>e</u>la, colh<u>e</u>r, p<u>é</u>, c<u>é</u>u, col<u>e</u>ga, qu<u>e</u>ro, cass<u>e</u>te, n<u>e</u>to, <u>e</u>ssa, <u>e</u>la, esp<u>e</u>re, c<u>e</u>rto. /ø/— <u>ó</u>timo, senh<u>o</u>ra, n<u>o</u>va, av<u>ó</u>, s<u>o</u>l, rel<u>ó</u>gio, b<u>o</u>y, n<u>o</u>ve, n<u>o</u>sso, b<u>o</u>la, p<u>o</u>rta, b<u>o</u>ssa-n<u>o</u>va, c<u>o</u>bra.

Dictation 2 Study the following sentences. Your instructor may read some of them to you in random order. Write down the sentences as they are read.

1. Desculpem, mas não deu para chegar a tempo.
2. Foi na sexta que nós trouxemos um berimbau conosco.
3. "O dia em que vim-me embora, não teve nada de mais."
4. Disse que estava com uma dor de cabeça incrível.
5. Este livro contém muitas estórias e eu contei uma delas para a meninada.
6. Meus irmãos trouxeram do Maranhão dois cachorros alemães.
7. Minha tia tinha uma irmã que gostava das viagens nos trens de Santarém.
8. Aqui eu vou devagar porque senão eu posso cair no poço.
9. Rapaz! O que houve? O que aconteceu com você? Parece que você viu um monstro.

5.9 Translation

Exercise 19 Translate from Spanish into Brazilian Portuguese.

1. Siempre encuentran excusas para no venir con nosotros.
2. Quisieron salir anteayer pero no pudieron.
3. ¿Quiénes pusieron estas cosas en mi espalda?
4. Pasado mañana mis hijitos van a cortar el pelo.
5. No sé por qué comienzan a llorar.
6. De postre me gustan los pasteles.
7. Duermo temprano porque me despierto temprano.
8. Seguimos despreocupados ya que las lecciones todavía son fáciles.
9. Con la garganta hinchada, toso sin parar.
10. Sirven café recalentado en ese restaurante.
11. Voy a ponerme los zapatos.
12. Esos pantalones son demasiado cortos. ¿Qué te parece?

Answers: 1. Sempre acham desculpas para não vir conosco. 2. Quiseram sair anteontem mas/porém não puderam. 3. Quem pôs/colocou estas coisas nas minhas costas? 4. Depois de amanhã meus filhinhos vão cortar o cabelo. 5. Não sei porquê começam a chorar. 6. Gosto de bolo na sobremesa. 7. Durmo cedo porque acordo cedo. 8. Continuamos despreocupados/Seguimos tranqüilos já que as lições ainda são fáceis. 9. Com a garganta inchada, tusso sem parar. 10. Nesse restaurante servem café requentado. 11. Vou pôr/calçar os sapatos. 12. Essas calças são muito curtas. O que você acha?

5.10 Writing Drills: Letters and Messages

Exercise 20 Study the following letters and messages. The first one is an e-mail written in careful style; the second one is a business (careful) letter; the last one is an informal message (*recado*). Study them and then, replicate one or more of them in a way that can be useful to you someday. After you finish writing, hand in your work for corrections.

Appendix-10 at the end of this book has a variety of letters that can be used as models. Nowadays in Brazil, formal letters are becoming less bureaucratic and more practical, to such a point that even the Brazilian government has a *Manual de Redação da Presidência da República* that is intended to eliminate bureaucracy. Because of these ongoing changes, it is always a good idea to show formal letters to an instructor or to share it with a well-educated Brazilian friend to get their opinion before you send out a formal letter.

Appendix-13 has rubrics for both written and oral activities. You may want to refer to these rubrics as you work on your written and oral assignments.

From: Jairo Barbosa [jb@agencia.com.br]
Sent: Wednesday, April 18, 2007 8:52 AM
To: Brasileiro, Antônio Tonico
Subject: Autorização

Prezado Sr. Antônio,

Meu nome é Jairo Barbosa, trabalho com a Marina Teixeira e ela me pediu para entrar em contato com o senhor.

Por gentileza, me diga quais textos do Rubem Fonseca o senhor pretende utilizar, e informações sobre o número de alunos na sua aula.

Aguardo seu retorno.

Att.

Jairo Barbosa

18/04/2007

Notes: *Att.* is an abbreviation for *Atenciosamente*; também se poderia escrever *Sds.*, namely *Saudações*.

COMPANHIA PAULISTA DE DESENVOLVIMENTO
Avenida Presidente Vargas, 173 - 3º andar
Caixa Postal 3901. Centro
Telefone: (21) 272-4981
CEP 22453 - Rio de Janeiro RJ

Rio de Janeiro, 9 de agosto de 2006

Ilmo. Sr.
Eng. Carlos Alberto de Faca e Machado, Diretor-Geral
Construtora Destruição
Rua Paissandú, 2222 - sobreloja, sala 204
CEP 13126 - São Paulo SP

Ilmo. Sr. Diretor,

Acusamos o recebimento da sua carta de 14 de fevereiro pp. mostrando o seu interesse na construção de uma dezena de novos edifícios na zona sul do Rio.

Teremos um grande prazer em ajudá-lo e esperamos um grande sucesso nesse programa que V. Sa. pretende realizar. O próximo passo fica em mãos do comitê encarregado dessas decisões junto à prefeitura da Cidade Maravilhosa, o qual deverá tomar uma decisão daqui a alguns dias.

Subscrevemo-nos mui

Atenciosamente.

Julinho MM
Julinho M. de Malandro, Engenheiro
Diretor Presidente

Notes:
1. In commercial letters it is common to use *pp.* (*próximo passado*), meaning in this instance "14th of February last."
2. *V. Sa.* and *V. Sas.* are the short forms of *Vossa Senhoria* and *Vossas Senhorias*. They are supposed to be used with the pronouns *seu(s)*, *sua(s)*. These are commonly used in commercial letters.
3. *Mui* is an old formula to be used only in formal correspondence, if used at all, as this letter illustrates.

Recife, 19/1/08

Cuméquié xará, tudo bem?

Isso aqui tá um paraíso, ô cara! Acabei de chegar há uma semana e as garotas já notaram minha presença. Estou superfeliz com tudo por aqui. A praia, nem se fala! Ando descalço o tempo todo. Há um tempão que eu não botava os pés na areia. Quero ver se corro e malho todos os dias para perder um pouco esse pneuzinho que tenho na barriga. Vou ficar saradão e você não vai me reconhecer.

Cara, estou falando dessas meninas lindas, mas você sabe que tudo isso é só fachada, só papo furado. Vim pra cá porque a Gisele, aquela que você chamava de Xuxinha, me deixou sozinho e com isso eu fiquei muito triste, com uma dor de cotovelo que você nem calcula. De vez em quando dá aquele nó na garganta, o peito aperta, mas eu seguro firme. Esse negócio de ficar triste não ajuda, não. É besteira. O negócio é jogar a bola pra frente!

Não sei se vai dar certo, mas ontem, em frente do botequim do seu Álvaro, dei de cara com uma mina [chica] que me deixou de queixo caído. Batemos um papo muito legal e ela me deu o endereço dela. Qualquer coisa te aviso.

Aquele abraço,

Xará.

Vocabulary:

cumequié (como é que é): *¿Qué tal?*
besteira: *tontería*
fachada: *fachada; fanfarria; falsedad*
malhar: *hacer ejercicios físicos en el
        gimnasio*

nem se fala: *estupendo*
nó: *nodo*
papo-furado: *nonsense* (literalmente,
        garganta con oyeras)
xará: *tocayo*

5.11 Diversões, Bate-Bola e Pipoca Quentinha

A. See if you still remember the possessives. Remember that *dele* is more common in spoken language, although it may be used in the written language in cases of ambiguity.

MODEL: (você) Esta cadeira é *sua* .

1. Este short é _____ mas as calças não são _____. (eu)
2. Onde está _____ namorado? (você)
3. Essa meia é _____. (ele)
4. Essas caras bonitas são _____. (nós)
5. Ei! Essa xícara não é _____, (ela) essa xícara é _____. (ele)

Answers: 1. meu, minhas; 2. seu; 3. dele; 4. nossas; 5. dele, dela.

B. Answer with the verb *ser* according to the model.

    MODEL: De quem são/é?
            —Esse menino? (ela) *Esse menino é dela.*
            —Aqueles pães? (nós) *Aqueles pães são nossos.*

1. De quem é este jogo de xadrez? (você)
2. De quem são esses óculos? (eles)
3. De quem são aquelas flechas? (eu)
4. De quem são esses chinelos? (eu)
5. De quem são aqueles calções? (ele)

Answers: 1. Este jogo de xadrez é seu. 2. Esses óculos são deles. 3. Aquelas flechas são minhas. 4. Esses chinelos são meus. 5. Aqueles calções são dele.

C. Fill in the blanks with the verbs in the list. You will need to use these verbs more than once.

    dormir, repetir, ir, seguir, tossir, querer

1. Eu _____ estudar mais.

2. André, Moacir e Antônio _____ à cidade.
3. Quantas horas você _____ por dia?
4. Dona Elza _____ a geléia de goiaba.
5. Eu não _____ a lição.
6. O Kiko e o Paulinho _____ o elefante na rua.
7. Eu _____ muito quando a garganta fica inflamada (*hinchada*).

Answers: 1. vou; 2. vão; 3. dorme; 4. quer; 5. repito; 6. seguiram; 7. tusso.

D. Let's quickly review the gender of nouns and spelling by comparing Spanish and Portuguese. Please follow the model.

MODEL:

Spanish	Portuguese
el viaje	a viagem
el jefe	o chefe

Spanish	Portuguese	Spanish	Portuguese
el paisaje	_____	dos (masc.)	_____
dos (fem.)	_____	el árbol	_____
el color	_____	el equipo	_____
mujer	_____	ojo	_____
llevar	_____	ella	_____
allí	_____	bello	_____
llorar	_____	lleno	_____
llegar	_____	llamar	_____
llover	_____	dinero	_____
sobrina	_____	ganar	_____
enseñar	_____	pequeño	_____
hacer	_____	hormiga	_____
hoja	_____	huracán	_____
hervir	_____	hijo	_____
noche	_____	ocho	_____
mucho	_____	hecho	_____

Answers: (left hand column) a paisagem; duas; a cor; a mulher; levar; ali; chorar; chegar; chover; a sobrinha; ensinar; fazer; a folha; ferver; a noite; muito. (right hand column) dois; a árvore; a equipe ou o time; olho; ela; belo; cheio; chamar; dinheiro; ganhar; pequeno; formiga; furacão; filho; oito; feito.

E. Complete the following sentences.

MODEL: Vou <u>ao</u> médico. (a ⏐ o = ao)
           Vou <u>à</u> farmácia. (a + a = à)

1. Vamos primeiro _____ banco, e depois, _____ Prefeitura e _____ biblioteca.
2. Mostrei meus planos _____ diretor e _____ secretárias.
3. Ontem à noite ofereci um coquetel _____ amigos de meu marido.
4. Vamos _____ aeroporto receber nossos amigos. Eles estão voltando da Europa. Sei que eles vão imediatamente _____ casa dos meus pais para descansar um pouco.

Answers: 1. ao, à, à; 2. ao, às; 3. aos; 4. ao; 5. para a or à.

5.11.1 Subjunctive *Sem Estresse*

Short-lesson 2 – Subjuntivo sem estresse, para falantes de espanhol.

We started this series of short-lessons on the subjunctive in the first unit. Here we continue these lessons. This should help students to use the subjunctive right from the beginning, if they feel like using the subjunctive. In addition, when we get to the last unit, its understanding will be easier.

Checking - Guess the verb form in Portuguese:

Spanish	Brazilian Portuguese
1. Dígale a Pepito que **venga** pronto.	Diga ao Pedrinho que _____ logo.
2. Busco un libro que **trate** de ese tema.	Estou procurando um livro que _____ desse assunto.
3. Ojalá que **sean** puntuales.	Tomara que _____ pontuais.
4. Qué lástima que **hayan** salido sin despedirse.	É uma pena que _____ saído sem se despedir.
5. No hay ningún periódico que **se atreva** a hablar en contra de ellos.	Não tem nenhum jornal que _____ a coragem de falar contra eles.
6. Desafortunadamente no conozco a nadie que te **pueda** ayudar.	Infelizmente não conheço ninguém que _____ te ajudar.

Note: *Tomara* is the simple pluperfect (past perfect) of *tomar*. It is only followed by the present subjunctive. Spanish *ojalá* can be followed by either the present or past subjunctive.

Answers: 1. venha; 2. trate; 3. sejam; 4. tenham; 5. tenha; 6. possa.

5.12 Song: "Meu Caro Amigo" (1976) by Chico Buarque and Francis Hime

 Chico Buarque writes a letter to a friend in a foreign country in which he explains ironically that in Brazil things are as usual: lots of soccer, samba, some days it rains, others are sunny . . . It doesn't look like it is going to change. The speaker is from Pernambuco.

Meu Caro Amigo (1976), de *Chico Buarque* e *Francis Hime*

Meu caro amigo,

Me perdoe, por favor, se eu não lhe faço uma visita. Mas como agora apareceu um portador, mando notícias nessa fita. Aqui na terra (es)tão jogando futebol, tem muito samba, muito choro e rock n' roll. Uns dias chove, noutros dias bate sol. Mas o que eu quero é lhe dizer que a coisa aqui (es)tá preta.

Muita mutreta pra levar a situação
Que a gente vai levando de teimoso e de pirraça
A gente vai tomando, que também sem uma cachaça
Ninguém segura esse rojão.

Meu caro amigo, eu não pretendo provocar, nem atiçar suas saudades, mas acontece que não posso me furtar a lhe contar as novidades. Aqui na terra (es)tão jogando futebol, tem muito samba, muito choro e rock n' roll. Uns dias chove, noutros dias bate sol. Mas o que eu quero é lhe dizer que a coisa aqui (es)tá preta.

É pirueta pra cavar o ganha-pão
Que a gente vai cavando só de birra, só de sarro
E a gente vai fumando que, também, sem um cigarro
Ninguém segura esse rojão.

Meu caro amigo, eu quis até telefonar, mas a tarifa não tem graça. Eu ando aflito pra fazer você ficar a par de tudo que se passa. Aqui na terra (es)tão jogando futebol, tem muito samba, muito choro e rock n' roll. Uns dias chove, noutros dias bate sol. Mas o que eu quero é lhe dizer que a coisa aqui (es)tá preta.

Muita careta pra engolir a transação
E a gente (es)tá engolindo cada sapo no caminho
E a gente vai se amando que também sem um carinho
Ninguém segura esse rojão.

Meu caro amigo eu bem queria lhe escrever, mas o correio andou arisco. Se me permitem vou tentar lhe remeter notícias frescas nesse disco. Aqui na terra (es)tão jogando futebol, tem muito samba, muito choro e rock n' roll. Uns dias chove, noutros dias bate sol. Mas o que eu quero é lhe dizer que a coisa aqui (es)tá preta.

A Marieta manda um beijo para os seus, um beijo na família, na Cecília e nas crianças, o Francis aproveita pra também mandar lembranças, a todo o pessoal, adeus.

Vocabulary:
Most of the words listed below are slang and some are synonyms—e.g., *birra* = *teimosia* = *pirra*—certainly chosen for their sounding and variation. Even Brazilians may have difficulty understanding their meanings. The translations below are an attempt to find some correspondence.

a careta: *la mueca*
o choro: el *lloro; el choro, un género musical*
o ganha-pão: *el medio de vida, el sustento*
a mutreta: *la muleta; el trucaje*
a pirraça: *la testarudez*
a pirueta: *la pirueta, la cabriola*
o portador: *el portador, el cartero*
o teimoso: el *taimado, el testarudo, el terco*

atiçar: *inflamar, provocar*
bater sol: *[pegar el sol] hacer sol*
chover: *llover*
engolir um sapo: *tragar el grumo; tragar la bilis; aguantar cosas desagradables sin quejarse o reaccionar*
estar preto(a): *estar mala, estar negra*
ficar a par: *ponerse al par, ponerse al tanto*
passar-se: *ocurrir, suceder*
remeter: *enviar por correo*
segurar esse rojão: (*Paráfrase: aguantar una situación extremadamente difícil*)
ter graça: *valer la pena*

arisco: *ágil, rápido, traicionero*

de birra: *por ser testarudo*
de sarro: *por placer, para divertirse*

5.13 Carrying On—Drills on Communicative Competence

Situation 1 – SPEAKING WITH BODY GESTURES Students will attempt to recall body gestures that are important to know in Brazil, the United States and in the Hispanic speaking world. Share your experience with respect to the language of gestures. There are thousands of gestures used in all languages of the world (some linguist claim that there are approximately 5,000-6,000 languages in the world). Many of these gestures are as important as spoken words.

There is an excellent book by the best Brazilian specialist in folklore, Câmara Cascudo, that can be consulted if needed: Cascudo, Luís da Câmara Cascudo, *História dos nossos gestos; uma pesquisa mímica do Brasil*, São Paulo: Edições Melhoramentos, 1976 and Editora da USP, 1987. Câmara Cascudo (1898-1986) has a vast work accessible to lay people as well as scientists. He discusses folklore, superstitions, almost anything about Brazil, with authority.

Here are some common gestures, to help discussing this subject in class as well as using this additional way to communicate. There are plenty of materials on the internet, but regular libraries can also be consulted.

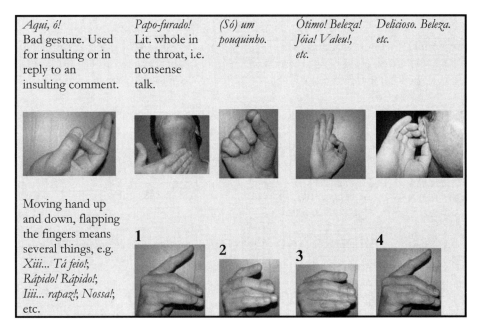

Situation 2 – SPEAKING WITH FACIAL GESTURES Instructor and some students will attempt to mimic simple expressions or words and others will attempt to identify what they say according to their facial gestures.

Situation 3: SPEAKING AND WRITING Students in class will tell a chain story in the past so that most verbs will be in either the preterite or the imperfect. One student begins the story; a second one adds one or two sentences; a third student adds more; and so forth, until the story ends. This situation recycles the situation-6, in Unit 4.

The instructor, or one of the students, writes the story on the blackboard as it progresses. *Era uma vez . . . Há muito tempo atrás . . . Um dia . . .* Students may also write two stories at the same time, on two sides of the blackboard.

Situation 4: SPEAKING Suppose you like chatting on the internet. A week ago you met someone and you became very good friends. Tell everything you can about this new acquaintance, surprising events, his/her personality, the misunderstandings, and what happened when you met him/her in person. You can start in any way you want. For example, *Ah, conheci um cara/uma garota pela internet quando estava teclando* (chatting) *com meu/minha ex-namorado/a . . .*

Situation-5: SPEAKING One student chooses a classmate to describe. This description can be presented without telling who she or he is. Remember to use vocabulary for clothing and body part, adjectives, and descriptions of how the body parts function.

For example: *Estas são as mãos dele/a. Quando ele/a bota a camisa ele/a precisa das mãos para abotoar. As mãos dele/a são compridas, excelentes para tocar piano,* and so forth. Following is a list of useful vocabulary.

Vestuário: o anel, a bermuda ou o short, a blusa, o bolso, o boné, o brinco, a calça, o calção, a camisa, o casaco, o chapéu, o chinelo, o cinto, a cintura, o colar, a cueca, a echarpe ou o chachecol, a luva, a manga, a meia, os óculos, a sandália, o sapato
Cores: amarelo, azul, branco, cinza, escuro, laranja, preto, rosa, roxo, verde, vermelho
Partes da cabeça: a barba, o bigode, a boca, o cabelo, a cara ou o rosto, a costeleta, os lábios, o nariz, o queixo, o olho, a orelha, o ouvido, a sobrancelha
Outras partes do corpo: a barriga, o braço, a cintura, a costa, o cotovelo, o dedo, o estômago, a garganta, o joelho, a mão, a nuca, o ombro, o pé, o peito, o pelo, a perna, o pescoço, a unha

Situation 6: SPEAKING AND WRITING In a doctor's office we find one doctor, one nurse, and a receptionist. Five patients are waiting to be examined by the doctor.

The first part of this sketch is for appointments. Each patient has to make an appointment with the receptionist. The second part is the examination at the doctor's office. The vocabulary list in situation 2 as well as any other vocabulary the class knows may be used.

The goal here is to use body parts vocabulary and related expressions, such as the vocabulary for getting sick and telephone contact.

5.14 Active Vocabulary

Portuguese	Spanish
Nouns	
o abrigo	el abrigo
o agasalho	el abrigo
o agrupamento	la agrupación
o anel	el anillo
o arame	el alambre
a arma	el arma
o arco	el arco
o aro	el aro
a barba	la barba
a barriga	la barriga
o berimbau	(un instrumento musical)
a bermuda	los pantalones cortos
a besteira	la tontería
o bigode	el bigote
a blusa	la blusa (para hombres y mujeres)
a bobagem	la tontería
a boca	la boca
o bodoque	el arco
o bolso	el bolsillo
o boné	la boina
o braço	el brazo
o brinco	el arete, el pendiente
a cabaça	la calabaza
a cabeça	la cabeza
o cabelo	el pelo, el cabello
a calça	los pantalones
o calção	los calzones cortos
a camisa	la camisa
a capoeira	tipo de lucha traída por los africanos
a cara	la cara
o casaco	el abrigo
o catarro	el moco
o caxixi	el caxixi
o chapéu	el sombrero
o cinto	la cintura
a cintura	la cintura
o corpo	el cuerpo
a(s) costa(s)	la espalda
a costeleta	la patilla
o cotovelo	el codo
o chinelo	la pantufla, la zapatilla

o colar	el collar
o colarinho	el cuello
a cueca	la ropa interior para hombres
o dedo	el dedo
a dor	el dolor
o escravo	el esclavo
o estômago	el estómago
a família	la familia
a febre	la fiebre
a flecha	la flecha
o folguedo	la fiesta, diversión (more literary than spoken)
a garganta	la garganta
a gripela	gripe
a idéia	la idea
a infecção	la infección
a irmã	la hermana
o irmão	el hermano
o joelho	la rodilla
a língua	la lengua
a loja	la tienda
a luva	el guante
a madeira	la madera
a (ma)mãe	la mamá
a mão	la mano
a mata	el bosque
a meia	la media
o nariz	la nariz
a nuca	la nuca
o olho	el ojo
o ombro	el hombro
a orelha	la oreja
o ouvido	el oído
o (pa)pai	el papá
o pau	el palo
o pé	el pie
a pedra	la piedra
o peito	el pecho
o pelo	el pelaje
a perna	la pierna
o pescoço	el cuello, el pescuezo
a praça	la plaza
a praia	la playa
o queixo	el mentón, la barbilla
o quilombo	una agrupación de esclavos fugitivos
a receita (médica)	la receta (médica)
o resfriado	el resfriado, el catarro

o rosto	el rostro
o sapato	el zapato
a senzala	la senzala: una hacienda con un conjunto de casas donde vivían los esclavos
o short	los pantalones cortos
o sintoma	el síntoma
a sobrancelha	la ceja
o som	el sonido
a vareta	el palillo
o vestuário	el vesturario

Verbs

acordar	despertarse (diferente de acordarse)
cantar	cantar
carregar	transportar
dançar	bailar
deitar	acostarse
disfarçar	disfrazar
doer	doler
dormir	dormir(se)
encaixar	encajarse, ajustarse
examinar	examinar
fofocar	chismear
formar	formar
fugir	huir
lavar	lavar
ligar	unir
lutar	luchar
pentear	peinar
receitar	recetar
repetir	repetir
requerer	requerir, demandar
seguir	seguir
servir	servir
tossir	toser
treinar	entrenar

Adjectives

agradável	agradable
alto/a	alto/a
baixo/a	bajo/a
bonito/a	bonito/a, guapo/a
cansado/a	cansado/a
chato/a	aburrido/a, molesto/a
contente (m. & f.)	contento/a
desagradável	desagradable

diferente	diferente
esperto/a	listo/a, vivo/a, experto/a
feio/a	feo/a
forte	fuerte
fraco/a	débil
gordo/a	gordo/a
interessante	interesante
jovem	joven
louro/a	rubio/a, güero/a (Mex.)
maravilhoso/a	maravilloso/a
moreno/a	moreno/a
morno/a	tibio/a
noturno/a	nocturno/a
novo/a	nuevo/a, joven
perigoso/a	peligroso/a
seco/a	seco/a
velho/a	viejo/a

Adverbial Phrases

dentro de	adentro
fora de	afuera
maneira	manera
meio	medio
seguinte	siguiente

Common Expressions

cortar o cabelo	cortar el pelo
dar de cara (com alguém)	toparse
dar de ombros	encogerse de hombros, no importarse
dar mancada	meter la pata
estar com ciúmes	tener celos
estar com dor de cabeça	tener dolor de cabeza
estar com dor de ouvido	tener dolor de oído
estar com dor de garganta	tener dolor de garganta
estar com dor de cotovelo	tener celos, estar triste, pensativo
fazer a barba	afeitarse
fazer gargarejos	hacer gárgaras
ficar de boca aberta	espantarse, sorprenderse
ficar de queixo caído	espantarse, sorprenderse
ficar de orelha em pé	asustarse
ter o olho maior do que a boca	ser goloso
ter a mão fechada	ser avaro o tacaño
tomar banho	tomar baño, bañarse
valer a pena	valer la pena

Unit 6. Crônicas Brasileiras

OBJECTIVES

A very common mistake made by Spanish and English speakers learners of Portuguese is their incorrect use of compound verbs like *Já **tem comido**?*, *Ainda não **tenho terminado** meu ensaio*, *Ainda não **tenho visto** esse filme*, and alike. In general, these constructions can be safely replaced by the simple preterite like *Já **comeu**?* or *Ainda não **terminei** meu ensaio, Ainda não **vi** esse filme*.

Of course, telling this to learners does not ensure learning. Some learners may correct this. Other learners may never correct it, but they usually like to know about it. Hence, this unit deals with these and other common constructions of interest to Spanish and English speakers.

In addition, two *crônicas* are also given and studied, to increase the language *input* in this course and put the students definitely in contact with full texts of Brazilian Portuguese. It is hoped that from now on, all students will start reading regular texts like *crônicas* and short-stories outside the classroom, in their unending progress with the language.

- *Context* – Uma olhada rápida nos povos que formaram o Brasil
- *Grammar* – Indicative Mode, Past Tense; Simple Past Perfect; Compounds: Present and Past Perfect; Special Words: *Mesmo* in Emphatic Constructions, *Ser Intrusivo, Até, Mas, Mais, Más*
- *Pronunciation* – Review of Open and Closed Vowels; You will be introduced to the way Brazilians pronounce the sounds [b, d, g].
- *Vocabulary* – Earlier vocabulary is reviewed. New vocabulary is general. We begin the study of contemporary texts with the *crônica*: *O Turco*
- *Conversation* – You are able to talk about more elaborate situations. You will learn the elements for holding a basic conversation as well as more complex ones.
- *Writing Drills* – Short texts telling about things done recently, using mainly the present perfect and preterite.
- *Songs* – "No Dia em Que Eu Vim-me Embora" and "Sampa"

This unit requires approximately 3 or 4 classes of 50 minute each.

6. UMA OLHADA RÁPIDA NOS POVOS QUE FORMARAM O BRASIL

O Turco is an example of a *crônica,* a literary genre defined by Paulo Rónai, a Brazilian essayist, as a "composição breve, relacionada com a atualidade, publicada em jornal ou revista." Most contemporary Brazilian authors have used this genre, which seems to have developed in Brazil.

The *crônica* below as well as another text at the end of this unit, "Os 'Turcos' e Outros Povos do Brasil," and the song "A Cara do Brasil," by Celso Viáfora and Vicente Barreto (2001), can all provide interesting elements to discuss Brazilian identity, if desired. The lyrics (*letra*) of "A Cara do Brasil" are not in this book, but they can be found on the internet by googling the title.

© The University of New Mexico, Latin American Institute, Photographer: Siegfried Mühlhäusser (top left, Japanese immigrants, São Paulo; bottom left, man in *pantanal,* Mato Grosso; bottom right, German immigrant, Oktoberfest, Blumenau, Santa Catarina. Top right, children on the beach. © Pablo de la Rosa, courtesy.

6.1 Reading: "O Turco" by Fernando Sabino

 O Turco de *Fernando Sabino*

The speakers who read this *crônica* are from Espírito Santo (*barbeiro*) and Rio (*cliente*).

Assim que chegou a Paris, foi cortar o cabelo—coisa que não tivera tempo de fazer ao sair do Rio. O barbeiro, como os de toda parte, procurou logo puxar conversa:

—Eu tenho aqui uma dúvida, que o senhor podia me esclarecer.
—Pois não.
—Eu estava pensando . . . A Turquia tomou parte na última guerra?
—Parte ativa, propriamente, não. Mas de certa maneira esteve envolvida, como os outros países. Por quê?
—Por nada, eu estava só pensando . . . A situação política lá é meio complicada, não?

Seu forte não era a Turquia. Em todo caso respondeu:

—Bem, a Turquia, devido a sua situação geográfica . . . Posição estratégica, não é isso mesmo? O senhor sabe, o Oriente Médio . . .

O barbeiro pareceu satisfeito e calou-se, ficou pensando.

Alguns dias depois ele voltou para cortar novamente o cabelo. Ainda não se havia instalado na cadeira, o barbeiro começou:

—Os ingleses devem ter muito interesse na Turquia, não?

Que diabo, esse sujeito vive com a Turquia na cabeça—pensou. Mas não custava ser amável—além do mais ia praticando o seu francês.

—Devem ter. Mas têm interesse mesmo é no Egito, no Canal de Suez.
—E o clima lá?
—Onde? No Egito?
—Na Turquia.

Antes de voltar pela terceira vez, por via das dúvidas procurou informar-se com um conterrâneo seu, diplomata em Paris e que já servira na Turquia.

—Dessa vez eu entupo o homem com Turquia—decidiu-se.

Não esperou muito para que o barbeiro abordasse seu assunto predileto:

—Uma coisa, e o senhor vai me perdoar a ignorância: a capital da Turquia é Constantinopla ou Sófia?
—Nem Constantinopla nem Sófia: é Ancara.

E despejou no barbeiro tudo que aprendera com seu amigo sobre a Turquia. Nem assim o homem se deu por satisfeito, pois na vez seguinte foi começando por perguntar:

—O senhor conhece muitos turcos aqui em Paris?

Era demais!

—Não. Não conheço nenhum. Mas agora chegou minha vez de perguntar: por que diabo o senhor tem tanto interesse na Turquia?
—Estou apenas sendo amável, tornou o barbeiro melindrado. Mesmo porque conheço outros turcos além do senhor.
—Além de mim? Quem lhe disse que sou turco? Sou brasileiro, essa é boa.
—Brasileiro?—e o barbeiro o olhou, desconsolado—Quem diria! Eu seria capaz de jurar que o senhor era turco . . .

Mas não perdeu tempo:

—O Brasil fica é na América do Sul, não é isso mesmo?

SABINO, Fernando, in *A Mulher do Vizinho*, Rio de Janeiro: Editora Record.

© The University of New Mexico, Latin American Institute, Photographer: Siegfried Mühlhäusser (left, girls from Fortaleza, Ceará; center, a *gaúcho*, wearing black hat and *bombachas* (knickerbocker britches), Rio Grande do Sul; right, old woman in rural Minas Gerais.)

Questions The answers below, as usual, are only suggestions. You may, however, expand your answers or have a different still valid answer.

1. Quem está falando ou narrando?
2. Você acha que o brasileiro que vai ao barbeiro e o autor são a mesma pessoa? Por que o brasileiro foi cortar o cabelo?
3. Qual foi a primeira coisa que o barbeiro fez?
4. Qual era o assunto que interessava ao barbeiro?
5. O que aconteceu quando o brasileiro voltou ao barbeiro?
6. Antes de voltar pela terceira vez, que fez o brasileiro?
7. O que houve na terceira vez que ele foi ao barbeiro?
8. Como o brasileiro reagiu quando o barbeiro perguntou se conhecia muitos turcos em Paris?
9. O que fez o barbeiro quando soube que o brasileiro não era turco?

Suggested answers: 1. O autor, Fernando Sabino, está narrando. 2. Tudo indica que sim embora somente o autor possa dizer com certeza. Ele foi cortar o cabelo porque não teve/tinha tido/tivera tempo de fazer isso antes de viajar. 3. A primeira coisa que fez foi puxar conversa. 4. Queria falar sobre a Turquia. 5. Aconteceu a mesma coisa. Logo que o brasileiro entrou na barbearia, ainda não se havia instalado, o barbeiro voltou a falar da Turquia. 6. Conversou com um diplomata da sua terra e informou-se mais sobre a Turquia. 7. Mais uma vez o barbeiro abordou o assunto sobre a Turquia. Desta vez, bem preparado, o brasileiro despejou no barbeiro tudo o que tinha aprendido com seu amigo diplomata. 8. Quis logo saber por que ele tinha tanto interesse na Turquia. O barbeiro pensava que ele fosse (esp. *fuera*) turco. Foi aí que o narrador explicou que era brasileiro. 9. Logo puxou conversa sobre o Brasil.

6.2 Indicative Mode, Past Tense

6.2.1 Simple Past Perfect

"Assim que chegou a Paris, foi cortar o cabelo—coisa
que não **tivera** tempo de fazer ao sair do Rio."
"E despejou no barbeiro tudo que **aprendera** com
seu amigo sobre a Turquia."

Subject Pronoun	Verb Form		
	MORAR	**TER**	**IR**
Eu	morara	tivera	fora
Você, Ela, Ele	morara	tivera	fora
Nós	moráramos	tivéramos	fôramos
Vocês, Elas, Eles	moraram	tiveram	foram

All verbs derive the simple past perfect from the third person plural of the preterite and add the same endings to that stem:

Eles abri**ram** →	**ABRI** +	-ra	**abrira**
		-ra	**abrira**
		-ramos	**abríramos**
		-ram	**abriram**

This book does not have drills for this tense because its use **is usually limited to literary writing**. It is the equivalent of the compound **past** perfect (*ter* + -*do*), studied below.

6.2.2 Compounds: Present and Past Perfect

> Eu **tinha falado** com ela antes dela viajar.
> Nós já **tínhamos visto** este filme.
> Ué, ultimamente vocês não **têm feito** os deveres. E aí?
> Até agora, você **tem escrito** para ela quase todos os dias, não é?

Although *haver* alternates with *ter* in the past ("**havíamos** visto"), *ter* is used more frequently ("**tínhamos** visto"). The use of the **past perfect** in Portuguese is very **similar** in Spanish and English, i.e. it is used for situations that happen before another situation. For instance, José saw a movie on Sunday and Ricardo saw the same movie on Saturday. These are two situations. The one involving Ricardo happened before the one involving José: *José (já)* **tinha visto** *esse filme no sábado.*

However, there is a major **difference** between Spanish and Brazilian Portuguese in the use of the **present perfect**. Spanish, like English, has a broader range of use for the present perfect. The present perfect in Brazilian Portuguese is only used to describe a change of some sort, for instance, a change in habit:

> **Temos dormido** bem nos últimos dias. Não estávamos conseguindo dormir com aquele calor. Agora está melhor.
> (*Hemos estado durmiendo bien en los últimos días. No lo estábamos consiguiendo con el calor que hacia. Ahora está mejor.*)

Therefore, the present perfect describes situations or events that have been happening repeatedly, and continuously up to the present, due to some change. This interpretation can be more easily understood if one adds the idea of "lately" (*ultimamente*), either implicitly or explicitly to the Brazilian Portuguese constructions of the present perfect. Note in the examples below that Spanish, like English, has one additional verb in its equivalent sentences. Compare:

Eu **tenho estudado** muito.	*He estado estudiando mucho.*
Estudei.	*He estudiado.*

Temos estudado (ultimamente).   *Hemos estado estudiando.*

The main verb in these constructions have a past participle form, *estudado, escrito, feito,* etc. Study the common forms the past participle in the next section.

6.2.2.1 Past Participle Forms

Regular Forms:

-A-	-E-	-I-
comprar	devolver, resolver	seguir
compra**do**	devolvi**do** (Spn. *devuelto*) resolvi**do** (Spn. *resuelto*)	segui**do**

Note that **past participle** forms with *ter/haver* are **invariant**. Past participle will vary, namely it will need agreement, and have more irregular forms when used with *ser* or *estar*, in passive constructions, as we will see later on in Unit 8. Regular and **irregular** (in **bold**) forms:

abrir	**aberto**	gastar	gastado
aceitar	aceitado	imprimir	imprimido
acender	acendido	limpar	limpado
cobrir	**coberto**	matar	matado
entregar	entregado	morrer	morrido
eleger	elegido	pagar	pagado
expressar	expressado	pôr	**posto**
extinguir	extinguido	prender	prendido
dito	**dito**	soltar	soltado
fazer	**feito**	suspender	suspendido
dispersar	dispersado	ver	**visto**
escrever	**escrito**	vir	**vindo**
ganhar	ganhado		

6.2.3 Present Perfect

Exercício de Fixação – Here is how it works:

  1. Normalmente Pedro e eu não viajamos muito, mas nesses últimos dias sim, temos viajado muito.
  (Nós, Eu, Ela, Elas)
  Normalmente nós não viajamos muito, mas nesses últimos dias sim, temos viajado muito.
  Normalmente não viajo muito, mas nesses últimos dias sim, tenho viajado

muito.

Normalmente ela não viaja muito, mas nesses últimos dias sim, ela tem viajado muito.

Normalmente elas não viajam muito, mas nesses últimos dias sim, elas têm viajado muito.

Check if you understood: Step ONE - Substitute the suggested elements orally. Make the necessary changes in the following sentences according to the cues in parentheses.

2. Meus amigos têm ido trabalhar em casa ultimamente. Em geral, eles trabalham no escritório.
   (Eu, Você, Elas, Nós)
3. Não sou muito de estudar, não, porém recentemente tenho feito todos os meus deveres.
   (Vocês, Carlos e eu, Jairo e Suzana, Ela)
4. Ela tem devolvido regularmente todos os livros à biblioteca?
   (Alberto e Sônia, Chico e eu, Você)
5. Tenho vindo muito aqui, por causa da nova piscina.
   (Nós, Mauro e Sérgio, Eu, Carmem)

Check if you understood: Step TWO – Translate into Spanish the first sentence in 1-5 in the Oral Exercise 1 above.

Answers: Step ONE: 2. Eu tenho ido trabalhar em casa ultimamente. Em geral, eu trabalho no escritório. Você tem ido trabalhar em casa ultimamente. Em geral, você trabalha no escritório. Elas têm ido trabalhar em casa ultimamente. Em geral, elas trabalham no escritório. Nós temos ido trabalhar em casa ultimamente. Em geral, nós trabalhamos no escritório. 3. Vocês não são muito de estudar, não, porém recentemente vocês têm feito todos os seus deveres. Carlos e eu não somos muito de estudar, não, porém recentemente temos feito todos os nossos deveres. Jairo e Suzana não são muito de estudar, não, porém recentemente eles têm feito todos os deveres deles. Ela não é muito de estudar, não, porém recentemente ela tem feito todos os deveres dela. 4. Alberto e Sônia têm devolvido regularmente todos os livros à biblioteca? Chico e eu temos devolvido regularmente todos os livros à biblioteca? Você tem devolvido regularmente todos os livros à biblioteca? 5. Nós temos vindo muito aqui, por causa da nova piscina. Mauro e Sérgio têm vindo muito aqui, por causa da nova piscina. Eu tenho vindo muito aqui, por causa da nova piscina. Carmem tem vindo muito aqui, por causa da nova piscina.

Step TWO: 1. Normalmente Pedro y yo no viajamos mucho, pero en esos últimos días sí, hemos estado viajando mucho. Normalmente nosotros no viajamos mucho, pero en esos últimos días sí, hemos estado viajando mucho. Normalmente no viajo mucho, pero en esos últimos días sí, he estado viajando mucho. Normalmente ella no viaja mucho, pero en esos últimos días sí, ha estado viajando mucho. Normalmente ellas no viajan mucho, pero en esos últimos días sí, han estado viajando mucho.

Exercise 1 – Fill in the blanks with one of the two verbs in parentheses. You have to provide the proper form of the verb *ter*.

1. Eu _____ todos os meus problemas nesses últimos dias.(sair, resolver)
2. Ultimamente ela _____ atrasada para trabalhar. (virar, chegar)
3. Vocês _____ excelentes artigos. (dizer, escrever)
4. Nós _____ muitos filmes bons. (ver, vir)
5. Flávio _____ muito dinheiro sem necessidade. (gastar, brincar)
6. O país _____ bons presidentes. (eleger, cobrir)

Translate into Spanish the sentences 1-6.

Answers: 1. tenho resolvido; 2. tem chegado; 3. têm escrito; 4. temos visto; 5. tem gasto/gastado; 6. tem elegido/eleito. Traduções: 1. he estado resolviendo; 2. ha estado llegando; 3. han estado escribiendo; 4. hemos estado viendo; 5. ha estado gastando; 6. ha estado eligiendo.

Exercise 2 – Create sentences with *ultimamente*, and *ter* + -do, according to the cues. For example:

(fazer) _____ nós _____
Ultimamente nós *temos* feito muitos exercícios.

1. (ver) _____ eu _____.
2. (vir) _____ Zeca _____.
3. (pagar) _____ eles _____.
4. (ir) _____ Roberta e Alessandra _____.
5. (ser) _____ nós _____.
6. (sair) _____ ele _____.

Suggested answers: 1. Ultimamente eu só tenho visto filmes de terror. 2. Zeca não tem vindo muito por aqui, não. 3. Ultimamente eles têm pago corretamente. 4. Não sei o que está havendo, mas a Roberta e a Alessandra têm ido muito na casa do Léo. 5. Ultimamente nós temos sido explorados. 6. Na realidade ele anda meio deprimido e não tem saído como fazia antes.

Exercise 3 – Use the preterite (*fui, fizeram, falei, comprou,* etc.) or the present perfect, according to the context.

1. Seu Guilherme, o senhor já _____ de jantar? Só estou perguntando para saber se posso arrumar a mesa. (terminar)

2. Olha, minha esposa e eu _____ muito de bicicleta. Nós começamos a fazer isso por recomendação do nosso médico. (andar)

3. Eu notei que nesses últimos dias ele _____ muito triste. Ele não era assim não, era muito expansivo, brincava com todo mundo. (sentir-se)

4. Parece que o time deles não _____ muita sorte, não. Normalmente, eles ganhavam todos os jogos em casa. Mas até agora não ganharam nenhum. (ter)

5. A Rebeca _____ muito preocupado. Antes ela me parecia mais responsável, mas recentemente mudou muito. (deixar)

Suggested answers: 1. terminou; 2. temos andado (or andamos); 3. tem se sentido; 4. tem tido (or teve); 5. tem me deixado (or deixou).

Exercise 4 – In the dialogue below, Graciela is from a Spanish speaking country. Eduardo, her husband is Brazilian. See if you can catch her mistakes in Portuguese.

- Bom dia, Duda! Como va vôce?
- Tudo jóia, meu anjo. Acordou agora dever estar com fome, não?
- Sim . . . Acho que vou a comer algo. Esse café é de vôce?
- Não. Deve ter sido o Juninho que deixou aí . . .
- Ele não tem comido nada??? Esse menino vai a acabar enfermo! 'Cê tem que conversar com ele e dar um jeito nisso.
- Tranqüila, meu bem . . . Não está vendo que ele está joinha, crescendo sem problemas? Deixa o menino em paz, vai. Ele vai comer quando der vontade (*cuando le dé ganas*).
- "Deixa! Deixa! . . ." É sempre como isso! 'Cê não liga mesmo p'ro seu filho.
- Claro que ligo. Ele está bem.
- E vôce? Tem comido?
- (Edu, rindo baixinho . . .) Sim. Desde quando nasci.

Answers: - Bom dia, Duda! Como **vai você**? (Mas o melhor seria dizer simplesmente *Tudo bem?* - Tudo jóia, meu anjo. - Acordou agora dever estar com fome, não? - Sim... Acho que **vou** comer **alguma coisa**. Esse café é **seu**? - Não. Deve ter sido o Juninho que deixou aí... - Ele não **comeu** nada??? Esse menino **vai** acabar **ficando doente**! 'Cê tem que conversar com ele e dar um jeito nisso. - Tranqüila, meu bem... Não está vendo que ele está joinha, crescendo sem problemas? Deixa o menino em paz, vai. Ele vai comer quando der vontade. – "Deixa! Deixa!..." É sempre **assim**! 'Cê não liga mesmo p'ro seu filho. - Claro que ligo. Ele está bem. - E **você**? Já **comeu**? - (Edu, rindo baixinho...) Sim. Desde quando nasci.

Exercise 5 – Complete the dialogue with simple or compound verbs **in the past** as required by the context.

chamar, dar, ser, ver, chegar, fazer

- Não sei se você _____ a entrevista que a Heloisa Helena, a candidata a presidente, _____ ontem à noite.
- Não _____ a ver, não. O que você acha dela até agora?
- Acho que ela _____ um bom trabalho. Não sei como vai ser lá na frente, mas até agora acho que ela _____ mais convincente que os outros candidatos.
- A Heloisa Helena sempre me _____ a atenção pelo sorriso franco que eu não vejo nos outros. Mas é claro, isso não quer dizer nada. Seria bom ter uma mulher no poder para ver se muda esse país, você não acha?

Answers: viu, deu, cheguei, tem feito, tem sido, chamou

6.2.4 Past Perfect

Similar to Spanish and English, the compound past perfect expresses a verbal situation that was completed before something else (mentioned or implicit) took place. It is a "Pluperfect," namely "a past more past than another past," or "a past preceding another past."

In the following sentence, the verbal situation *having eaten* happens before *leaving*: *Elas* **haviam comido** *antes de* **sair**. Thus the act of leaving is explicit in the sentence. However, that action can be left out and we have to infer what took place: *Elas já* **haviam comido**.

As said above, either *haver* or *ter* will form the compound past perfect. The choice of one or the other does not change the meaning. Although there is a tendency to use *ter* more frequently, the same speaker may say either *Elas haviam comido antes de sair;* or *Elas tinham comido antes de sair*.

Exercise 1 – Fill in the blanks with one of the two verbs in parentheses. You have to provide the correct form of the verb *ter*.

1. Nós _____ esta revista. (tossir, ler)
2. Eu _____ tanto para esse exame! (morar, estudar)
3. Vovô _____ naquela cidade antes de vir para cá, não é? (morar, achar)
4. Aquelas meninas _____ na porta antes de entrar? (fechar, bater)
5. Vocês já _____ o trabalho quando nós telefonamos. (acabar, limpar)
6. A secretária _____ as portas. (fechar, eleger)

Answers: 1. tínhamos/havíamos lido; 2. tinha/havia estudado; 3. tinha/havía morado; 4. tinham/haviam batido; 5. tinham/haviam acabado; 6. tinha/havia fechado.

6.3 Pronunciation Review: Open Vowels, Stops /b, d, g/

Preliminaries – Auditory Identification: Study and listen to the dialogues below. They contain sounds that have been studied. You can focus on any particular sound, but make sure you can identify the cases of **–m** endings, the sounds that are similar to English **sh** sound and the sound in the word "vision," the **z**-sound, and the **open** vowels. The speakers are from Rio and therefore should make the **sh** sound before consonants.

 Trote (Span. *broma gastada por teléfono*; Eng. *prank call*)

(Telefone discando. Telefone toca duas vezes.)

A. Alô!?...
B. Alô. É 555-2040?
A. É sim, quer falar com quem?
B. Você podia fazer um favor e da(r) uma olhada, ver se tem um caminhão de gelo na sua porta? Dá p(a)ra ver pela janela?
A. Só um minutinho. (Pausa) Não, não tem caminhão de gelo nenhum aqui, não.
B. Ah, tá, (o)brigado, já deve ter derretido.
A. Mas que palhaçada, hein? Não tem mais o que fazer, não? (Furiosa, bate o telefone.)

Answers: Trote (*Span. broma gastada por teléfono; Eng. prank calls*) / (Telefone discando (sh). Telefone to**c**a duas (**sh**) vezes (**z, sh**).) / A. Alô? / B. Alô. É 555-2040? / A. É sim, quer falar com quem? / B. Você podia fazer um favor e da(r) uma olhada, ver se tem um caminhão de **g**elo na sua porta? Dá p(a)ra ver pela janela? / A. Só um minutinho. (Pausa) Não, não tem caminhão de **g**elo nenhum aqui, não. / B. Ah, tá, (o)brigado, já deve ter derretido. / A. Mas (**sh**) que palhaçada, hein? Não tem mais (**z**) o que fazer, não? (Furiosa, bate o telefone.)

6.3.1 More Review of Open and Closed Vowels

 Oral Exercise 2 – Study the following words. They contain *only* the open vowels /ɛ/ (as in English *bet*) and /ø/ (as in English *paw*). Read them aloud.

/ɛ/: janela, colher, pé, céu, colega, quero, México, febre, perna, alegre, quieto, José, esperto, inverno, neto, metro, moqueca, palestra, Manuel, mulher, era, dela, garçonete, pastel, zero, primavera, festa, nela, velho, velha, pedra, prédio, dez, sete, peça, beça, favela, médico, biblioteca, certo, método, ela, média, colégio.

/ø/: pode = pa**w**de, ótimo, senhora, novos, nova, avó, sol, relógio, mora, joga, fora, agora, bode, moda, soda, bota, famosa, famosos, porca, porta, norte, corte, importa, exporta.

6.3.2 Stops /b, d, g/

In Spanish these sounds are produced as "soft," or fricative, consonants most of the time, especially when they appear between vowels. Brazilian Portuguese, like English, produces these sounds as "hard," or stop consonants. Figure 5 compares how these sounds are produced in both languages. In general, these sounds are produced with two articulators (lips, tongue, velum, etc.) touching each other. In Spanish the articulators do not come into strong contact, especially when these sounds appear between vowels.

Figure 5 The production of /b, d, g/ in Brazilian Portuguese and Spanish

A. Brazilian Portuguese *b*, as in *sabe*: the lips touch.

B. Spanish *b*, as in *sabe*: lips move toward each other, but do not touch.

C. Brazilian Portuguese *d*, as in *nada*: tip of tongue touches root of teeth.

D. Spanish *d*, as in *nada*: tongue *targets* the upper teeth.

E. Brazilian Portuguese *g,* as in *água*: back of tongue and velum touch.

F. Spanish *g,* as in *agua*: the center of the tongue *targets* the velum.

Oral Exercise 3 – Listen to the sentences below. Then read the same sentences, paying special attention to the same letters "b, d, g." Make an extra effort to pronounce them as "hard" sounds.

1. A babá boa bebeu o leite do bebê.
2. Agora o Arnaldo e o Adolfo adoram os pagodes onde tem agogô.
3. Não abro a boca nem digo nada porque o Ado acaba de chegar.
4. Acredito que o Pedro também gosta de fado.
5. Lembro que em dezembro do ano passado, num sábado à tarde, andei de ônibus pela cidade o dia todo.

Oral Exercise 4 – Trava-língua
Try reading the following tongue twisters (*trava-línguas*). They are well-known in Brazil. Pay special attention to your pronunciation of the open vowels and the underlined stops b̲, d̲, g.

Ninho d̲e mafagafos

Num ninho d̲e mafagafos
há cinco mafagafinhos.
Quem os d̲esmafagafizar,
b̲om d̲esmafagafizad̲or será.

G̲ato

G̲ato escondi̲do
com rab̲o d̲e fo̲ra
tá mais escondi̲do
que rab̲o escondi̲do
com gato d̲e fo̲ra.

Retreta

Quando̲ to̲ca a
retreta
na praça reple̲ta
se cala o tromb̲one
se to̲ca a tromb̲eta.

6.3.3 Transcription

Transcription Exercise – In the following exercise you are asked to transcribe the phrases according to their pronunciation. First, provide a Spanish transcription and then a transcription in Brazilian Portuguese.

1. A Arnaldo y Adolfo les encanta la samba.
   Arnaldo e Adolfo adoram o samba.

2. Creo que a Pedro también le gusta el fado.
   Acredito que o Pedro também gosta do fado.

3. No abro la boca ni digo nada porque Ado acaba de llegar.
   Não abro a boca nem digo nada porque o Ado acaba de chegar.

Suggested answers: 1. **Spanish**: /a arnáldo i aðólfo les eŋkánta la samba/, **Brazilian Portuguese**: /aRnáᵘdu i adóᵘfu adórã̃ᵘ u sámba/; 2. **Spanish:** /kréo ke a péðro también le ɣusta el faðo/, **Brazilian Portuguese:** /akreɖítu ke u pédru tãbẽ̃ᶦ gósta du fádu/; 3. **Spanish**: /no áβro la bóka ni ðíɣo náᶞa porke áðo akáβa ðe yeɣár/, **Brazilian Portuguese**: /nã̃ᵘ ábru a bóka nẽ̃ᶦ ɖígu náda porke u ádu akába ɖi šegáR/

6.4 Special Words

6.4.1 *Mesmo* in Emphatic Constructions

> A Carmen mesma fez os deveres. (= A própria Carmem fez os deveres.)
> Eles sabiam mesmo falar espanhol. (= Eles sabiam de fato falar espanhol)

Mesmo in emphatic constructions can be translated in Spanish as *mismo* and also *en realidad,* although this latter usage is relatively less frequent in Spanish. When *mesmo* is used as an adjective (=*mismo*) it needs agreement. If used as an adverb (=*en realidad*) no agreement is needed.

  Próprio in emphatic constructions precedes the noun. *Próprio* is used alternatively with *mesmo* when *mesmo* functions as an adjective modifying a noun.

  In Portuguese *mesmo* means the same as *próprio, idêntico, em pessoa, maneira, modo, igualmente, apesar disso,* and *ainda assim. Mesmo* can be translated as "oneself," "herself," "themselves," "itself," etc., as well as "really" or "very."

Reinforcement Exercise – Rewrite the sentences, replacing *próprio* with *mesmo.*

1. Quase não acreditei que ele próprio pagou a conta.
2. Dona Ernestina fica falando, mas ela própria não sabe a resposta.

3. Você já pensou? As próprias jogadoras nos convidaram!
4. É por isso que esses jovens estão perdidos, os próprios tios ficam ensinando essas bobagens.

Answers: 1. Quase não acreditei que ele <u>mesmo</u> pagou a conta. 2. Dona Ernestina fica falando, mas ela <u>mesma</u> não sabe a resposta. 3. Você já pensou? As jogadoras <u>mesmas</u> nos convidaram! or Elas <u>mesmas</u> nos convidaram! 4. (...) tios mesmos ficam ensinando essas bobagens.

Reinforcement Exercise – Rewrite the sentences, using *mesmo* for the underlined word or phrase.

1. Esse cara é meio grosseiro, e sempre fala <u>dessa maneira</u>.
2. Vamos ver se eles têm coragem de vir aqui <u>em pessoa</u>.
3. <u>Ainda</u> assim ele não conseguiu ganhar aquela partida de basquete.

Answers: 1. Esse cara é meio grosseiro, e sempre fala <u>assim mesmo</u>. 2. Vamos ver se eles <u>mesmos</u> tem coragem de vir aqui. 3. <u>Mesmo</u> assim ele não conseguiu ganhar aquela partida de basquete.

Reinforcement Exercise – Rewrite the English sentences in Brazilian Portuguese.

1. You should be <u>very</u> careful, <u>very</u>, <u>very</u> careful, hear?
2. They speak <u>really</u> well.
3. He <u>really</u> doesn't know.
4. Are you <u>really</u> going to Brasil?

Answers: 1. Você precisa ter muito cuidado, mas muito cuidado mesmo, ouviu? 2. Eles falam bem mesmo. 3. Ele não sabe mesmo. 4. Você vai mesmo ao Brasil? (ao Brasil = temporary visit; para o Brasil = to live there)

Exercise 4 - Complete the answers to the following questions using *mesmo,* or *mesmo* and *próprio,* whenever both apply. A blank is provided before and after the noun or pronoun, although you fill in only one or the other.

1. Quem trouxe vocês aqui?
    Os _____ organizadores _____ nos trouxeram.
2. Como você quer a comida?
    Eu quero a comida com _____ pimenta _____.
3. Hoje não tem bife, só tem ovos. O que vocês comem?
    Comemos _____ ovos _____.
4. Você sabe quem fez o jantar?
    Foram _____ elas _____.
5. Quem consertou o rádio?
    Fui _____ eu _____ que consertei o rádio.

Answers: 1. Os próprios organizadores or os organizadores mesmos; 2. primenta mesmo; 3. ovos mesmo; 4. elas mesmas; 5. mesmo or mesma, depending on the sex of the speaker.

6.4.2 *Ser* Intrusivo

Essa menina é *é* inteligente.
Cê né besta, não, ô cara! Eu vou *é* por aqui mesmo.
Naquele tempo eu gostava *era* da Ernestina.

Ser intrusivo, common in spoken Brazilian Portuguese and avoided in the written language, sometimes can be replaced by *mesmo* or used with *mesmo* ("é mesmo") to reinforce an opinion.

A full description of how this particular use of *ser* works in Brazilian Portuguese requires more space and research. In general, *ser intrusivo* follows immediately the verb that it modifies. It also agrees in tense with the verb it modifies: *Você* **é** *é bobo, hem!*, *Eu* **queria era** *sair logo dali*. Frequently, the conjunction *mas* is inserted between both verbs, changing the degree of emphasis sometimes: *Você* **é** *mas* **é** *bobo mesmo, hem!*, *Eu* **queria** *mas* **era** *sair logo dali*.

Reinforcement Exercises – Try using the *ser intrusivo* in the following sentences.

1. Você é daqui dessa cidade?
   Que nada, che! Eu sou _____ do Rio Grande do Sul.
2. O cumpadre pensa que me engana. Ele disse que vai para Piracicaba, mas ele vai _____ para Manhumirim.
3. Esse capetinha _____ mesmo ruim. Está sempre provocando os outros.
4. Inteligente nada! Você é _____ burrinho mesmo.
5. Naquela época eu andava _____ descalço pela rua.
6. Eu bebo cachaça p'ra ficar ruim mesmo. Se fosse p'ra ficar bom eu tomava _____ remédio.

Answers: 1. é; 2. é; 3. é; 4. é; 5. era; 6. era.

6.4.3 *Até*

Carlos anda até a esquina.
Até João faz isso bem.
Ele faz isso até de olhos fechados.
Até que ela dança bem.

Até means the same thing as *hasta, mismo, aun, y por lo tanto, en verdad*, and *incluso* in Spanish

Exercise 5 – In the following sentences, fill in the blanks with *até*, and then decide if (*mas*) *até* (*que*) is the equivalent of *hasta, mismo, aun, y por lo tanto, en verdad,* or *incluso*.

1.   Vamos ficar aqui _____ quando?
2.   Essa turma conserta qualquer coisa, _____ aparelhos elétricos.
3.   Não esperava isso, não. Falaram que o filme era horrível, mas _____ que foi bom.
4.   Assim não vale! Assim _____ eu posso fazer.
5.   _____ que esse barbeiro é amável, não é mesmo?
6.   Despejou tudo o que sabia sobre futebol _____ que o barbeiro explodiu: "Puxa! Mas o senhor é chato, hem?"
7.   Com açúcar _____ jiló [especie de berenjena amarga].

Answers: 1. até (*hasta*); 2. até (*incluso*); 3. até (*en verdad* and *por lo tanto*); 4. até (*hasta* and *incluso*); 5. Até (*en verdad*); 6. até (*hasta*).

6.4.4 *Mas, Mais, Más*

> Eu queria ir ao cinema, mas ela não deixou.
> Cinco mais cinco são dez.
> Essas maçãs não estão boas, estão más.

Mas (*pero*) and *mais* (*más*) have different spelling, but their pronunciation is alike in most parts of Brazil. They are pronounced as /maⁱs/. Interestingly enough *más* (*malas*) is usually pronounced as /mas/. Maybe this is because **ruim**, the synonym for both *mau* and *má*, is far more used. As a result, *más* is probably pronounced as a novel word. Novelties in languages tend to be pronounced more carefully, not following the spontaneous tendencies of the language. In the case of "más" one would expect the pronunciation /maⁱs/ similar to what we have in *mas, rapaz, faz,* etc.

Exercise 6 – Fill in the blanks with *mas, mais,* or *más*.

1. Dois _____ dois são quatro.
2. Não gosto dessas senhoras porque todas duas são _____.
3. Um _____ um são dois, _____ sete _____ um são oito.
4. As laranjas estão boas, _____ as uvas estão _____.

Answers: 1. mais; 2. más; 3. mais, mas, mais; 4. mas, más.

6.5 Spelling: The Letter *x*

The letter *x* has four pronunciations in Portuguese:

/š/   as in *baixo* (Eng. **sh**, e.g. **sh**ow)
/s/   as in *sexta, trouxe*
/ks/ as in *complexo*
/z/   as in *exemplo*

Despite the irregularities in the pronunciation of *x*, there are some regularities or tendencies. When *x* appears internally between vowels, it is often difficult to predict its pronunciation, especially if the are identical vowels, e.g. ortodoxo [kⁱs], roxo [š]. Otherwise, there are helpful rules.

In other words, the letter **x** is normally pronounced as follows.

1.   /š/ in word-initial and after *n*:

      xícara, xarope, enxaqueca, enxergar, enxugar.

      It is also pronounced as /š/ after the diphthongs *ei, ai* and *ou*: *deixar, queixo, apaixonado, embaixada, trouxa, afrouxar.*

      An exception to this trend happens in the forms of *trazer* that have an **x**, *trouxe, trouxer*, etc., pronounced as [s].

2.   /ks/ or [kⁱs] in word-final:

      xerox, tórax, telex, pirex.

      It is also very common to pronounce the *x* as /ks/ or [kⁱs], in word--internal position, in between different vowels: *fixo, reflexo, anexo, tóxico.*

      But there are exceptions, *máximo, próximo, lixo, lixeira*, which are pronounced as /š/.

3.   /s/ when internally before a consonant, i.e. in syllable final position:

      sexta, extra, experimentar, texto, excursão, excelente, ex-presidente.

      Before a voiced consonant or after the prefix *ex-* followed by a vowel, **x** will sound like a [z] , coinciding in part with rule 4, below: *ex-namorado, ex-amante, ex-diretor.*

4.   /z/ when in the following word initial sequences *exa-, exe-, exi-, exo-* and *exu-*:

exagerar, exame, ex-auxiliar-técnico, exemplo, exército, ex-espião, exibição, exorcismo, exonerar, exultar.

An exception: *Exu* [e.šú]

Exercise 7 - Write the correct pronunciation of the letter *x* in the following words. If not predictable, look the word up in a dictionary that has phonetic transcription or get help from your instructor or someone who knows the correct pronunciation.

MODEL: xale: /š/ xale.

1. extensão	8. experiência	15. excelente
2. reflexo	9. exercício	16. puxar
3. exótico	10. queixo	17. xadrez
4. exagero	11. trouxeram	18. index
5. peixe	12. enxada	19. máximo
6. lixo	13. caxixi	20. próximo
7. xerox	14. exceção	21. contexto

Answers: 1. /s/; 2. /ks/ or /kis/; 3. /z/; 4. /z/; 5. /š/; 6. /š/ ; 7. /š/ /ks/ or /kis/; 8. /s/; 9. /z/; 10. /š/; 11. /s/; 12. /š/; 13. /š/ /š/; 14. /s/; 15. /s/; 16. /š/; 17. /š/; 18. /ks/ or /kis/; 19. /s/; 20. /s/; 21. /s/.

6.6. Os "Turcos" e Outros Povos do Brasil

Até a primeira metade do século XIX, a formação do povo brasileiro se fez principalmente pela miscigenação biológica de povos portugueses, africanos e ameríndios. Ainda hoje, a contar do Rio para o norte essas mesmas raças se destacam na formação do povo brasileiro. Essa influência se reflete não somente nos traços físicos do brasileiro, mas também no seu comportamento, na sua maneira de perceber o mundo. Por exemplo, costuma-se comentar, corretamente ou não, que nenhuma dessas três raças empenhou-se de fato na construção de uma nação brasileira. Os ameríndios não se preocupavam com o futuro, os portugueses vieram com o principal objetivo de enriquecer-se e os escravos, sem direito nem ao próprio corpo, não tinham como pensar nem no futuro e nem no tempo.

Esse espírito dominante até então parece ter mudado a partir da segunda metade do século XIX, especialmente a partir da região de São Paulo para o sul, onde observamos uma imigração de outras raças, destacando-se os espanhóis, italianos, japoneses, alemães e árabes. O auge dessa imigração se deu entre 1870 e 1920. Os portugueses continuavam a vir para o Brasil não somente de Portugal, mas também de outras partes do mundo lusitano, e.g. Açores. Os espanhóis eram principalmente os galegos, mas muitos andaluzes foram para São Paulo onde desenvolveram a cultura do café. No caso dos árabes, a história dessa imigração foi muito particular não somente no Brasil, mas também em outros países para onde foram.

Praticamente não há turcos no Brasil e chamar um descendente árabe de turco, pode ser uma ofensa. O relacionamento histórico entre turcos e árabes é muito triste e violento. Os árabes que vieram para o Brasil eram na sua maioria libaneses, mas o número de sírios é também significante. Outros povos de origem árabe que também vieram para o Brasil em menores números foram os egípcios, palestinos, sauditas e iraquianos.

Os turcos, na realidade, têm um relacionamento histórico o pior possível com os árabes devido ao violento domínio que exerceram sobre os árabes durante todo o Império Otomano. Esse domínio, que durou até a Segunda Guerra Mundial, fez com que os árabes saíssem de suas regiões de origem para tentar uma vida nova em outras partes do mundo. Nessas condições e sem direito a passaporte nem a documentação adequada, os árabes sob o domínio turco, emigravam com documentação que dizia serem de nacionalidade turca. Daí a confusão não somente no Brasil mas também em outras partes do mundo.

Devido a essa situação, muitos tiveram que trocar os nomes para instalar-se em seus novos países. Curiosamente, vale lembrar que isso já havia ocorrido durante a chegada dos primeiros escravos africanos no Brasil, no século XVI. Já naquela época, os africanos muçulmanos sudaneses tiveram que trocar de nomes. Felizmente hoje em dia isso já não é necessário e a Turquia de hoje parece estar mudando sua imagem negativa, em sua busca de integração na comunidade européia.

Os árabes que foram para o Brasil eram comerciantes e se concentraram em áreas urbanas especialmente em São Paulo e no Rio. Foi através dos sírios e libaneses que o Brasil conheceu comidas como o quibe, a esfirra ou esfiha, o tabule e o iogurte.

A crônica de Fernando Sabino no início desta unidade não toca diretamente nesses pontos, porém no Brasil os árabes tiveram que conviver com essa confusão.

Atividade de compreensão e gramática – Depois de ler o texto acima, responda às seguintes perguntas de conteúdo:

1. Quais foram os três povos principais na formação do povo brasileiro?
2. Que outros povos contribuiram para a formação do povo brasileiro, a partir da segunda metade do século XIX?
3. Você chamaria um árabe de turco? Por que sim ou não?
4. Quais as comidas que você conhece trazidas pelos árabes?

Perguntas de gramática e escritura:

5. Identifique três verbos no passado usados para descrições e três para ações.
6. Identifique cinco expressões de transição (conectivos) entre orações e parágrafos.

Suggested answers: 1. os portugueses, africanos e ameríndios; 2. espanhóis, italianos, japoneses, alemães e árabes; 3. Seria melhor evitar, embora às vezes se ouça entre amigos. Mas é bom evitar porque se pode ofender uma pessoa. 4. Há muitas, como por exemplo o quibe, a esfiha, o tabule e o iogurte. 5. **para descrição:** (a) Os espanhóis **eram** principalmente os galegos (b) Os portugueses **continuavam** a vir para o Brasil; (c) ; **para ação:** (a) a formação do povo brasileiro **se fez** pela miscigenação biológica; (b) O auge dessa imigração **se deu** entre 1870 e 1920. (c) mas muitos andaluzes **foram** para São Paulo onde **desenvolveram** a cultura do café; 6. Elementos de transição: (a) **Ainda hoje**, a contar do Rio para o norte; (b) **A partir da segunda metade do século XIX**, especialmente de São Paulo para o sul, observamos; (c) **No caso dos árabes**, a história dessa imigração.

6.7 Dictation

Study and carefully practice the following sentences. Your instructor will decide whether to read them in class as a dictation. Your instructor may also take other passages of the texts in this unit to combine them in the dictation.

1. Não se deu por satisfeito e foi embora.
2. "Rio que mora no mar, sorrio do meu Rio que sorri de tudo . . ."
3. Quando tenho uma dor de garganta, faço gargarejo com água morna e sal.
4. Nas sextas-feiras, antes do fim de semana, eles sempre vêm aqui puxar conversa.
5. Anteontem ganhou duzentos mil no jogo do bicho.
6. O que houve na terceira vez que ele foi ao barbeiro?
7. O Brasil fica na América do Sul, não é isso mesmo?
8. Assim que chegou a Paris, foi cortar o cabelo.
9. O Mauro e o Sérgio têm vindo muito aqui nestes últimos dias.
10. Em português, os lábios se tocam no "b" da palavra "soube."
11. Praticamente não há turcos no Brasil e chamar um descedente árabe de turco, pode ser uma ofensa.
12. Os árabes que vieram para o Brasil eram na sua maioria libaneses, mas o número de sírios é também significante.
13. Devido a essa situação, muitos tiveram que trocar os nomes para instalar-se em seus novos países.
14. Curiosamente, vale lembrar que isso já havia ocorrido durante a chegada dos primeiros escravos africanos no Brasil, no século XVI.
15. A Turquia de hoje parece estar mudando sua imagem negativa, em sua busca de integração na comunidade européia

6.8 Translation

Exercise 8 – Translate the following sentences into Brazilian Portuguese.

1. Hemos hablado mucho sin llegar a una conclusión.
2. Ya habíamos hecho las tareas cuando Uds. llegaron.
3. Yo había pagado lo que faltaba pagar, pero ellos no creían en lo que yo les decía.
4. Siempre duermo con las luces encendidas.
5. Me dijeron que son malas bailarinas, pero no las conozco.
6. Todavía no les he dicho nada a ellas.
7. Muchos han tenido que cambiar los nombres.
8. Los andaluces han desarrollado la cultura del café en São Paulo.
9. Lo han llamado de turco y se enojó.
10. Los árabes trajeron a Brasil el keppe, el tabbule, el cuscús, la esfiha, la baclava y el yogur.

Suggested answers: 1. Falamos muito sem chegar a uma conclusão. 2. Já havíamos feito os deveres/as tarefas quando vocês chegaram. 3. Eu tinha pago o que faltava pagar, mas eles não acreditavam no que eu dizia. 4. Sempre durmo com as luzes acesas. 5. Disseram-me que são más bailarinas, porém eu não as conheço. 6. Ainda não disse nada a elas. 7. Muitos tiveram que mudar os nomes. 8. Os andaluzes desenvolveram a cultura do café em São Paulo. 9. Chamaram ele (ou Chamaram-no) de turco e se aborreceu (e não gostou). 11. Os árabes trouxeram para o Brasil o quibe, o tabule, o cuscuz, a esfiha/esfirra, a baclava e o iogurte.

6.9 Writing Drills

Write a brief composition with a minimum of 100 words. Thy to use sentence constructions with *ter* + *-do* in the present perfect alternated with other constructions in the past. It is no necessary to try too hard and end up with a over elaborated, artificial text. Theme: Atividades recentes, such as traveling, community services, learning something new like painting, ceramics, language, new job, etc.

1. Introdução: explicar como é sua vida normalmente, o que você faz. Se preferir, mude o sujeito "eu" a uma terceira pessoa no singular ou no plural. O presente do indicativo se encaixa bem neste primeiro parágrafo.
2. Desenvolvimento: comparar o que você faz normalmente com o que você *tem feito* ou fez nas últimas semanas.
3. Conclusão: tentar dar uma idéia do que você acha que vão ser suas atividades nas próximas semanas ou nos próximos anos.

Some students may prefer to explore another theme and use a different strategy. They can write in Spanish using the Present Perfect, and then translate their own text into Portuguese using the Preterit. Regardless of their choice, they should, however, make an effort to include constructions with *ter* + *-do*. Here is an example. If the students have already made some presentations in class, write about one or more of the presentations. The text can start with a Present Perfect, such as *Hemos tenido unas clases bastante interesantes en esos últimos días. Algunos estudiantes han hecho un trabajo de investigación impresionante sobre la música popular brasilera. La presentación que más me ha gustado fue la de* . . . Then, after finishing the narrative, translate it into Portuguese and see what happens. For example, *Tivemos umas aulas bastante interessantes nesses últimos dias. Alguns estudantes fizeram um trabalho de pesquisa impressionante sobre a música popular brasileira. A apresentação que eu mais gostei foi a de* . . .

6.10 Diversões, Bate-Bola e Pipoca Quentinha

A. Answer the questions using the equivalent of "two" in your answers.

MODEL: Você tem um lápis? <u>Não, eu tenho *dois* lápis.</u>

1. Eles têm um pão?
2. Há uma razão importante?
3. Você só tem uma casa?
4. Você alugou somente um filme espanhol, não é mesmo?
5. O Brasil celebra um carnaval por ano?
6. Você está estudando uma lição?

Suggested answers: 1. Não, eles têm dois pães. 2. Há pelo menos duas, por quê? 3. Que nada! Eu sou é rico. Eu tenho mesmo são duas casas, or Não, eu tenho duas casas. 4. Errou totalmente ô meu! Eu aluguei dois filmes espanhóis porque eu gosto muito do Almodávar. 5. Não, o Brasil celebra dois carnavais por ano. 6. Quem me dera que fosse só uma. Infelizmente são duas lições.

B. Let's work more on gender and orthography because we have been writing compositions.

Spanish	Portuguese	Spanish	Portuguese
el dolor	_____	el equipo	_____
la nariz	_____	la sal	_____
dejar	_____	junio	_____
julio	_____	jugar	_____
reloj	_____	oreja	_____

cabello	_____	amarillo	_____
fallar	_____	milla	_____
millón	_____	toalla	_____
dinero	_____	camino	_____
vino	_____	cocina	_____
placer	_____	playa	_____
plato	_____	cumplir	_____
blanco	_____	horrible	_____
terrible	_____	favorable	_____
posible	_____	agradable	_____

Answers – left-hand column: a dor, o nariz, deixar, julho, relógio, cabelo, falhar, milhão, dinheiro, vinho, prazer, prato, branco, terrível, possível; right-hand column: a equipe (o time, o equipamento), o sal, junho, jogar, orelha, amarelo, milha, toalha, caminho, cozinha, praia, cumprir (fazer), horrível, favorável, agradável.

C. Complete the sentences below with any verb.

1. Ambos _____ a Angra dos Reis no último fim de semana.
2. Nunca _____ certeza se ele me amava ou não.
3. Só _____ saber disso depois que voltei das férias.
4. Ei! Onde é que você _____ as chaves do carro?
5. Joselita e a irmã dela _____ para o meu casamento.
6. Não _____ chegar a tempo, desculpem.
7. Não precisa espalhar, mas eu _____ aniversário na semana passada.
8. _____ aqui mais cedo, mas você ainda não tinha chegado. O que _____ ?

Suggested answers: 1. foram; 2. tive; 3. fui; 4. pôs/deixou; 5. vieram; 6. pude/pudemos; 7. fiz; 8. Cheguei/ Chegamos/ Estive/ Estivemos, houve.

6.10.1 Placement of Object Pronouns

Put the words below in the proper order to create sentences with object pronouns, according to the rules of the preceding unit.

1. calarei eu me
2. somente prevenir o queria
3. lhe explicado sem tenho êxito
4. vai as levar Paulo
5. vai Pedrinho levantar se
6. levantando Carlinhos se está
7. Ana conhece me
8. Somente queria lhe explicar
9. levo os eu

10. vou eu mandar os
11. sim, as conheço
13. lhe quem deu um dólar?
14. que ela não falou está pronta nos para receber
15. me não vocês conhecem
16. um lhe dei dólar
17. desenrolando ia a se paisagem
18. desculpe se me demais falei
19. Vi-a faz pouco tempo.
20. Você diz essas coisas só para me irritar

Answers: 1. Eu me calarei. 2. Somente queria preveni-lo. 3. Tenho lhe explicado sem êxito. 4. Paulo vai levá-las. 5. Pedrinho vai se levantar. 6. Carlinhos está se levantando. 7. Ana me conhece. 8. Somente queria lhe explicar. 9. Eu os levo. 10. Eu vou mandá-los. 11.Sim, conheço-as. 13. Quem lhe deu um dólar? 14. Ela falou que não está pronta para nos receber. 15. Vocês não me conhecem. 16. Dei-lhe um dólar. 17. Ia se desenrolando a paisagem. 18. Desculpe-me se falei demais. 19. Vi-a faz pouco tempo. 20. Você diz essas coisas só para me irritar.

6.10.2 Subjunctive *Sem Estresse*

Short-lesson 3 – Subjuntivo sem estresse, para falantes de espanhol.

We will now recycle the sentences from the preceding lesson 2 to show something also easy to understand about the subjunctive. The underlined verbs "control" the verbs in bold. In general, if they are in the present tense, the verbs in bold will be in the present subjunctive as well. If we change them into a past tense form, the subjunctive will be in the past tense, too. The forms of the past subjunctive in Portuguese are similar to the forms used in Spain. Generally, in Spain the past subjunctive forms end in –se- (*hablase*) whereas in Latin America the main *trend* is to have an –ra- (*hablara*), instead. In Portuguese, similar to the common usage in Spain, these past subjunctive forms have an –sse- form: *falasse*.

Change the sentences in the preceding lesson, on page 268, from present to past tenses.

Spanish	Brazilian Portuguese
1. Le <u>dijo</u> a Pepito que **viniera** pronto.	Disse ao Pedrinho que _____ logo.
2. <u>Buscaba</u> un libro que **tratara** de ese tema.	<u>Procurava</u> um livro que _____ desse assunto.
3. Ojalá que **fueran** puntuales.	<u>Quisera</u> que _____ pontuais.
4. Qué lástima que **hubieran** salido sin despedirse.	<u>É</u> uma pena que _____ saído sem se despedir.
5. No <u>hubo</u> ningún periódico que **se atreviera** hablar en contra de ellos.	Não <u>teve</u> nenhum jornal que _____ a coragem de falar contra eles.
6. Desafortunadamente no <u>conocí</u> a nadie que te **pudiera** ayudar.	Infelizmente não <u>conheci</u> ninguém que _____ te ajudar.

Answers: 1. viesse; 2. tratasse; 3. fossem; 4. tivessem; 5. tivesse; 6. pudesse.

6.11 Songs: "No Dia em Que Eu Vim-me Embora" and "Sampa" by Caetano Veloso

The lyrics of the songs "No Dia em que Eu Vim-me Embora" and "Sampa" can be easily googled on the internet. Students may want to study them. Both songs contain vocabulary and constructions that occur frequently. The text below is written in Portuguese, in an attempt to provide more input in the target language.

Os compositores que mais influência exercem na atual música popular brasileira são Caetano Veloso (1942–), Gilberto Gil (1942-) e Chico Buarque (1944-). Chico Buarque vem do Rio, de natureza tímida, se comparado a Caetano Veloso e Gilberto Gil, é filho de um historiador famoso, continuador do que melhor apareceu na tradicional música popular brasileira e abertamente engajado política e socialmente com visitas freqüentes à Cuba, Angola e Moçambique. Caetano Veloso vem de família simples, de Santo Amaro da Purificação, perto de Salvador, é irônico com a sociedade brasileira, principalmente com a posição política desorganizada dos estudantes universitários dos anos sessenta, está sempre invadindo os lares através da televisão com quebras de tabus, com a promoção do mau gosto ("kitsch") ao lado do bom gosto, do fino e do grosso, com sugestões de feminilidade nos próprios gestos e trajes, dançando como Carmem Miranda, enfim, uma mirabolante criatividade que confunde, mas encanta. Gilberto Gil já foi vereador na Bahia e é atualmente (2007) Ministro da Cultura do Brasil, dos dois governos de Luís Inácio Lula da Silva. Foi ao lado de Caetano Veloso e Tom Zé, um articulador do Movimento Tropicalista dos anos sessenta. O público brasileiro em geral, costuma ter suas preferências, ou por Caetano ou por Gil, embora muitos gostem dos dois. Quanto a Chico Buarque, este parece ser da preferência de todos, dono de um raro carisma.

Conforme foi sugerido acima, tente encontrar as letras completas das músicas "No Dia em que Eu Vim-me Embora" e "Sampa" na internet para discuti-las em aula ou para uma apresentação que poderia ser sobre a vida de Caetano, sobre os processos migratórios do nordeste para outras áreas e a reversão atual desses processos, ou qualquer outro tema que se queira apresentar.

No Dia em Que Eu Vim-me Embora, de *Caetano Veloso*

No dia em que eu vim-me embora / Minha mãe chorava em "ai"
Minha irmã chorava em "ui" / E eu nem olhava pra trás.
No dia em que eu vim-me embora, não teve nada demais.

Na música "Sampa", uma palavra inventada (**Sam**ba e São **Pa**ulo), vemos na melodia o ritmo de um samba típico paulista, característico nos sambas de Paulo Vanzolini, e uma letra de significado ligado à vida de Caetano.

No começo da sua carreira Caetano Veloso veio para São Paulo e ficou com uma impressão negativa da cidade. Caetano gostou mais do Rio do que de São Paulo. O Rio tem o charme, beleza e uma vida "carioca" que todo brasileiro encontra no primeiro contato. São Paulo era então para Caetano uma cidade pouco brasileira, feia, sem linhas. Caetano deixou os paulistas magoados com essa declaração feita no começo da carreira dele.

Mais tarde, depois de morar durante algum tempo em São Paulo, Caetano mudou de idéia. A música abaixo, para aqueles que conhecem a Semana da Arte Moderna de 1922, as idéias antropofágicas do movimento, a poesia dos concretistas brasileiros, particularidades lingüísticas do português do Brasil, as brigas pela hegemonia cultural no Brasil entre Rio e São Paulo e a evolução da carreira de Caetano Veloso, vão constatar que essa é uma das músicas mais ricas em traços culturais contemporâneos que já apareceram no Brasil.

Sampa, de *Caetano Veloso*

Alguma coisa acontece no meu coração
Que só quando cruza a Ipiranga e a avenida São João.

É que quando eu cheguei por aqui eu nada entendi
Da dura poesia concreta de tuas esquinas

6.12 Carrying On—Drills on Communicative Competence

Situation 1: In class there is an information desk staffed by two students. Other students will make phone calls to them and ask questions about locations, people, what is happening this week-end, and so on.

Situation 2: Simulate a barbershop where several students are barbers and other students are customers. The barbers ask questions like "How do you want your hair cut?" The customer explains and then the barber strikes up a short conversation asking his or her name, how often the customer has his or her hair cut, where the customer comes from and some private questions.

Remember that in Portuguese, as in Spanish, body parts are not preceded by possessives, as in English. "Cut his hair" has to be rendered as "cortar el pelo" or "cortar o cabelo."

Situation 3: Simulate a situation in which you lost your voice temporarily, because of a cold. Try to communicate with soundless words and body gestures. Some of the possible contexts: uma barbearia, um barzinho, um mercado, um consultório médico, uma explicação para o professor por chegar atrasado, etc.

Supporting Vocabulário:

o cabelo, a costeleta, a barba, o bigode, a orelha, a nuca, a testa, a franja, a permanente, o xampu, o espelho, a tesoura, o pente, a fila, a gorjeta

cortar, repartir, barbear, fazer a barba/o bigode, passar, lavar, enxugar, olhar, gostar, arrumar, ajeitar, pentear, despentear

curto, comprido, feio, bonito, repartido, sujo, limpo, quadrado, redondo, frisado

dar um jeitinho, fazer uma barbeiragem, puxar conversa

6.13 Active Vocabulary

Nouns

o barbeiro	el peluquero, el barbero
o conterrâneo	el coterráneo
o interesse	el interés
o sujeito	el sujeto, la persona
o turco	el turco

Adjectives

amável	amable
envolvido/a	envuelto/a
melindrado/a	ofendido/a
satisfeito/a	satisfecho/a

Verbs

calar-se	callarse
custar	costar
despejar	vaciar, verter
empurrar	empujar
jurar	jurar
olhar	mirar
perdoar	perdonar, disculpar
puxar	tirar de; jalar (Mex.); arrancar
tornar	volver, repetir

Adverbs

ainda	todavía
além (de)	además (de)
demais	demasiado
devido a	debido a
logo	luego
mesmo	mismo; hasta; incluso; aunque

Common Expressions

dar-se por satisfeito	darse por satisfecho
essa é boa	¡Imagínese Ud.! ¿Se da cuenta?
não é isso mesmo?	¿Qué opina?
Ora só!	¡Imagínese Ud.!
Pois não	De acuerdo, como no
Por que diabo?	¿Por qué razón?
por via das dúvidas	por si acaso
puxar conversa	trabar conversación; comenzar a platicar

Unit 7. As Viagens

Except for the *infinitivo pessoal*, the grammar points discussed in this unit should not surprise the Spanish speaker. Most of this unit is a matter of remembering new forms, and some terminology like the *Futuro do Pretérito* which can be viewed as the conditional mode, for native speakers of Spanish and English.

The contents are related to travel.

- *Context* – Travel, Vacations and Holidays
- *Grammar* – Indicative Mode, Future and Present Tenses: Simple Future, "Future of the Preterite" (Conditional); Simple Present of Verbs ending in -ear, -iar, -uir; Simple Present of *Perder, Valer, Caber, Seguir*; The use of articles before Countries, States, and Cities; The Personal Infinitive
- *Pronunciation* – /v/ and /b/ will be emphasized because they are pronounced alike in Spanish, but in Portuguese they are different sounds. Also studied are a number of words that differ only in the placement of stress: Spanish *límite* and Portuguese *limite*, for example.
- *Vocabulary* – Review of vocabulary will be continued and new words related to nationalities, geography, and travel added. The words *Feira/ Férias/ Feriado.*
- *Conversation* – You are able to talk about more elaborate situations. You will learn the elements for holding a basic conversation as well as more complex ones.
- *Writing Drills* – Composition: Writing drills and conversation will become more demanding.
- *Song* – "San Vicente"

This unit should require approximately 3 or 4 classes of 50 minute each.

7. A GEOGRAFIA DO BRASIL

The informal dialogue of this unit recycles vocabulary from former lessons and adds new vocabulary. The student should be able to memorize all vocabulary forms through regular use of the language. Observe the use of the future tense in *ir* + *infinitive* in the spoken language, and the use of simple future.

A very good way of traveling virtually in Brazil, from our computers at home or in the classrooms, is to use the free access to Google Earth (http://earth.google.com). We suggest that instructors take his/her students in "trips" to Brazil to explore the country. The satellite images are impressive. We can even imagine a real itinerary for a future visit to Brazil.

7.1 Reading: Férias de Natal e Ano Novo

 Neste diálogo, Zélia está organizando as festividades de Natal na casa dela. Ela terá que telefonar para todos os que virão. Teresa, a empregada, fica sempre perto para ajudar. Veja se é possível identificar os sotaques das pessoas neste diálogo e depois veja a resposta abaixo. Às vezes é difícil, mas algumas vezes é possível notar certas características dos falantes. Lembre-se de que os intérpretes deste diálogo foram orientados a mudar as conversas conforme achavam necessário. Assim, o diálogo escrito não corresponderá exatamente ao diálogo na gravação.

CÉLIA: —Teresa, qual é o telefone da Zélia? Ela está passando férias no Rio.

TERESA: —Pera aí, dona Célia. Vou ter que pegar o caderno de endereços. Ah, 'tá aqui! Olha, o DDD é 021 e o telefone é dois-dois-três, oito-meia-zero-nove.

CÉLIA: —'Brigada.

Célia disca para Zélia que atende no Rio.

ZÉLIA: —Alô!

CÉLIA: —Alô, Zélia! Aqui é a Célia.

—Oi, Célia! Tudo bom? O que você conta?

—Olha, estou organizando uma lista enorme para as festas deste fim de ano. Tu vens passar esses feriados de fim de ano conosco, não é?

—Claro! Onde vai ser esse ano?

—Nós arranjamos uma casa em Guarapari.

—Que bom, menina! Esse ano vai ser na praia. Onde fica a sua casa em Guarapari?

Célia dá o endereço e explica como chegar lá vindo do Rio.

CÉLIA: —Nós vamos estar em Guarapari a partir do dia 20 de dezembro. Quando tu achas que chegas?

ZÉLIA: —Devo chegar no dia 23. Tem gente nova esse ano?

—Como?

—Quem mais vem passar as férias com você? Tem gente que eu não conheço esse ano?

—É o mesmo pessoal do ano passado. Ah, tu conheces André, um baiano?

—Ainda não.

—Pois tu vais conhecer. Ele é muito legal. Ele chega mais cedo, no dia 20. Mas ele vai embora antes da festa de Ano Novo. Ele quer passar o reveillon na Bahia.

—Ele é comprometido?

—Sei não. Mas como dizem as más-línguas, essas coisas a gente sempre dá um jeito.

—Você é fogo, hem.

CÉLIA: —Estou brincando. Mas, então tu vens é no dia 25 à noite, né?

ZÉLIA: —Como assim? Que de noite, nada! Eu venho é no dia 23 de tardinha. 23 de tardinha mesmo, eu prometo. Devo sair do Rio lá pelas 10 da manhã.

—Não vais chegar muito atrasada, hem?

—Até que eu sou pontual. Com você só cheguei atrasada duas vezes até hoje.

—Bem, estamos esperando, hem?

—Ótimo! Um beijo pra você e outro pro Arnaldo.

—Ele já está aqui do lado pedindo pra desligar.

—Ah! Manda ele ir plantar batatas.

—Isso mesmo! Um beijão.

—Tchau.

Questions

1. Quem são Célia, Zélia e Teresa? Como é o sotaque delas?
2. O que é que a Teresa está fazendo perto da Célia?
3. Por que a Célia liga para a Zélia?
4. Onde é que elas vão passar o Natal e o reveillon?
5. São as mesmas pessoas este ano?
6. Quando a Célia e a Zélia vão chegar?
7. E o André sai quando?
8. O André é comprometido?
9. Qual é o recado da Zélia para o Arnaldo, esposo da Célia?

Suggested answers: 1. Célia está organizando uma festa de Natal e Zélia é uma amiga carioca. Teresa é a empregada de Célia. As três são baianas de Salvador. 2. Ficando por perto, caso Célia precise dela. 3. Com a ajuda de Teresa, Célia dá um telefonema para Zélia, no Rio. Célia quer convidar a Zélia para passar o Natal e o reveillon com ela. 4.

Em Guarapari, uma cidade balneária no Espírito Santo. 5. A maioria é o mesmo pessoal do ano passado. 6. Célia vai chegar no dia 20 de dezembro e Zélia no dia 23. 7. André sai antes do reveillon. Ele vai passar o Ano Novo no Estado da Bahia. 8. Parece que ninguém sabe. Só vão saber quando ele chegar. 9. Zélia manda o Arnaldo plantar batatas porque ele está muito chato.

7.2 Indicative Mode, Future and Present

7.2.1 Simple Future

> Um dia **terei** muito dinheiro.
> Prometo que nunca mais **farei** isso.

The simple future and the conditional (*futuro do pretérito*) in Brazilian Portuguese are very similar to Spanish. Both normative grammars in Portuguese and Spanish suggest that the simple future is related to a distant event in the future, expressed in phrases like "next year," "in six months," and so on. The periphrastic future (*ir* + infinitive) refers to an immediate future, namely, "tomorrow," "in one hour," and the like. In practice, however, one rarely finds this usage in Brazilian Portuguese.

The use of the simple future has clearly undergone a change in Brazilian Portuguese. The spoken language prefers constructions with *ir* + infinitive. The simple future is more frequent in the written language.

The *ir* + infinitive construction in Brazilian Portuguese does not have the *a* Spanish has.

MORAR	VENDER	PARTIR	SER
morarei	venderei	partirei	serei
morará	venderá	partirá	será
moraremos	venderemos	partiremos	seremos
morarão	venderão	partirão	serão

TER	FAZER	DIZER	TRAZER
terei	farei	direi	trarei
terá	fará	dirá	trará
teremos	faremos	diremos	traremos
terão	farão	dirão	trarão

Exercise 1 – Rewrite the following sentences in the simple future, introducing your sentences with *amanhã, um dia, na semana que vem, daqui a duas semanas, daqui a dois anos, dentro de seis meses*, and so on. If possible, don't use the subject.

1. Hoje eu sou um grande cantor. Um dia _____

2. No verão passado nós pudemos viajar pelo mundo.
3. Minhas aulas começaram há dois meses.
4. Esse time é tão ruim que não ganhou de ninguém no ano passado.
5. Ontem eu aprendi a jogar xadrez.
6. Foi ela quem me ensinou a dirigir.

Suggested answers: 1. Um dia serei um grande cantor. No ano que vem poderemos viajar pelo mundo. 3. Minhas aulas começarão dentro de dois meses. 4. Esse time é tão ruim que não ganhará de ninguém neste campeonato. 5. Qualquer dia desses aprenderei a jogar xadrez. 6. Ela é quem me ensinará a dirigir.

Exercise 2 — Read the following letter, then rewrite it in the simple future tense whenever possible. Start like this: "Irene, No ano que vem . . ."

Irene,

No ano passado passei o Natal num país frio só para brincar na neve. Você lembra que eu gosto muito da neve, especialmente durante o Natal. Por isso fui ao Canadá. Lá a neve tinha mais de um metro de altura. Foi a primeira vez que eu vi neve na minha vida. Eu sempre via muita neve no cinema e ficava imaginando como seria na realidade. . . . Finalmente eu pude conhecer a neve. Também vou te contar, aproveitei à beça. Nunca me diverti tanto na minha vida. Lá, os canadenses me explicavam que eles estavam cheios desse negócio de neve. Mas eu, como venho do Norte do Brasil, achei tudo aquilo uma beleza. Fiz tudo o que eu queria com a neve: guerra de bola de neve, brinquei com o boneco de neve que algumas pessoas me ajudaram a fazer e, cá pra nós, cheguei até a comer um pouquinho de neve. Mas isso você não vai falar para ninguém porque depois eu não saberei como me explicar. Segredo nosso, falou? Depois eu volto a escrever. Um abraço cheio de saudadw.

        Renato.

Exercise 3 — After finishing making the changes, replace the simple future with the future with *ir*.

Suggested answers: *Irene, dentro de seis meses passarei o Natal num país frio só para brincar na neve. Você lembra que eu gosto muito da neve, especialmente durante o Natal. Por isso irei ao Canadá. Lá, a neve terá (espero) mais de um metro de altura. (Imagino que) lá, a neve terá mais de um metro de altura. Será a primeira vez que verei neve na minha vida. (No change) Eu sempre via muita neve no cinema e ficava imaginando como seria na realidade. Finalmente eu poderei conhecer a neve. Nunca me divertirei tanto na minha vida. (Certamente) lá, os canadenses me explicarão (suponho) que eles estão cheios desse negócio de neve. Mas eu, como venho do Norte do Brasil, acharei tudo (aquilo) muito legal, legal mesmo. Farei tudo o que eu quiser com a neve: guerra de bola de neve, brincarei com o boneco de neve que algumas pessoas me ajudarão a fazer e, cá pra nós, chegarei até a comer um pouquinho de neve. Mas você não vai falar isso para ninguém porque depois eu não saberei como me explicar. Segredo nosso, falou? Depois eu voltarei a escrever. Um abraço cheio de saudade. Renato.*

Futuro perifrástico (com *ir*): *vou passar, vou ir, vai ter, vai ter, vai ser, vou ver, vou poder, vou/irei me divertir, vão/irão me explicar, vou/irei achar, vou fazer, vou brincar, vão/irão me ajudar a fazer, vou chegar, vou/irei saber, vou voltar a escrever*

Exercise 3 – Replace the *ir* + infinitive sequence with the simple future.

1. Prometo que não vou fazer isso.
2. Vamos comer tudo que você colocar na mesa.
3. Só vai poder jantar com vocês depois de amanhã.
4. Você vai me trazer mais um copo de água?
5. Ana Maria vai dizer ao chefe que precisa ganhar um ordenado melhor.
6. Essa sua idéia vai causar problemas para todo o país.
7. Finalmente vocês vão ter uma vidinha boa, não é?

Answers: 1. Prometo que não farei isso. 2. Comeremos tudo que você colocar na mesa. 3. Só poderá jantar com vocês depois de amanhã. 4. Você me trará mais um copo d'água. 5. Ana Maria dirá ao chefe que precisa de ganhar um ordenado melhor. 6. Essa sua idéia causará problemas para todo o país. 7. Finalmente vocês terão uma vidinha boa, não é?

Exercise 4 – Write a question for each of the following answers.

> MODEL: Em Campos do Jordão. (vocês, passar)
> Question: Onde vocês passarão suas férias?

1. Às 10:00 em ponto. (você, abrir)
2. Ninguém. (alguém, ajudar)
3. Nada. (eles, fazer)
4. Um guaraná. (vocês, beber)
5. De navio. (nós, ir)
6. Nenhum. (elas, trazer)
7. Não. (vocês, dizer)
8. Goiabada com queijo. (vocês, pedir)

Suggested answers: 1. A que horas você abrirá a loja? 2. Alguém (me) ajudará? 3. O que eles farão amanhã? 4. Vocês beberão o quê? 5. Como iremos a Pernambuco? 6. Elas trarão algum instrumento para tocar? 7. Vocês dirão alguma coisa? 8. Vocês pedirão o quê?

7.2.2 "Future of the Preterite" (Conditional)

> Não **moraria** lá nunca.
> **Gostaria** de falar com o senhor.

Mattoso Câmara, Jr. has suggested that Brazilian scholars use the term "future of the preterite" rather than "conditional." The term "preterit" means "past." Some of the exercises below may clarify this notion.

MORAR	VENDER	PARTIR	SER
moraria	venderia	partiria	seria
moraria	venderia	partiria	seria
moraríamos	venderíamos	partiríamos	seríamos
morariam	venderiam	partiriam	seriam

TER	FAZER	DIZER	TRAZER
teria	faria	diria	traria
teria	faria	diria	traria
teríamos	faríamos	diríamos	traríamos
teriam	fariam	diriam	trariam

Exercise 5 – Observe why in Brazilian Portuguese some authors prefer to call these constructions the "future of the preterite," a "future in the past" rather than the conditional. Change according to the model.

MODEL: Eu sei que ela partirá hoje.
        Eu soube que ela partiria or iria partir hoje.

1. Prometo que falarei com você depois de amanhã.
2. Acho que você gostará deste hotel.
3. Ele escreve que me mandará um presente a semana que vem.
4. Você diz que ele chegará daqui a duas semanas.
5. A gente acha que vocês chegarão a tempo.
6. Ela acha que ele lhe dará tudo.

Suggested answers: 1. Prometi que falaria (ou iria falar com você depois de amanhã, or Prometi que falaria com você anteontem, etc. 2. Achava/Achei que você iria gostar or gostaria deste hotel. 3. Ele escreveu que me mandaria um presente a semana que vem. 4. Você disse/dizia que chegaria/iria chegar daqui a duas semanas. 5. A gente achou que vocês chegariam a tempo. 6. Ela achava/achou que ele lhe daria tudo.

Exercise 6 – Fill in the blanks with the correct form of the future of the preterite (conditional) or the simple future.

1. Ele prometeu que me _____. (ajudar, desligar)
2. Ele _____ de vir, mas não pode. (atender, gostar)

3. Todos sabem que você _____ à festa daqui a um ano. (vir, ver)
4. Pensei que eles _____ a verdade. (dizer, discar)
5. Você disse que _____ seus amigos. (trazer, começar)

Answers: 1. ajudaria; 2. gostaria; 3. virá; 4. diriam; 5. traria.

7.2.3 Simple Present: Verbs Ending in -ear, -iar, -uir

> Ela só **cria** animal de raça.
> Eu só **distribuo** essas coisas entre amigos.
> Não gosto dos prédios que ele **constrói**.
> **Odeio** esse cara!

Verbs in **–ear** have an additional "i" when stem-e vowel is stressed: "pass**ei**o," but "pass**e**amos." Five verbs in **–iar** follow this pattern: *ansiar, incendiar, mediar, odiar* and *remediar.*

Except for these preceding five verbs, the other verbs in **–iar** are regular, e.g. *criar, copiar, negociar, premiar, pronunciar.* And finally, verbs that end in *-uir* are also regular except *construir* and *destruir.*

DISTRIBUIR	POLUIR	POSSUIR	DESTRUIR
distribuo	poluo	possuo	destruo
distribui	polui	possui	destrói
distribuímos	poluímos	possuímos	destruímos
distribuem	poluem	possuem	destroem

PASSEAR	PENTEAR	ODIAR	CONSTRUIR
passeio	penteio	odeio	construo
passeia	penteia	odeia	constrói
passeamos	penteamos	odiamos	construímos
passeiam	penteiam	odeiam	constroem

Note: There are a few of these verbs, especially *negociar, obsequiar, premiar* and *sentenciar,* that may cause difficulty to native speakers. However, if one follows the patterns above, there should be no problem to use them. The table of verbs at the end of this book can also be consulted, if necessary.

Exercise 7 – Fill in the blanks with the correct present tense indicative form of the appropriate verb.

1. Eu _____ fofocas. (ficar, odiar)
2. "Quem _____ ventos colhe tempestades." (pentear, semear)

3. No ano que vem eles _____ batatas. (pentear, semear)
4. Você nunca _____ à noite, não é? (passear, odiar)
5. Engenheiros _____ edifícios. (construir, fugir)
6. Vocês _____ na chuva? (destruir, passear)
7. Dinamites _____ edifícios. (destruir, construir)
8. As formigas _____ seus ninhos, mas para isso _____ plantações inteiras. (destruir, construir)
9. As indústrias sempre _____ o ambiente. (fugir, poluir)
10. A soja _____ o feijão? (odiar, substituir)
11. Eu o amo, mas ele me _____. (odiar, substituir)
12. Eu _____ meu sapato novo hoje! (estrear, comer)

Answers: 1. odeio; 2. semeia; 3. semeiam; 4. passeia; 5. constroem; 6. passeiam; 7. destroem; 8. constroem, destroem; 9. poluem; 10. substitui; 11. odeia.

7.2.4 Simple Present: *Perder, Valer, Caber, Seguir*

PERDER	VALER	CABER	SEGUIR
perco	valho	caibo	sigo
perde	vale	cabe	segue
perdemos	valemos	cabemos	seguimos
perdem	valem	cabem	seguem

These verbs are irregular in the first person of the present tense of the indicative mode. *Seguir* can be used as a model for similar verbs: *conseguir, prosseguir* and so forth.

Exercise 8 – Fill in the blanks with the present tense indicative form of the correct verb.

1. Eu _____ 1,60 m e ele _____ 1,70 m. (ser, medir)
2. O coitado, sempre pessimista, repetia sempre: "Ah, eu não _____ nada." (valer, medir)
3. Eu não _____ em mim de tão contente. (caber, perder)
4. Você não _____ no meu carro, está muito cheio. (caber, perder)
5. Eu _____ o sono sempre que ele _____ dinheiro. (caber, perder)
6. Eu _____ pela praia e meu cachorro sempre _____ atrás de mim. (seguir, valer)
7. Eu não _____ no meu trabalho porque não tenho estímulo. (medir, prosseguir)

8. Eu não _____ acabar este desenho, porém João também não _____.
(conseguir, seguir)

Answers: 1. meço, mede; 2. valho; 3. caibo; 4. cabe; 5. perco, perde; 6. sigo, segue; 7. prossigo; 8. consigo, consegue.

7.3 Pronunciation

7.3.1 /v/ and /b/

Spanish does not distinguish between the letters **v** and **b**; they are one sound in Spanish. The pronunciation of, for example, *votar* and *botar* is the same in Spanish, whereas in Brazilian Portuguese they are pronounced differently.

Figure 6. Pronunciation of the *letter* "v" in Spanish and Brazilian Portuguese

In Spanish, the letter "v" in Spanish is usually said just like the letter "b." Both are pronounced as a soft bilabial phoneme /ß/, i.e. without lip contact.

In Brazilian Portuguese, the *letter* "v" is pronounced as in English, labiodental. The letter "b" has already been discussed and it is similar to English "b."

Oral Exercise 1 – Read aloud the following words, making a clear distinction between /b/ and /v/.

 /b/ burro, bomba, beijo, lábio, possibilidade, aba, oba!
/v/ vaca, vento, voto, avião, falava, possível

Oral Exercise 2 – Read aloud the following sentences, making a clear distinction between the letters **v** and **b**.

 1. O voto deve vir do povo e só do povo, rezava a voz da verdade.
2. Quando a noiva viu o véu que recebeu, virou cobra, botou a boca no mundo, abriu um berreiro bestial: "Devolve! De avião! porque de navio vai muito devagar. Você não é bobo, hem?"

Reading Exercise - The poem "O Violão e o Vilão" is by Brazilian author
Cecília Meireles. Try reading it aloud and make sure the pronunciation of the
sound /v/ is distinguished from /b/.

"O Violão e o Vilão" (1964) by Cecília Meireles

 O Violão e o Vilão

Havia a viola da vila   No vale, a vila de Olívia
a viola e o violão.   vela a vida
                                         no seu violão vivida
Do vilão era a viola   e por um vilão levada.
E da Olívia o violão.

O violão da Olívia dava   Vida de Olívia—levada
vida à vila, à vila dela.   por um vilão violento.
                                         Violeta violada
O violão duvidava   pela viola do vento.
da vida, da viola e dela.

Não vive Olívia na vila
na vila nem na viola.
O vilão levou-lhe a vida,
levando o violão dela.   *Used with permission.*

7.3.2 Stress Differences

          Portuguese   **Spanish**

Foi um her_ói_ da democrac_i_a.   Fue un h_é_roe de la democr_a_cia.
Houve uma epidem_i_a de meningite.   Hubo una epid_e_mia de meningitis.
Falam muito em aristocrac_i_a.   Hablan mucho de aristocr_a_cia.

O rapaz que falou com certa nostalg_i_a da velha atmosf_e_ra do regime
"não-democr_a_ta" não só é um imbec_i_l, mas também é m_í_ope, med_í_ocre e
com certeza tem pouco c_é_rebro.

**Whenever a word ends in two vowels, the last syllable or the last *i* will be
stressed unless indicated otherwise by an accent marker**. Therefore, in
addition to the ones above, there are also many other vowel combinations that
bring word stress to the end of a word: *chegu_ei_, Jap_ão_, fal_ou_, desapare_ceu_, produz_iu_,
est_ou_*. To some extent, this can be extended to changes in the language that

create a vocalic combination at the end of a word: *pastel, Brasil, futebol, Raul*; but not *jogam, bebem, jogaram, cumprem*.

Certain words in Spanish and Portuguese have the same word stress as attested in dictionaries. In practice, however, Spanish speakers tend to change the place of stress, e.g. instead of *período*, Spanish speakers actually say *periodo*, instead of *olimpíada, olimpiada*.

 Oral Exercise 3 — Read both columns aloud, following the recording. All the words are Portuguese words.

Different stress placement		Same stress as Spanish, but with a diacritic to indicate the change	
academia		anúncio	
alquimia		benefício	
anemia	histeria	comércio	**Verb forms**
burocracia	magia	cópia	gostaria
democracia	nostalgia	denúncia	queriam
difteria	polícia	início	varia
epidemia	terapia	Maria	diria
hemorragia	paralisia	negócio	faziam
herói		providência	
hidrogênio		renúncia	

 Oral Exercise 4 — The words below also have a different word stress, compared to Spanish. Listen to them. Underlined vowels and vowels with a diacritic are the stressed ones.

álcool [áᵘ.ku]	estereótipo	microfone	regime
anedota	ímã	míope	réptil
atmosfera	imbecil	nível	rubrica
burocrata	gaúcho	olimpíada	sintoma
cérebro	limite	parasita	telefone
democrata	medíocre	projétil	têxtil

Note: Brazilians normally insert a "supporting-i" in syllables that end in a consonant other then *r, l, s, m* or *n*, in words like *atmosfera* [a.ṭi.mos.fé.ra]. Some speakers may not do this when they speak extra-carefully, doing what linguists call "hipercorrection." The word *rubrica* is commonly "mispronounced" as *rúbrica*, in Brazil.

Exercise 9 — Underline the stressed syllable in the following words or phrases.

1. eu inicio
2. magia
8. cérebro
9. herói
15. ele policia
16. gaúcho

3. rubrica	10. anedota	17. nível
4. academia	11. sintoma	18. a polícia
5. telefone	12. providência	19. você pronuncia
6. atmosfera	13. medíocre	20. olimpíadas
7. nostalgia	14. democrata	21. a pronúncia

Answers: 1. eu inicio; 2. magia; 3. rubrica; 4. academia; 5. telefone; atmosfera; 7. nostalgia; 8. cérebro; 9. herói; 10. anedota; 11. sintoma; 12. providência; 13. medíocre; 14. democrata; 15. ele policia; 16. gaúcho; 17. nível; 18. a polícia; 19. você pronuncia; 20. olimpíadas; 21. a pronúncia.

7.4 *Feira, Férias, Feriado*

Minhas **férias** de trabalho começam amanhã.
Este domingo na **Feira** do Livro estão vendendo livros com 20% de desconto.
Feriado quer dizer um ou alguns dias de lazer ao passo que **férias** é um período maior de dias de lazer.

To distinguish these words, it is helpful to study the distinction between *férias* and *feriado*. *Feriado* refers to a short vacation, one day or more, *férias*, to a longer break, usually more than two weeks. *Férias* is always in the plural. *Feira* means fair.

Exercise 10 - Fill in the blanks with *feira, férias,* or *feriado*.

1. No Brasil as _____ de verão começam em dezembro.
2. Todos os domingos há uma _____ livre no calçadão de Copacabana.
3. Dia 7 de setembro é o dia da Independência no Brasil. É _____ nacional.
4. Ele tirou 15 dias de _____ em janeiro.
5. No Brasil há muitos _____.
6. Gosto muito dos _____ de Páscoa.
7. Hoje há uma _____ de produtos artesanais na pracinha da Igreja.
8. Qual é o período de lazer mais longo? Férias ou feriado? _____.

Answers: 1. férias; 2. feira; 3. feriado; 4. férias; 5. feriados; 6. feriados; 7. feira; férias.

7.5 Mapa e Regiões do Brasil

7.5.1 Use of Articles before Countries, States, and Cities

In general, Brazilian Portuguese uses articles before names of continents, countries, and states; cities are, **in general**, not preceded by articles:

Gosto dos Estados Unidos.
Quero viajar pela Europa, mas principalmente pela França.
Na volta passo pela Bahia.
Quero voltar por Porto Alegre e por Buenos Aires.

Exceptions exist. The most common are the following:

países: (1) Angola, Cuba, El Salvador, Israel, Moçambique, Puerto Rico, Portugal;
estados: (2) São Paulo, Pernambuco, Minas Gerais, Santa Catarina, Alagoas;
cidades: (3) o Rio, o México, o Cairo, (o) Recife.

7.5.2 Symbols of Brazil: The *Ipê Amarelo* and *Sabiá*

Ipê-amarelo (*Tabebuia chrisantha*, according to *Dicionário Houaiss*)	**Sabiá**

Se consideran al *Ipê-amarelo* y al *Sabiá* el árbol y pájaro nacionales del Brasil. El *Ipê-amarelo* es originario del Amazonas y es conocido por otros nombres, especialmente por *Pau-d'arco*. Hay doce especies del *Sabiá*, y en 2002 se decidió por elegir a la especie *Sabiá-laranjeira* el pájaro nacional. El *Sabiá* es conocido por su belleza y cantar. El *Sabiá* es parte de la cultura brasileña, conocido de todos los brasileños y presente en famosas canciones y poesías.

O Sabiá e o Ipê-Amarelo são considerados como o pássaro e a árvore nacionais do Brasil. O Ipê-Amarelo é originário do Amazonas e é conhecido por outros nomes, especialmente por Pau-d'arco. Há doze espécies de Sabiá, e em 2002 decidiram eleger a espécie Sabiá-laranjeira como pássaro nacional. O Sabiá é conhecido por sua beleza e canto. O Sabiá faz parte da cultura brasileira, é conhecido de todos os brasileiros e está presente em famosas canções e poesias.

Map 1. Federal Republic of Brazil

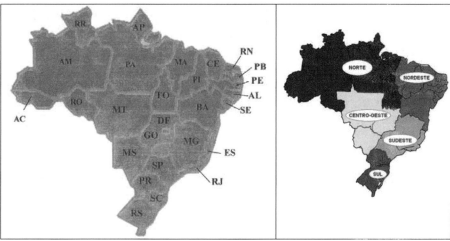

Abbreviations: AC-Acre, AL-Alagoas, AM-Amazonas, AP-Amapá, BA-Bahia, CE-Ceará, DF-Distrito Federal, ES-Espírito Santo, GO-Goiás, MA-Maranhão, MG-Minas Gerais, MS-Mato Grosso do Sul, MT-Mato Grosso, PA-Pará, PB-Paraíba, PE-Pernambuco, PI-Piauí, PR-Paraná, RJ-Rio de Janeiro, RN-Rio Grande do Norte, RO-Rondônia, RR-Roraima, RS-Rio Grande do Sul, SC-Santa Catarina, SE-Sergipe, SP-São Paulo, TO-Tocantins.

Brazil: 8.511.965 km² ou 3.286.488 mi²
(EUA continental, 48 estados: 3.025.945 mi²)
O Brasil tem fronteiras com todos os países da América do Sul, exceto com o Chile e Equador.
População estimada para 2007: 190 milhões, com uma divisão étnica de 53.7% "brancos," 38.5% "mistos," 6.2% "negros" e 1% de "outras raças," na linguagem tradicional.
Religião (2006): Catolicismo (74%), Protestante (15%), Espírita (1%)
População alfabetizada (2006): 87%
Voto: voluntário a partir dos 16 anos de idade, depois dos 70 anos de idade e analfabetos; obrigatório entre 18 e 70 anos de idade
Há 26 estados no Brasil; a renda per cápita é de U$8.400 (2006), mas varia muito entre os estados.

Exercise 11 – Fill in the blanks with the correct article or combination of preposition and article.

1. Apesar dos perigos, gosto de andar nas ruas (de) _____ Rio e (de) _____ São Paulo.
2. Quando viajo (por) _____ Brasil, sempre passo (por) _____ Salvador, (em) _____ Bahia.

3. No ano que vem espero poder passar minhas férias (em) _____ Portugal e (em) _____ Estados Unidos.

4. _____ Canadá, _____ Estados Unidos e _____ México ficam (em) _____ América do Norte.

5. Nunca esqueço os dias maravilhosos que passei (em) _____ França, (em) _____ Grenoble, (em) _____ Inglaterra, (em) _____ Londres e (em) _____ Espanha, (em) _____ Barcelona.

Answers: 1. do, de; 2. pelo, por, na; 3. em, nos; 4. O, os, o, na; 5. na, em, na, em, na, em.

Map 2. Demographic Distribution

Áreas metropolitanas de maior densidade demográfica em **milhões** de habitantes:

São Paulo: **18** (grande SP), **11** (cidade)
Rio de Janeiro: **11.5** (grande Rio), **6** (cidade)
Salvador: **2.6**
Belo Horizonte: **2.4**
Brasília (DF): **2.3**
Fortaleza: **2.3**
Recife: **1.5**
Porto Alegre: **1.4**

Try to find out where these cities are, and write their names on this map. Also, there is an interesting quebra-cabeça of the map of Brazil on the website www.cambito.com.br/games/brasil.htm (last time accessed: March 2007); or you may want to visit their main page at www.cambito.com.br.

7.6 Expressions Using *Embora* and *Saudade*

> *ir* and *vir embora*
> *ir* and *vir de metrô/ trem/ avião/ navio/ táxi/ carro/ ônibus*
> *ir* and *vir a pé*
> *ter saudade(s), estar com saudade(s)*

> "Estou morrendo de saudades. Rio seu sol, seu céu, seu mar . . ."
> (*Samba do Avião*, by Tom Jobim)

Sempre venho trabalhar ou de trem ou de metrô.
Já são 11 horas e ela ainda não veio embora.

Among these constructions, the ones with *saudade* need special attention because Portuguese tradition teaches that there is no correct translation for this word in any language. In general, longing for someone or something is similar to *ter saudades* of someone or something. It is true, however, that the constructions containing the word *saudade* may be very surprising for a foreigner.

Exercise 12 - Fill in the blanks with one of the following constructions:

ir and *vir embora*
ir and *vir de metrô / trem / avião / navio / táxi / carro / ônibus*
ir and *vir a pé*
ter saudade(s), estar com saudade(s)

1. Você está fora do Brasil há 5 anos! Você não _____.
2. Não agüento mais vocês! Estou cheio! Quando é que vocês _____.
3. Gosto muito de andar. Eu sempre _____ pé para o trabalho.
4. Só _____ avião quando está com muita pressa.
5. Alô! Elvira! Sou eu, meu bem. Está me ouvindo? Quando você volta?
   _____ morrendo _____ de você.
6. Nós _____ dos tempos de criança.
7. Eu só _____ carro para a universidade quando estou com pressa. Em geral
   _____ ônibus.

Suggested answers: 1. está com saudades; 2. vão embora; 3. vou a; 4. vai de; 5. estou (morrendo) de saudades; 6. temos saudade(s); 7. vou de, vou de.

7.7 The Personal Infinitive

"Devemos avisar o pessoal antes de **irmos**?"
"Mandei **trocarem** esse carro por um hipopótamo ou um rinoceronte."
"Pintamos o bicho de verde para ela não **poder** vê-lo no gramado."
"Adquiriu o hipopótamo sem **sabermos**."
"Disse para não **chutarem** o rinoceronte."
"Pensamos duas vezes antes de **enxugarmos** o rinoceronte e o hipopótamo."

Note: Many of these sentences were based on similar ones by the late Jon Vincent.

In the time of Luis de Camões, considered the greatest Portuguese poet, Portuguese writers had to write in Portuguese and Spanish, because of the Spanish domination at the time. Portuguese authors had to know both languages very well. Camões is believed to be the only Portuguese author who did not use the personal infinitive in Spanish.

The personal infinitive exists in Portuguese, but not in Spanish. The word *infinitive* presupposes lack of conjugation. Although the use of an ending in an infinitive is contradictory, the personal infinitive is a stylistic device that Portuguese speakers use to make sentences unambiguous. In the sentence "Avise o pessoal antes de ir, está bem?" who is about to leave? It can be translated "Before you/we go." The context helps, but the personal infinitive clarifies the meaning immediately: "Avise o pessoal antes de você ir;" or "Avise o pessoal antes de (nós) irmos."

Although the use of personal infinitive is mostly a stylistic device, it is very common, and maybe necessary to use it in the following situations:

1. When the logical subject has not been mentioned in the sentence: "*É estranho só usarem chapéu em casamentos.*"
2. When the explicit subject is different from the subject of the infinitive: *Minha sogra avisou para não deixarmos as crianças para trás.*
3. When there is a significant distance between a subject that is the same subject of the infinitive: *Tínhamos um rinoceronte muito bonitinho no nosso quintal e ele (nos) esperava todos os sábados para um banho refrescante de água de mangueira, depois de jogarmos o nosso futebol.*

In general, the use of the regular infinitive and the personal infinitive is interchangeable. Interestingly enough, according to Antenor Nascentes, one of the most important scholars of the Portuguese language, "O emprego do infinitivo pessoal é regulado pela clareza e pela eufonia. Os gramáticos inventaram numerosas regras para disciplinar o emprego do infinitivo pessoal, mas toda essa multiplicidade só serve para trazer confusão."

Forms of the personal infinitive compared with infinitive:

Infinitive	Personal Infinitive	Infinitive	Personal Infinitive
FALAR	*por* falar (eu) *por* falar (você)	**FALAR**	*por* falarmos (nós) *por* falarem (vocês)
SER	*por* ser (eu) *por* ser (você) *por* sermos (nós) *por* serem (vocês)	**TRAZER**	*por* trazer (eu) *por* trazer (você) *por* trazermos (nós) *por* trazerem (vocês)

Often a preposition (*por*, for example) is placed with the personal infinitive verb table, probably to distinguish these forms from other regularly conjugated verb forms.

Exercise 13 – The following sentences use an infinitive. Rewrite them using the personal infinitive.

1. Depois de tomar um café, Pedro e Lígia vão para a aula.
2. Lisa e Pablo nunca voltam para casa sem saber a lição.
3. Os meninos prometeram que não jogarão baralho antes de dormir.

Answers: 1. Depois de tomarem um café, Pedro e Lígia vão para a aula. 2. Lisa e Pable nunca voltam para casa sem saberem a lição. 3. Os meninos prometeram que não jogarão baralho antes deles/de (eles) dormirem.

> The personal infinitive will be discussed again in the last unit, in contrast with the subjunctive.

7.8 Spelling: *s, ss, ç, z; –isar* or *–izar*

<u>S</u>ônia, eu <u>s</u>ei que o<u>s</u> <u>s</u>eus pai<u>s</u> go<u>s</u>tam de <u>s</u>ambar.	s = [s]
O Jo<u>s</u>é ca<u>s</u>ou com a Tere<u>s</u>a.	s = [z]
Ei, Le<u>ss</u>a! É bom apre<u>ss</u>ar o pa<u>ss</u>o!	ss = [s]
Como todo mo<u>ç</u>o da ro<u>ç</u>a, o E<u>ç</u>a tem um bra<u>ç</u>o de a<u>ç</u>o.	ç = [s]
Que a<u>z</u>ar, Neu<u>z</u>a! O rapa<u>z</u> já fe<u>z</u> a limpe<u>z</u>a.	z = [z]

In general, the letter *s* represents the sound [s] except when it comes between two vowels. The *s* linked to a vowel in the following word (e.g. *pais e filhos*) or between vowels inside a word (e.g. *asa*) is pronounced [z]; double-s (*ss*) and *ç* (*c-cedilha*) are always pronounced [s]. The letter *ç* often corresponds to Spanish letter *z* (there is no /z/ phoneme in Spanish): (Spn) *cabeza*, (Port) *cabeça*; (Spn) *conozco*, (Port) *conheço*.

The letter *z* is pronounced [z] except when it appears in word-final position before a pause or before a voiceless consonant (e.g. p, t, q, s, f).

In the case of **–isar** and **–izar**, use "s" only in verbs derived from words that have the letter "s," e.g. *análise → analisar, analisado*. Otherwise, use "z."

Exercise 14 – Fill in the blanks with *s, ss, ç,* or *z*.

	Braz Port	**Spanish**		**Braz Port**	**Spanish**
1.	e____e	ese	15.	ca____a	caza
2.	cal____ão	calzón	16.	pe____oa	persona
3.	coi____a	cosa	17.	vi____itar	visitar
4.	____andália	sandalia	18.	pe____cador	pescador
5.	lu____	luz	19.	aeromo____a	aeromoza
6.	di____er	decir	20.	ve____es	veces
7.	pa____arinho	pajarito	21.	no____o	nuestro
8.	a____eite	aceite	22.	ra____a	raza

9. do____e	doce		23. pra____er	placer
10. ____apato	zapato		24. a____úcar	azúcar
11. licen____a	licencia		25. cora____ão	corazón
12. a____unto	asunto		26. pre____ão	presión
13. pre____a	prisa		27. ____imple____	simple
14. ____ero	cero		28. a____i____tência	asistencia

Answers: 1. ss; 2. ç; 3. s; 4. s; 5. z; 6. z; 7. ss; 8. z; 9. z; 10. s; 11. ç; 12. ss; 13. ss; 14. z; 15. ç; 16. ss; 17. s; 18. s; 19. ç; 20. z; 21. ss; 22. ç; 23. z; 24. ç; 25. ç; 26. ss; 27. s, s; 28. ss, s.

Exercise 14 – Use *–isar* or *–izar* as you complete the sentences.

1. Infelizmente vocês fizeram esse trabalho sem _____ o caso com cuidado. (análise)
2. Acho que agora podemos ir porque tudo parece _____, dentro da norma. (legal)
3. Estão _____ o nosso país e ninguém se dá conta. (francês)
4. Qualquer coisa, _____. (aviso)
5. Enquanto a situação não se _____ eu não saio daqui. (normal)

Answers: 1. analisar *or* analisarem; 2. legalizado; 3. afrancesando; 4. avise(m); 5. normalizar.

7.9 Dictation

These sentences emphasize new material studied for listening skills. Study them carefully since your instructor may give dictation.

1. O exército precisa de pessoas como vocês.
2. Zélia disca para Célia que atende na zona sul do Rio.
3. Tenho saudades das férias do verão passado.
4. Dona Célia, olhe aqui o endereço da dona Zélia!
5. Eu sou seu sol, seu céu, seu mar.
6. Como todo moço da roça, o Eça tem um braço de aço.
7. Estou morrendo de saudades porque vocês ainda não vieram embora.
8. Você vai embora amanhã, de manhã, no trem das doze.
9. Dona Zélia, olhe aqui o endereço da dona Célia!
10. Ninguém vem passar esses dias feriados conosco?
11. Num exame que fizeram do meu coração encontraram sintomas de uma saudade feliz de você.
12. Infelizmente, o cérebro dos burocratas, esses que gostam de *burrocracia*, fez com que o programa de álcool passasse por fases medíocres e se atrasasse.
13. A magia do Rio é um ímã tanto para os gaúchos quanto para os paulistas.

14. Era o tipo de anedota ridícula essa coisa dos regimes militares falarem em democracia "relativa."
15. Esse rapaz tem um sotaque curioso: quando ele pronuncia os erres, ele parece ser caipira, mas na verdade ele vem de Campinas.

7.10 Translation

Exercise 15 – Give the Brazilian Portuguese equivalent of the following words with their corresponding articles, if needed.

1. hacer viento
2. despacio
3. mejor
4. tarjeta
5. cepillo
6. peine
7. paquete
8. extrañar
9. pasillo
10. silla
11. gracias
12. taller
13. escritorio
14. cafetería
15. tiza
16. temprano
17. probar comida
18. cena
19. ruido
20. cumpleaños

Suggested answers: 1. ventar; 2. devagar; 3. melhor; 4. o cartão; 5. a escova; 6. o pente; 7. o pacote; 8. sentir falta, sentir/ter saudade; 9. o corredor; 10. a cadeira; 11. obrigado/a; 12. a oficina, o workshop; 13. a escrivaninha; 14. o refeitório, a cantina; 15. o giz; 16. cedo; 17. experimentar; 18. a janta; 19. o barulho; o ruído; 20. aniversário.

Exercise 16 – Translate the Spanish sentences into Portuguese.

1. Para mí las mejores vacaciones son las de Navidad.
2. De ancho ¿cuánto mide esta pared?
3. Hemos viajado dos veces por avión.
4. Puedo hacer todo lo que Uds. quieren.
5. Sintió un gran dolor de cabeza y se fue.

Suggested answers: 1. Para mim as melhores férias são as de Natal. 2. De largura, quanto mede esta parede? 3. Viajamos duas vezes de avião. 4. Posso fazer tudo o que vocês/os senhores querem. 5. Sentiu uma enorme dor de cabeça e foi embora.

7.11 Writing Drill: Composition

Theme-1: You are going on a two-week vacation to Brazil. Tell about your plans in a letter to a friend: your expectations, whether you will travel alone, what places you would like to see, your concerns with communicating in Portuguese, your attempt to imagine how people will receive you abroad, and any other concern you can imagine a foreigner usually has.

Remember, as a rule of thumb, your composition needs an opening paragraph that will clearly state your topic, one or more paragraphs describing your plans, and a concluding paragraph.

Write 150-300 words. Use the vocabulary studied, especially the vocabulary in this unit, and avoid word repetition. Try to keep your audience interested in your description until the end, just like Sherazade telling stories in *The Arabian Nights* (*As mil e uma noites*).

Theme-2: You want to give a full description of a house, in speaking and then writing. It can be any house. Here is the type of vocabulary that you may want to use. Look them up in a good dictionary, if needed.

O quarto: a cama, o colchão, o travesseiro, a fronha, o lençol, o cobertor, a janela, o espelho, o armário, a cômoda;
O toalete: a pia, a torneira, o vaso sanitário, o chuveiro, a cortina, o espelho, o armário, a toalha de rosto, a toalha de banho, o tapete;
A cozinha: o armário, os pratos, os copos, as xícaras, as canecas, as panelas, os pires, as tigelas, as gavetas, os talheres, a geladeira, o congelador, o fogão, o microondas, a pia, a torneira, a mesa, as cadeiras;
A sala: o sofá, a poltrona, a mesa, as cadeiras, o abajur, a televisão, o sistema de som, as caixas de som;
A varanda: as cadeiras, a churrasqueira;
O porão: a máquina de lavar roupas, a máquina de secar roupas;
O sótão: o teto, o telhado.

Theme-3: This a very creative activity. Write a short narrative, based on a true dream or a made up dream. Then, eliminate all the nouns and ask students in class to give you nouns, randomly. Fit them in the spaces. Then, delete the verbs and ask again for verbs, randomly. You can also try the same with other classes of words. Then, see if the narration makes any sense. You can also keep or change words according to how they sound. This is an attempt to reproduce Lewis Carroll's idea in his nonsense verses in the poem *Jabberwocky*. The results are unpredictable. Sometimes it makes no sense at all, but sometimes the results are surprisingly good.

7.12 Diversões, Bate-Bola e Pipoca Quentinha

A. Fill in the blanks with the preterite forms of the verbs in parentheses.

1. Onde você _____ o dia todo? (fazer, estar, ser)
2. Eu _____ te procurando por tudo quanto é canto, e você não estava. (fazer, estar, ser)
3. Seus amigos _____ te procurar mas você não estava. (vir, fazer, ficar)
4. Você _____ (ficar, prometer, amar) que voltava logo mas não _____. (ficar, voltar, andar)

5. Eu _____ muito triste com isso. (ficar, ser, pôr)

Answers: 1. esteve; 2. estive; 3. vieram; 4. prometeu; 5. fiquei.

B. Combine the preposition *por* with one article whenever possible in the following sentences.

1. Os ladrões entraram mesmo foi _____ portas do fundo.
2. De noite é melhor não passar _____ essa rua.
3. Você viajou _____ que companhia? _____ American Airlines ou _____ Varig?
4. Ele adora você. Ele faria qualquer coisa _____ você.
5. Nós viemos _____ mesmo caminho.

Answer: 1. pelas; 2. por; 3. por, pela, pela; 4. por; 5. pelo

C. Complete the following paragraph with the correct preposition and article, if an article is necessary.

Saí (de) (1) _____ Brasil em 1980 e vim (para) (2) _____ EUA passando (por) (3) _____ Canadá. Um ano depois, fui (a) (4) _____ Portugal onde passei alguns dias de férias. Uma vez lá (em) (5) _____ terra dos meus avós, mais precisamente (em) (6) _____ Lisboa, decidi viajar (por) (7) _____ Europa onde ganhei muita grana. Isso, porque só com muita grana é que se aprende a usar preposições e artigos em português. Aí, eu desandei no mundo. Fui (a) (8) _____ Itália, bebi muito vinho (em) (9) _____ França, comi um negócio esquisito chamado "fish-and-chips" (em) (10) _____ Londres, parei (em) (11) _____ Edimburgo, (em) (12) _____ Escócia, dei uma chegada rápida (em) (13) _____ Rio e depois (em) (14) _____ São Paulo; visitei alguns amigos (em) (15) _____ Colatina, (em) (16) _____ Espírito Santo, quando finalmente acabou o dinheiro e acordei.

Answers: 1. do; 2. aos/para os; 3. pelo; 4. a; 5. na; 6. em; 7. pela; 8. à; 9. na; 10. em; 11. em; 12. na; 13. no; 14. em; 15. em; 16. no.

D. Use the following verbs to complete the sentences in the present or present progressive of the indicative mode.

> conhecer, dar, dizer, dormir, fazer, medir, ouvir, pedir,
> poder, repetir, saber, seguir, servir, tossir, trazer

1. Não consigo entender o que você _____.
2. Deve estar gripada porque ela _____ muito.
3. Você tem razão. Ela está espirrando [*estornudando*] e _____ muito.

4. Eles _____ sobremesa aqui neste restaurante?

5. Sempre que eu _____ dinheiro ao vovô, ele me manda ir plantar batatas.

6. Eu _____ tudo o que o meu irmão e minha irmã dizem.

7. De onde vem esse cara? Não _____ ele, não.

8. Quando eu estou sozinho, eu só _____ música de jazz.

9. Eles sempre _____ lembranças das viagens deles.

Answers: 1. diz/está dizendo; 2. tosse/está tossindo; 3. tossindo; 4. servem/estão servindo; 5. peço; 6. faço; 7. conheço; 8. ouço; 9. trazem.

E. Fill in the blanks with one of the following verbs in the past.

dar, dizer, fazer, haver, pôr, querer, saber, trazer, vir

1. Foram os negros africanos que _____ a capoeira para o Brasil.

2. Eles _____ pedrinhas ou talvez cabeças de flechas dentro dos caxixis.

3. Os negros treinavam capoeira porque eles _____ fugir para formar os quilombos.

4. Desta maneira eles _____ origem a uma tradição que dura até hoje.

5. Muitos dos africanos _____ da costa oeste africana, principalmente do Benin.

Answers: 1. trouxeram; 2. punham; 3. queriam; 4. deram; 5. vieram.

7.12.1 Subjunctive *Sem Estresse*

Short-lesson 4 – Subjuntivo sem estresse, para falantes de espanhol.

We can now take a peek at the **future subjunctive**. The future subjunctive is highly productive in Portuguese, although it has practically disappeared in Spanish. The future subjunctive is used after *temporal* conjunctions that allow *forthcoming events*, like

> quando, logo que (*luego que, tan pronto como*), assim que (*así que*),
> depois que (*después de que*), enquanto (*mientras*), se

and similar ones. **Spanish** uses the **present subjunctive** after these same conjunctions for expressing future time or events not accomplished, with the exception of *si*.

Having this preliminary information in mind, complete the Portuguese sentences below. Remember that you can always find the verb forms in the appendixes of this book, for verification.

Spanish	Brazilian Portuguese
1. Si no <u>hablo</u> de modo transparente, <u>díganme</u>.	Se eu não _____ de um modo transparente, <u>digam</u>.
2. Cuando **terminen** el trabajo les <u>doy</u> el premio, ¿vale?.	Quando _____ o trabalho eu <u>dou</u> o prêmio, está bem assim?
3. Así que **pueda**, te <u>llamo</u>.	Assim que _____ te <u>telefono</u>.
4. Después que me **den** el regalo, les <u>diré</u> qué pienso.	Depois que me _____ o presente, <u>direi</u> o que penso.
5. Cuando **vengas** <u>tráeme</u> pan.	Quando _____ <u>traz</u>/<u>traga</u> o pão.
6. Sólo les <u>voy</u> a contar cuando **lleguen**.	Só <u>vou contar</u> quando _____.
7. Si <u>viene</u> tu hermano, <u>comemos</u> juntos.	Se o seu irmão _____ <u>comemos</u> juntos.
8. Mientras no me **digas** "sí" no <u>paro</u> de gritar.	Enquanto não _____ "sim" não paro de gritar.

Answers: 1. falar; 2. terminarem; 3. puder; 4. derem; 5. vier; 6. chegarem; 7. vier; 8. disser.

Although there are teachers who prefer to avoid talking about the concept of "subordination," there should not be any taboo around this terminology. This is in fact a very helpful term. Another way of saying **subordinate clause** is **embedded clause**.

Most of the time, the subjunctive occur in embedded or subordinate clauses. The clause **in which** the subjunctive is embedded is called the main clause or the independent clause. The subjunctive does not occur in a main clause. That is why the student should learn this concept. If the student understands what a main clause is, then he/she will know that they should not use the subjunctive in the main clause.

Let's look again at some of the previous sentences and label their clauses accordingly:

1. Duvido *que ele **fale** francês sem fazer bico.* (noun clause)
   Main: Duvido
   Subordinate: que ele fale francês sem fazer bico.

2. *Assim que eles **conseguirem** falar sem fazer bico*, me avisa. (adverbial clause)
   Main: me avisa
   Subordinate: *Assim que eles **conseguirem** falar sem fazer bico*

7.13 Song: "San Vicente" (1972) by Milton Nascimento and Fernando Brandt

"San Vicente" (1972), assim como "Soy Loco por Ti, América" (1967), é outro exemplo de uma busca de identidade latinoamericana. "San Vicente" pode ser uma referência histórica à cidade de São Vicente, em São Paulo, durante o século XVI e a presença do negro na formação do Brasil desde o seu início, desde a criação de São Vicente. Quando se pensa em San Vicente também se pensa na própria cidade de São Paulo.

A letra é de difícil interpretação pelas imagens que transmite através de frases que parecem truncadas de propósito para que o leitor faça suas próprias conexões e chegue a uma montagem pessoal do texto. É uma letra rica em simbolismos que talvez busquem mostrar a desilusão do negro com respeito a sua inclusão no meio brasileiro. A letra contém pinceladas que tentam indicar os pontos comuns entre o Brasil das Américas (*coração americano*) e implicitamente o mundo hispânico: um mundo sem sentido (*gosto de vidro*) para os escravos, a violência contra eles (*corte*), a cor africana na miscigenação puramente biológica (*chocolate*), o destino comum (*coração americano*), a espera eterna (*a espera na fila imensa*) de uma inclusão (as filas parecem ser um fenômeno cultural no Brasil, imensas que nem o país), o negro que se esqueceu de si mesmo, perdeu-se num mundo que procurava entender (*e o corpo negro se esqueceu*) e se integrar. A letra parece indicar que o africano parou no tempo, e agora flutua nessa procura de uma resposta sobre o que lhe aconteceu, enquanto que o mundo, a história, o tempo não param de fluir, de evoluir. Tem-se a impressão de que o negro ficou perdido, na espera de integrar-se.

Por outro lado, o verso *E o que era negro aconteceu* or *anoiteceu*, surpreende porque parece sugerir que o negro *aconteceu* ou *anoiteceu*. O que quer dizer "negro"? O escravo, o sonho estranho, a noite dos tempos, i.e. a época? Tudo? Uma possível interpretação seria dizer que esse período de procura de identidade terminou, morreu, anoiteceu. Assim, o negro teria se integrado, ou pelo menos entrou no processo de integração, embora muitos, como o narrador, ainda se mantivessem na ordem antiga, San Vicente, e não em São Paulo. Tudo isso são perguntas já que a letra parece ter produzido essa difícil interpretação de propósito, para que o leitor ou ouvinte páre e pense. O que você acha?

A seguir, apresentamos alguns dos versos desta música. Veja se consegue encontrar a letra completa e estude-a, para ver se os comentários acima fazem sentido.

 San Vicente, de *Mílton Nascimento* e *Fernando Brandt*

Coração americano	*As horas não se contavam*
Acordei de um sonho estranho (. . .)	*E o que era negro anoiteceu/ aconteceu (. . .)*
A espera na fila imensa	*Eu estava em San Vicente*
E o corpo negro se esqueceu (. . .)	*Coração americano*
	Um sabor de vidro e corte

7.14 Carrying On—Drills on Communicative Competence

Try using again previous situations or invent new ones if the students want to offer ideas. Students should make 3-5 presentations regularly, about any grammar or pronunciation topic, cultural information, current events, music, movies, any presentation that shows their understanding the Portuguese grammar, of Brazil and the Portuguese World.

Again, if the classroom has technology to access the internet, the students may use Google Earth® to visit Brazil for different purposes. Google Earth® may take the class to a visit of Recife, in Pernambuco. After visiting the region through Google Earth®, they can discuss the accent (*sotaque*) in that area. For example, instead of saying "*fuchibol*", they will say a dental "ti" similar to Spanish. Other consonant and vowel features particular to this region can be discussed. In Pernambuco, it is common to say "Ricifi" or "Pérnambuco" instead of "Rêcifi" or "Pêrnambuco" in other areas of Brazil.

Other situations to explore in the classroom:

Situation 1 SPEAKING – You decide to go shopping and you find a nice store (*loja*). Whoever is playing the role of clerk should be aware that in Brazil a salesperson will probably not say "May I help you" ("Posso lhe ajudar?") because the customer (*cliente* or, more colloquially, *freguês*) may answer with a joke: "Oh yes! Shine my shoes" or something alike. A *vendedor* will normally greet the *clientes* with "Como vai?" or "Boa tarde, como vai o senhor/a senhora?" or invite the *cliente* to come in: "Vamos entrando!" or "Fique à vontade," "Se precisar de alguma coisa é só falar." The vocabulary for clothing will be very helpful for this situation, but hardware and furniture vocabulary may also be used. The presence of the American culture is so strong in Brazil, that we are starting to hear *vendedores* greeting *clientes/fregueses* with a *Posso lhe ajudar?*, similar to English. Check with your instructor about this. He/She may find it normal to say it as Americans would.

Situation 2 - SPEAKING You are at the airport in São Paulo trying to buy a ticket to Manaus. You have been waiting in line for 20 minutes and suddenly you realize that a man/woman *furou a fila*. Keep in mind that you are a foreigner in Brazil. What would you do? In these situations it may be wise to let the native take care of the situation, but play by ear, talk to Brazilians about it. Each situation is different.

Situation 3 SPEAKING and WRITING Assume that everyone in class does not know each other and everyone is trying to buy a ticket from Rio to São Paulo. Ask the attendant, one of your classmates, about ticket prices, time of departures, and time of arrivals and then decide what you want to do and tell the attendant. After the plans are complete, write down a complete itinerary, round trip, including the full dates, hours, flight numbers and anything else one usually finds on an itinerary.

Situation 4 SPEAKING You are about to travel in Brazil. Choose the places you would like to go and explain why. Try to include the weather as one of the reasons of your choice and use expressions related to weather.

7.15 Active Vocabulary

Nouns Indicating Regional Origins (Gentílicos)

o/a acriano/a, acreano/a (do Acre—estado)	o/a mato-grossense (do Mato Grosso—estado)
o/a alagoano/a (de Alagoas—estado)	o/a mato-grossense-do-sul (do Mato Grosso do Sul—estado)
o/a amapaense (do Amapá—estado)	o/a mineiro/a (de Minas Gerais—estado)
o/a amazonense (do Amazonas—estado)	o/a paraense, paroara (do Pará—estado)
o/a baiano/a (da Bahia—estado)	o/a paraibano/a (da Paraíba—estado)
o/a brasiliense (de Brasília)	o/a paranaense (do Paraná—estado)
o/a capixaba, espírito-santense (do Espírito Santo—estado)	o/a paulista, bandeirante (de São Paulo—estado)
o/a carioca (do Rio de Janeiro—cidade)	o/a paulistano/a (de São Paulo—cidade)
o/a catarinense, barriga-verde (de Santa Catarina—estado)	o/a pernambucano/a (de Pernambuco—estado)
o/a cearense (do Ceará—estado)	o/a piauiense (do Piauí—estado)
o/a fluminense (do Rio de Janeiro—estado)	o/a potiguar, rio-grandense-do-norte (do Rio Grande do Norte—estado)
o/a gaúcho/a, rio-grandense-do-sul (do Rio Grande do Sul—estado)	o/a rondoniense, rondoniano/a (do Rondônia—estado)
o/a goiano/a (de Goiás—estado)	o/a roraimense (do Roraima—estado)
o/a maranhense (do Maranhão—estado)	o/a sergipano (do Sergipe—estado)
	o/a tocantinense (do Tocantins—estado)

Nouns

o leste (also, este)	el este
o norte	el norte
o oeste	el oeste
o sul	el sur
o acidente	el accidente
a aeromoça	la azafata
o aeroporto	el aeropuerto
a agência (de viagens)	la agencia (de viajes)

a alfândega	la aduana
a ambulância	la ambulancia
o ano novo	el Año Nuevo
o auto(móvel)	el auto(móvil)
o avião	el avión
a bagagem	el equipaje
a baía	la bahía
o barulho	el ruido
o batom	el lápiz de labios
a bicicleta	la bicicleta
o calção de banho	el traje de baño
o caminhão	el camión (de mercancías)
o carregador (de malas)	el maletero
o carro	el carro, el coche
o cartão de crédito	la tarjeta de crédito
de identidade	de identificación/identidad
a chegada	la llegada
o chofer	el chofer
o comissário (de bordo)	el camarero, el aeromozo, el sobrecargo
a costa	la costa
a droga	la droga
a entrada	la entrada
a escova de dentes	el cepillo de dientes
a estação (das chuvas)	la estación (de las lluvias)
a gasolina	la gasolina
o/a guia	el/la guía
o hemisfério	el hemisferio
a ilha	la isla
a luz	la luz
a luz (verde, vermelha);	el semáforo (en verde, en rojo)
o sinal, o farol, o/a sinaleiro/a)	
a maquiagem	el maquillaje
a mala	la maleta
a maleta	el maletín
o mar	el mar
o metrô	el metro
a moto(cicleta)	la moto(cicleta)
o motor	el motor
o motorista	el chofer
o mundo	el mundo
o navio	el barco
os óculos (de sol)	las gafas (de sol)
o ônibus	el (auto)bús
o pacote	el paquete
o país	el país
o pára-lama(s)	el guardabarros

o passageiro	el pasajero
o passaporte	el pasaporte
a pasta	el maletín
o pente	el peine
o pescador	el pescador
o piloto	el piloto
o pisca-pisca	las luces intermitentes
a pista (de pouso)	la pista (de despegue)
o pneu	la llanta
o pó	el polvo
a polícia	la policia
o policial	el policía
a ponte	el puente
o porta-malas	el portaequipaje
o problema	el problema
o recibo (de compras – v. nota fiscal)	el recibo (de compras)
o sabonete	el jabón
a saída	la salida
a sandália	la sandalia
a saudade	la añoranza (not common, but it may be the closest)
o sol	el sol
o tanque	el tanque
o táxi	el taxi
a toalha	la toalla; el mantel
o tráfico	el tráfico de vehículos
o trânsito	el tránsito
o trem	el tren
o/a turista	el/la turista
a véspera de Natal	la Nochebuena
o/a visitante	el/la visitante
o visto (de entrada/saída)	la visa
o vôo	el vuelo
o volante	el volante

Verbs

aterrissar	aterrizar
desfrutar, aproveitar	disfrutar
chegar	llegar
chocar	chocar
chorar	llorar
chover	llover
decolar	despegar
dirigir	manejar, conducir
estacionar	estacionar, aparcar

examinar	registrar
ferir	herir, cortar
frear	frenar
ligar (para)	llamar al teléfono
machucar	herir, lastimar
nevar	nevar
parar	parar
procurar	buscar
puxar	jalar, tirar
sair	salir
sentir saudades	extrañar, sentir añoranza (less common)
ventar	hacer viento
visitar	visitar

Adjectives

barato/a	barato/a
caro/a	caro/a
chato/a	aburrido/a, pesado/a
ferido/a	herido/a
grande	grande, gran
maior	más grande, mayor
melhor	mejor
menor	más pequeño, menor
pequeno/a	pequeño/a
perigoso/a	peligroso/a
pior	peor
policial	policíaco, policial

Adverbs

devagar	despacio
rápido	rápido

Weather Expressions

a brisa	la brisa
o clima	el clima
o tempo	el tiempo
estar claro	estar despejado
estar fresco	hacer fresco
estar nublado	estar nublado
estar ventando	hacer viento
fazer calor	hacer calor
ficar acordado	desvelarse

Unit 8. Cuidando dos Filhos, da Vida e da Cozinha

This is a demanding unit because of its length and advanced grammar points. However, most of them are similar to their counterparts in Spanish, and their careful study should move away any possible obstacle.

Although the song "Olê, Olá" does not relate to the main topics of this unit, *family* and *food*, it was chosen because it is an excellent illustration of the common usage of the imperative mode in Brazil, discussed in this unit.

- *Context* – Parents and children; Food
- *Grammar* –Indicative Mode, Reflexive Verbs, the Impersonal *Se* and Passive Voice; Uses of *(a) Gente*; Past Participle; *Estar* with Past Participle
Indefinite Pronouns and Negation with *Nem*; Adverbs: *Não, Nunca*; Adjectives: *Nenhum, Nenhuma*; Pronouns: *Ninguém, Nada, Nenhum, Nenhuma, Nem; Todo(s), Toda(s), Tudo.*; Imperative Mode.
- *Pronunciation* – The major difficulties in pronunciation for a student of Spanish learning Brazilian Portuguese have been pointed out and we have proposed drills to take care of them. From here on we shall review those difficulties. We will start with the complete vowel system, especially the differences between /e/ and /ɛ/; /o/ and /ø/.
- *Vocabulary* – Again, we recycle vocabulary learned earlier. New vocabulary will deal with recipes and parts of a house.
- *Conversation* – New situations using the imperative are introduced.
- *Writing Drills* – Composition: Writing drills and conversation will become more demanding.
- *Songs* – "Olê, Olá," "Feijoada Completa" and "Meu Guri."

This unit should require approximately 5 classes of 50 minute each.

8. Diálogo: Cuidando dos Filhos

Study the use of the imperative in the following *crônica* by Fernando Sabino, "Hora de Dormir." Fernando Sabino, like Chico Buarque, alternates the careful and informal uses of the imperative mode. He is representing real dialogues in Brazilian Portuguese.

Note that the verb endings in Spanish imperative have similarities with Brazilian Portuguese. However, Brazilians in general tend use the 3rd person of the present tense of the indicative as imperative forms. In school, contrary to what happens in real life, we learn the forms of the *língua padrão*, which are similar to the imperative forms in Spanish. Hence the alternations between careful and familiar forms found in real life, in this crônica and other texts.

Therefore, to help understanding the use of imperative, we highlighted **informal** imperative in bold and *careful style* imperative in italics, in this text. When a form appears in both styles bold and italics, it means that it is found in both careful and informal speech.

We will study more forms of the imperative mode and their usage, later on in this unit. The subjunctive and new expressions that occur in this *crônica* are translated into Spanish, in italics, inside brackets.

8.1 Reading: "Hora de Dormir" by Fernando Sabino

Hora de Dormir
de *Fernando Sabino*

—Por que não posso ficar vendo televisão?
—Porque você tem de dormir. [*tem de* = *tem que*, but us. *ter de* is recommended]
—Por quê?
—Porque está na hora, ora essa [*¡hombre!*].
—Hora essa?
—Além do mais, isso não é programa para menino.
—Por quê?
—Porque é assunto de gente grande, que você não entende.
—Estou entendendo tudo.
—Mas não serve para você. É impróprio.
—Vai ter mulher pelada?
—Que bobagem é essa? *Anda*, **vá** dormir que você tem colégio amanhã cedo.
—Todo dia eu tenho.
—Está bem, todo dia você tem. Agora **desligue** isso e *vai* dormir.
—*Espera* um pouquinho.
—Não espero não.
—Você vai ficar aí vendo e eu não vou.
—Fico vendo não, *pode* desligar. Tenho horror de televisão. ***Vamos*, obedeça** a seu pai.
—Os outros meninos todos dormem tarde, só eu que durmo cedo.

—Não tenho nada a ver com os outros meninos: tenho que ver com meu filho. Já para a cama.

—Também eu vou para a cama e não durmo, pronto. Fico acordado a noite inteira.

—Não *começa* com coisa não, que eu perco a paciência.

—*Pode* perder.

—*Deixa* de ser malcriado.

—Você mesmo que me criou.

—O quê? Isso é maneira de falar com seu pai?

—Falo como quiser [*quiera*], pronto.

—Não **fique** respondendo não: *cala* essa boca.

—Não calo. A boca é minha.

—Olha que eu ponho de castigo.

—*Pode* pôr.

—**Venha** cá! Se der [*das*] mais um pio, *vai* levar umas palmadas.

—. . .

—Quem é que anda te ensinando esses modos? Você está ficando é muito insolente.

—Ficando o quê?

—Atrevido, malcriado. Eu com sua idade já sabia obedecer. Quando é que eu teria a coragem de responder a meu pai como você faz. Ele me descia o braço, não tinha conversa. Eu porque sou mole, você fica abusando . . . Quando ele falava está na hora de dormir, estava na hora de dormir.

—Naquele tempo não tinha televisão.

—Mas tinha outras coisas.

—Que outras coisas?

—Ora, deixa de conversa. **Vamos** desligar esse negócio. Pronto, **acabou-se**. Agora *é* tratar de dormir.

—Chato.

—Como? *Repete*, para você ver o que acontece.

—Chato.

—*Toma*, para você aprender. E amanhã *fica* de castigo, está ouvindo? Para aprender a ter respeito a seu pai.

—. . .

—E não *adianta* ficar aí chorando feito bobo. **Venha** cá.

—Amanhã eu não vou ao colégio.

—*Vai* sim senhor. E não *adianta* ficar fazendo essa carinha, não *pensa* que me comove. *Anda*, **venha** cá.

—Voce me bateu . . .

—Bati porque você mereceu. Já acabou, *pára* de chorar. Foi de leve, não doeu nem nada. *Pede* perdão a seu pai e *vai* dormir.

—. . .

—Por que você é assim, meu filho? Só para me aborrecer. Sou tão bom para você, você não reconhece. Faço tudo que você me pede, os maiores sacrifícios. Todo dia trago para você uma coisa da rua. Trabalho o dia todo

por sua causa mesmo, e quando chego em casa para descansar um pouco, você vem com essas coisas. Então é assim que se faz? [*se hace*; use of
se apassivador]

—. . .

—Então você não tem pena de seu pai? *Anda,* **vamos!** *Toma* a benção e *vai* dormir.

—Papai.

—Que é?

—Me desculpe.

—Está desculpado. Deus te abençôe. Agora *vai.*

—Por que não posso ficar vendo televisão?

From *A Companheira de Viagem* (Rio de Janeiro: Editora Record, 1965).

Note: "Acabou-se" is an interesting use of commands through the form of the Preterit, in Portuguese. This is a highly emphatic way of giving orders. In sports, the Preterit form is commonly used to give a command, to call for high alert: *Parou! Segurou! Virou!* and others. Other forms of imperative that we signaled are commands in meaning, but their form is even more surprising. Given their forms, it is difficult to affirm that they are imperative, e.g. *Não adianta* which has the same *meaning* "Não insista," "Não pode," "Não fique."

Questions

1. Por que o menino tem que dormir?
2. O que o pai acha do programa?
3. O pai dele quer ver televisão?
4. Você acha o menino atrevido, ou seja malcriado, ou talvez mimado?
5. Como era no tempo em que o pai dele era menino?
6. Por que o pai dá uma palmada no menino? (hint: *chato*)
7. A carinha do menino comove o pai?
8. Como o pai se explica sobre a palmada?
9. O pai convence o menino? Como o pai resolve a discussão?
10. O menino aceita os conselhos e explicações do pai?
11. Você acha essa estorinha realista? Parece coisa da vida real? Você seria um pai ou uma mãe desse jeito com seu filho?
12. Procure usar o seu conhecimento de espanhol e faça uma lista dos usos do imperativo informal ou familiar e outra do imperativo em estilo cuidadoso.

Suggested answers: 1. Porque de manhã ele tem que acordar cedo. 2. Acha que é só para adultos. 3. Segundo o próprio pai (o pai mesmo), ele tem horror de televisão. 4. Talvez um pouco de tudo de uma maneira inocente, num jeito próprio das crianças. Nada com que se preocupar. 5. Naquele tempo os menino obedeciam, porque os pais desciam o braço em meninos atrevidos. 6. Porque ele repetiu que o pai era chato, exagerou na dose. 7. O pai diz que isso não comove, porém vemos que a carinha do menino comove sim. 8. Bateu porque o menino mereceu. 9. O pai explica que trabalha muito e faz tudo pelo menino e quando chega em casa tem esses problemas com ele. 10. Parece que ele fica com pena do pai, mas continua querendo ver televisão. 11.

Respostas imprevisíveis. Procure desenvolver o tópico porque vários assuntos podem ser tratados aqui: o uso em casa da televisão, internet, contacto entre pais e filhos, leitura de livros, mundo globalizado, entre muitos outros. 12. Formas do imperativo (note that some of the forms can be either in a formal or informal situation):

Imperativo em estilo cuidadoso, "serious"	Imperativo informal, familiar	
Acabou-se	Acabou-se	Pára de chorar
Desligue	Agora vai	Pede perdão
Não fique respondendo não	Anda	Pode desligar
Obedeça	Cala essa boca	Pode perder
Vá dormir	Deixa	Pode pôr
Vamos	Espera	Repete
Vamos desligar	Fica de castigo	Toma
Venha cá!	Não adianta ficar aí chorando	Toma a benção
	Não adianta ficar fazendo essa carinha	Vai dormir
	Não começa	Vai sim senhor
	Não pensa que me comove	Vamos desligar
		Vamos

8.2 Indicative Mode, Reflexive Verbs, Impersonal *Se* and Passive Voice; Estar with Past Participle

8.2.1 Reflexive Verbs, Spanish *Se le* Sentences and Similar Ones

Tu **te** torn**as** eternamente escravo daquilo que cativas. ☺
Nós **nos** lava**mos**.
Me cor**tei**.
Se vesti**ram**.

Reflexives – Spanish, especially Mexican Spanish, uses more reflexive constructions than Portuguese (*me comí un sándwich*; *nos quedamos*; *se murió*; etc.). In sentences of the type subject+verb+complement, the subject triggers a verb action upon the complement. In other words, in the sentence "Paulo lavou o Pedrinho," the subject Paulo triggers the action of *lavar* on the complement *Pedrinho*.

The reflexive construction comparable to "Paulo lavou o Pedrinho" is "Paulo se lav<u>ou</u>." In "Paulo se lavou," the action of *lavar* is on the subject *Paulo*. In this case, the verb action "bends back" on the subject. A useful analogy for reflexive verb actions is a mirror. We see ourselves in a mirror: "<u>Me</u> vej<u>o</u> no espelho."

The idea of "bending back" carries a traditional explanation regarding "reflexive verbs." However, many verbs used reflexively cannot be explained this way. For example, "**me** aborrec**i**" does not mean that "I made myself furious" as a literal translation shows. Hence, it is more appropriate, to think of **reflexives** when **the subject and the object refer to the same person.**

One may consider two classes of reflexive verbs: (1) verbs that are "born" reflexive; that is, they are inherently reflexive. For that reason they are usually listed in vocabulary listings with a "-se," e.g. "suicidar-se," "queixar-se;" (2) verbs that are not inherently reflexive, but can be made reflexive. In general, **any verb that takes a direct complement can be made reflexive**: "Ele vestiu o filho" (ele **se** vest**iu**), or "Eu cortei a maçã" (eu **me** cort**ei**).

Portuguese, like Spanish, has a few verbs that change meaning when used reflexively: *perguntar* to ask, *perguntar-se* to wonder; *parecer*, to seem, *parecer-se* to look like; and so on. Some of the reflexive verbs, however, change their meanings in Spanish (*ir* (to go) and *irse* (to leave); *levantar* (to lift) and *levantarse* (to get up)), but not necessarily in Portuguese. In Portuguese, these forms can usually be interchanged without changing the meaning: *ir* is synonymous with *ir-se, levantar-se* is synonymous with *levantar*.

There is a small group of verbs that may be used reflexively or not. When used reflexively, these verbs must take the preposition *de*: *esquecer-se de, lamentar-se de*, and *lembrar-se de*. Below we gathered a list of verbs that can be a helpful reference to the use of reflexive verbs.

Verbs Commonly Used as Reflexives in Portuguese		Inherently Reflexive Verbs in Portuguese
aborrecer-se com	distanciar-se de	agachar-se
acostumar-se a	distrair-se com	ajoelhar-se
adaptarse a	divertir-se com/a	arrepender-se de
afastar-se de	emocionar-se com	ausentar-se de
agarrar-se a	enamorar-se de	barbear-se
alegrar-se com/de	enganar-se com/em	colocar-se à vontade
animar-se com	entender-se com	colocar-se de pé
apaixonar-se por	envergonhar-se de	opor-se a
aproximar-se de	esconder-se de/em/com	queixar-se de
apresentar-se a	esquecer-se **de**	pôr-se à vontade
arrepender-se de/por	irritar-se com	pôr-se de pé
assustar-se com	lamentar-se **de**	referir-se a
atrasar-se com/em	lembrar-se **de**	suicidar-se
atrever-se a	especializar-se em	zangar-se com
basear-se em	habituar-se a	
cansar-se de/com	importar-se com/em	
candidatar-se a	interessar-se por	
caracterizar-se por	intrometer-se em	
chamar-se	machucar-se	
chatear-se com	ofender-se com	
comprometer-se a/com	perturbar-se com	
concentrar-se em	preocupar-se com	
contentar-se com	responsabilizar-se por	
dedicar-se a	sentar-se a/em	
deprimir-se	sentir-se com	
desligar-se de	submeter-se a	

There are verbs that are reflexive in Spanish, but not in Portuguese. Compare these common ones:

Some of the Spanish Verbs Commonly Used as Reflexives	Their Equivalent Non-reflexive in Portuguese
comerse	comer
despertarse	acordar (to wake up)
dormirse	dormir
entrenarse	treinar
morirse	morrer
pararse	parar
quitarse	tirar (to take off)

Exercise 1 – Fill in the blanks with one of the reflexive verbs from the list.

　　　sentir-se, aborrecer-se, suicidar-se, aproximar-se, chamar-se

1. Eu _____ com o que ela disse.
2. Gostamos desta cidade. Nós _____ bem aqui.
3. Gritou para a namorada: "Ou você me ama ou eu _____ ."
4. Meu nome é Jair. Você, como _____ ?
5. Favor não _____ . Não quero você perto de mim!

　　　queixar-se, arrepender-se, basear-se, pôr-se de pé

6. Devido às conseqüências das suas palavras, ele _____ do que tinha dito.
7. O trabalho dele _____ numa teoria eletrodinâmica.
8. Os soldados estavam sentados, mas _____ imediatamente quando entrou o coronel.
9. Eu _____ muito da quantidade de deveres de casa que o professor de química nos dá.

　　　alegrar-se, pôr-se à vontade, zangar-se

10. Ela _____ comigo só porque eu falei que não iria ao cinema com ela.
11. Os soldados _____ outra vez à vontade assim que o coronel foi embora.
12. Fiquei contente. _____ muito com aquela notícia.

Answers: 1. me aborreci, or aborreci-me; 2. nos sentimos; 3. me suicido; 4. se chama; 5. se aproximar; 6. se arrependeu; 7. se baseia (baseia-se); 8. se puseram de pé; 9. me queixo; 10. se zangou; 11. se puseram; 12. Alegrei-me (Me alegrei).

Exercise 2 – The following verbs are never used with reflexive pronouns in Portuguese. Use these verbs in the following sentences.

morrer, dormir, acordar (Spn. *despertarse*), parar, ficar, tirar (Spn. *sacar*)

1. Eu _____ aqui esperando a Regina até às nove horas, mas ela não chegou.
2. Nós gostamos de _____ em camas confortáveis.
3. Eu fui _____ documentos naquele órgão porém o despachante não estava lá.
4. Ontem eu _____ cedo porque tinha que chegar na universidade às sete da manhã.
5. Carlos Drummond de Andrade _____ em 1987.
6. O tránsito _____ para ver a banda passar.

Answers: 1. fiquei; 2. dormir; 3. tirar; 4. acordei; 5. morreu; 6. parou.

Exercise 3 – Sometimes the use of pronouns is optional. In the following exercise, first find out if *de* accompanies the verb. In the event that it does, use the pronoun; if not, do not use the pronoun.

lamentar, lamentar-se de, lembrar, lembrar-se de, esquecer, esquecer-se de

1. Desculpe, mas eu _____ do seu nome.
2. A festa foi boa. Por isso eu _____ não ter ido lá.
3. Desculpe, mas nós _____ seu nome.
4. Eles curtiram muito aquela festa. Por isso você _____ de não ter ido lá, não é?
5. Agora eu _____ uma estória que gostaria de contar pra vocês.
6. Agora ele acaba de _____ uma estória que gostaria de contar pra nós.
7. Agora ele acaba de _____ de uma estória que gostaria de contar pra nós.

Answers: 1. me esqueci (linguagem falada); esqueci-me (linguagem escrita); 2. lamentei; 3. esquecemos; 4. se lamentou; 5. lembrei; 6. lembrar; 7. se lembrar (linguagem falada); lembrar-se (linguagem escrita).

Exercise 4 – Pronouns are optional with the following verbs. Some speakers may use these verbs pronominally for emphasis; others use the pronouns with no intention of emphasis.

rir-se, ir-se, vir-se

1. "O dia em que eu _____ embora não teve nada de mais." (Caetano Veloso)
2. Eles _____ muito quando falam de política.

3. Há dois anos que eles _____ embora daqui.

Answers: 1. vim-me (but also vim); 2. riem (*se riem* also, but rare) 3. se foram, or foram.

Exercise 5 – Fill in the blanks with the proper form of one of the verbs in parentheses. Some may need to be reflexive.

1. Xiii, mãe! O negócio caiu em cima deles! Parece que (machucar, tirar) _____ .

2. O pai (ficar, ir) _____ zangado porque o filho queria ver televisão.

3. Falaram que alguém (deitar, morrer) _____ num acidente de carro.

4. Eu só (tirar, acordar) _____ quando o despertador toca.

5. Não quero mais comer, obrigado. Eu já (calçar, comer) _____ bem. Estou satisfeito.

6. A Isabella (rir, pentear) _____ muito quando contei o que aconteceu.

7. Dona Carmem (sentir, pôr) _____ bem depois de fazer exercícios.

8. Ontem, depois do café, eu (lavar, escovar) _____ as mãos, (pentear, escovar) _____ os dentes, e (pentear, machucar) _____ os cabelos.

9. Ontem de manhã o Nando, o meu companheiro de quarto, agiu de uma forma estranha: primeiramente (queixar, acordar) _____ mais cedo que de costume. Parecia perdido enquanto (pentear, calçar) _____ os sapatos sem as meias, ainda de cueca. Em seguida (escovar, lavar) _____ os dentes e depois foi (vestir, colocar) _____ sem tomar banho. Foi nesse momento que eu lembrei a ele que ainda não tinha tomado banho. Não parecia surpreendido mas mesmo assim (tirar, lavar) _____ os sapatos para tomar banho. Saiu do banheiro sem (ajoelhar, enxugar) _____ bem e sem falar muito. Como parecia atrasado, acabou saindo de casa todo desarrumando, com sapatos sem meias e sem (gritar, pentear) _____ . Olhei pela janela para ver como estava, mas não mudou nada. Na rua continuava misterioso, cabisbaixo. Espero que tudo esteja bem com ele.

10. Uma noite eu passei mal e quase (acontecer, morrer) _____ . Minha mulher (calçar, ficar) _____ muito nervosa e telefonou para nossos amigos de madrugada, ainda de madrugada, para conseguir ajuda. Justamente nessa noite nós (ir dormir, ir machucar) _____ tarde depois de um jantar no qual (comer, dormir) _____ muito bem. No dia seguinte foi muito difícil (acordar, calçar) _____ cedo como era nosso costume.

Answers: 1. se machucaram (*se* before the verb, informal); 2. ficou; 3. morreu; 4. acordo; 5. comi; 6. riu; 7. se sente; 8. lavei, escovei, penteei; 9. acordou, calçava, escovou, se vestir, tirou, se enxugar, se pentear; morri, ficou, fomos dormir/tínhamos ido dormir, comemos, acordar.

Remember that English has a particular usage of **possessives** in constructions referring to body parts which is not the case in Spanish or in Portuguese. Generally, Spanish prefers **articles** with these reflexive verbs; Portuguese prefers a non-reflexive verb with articles:

Sometimes he washes **his** hands.	They are putting on **their** hats.
*A veces se lava **las** manos.*	*Se están poniendo **el** sombrero.*
*Às vezes ele lava **as** mãos.*	*Estão colocando **o** chapéu.*

Se le Sentences – *Se le, se me* sequences in Spanish have no actual equivalents in contemporary Brazilian Portuguese. When *se* in Spanish is the substitute for *le*, as in "Se lo vendí a Miguel," Brazilian Portuguese will probably render it with one of the following: "Lhe vendi o carro," "Vendi-o <u>para o Miguel</u>," "Vendi o carro," or even "Vendi," depending on context.

In the case of Spanish accidental or blame-shifting events, Brazilian Portuguese will render them as either a reflexive or a nonreflexive construction. Compare the following sentences using the common group of Spanish verbs (*caer, ocurrir, olvidar, perder, quebrar,* and *romper*) in this type of sentence:

Se les cayó el vaso.	O copo caiu or Deixaram o copo cair.
¿Se te ocurrió alguna idea?	Você teve alguma idéia?
¡Hombre! ¡Se me olvidó el niño!	Minha nossa! Esqueci o menino! or
	Minha nossa! Me esqueci do menino!
Se nos perdieron tus gafas.	Perdemos seus óculos.
Se le quebró un dedo.	Ele quebrou um dedo.
Se le rompió un dedo.	Ele quebrou um dedo.

Reciprocal constructions in Spanish and Portuguese are conjugated in the same way, but their interpretation is different than reflexive constructions. Compare sentences like "Os tenistas se cumprimentaram antes do jogo," or "Juca e Zezé se casaram," in which the verb action cannot be said to "bend back" to the actors or subjects of the sentence. One does not normally greet nor marries oneself. However, they are similar to reflexives because the subject and object pronouns match: *eu-me, tu-te, ele-se* and so on.

Only sentences like "Se machucou brincando na garagem" have the action bending back to the subject. Reciprocal constructions should not be confused with the reflexives in their interpretation, but they are just like reflexives in their morpho-syntactic rules.

Exercise 6 – Use each verb only once, in any tense, to complete the sentences. Some of them have a different usage in Spanish.

aborrecer, acordar, ajoelhar, agachar, barbear, comer,
pôr de pé, machucar, sentar, sentir, tirar, treinar

1. Eu vi quando eles _____ o chapéu.
2. Viu? Você _____ o dedo do pé, não foi?
3. Está vendo? O Alfredo não fica sentado para cumprimentar as pessoas. Chega alguém novo e ele logo _____ para cumprimentar.
4. Nem com um despertador bom eu _____ na hora certa.
5. Seu Chico _____ muito para não perder a forma.
6. Dona Creuza _____ orgulhosa com o filhinho.
7. Elas _____ nessa (ou, a essa) mesa quando comem.
8. Eu _____ para poder olhar embaixo da mesa.

Suggested answers: 1. tiraram; 2. machucou; 3. se põe de pé (informal) or põe-se de pé; 4. acordo; 5. treina; 6. se sente; 7. se sentam (informal), or sentam-se; 8 me agacho ou me ajoelho.

Exercise 7 – Answer the following questions using one of the verbs from the list. These verbs are used in Spanish in accidental or unintentional events.

cair, esquecer, perder, quebrar

1. Cadê sua camisa?
2. Nossa! O que houve com essa janela?
3. Onde estão as entradas para o filme?
4. Por quê o chão está molhado?

Suggested answers in informal style: 1. Parece que eu perdi. 2. Alguma pedra deve ter quebrado o vidro. ou Alguém quebrou. 3. Xiii! Esquecemos... e agora? 4. Iiiii! A babá se esqueceu de botar a fralda no bebê...

Exercise 8 – Remember that a **mirror** is a helpful analogy for **reflexives**. Complete the story below about a little bird called Piu-piu who, one day, sees **himself** reflected in the water. You will need to come up with verbs that fit the story. They don't have to be reflexives, but we should expect reflexive pronouns here. Some verbs can be found in the list of reflexives at the beginning of this section. "Piu-piu" is an onomatopeya for the sounds that birds and baby chicken make.

Cuidando de Si Mesmo

Piu-piu era um passarinho muito bonitinho, mas não sabia. Piu-piu ainda não 1. _____ num espelho e por isso não sabia da sua beleza. Piazinha, sua amada, era uma esposa mais possessiva do que todos os pronomes possessivos que se conhece. Ela sabia da beleza de Piu-piu mas não lhe contava porque era muito ciumenta. Não queria que ele soubesse. 'Magina!!! . . .

Um dia porém, como sempre 2. _____ nessas estorinhas, Pepê, como também 3. _____, foi beber água de cima de um galho . . . Quem sabe não foi assim que surgiu a expressão "quebrar um galho" que em português pouco casto significa "resolver um problema." Claro que isso é uma piada! E por falar em piada, alí estava Piu-piu, em cima de um galho, num lago de águas límpidas e tranqüilas. Vocerveja só . . . Nesse momento, depois de beber uma agüinha, viu sua imagem refletida nas águas do lago. Sua imagem o surpreendeu. Ficou encantado com si mesmo:

- Nossa! Vai ser bonito assim . . .

A partir daí, começou a gostar muito de si mesmo. Só faltava 4. _____ por ele mesmo. Amor à primeira vista! Aí não deu outra coisa: o dia ficou maravilhoso, o sol brilhava com tanta alegria que até 5. _____ de que estava atrasado para o almoço. Invadido pela surpreendente alegria, ao invés de ir voando, preferiu ir a pé. Naturalmente, ao chegar em casa, superatrasado para o almoço, Piazinha o estava esperando com as mãos nas cadeiras, buzinando de furiosa. Assim que o viu saltitando e assoviando, gritou lá do ninho:

- Você não 6. _____ de chegar a essa hora? O que que houve?

Ele a olhou de longe sem 7. _____ com tudo aquilo:

- Ô sua Piazuda! Que negócio é esse de me chamar de feio? Eu sou bonito p'ra chuchu, viu?

- Vê se 8. _____, ô meu (Piazinha devia ser paulista para dizer "ô meu"). Desde quando você 9. _____ bonito?

- Desde hoje de manhã, quando 10. _____ lá no lago. Você sempre me falou que eu tinha espinhas na cara, penas feias, sem graça. Onde já se viu?! Passarinho com espinhas na cara . . . E eu bobo, acreditei.

- Não é bem assim, meu amorzinho – tentou consertar Piazinha, surpreendida pelas descobertas do marido.

- E tem mais! Lá no lago tinha várias "passarinhas" querendo 11. _____ de mim.

Aí a Piazinha não agüentou:

- Quem são essas vagabundas?

Piazinha tinha o pavio curto. Era muito ciumenta e 12. _____ à toa. Mas ela 13. _____ porque agora ele tinha descoberto que era bonito:

- Bom, vamos 14. _____ disso, porque estou cansada e as crianças estão com fome.

A partir desse dia de descobertas, o Piu-piu mudou sua vida. Todos os dias, sempre que podia ia até o lago para 15. _____ na água. Ele agora estava orgulhoso da sua beleza. Quando outras "passarinhas" passavam e davam bola p'ra ele, ele flertava um pouco com elas, mas somente para 16. _____

No fundo, no fundo ele gostava mesmo era da Piazinha, apesar se ser uma passarinha muito temperamental.

Answers: 1. tinha se visto; 2. acontece; 3. se chamava ou era chamado; 4. se apaixonar; 5. se esqueceu; 6. se envergonha ou tem vergonha; 7. se importar 8. se enxerga; 9. se acha; 10. me vi; 11. se aproximar; 12. se zangava; 13. se controlar; 14. nos esquecer (**de** + isso); 15. se olhar; 16. se divertir.

8.2.2 Uses of Impersonal *Se*

Vive-**se** bem no Rio e em São Paulo apesar das reclamações.
Joga-**se** muito futebol por aqui, nada mais.
Fala-**se** catalão.

Spanish is known for its preference for impersonal constructions. Passive constructions with past participle forms are not as frequent as passive constructions with **se**. English speakers are often advised to not overuse passive constructions, but such effort does not prevent its frequent use in English. English, and to some extent Portuguese, use more passive constructions with the past participle than Spanish does. Common constructions using the impersonal *se*—"Se habla(n) portugués y español" or "Se ayuda a los ricos"—are rendered in English as "Portuguese and Spanish are spoken" or "The rich are helped."

Brazilian Portuguese uses regularly both impersonal constructions with *se* and passive construction with the past participle: "Fala(m)-se português e espanhol;" "O português era falado como língua secreta durante a 2ª. Guerra;" "Ajuda-se aos ricos;" "Os ricos são ajudados;" "Ama-se aos políticos honestos;" "Os políticos honestos são amados."

As in Spanish, the verbs in the last two *se* constructions have singular forms because of the presence of the *a*: "Ajuda-se a;" "Ama-se a."

Exercise 16 – Translate into Portuguese.

1. Aquí se habla cualquier cosa.
2. Pablo se queja de su hermana.
3. ¿Le da Jorge un libro a su mejor amigo? Sí, Jorge se lo da.
4. En esta ciudad se ven muchas casas antiguas.
5. Si Cristina canta mal, eso no es (mi) culpa (mia), ¡hombre!
6. Se puede comer muy bien en ese restaurante.
7. Se dice que la violencia en las calles es culpa de la policía.

Suggested answers: 1. Aqui se fala qualquer coisa. 2. Pablo se queixa or está se queixando da sua irmã. 3. O Jorge está dando um livro para o/ao seu melhor amigo?

or O Jorge está lhe dando um livro? Sim, o Jorge está lhe dando um livro or Sim, o Jorge está dando um livro ao seu melhor amigo. 4. Se vêem muitas casas antigas nesta cidade. 5. Se a Cristina canta mal, isso não é (minha) culpa (minha), ora essa! (or *rapaz!* or *ô meu!* or *tchê!* or *gente!* and other tagged questions, depending on the person or region.) 6. Se pode (or Pode-se or Dá para se) comer muito bem nesse restaurante. 7. Dizem que a violência nas ruas é culpa da polícia.

Exercise 17 – Rewrite the sentences with passive constructions using *se*. Note that the verb with the *se apassivador* will maintain the agreement of the passive sentence, namely it will be in the plural if the passive is plural and singular if the passive is in the singular. Since the sentences with *se apassivador* occur more in formal situations, it is preferable to maintain a more formal placement of the pronouns. In other words, it is preferable for example not start a sentence with *se*.

1. Uma casa é alugada na praia.
2. Motoristas são admitidos.
3. Silêncio é pedido.
4. Informações são dadas.
5. Uma datilógrafa é procurada.
6. Daqui tudo foi visto.
7. Português foi ensinado.
8. Duas salas são alugadas.
9. Um cachorro foi perdido.
10. Espanhol é falado aqui.

Answers: 1. Aluga-se uma casa na praia. 2. Admitem-se motoristas. 3. Pede-se silêncio. 4. Dão-se informações. 5. Procura-se uma datilógrafa. 6. Viu-se tudo daqui. 7. Ensinou-se português. 8. Alugam-se duas salas. 9. Perdeu-se um cachorro.

Exercise-18 – **Follow-up exercise** – After completing the story about Piu-piu in the preceding section, identify the verbs that have an object pronoun as follows: write an (R) for reflexives, (NR) for non-reflexives and (I) for verbs with impersonal pronouns. Make sure you have your answers before you look up the answers below.

Answers: Piu-piu era um passarinho muito bonitinho, mas não sabia. Piu-piu ainda não tinha se (R) visto num espelho e por isso não sabia da sua beleza. Piazinha, uma esposa mais possessiva do que todos os pronomes possessivos que se (I) conhece, sabia disso mas não lhe (NR) contava porque era muito ciumenta. Não queria que ele soubesse. 'Magina!!!...
   Um dia porém, como sempre acontece nessas estorinhas, Pepê, como também era conhecido, foi beber água de cima de um galho... Quem sabe não foi assim que surgiu a expressão "quebrar um galho" que em português pouco casto significa "resolver um problema." Claro que isso é uma piada! Mas por falar em piada, aí estava Piu-piu, em cima de um galho, num lago de águas límpidas e tranqüilas. Vocerveja só... Nesse

momento, depois de beber uma agüinha, viu sua imagem refletida nas águas do lago. Sua imagem o (NR) surpreendeu. Ficou encantado com si mesmo:

- Nossa! Vai ser bonito assim . . .

A partir daí, começou a gostar muito de si mesmo. Só faltava se (R) apaixonar por ele mesmo. Amor à primeira vista! Aí não deu outra coisa: o dia ficou maravilhoso, o sol brilhava com tanta alegria que até se (R) esqueceu de que estava atrasado para o almoço. Invadido pela surpreendente alegria, ao invés de ir voando, preferiu ir a pé. Naturalmente, ao chegar em casa, superatrasado para o almoço, a Piazinha o estava esperando com as mãos nas cadeiras, buzinando de furiosa. Assim que o (NR) viu saltitando e assoviando, gritou lá do ninho:

- Você não se (R) envergonha de chegar a essa hora? O que que houve?

Ele a (NR) olhou de longe sem se (R) importar com tudo aquilo:

- Ô sua Piazuda! Que negócio é esse de me (NR) chamar de feio? Eu sou bonito p'ra chuchu, viu?

- Vê se se (R) enxerga, ô meu (Piazinha devia ser paulista para dizer "ô   meu"). Desde quando você se (R) acha bonito?

- Desde hoje de manhã, quando me (R) vi lá no lago. Você sempre me (R) falou que eu tinha espinhas na cara, penas feias, sem graça. Onde já se (I) viu?! Passarinho com espinhas na cara... E eu bobo, acreditei.

- Não é bem assim, meu amorzinho – tentou consertar Piazinha, surpreendida pelas descobertas do marido.

- E tem mais! Lá no lago tinha várias "passarinhas" querendo se (R) aproximar de mim.

Aí a Piazinha não agüentou:

- Quem são essas vagabundas?

Piazinha tinha o pavio curto. Era muito ciumenta e se (R) zangava à toa. Mas ela se (R) controlou porque agora ele tinha descoberto que era bonito:

- Bom, vamos nos (R) esquecer disso, porque estou cansada e as crianças estão com fome.

A partir desse dia de descobertas, o Piu-piu mudou sua vida. Todos os dias, sempre que podia ia até o lago para se (R) olhar na água. Agora estava orgulhoso da sua beleza. Quando outras "passarinhas" passavam e davam bola p'ra ele, ele flertava um pouco com elas, mas somente para se (R) divertir. No fundo, no fundo ele gostava mesmo era da Piazinha, apesar se ser uma passarinha muito temperamental.

8.2.3 Uses of *(a) Gente*

Desculpe mas não vamos poder. **A gente** estava saindo agora.

(=**Nós** estávamos saindo agora.)

"Pois então nós viemos libertar São Paulo e inda você cobra passagem d**a gente**" (soldadinho gaúcho a um condutor de bonde, na época da Revolução de 30. In Mário de Andrade's *Táxi e Crônicas no Diário Oficial*. São Paulo: Duas Cidades, 1976, p. 285; cited in Oscar Pilagallo's *História do Brasil no século 20*. São Paulo: Publifolha, 2002, p. 9.

(=. . . e inda você **nos** cobra passagem (or **de nós**))

Quando **a gente** quer **a gente** consegue.

(=Quando **se** quer **se** consegue or Quando quer**emos** consegui**mos**)

Tinha muita **gente**?
(=Tinha muitas **pessoas**?)
Cuméquié **gente**!
(=E aí, **pessoal/turma**! or Cuméquié **pessoal/turma**!)
"**A minha gente** sofrida despediu-se da dor . . ." (Chico Buarque)
(=**O meu povo** sofrido despediu-se da dor . . .)

A gente always takes the verb to the singular. It is mainly used as a synonym for *nós* or *nos,* but it has the following additional meanings: *se, pessoas, pessoal, turma,* and *povo.* With the meaning of *nós* or *nos,* there is always an *a* before *gente*: *a gente.*

Exercise 18 – Replace *(a) gente* with an equivalent expression. Be careful with verb and pronoun agreement.

1. A gente sempre assiste as peças deste autor.
2. A comida não vai dar para tanta gente.
3. Gente, olha ali quem está chegando.
4. Quando a gente é jovem, não pensa no futuro.
5. Ele disse para a gente que ia lhe fazer uma surpresa.
6. Essa gente do sertão é muito sacrificada.
7. Bem, minha gente, vamos tratar da vida.
8. O salão já está cheio, e ainda está chegando mais gente.
9. A gente só voltou a se ver dois anos depois.
10. Tanta vantagem assim, é para a gente desconfiar.

Answers: 1. Nós sempre assistimos as peças deste autor. 2. A comida não vai dar para tantas pessoas. 3. Oi, turma (pessoal), olha ali quem está chegando. 4. Quando somos ou Quando se é jovem, não pensamos/ não se pensa no futuro. 5. Ele nos disse (disse para nós) que ia lhe fazer uma surpresa. 6. Esse povo/pessoal do sertão é muito sacrificado. 7. Bem, pessoal (turma), vamos tratar da vida. 8. O salão já está cheio, e ainda está chegando mais pessoas/convidados/público. 9. Nós só voltamos a nos ver dois anos depois. 10. Tanta vantagem assim, é para se desconfiar.

8.2.4 Passive Voice, Past Participle

As portas **são abertas pelo chefe** todos os dias às 8.
Devem estar limpinhos, sim. Esses porqueirinhas **têm sido lavados** regularmente.
Olha, vocês vão me desculpar, mas nós não **tínhamos sido informados** disso não.

Passive voice is formed similarly in Portuguese and Spanish. To form it, it is necessary to use the verb *ser* + the past participle of the main verb and *por.* The past participle agrees in number and gender with the subject:

Active: O Paulo fechou <u>as portas</u>.
Passive: A<u>s portas</u> foram fechad<u>as</u> pelo Paulo.

To go from active to passive:

O Paulo fechou <u>as portas</u>.

1. Invert subject (*O Paulo*) and complement (*as portas*) positions:
   * As portas --- o Paulo
2. Insert s*er,* with the same tense of main verb in the source sentence and make the subject-verb agreement.
   * As portas foram --- o Paulo
3. Add -*do* form to the main verb. This -*do* form must agree:
   * As portas foram fechadas --- o Paulo
4. Add preposition *por* combine with the following article, if there is one:
   * As portas foram fechadas *por* + o Paulo.

Passive voice: As portas foram fechadas pelo Paulo.

To form the past participle:

Regular:	comprar	$\rightarrow$	comprado
	beber	$\rightarrow$	bebido
	partir	$\rightarrow$	partido

Irregular:	aberto (abrir)	feito (fazer)
	coberto (cobrir)	visto (ver)
	escrito (escrever)	vindo (vir)
	dito (dizer)	posto (pôr)

The following verbs have two forms:

Verb	With *Ser/Estar* (agreement)	With *Ter/Haver* (invariant)
aceitar	aceito/a/os/as	aceitado
acender	aceso/a/os/as	acendido
entregar	entregue/s	entregado
eleger	eleito/a/os/as	elegido
expressar	expresso/a/os/as	expressado
extinguir	extinto/a/os/as	extinguido

Verb	With *Ser/Estar* (agreement)	With *Ter/Haver* (invariant)
dispersar	disperso/a/os/as	dispersado
ganhar	ganho/a/os/as	ganhado
gastar	gasto/a/os/as	gastado
imprimir	impresso/a/os/as	imprimido
limpar	limpo/a/os/as	limpado
matar	morto/a/os/as	matado
morrer	morto/a/os/as	morrido
pagar	pago/a/os/as	pagado
prender	preso/a/os/as	prendido
soltar	solto/a/os/as	soltado
suspender	suspenso/a/os/as	suspendido

Note: We observe in contemporary Brazilian Portuguese a preference for irregular forms, especially *gasto, ganho,* and *pago,* even in constructions with the verbs *ter* or *haver.*

Exercise 8 – Fill in the blanks with the correct form of the past participle

1. O prêmio foi _____ por várias pessoas. (ganhar)
2. Os erros foram _____ por aquela senhora lá. (encontrar)
3. Eu sou sempre _____ para essas festas chatas. (convidar)
4. Ficou contente quando foi _____ de "excelência." (chamar)
5. Nós não fomos _____ como merecemos. (receber)
6. Giselda e Fernando foram _____ no Pão de açúcar. (ver)
7. Esse fogo ainda não foi _____. (extinguir)
8. Patrão, o senhor sabe que eu ainda não fui _____, não é? (pagar)
9. O Geraldo é um bom rapaz, mas não é facilmente _____ pelos vizinhos. (aceitar)
10. Esse cara foi _____? Ah, não acredito. (eleger)

Answers: 1. ganho; 2. encontrados; 3. convidado, or convidada; 4. chamado; 5. recebidos, or recebidas; 6. vistos; 7. extinto; 8. pago or paga; 9. aceito; 10. eleito.

Exercise 9 – Fill in the blanks with the correct form of the past participle in sentences with *ter.*

1. Esses rapazes têm _____ muito, mas não têm _____ nada. (falar, fazer)
2. Ultimamente o corpo de bombeiros tem _____ fogo de maneira mais eficaz. (extinguir)
3. O diretor parece ter _____ todo mundo. (suspender)

4. Coitada! A Gláucia tem _____ com a garganta que não agüenta mais. (estar)

5. Dizem que essa meninada tem _____ tempo em frente da tevê. (perder)

6. Seu Sózimo tem _____ muito favor ao sogro. (pedir)

7. Nem a Guiomar, nem o Silvio têm _____ à faculdade nesses últimos dias. (ir)

8. O negócio não está fácil! Tem _____ muita bagunça nessas eleições. (haver)

Answers: 1. falado, feito; 2. extinguido; 3. suspendido; 4. estado; 5. perdido; 6. pedido; 7. ido; 8. havido.

Exercise 10 – Rewrite the sentences in passive voice.

Regina escreveu todas essas cartas.
Todas essas cartas foram escritas por Regina.

1. O rato comeu o nosso queijo.
2. Os meninos abriram as janelas.
3. A polícia solta o preso.
4. O correio entrega cartas e jornais.
5. Às vezes, né?, o povo elege o presidente.
6. Os empregados apagaram o fogo.
7. Juca ganhou o prêmio maior da loteria.
8. O Jairo acendeu as luzes.
9. O professor suspendeu as aulas.
10. O artista matava os bandidos.
11. Ela ouve este programa.
12. O povo paga suas contas em dia.
13. Nós pomos as chaves na gaveta.
14. Nós pusemos os papéis no armário.
15. Nós considerávamos João nosso melhor amigo.
16. O presidente não dá entrevistas.
17. Escrevemos a carta amanhã.
18. Farei o possível.
19. Não cobrei as horas extras.
20. Até agora não recebemos nenhuma notícia.
21. Ninguém entenderia o problema.
22. Ninguém o ajudaria.
23. Você tem visto os rapazes?
24. A polícia tem procurado o ladrão.
25. Ela já tinha terminado os deveres de casa.

Answers: 1. O nosso queijo foi comido pelo rato. 2. As j. foram abertas pelos m. 3. O preso é solto pela polícia; 4. C. e j. são entregues pelo c. 5. Às vezes, né?, o presidente é eleito pelo povo. 6. O f. foi apagado pelos e. 7. O prêmio maior da loteria foi ganho por Juca. 8. As l. foram acesas pelo J. 9. As aulas foram suspensas pelo professor. 10. Os b. eram mortos pelo a. 11. Este programa é ouvido por ela. 12. *As contas do povo* são pagas pelo povo em dia. (It is necessary to change "suas contas" otherwise it would not be logical). 13. As chaves são postas (na gaveta) por nós (na gaveta). 14. Os p. foram postos (no armário) por nós (no armário). 15. João era considerado por nós nosso melhor amigo. 16. E. não são dadas pelo p. 17. Amanhã, a carta será escrita (por nós). 18. O possível será feito por mim. 19. As horas extras não foram cobradas (por mim). 20. Até agora nenhuma notícia foi recebida por nós. 21. O problema não seria entendido por ninguém. 22. Não seria ajudado por ninguém. 23. Os rapazes têm sido visto por vocês? 24. O l. tem sido procurado pela p. 25. Os deveres de casa já tinham sido terminados por ela.

Exercise 11 – Fill in the blanks with the passive voice.

1. Ontem ele _____ para um almoço. (convidar [*invitar*], comer)
2. No ano que vem todo o nosso estoque [stock in stores] _____. (convidar, vender)
3. Este contrato _____ há dois anos. (ser, fazer)
4. Nossos salários _____ uma vez por ano. (vir, aumentar)
5. Ouça! A notícia _____ agora. (convidar, dar)
6. Ele me disse que já sabia de tudo. _____ por/pelo Eduardo um dia antes. (duvidar, avisar)
7. Ultimamente o Jorge _____ por aqui. (ver, aumentar)
8. No momento em que cheguei, a mesa _____ para o jantar. (comer, pôr)
9. Quando eu era criança, todos os meus brinquedos _____ de madeira. (avisar, fazer)
10. Escreveu-me logo que _____. (ficar, informar)

Answers: 1. foi convidado; 2. será vendido; 3. foi feito; 4. serão aumentados; 5. está sendo dada; 6. Tinha sido avisado; 7. tem sido visto; 8. estava posta; 9. eram feitos; 10. foi/ficou informado.

8.2.5 *Estar* with Past Participle

> Puxa vida! Estamos outra vez **atrasados**.
> Severino, a porta está **aberta**. Deixo assim?

As in Spanish, the use of the verb *estar* + past participle can be explained in Portuguese as a *resultant* condition. In other words, *estar* + past participle is not truly passive voice. The passive voice is derived from the active voice, and this derivation is possible only with *ser* because in the passive voice there is always an actor, explicit or implicit. In constructions with *estar* + part participle, one may disregard who the actor is:

A porta estava aberta.   The door was open. (passive, resultant)
A porta foi aberta.   The door was opened. (passive)

Exercise 12 – The following sentences contain a series of events numbered for clarity, but they also have an outcome, or a result. These sentences are grouped this way to illustrate the *resultant* characteristic of *estar*.

The explanation that *estar* has a resultant characteristic is helpful, but actual usage sometimes makes it difficult to see this resultant characteristic.

a. Example: (1) Dona Leonor explicou para o secretário que ela precisava de enviar uma circular com urgência. (2) O secretário foi rapidamente para a máquina de escrever. (3) Depois de conseguir o material que precisava, começou a preparar as circulares. (4) Em pouco tempo as circulares **estavam escritas** (**resultant**) e no dia seguinte <u>foram enviadas por ele mesmo</u> (**passive**) para todo o pessoal da companhia.

b. Hoje cedo eu mandei a meninada lá em casa limpar o quarto deles. Eles não gostaram da idéia mas acabaram trabalhando direitinho. Agora o quarto deles _____.

c. O povo todo ficou furioso contra as decisões do governo. Houve um grupo que prometeu jogar um pouco de água nos ministros e no presidente. Os ministros e o presidente não acreditaram. Quando o presidente e alguns ministros estavam num comício [*giving a speech*] o grupo de pessoas conseguiu jogar água no presidente e nos ministros. Agora o presidente e os ministros __ _____ todos _____.

d. Saí hoje cedo às pressas e quando cheguei no trabalho, fiquei preocupado porque não tinha certeza se havia ou não apagado o fogo na cozinha. Voltei em casa às pressas fui correndo na cozinha e fiquei supercontente porque o fogo _____.

Answers: b. está limpo; c. estão todos molhados; d. estava apagado, or tinha sido apagado (por alguém).

8.3 Pronunciation Review

8.3.1 /e/ and /ɛ/; /o/ and /ø/

Auditory Identification – The instructor may read aloud the following texts, so that the students can decide which words contain the open /ɛ/ and /ø/. The answers are at the end of this section.

Meu caro amigo, eu não pretendo provocar, nem atiçar suas saudades, mas acontece que não posso me furtar a lhe contar as novidades. Aqui na terra (es)tão jogando futebol, tem muito samba, muito choro e rock n' roll. Uns dias chove, noutros dias bate sol. Mas o que eu quero é lhe dizer que a coisa aqui (es)tá preta.

É pirueta pra cavar o ganha-pão
Que a gente vai cavando só de birra, só de sarro
E a gente vai fumando que, também, sem um cigarro
Ninguém segura esse rojão.

Meu caro amigo, eu quis até telefonar, mas a tarifa não tem graça. Eu ando aflito pra fazer você ficar a par de tudo que se passa. Aqui na terra (es)tão jogando futebol, tem muito samba, muito choro e rock n' roll. Uns dias chove, noutros dias bate sol. Mas o que eu quero é lhe dizer que a coisa aqui (es)tá preta.

Comprehension and Production – Listen to and then read aloud the following text. The open vowels are highlighted.

"Olá, seu Costa, amigo do peito! Sei que o senhor me detesta mas eu não me queixo. Tá com dor de cabeça? Tome um chá de canela!"

"Ora essa meu caro Lessa, como é que você me dá uma dessa, com um relógio sem peça e gente aqui à beça!"

O berimbau foi também uma arma? Talvez sim, talvez não. De qualquer maneira, vejamos. Era um instrumento de várias peças: (1) um arco de madeira com um arame ligando as duas extremidades do arco; (2) uma cabaça presa ao dorso da extremidade inferior, para efeitos acústicos; (3) uma vareta e um aro ou uma moeda para fazer vibrar o arame e produzir sons; e (4) um caxixi com pedrinhas ou algo similar dentro, para acentuar o ritmo. Sem querer ir além de simples conjetura podemos pensar que cada parte tinha possivelmente (the fist "e" in "possivelmente" is often difficult to hear and some speakers may say it as closed) *uma função dupla. Da mesma maneira que os escravos podiam usar o berimbau para dançar e cantar nos folguedos noturnos que faziam, podiam também usar essas peças do berimbau como arma ou utensílios de sobrevivência.*

Reinforcing Auditory Identification - Your instructor will read only one of the words in each of the following pairs . Write the one you hear.

este [this], leste [east]; mossa, moça; posso, poço; pê, pé;
deça, dessa; vovô, vovó; pôde, pode; (eu) selo, selo.

Discourse Level - At this stage, we try to integrate the preceding drills into discourse. Drills for this particular case are difficult to prepare without the participation of the teacher. The teacher will need to interact more than usual to elicit answers with open vowels. For example, warm-up questions like

"Quem come**ç**a?" "Quem p**o**de come**ç**ar/falar?" or "Quem qu**e**r come**ç**ar?" will most likely elicit answers like "Eu p**o**sso (come**ç**ar)," "Eu qu**e**ro (come**ç**ar)," "Eu come**ç**o," and so on.

After a warm-up of this kind, the instructor may suggest sketches in which a *vovô* and a *vovó* are the main characters. A *neta* could also be included. It does not matter if many words that will appear in the sketch do not contain these vowels. The important aspect of this activity is that students talk and use or **notice** open vowels we focus on in this course(e.g. *vovó* and *neta*).

Another class activity can involve *teatrinhos* (skits, sketches) that students will prepare in advance or during class, depending on what the instructor decides. These *teatrinhos* may be performed using one of the *crônicas* like "Hora de dormir," "Matemática," songs or other *crônicas* that are not in this book. Students may perform them in class, *noticing* one or two pronunciation features of Portuguese, like the open and closed vowels, or the "z" sounds, linking, to mention some. It is difficult to focus on or monitor all the features at once. Choose one feature and focus on it. Then, select another feature.

Answers regarding the passage from "Meu Caro Amigo" – open /ɛ/ and /ø/:

*Meu caro amigo, eu não pretendo provocar, nem atiçar suas saudades, mas acont**e**ce que não p**o**sso me furtar a lhe contar as novidades. Aqui na t**e**rra (es)tão jogando futeb**o**l, t**e**m muito samba, muito choro e r**o**ck n' r**o**ll* (many speakers say "roll" with closed "o," but Chico Buarque pronounces it as open in this song) *Uns dias ch**o**ve, noutros dias bate s**o**l. Mas o que eu qu**e**ro **é** lhe dizer que a coisa aqui (es)tá preta.*

É pirueta pra cavar o ganha-pão
*Que a gente vai cavando s**ó** de birra, s**ó** de sarro*
*E a gente vai fumando que, tamb**é**m, sem um cigarro*
*Ningu**é**m segura esse rojão.*

*Meu caro amigo, eu quis at**é** telefonar, mas a tarifa não tem graça. Eu ando aflito pra fazer você ficar a par de tudo que se passa. Aqui na t**e**rra (es)tão jogando futeb**o**l, t**e**m muito samba, muito choro e r**o**ck n' roll . Uns dias ch**o**ve, noutros dias bate s**o**l. Mas o que eu qu**e**ro **é** lhe dizer que a coisa aqui (es)tá preta.*

8.4 Negations: *Não, Nunca, Nenhum, Nenhuma, Ninguém, Nada, Nem, Absolutamente, Em Absoluto*

Eu **nunca** passo por aqui.
Eu **não** passo por aqui **nunca**.
Não tenho **nem** idéia!
Agimos **absolutamente** de boa-fé

8.4.1 Adverbs: *Não, Nunca*

When there is one adverb, place it before the verb: *Eu **não** falo alemão. Eu **nunca** estudo.* When using both, place *não* before the verb: *Eu **não** estudo português **nunca**; Eu **não** estudo **nunca** português.*

8.4.2 Adjectives: *Nenhum, Nenhuma*

Place a negative adjective before or after the modified noun: *Não tenho **nenhuma** amiga* or *Não tenho amiga **nenhuma***; place *não* or *nunca* before the verb if the modified noun is the object of the clause or the object of the preposition: *Eu **não/nunca** tenho livro nenhum; Ela **não/nunca** fala com nenhuma amiga.* If *não* or *nunca* are not used, then the adjective *nenhum* goes before the verb: ***Nenhuma mulher** fala com ele.*

In Spanish *ningún/ninguna* will be in the plural if words without singular forms like *gafas* are modified. In Portuguese, *nenhum(a)* is always singular. There is no exception to the rule in Portuguese: *Você viu meus óculos?—Por aqui não vi óculos **nenhum*** (or ***nenhum** óculos*).

8.4.3 Pronouns: *Ninguém, Nada, Nenhum, Nenhuma*

Negative pronouns can be placed before or after the verb, depending on whether the pronoun is a subject or an object. If the pronoun is a **subject**, the negative pronoun will **precede** it. If the **pronoun** is an **object**, the negative pronoun will **follow**. If the pronoun is an object, use *não* or *nunca* before the verb: ***Ninguém**. fala com ela* (**subject**); *Eu não falo com **ninguém*** (**object of preposition**); *Eu nunca estudo **nada*** (**pronoun: direct object**).

8.4.4 *Nem*

The use of *nem* corresponds to Spanish *ni* and English *nor* when it appears only once in a sentence. Otherwise, it is the equivalent of English neither . . . nor: ***Não** falo **nem** estudo português; **Nem** João **nem** Maria estudam português.*

Exercise 13 – Rewrite the following sentences in negative form.

1. Eu sempre falo com ele.
2. Alguém entrou aqui.
3. Algumas meninas passam por aqui.
4. Tenho tudo.
5. Alguns livros ficaram por lá.
6. Fica algum rapaz na escola até às duas horas?
7. Sempre janto com meus amigos.
8. Maurício e Tomás andam depressa.
9. O ladrão é alto e louro.
10. Gosto de teatro e de cinema.

Answers: 1. Eu nunca falo com ele, or Eu não falo (nunca) com ele (nunca). 2. Ninguém entrou aqui. 3. Nenhuma menina (nenhuma) passa por aqui. 4. Não tenho nada. 5. Nenhum livro ficou por lá. 6. Não fica nenhum rapaz (nenhum) até às duas horas? 7. Não janto nunca com meus amigos, or Nunca janto com meus amigos. 8. Nem Maurício nem Tomás andam depressa. 9. O ladrão não é nem alto nem louro. 10. Não gosto nem de teatro nem de cinema.

Exercise 14 – Write negative sentences following the model. Use only *nem*.

Nós/comer/dormir. Nós não comemos nem dormimos.

1. Francisco/ler/escrever.
2. Eu/ouvir música/gostar de tocar instrumentos.
3. Vocês/dormir/trabalhar.
4. Ela/entrar/sair.

Suggested answers: 1. Francisco não lê nem escreve. 2. Não ouço música nem gosto de tocar instrumentos. 3. Vocês não dormem nem trabalham. 4. Ela não entra nem sai.

8.4.5 *Absolutamente, Em Absoluto*

- Você conhece mesmo esse cara?	*¿Conoces de verdad a ese tío?*
- Absolutamente!	*¡Claro que sí!*

Often, it is easier to understand the use of *absolutamente* in real context than in a dictionary, because real context includes body, facial gestures, intonation and other elements, which combined make its meaning clearer. *Absolutamente* is usually the same as *em absoluto*. More often than not, both have a positive connotation, although we may find some exceptions.

- Mas foi você mesmo que prometeu!
- **Em absoluto!** Eu nunca prometi nada. (**em a.** = *de ningún modo, te lo aseguro*)

The dictionary *Aurélio* defines **em absoluto** in two ways, as follows.

1. Completamente, totalmente.
2. De modo nenhum; absolutamente não; absolutamente.

On the other hand, the recent version of the *Gramática Metódica* (Editora Saraiva, 2005), by Napoleão Mendes de Almeida, explains that **absolutamente** *does not* mean "no way, not at all." It means "*sim, completamente, inteiramente*, etc."

Given the potential for confusion, one should follow the good solution offered by Napoleão Mendes de Almeida's grammar. In other words, in case of doubt, if the context is not clear, say *Absolutamente sim, Absolumente não, Absolutamente de acordo,* and similar ones.

8.5 *Todo(s), Toda(s), Tudo; Todo (o) Dia*

Todos os homens e todas as mulheres são mortais.
Nada se perde, nada se cria, tudo se transforma.
"Todo dia ela faz tudo sempre igual . . ." (*Cotidiano*, Chico Buarque, 1971)

Tudo is the opposite of *nada* and it is invariant in form. *Todo(s)*, *toda(s)* vary in form, namely, they agree with the word they modify. Neuters like *isso* and *aquilo* are often linked to *tudo*: *Tudo isso? Aquilo tudo?* Some expressions can only have *tudo*: *Tudo bem, Tudo bom, Tudo de bom, Tudo legal, Tudo certo?*

Todo o means "inteiro" and **todo** means "cada, qualquer." Therefore, *todo o dia* means "o dia inteiro; the whole day" *todo dia* means "cada dia; every day."

Exercise 15

A – Find the sentences with *tudo* or *todo* in the *crônica* "Hora de Dormir," at the beginning of this unit, and in the song "Olê, Olá," in the next page. Then study how these words are used in these two texts. After you finish, check your answers with the answers below.

B – Fill in the blanks with *tudo* or *todo*.

1. Meu anjinho, você tem que comer _____.
2. _____ mundo (everyone) quer ser feliz. (*todo o mundo* = the whole earth)
3. Branco é a mistura de _____ cores.
4. _____ (o) que elas fazem é bem feito.
5. _____ dia eu pego o jornal, ali naquela mesma banca.
6. Passei _____ dia trabalhando, das 7 às 22h00 e ainda não terminei.
7. Acertou uma resposta e já acha que sabe _____.
8. Eu por exemplo, gosto de _____ que a mamãe faz.
9. Já pensou se tivermos [*tenemos*] que limpar _____ isso?
10. Quem fez _____ essa bagunça?
11. Depois do gol de impedimento _____ jogadores começaram a brigar.
12. Dizem que quase _____ gols do Santos eram feitos pelo Pelé, mas isso é só boato [*rumor*].
13. Ainda bem que o seu Osório não faz _____ (o) que o filho pede.
14. _____ isso pelo cachorrinho? Ah, eu não compro, não.

Answers **A** – Hora de Dormir: - Estou entendendo tudo./ - (...) Faço tudo que você me pede / - Todo dia eu tenho. / - Está bem, todo dia você tem. / - Os outros meninos todos dormem tarde / - (...) Todo dia trago para você uma coisa da rua.

Trabalho o dia todo por sua causa mesmo. Olê, Olá: Seu padre toca o sino que é pra todo mundo saber / Meu pinho, toca forte que é pra todo mundo acordar.
B – 1. tudo; Todo; 3. todas as; 4. Tudo; 5. todo; 6. todo o; 7. tudo; 8. tudo; 9. tudo; 10. toda; 11. todos os; 12. todos os; 13. tudo; 14. Tudo.

8.6 Reading – Cuidando da Vida: "Olê, Olá" (1965) by Chico Buarque

Observe the use of the imperative forms in the song "Olê, Olá" (1965), by Chico Buarque. These lyrics reflect a trend in Brazilian Portuguese, the alternate use of careful and informal imperative: *tem dó* (informal), *espere* (careful). These alternations may occur because of rhyming (*perdoa*/*à toa*), frequency of usage or confusion of forms. At the beginning of this unit, we presented the crônica "Hora de Dormir," which also shares similar features of alternation between the careful style and informal style in the imperative.

Olê, Olá de *Chico Buarque*

Não chore ainda não, que eu tenho um violão
E nós vamos cantar
Felicidade aqui pode passar e ouvir
E se ela for de samba há de querer ficar

Seu padre toca o sino que é pra todo mundo saber
Que a noite é criança, que o samba é menino
Que a dor é tão velha que pode morrer
Olê, olê, olê, olá
Tem samba de sobra, quem sabe sambar
Que entre na roda, que mostre o gingado
Mas muito cuidado, não vale chorar

Não chore ainda não, que eu tenho uma razão
Pra você não chorar
Amiga, me perdoa, se eu insisto à toa (*en vano*)
Mas a vida é boa para quem cantar

Meu pinho, toca forte que é pra todo mundo acordar
Não fale da vida, nem fale da morte
Tem dó da menina, não deixa chorar
Olê, olê, olê, olá
Tem samba de sobra, quem sabe sambar
Que entre na roda, que mostre o gingado
Mas muito cuidado, não vale chorar

Não chore ainda não, que eu tenho a impressão

Que o samba vem aí
É um samba tão imenso que eu às vezes penso
Que o próprio tempo vai parar pra ouvir

Luar, espere um pouco, que é pra o meu samba poder chegar
Eu sei que o violão está fraco, está rouco
Mas a minha voz não cansou de chamar
Olê, olê, olê, olá
Tem samba de sobra, ninguém quer sambar
Não há mais quem cante, nem há mais lugar
O sol chegou antes do samba chegar
Quem passa nem liga, já vai trabalhar
E você, minha amiga, já pode chorar

Vocabulary:

violão: *guitara*	dó: *pena, compasión*
for: *es*	fraco: *débil*
gingado: *balanceo*	rouco: *ronco, áspero*
pinho: *guitara*	nem liga: *no le importa*

Questions

1. O texto é pessimista ou otimista?
2. Na frase "se ela for de samba," na primeira estrofe, quem é "ela"?
3. Na terceira estrofe, o que o poeta espera que morra, ou seja, que acabe?
4. O que é que pode acabar com a dor?
5. Quais são as esperanças do poeta para acabar com a dor?
6. Há algum elemento de conteúdo que caracteriza todas as estrofes, exceto a última?
7. Em contraste com as cinco primeiras estrofes, o que vem a caracterizar a última estrofe?
8. O que quer dizer "samba" no contexto deste poema?
9. Faça uma lista das formas do imperativo usados nesta letra, dividindo-os segundo os que sejam afirmativos, negativos e, se possível, formais e informais.

Suggested answers: 1. É um texto pessimista. 2. "Ela" se refere à felicidade. 3. O poeta espera que a dor acabe. 4. A idade... Talvez a dor morra de velhice. 5. O poeta parece procurar outras soluções para a dor, mas sempre volta à música, ao samba. 6. Nas cinco primeiras estrofes o poeta acredita que se pode alcançar a felicidade e eliminar a dor com música, com samba. 7. Na última estrofe, vemos uma nota de pessimismo, comum nos textos de Chico Buarque. O poeta perde a esperança. Embora tenhamos como acabar com a dor, ninguém liga, o violão perde a força, talvez o melhor seja mesmo chorar. 8. Trata-se de usar o samba, ou seja a música, como se fosse uma chave para driblar a dor. Como se diz no Brasil, "quem canta seus males espanta." 9. Lista das formas no imperativo:

	Afirmativo		**Negativo**
Careful	*Informal*	*Careful*	*Informal*
Que entre	toca	não chore	não deixa
Que mostre	me perdoa	não fale	
espere	tem dó	nem fale	

8.7 Imperative Mode, All Verbs

"Não corra, não mate, não morra." (Propaganda educativa do Detran)
"Assista a propaganda política na TV! Uma oportunidade única de ver
alguns dos nossos políticos em cadeia nacional." (Chapa de caminhão)[11]

There are two types of imperative forms in Brazilian Portuguese. One is the
imperative form used in careful speech; it is like the careful imperative in
Spanish.

Colloquial Brazilian Portuguese, however, uses a form that coincides with
the third person of the present tense of the indicative mode for the imperative
mode, except for *ser* and *estar*: "Psssiu! Fala mais baixo;" "Abre a porta com
cuidado;" "Come devagar." The plural forms of informal imperative are
usually the same as the plural forms of careful imperative. Negative forms of
the imperative are *always* like the subjunctive forms.

As in Spanish, most of the time it helps to recall that the present tense of
the verb drops the final *-o* and replaces it with *-e(m)* for verbs ending in *-ar* and
with *a(m)* for verbs ending in *-er* and *-ir*.

começar	eu começo	→	eu começ__	→ Comece or comecem
vir	eu venho	→	eu venh__	→ Venha(m)

8.7.1 Irregular Forms: Imperative

Infinitive	Careful	Informal (*tu*)	Infinitive	Careful	Informal (*tu*)
ESTAR	esteja(m)	esteja	VER	veja(m)	vê
SER	seja(m)	seja	DAR	dê, dêem	dá
HAVER	haja	haja	IR	vá, vão	vai
SABER	saiba(m)	saiba	PÔR	ponha(m)	põe
QUERER	queira(m)	quer			

Exercise 16 – Fill in the blanks with the correct form of the imperative as
used in careful speech.

---

[11] In Brazil, there is a greater tendency to use *assistir* without the preposition *a*. But
some teachers may still prefer the use of the preposition: *Assista à propaganda.*

1. "Brasil, _____ -o ou _____ -o. (amar, deixar). O último a sair, _____ (apagar) a luz do aeroporto." (In *O Pasquim*, by-weekly publication lead by artists and a Brazilian intellectual elite of humor, from the 1960s and 70s.)
2. Ei! _____ aqui, rápido. (vir)
3. _____ embora daqui. Não quero mais conversa com vocês, não. (ir)
4. _____ aqui às 8 horas em ponto, porque senão eu faço vocês trabalharem dobrado. (vir)
5. Ô rapaz! Você aí. _____ o favor! Não _____ na grama. (fazer, pisar)
6. _____ um pouco mais. A conversa está boa. (dar, ficar)
7. Pssssiu! Não _____ barulho! O bebê está dormindo. (ser, fazer)
8. _____ paciência! Que cara chato. Não _____. _____ embora daqui, cara! Parece torcedor daquele time que eu nem consigo falar o nome. (ir, perturbar, haver)

Answers: 1. ame, deixe, apague; 2. Venha; 3. Vão; 4. Venham; 5. Faça, pise; 6. Fique; 7. faça; 8. Haja, perturbe, Vá.

8.8 Reading – Carpe diem (Cuidando da Vida e da Cozinha): "Feijoada Completa" (1977) by Chico Buarque

As we observed in "Olê, Olá," and in "Hora de Dormir," here again the **informal** (in bold) and the *careful* (in italics) imperative alternate (bold and italics indicate both careful and informal). Study this alternation as well as the pronunciation of these verses. You will notice the use of careful imperative in *não vá, ponha os pratos, E prepare*, and informal imperative in *joga o paio, diz que 'ta dura*, to fit daily language characteristics, rhythmic and common linking between words, as well as to profit from poetic license. In terms of pronunciation, pay attention to points studied so far, especially linking between words: *uns amigos; por a mesa; botar água; joga o paio*.

Feijoada Completa (1977)
de *Chico Buarque*

Mulher
Você vai gostar
'Tô levando uns amigos pra conversar
Eles vão com uma fome que nem me **contem**
Eles vão com uma sede de anteontem
Salta cerveja estupidamente gelada prum batalhão
E **vamos** botar água no feijão.

Mulher

Não **vá** se afobar
Não tem que pôr a mesa, nem dá lugar.
Ponha os pratos no chão, e o chão 'tá posto
E **prepare** as lingüiças pro tira-gosto
Uca, açúcar, cumbuca de gelo, limão
E **vamos** botar água no feijão.

Mulher
Você *vai* fritar
Um montão de torresmo pra acompanhar
Arroz branco, farofa e a malagueta
A laranja-bahia ou da seleta
Joga o paio, carne-seca, toucinho no caldeirão
E **vamos** botar água no feijão.

Mulher
Depois de salgar
Faça um bom refogado, que é pra engrossar
Aproveite a gordura da frigideira
Pra melhor temperar a couve-mineira
Diz que 'ta dura, *pendura* a fatura no nosso irmão
E **vamos** botar água no feijão

© 1977 by Cara Nova Editora Musical Ltda., São Paulo - Brazil. *Used with permission.*

Vocabulary: o tira-gosto: *bocadillo*
a uca: *lo mismo que cachaça*
a cumbuca: *recipiente hecho de la calabaza*
o torresmo: *torrezno; tocino frito*
a farofa: *plato de harina de mandioca y otros ingredientes*
a malagueta: *pimienta*
a seleta: *tipo de naranja*
o paio: *salchicha de carne de cerdo*
estar duro/a: *estar sin dinero*

Exercise 17 – Use the imperative forms in the following situations according to the rules of **careful** speech.

Situation 1: Você é um/a professor/a severo(a), grosseiro(a), todos têm medo, detestam você e este é o primeiro dia de aula.

1. Chegar às 8 em ponto.
2. Trabalhar até desmaiar.
3. Não dar um pio.
4. Você aí atrás, calar a boca.

Answers: 1. Cheguem às 8 em ponto. 2. Trabalhem até desmaiar. 3. Não dêem um pio. 4. Você aí atrás, cale a boca.

Situation 2: Você e um amigo querem tirar documentos e o despachante explica.

1. Ir ao guichê número 8.
2. Dizer logo o que desejam.
3. Ter paciência.
4. Trazer os documentos.
5. Seguir as instruções.
6. Fazer o que for [*es*] recomendado.
7. Ser persistente.

Answers: 1. Vão ao guichê número 8. 2. Digam logo o que desejam. 3. Tenham paciência. 4. Tragam os documentos. 5. Sigam as instruções. 6. Façam o que for recomendado. 7. Sejam persistentes.

Situation 3: Um menino chato está fazendo muito barulho na sua casa. Pedir à criança o seguinte.

1. Parar de fazer barulho.
2. Abrir a porta com cuidado.
3. Sair da sala.
4. Ir plantar batatas.
5. Voltar só daqui a duas horas.

Answers: 1. Pare de fazer barulho. 2. Abra a porta com cuidado. 3. Saia da sala. 4. Vá plantas batatas. 5. Volte só daqui a duas horas.

8.8.1 Vocabulary for Food: Portuguese-Spanish-English

The specialized glossary below focuses on very common, daily vocabulary for food. Most of the words and expressions in this list derivate from a single nucleus such as oil, meat, egg and others. This is a vocabulary that can be used just for curiosity or as an alternative vocabulary to support class activities.

Espanhol e Inglês	Português

Note: In Brazil, **azeite** (**de oliva**, i.e. **de azeitona**) is what is used in salads and dressings, although it can also be used for cooking; **óleo** is predominantly for cooking, but also used in salads. Lastly, **aceite** in Portuguese is the imperative of *aceitar*.

Espanhol e Inglês	Português
aceite - oil	azeite (v. óleo)
aceite de cacahuete - peanut oil	manteiga de amendoim
aceite de coco – coconut oil	leite de coco
aceite de colza – rapeseed oil, canola oil	óleo canola

aceite de girasol - sunflower oil	óleo de girassol
aceite de maiz – corn oil	óleo de milho
aceite de oliva - olive oil	azeite de oliva
aceite de oliva virgen – virgin olive oil	azeite de oliva virgem
aceite de oliva virgen extra – extra virgin olive oil	azeite de oliva extra virgem
aceite de palma – palm oil	azeite de dendê
aceite de sésamo – sesame oil	óleo de sésamo
aceite de soja – soybean oil	óleo de soja
aceite vegetal – vegetable oil	óleo vegetal
aceituna – olive	azeitona
aceituna gordal – queen olive	--
aceituna negra – black olive	azeitona preta
aceituna rellena – stuffed olive	azeitona recheada
aceituna verde – green olive	azeitona verde
aceite - oil	óleo; azeite
aceitoso - oily	oleoso
carne asada al horno – roasted meat	carne asada ao/no forno
carne asada a la parrilla – grilled meat, broiled meat	carne asada na grelha
carne blanca – white meat	carne branca
carne de carnero – mutton	(carne de) carneiro
carne de cerdo/chancho/puerco – pork	carne de porco
carne de cordero – lamb	(carne de) cordeiro
carne desmechada – shredded meat	carne desfiada
carne sin hueso – deboned meat	carne sem osso
carne magra – lean meat	carne magra
carne mechada – stuffed beef or pork roast	asado de bife ou porco recheados
carne molida – ground beef	carne moída
carne picada – ground beef	carne picada
carne roja – red meat	carne vermelha
carne de ternera – veal	carne de vitela
carne de vaca – beef	carne de vaca
carne de vacuno – beef	carne de gado, carne bovina
carne de venado – venison	carne de veado
carnicería - butcher shop	açouogue
carnicero/a – butcher	açougueiro/a
huevo – egg	ovo
hueva – fish roe	ova
huevas de bacalao – cod roe	ovas de bacalhau
huevera – eggcup	copinho de ovo; oveiro; potinho; pote
huevo a la copa – soft boiled egg (Andes)	ovo mole
huevo duro – hard boiled egg	ovo cozido; ovo duro
huevo escalfado – poached egg	ovo pochê ou escalfado
huevo estrellado o frito – fried egg	ovo estrelado ou frito
huevo de granja – free range egg	ovo de granja
huevo de Pascua – Easter egg	ovo de Páscoa
huevos pericos o revueltos – scrambled eggs	ovo mexido

huevo, cáscara de huevo – egg shell   casca de ovo
huevo, clara de huevo – egg white   clara de ovo
huevo, yema de – egg yolk   gema de ovo
la leche – milk   o leite
leche de almendras – almond milk   leite de amêndoa
leche de cabra – goat's milk   leite de cabra
leche de coco – coconut milk   leite de coco
leche condensada – condensed milk   leite condensado
leche descremada - skimmed milk   leite descremado
leche desnatada – skimmed milk   leite desnatado
leche entero – whole milk   leite integral
leche evaporada – evaporated milk   leite evaporado
leche homogeneizada – homogenized milk   leite homogeneizado
leche instantánea – powdered milk   leite instantâneo
leche merengada – drink of milk, egg whites,   gemada
    sugar, and cinnamon
leche pasteurizada – pasteurized milk   leite pasteurizado
leche en polvo – powdered milk   leite em pó
leche semidesnatada – lowfat milk   leite semidesnatado
leche de soja – soy milk   leite de soja
leche de vaca – cow's milk   leite de vaca
lechera – milk jug, dairy cow   vasilha de leite
lechero/a – milkman   leiteiro/a
pan – bread   pão
pan alargado - long bread   baguete, pão longo
pan árabe – pita   pão árabe
pan cereal entero - whole grain bread   pão integral
pan chapata/ciabata - ciabatta   ciabata
pan común - white bread   pão de forma, pão comum
pan de carne – meatloaf   pão de carne
pan de centeno – rye bread   pão de centeio
pan de molde – packaged sliced bread   pão de forma
pan de pitta - pita bread   pão árabe; pita
pan dulce – panettone; bun (Mexico)   pão doce; panetone
pan francés – baguette   pão francês
pan miga - breadcrumbs or crustless white   migalhas de pão
    bread for sandwiches   pão de sanduíche
pan de queso; cheese bread   pão de queijo
pastel - cake, pastry shell, pie   bolo; torta
pastel de bodas – wedding cake   bolo de casamento
pastel de carne – meat pie   bolo de carne
pastel de cumpleaños – birthday cake   bolo de aniversário
pastel de manzanas – apple pie   bolo ou torta de maçã
pastelería – pastry chop, patisserie   (padaria); patisserie
pimienta – pepper   pimenta do reino
pimienta blanca – white pepper   pimenta do reino branca
pimienta de cayena - cayenne pepper   pimenta do reino caiena
pimienta en grano – peppercorns   pimenta do reino em grãos

taza – cup, cupful, bowl	xícara
taza de café – coffee cup	xicrinha
taza de té - teacup	xícara de chá
taza medidora - measuring cup	xícara de medir

8.9 Writing Drill: Going from Verse into Prose; Writing Verses.

Rewrite one or more of the songs in this unit or one of the crônica in a regular text of approximately 300-400 words. You can decide to write it with a dialogue or without dialogue. For instance, you may write a narration of a text that talks about someone disillusioned with life, and change the ending contrary to what we saw in "Olê, Olá;" you can describe the life of a kid that steals to live in urban areas, and other descriptions or stories. Make your text attractive with the use of images and some surprising ending.

Another possibility to express yourself in Portuguese is to write your own lyrics. This is more challenging but it is feasible. Explore your imagination.

8.10 Dictation

Familiarize yourself with the following sentences for in-class dictation.

1. Transfira meu saldo para a outra conta.
2. Peça-lhes para pagar o que devem.
3. Não intervenham em brigas, sejam cuidadosos.
4. Não se despeçam deles.
5. Saibam o regulamento de cor e salteado.
6. Ordeno que vocês fiquem aqui. (subjunctive used as an imperative)
7. Espero que vocês destruam o livro.
8. Quero que ela ponha a mesa.
9. Prefiro que vocês corrijam os deveres de casa.
10. Peço que vocês escolham logo o vinho.
11. 'Tô levando uns amigos pra conversar.
12. Estou com uma fome e uma sede de anteontem.
13. Vamos botar água no feijão.
14. Não vá se afobar: ponha os pratos na mesa e a mesa está posta.
15. Frite um montão de torresmo pra acompanhar.

8.11 Translation

Exercise 18 – Translate the Spanish first recipe into Portuguese. Then, try to understand the second one, written in Portuguese.

Sopa Paraguaya de Mónica

Ingredientes:
2 latas de crema de choclo
1 cebolla mediana finamente picada (machacada)
1 taza de harina/fécula de maiz
250 gramas de queso Monterrey Jack
1/2 taza de leche
sal
3 huevos
1 cucharada de aceite

Procedimiento:
Use el aceite para engrasar una fuente mediana. Luego, mezcle la crema de choclo con la harina de maiz. Agréguele la cebolla, y el queso cortado en cubos pequeños, y luego póngale la sal y las yemas de huevo a "punto de nieve" y en seguida la leche; luego agréguelas lentamente a la mezcla con movimientos envolventes. Cuando todo esté bien mezclado, ponga esta mezcla en la fuente y póngala en el horno a 400° F por una hora, hasta que esté bien dorada.

Suggested answers: Ingredientes: 2 latas de creme de milho verde (*choclo*); 1 cebola média bem picada (amassada); 1 xícara de farinha/fécula/amido de milho; 250 gramas de queijo M.J.; Meia xícara de leite; (o) sal; 3 ovos; 1 colher de óleo (azeite).
Como fazer (Procedimento): Use o óleo para untar um recipiente médio. Em seguida, misture o creme de *choclo* (farinha de milho verde) com a fécula de milho normal. Acrescente a cebola e o queijo cortado em cubos pequenos, e em seguida ponha o sal e as gemas do ovo bem batidas igual quando se bate a clara para fazer suspiro (ponto de neve) e em seguida o leite; depois adicione lentamente a mistura com movimentos envolventes (em círculos). Assim que tudo estiver bem misturado, ponha essa mistura no recipiente e no forno a 400°F, por uma hora até que (a sopa) esteja bem dourada.

Molho (do Jon Vicent) para Feijoada

Ingredientes:
1 cebola grande, picada
1 molho de salsa, picada
vinagre
azeite
salsa picante mexicana (da bem picante)

Modo de fazer:
Ponha a cebola picada e a salsa picada num jarro ou recipiente apropriado e cubra com uma mistura 50/50 de vinagre e azeite. Acrescente o *fogo* mexicano a gosto, e muita música brasileira.

Esta receita é para quem tem *salsa picante* mexicana à mão. Quem não tiver, vai ter que trabalhar mais: misture ou amasse tomates, alho e pimenta malagueta.

Questions

1. Para que servem os ingredientes líquidos nesta receita?
2. Para quem não conseguir o ingrediente salsa mexicana, há outra solução?
3. Você acha que esta receita funciona?
4. Faça uma lista dos verbos no imperativo e em seguida escreva as formas no infinitivo desses verbos.

Suggested answers: 1. Para cobrir a cebola picada e a salsa picada. 2. Sim. Tem que trabalhar mais: masse e misture tomate, alho e pimenta malagueta. 3. Não sei, não. Só mesmo experimentando, não é? 4. ponha-pôr, cubra-cobrir, acrescente-acrescentar, misture-misturar, amasse-amassar.

8.12 Diversões, Bate-Bola e Pipoca Quentinha

A. Let's see if you are in good shape for this *bate-bola*. The following verbs appear frequently in Portuguese, but they are conjugated differently from their Spanish counterparts. Fill in each blank with one of them.

servir, repetir, dormir, tossir, seguir

1. Aquelas meninas _____ trabalhando naquele restaurante? (Some speakers prefer to say *continuam*, namely *continuar* in lieu of *seguir*)
2. Aqui a gente (=nós) sempre _____café com croissant.
3. Sou alérgico e por isso _____ quando há poeira [*polvo*].
4. Eu deito às onze da noite e acordo às onze da manhã. Acho que eu _____ demais.
5. Eles _____ o que o professor diz.

Answers: 1. seguem/continuam; 2. serve; 3. tusso; 4. durmo; 5. repetem.

trazer, dar, vir, dizer, saber

1. Mamãe! Nós _____ do mercado as frutas que a senhora pediu.
2. Eu pensava que eu _____ a lição de cor, mas me enganei.
3. Quem _____ aqui ontem para visitar vocês?
4. Ela _____ que vai chegar na semana que vem.
5. Você _____ uma gorjeta para o garçom?

Answers: 1. trouxemos; 2. sabia; 3. veio; 4. disse; 5. deu.

B. Use the pronouns correctly.

1. Mário encontrou O CARLOS no metrô. Mário _____ no metrô.
2. Eu não quero ÁGUA quente. Eu não _____ quente.
3. Escrevi uma carta para MEU IRMÃO. _____ uma carta.
4. Conheci OS NOVOS ALUNOS ontem. _____ ontem.
5. Pediram uma carona AO MOTORISTA. _____.

Answers: 1. o encontrou; 2. a quero; 3. Eu lhe escrevi; 4. Eu os conheci; 5. Eles lhe pediram uma carona.

C. The Portuguese translation of the following words may trick you when writing a composition. Try to recall how to spell them.

más	pareció	profesional	comió
edad	vendió	enseñar	valió
jugar	abrió	treinta	pidió
veinte	siguió	lengua	vio
direcciones	pasarán	ladrones	estarán
misiones	llegarán	acciones	abrirán

Answers: mais, idade, jogar, vinte, direções, missões; pareceu, vendeu, abriuu, seguiu, passarão, chegarão; profissional, ensinar, trinta, língua, ladrões, ações; comeu, valeu, pediu, viu, estarão, abrirão.

8.12.1 Subjunctive *Sem Estresse*

This is the last of a series of five short lessons on the subjunctive that started in Unit 4. In the next lesson, the subjunctive is fully studied. It is hoped that these five lessons will make the study of the subjunctive in this following unit easier.

An essential information about the subjunctive mode is that it is normally used in embedded clauses. The indicative is used in practically any clause that is assertive and hence it is far more used than the subjunctive.

Common uses of the subjunctive include its use after conjunctions like **talvez, embora, quando**, **assim que** and **se**. Most uses of the subjunctive reflect a verb situation (i.e. verb action or state) that has not been attained or is expected to be attained (**se você for** *eu também vou, esperamos/ duvidamos/ queremos etc.* **que você vá.**). The head sentence targets a situation/action/state to be attained in the embedded sentence, but the embedded sentence does not attain the targeted situation. This target is usually attained or believed to be attained with the indicative (*eu fui* **porque você foi,** *eu fui* **porque você falou** **que ia/iria,** *sabemos/ é obvio/ temos certeza* **de que você foi/vai.**)

Practice-1: Study the text below and identify the subjunctive forms. Then indicate the ones that are in the future subjunctive.

A Seca Nordestina

De acordo com alguns estudiosos da seca nordestina, o problema da seca não é apenas a falta de água. Se fosse só isso, não haveria explicação para a pobreza que vemos às margens dos rios Parnaíba e São Francisco. O Piauí, o estado mais pobre do Brasil, vive em cima de uma grande reserva de água subterrânea.

Fala-se muito em se tentar o desvio das águas do São Francisco. Se se fizesse esse desvio isso arriscaria a produção e fornecimento de energia para o Nordeste. Portanto essa opção é inviável. A seca existe, pelo que parece, desde 1587, quando se teve no Brasil talvez o primeiro registro desse fenômeno.

Os nordestinos em geral gostam do lugar em que vivem. Partem para outros centros porque não têm outra opção, não há como viver normalmente nas condições em que a maioria da população vive no Nordeste. Se fizerem uma análise desse problema brasileiro veremos que somente quando os obstáculos financeiros e políticos forem superados se poderá resolver o problema da seca nordestina. Assim que os homens políticos quiserem de fato se concentrar nos verdadeiros problemas teremos melhores condições de eliminar ou minimizar as conseqüências da seca do Nordeste.

(Texto escrito pelo autor, Antônio R.M. Simões, utilizando idéias de entrevistas dadas pelos professores Aldo Rebouças e José do Patrocínio Tomaz Albuquerque, alguns dos maiores especialistas neste assunto. Em tempo: o governo do presidente Lula aprovou o início das obras para o desvio do rio São Francisco, em 2007)

Practice-2: The subordinate sentences in the text below are underlined and the subjunctive are in bold. Translate the text from Spanish to Portuguese:

La información siempre fue y seguirá siendo una fuente de vida sin la cual nos hacemos pasivos y dominados. No importa en donde **vivamos**. Sin la información, que **sea** bajo una monarquía, una democracia o una dictadura facilitaremos siempre el dominio. Es vital que no solamente nos **interesemos** por la información, ese alimento de nuestro intelecto, sino también que la **consigamos**. Hoy en día, el mundo de la cibernética nos dá una oportunidad única en la historia de la humanidad de acceder a la información, un privilegio al cual solamente las clases sociales altas, antes tenían acceso. Por ello, una persona en el interior de África o de la América del Sur, cualquier que **sea** su raza o clase social, puede informarse sobre todo, en cualquier lengua, sobre cualquier tema, sin mismo tener que ir a la escuela. La información dejó de ser controlada y eso pasó a preocuparles a aquellos que antes la controlaban para sus propios beneficios y garantía de posiciones políticas y económicas. Parece que ahora la informática llegó para terminar con un control que siempre existió, aún que eso **suene** paradójico, ya que el flujo de la información actual todavía ocurre bajo el control de las empresas capitalistas.

Work on your answers and then compare them with the suggested ones below.

Practice-1: De acordo com alguns estudiosos da seca nordestina, o problema da seca não é apenas a falta de água. Se <u>fosse</u> só isso, não haveria explicação para a pobreza que vemos às margens dos rios Parnaíba e São Francisco. O Piauí, o estado mais pobre do Brasil, vive em cima de uma grande reserva de água subterrânea.

Fala-se muito em se tentar o desvio das águas do São Francisco. Se se <u>fizesse</u> esse desvio isso arriscaria a produção e fornecimento de energia para o Nordeste. Portanto essa opção é inviável.

A seca existe, pelo que parece, desde 1587, quando se teve no Brasil talvez o primeiro registro desse fenômeno.

Os nordestinos em geral gostam do lugar em que vivem. Partem para outros centros porque não têm outra opção, não há como viver normalmente nas condições em que a maioria da população vive no Nordeste. Se <u>fizerem</u> (**Future Subjunctive**) uma análise desse problema brasileiro veremos que somente quando os obstáculos financeiros e políticos <u>forem</u> (**Future Subjunctive**) superados se poderá resolver o problema da seca nordestina. Assim que os homens políticos <u>quiserem</u> (**Future Subjunctive**) de fato se concentrar nos verdadeiros problemas teremos melhores condições de eliminar ou minimizar as conseqüências da seca do Nordeste.

Practice-2: A informação sempre foi e continuará sendo uma fonte de vida sem a qual nos tornamos passivos e dominados. Não importa onde a gente viva. Sem a informação, que seja sob uma monarquia, uma democracia ou uma ditadura, facilitaremos sempre o domínio. É vital que não somente nos interessemos pela informação, esse alimento do nosso intelecto, como também e que a alcancemos (consigamos). Hoje em dia, o mundo da cibernética nos dá uma oportunidade única na história da humanidade de acessar a informação, um privilégio ao qual somente as classes sociais altas, antes tinham acesso. Por isso, uma pessoa no interior da África ou da América do Sul, qualquer que seja sua raça ou classe social, pode se informar sobre tudo, em qualquer língua, sobre qualquer assunto, sem mesmo ter que ir à escola. A informação deixou de ser controlada e isso passou a preocupar aqueles que antes a controlavam para seus próprios benefícios e garantia de posições políticas e econômicas. Parece que agora a informática chegou para terminar com um controle que sempre existiu, mesmo que isso soe paradóxico, já que o fluxo da informação atual ainda acontece sob o controle das empresas capitalistas.

8.13 Songs: "O Meu Guri" (1981) by Chico Buarque and Francis Hime

In the song "O Meu Guri" (1981), Chico Buarque describes the life of marginalized people in Brazil, a contrast with the *crônica* "Hora de Dormir," which depicts an entirely different family context. The lyrics of this song tells the story of a child who always told his mother that one day he would succeed, he would *chegar lá*. "Chegar lá" in the song is quite ironic and acquires a sad meaning at the end. The child steals to support himself and his mother. Throughout the song there is humor built with the absurdity of the events, which slowly builds to the tragic outcome: the child is killed by the police in the *mato*, which in Brazilian Portuguese means thicket, but is also the present indicative form of *matar*.

This song has a good number of verb forms studied so far. See if you recall them. The speaker who reads the lyrics is from Rio.

O Meu Guri, de *Chico Buarque* e *Francis Hime*

Quando seu moço, _____ (*nació*) meu rebento
Não era o momento dele rebentar
Já _____ (*fue*) nascendo com cara de fome
Eu não _____ (*tenía*) nem nome pra lhe dar
Como fui levando, nem _____ (*sé*) explicar
Fui assim levando ele a me levar
E na sua meninice
Ele um dia me _____ (*dijo*) que _____ (*llegaba*) lá

Olha aí, Olha aí,
Olha aí, ai o meu guri, olha aí
Olha aí, é o meu guri
E ele chega.
Chega suado, veloz, do batente
_____ (*Trae*) sempre um presente pra me encabular
Tanta corrente de ouro, seu moço
Que haja pescoço pra enfiar
Me _____ (*trajo*) uma bolsa já com tudo dentro
Chave, caderneta, terço e patuá
Um lenço e uma penca de documentos
Pra finalmente eu me identificar

Olha aí,
Olha aí,
Olha aí, ai o meu guri, olha aí
Olha aí, é o meu guri
E ele chega.
Chega no morro com o carregamento
Pulseira, cimento, relógio, pneu, gravador
Rezo até ele chegar cá no alto
Essa onda de assaltos 'tá um horror
Eu consolo ele, ele me consola
Boto ele no colo pra ele me ninar
De repente _____ (*despierto*), olho pro lado

E o danado já _____ (*fue*) trabalhar

Olha aí,

Olha aí,

Olha aí, ai o meu guri, olha aí

Olha aí, é o meu guri

E ele chega

Chega, estampado, manchete, retrato

Com venda nos olhos, legenda, e as iniciais

Eu não _____ (*entiendo*) essa gente, seu moço

_____ (*Haciendo*) alvoroço demais

O guri no mato, acho que 'tá _____ (*riendo*)

Acho que 'tá lindo de papo pro ar

Desde o começo, eu não _____ (*dije*), seu moço?

Ele _____ (*dijo*) que _____ (*llegaba*) lá

Olha aí . . .

Vocabulary

guri: *kid*

seu moço: *mister, sir (coll.)*

rebento: *offspring*

rebentar: *to burst*

fome: *hunger*

meninice: *childlike manner*

Olha aí: *see?; can you believe it?*

suado: *sweat*

veloz: *swift, fast, quick*

batente *(slang)*: *work*

encabular: *to make someone feel uneasy*

enfiar: *to slip on*

caderneta: *savings account; I.D.*

patuá: *chaplet; lucky charm like a little bag, filled with good luck pieces.*

lenço: *handkerchief*

penca *(slang)*: *lots of; full load*

morro: *hill, slum*

carregamento: *load*

pneu: *tire*

onda: *wave*

botar no colo: *put on the lap*

danado *(slang)*: *clever, smart*

estampado: *imprinted*

manchete: *headline*

venda: *blindfold*

alvoroço: *excitement*

mato: *thicket, brush*

de papo pro ar *(slang)*: *taking it easily (literally "with the throat in the air")*

8.14 Carrying On—Drills on Communicative Competence

In the following situations alternate both forms of imperative, but be consistent. First, use the informal imperative, namely, the imperative whose forms coincide with the third-person singular of the present tense of the indicative mode, and then the forms that coincide with Spanish *Ud.* forms.

Situation 1 – SPEAKING Guide your instructor as if he or she were a robot. Give the following orders: stand up, walk two steps, stop, turn left [or right], face the door, start walking toward the door, stop, open the door, leave. Use other verbs in instructing classmates to perform certain tasks like going to the blackboard, bringing a chair, and turning off the lights.

Situation 2 – SPEAKING Use or draw a map of an area on campus and explain how to go from one place to another.

Situation 3 – SPEAKING AND WRITING Students prepare recipes and present them to the class. Below is a recipe that may be helpful in this activity. Identify the imperative forms. List the verbs in their infinitive forms and discuss the description of the recipe (Faz sentido?, Você faz o frapê de outra maneira?)

Veja agora se você consegue entender a receita de frapê de banana transcrita abaixo.

Frapê de Banana

1 xícara de leite frio
1 banana média
1/2 colher (chá) de essência de baunilha
2 colheres (sopa) de gelo moído
1 gema
1 colher (chá) de casca de limão ralada
1 colher (sopa) de açúcar (opcional)

Modo de fazer:
Coloque todos os ingredientes no liquidificador e bata por 30 segundos. Sirva em seguida.

Questions
1. Em quanto tempo se consegue preparar um frapê de banana?
2. Se usam ovos nesta receita?
3. O que é uma casca de limão ralado? Uma fruta tropical rara?
4. Quantas pessoas podem ser servidas com esta receita?
5. É preciso ferver ou usar fogo na preparação desse frapê?
6. Identifique os verbos no imperativo e escreva as formas correspondentes do infinitivo desses verbos.

Suggested answers: 1. Sem contar o tempo de conseguir os ingredientes, talvez em cinco minutos. 2. Não. Ótimo porque a gema tem muito colesterol. 3. É a parte externa do limão; em espanhol se diz "cáscara." 4. Pelos ingredientes, talvez uma ou duas no máximo. 5. Não. 6. Coloque-colocar; bata-bater; sirva-servir.

8.15 Active Vocabulary

Divide students into groups and ask each group to imagine smaller lists of related words from the following list and prepare a written or an oral activity using the related words for a class presentation: situations (sketches), descriptions, games, or interviews. For example, group 1 selects words related to house parts and provides an amusing description of a house or building; group 2 may select words related to recipes and explain a recipe to the class.

Portuguese	Spanish
Nouns	
o açafrão	el azafrán
o alho	el ajo
o dente de alho	el diente de ajo
a almofada	la almohada
o aluguel	el alquiler
o andar	el piso
o andar térreo	la planta baja
o anúncio	el anuncio
o aquecimento	la calefacción
o ar condicionado	el aire acondicionado
o armário	el armario
o azeite	el aceite de oliva
a azeitona	la aceituna
a banheira	la tina
o banheiro	el baño
o banho	el baño
o barraco	la casa (humilde)
a baunilha	la vainilla
o bloco, o quarteirão	la manzana de casas, la cuadra
a cadeira	la silla
a cadeira de balanço	la (silla) mecedora
a cadeira de braço	la butaca, la poltrona
a calçada	la acera
a calefação, o aquecimento	la calefacción
a cama	la cama
a casa de móveis	la mueblería
a cebola	la cebolla
o chão	el piso, el suelo
o chuveiro	la ducha
o cobertor	la cobija
a colher	la cuchara, la cucharada
a colher de chá	la cucharita, la cucharadita (jerga: oportunidad, ayuda)
a colherzinha	la cucharita, la cucharadita

a cômoda	la cómoda
o copo	el vaso
a cortina	la cortina
a cozinha	la cocina
o creme de barbear (m.)	la crema de afeitar
a ducha	la ducha
a ervilha	la arveja
a escada	la escalera
a esquina	la esquina
o estúdio	el estudio
a faca (f.)	el cuchillo
o fogão (m.)	la estufa, la cocina, el fogón
o forno	el horno
o garfo	el tenedor
o guardanapo	la servilleta
a janela	la ventana
o jardim	el jardín
a garagem	el garaje
a geladeira (f.)	el refrigerador
o lavabo	el cuarto de aseo
o lençol	la sábana
a loção após barba	la loción para después de afeitarse
a mansão	la mansión, la villa
a máquina de lavar pratos	el lavaplatos
de lavar roupa	la máquina de lavar ropa
a margarina	la margarina
a mesa de cabeceira	la mesa de noche
o molho	la salsa
o móvel	el mueble
o óleo	el aceite
a panela	la olla, la cazuela
a pimenta	la pimienta
a piscina	la piscina
a pitada	la pizca
a poltrona	la butaca, la poltrona
a porta	la puerta
a praça	la plaza
o preço	el precio
o prédio	el edificio
o quarteirão	el cuarto
o quarto de dormir	la habitación
a receita (culinária)	la receta
a rodovia	la carretera
a rua	la calle
a sala	la sala
a sala de banho	el baño

a sala de jantar	el comedor
a sala de estar	la sala
o sistema de segurança	el sistema de seguridad
o sobrado	el edificio (un edificio pequeño, de 2-3 pisos)
o sofá	el sofá
o subúrbio	el suburbio
os talheres	el cubierto
o telhado	el tejado, el techo
o terraço (m.)	la terraza
o teto	el techo, el cielorraso (or el cielo raso)
o toalete	el baño
a toalha de banho	la toalla
de mesa	el mantel
o travesseiro	la almohada
o vinagre	el vinagre
a xícara	la taza
a xicrinha	taza pequeña para *cafezinho*
a zona	la zona, el área (vulgar: área de prostitución)

Verbs

aborrecer (se)	enojarse
adicionar	añadir
ajoelhar-se	arrodillarse
acordar	despertarse
alugar	alquilar
amassar	machacar
arrepender-se	arrepentirse
barbear-se	afeitarse
basear-se	basarse
bater	golpear, batir, agitar
colocar	colocar, poner
cortar	cortar
cozinhar	cocinar
decorar	decorar, adornar
enganar (se)	equivocarse, engañarse
envergonhar (se)	avergonzarse
esquecer (se) (de)	olvidarse
fritar, frigir	freír
juntar	juntar, unir
lembrar-se de	acordarse de
machucar-se	lastimarse; herirse
picar	picar
tapar	tapar
tirar	botar; sacar
treinar	entrenarse
queixar-se	quejarse

virar	doblar; volverse
zangar (se)	enojarse

Past Participle

cozido (cozinhado)	cocido

Common Expressions

à direita	a la derecha
à esquerda	a la izquierda
pôr-se à vontade	ponerse cómodo
pôr-se de pé	ponerse de pie
cortar em pedaços pequenos	cortar en pedazos pequeños
seguir reto	seguir derecho, seguir recto
seguir toda vida	seguir derecho
seguir sempre	seguir derecho
ir toda vida, ir direto	seguir derecho

Unit 9. Cultura e Diversões Populares

Whenever possible in any program, especially in the case of an audience like the one for this course, it is helpful to introduce the **subjunctive** earlier in a language course because it gives students a chance to use it more. Although the subjunctive is only "officially" introduced in this last unit, instructors should encourage students to use it as soon as possible, because it is similar to Spanish, with the exception of the **future subjunctive**.

That is why this course has gradually used the subjunctive since the first unit. There is no reason to "take a detour" for subjunctive forms. The subjunctive was simply used as needed in this course. Sometimes it was translated, sometimes it was not, depending on the context where it appeared. Subjunctive or any other type of construction should be used in the classroom just as if they would occur in a native environment. Of course, the teacher should briefly explain these constructions as needed, but not avoid them. It goes without saying, it should be tested only after this unit.

- *Context* – A Cultura Brasileira Através das Suas Diversões
- *Grammar* – Subjunctive Mode, Present, Past and **Future**; Subjunctive in If-Clauses; Infinitive Instead of Subjunctive or Indicative; Comparisons: Adjectives and Adverbs
- *Pronunciation* – There is more revisiting of topics of interest in pronunciation and linking cases involving the letters *r, s,* and *z*.
- *Vocabulary* – New vocabulary from an article and a *crónica* will be studied as well vocabulary relating to news, travel, festivals, sports and folklore.
- *Conversation* – Debates on topics that create context for the use of the subjunctive.
- *Writing Drills* – Composition: We continue the practice compositions.
- *Songs* – "Atrás do Trio Elétrico" by Caetano Veloso (1969)

This unit should require approximately 5 classes of 50 minute each.

9. Futebol, Carnaval e Folclore: Diversões Populares

The following text was prepared to give an idea of how two popular events may affect Brazilians. Be prepared to discuss the topic in class and pay special attention to the vocabulary related to carnival and soccer. The text contains several uses of the subjunctive mode as indicated in bold.

9.1 Reading: As Grandes Festas do Povo

Embora **haja** muitas festas populares no Brasil, duas delas se sobressaem: o futebol e o carnaval. O futebol no Brasil não é só um esporte; é uma festa e também uma arte. *Futebol é a festa do povo!* repete o locutor esportivo durante as transmissões radiofônicas. Essas festas, tanto o carnaval quanto o futebol, podem ser vistas de vários prismas. Poderíamos vê-las como se **fôssemos** participantes, ou seja, no carnaval seríamos os foliões e, no futebol, os torcedores. É claro, quando dizemos "foliões" e "torcedores" referimo-nos também às "foliãs" e às "torcedoras". Vistas de um prisma mais acadêmico, essas festas poderiam ser estudadas como fenômenos sociais catalisadores de massas. Um governo, por exemplo, poderá levar em consideração uma vitória ou derrota da *seleção* (nacional de futebol) numa copa do mundo, ou, os dias que precedem o carnaval, quando **quiser** anunciar medidas governamentais que **afetem** duramente o povo.

O folião, cantado em verso e prosa por nossos compositores e escritores, passa o ano todo preparando-se para os três, quatro, cinco ou seis dias de folia e brincadeira. Nesses dias ele irá liberar-se das angústias, livrar-se dos males e tudo mais que o afligia durante o ano, **seja** ele rico ou pobre. O verdadeiro folião vai ao carnaval somente para dançar, para pular carnaval sem ter que beber demais, ou, como diríamos em uma linguagem mais popular, sem ter que *encher a cara*, para divertir-se.

No Brasil, os três carnavais mais famosos são os carnavais do Rio, de Salvador, na Bahia e o de Recife, em Pernambuco. O carnaval pode ser vivido nas ruas ou nos clubes. Hoje em dia (2006), o carnaval de rua nas cidades grandes pode ser perigoso. Em Salvador e em Recife o carnaval de rua parece ainda ser uma opção sem muito risco de violência. Em Recife o carnaval caracteriza-se por uma forma musical chamada *frevo* (metátese de f<u>e</u>rvo, ferver) em comparação com o samba no Rio e no resto do país. Em Salvador, a "meio" caminho entre o Rio e Recife, o axé é o ritmo principal hoje em dia, embora **haja** outros ritmos e gêneros musicais. O carnaval de rua em Salvador é conhecido pela presença do "trio elétrico", um carro sofisticadíssimo, com ar condicionado, geladeira e outros confortos, que atravessa as ruas de Salvador tocando músicas, e com o povo atrás, dançando. Porém, hoje em dia a idéia do trio elétrico de Salvador já se repete através do Brasil. A ilustração estilizada do trio elétrico logo adiante, ao lado de um trecho da música de Caetano Veloso, está bem simplificada, porém dá uma boa idéia do que vem a ser.

"Atrás do Trio Elétrico" (1969) by Caetano Veloso

Atrás do trio elétrico
Só não vai quem já morreu
Quem já <u>botou pra rachar</u>   *divertirse muchísimo, echar la casa por la ventana*
Aprendeu que é do outro lado
Do lado de lá do lado
Que é lá do lado de lá

O futebol parece ser mais popular do que o carnaval. Como foi mencionado acima, há, por exemplo, três centros do carnaval no Brasil. Os centros futebolísticos, por outro lado, são mais numerosos e entre eles se destacam São Paulo, Rio de Janeiro, Rio Grande do Sul, Minas Gerais e Paraná, Santa Catarina, Bahia, Pernambuco, Goiânia . . . O futebol pode ser visto em qualquer canto do país, em todas as suas formas: futebol profissional, pelada, futebol de praia, futsal ou futebol de salão, street soccer, futebol-soçaite, bate-bola, jogo de botão, totó. Nos bares, em volta de uma cerveja, nos bate-papos sem compromisso, é comum ver as pessoas <u>discutindo</u> futebol com a mesma autoridade do treinador oficial da seleção. Até pouco tempo atrás, o torcedor brasileiro costumava ser muito barulhento, mas não chegava a essas violências que muitas vezes presenciamos em outros países. Infelizmente, hoje em dia (2007) isso mudou um pouco. No Maracanã, por exemplo, um jogo entre rivais como Vasco e Flamengo, o risco de violência é grande, a ponto de a polícia não permitir que os torcedores entrem pelos mesmos portões. Reservam-se portões de acesso separados para ambas as torcidas.

Já os torcederes brasileiros no exterior ainda mantêm as antigas tradições de não violência. Por outro lado, esses mesmos torcedores, quando voltam ao Brasil pensam duas vezes antes de ir aos estádios. Por isso, o estrangeiro deveria, antes de ir a um jogo no Brasil, conversar antes com um amigo brasileiro para saber melhor como está a situação. Os tempos estão sempre mudando e precisamos nos informar sobre as mudanças.

O torcedor fanático, violento ou não, poderá ficar muito triste e até deprimido, quando seu time **perder**. Essa tristeza é tão profunda que pode afetar o comércio de uma cidade. Vende-se menos nos dias que seguem uma derrota importante.

De maneira semelhante, um torcedor de uma escola de samba, também pode ficar triste quando sua escola perde. As escolas concorrem entre elas todos os anos, o que de uma certa forma é semelhante aos torneios de futebol. Por exemplo, no Rio, em geral existem duas "divisões" de escolas de samba. Na divisão principal há treze escolas de samba, cada uma com cerca de três mil ou mais participantes. Isso significa um total de aproximadamente 40.000 participantes desfilando pelas treze escolas, durante um carnaval. As duas últimas colocadas desfilarão no ano seguinte na *divisão de acesso*, um eufemismo para quem vai para a segunda divisão, e serão substituídas por outras escolas.

Trata-se de um espetáculo brasileiro único no mundo, embora o carnaval seja também uma tradição em outros países. Os gastos das escolas são milionários e os recursos para mantê-las podem vir de fontes legais, mas muitas vezes podem vir de fontes duvidosas que os governos tentam impedir, mas às vezes não conseguem. A grandiosidade do espetáculo, a fantasia de alguns dias de sonho e tudo o que acende a luminosidade do carnaval brasileiro ofuscam facilmente qualquer tentativa de ver esse show por trás desses recursos. Há um frevo de Francis Hime e Chico Buarque que dá uma excelente idéia sobre essa grande ilusão do carnaval: *"Ai, que vida boa olerê, Ai que vida boa, olará / O estandarte do sanatório geral / Vai passar.* ("Vai Passar", 1984).

Note: *Discutir* em português pode ter uma conotação diferente do inglês "discuss". Implica muitas vezes uma discussão violenta, em voz alta, polêmica. Às vezes, para se evitar essa conotação de polêmica, uma solução é usar a palavra *debater* ou *conversar*.

Questions

1. De uma maneira geral, de que trata esta leitura?
2. Você conhece palavras relacionadas com futebol? No Brasil, esse vocabulário é muito importante e pode ser usado em outros contextos fora do futebol.
3. Você já ouviu o povo gritar "olé!" num jogo de futebol?
4. O que quer dizer a palavra "folião"? E "torcedor"?
5. Quais são os carnavais mais famosos do Brasil? Você sabe onde ficam essas cidades?
6. O que é um "frevo"? Por que não se diz "fervo"?
7. Você gostaria de pular um carnaval de rua?
8. De que fala o frevo "Atrás do trio elétrico"?
9. O que você sabe a respeito de futebol?
10. Como é o torcedor brasileiro?
11. Você poderia descrever o trio elétrico no desenho acima?

12. Você conhece algum estribilho (refrão) cantado nos jogos de futebol?

Suggested answers: 1. De uma comparação entre o futebol e o carnaval. Sim, conheço algumas como "embolar o meio de campo" que significa "ficar complicado, confuso," "chutar" quer dizer "explicar alguma coisa sem realmente saber a respeito," "entregar o jogo" quer dizer "confessar(-se), expor um segredo," e muitas outras. 3. Sim, isso acontece quando um time domina completamente o outro, e para abusar do adversário, os jogadores passam a bola de pé em pé, deixando o outro time "na roda" e os torcedores do time vitorioso, vibrando de contentamento. Os brasileiros adoram quando a seleção dá olé na seleção da Argentina. 4. "Folião" ou "foliã" é a pessoa que pula carnaval; "torcedor/a" é a pessoa que apoia o seu time. 5. Rio, Salvador e Recife. 6. É um gênero musical que surgiu no Nordeste brasileiro. A troca das letras ou da pronúncia de "fervo" a "frevo" é um fenômeno conhecido em línguas naturais. Hoje em dia, vemos no inglês algo semelhante com a palavra "ask" que muitos dizem "aks" instead. 7. Não, eu detesto essas coisas, ou então, Sim, gostaria muito. 8. Basicamente canta que somente aqueles que perderam o gosto pela vida não seguem o trio elétrico; 9. Pouca coisa, mas eu vejo o futebol, assim como o carnaval, como um fenômeno de histeria coletiva, talvez causado simplesmente pela alegria. 10. Apaixonado pelo futebol como a maioria dos torcedores no mundo. 11. (veja a ilustração acima). 12. Sim, veja este por exemplo: "Olê, olá!? / o nosso time 'tá botando p'ra quebra(r)!"

9.2 Subjunctive: General Remarks

Having a solid grasp of sentence structure help students better understand the subjunctive. Most sentences with a subjunctive can be split into two or more sentences. The first three sentences below contain three different types of clauses, indicated in italics, and in the following order: noun clause, adjective clause and adverbial clause. The fourth sentence cannot be split into more than one sentence.

1. Duvido *que ele **fale** francês sem fazer bico.* (noun clause)
2. Tem que ser <u>uma pessoa</u> *que **fale** francês sem fazer bico.* (adjective clause)
3. *Assim que eles **conseguirem** falar sem fazer bico*, me avisa. (adverbial clause)
4. *Talvez eles falem sem fazer bico.*

One of the ways to break them apart is:

1. Isso eu duvido. Ele vai falar francês sem fazer bico.
2. Tem que ser uma pessoa desse jeito. Ele fala francês sem fazer bico.
3. Eles vão conseguir falar sem fazer bico. Me avisa (Or Avisa-me.)

Sentence 4 cannot be split because it has only one nucleus, namely one main verb. Sentences 1, 2, 3 have two nuclei each, and each nucleus can constitute a sentence. Understanding this basic concept helps with the subjunctive because, except in very few cases, the subjunctive will occur only in sentences with two or more nuclei or main conjugated verbs.

The subjunctive in Spanish and Portuguese have much in common, with the exception of adverbial clauses (sentence 3). In adverbial clauses Spanish uses the present subjunctive for situations that have not been accomplished yet, as in number 3:

*Tan luego **consigan** hablar francés sin hacer pico, avísame.*

This is the main difference between Spanish and Portuguese. In other words, whenever Spanish uses the Present Subjunctive after **adverbial** conjunctions like *tan luego, cuando, mientras, así que, luego que, tan pronto como, después de que* and similar ones, Portuguese will use the Future Subjunctive.

Remember that Spanish does not use the **Present** Subjunctive after **si** (*Si fueras* . . ., *Si eres* . . ., etc. but never *Si seas* . . .). Portuguese uses the **Future** or Past Subjunctive after **se**. (*Se você for* . . ., *Se você fosse* . . . but never *Se você seja* . . .

English has the subjunctive, but it is less evident than in Spanish or Portuguese: "I prefer that she/he do (*does) the work;" "If I were an excellent player, I would not be here;" "The teacher insists that she/he go (*goes) to another class;" "It is necessary that she/he come (*comes) now." Therefore, the English language is not a helpful reference to understand the subjunctive.

The subjunctive mode is used in embedded clauses (clauses in sentences 1, 2 and 3 in italic above), whereas the indicative mode can be used in embedded clauses as well as in the main clause.

The *attitude* (i.e. mode) of the subjunctive is to express what cannot be affirmed, i.e. non-factual, unaccomplished or imprecise situations, and it is used only in embedded clauses. There are three basic types of embedded clauses: noun clauses, adjective clauses and adverbial clauses.

The **noun clause** occupies the space in the sentence that can be replaced by a noun or a pronoun:

Duvido [alguma coisa] or Duvido [*que ele **fale** francês sem fazer bico*].

The **adjective clause** occupies the place that can be occupied by an adjective:

Tem que ser uma pessoa [diferente].
Tem que ser uma pessoa [*que **fale** francês sem fazer bico*].

Adverbial clauses occupy the position of an adverb:

Me avisa [imediatamente].
Me avisa [*assim que eles **conseguirem** falar sem fazer bico*].

In **noun clauses**, we use the subjunctive to express *emotion, volition, hope, doubt, request, order*; in **adjective clauses** the use of the subjunctive indicates *imprecision, indefiniteness, lack of knowledge*; and in **adverbial clauses**, the use of the subjunctive means *situations yet to be accomplished, futurity, intent*. On the other hand, we use the **indicative** in these same clauses to express **facts**, **certainty**, **habit**, **precision** or **definition**. The indicative mode can be used in embedded clauses as well as in the main clause.

There is another type of conjunction to link clauses, called **coordinating conjunctions**. There is no embedding in the case of coordinating conjunctions. The most commons are **e**, **mas**, **porém**, **contudo** e **todavia**. These conjunctions connect main (or independent) clauses.

To make sure these basic notions are understood, put parentheses around the main clauses and underline the subordinate ones:

1. Essa mulher que chegou é caipira.
2. Se conheceram quando estudavam em Salamanca.
3. Assim que me telefonarem te aviso.
4. Vão naquela cidadezinha onde os filhos nasceram.
5. Tomara que gostem de tudo.
6. Quando acordarem, vão ter uma surpresa.
7. Eu levei meu filho para ver um filme de horror, mas ele queria ver um que fosse de aventura.

Answers: 1. (Essa mulher) que chegou (é caipira). 2. (Se conheceram) quando estudavam em Salamanca. 3. Assim que me telefonarem (te aviso). 4. (Vão naquela cidadezinha) onde os filhos nasceram. 5. (Tomara) que gostem de tudo. 6. Quando acordarem, (vão ter uma surpresa). 7. (Eu levei meu filho para ver um filme de horror), mas (ele queria ver um) que fosse de aventura.

9.2.1 Subjunctive Mode, Present

Venha cá! Ei, você aí! Quero que 'cê **venha** cá!
"Só quero que você me **aqueça** neste inverno
e que tudo mais **vá** pro inferno." (Roberto Carlos)

The verb forms of the present subjunctive coincide with the imperative forms. To form the subjunctive, drops the final -*o* of the first-person present tense of the indicative mode and add the subjunctive endings.

Regular Verbs

MORAR (-e)	ATENDER (-a)	ABRIR (-a)
Que eu more	Que eu atenda	Que eu abra
Que ele more	Que ele atenda	Que ele abra
Que nós moremos	Que nós atendamos	Que nós abramos
Que elas morem	Que elas atendam	Que elas abram

Use the subjunctive after verbs of doubt, wish, emotion, and command. Verbs of command like *querer* call for the subjunctive as an indirect form of command. Observe the similarity between the following sentences:

Venha cá! / Quero que você venha cá.

The subjunctive is used in noun clauses after *querer, talvez, tomara* (followed only by the present subjunctive), *quem me dera, é possível, esperar, preferir, duvidar, estar contente, para que, não achar, achar no passado ((Não) Achei que fossem sair)* and so on. The indicative is used after *ter certeza, saber, achar*, and similar ones.

Another way of looking at the subjunctive in **noun clauses** (not in adjective or adverbial clauses) is to remember what types of verbs trigger it. In general, we use the subjunctive when it is not necessary to affirm (*afirmar*) something. If the idea of not affirming something does not help, one can also use a mnemonic helper, such as the word DESEO[12] below, to remember the types of verbs that are followed by the subjunctive in **noun clauses**.

- o **D** = Dúvida, Talvez, Tomara que, Quem me dera
- o **E** = Esperança (desejo)
- o **S** = Sentimento (emoção)
- o **E** = Expressões impessoais que não expressam afirmação
- o **O** = Ordem

Exercise 1 – Give the **first-person singular** of the present tense indicative and subjunctive.

	Indica tive	Subjunc tive		Indica tive	Subjunc tive
1. Ter			11. Subir		
2. Morar			12. Vender		
3. Fazer			13. Vir		
4. Ver			14. Comprar		
5. Pedir			15. Ler		

---

[12] I am thankful to one of my students, Peter John Dixon, who shared this mnemonic help, DESEO, in one of my class presentations.

6. Dizer			16. Trazer		
7. Partir			17. Pôr		
8. Ouvir			18. Preferir		
9. Sair			19. Servir		
10. Dormir			20. Desistir		

Answers: 1. tenho, tenha; 2. moro, more; 3. faço, faça; 4. vejo, veja; 5. peço, peça; 6. digo, diga; 7. parto, parta; 8. ouço, ouça; 9. saio, saia; 10. durmo, durma; 11. subo, suba; 12. vendo, venda; 13. venho, venha; 14. compro, compre; 15. leio, leia; 16. trago, traga; 17. ponho, ponha; 18. prefiro, prefira; 19. sirvo, sirva; 20. desisto, desista.

Exercise 2 – Fill in the blanks with the present subjunctive of one of the choices in parentheses.

1. Quero que ele _____ mais depressa. (andar, ter)
2. Desejamos que vocês _____ todo o estoque. (partir, vender)
3. Prefiro que eles _____ sem dizer até logo. (partir, poder)
4. Tomara que vocês _____ para outro lugar no sábado. (gostar, mudar)
5. Peço que vocês não _____ barulho. (fazer, trazer)
6. O que o senhor quer que eu _____? (desistir, trazer)
7. Duvido que estas cartas _____ boas notícias. (partir, trazer)
8. Tenho medo que ele _____ tarde. (acordar, fazer)
9. Espero que nossos amigos _____ de nós. (lembrar-se, acordar)
10. Lamento que eles não _____ esperar. (poder, dizer)
11. Tomara que tudo _____ certo. (preferir, dar)
12. Acabou-se a folga. Agora eu exijo que vocês _____ esses pratos. (lavar, comer)
13. Não foi o Pelé. Na Copa de 70, acho que o Jairzinho _____ aquele gol contra a Inglaterra. (fazer, ir)
14. Duvido um pouco . . . Sei que ele _____ . Só sei isso. (ouvir, jogar)
15. Não acredito que eles _____ tanto essa rádio horrível. (servir, ouvir)
16. Duvido que eles _____ essa pizza. (desistir, trazer)
17. Tomara que o Ronaldo _____ embora amanhã mesmo. (atender, ir)
18. Espero que você já _____ a par do que aconteceu. (saber, estar)
19. Talvez esses meninos não _____ tão ruins assim. (jogar, ser)
20. É possível que os professores _____ como resolver esse pepino. (saber, ser)

Answers: 1. ande; 2. vendam; 3. partam; 4. mudem; 5. façam; 6. traga; 7. tragam; 8. acorde; 9. se lembrem; 10. possam; 11. dê; 12. lavem; 13. fez; 14. jogou; 15. ouçam. 16. tragam; 17. vá; 18. esteja. 19. sejam; saibam.

Exercise 3 – Translate the following sentences into Portuguese.

1. Te lo digo para que lo sepas.
2. Me llamó cuando llegó.
3. Lo compro aunque no me gusta.
4. Aunque vienen mañana no los voy a ver.
5. Aunque sea caro, no es un buen coche.
6. Sólo vino cuando le dió ganas.

Answers: 1. Lhe/Te digo para que saibas. 2. Me chamou quando chegou. 3. Eu o estou comprando/Eu vou comprá-lo/Eu o compro-o/Compro-o embora não goste; 4. Embora venham amanhã não vou vê-los/Não vou ver eles. 5. Embora seja caro, não é um bom carro. 6. Só veio quando teve/deu vontade.

Exercise 4 – Fill in the blanks with *para que* or *embora*.

1. Quero que o pessoal volte logo _____ eu possa ir ao cinema.
2. Vou ao jogo _____ você não queira ir.
3. Isso aqui é uma lembrancinha _____ você não se esqueça de mim.
4. Explique direitinho _____ eles não fiquem brabos.

Answers: 1. para que; 2. embora; 3. para que; 4. para que.

Exercise 5 – Rewrite the following sentences using *embora* [*aunque*].

> Model: Ficam brigando mas estão sempre juntos.
> Embora **briguem** estão sempre juntos.

1. A conversa está muito boa mas nós temos que ir embora.
2. Reluz mas não é ouro.
3. Todo gerente de banco é fogo mas no fundo é humano.
4. Esse cachorrinho late muito mas não é de nada.
5. O filme parece bom mas eu não gosto.

Answers: 1. Embora a conversa esteja boa nós temos que ir embora. *or* Nós temos que ir embora embora a conversa esteja boa. 2. Embora reluza, não é ouro. *or* Não é ouro embora reluza. 3. Embora todo gerente de banco seja fogo, no fundo ele é humano. 4. Embora esse cachorrinha lata muito ele não é de nada. 5. Embora eu não goste o filme parece bom. *or* O filme parece bom embora eu não goste (observe that *embora* may come in the middle of the sentence as well).

Exercise 6 – Use the following elements to construct sentences.

1. Perder o trem; Talvez
2. Ter azar; Talvez
3. Poder ouvir; Para que

4. Ir embora; Acho que
5. Alugar a casa; Saber que
6. Chover amanhã; Tomara que
7. Ficar em casa; É possível que
8. Ter idéias malucas; É pena que

Suggested answers: 1. Talvez perca o trem. 2. Talvez tenha azar, talvez dê sorte. Quem sabe? 3. Fale mais alto para que possam ouvir. 4. Acho que temos que ir embora. 5. Sei que eles alugam a casa deles. 6. Tomara que chova amanhã. Estamos precisando. 7. É possível que fique em casa o dia todo. 8. É um bom rapaz, mas é pena que só tenha idéias malucas.

Exercise 7 – Another use of the subjunctive is in relative sentences where the antecedent is undefined or nonexistent: "Preciso de uma carona. Há *alguém* que esteja indo para o centro? Sim, há *uma* senhora que vai para o centro."

    Fill in the blank with subjunctive or indicative.

1. Não encontro nada que _____ .(servir)
2. Você tem alguma coisa que _____ papel? (cortar)
3. Sim, tenho isso aqui que _____ papel muito bem. (cortar)
4. Vou fazer tudo que _____ possível, está bem? (ser)
5. Procuram uma pessoa que _____ falar inglês. (saber)
6. Tem uma pessoa aqui que _____ falar inglês. (saber)

Answers: 1. sirva; 2. corte; 3. corta; 4. seja; 5. saiba; 6. sabe.

9.3 Infinitive and Personal Infinitive Instead of Subjunctive or Indicative

 **LEITURA DE NÍVEL AVANÇADO**

9.3.1 Infinitive Instead of the Present Subjunctive or Indicative

    Quanto você <u>quer</u> **ganhar?**
    (Instead of *Quanto* **você** *quer que* **você** *ganhe?*)
    Quanto eles <u>querem</u> **ganhar?**
    (Instead of *Quanto* **eles** *querem que* **eles** *ganhem?*)
    <u>Tenho certeza</u> de **conseguir** esse trabalho.
    (Instead of *Tenho certeza de que consigo esse trabalho.*)

As in Spanish, Brazilian Portuguese can use the infinitive to replace verbs in **noun clauses** when subjects in both clauses are the same. A sentence like

Eu espero **chegar** lá amanhã cedo.

is derived from another sentence in which *eu* is the subject of *esperar* and *chegar*.

Eu espero <u>que **eu** chegue lá amanhã cedo</u>.

This preceding sentence is rare but acceptable if the speaker intends to give emphasis to the grammatical subject (**eu**). In these cases, however, the infinitive (*chegar*) is normally used and *que eu* deleted.

The preceding examples illustrate how the infinitive normally replaces the subjunctive and sometimes also replaces the indicative in noun clauses when the subjects are the same. In Portuguese, however, there are an array of possibilities for the use of the infinitive or the personal infinitive, instead of the subjunctive and indicative. Other possibilities will be visited in the discussion of Future Subjunctive (pages 407-412). These alternatives between the subjunctive and the infinitive allow for more choices of personal (stylistic) preferences in the language.

Often the subjunctive, more than the indicative, sounds more elaborate, formal, or careful. When this happens, we can replace it with the infinitive or personal infinitive to sound less elaborate. The sentence may sound more spontaneous or, more pleasant with infinitives. Portuguese grammars call these sentences *orações reduzidas de infinitivo*. There are also clauses *reduzidas de gerúndio* and *particípio*, which are not discussed here because they are very similar in Spanish, e.g. ***Sintiéndo**la acercarse cambié de asunto*, ***Recibidas** las señales salimos apresuradamente*.

The examples below illustrate the uses of infinitive and personal infinitive and show their function in parentheses. The second sentence cannot use the personal infinitive. It functions as direct object, like the ones above.

> É preciso <u>estarmos atentos e fortes</u>. (subject)
> (Subjunctive: É preciso que estejamos atentos e fortes)
> Só queremos <u>te fazer feliz</u>. (direct object)
> (Subjunctive: Só queremos que nós (e ninguém mais) te façamos feliz. This is a very "elaborate" style)
> Trouxe esse abacaxi <u>para descascarmos</u>. (indirect object)
> (Subjunctive: Trouxe esse abacaxi para que o descascássemos)
> O plano deles era <u>terminarem tudo amanhã</u>. (attribute or predicative)
> (Subjunctive: O plano deles era que terminassem tudo amanhã)
> Assim deixaram os meninos <u>a chorarem com a derrota</u>. (adjective)
> (Indicative: Assim deixaram os meninos que choravam com a derrota)
> Caminhamos muito <u>sem dizermos uma só palavra</u>. (adverb)
> (Subjunctive: Caminhamos muito sem que disséssemos uma só palavra.)

There are cases, especially the ones involving **adjective clauses** and **adverbial clauses**, in which these alternations are straightforward. On the other hand, the simple change to infinitive instead of an adjective clause may not work or may, in fact, change the meaning of the sentence.

Vocês viram os cachorrinhos <u>que foram levados daqui</u>? (adjective clause)
Vocês viram os cachorrinhos <u>serem</u> levados daqui? (personal infinitive)

The first sentence asks if they saw the little dogs. The second one asks if they saw the dogs being taken. Thus, the only way to alternate with an adjective is to use the past participle as an adjective.

Finally, there is the particular case of **achar** that does not allow the simple alternation between infinitive and indicative:

Acha**mos** que deixa**mos** tudo claro.
Achamos deixar tudo claro. (not possible)
Ach**o** que deixar**ei** tudo claro.
Acho deixar tudo claro.
Pensa**mos** que deixare**mos** tudo claro.
Pensa**mos** em deixar**mos** tudo claro.

The only way to reduce conjugated verbs to infinitives with **achar** is to add a modifier like *melhor*, *bom*, etc.

Acharam melhor deixarem tudo claro.
Acho bom fazer isso logo.

Exercise 8 – Rewrite the sentences below using the infinitive.

1. Você quer que você mesmo dê uma olhada?
2. Jorge sabe que ele mesmo faz isso muito bem.
3. Tenho medo de que eu não consiga fazer o trabalho.
4. Espero que eu esteja certo.
5. Eles querem que eles mesmos comprem o carro.
6. Nós nos permitimos que nós mesmos façamos tudo.
7. Tenho certeza de que eu consigo isso.
8. É impossível que vocês queiram viajar desse jeito.
9. Não acho boa a idéia de que nós sejamos os encarregados.
10. Acho uma boa idéia que vocês deixem isso como está para ver como é que fica.
11. Acabou tendo que/de gritar para que prestassem atenção.
12. Quero que se divorciem para que comecem outra vida com melhores perpectivas.
13. Os donos de times pagam muito aos jogadores para que os jogadores durmam tranqüilos e felizes.

14. Os professores dão muitos deveres aos estudantes para que os estudantes fiquem mais estressados e circulem mais o sangue no corpo.

Answers: 1. Você quer dar uma olhada? 2. Jorge sabe fazer isso muito bem. 3. Tenho medo de não conseguir fazer o trabalho. 4. Espero estar certo. 5. Eles (mesmos) querem comprar o carro. 6. Nós (mesmos/as) nos permitimos fazer tudo. 7. Tenho certeza de conseguir isso. 8. É impossível vocês quererem viajar desse jeito. 9. Não acho boa a idéia de nós sermos os encarregados. 10. Acho uma boa idéia deixarem isso como está para ver como é que fica. 11. Acabou tendo que/de gritar para prestarem atenção. 12. Quero que se divorciem para começarem outra vida com melhores perpectivas. 13. Os donos de times pagam muito aos jogadores para os jogadores dormirem tranqüilos e felizes. 14. Os professores dão muitos deveres aos estudantes para os estudantes ficarem mais estressados e circularem mais o sangue no corpo.

**FIM DA LEITURA
DE NÍVEL AVANÇADO**

9.3.2 Infinitives in Spanish and Portuguese Compared

The personal infinitive is commonly used instead of the subjunctive in the cases below. For clarity, the personal pronoun is often used for the singular forms of the personal infinitive. It is important to remember that the subjunctive is also used in the same cases, although the use of the personal infinitive is more frequent.

After impersonal expressions:

Spanish	Brazilian Portuguese
Lo mejor es comenzar ahora.	O melhor é começarmos agora.
Es imposible casarnos.	É impossível nos casarmos.
Va a ser difícil traerla.	Vai ser difícil trazê-la.

After the verbs *to tell* and *to ask*:

Spanish	Brazilian Portuguese
Díganles que jueguen mejor.	Digam a eles para jogarem melhor.
Vamos a pedirles para llevarnos.	Vamos pedir a eles para nos levarem.

After prepositions:

Spanish	Brazilian Portuguese
Tuve que gritarles para oírme.	Tive que gritar para me ouvirem.
Comí sin tener que gastar mucho.	Comi sem ter que/de gastar muito.
Vamos a trabajar hasta cansarnos.	Vamos trabalhar até (nos) cansarmos.

Exercise 9 – Translate the following sentences using the personal infinitive in Brazilian Portuguese.

1. Es mejor que hagamos eso inmediatamente.
2. Va a ser difícil que consigan llegar allá a tiempo.
3. No conviene que hables de esa forma.
4. Es bueno que tomes el remedio.
5. Era dudoso que se pusieran de acuerdo.
6. Sugirió que vendiéramos el pobre animal.

Answers: 1. É melhor fazermos isso imediatamente. 2. Vai ser difícil conseguirem chegar lá a tempo. 3. Não é interessante você falar dessa forma. 4.
É bom você tomar o remédio. 5. Era duvidoso eles se porem/colocarem de acordo. 6. Sugeriu vendermos o pobre animal.

9.4 Comparisons: Adjectives and Adverbs

Júlio é **tão** alto **quanto** o pai.
Pedrinho é **mais** baixo **(do) que** o irmão dele.
Juliana é **mais** alta **(do) que** o namorado.

bom $\longrightarrow$ melhor
ruim (mau) $\longrightarrow$ pior
bem $\longrightarrow$ melhor (adverb)
grande $\longrightarrow$ maior
pequeno $\longrightarrow$ menor

In Brazil one does not say *mais pequeno* or *mais grande*, although in Portugal both are acceptable. Also, in Brazil, *ruim* is used more often than *mau*.

Esse país aqui é bom mas é **ruim**. O Brasil é **ruim** mas é bom.

Exercise 10 – Fill in the blank with a comparative form of the underlined word.

1. Este elefante é <u>grande</u> mas esse aí é _____.
2. O salário deles está <u>bem</u>, mas o meu está _____.
3. Eta café ruim! [*¿Qué café horrible!*] Mas ainda bem que o seu é _____ ainda.
4. Olha, p'ra lhe contar a verdade, ananás é <u>bom</u>, mas abacaxi _____.
5. _____ do que um cara chato, só dois caras chatos.

Suggested answers: 1. maior; 2. melhor; 3. pior; 4. melhor; 5. Pior.

Exercise 11 – Complete the sentences with comparisons.

1. O jantar no restaurante é _____ do que o jantar na lanchonete. (caro)
2. A viagem para o Japão é _____ do que a viagem para os EUA. (longo)
3. Londres é _____ do que Brasília. (velho)
4. Antigamente a gente tinha uma vida _____ e _____ do que agora. (tranqüilo, agitado)
5. Esta cidade é _____ do que São Paulo. (pequeno)
6. Esta cidade é _____ que São Paulo. (grande)
7. De Gaulle era _____ do que John Kennedy. (alto)
8. Este restaurante é _____ quanto o "Maxims" de Paris. (bom)
9. Não gosto de filmes antigos. Eles são _____ do que os filmes modernos. (ruim)
10. Não falo bem nem inglês nem francês. Meu inglês é _____ quanto meu francês. (ruim)
11. Os carros americanos são _____ do que os carros europeus? (bom)
12. Os carros grandes são _____ do que os carros pequenos. (econômico)
13. Eu detesto esses dois caras. Um é _____ quanto o outro. (chato)
14. O Rio é _____ do que o Saara. (quente)
15. O Rolls Royce é _____ do que o fusca [Volkswagem] (caro)
16. João e Pedro são bons professores. João é um professor _____ quanto Pedro. (bom)
17. Nova Iorque é _____ do que a Sibéria. (frio)
18. Este é _____ filme que já vi na minha vida. (ruim)
19. O Saara é _____ do que o Rio. (quente)

Suggested answers: 1. mais caro; 2. mais longa; 3. mais velha (a cidade de); 4. mais tranqüila e menos agitada; 5. menor; 6. maior (do); 7. mais alto; 8. tão bom; 9. piores; 10. ruim; 11. melhores; 12. menos; 13. tão chato; 14. menos; 15. mais caro; 16. tão bom; 17. menos fria; 18. pior; 19. mais quente.

9.5 Reading: "Matemática" by Luís Fernando Veríssimo

The following *crônica* is rich in contrast between the indicative and the subjunctive modes, especially the use of past subjunctive. The use of past subjunctive, you will notice, is similar to Spanish. The Portuguese forms, however, are like the ones more commonly used in Peninsular Spanish *-iese (tuviese, quisiese)*. Enjoy the reading and attempt to recognize structures studied in the course, especially the italicized ones. The subjunctive forms are in bold.

Luís Fernando Veríssimo (1936–) is one of the most-read *cronistas* in Brazil. His *crônicas* are very humorous but they have a serious message as well.

Veríssimo is the son of the late Érico Veríssimo, one of the renowned Brazilian writers of the XX century.

Matemática de *Luís Fernando Veríssimo*

The speaker is from Espírito Santo.

Tenho duas filhas no primário. Ou no que no tempo se chamava primário. De vez em quando recebo consultas delas sobre questões de Matemática. *Não sei que nome tem agora*, só *sei que não tem nada* a ver com o que eu conhecia. Envolve misteriosas operações com bases e outros enigmas que ainda não consegui decifrar. *Está claro que não me entrego. Digo que não posso resolver os problemas* para elas, pois assim elas aprenderiam. *Elas que tentem. É preciso resguardar a autoridade paterna.* E *enquanto elas tentam* e—espantoso!—acertam suas questões, *eu fico discretamente espiando*, tentando aprender alguma coisa. Ainda não aprendi nada.

Que fim levaram aqueles velhos problemas que tinham todos os atrativos de uma boa charada e até um certo encanto literário?

Se a mãe tinha quatro laranjas para dividir igualmente entre três crianças . . .

Se um trem saía de uma certa estação a uma certa velocidade e outro trem saía de outra estação com 3/4 da velocidade do primeiro . . .

Se um terreno com tanto de frente e tanto de fundo **tivesse** que ser repartido entre os herdeiros em proporção à sua idade, e o mais velho **tivesse** duas vezes a idade do caçula que por sua vez era quatro anos mais moço que o do meio . . .

Você podia deixar a sua imaginação disparar e desenvolver as historinhas *enquanto fazia as contas*. Erradas, claro. A divisão entre a cultura humanística e a cultura científica já começava aí.

A solução para o impasse das laranjas pouco me importava. Mas como seriam aquela mãe e aqueles filhos? Onde é que se dava a partilha das laranjas? Eram pobres. Ricos ou o quê? O pai seria funcionário público, aviador ou procurado pela polícia? Ou—uma nova e dramática possibilidade—estaria morto? Uma pobre viúva alimentando seus três filhos menores com pedaços iguais de laranja! E se o problema não **tivesse** solução? Se um dos órfãos fatalmente **acabasse** com menos laranja que os outros? *Não se tornaria* um ressentido, um anti-social, até mesmo um criminoso?

"Bandido da Laranja ataca outra vez! Outra jovem mãe encontrada morta com dois terços de uma laranja-lima entre os dentes! Polícia sem pistas diz que é um psicopata!"

Mas não. A mãe dividia cada laranja em três pedaços iguais e cada filho recebia quatro pedaços de laranja. Tudo se resolvia racionalmente. E se um dos filhos **roubasse** um pedaço do irmão e **saísse** correndo? A Matemática não considerava o caráter das suas personagens hipotéticas. E, não admitindo o caráter, não admitia o caos.

Se um trem **partisse** de uma estação a 90 quilômetros por hora e outro **saísse** de uma estação a 600 quilômetros de distância com 3/4 da velocidade do primeiro, no sentido oposto, quanto tempo *transcorreria* antes que os dois se

chocassem tragicamente no meio da noite, iluminando o campo em redor por vários quilômetros com as labaredas dos seus carros-tanques incendiados, enquanto os gritos dos feridos **cortassem** o ar numa cacofonia tétrica?

A Matemática se recusava a admitir o erro de cálculo, o sinaleiro bêbado (quem sabe não seria o marido da mãe das laranjas, atormentado pela doença da mulher com aquela sua mania neurótica de simetria?) ou então—e esta era a hipótese que eu preferia—a sabotagem. Os trens não se chocavam, se passavam.

Quanto ao terreno a ser repartido entre os três herdeiros, não podia dar certo. O mais velho era um truculento. Insistiria em ficar com a parte cortada pelo riacho. O do meio não se conformaria com os critérios da divisão. O mais moço aceitaria ficar sem o riacho, aceitaria o critério da divisão mas lançaria sérias dúvidas sobre a legitimidade dos outros dois. Eu nem me dava o trabalho de fazer as contas pois *sabia que aquele caso se arrastaria pelos tribunais durante anos e ninguém saberia o resultado.*

A Matemática de hoje dispensa os exemplos da vida real. Não há mais laranjas, nem trens, nem herdeiros nos livros de Matemática. Tudo acontece num mundo intocado pela presença humana. À prova de caos. E está certa a Matemática Moderna. O mundo é que está errado. Na vida real, dois mais dois dão sempre uma confusão. Quando dão quatro, precisa mais um, para desempatar. Ou para apartar.

Mas *eu acho que mesmo assim as historinhas fazem falta.* Não especialmente para ensinar Matemática mas como indicações de que deve haver uma decisão humana por trás de tudo. Até da programação do computador. Afinal, a mãe que dividia as laranjas em partes iguais entre seus filhos, antes de uma conta certa, estava fazendo justiça.

E não seria difícil adaptar os velhos problemas à Nova Matemática. Por exemplo: *se um casal com quatro filhos resolve* se desquitar e o pai quer ficar com três filhos e a aparelhagem de som e a mãe quer três filhos, o estéreo e 2/3 do Volkswagem . . .

Used with permission.

Questions

1. Qual é o tema desta crônica?
2. Quais são os personagens ou qual é o personagem desta crônica.
3. Textos em geral podem conter elementos culturais que um estudante de língua estrangeira precisa conhecer. O tom de um texto pode ser percebido de diferentes maneiras segundo a experiência de cada leitor. Aliás [*a propósito*], qualquer interpretação de um texto depende da experiência de vida de cada leitor. Na sua opinião, qual é o tom desta crônica?
4. Que efeito causa em você? Uma vez mais, os efeitos intencionados pelo escritor às vezes funcionam, às vezes não funcionam. Como você reagiu? Qual foi o efeito?
5. Estabeleça campos semânticos do vocabulário desta crônica.
6. Transforme duas orações do indicativo em subjuntivo e duas do passado do subjuntivo em presente do subjuntivo.

Suggested answers: 1. O ensino da matemática. 2. Não há um personagem de fato. Trata-se de um pai que fala do ensino da matemática hoje em dia, tendo em vista os deveres de casa de suas duas filhas. 3. Humorístico de fundo pedagógico. 4. Me diverte e me faz refletir sobre a criatividade no nosso sistema de ensino. 5. Alguns campos semânticos: *cálculo e medidas*: matemática, dividir, divisão, mais, 2/3 (dois terços), 3/4 (três quartos), dois, três, quatro, primeiro, seiscentos, velocidade; *relacionamentos*: apartar, desquitar, desamparar. Estabeleça por conta própria o campo semântico de *família*. 6. Estas são umas das muitas possibilidades: *Não sei que nome tem agora* → Espero que tenha um nome agora;só *sei que não tem nada* a ver → tomara que não tenha nada a ver; *Está claro que não me entrego.* → Duvido que eu me entregue; *Digo que não posso resolver os problemas* → Digo que resolvam seus problemas; *É preciso resguardar a autoridade paterna.* → É preciso que resguardemos a autoridade paterna; *enquanto elas tentam* e—espantoso!—acertam suas questões, *eu fico discretamente espiando* → enquanto elas tentarem ficarei espiando (**future subjunctive**); E se o problema não **tivesse** solução? → É possível que o problema não tenha solução (the **future subjunctive** would be "E se o problema não tiver solução?"); Se um dos órfãos fatalmente **acabasse** com menos laranja que os outros? → É provável que um dos órfãos acabe com menos laranja que os outros. (no question marker); E se um dos filhos **roubasse** um pedaço do irmão e **saísse** correndo? → É bem possível que um dos filhos roube um pedaço do irmão e saia correndo.

9.6 Subjunctive Mode, Past or Imperfect and Future

9.6.1 Past Tense of the Subjunctive

Canta como se **fosse** um passarinho.
Ele pediu que **trouxéssemos** tudo.

Both the past and the future subjunctive can be formed from the stem of the third-person plural of the preterite of the indicative mode.

	Preterite	Past Subjunctive	Future Subjunctive
DIZER	eles DISSEram	DISSEsse	DISSER
PÔR	eles PUSEram	PUSEsse	PUSEr
SER	eles FOram	FOsse	FOr
TRAZER	eles TROUXEram	TROUXEsse	TROUXEr
VER	eles VIram	VIsse	VIr
VIR	eles VIEram	VIEsse	VIEr

	Preterite	Past Subjunctive	Future Subjunctive
		Se	Se or Quando
FALAR	FALAram	eu FALAsse você FALAsse nós FALÁssemos eles FALAssem	eu FALAr você FALAr nós FALArmos eles FALArem

Exercise 12 – Find the preterite forms of the indicative and then derive the past and future subjunctive forms.

	Preterite	Past Subjunctive	Future Subjunctive
COMER	Elas ____	Se eu ____	Quando eu __
BRINCAR	Eles ____	Como se nós ____	Se/Quando nós __
IR	Vocês ____	Se você ____	Se/Quando você __
SABER	Eles ____	Como se eles ____	Se/Quando eles __

Answers: comeram, comesse, comer; brincaram, brincássemos, brincarmos; foram, fosse, for; souberam, soubessem, souberem.

Exercise 13 – Choose one of the verbs in parentheses to fill in the blanks with the imperfect (past) subjunctive.

1. Se ele _____ é claro que viria. (vir, poder)
2. Havíamos combinado o seguinte: quando nós _____ à casa dele, traríamos o tal livro. Não foi isso? (voltar, falar)
3. Foi preciso que nós _____ muito, para que ele _____. (vir, insistir)
4. Se nós _____ dinheiro, compraríamos uma casa. (poder, ter)
5. Ah, se eu _____ na loteria daria a volta mundo. (voltar, ganhar)
6. Se _____ tempo, eu até passaria na sua casa. (beber, dar)
7. Ele pediu que _____ tudo. (trazer, ir)
8. Elas não puseram o biquini, mas se _____ parariam o trânsito. (chegar, pôr)
9. Eu não soube do boato [*rumor, chisme*], mas se _____ riria muito. (andar, saber)
10. O meu chefe quis que eu _____ o dinheiro. (comer, contar)

Answers: 1. pudesse; 2. voltássemos; 3. insistíssemos, viesse; 4. tivéssemos; 5. ganhasse; 6. desse; 7. trouxesse/trouxéssemos/trouxéssem; 8. pusessem; 9. soubesse; 10. contasse.

9.6.2 Subjunctive vs Indicative in If-Clauses

Se eu **fosse** *você não dançaria na mesa do professor.*
Se eu **fosse** *mesmo uma formiguinha malandra eu não atravessaria tabuleiro de bater bife.*
"Ah, se tu **soubesses** *como eu sou tão carinhoso*
e o muito muito que te quero
E como é sincero o meu amor
Eu sei que tu não fugirias mais de mim (. . .) "Carinhoso,"
de Pixinguinha (1928, melodia) e João de Barro (1937, letra)

It is common in Brazilian Portuguese to replace the conditional **forms** with an imperfect **form**:

Se conselho fosse bom, ninguém **dava**, **vendia**.

If-Clauses are also known as **hypothetical clauses**. The Portuguese term for if-clauses is **período hipotético**. Thus, Portuguese grammars consider three types of hypotheses when discussing hypothetic clauses: **real**, **possível**, and **irreal**. For the purpose of this course, we will distinguish two types:

1) **REAL** – This kind of hypothesis is **causal**, it is based on the assumption that **a situation happened**. In this type of hypothesis **se** is equivalent to **já que** or **uma vez que**.

Se eles provaram sua culpa, eu não posso fazer nada.
Já que eles provaram sua culpa, eu não posso fazer nada.

2) **UNREAL** – This kind of hypothesis is conditioned to situation considered probable, inexistent or impossible.

Se nossa galinha tivesse dente, nós estaríamos ricos.

Real = já que
INDICATIVE, simple verbs in general
Se você diz que falou, eu acredito.   = Já que você diz que falou, eu acredito.
Se vocês não querem, não insisto.   = Já que vocês não querem, não insisto.

Unreal
SUBJUNCTIVE, past or future, simple or compound
Se ele dissesse a verdade, tudo se resolveria.
Se ele disser a verdade, tudo se resolverá.
Se ele tivesse dito a verdade, tudo teria se resolvido.
Se ele tiver dito a verdade, tudo se resolverá.
Se meu apartamento falasse, isso me complicaria.

Se meu apartamento falar, isso me complicará, **or** vai/irá me complicar.
Se meu apartamento tivesse falado, isso teria me complicado.
Se meu apartamento tiver falado, isso me complicará, **or** vai/irá me complicar.

Note that if-clauses tend to keep a "symmetry" of verb tenses.

If the main clause is in the present, then the if-clause will also be in the present; when the main clause is in the past, namely the *futuro do pretérito* (*pretérito* means *passado*), the if-clause is in the past; and when the main clause is in the future, the if-clause will also be in the future.

Exercise 14 – Use the past (imperfect) subjunctive or the conditional in the blanks.

1. Se a Maria Creuza _____ atrasada o Jurandir não falaria nada. (estar)
2. Ele disse que _____ para cá quando chegasse em casa. (vir)
3. Eu gostaria que vocês _____ todos os deveres. (fazer)
4. Se ele quisesse mesmo chegar cedo ele _____ chegado. (ter)
5. Eu já _____ há muito tempo em Nova Almeida se eu _____ e se o meu dinheiro _____. (estar, poder, dar)
6. Se vocês _____ aqui, nós _____ uma pelada. (vir, jogar)
7. Se ela _____ pagado a conta eu _____ comido mais. (ter, ter)
8. Nós _____ de susto se o hipopótamo _____ no banheiro. (gritar, estar)
9. Se me _____ naquele hotel eu não _____ gostado. (pôr, ter)
10. Esses meninos _____ que o elefante _____ banho só para ver como os elefantes fazem. (querer, tomar)

Answers: 1. estivesse; 2. viria (also possible: *viesse*); 3. fizessem; 4. teria; 5. estaria, pudesse, desse; 6. viessem, jogaríamos; 7. tivesse, teria; 8. gritaríamos, estivesse; 9. pusessem, teria; 10. queriam (or querem), tomasse (or tomem).

9.6.3 Future Subjunctive

Se Deus **quiser** tudo dará certo.
Avise, se vocês **souberem** de alguma coisa.
Se **puder**, faz uma cópia p'ra mim.

We have seen above how to form the future subjunctive:

		SABER	**SER**
Quando or se	eu	souber	for
Quando or se	você	souber	for
Quando or se	nós	souber**mos**	for**mos**
Quando or se	eles	souber**em**	for**em**

It is important to remember that the personal infinitive is derived from the regular infinitive forms, whereas the **future subjunctive** comes from the preterite forms, 3rd. person plural. Therefore, the forms of the personal infinitive and the future subjunctive will be different in irregular verbs and coincide in regular verb forms. This may cause some confusion. To avoid confusion, replace the regular verb with an irregular verb, and the confusion should disappear.

TRABALHAR

		Future Subjunctive	**Personal Infinitive**
Quando or se	eu	trabalhar	trabalhar
Quando or se	você	trabalhar	trabalhar
Quando or se	nós	trabalhar**mos**	trabalhar**mos**
Quando or se	eles	trabalhar**em**	trabalhar**em**

In Portuguese, the <u>future subjunctive</u> expresses a future situation or a situation <u>not yet accomplished</u>. In <u>Spanish</u>, both present and future situations are expressed with the <u>present</u> subjunctive: "¡Quiero que **terminen** ahora!", "Vendrán cuando **terminen**." The future subjunctive is almost nonexistent nowadays in Spanish.

Portuguese has different forms for actions in the present ("Quero que **terminem** agora!") and in the future ("Virão quando **terminarem**"). However, the present subjunctive can also be used to express future situations in Brazilian Portuguese: "Quero que **terminem** no <u>mês que vem</u>! Therefore, and confirming what was said in the short-lessons throughout this course,

Spanish speakers should not have problems using the future subjunctive because it works in the same way that Spanish uses the present subjunctive after certain **adverbial conjunctions**.

Thus, when *time-expressing* adverbial conjunctions require the present subjunctive in Spanish, the same conjunctions require the future subjunctive in Portuguese. The following are some examples of adverbial conjunctions that may or may not use the subjunctive:

quando (*cuando*), logo que (*luego que, tan pronto como*), assim que (*así que*), depois que (*después de que*), enquanto (*mientras*), sempre que (*siempre que*) and similar ones.

Cuando vayas, avísame.   *Quando for, me avise.*

Confirming what was said in the previous page, both Spanish and Portuguese will use the **indicative** if these adverbial conjunctions refer to situations in the **past** or situations considered **habit**.

Quando fui, te avisei, está lembrado?   *¿Cuando fui, te lo avisé, te lo recuerdas?*
Quando vou, te aviso, você sabe disso.   *¿Cuando voy, te lo aviso, tú lo sabes.*

Similarly, Spanish uses the present subjunctive after common expressions headed by an imperative, in the same way Portuguese uses the future subjunctive.

Cueste lo que cueste, un día llegaremos allá.
Custe o que custar, um dia chegaremos lá.

Sea lo que sea, eso no me preocupa.
Seja o que for, isso não me preocupa.

Exercise 15 – Give the preterite indicative forms as well as the future subjunctive forms.

	Preterite Indicative	Future Subjunctive
BEBER	Elas _____	Quando eu _____
SAIR	Eles _____	Quando eu _____
VIR	Elas _____	Quando eu _____
VER	Eles _____	Quando eu _____

Answers: beberam / beber; sairam / sair; vieram / vier; viram / vir.

Exercise 16 – Make sure you understand the sentences below. Then, complete them.

1. Se Deus _____, tudo dará certo. (querer)
2. Aplaudiremos quando o artista _____. (entrar)
3. Agüentaremos enquanto _____. (poder)
4. Avisaremos quando _____ notícias. (ter)
5. Levarei sua bagagem se ela (a bagagem) _____ no carro. (caber)

Answers: 1. quiser; 2. entrar; 3. pudermos; tivermos; 5. couber.

Exercise 17 – Write the preterite indicative and future subjunctive forms.

	Preterite (Indicative)	**Future Subjuntive**
PODER	Elas _____	Se eu _____
TER	Eles _____	Se eu _____
QUERER	Elas _____	Se eu _____
SAIR	Eles _____	Se eu _____

Answers: puderam, puder; tiveram, tiver; quiseram, quiser; saíram, sair.

Exercise 18 – Study the sentences below and then, complete them.

1. Vamos correr enquanto _____. (poder)
2. Faça como _____. (querer)
3. Sairei assim que o professor _____ licença. (dar)
4. João trocará de roupa assim que _____. (acordar)
5. Telefonaremos para você se _____ alguma novidade. (haver)

Answers: 1. pudermos; 2. quiser; 3. der; 4. acordar; 5. houver.

Exercise 19 – Imagine sentences with the following phrases, which require the future subjunctive: "Aconteça o que acontecer," "Haja o que houver," "Custe o que custar."

Suggested answers: Não deixem de vir à aula amanhã, aconteça o que acontecer; Haja o que houver chegaremos em primeiro lugar; Custe o que custar não quero mais saber dele.

9.6.4 Adverbial Conjunctions – Indicative or Subjunctive: A Summary

The following subordinating **adverbial conjunctions** are followed either by the Indicative or the Subjunctive. There are others, less frequently used in Brazil, in addition to these ones. Portuguese grammars usually list them exhaustively. The ones on this list are the ones that are more commonly used.

The table below presents a practical use of conjunctions that are followed by the indicative or subjunctive. However, some authors are very creative as we know, and a list such as the one below cannot predict when a good author will use the indicative or the subjunctive. They know well the language to use it in surprising ways without hurting the grammar. For instance, the conjunction *enquanto* is normally followed by the past or present indicative or the future subjunctive. It is not normally followed by the present subjunctive. However, Vinicius de Moraes (1913-1980) has a passage in one of his most known sonnets, *Soneto da Fidelidade*, where he marvelously changes this expectation:

> "Eu possa me dizer do amor (que tive):
> Que não seja imortal, **posto que** é chama
> Mas que seja infinito **enquanto** <u>dure</u>."

Therefore, bear in mind that sometimes, but not frequently, it is possible to see the subjunctive or the indicative used in ways that are different from what we present here. This is all right because very experienced authors are able to use the language beyond its normal use, and still be grammatically correct.

9.6.5 Adverbial Conjunctions followed by the Subjunctive or Indicative

INDICATIVE		SUBJUNCTIVE	
Past, Present and Future	**Past;** and Present, especially with the meaning of **habit**	**Future** if situation **has not happened**	Past and present
Apenas	À medida que	À medida que	A fim de que
Assim como	Assim que	Assim que	A menos que
Dado que	Como	Como	A não ser que
Já que	Conforme	Conforme	Ainda que
Mal	De acordo	De acordo	Antes que
Porque	Depois que	Depois que	Caso
Sendo que	Enquanto	Enquanto	Conforme
Posto que	Logo que	Exceto se	Contanto que
Visto que	Quando	Logo que	Embora
	Quanto mais... mais	Quando	Mesmo que
	Quanto maior... maior	Quanto mais...mais	Nem que
		Quanto maior... maior	Para que
	Sempre que	Salvo se	Por mais que
		Se	Por menos que
		Sempre que	Sem que

Quanto mais a gente reza, **mais** a assombração aparece. (a gente = nós)
Quanto mais a gente rezava, **mais** a assombração aparecia.
Quanto mais a gente rezar, **mais** a assombração aparecerá.
À medida que os blocos iam embora, nós ficávamos mais tristes.
À medida que os blocos forem embora, nós ficaremos/vamos ficar mais tristes.
Você vai ser bem atendido **sempre que** vier aqui.

Sempre que veio/vinha aqui você foi/era bem atendido.
Faça **conforme** eu digo e não **conforme** eu faço.
Faça **conforme** eu disse e não **conforme** eu fiz.
Faça **conforme** eu disser e não **conforme** eu fizer.

9.6.6 Future Subjunctive: Portuguese and Spanish Compared

This is a brief, but useful summary of the future subjunctive in adverbial clauses in Portuguese and Spanish. Study the sentences below. They contain conjunctions like **quando/cuando**, **enquanto/mientras**, that are used a lot in Spanish and Portuguese. Given the high frequency of usage of these conjunctions, the sentences below should help in understanding the future subjunctive in Portuguese.

As you study these sentences, note that when Spanish uses the indicative (**I**) after *cuando*, Portuguese will also use the indicative after *quando*.

    I - Trabajo cuando quiero.
    I - Trabalho quando quero.

    I - Trabajé cuando quería.
    I - Trabalhei quando queria.

When Spanish uses the present subjunctive (PS) with *cuando*, Portuguese will use the FUTURE Subjunctive (FS).

    PS - Trabajaré quando quiera. (futuridad)
    FS - Trabalharei quando quiser. (futuridade; pretérito = **QUISER**am)

And of course, we can do the same with other adverbial conjunctions, as for example, with *enquanto/mientras*.

    I - Sonreían mientras las bandas pasaban.
    I - Sorriam enquanto as bandas passavam.

    I - Sonríen mientras las bandas pasan.
    I - Sorriem enquanto as bandas passam.

    PS - Van a sonreír mientras las bandas pasen. (futuridad)
    FS - Vão sorrir enquanto as bandas passarem. (futuridade;
                                                          pretérito = **PASSAR**am)

9.7 Diversões, Bate-Bola e Pipoca Quentinha

Subjunctive – Note the differences between the past, present and future subjunctive.

> Eu disse que quando eu **tivesse** dinheiro eu **viajaria**.
> Eu disse que quando eu **tinha** dinheiro eu **viajava**.
> Eu disse que quando eu **tenho** dinheiro eu **viajo**.
> Eu disse que quando eu **tiver** dinheiro eu **vou viajar**.

As you work on exercise 17 below, remember that there is a tendency to keep the same tense in the main clause and the subordinate clause. For instance,

> **Duvido**$_{present}$ que o Zé **tenha**$_{present}$ entendido.

In general, the verb of the embedded clause matches the tense of the verb in the main clause:

> **Duvidei**$_{past}$ que o Zé **tivesse**$_{past}$ entendido.

Exercise 20 – Fill in the blanks with the correct form of one of the verbs in parentheses.

1. Tenho$_{past}$ certeza que vocês _____$_{past}$ medo de monstros. (ter, estar, ser)
2. Tomara$_{present}$ que ele _____$_{present}$ de ler este livro. (assustar, terminar, engolir)
3. Duvidava que o time de Houston _____ do time de Dallas. (ser, haver, ganhar)
4. Exijo que você _____ aqui para conversar. (diminuir, ganhar, vir)
5. Não achava que eles _____ chegar lá no alto da montanha. (ter, correr, poder)
6. Não conheço ninguém que _____ consertar carro. (saber, assustar, deixar)

Answers: 1. têm; 2. termine; 3. ganhasse; 4. venha; 5. pudessem; 6. saiba.

Exercise 21 – Fill in the blanks with the future indicative or future subjunctive of one of each pair of verbs in parentheses.

1. Se _____, o jogo _____ adiado. (chover/ser) (ser/comprar)
2. Eu _____ quando _____. (viajar/dever) (assustar/poder)

Answers: 1. chover, será/vai ser; 2. viajarei/vou viajar, puder.

Exercise 22 – Fill in the blanks with the past subjunctive and conditional forms of one verb from each pair in parentheses.

1. Se _____ tempo, eu _____ em sua casa. (dar/ir) (ganhar/passar)
2. Tínhamos combinado que quando vocês _____, _____ uma festa. (apagar/voltar) (apagar/dar)

Answers: 1. desse, passaria; 2. voltassem, daríamos.

9.8 Carrying On—Drills on Communicative Competence

Situation 1 – SPEAKING AND WRITING Read about Brazilian folklore and discuss it in class. An excellent source to study Brazilian folklore is the work of Luís da Câmara Cascudo (1898-1986). A rich exchange of ideas can result from a discussion about the Brazilian people using his work as reference. After discussing a topic, write a short opinion about it. Here are some useful hints on how to start some discussion:

9.8.1 Cohesion – Linking Words, Connectors

1. To introduce an idea: Eu acho que . . . A meu ver . . . Na minha opinião . . . Penso que . . . Não tenho uma idéia muito clara a respeito . . .
2. In case of doubt about an idea: O que você quis (quer) dizer com . . . Não entendi quando você falou/se referiu a/ao . . . Gostaria que você explicasse melhor . . . Você poderia/podia esclarecer . . .?
3. To disagree: Não concordo (mesmo) com isso . . . Desculpe, mas acho que não é por aí . . . Olha/e, não sei se é bem assim . . . Entretanto, se analisarmos objetivamente . . .
4. To evaluate an opinion: Acredito também que . . . A pesquisa mostra que . . . Você tem razão, é assim mesmo . . . É uma vergonha . . . É inadmissível que . . . É lamentável que . . . Não é justo que . . . É inconcebível, no entanto, que . . .
5. To conclude: Pode-se concluir que . . . Bom, para confirmar o meu ponto de vista . . . Se por um lado . . . por outro . . . Sempre acreditei e continuo a acreditar . . . Pode-se dizer claramente . . . Portanto . . . Assim . . . Em virtude disso . . . Diante disso . . . Em vista disso . . . Em conclusão . . . Em resumo. . .

6. Connectors, Linking Words in General

ENGLISH	SPANISH	PORTUGUESE
according to	según	conforme, segundo, consoante
additionally, also, furthermore	además	além disso
although, even though	aunque	embora
as soon as	tan pronto como	assim que, logo que

even so	aun así	mesmo assim, ainda assim
even if, even so	aún que; aunque	mesmo assim; ainda que
furthermore, also, additionally	además	além disso
however	sin embargo, no obstante	contudo, todavia porém, entretanto
meanwhile	entretanto	Entretanto, Enquanto isso
moreover	además	além disso, além do mais
nevertheless	sin embargo	contudo, todavia
on the one hand, on the other hand	por un lado, por otro lado	por um lado, por outro lado
still	todavía	ainda
therefore	por eso, por ello	por isso, portanto
whenever	cuando (sea)	sempre que, quando
whereas	mientras que	enquanto que
whereby	a través del cual	pelo(a) qual, através do qual
while	mientras que	enquanto, à medida que
yet	aún, todavía	no entanto, ainda assim

Situation 2 – SPEAKING AND WRITING Debates and situations such as writing your opinion about a given topic (e.g. in a newspaper editorial) are excellent occasions for the use of the subjunctive. For that reason, topics such as soccer or carnival as a sociological phenomenon, humanities and science in academia, the destruction of the Amazon forest, and other topics that require argumentation may be debated and written about.

To use past subjunctive forms, the class may get involved in hypothetical situations of any nature. The verbs below can help in the development of these activities.

Simple verbs: "De onde você tirou essa idéia de que eu gosto de comprar fiado? Ora só . . . Se eu fosse de comprar fiado, eu estaria cheio de débito e portanto não devo nada a ninguém. Mesmo se eu não tivesse grana eu não compraria fiado". "Se eu fosse um passarinho, . . ." "Se você pudesse, você iria à lua?" "Se nós quiséssemos mudar este mundo . . ." "Se eles chegarem aqui hoje, vou embora na mesma hora. Se eles fossem menos chatos, tudo bem . . . etc.

Compound verbs: "Se tivesse sabido que você vinha, teria preparado um bolo." "Se eu tivesse dormido durante essa apresentação não teria anotado tanta coisa . . . Veja aqui o que eu escrevi. Gostou? Se você tivesse estado aqui, com certeza teria dormido. Eu te conheço. etc.

Situation 3: "Este Amor" (1989) by Caetano Veloso has several *se* (if) constructions. First, find this song on the internet. Next, identify the constructions that describe hypothetical events and change them into factual statements. Here are some verses of "Este Amor," and their translation.

Se alguém pudesse ser um siboney (. . .)   If anyone could be a siboney (. . .)

| Talvez chegasse a ler o que este amor tem como lei. (. . .) | Perhaps he would come to read what to this love is law. (. . .) |

Suggested answers: Hypothesis: Se alguém pudesse ser=um siboney . . .
Fact: Tem/ Há um siboney boiando à flor do sol. / Alguém seu arquipélago, seu rei, Seu golfo e seu farol, que capta/captou a cor das cores da razão do sal da vida / (e) chega/chegou a ler o que este amor / tem como lei
Alguém judeu, iorubá, nissei, bundo, / Rei da diáspora / Abre/abriu as suas portas sobre o mundo / Sem ter (que) nem precisar / E o mundo abre / abriu já, por sua vez, / Asas e pétalas ... / Não é bem, talvez, em flor / Que se desvela o que este amor. (...)
Alguém canta/cantou mais do que ninguém / Do que o silêncio e o grito / Mais íntimo e remoto, perto além / Mais feio e mais bonito /
Alguém pode/pôde erguer o seu Gilgal em Bethania . . . / Qu'anjo exterminador tem como guia o deste amor?
Alguém nalgum bolero, nalgum som / Perde/Perdeu a máscara. / E acha/achou verdadeiro e muito bom / O que não passará / Dindinha lua brilharia mais no céu da ilha / E a luz da maravilha / E a luz do amor / Sobre este amor.

Situation 4 – Cantigas de roda são músicas usadas em brincadeiras infantis, mas às vezes adolescentes e adultos também participam. Forma-se uma roda com todos de mãos dadas. À medida em que a roda gira todos cantam, podendo executar ou não coreografias acerca da letra da música. As melodias são simples. Abaixo temos algumas letras que poderão ser cantadas em aula.

Para mais informações sobre cantigas de roda, consulte a obra de Câmara Cascudo (1898-1986).

9.8.2 Cantigas de Roda

The speaker who reads the *cantigas* is from Paraná.

Roda pião	Escravos de Jó
Mostra tua figura, ó pião	Os escravos de Jó jogavam caxangá
Mostra tua figura, ó pião	Os escravos de Jó jogavam caxangá
Roda pião, bambeia pião	Tira, bota, deixa o Zé Pereira ficar
Roda pião, bambeia pião	Guerreiros com guerreiros fazem
Faça uma cortesia, ó pião	zigue zigue zá
Faça uma cortesia, ó pião	Guerreiros com guerreiros fazem
Roda pião, bambeia pião	zigue zigue zá
Roda pião, bambeia pião	
Atira a tua fieira, ó pião	**Atirei o pau no gato**
Atira a tua fieira, ó pião	Atirei o pau no gato, tô
Roda pião, bambeia pião	mas o gato, tô
Roda pião, bambeia pião	não morreu, reu, reu
Entrega o chapéu a outro, ó pião	dona Chica, cá
Entrega o chapéu a outro, ó pião	admirou-se, se
Roda pião, bambeia pião	do berrô, do berrô
Roda pião, bambeia pião	do berrô que o gato deu, miau!

Ciranda cirandinha	O cravo e a rosa
Ciranda, cirandinha	O cravo brigou com a rosa
vamos todos cirandar	debaixo de uma sacada
vamos dar a meia-volta	o cravo saiu ferido
volta e meia vamos dar	a rosa despedaçada
O anel que tu me deste	O cravo ficou doente
era vidro e se quebrou	a rosa foi visitar
O amor que tu me tinhas	o cravo teve um desmaio
era pouco e se acabou	a rosa pôs-se a chorar
Por isso, D. Fulano	Palma, palma, palma
entre dentro dessa roda	pé, pé, pé
diga um verso bem bonito	caranguejo não é peixe
diga adeus e vá-se embora	na enchente da maré

9.9 Active Vocabulary

Portuguese   Spanish

Nouns

o/a atleta	el/la atleta
a banda	la banda
o basquete(bol)	el basquetbol/baloncesto
o beisebol	el béisbol
o bombeiro	el bombero
a caça	la caza
o campeonato	el campeonato
o campo	la cancha
a cancha	la cancha
o carro alegórico	el carro alegórico, la carroza
as cartas	las cartas
a chuteira	el zapato de fútbol
o conjunto	el conjunto
o correio	el correo
o desfile	el desfile
a epidemia	la epidemia
a equipe (f.)	el equipo
o esqui	el esquí
o esquiador	el esquiador
a estação	la estación
o fogo	el fuego
o furacão	el huracán
o futebol	el fútbol
o goleiro	el portero, el arquero
a inundação	la inundación
o jogador	el jugador

o jornal	el periódico
a lama	el lodo
o locutor	el locutor
a máquina fotográfica	la cámara
a natação	la natación
a neve	la nieve
a notícia	la noticia
as olimpíadas	las olimpiadas u olimpíadas
a orquestra	la orquesta
a Páscoa	la(s) Pascua(s)
a pesca	la pesca
o prêmio	el premio
a quadra	la cancha
a Quaresma	la Cuaresma
a revista	la revista
o rolo	el rollo
o rolo a cores	rollo en colores
o rolo preto e branco	rollo en blanco y negro
a temporada	la estación, la temporada
o tênis	el tenis
o terremoto	el terremoto
o time	el equipo
o torcedor	el hincha, el aficionado
o tremor	el temblor
a vista	la vista
o xadrez	el ajedrez

Verbs

assistir	asistir a
brincar	jugar
caçar	cazar
correr	correr
duvidar	dudar
esperar	esperar
esquiar	esquiar
fazer Cooper	trotar
gastar	gastar
jogar	jugar (deportes)
mandar	mandar
mudar de assunto	cambiar de tema
patinar	patinar
pescar	pescar
pular	brincar
saltar	saltar
sair-se bem	salirse bien
valer a pena	valer la pena

Adjectives

maior	más grande
melhor	mejor
menor	más pequeño
pior	peor

Common Expressions

a fim de que	a fin de que
ainda que	aunque; aún que
a não ser que	a menos que, a no ser que
antes que	antes de que
até que	hasta que
caso	por si acaso
contanto que	a condición que, con tal (de) que
depois que	después de que
embora	aunque
É pena	Es una lástima
já que	ya que
mesmo que	aunque, aun cuando
para que	para que
quando	cuando
sem que	sin que
Tomara (with present subjunctive only; it is the simple past perfect of *tomar*)	Ojalá (followed by both present and past subjunctive)

Appendixes

Basic Reference Grammar

Appendix-1 – Phonetic Symbols

Alphabet Letter	Phonetic Symbol	Alphabet Letter	Phonetic Symbol	Alphabet Letter	Phonetic Symbol
a	[a] ato	i note 2	[i] cisco [ⁱ] seis	r	[r] raro, ver
ã, an am	[ã] lã, antes [ãᵘ] falam	im in	[ĩ] or [ĩⁱ] sim [ĩ] sinto	r [χ] and [я] are less common	/R/ note 1 [x] raro, ver [h] raro, ver [χ] raro, ver [я] raro, ver [Ø] mute ver
b	[b] boto	j	[ž] jogo		
c	[s] cito, céu [k] cama, com, culpa	k	[k] kart	rr [χ] and [я] are less common	/R/ note 1 [x], [h], [я], [χ], [r] carro
ç	[s] dança, laço, açúcar	l	[l] brasileiro [ᵘ] Brasil	s	/S/ note 1 [s] três, [z] desde [š] três, [ž] desde
ch	[š] Chico	lh note 3	[lⁱ], [ʎ], [lⁱy] filho	s	[z] asa
d	[d] desde, dar, do, duas [d] digo, bode, desde	m	[m] mais [~] campo, bom	ss	[s] assa
e note 2	[e] seja [ɛ] sete [i] sete [ⁱ] passear	n	[n] cana [~] canto, zen	t	[t] teve, tal, tom, tuna [ṭ] time, parte
é ê	[ɛ] Zé [e] zê	nh note 3	[ỹ] or [ɲ] tenho	u note 2	[u] úvula, [ᵘ] estou
em en	[eⁱ] bem, zen [ẽ] bento	o note 2	[o] amor [ø] modo [u] modo [ᵘ] enjôo	um un	[ũ] or [ũᵘ] bum! [ũ] nunca
f	[f] foto			v	[v] voto
g+o,a,u g+i,e	[g] gol, gala, gula [ž] giz, gê	ó ô	[ø] dó [o] avô	w note 2	[w] Oswald [ᵘ] watt
gu+e,i	[g] pague, seguinte	om õ, on	[õ] or [ãᵘ] bom [õ] põe, tonto	x	[s] trouxe [z] exato [ks] nexo [š] Texaco
		p	[p] pato		
gü+e,i note 2	[gᵘ] agüentar, argüir	q	[k] parque, aquilo	y note 2	[i] Lisy [ⁱ] Bley [ž] jarda
h	mute: hotel	qü note 2	[kᵘ] eloqüente, tranqüilo	z	[z] fazer

Note-1: The letters "r," "rr," "s" and "z" may vary their pronunciation depending on the region and on the individual. For this reason, we represent their pronunciation with /R/ and /S/ whenever applicable, which is intended to represent all variants. The student should simply opt for one of the variants and be consistent.

Note-2: The semi-vowels, represented by the superscripts [ⁱ] and [ᵘ], are the less proeminent portions of a diphthong. In the following examples, the syllable nuclei, the proeminent parts, are in bold and the semi-vowels are underlined: *dois* [doⁱs], *furioso* [fu.rⁱó.zu], *pães* [pãⁱs], *bem* [ẽⁱ], *sou* [soᵘ], *Brasil* [bra.zíᵘ], etc.

Note-3: The symbols [lⁱ], [λ] and [lⁱy] are three different ways of representing the same sound, as in *cavalheiro* [ka.va.lⁱyéⁱ.ru]. Likewise, "nh" is represented as [ⁱỹ] to help visually, but it could be represented as [ɲ] as well. The little "i" before "ỹ" goes in fact with the preceding syllable. For instance, the word "manhã" sounds like the combination of *mãe+nhã*. Many authors prefer to represent the Portuguese "nh" sound as [ɲ], a palatal consonant. This symbol creates a conflict with Spanish, because the same symbol is used for the Spanish letter "ñ," which is different from Brazilian Portuguese "nh." Brazilian Portuguese "nh" goes deeper into the palate, in or closer to the velar area.

Vowels in Brazilian Portuguese

The table below is based on the Brazilian Portuguese pronunciation, except in the case of the central reduced vowel, known as **schwa**, which exists in Peninsular Portuguese. The schwa exists also in English, but not in Spanish. Schwas are abundant in English. English discourse tends to make schwas of all unstressed vowels, as in the underlined vocalic portions of words such as, "about," "atom," "atomic," "office," "official," and many more. It also exists as stressed or "strong" vowels, e.g. "uh-uh!," "southern" and alike.

	Anteriores ou Palatais	Centrais	Posteriores ou Velares
	estendidas		arredondadas
Fechadas ou altas	[i] [ĩ] mito, minto		[ũ] [u] mundo, mudo
semi-fechadas	[e], [ẽ] cedo, sendo	[ə] in Portugal	[õ] [o] bonde, pôde
semi-abertas	[ɛ] Zeca	[ã] manta	[ø] bode
Aberta ou baixas		[a] mata	

Brazilian Portuguese has seven oral vowels (a, e, é, i, o, ó, u) and five nasals (ã, ẽ, ĩ, õ, ũ); in Portugal there are eight oral vowels (a, e, é, i, ə (schwa), o, ó, u) and five nasals (ã, ẽ, î, õ, ũ). Traditionally, the nasal vowel in words like *sendo, tempo,* etc. is represented phonetically as [ẽ], a semi-closed nasal vowel. *Pois não* uses the semi-**open** [ɛ̃] vowel symbol because *–em* and *–en* are in fact open vowels in Brazilian Portuguese. This is difficult to demonstrate objectively because instrumental analysis of nasal sounds are more complex than the analysis of oral sounds. One has to use native intuition to find out that words like h**em**! (or h**ein**!), v**em**, t**ên**is, quinz**en**a, and so on have a semi-open trait in Brazilian Portuguese.

Hence, in standard Portuguese (**português-padrão do Brasil – BP**), proparoxytone words stressed on the antepenultimate syllable with the *a, e, o* followed by *m* or *n,* receive a **circumflex** diacritic because they are considered to be *semi-fechadas* (semi-closed). In general, these vowels are nasalized. In Standard Peninsular Portuguese (**português-padrão de Portugal – PP**) these vowels can be *semi-fechadas* or *semi-abertas.* Hence, they will have a circumflex diacritic if they are *semi-fechada* and an acute diacritic if *semi-aberta.* Thus, we have:

> BP: âmago, ânimo, fêmea, acadêmico, anêmona, cênico,
>   Amazônia, Antônio;
> PP: âmago, ânimo, fêmea, **porém** acadêmico, anêmona, cénico,
>   Amazónia, António.

This explanation follows closely descriptions found Portuguese grammars.

Therefore, most of the times the circumflex goes on the vowels **e** and **o**. It is only placed over the **a** when followed by a nasal consonant (**ân**(h), **âm**). The vowels **i** and **u** will not have a circumflex, because they do not have corresponding open vowels as **e** and **o** have.

Diphthongs in Brazilian Portuguese

Very often, the so-called rising diphthongs *ue* and *ie* in Spanish correspond to the open vowels of Brazilian Portuguese—*muestro, siete* and *mostro, sete—*. These same Spanish diphthongs followed by a nasal consonant more often than not correspond to Brazilian Portuguese *on* and *en* —*puente, tiempo* and *ponte, tempo—*, pronounced in Portuguese as [õ] and [ɛ̃] or [ẽ].

Rising diphthongs in general, not only *ue* and *ie*, are much less frequent in Brazilian Portuguese than in Spanish. Except in very few cases, e.g. *agüentar*, rising diphthongs are pronounced like hiatus, e.g. *pi.e.da.de, pi.a.da,* etc. and **not** as diphthong as *pie.da.de, pia.da,* etc.

Falling diphthongs are common in Brazilian Portuguese, especially the ones that are a result of "l" changed into "ᵘ", in syllable final position (*saldo* [sáᵘ.du], *solto* [sóᵘtu], *Cacilda* [ka.síᵘ.da], *azul* [a.zúᵘ], *mil* [míᵘ], etc.). Although the diphthongs *eu* and *ou* are common in the written language, in spoken language they often become monothongs, that is *ei* shortens to "e" and *ou* to "o." Hence, words like *primeiro, manteiga, estou, tesouro* are normally pronounced as *primero, mantega, istô, tisoro*.

Appendix-2 – The Alphabet

This is the Portuguese alphabet (the new letters added to the Portuguese alphabet by the new Spelling Reform in 2008, *Reforma Ortográfica*, are in italics):

a b c d e f g h i j *k* l m n o p q r s t u v *w* x *y* z.

It is common to use the letter **h** but in fact, it is mute as in Spanish, e.g. *homem, mulher, caminhão, ah!*. The letters *k, w* and *y*, are normally limited to foreign words, proper names, abbreviations, and international symbols: *Washington*, yd. (*jarda*), kg (*quilograma*).

The table below shows the letters of the alphabet followed by the name and pronunciation of each one. In some regions, in Bahia for example, some of these letters are said differently. Hence, instead of saying "*ene*" or "*eme*" for the letters "n" and "m," a *baiano* would say "*nê*" and "*mê*," which makes more sense, given the similar way we say the other letters *bê, cê*, etc.

The symbols below were adapted to the needs of this book. The sounds in brackets are followed by examples in English and Spanish, if needed. They are the best approximation to the Portuguese sounds.

Letter	Pronunci-ation	Transcription	Letter	Pronunci-ation	Transcription
a	a	[a]	n	ene or nê	[έ.ni] or [ne]
b	bê	[be]	nh	ene-agá or nê-agá	[έ.nia.gá] or [ne-a.gá]
c	cê	[se]	o	ó	[ø] ing. p**aw**
ç	cê-cedilha or cê-cedilhado	[sé-se.dí.lʲya] or [sé-se.di.lʲyá.du]	o	ô	[o]
ch	cê-agá	[sé-a.gá]	p	pê	[pe]
d	dê	[de]	q	quê	[ke]
e	é	[ε] ing. b**e**t	r	erre or rê	[έ.Ri] or [Re]
e	ê	[e]	rr	erre-erre or rê-rê	[έ.Ri-έ.Ri] or [Re-Ré]
f	efe or fê	[έ.fi] or [fe]	s	esse	[έ.si]
g	gê	[že] ing. vi**si**on	ss	esse-esse	[έ.si-έ.si]
h	agá	[a.gá]	t	tê	[te]
i	i	[i]	u	u	[u]
j	jota	[žó.ta]	v	vê	[ve]
k	cá	[ka]	w	dáblio	[dá.bliᵘ]
l	ele or lê	[έ.li] or [le]	x	xis	[šis] ing. fi**sh**
lh	ele-agá or lê-agá	[έ.li-a.gá] or [le-a.gá]	y	ípsilon or ipsilóni	[í.p(í.)si.lõ] or [i.pi.si.ló.ni]
m	eme or mê	[έ.mi] or [me]	z	zê	[ze]

Consonant Clusters

Consonant clusters happen when two or more consonants are bound. The most common ones in Portuguese end in **l** or **r**, as depicted in the table below.

Consonant Clusters	Examples		Consonant Clusters	Examples	
	Word Initial	Inside Word		Word Initial	Inside Word
bl	**bl**oco	a**bl**uir	**gl**	**gl**utão	a**gl**utinar
br	**br**anco	ru**br**o	**gr**	**gr**ande	re**gr**a
cl	**cl**aro	te**cl**a	**pl**	**pl**ano	tri**pl**o
cr	**cr**avo	A**cr**e	**pr**	**pr**ato	so**pr**o
dr	**dr**agão	vi**dr**o	**tl**	não há	a**tl**as
fl	**fl**or	ru**fl**ar	**tr**	**tr**ibo	a**tr**ás
fr	**fr**ancês	re**fr**ão	**vr**	—	pala**vr**a

There are other possible consonantal clusters, such as **dv, gn, mn, pn, ps, pt, tm** but some are rare or may never occur in Portuguese.

In Brasil, it is common to add an epenthetic or supporting vowel to eliminate consonant clusters other than the ones in the table above. There is a natural preference in spoken Brazilian Portuguese for syllables with a consonant followed by a vowel, instead of syllables ending in a consonant. For instance, the following words have syllables that end in consonants (the dot represent syllable boundary): ad.vo.ga.do [a.**di**.vo.gá.du] or the less common [a.**de**.vo.ga.du]; g.no.mo [**gi**.nó.mu], p.neu [**pi**.néᵘ] or [**pe**.néᵘ], dig.no [dí.**gi**.nu], rit.mo [rí.**ti**.mu], p.si.có.1o.go [**pi**.si.kó.lo.gu].

Likewise, the spoken language adds a supporting "e" to words ending in consonant and often eliminates **r**s in word final position and change **l**s to "u" in syllable final position: *pingue-pongue*, instead of "ping-pong," *bebê* instead of "beber," *Giu*, instead of "Gil," *Siuva*, instead of "Silva," to mention a few examples.

Appendix-3 – Orthography

Lexical Notation: Portuguese Diacritics, Hyphen and Other Symbols

Note: English *letter in italics* = Spanish *letra cursiva* or *bastardilla* = Portuguese *letra grifada, cursiva* or *itálica*; English **letter in bold** = Spanish **letra negrilla** or **negrita** = Portuguese **letra em negrito** or **letra negrita**.

Symbol	Name in Portuguese	Function
´	Acento agudo	It indicates stressed vowels: mínimo, mútuo; and stressed and open vowels: sábado, cafuné, módulo.
`	Acento grave	It indicates contraction or fusion of the preposition a with the articles a, as resulting in à, às; and also with the preposition a with the demonstrative pronouns aquele(s), aquela(s), aquilo, resulting in the forms àquele(s), àquela(s), àquilo: *Vou à Bahia* (ir a + a Bahia).
^	Acento circunflexo	It indicates a stressed vowel: *pânico*; and stressed and closed vowels: *Prazer em conhecê-lo, Jô Soares*. The vowels **i** and **u** can only have acute marker.
’	Apóstrofo	In general, it indicates suppression of letters: *Vou p'ra Pasárgada e não p'a P'rtugal*.
" "	Aspas	Usually, it indicates a citation, dialogue, highlighted segments, novelties, etc.
*	Asterisco	In linguistics, it is used to indicate that a word or expression is not acceptable by a native speaker. E.g. **Me comi todo!* instead of *Comi tudo!* Sometimes, it is used to replace a vulgar expression: *"Mais esquisito do que o * da giá"*. Other functions can be found depending on the convention.
/	Barra diagonal	One of its functions is to enclose a phonological transcription, namely a broad transcription. It is also used in abbreviations, e.g. a/c ("aos cuidados, ing. "in care of").
¸	Cedilha	The *cedilha* (¸) is written under the letter **c**, before **a, o** or **u**, for an "s" sound: *faça, faço, açúcar*. In front of "e" and "i" there is no *cedilha* because the sound *c + i* or *+ e* is always "s:" cinema, céu. On the other hand, **c** without *cedilha* and followed by **a, o,** or **u** has a "k" sound: casa, coisa, culto.
{ }	Chaves	It has several functions. It can indicate a unit higher than brackets or an alternative operation (i.e. or) within the same formal rule, etc.
[ ]	Colchetes	Brackets can indicate a unit higher than the unit in between parentheses. It also holds a phonetic transcription, namely more detailed transcription.
:	dois pontos	Among its many functions, the colon is used to express what is said or a series of items or examples.

Symbol	Name in Portuguese	Function
-	Hífen	Also called *traço/ tracinho* (*de união*), it is used to connect two or more lexical units: *super-homem, calaram-se, pão-de-ló*. The hyphen is often used to separate words at the end of a line: *cader- / no, acen- /tuação*. There is a different use in Portugal with the monosyllabic forms of "haver" when followed by a preposition: *hei-de, hão-de*, etc. But in Brazil: *hei de, hão de*. The general convention regarding the use of hyphen is based on the following: *Hyphen can only be used on compound words that maintain its phonetic independence by keeping its own stress, and still forming a perfect unit of sense.* In practice, however, the best is to consult a dictionary when in doubt. The *Reforma Ortográfica* (2008) voted to abolish some of its use. See new rules below.
( )	Parênteses	It separates an additional non-essential information, without altering the syntactic structure. It has many other functions, e.g. the order of arithmetic operations, the optional use of an element, etc.
.	Ponto	It denotes a pause that ends a sentence or a complete statement.
!	Ponto de exclamação	It signals a surprise or emphasis.
?	Ponto de interrogação	Usually it indicates a question.
;	Ponto e vírgula	It suggests pauses larger than pauses of a coma and shorter than pauses of a period.
...	Reticências	Normally used for incomplete statement, statements "in suspension."
~	Til	In Portuguese, a tilde is used over vowels to indicate a nasal vowel, not necessarily stressed: *órfão,mãe, pão*.
—	Travessão	In general, it alternates with parentheses.
..	Trema	In Brazilian Portuguese (**not used in Portugal**) it tells when the letter "u" is pronounced: *güe, güi, qüe* e *qüi*: *lingüística, agüentar, cinqüenta, freqüente*. In practice, many people and publications forget to use *trema* where it applies. The upcoming *Reforma Ortográfica* (2008) approved its abolition.
,	Vírgula	It indicates a short pause within a sentence.

Accentuation in Brazilian Portuguese – *português-padrão*

Important Note: In 2007, it was announced that major spelling changes would take place in Portuguese, in an attempt to make spelling more uniform across *CPLP* (*Comunidade de Países de Língua Portuguesa*). Given the current discussions in Brazil as well as in other *CPLP* countries, regarding the proposed reform, we decided to maintain the current spelling and inform the reader about the new ones. In fact, the new reform affects this book minimally. At the end of this appendix, there is a short section called **Spelling Reform or *Reforma Ortográfica* (2008)**, which explains the new rules.

Users of this course should know that rules of placement of diacritics are made for **native speakers**. That is why these rules are characterized by statements like "If the spoken stress falls on the penultimate syllable..." Therefore, a foreigner has to learn which one is the spoken stressed syllable in a word to apply these written rules. The native, on the other hand, has only to apply the rules. He/she already knows where the spoken stress falls. As an illustration, let's take a look at an exercise that takes this point into consideration:

Exercício – Os acentos gráficos do parágrafo abaixo foram retirados de propósito. Coloque o acento gráfico quando for necessário. Todas as vogais **salientes** de **todo** tipo de palavra (conjunção, verbo, pronome, substantivo, etc.) estão assinaladas para que o estudante tenha o mesmo conhecimento que o falante nativo, antes de decidir se é necessário ou não colocar o acento gráfico.

além disso, a melodia usa, no refrão, partes de uma publicidade conhecida da companhia brasileira de aviação, VARIG. Por quê? Comenta-se que durante o dominio militar, a companhia aérea PANAIR foi obrigada a fechar e ceder à VARIG o espaço que até então ocupava. Assim, outras referências a essa época podem ser encontradas nesta canção e outras desses anos 60 e 70, no Brasil.	*además de eso, la melodia usa, en el refrán, partes de una publicidad conocida de la compañia brasileña de aviación, VARIG. Por qué? Se comenta que durante el dominio militar, se obligó a la compañia aérea PANAIR que cerrara y cediera a VARIG el espacio que hasta entonces aquélla ocupaba. Así, se puede encontrar en esta y otras canciones otras referencias a esa época de los años 60 y 70 en Brasil.*

Answers:

além disso, a melodia usa, no refrão, partes de uma publicidade conhecida da companhia brasileira de aviação, VARIG. Por quê? Comenta-se que durante o domínio militar, a companhia aérea PANAIR foi obrigada a fechar e ceder à VARIG o espaço que até então ocupava. Assim, outras referências a essa época podem ser encontradas nesta canção e outras desses anos 60 e 70, no Brasil.	*además de eso, la melodia usa, en el refrán, partes de una publicidad conocida de la compañia brasileña de aviación, VARIG. Por qué? Se comenta que durante el dominio militar, se obligó a la compañia aérea PANAIR que cerrara y cediera a VARIG el espacio que hasta entonces aquélla ocupaba. Así, se puede encontrar en esta y otras canciones otras referencias a esa época de los años 60 y 70 en Brasil.*

Therefore, taking into account the intuition of the native speaker, words in Portuguese fall into the following stress patterns (the little squares represent the syllable places in words:

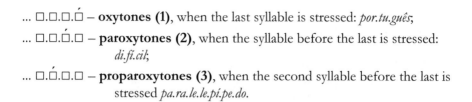

... □.□.□.□́ – **oxytones (1)**, when the last syllable is stressed: *por.tu.guês*;

... □.□.□́.□ – **paroxytones (2)**, when the syllable before the last is stressed: *di.fí.cil*;

... □.□́.□.□ – **proparoxytones (3)**, when the second syllable before the last is stressed *pa.ra.le.le.pí.pe.do*.

Likewise in Spanish although not as much, paroxytone words are often considered the most common pattern. If we subscribe to that claim, we can consider paroxytones unmarked. This would explain why paraxytones do not have written stress markers as much as proparoxytones and oxytones, the marked ones. It is also noteworthy that there are some unusual cases of stress in the 4th syllable, but these are limited to one or two cases of lexicon borrowings like "técnica", i.e. [té.ki.ni.ka]. This pattern is similar to Spanish *sobresdrújulas* in words like "*cómpremelo*" i.e. [kóm.pre.me.lo].

Rules of Accentuation Based on Native Speaker's Intuition

Remember that the vowels **i** and **u** do not have circumflex, because it is not necessary to distinguish them from other vowels. The rules of accentuation here in this appendix are rather detailed. In the beginning of this course, there is a shorter version of these rules, in comparison with similar rules in Spanish.

Rule-1 – Proparoxytones (3): All proparoxytones have a stress marker. The diacritic will be

acute, on the vowels *a, i, u* and on *e* and *o* if they are **open**: tí.mi.do, rús.ti.co, sá.ba.do, i.bé.ri.co, ló.gi.co, i.rí.a.mos, as well as *área, mágoa, vácuo* (i.e. *á.re.a, má.go.a, vá.cu.o*);

circumflex, before nasal consonants and when the vowels are **closed**: pâ.ni.co, âm.bi.to, pês.se.go, fôs.se.mos, qui.lô.me.tro, assim como *espontâneo, tênue* (i.e. es.pon.tâ.ne.o, tê.nu.e).

Note that rising diphthongs are in fact hiatus: vá.**cu.o**, tê.**nu.e**, lí.**ri.o**, A.ma.zô.**ni.a**. In these cases, syllabication is considered similar to vocalic sequences involving "strong" vowels **a, e, o**: má.**go.a**, á.**re.a**.

Rule-2 – Oxytones (1): Place a stress marker on the ones ending in *a, e* and *o*, followed or not by *s* (Brazilians mistakenly tend to put a written stress marker on words ending in i̲ and u̲. These words do not have stress marker:: *urubu, Peru, siri, colibri, colibris*). The diacritic will be

acute for **open** vowels and **circumflex** for **closed** one: *pegá-la, cajá, hás, jacaré, dá-lo, contá-la, sós; trânsito, fazê-lo, movê-las, conhecê-lo, alô*.

Rule-3 – Paroxytones (2) -i, -u: Place a stress marker if the word ends in *i* or *u*, followed or not by *s*. The diacritic will be

acute for open vowels and **circumflex** for closed vowels: *No.va Dé.lhi, lá.pis; tê.nis, bô.nus* (in Portugal: *tê.nis, bó.nus*). It does not apply prefixes (e.g. *semi-aberto*).

Note: **a, e, o + m** or **n**:

    BP: ânus, certâmen, fêmur, fênix, tênis, ônus, bônus;
    PP: ânus, certâmen, **but** fémur, fénix, ténis, ónus, bónus.

    Some rules for PP do not apply to BP:

    In Portugal **amamos** (first person plural present) is considered *semi-fechada*. However, **amámos** (first person plural preterite) is considered *aberta*. Similarly, we obtain **demos** (subjunctive) **démos** (preterite).

Rule-4 – Oxytones (with more than one syllable) ending in -em, -ens: Place a stress marker:

Acute over *e*: alguém, armazém, convém, convéns, detém-lo, mantém-na, parabéns, retém-no, também, etc. **Do not apply** this rule to **proparoxytones**: *ontem, origem, imagens, jovens, nuvens, etc.*

Circumflex goes only over the *e* of the third person plural of the present of the indicative of the verbs *ter, vir* and their compounds: *(eles) contêm, (elas) convêm, (eles) têm, (elas) vêm,* etc. This use of circumflex is similar to the use of grave accent in *crase*. In other words, these forms used to have two vowels which evolved into a single one: **têem, *vêem*, etc. But see the spelling reform (p. 437)

Rule-5 – Paroxytones -l, -n, -r, -x, -um, -uns: Place a diacritic:

Acute on *i, u, a;* and open *e* or *o*: *açúcar, afável, alúmen, córtex, éter, hífen, álbum, álbuns.*

Circumflex on *e* and *o* closed and *a* followed by a nasal consonant: *aljôfar, âmbar, cânon.* Prefixes ending in *r* do not have these diacritics: *inter-humano, super-homem.*

Rule-6 – Mark with an acute diacritic the open vowel in the nucleus of stressed diphthong *éi, éu, ói*: *bacharéis, chapéu, jibóia, hebréia, paranóico, rouxinóis.* (See the new spelling reform on page 437)

Rule-7 – The **grave** diacritic marks the contraction of the preposition *a* with the article *a* and also with the demonstrative pronouns *a, aquele, aquilo*: à, às, àquele, àquilo, etc.

Special cases (but see the new Reforma Ortográfica on page 437):

- *pôde* (preterite), *pode* (present)
- when stressed i and u form a hiatus (separation) with the preceding vowel, they require an acute diacritic: *aí, balaústre, cafeína, contraí-la, distribuí-lo, egoísta, heroína, país, saía, saúde, viúvo;*
    Exceptions (in presence of *l, m, n, r* or *z* in the same syllable and if there is *nh* in the following syllable; when stress *iu* and *ui* are preceded by a vowel): *adail, contribuinte, demiurgo, juiz, paul, retribuirdes, ventoinha, atraiu, contribuiu, pauis.*
- Use the acute diacritic on stressed *u* preceded by *g* or *q* + *e* or *i*: *argúi, argúis, averigúe, averigúes, obliqúe, obliqúes.*
- Put a circumflex over the following words: *crê, dê, lê, vê, crêem, dêem, lêem, vêem* and *descrêem, desdêem, relêem, revêem.*
- Put a acute or circumflex diacritic over open and closed vowel of the paroxytones ending in oral diphthongs: *ágeis, devêreis, escrevêsseis, faríeis, férteis, fósseis, fôsseis, imóveis, jóquei, pênseis, pusésseis, quisésseis, tínheis, túneis, úteis, variáveis.*
- Use tilde to indicate nasalization, but it also functions as indicator of stressed vowel if no other diacritic is present: *capitães, coração, devoções, põem, etc.; acórdão, bênção, órfã.*
- Place an acute diacritic to distinguish certain words: *ás* (substantivo masculino) and *as* (article or pronoun); *pára* (verb) and *para* (prep.); *péla, pélas* (s. f. and verb) and *pela, pelas* (por + a(s)); *pélo* (verb) and *pelo* (por + o).
- Place a circumflex over the first **o** in words ending in **oo**: *vôo, magôo*, etc.
- Place a dieresis (*trema*) over *u* if pronounced in sequences güe, güi, qüe, qüi: *agüentar, argüição, eloqüente, tranqüilo.*

Divergences Between Portugal and Brazil Due to Different Pronunciation of Open and Closed Vowels

1. Words ending in *–eia*
    BP: *assembléia, idéia; feia, passeia;*
    PP: *assembleia, ideia; feia, passeia* (same pronunciation, no diacritic).

2. Words ending in *–oo*
    BP: *enjôo, vôo;*
    PP: *enjoo, voo*

3. Trema:

BP – *agüentar, argüição, eloqüente, tranqüilo.*
PP – In Portugal, the *trema* was abolished in 1945.

4. "**Mute consonants**":
BP – (since 1943) mute consonants in syllable final position should not be written: *ato, ação, acionar, batismo, diretor, correto, fato, ótimo, adotar;*
PP – In Portugal (since 1945), these consonants continue to be written after *a, e, o*: *acto, acção, accionar, baptismo, director, correcto, facto, óptimo, adoptar.*

BP and PP: autóctone, compacto, apto, inepto, etc.
BP (both valid): aspecto/ aspeto, dactilografia/ datilografia, infecção/ infecção, etc.

Syllabication

Basic principles:

1) The most common syllable pattern is consonant + vowel(s): *ca.sa, sí.la.ba, pa.la.vra, i.ni.cio.* Consequently, whenever there is a sequence vogal(**V**)-consonant(**C**)-vogal(**V**), the syllable division is **V.CV** (or V.CVᵛ V.CᵛV): *on.de se.pa.rar u.ma sí.la.ba.*

2) Word division into syllables should coincide with acceptable consonant combinations in the beginning of a word. If that is not sufficient, the end of a word can also help to make a syllable division. For example, how to divide the word "construção" into syllables?

   i. Apply rule 1) one to a sequence **v.cv**: "constr**u.ção**."

   ii. Apply rule 2): *con.strução or *co.nst.rução are not possible because there are no words in Portuguese that start with **st** or **nst**, and no word ends in **t**. Then we try "cons.tru.ção" and that is possible because there are words in Portuguese that start with **tr**. Therefore, the answer is "cons.tru.ção."

3) Dipththongs and triphthongs are not divided: *Má-**rio**, m**ui**.-to, U.ru.g**uai**.*

4) Consonant clusters (pr, pl, cr, cl, etc.) plus *lh* and *nh* are kept together: *fi-**lh**o, ma-**nh**ã, **pn**eu-má-ti-co, es-**cl**a-re-cer, a.pron.tar, pa.**dr**i.**nh**o,etc..*

5) Some consonant pairs (*rr, ss, sc, sç* and *xc:*) are traditionally separated although they form in fact one phoneme or sound: *te**r-r**a, pro-fe**s-s**or, pi**s-c**i-na, e**x-c**e-len-te.*

6) Hiatus means "separation" and that is reflected in the syllable division: *c**o-o**r-de-nar, s**a-ú**-de.*

SPELLING REFORM or *Reforma Ortográfica* (2008)

This section is intended to help the users of this book with respect to the new Spelling Reform in Brazilian Portuguese, if it becomes implemented as expected, in 2008 or later. The internet has plenty of information on the subject. This book maintains the old spelling, because the changes are still being debated, despite their approval one decade ago. The *trema*, for example, is very useful in a book of this nature, which relies heavily on pronunciation.

Therefore, the new orthographic rules in Portuguese provoked considerable disagreements in Brazil. Brazilian scholars have pointed out a number of flaws in the new rules. The defenders of the reform explain that the new rules are intended to simplify the Portuguese writing system.

As you study the summarized rules below, note that the *trema* (¨) is expected to be completely abolished. Here are the changes:

Hyphen (HÍFEN) Will Not Be Used

1. when the second part of the word starts with **s** or **r**. In lieu of hyphen, these consonants will be duplicated. Examples of the new spelling: *antirreligioso, antissemita, infrassom*. Exception: if the prefix ends in –r, the hyphen is kept: *super-requintado, inter-regional*.

2. when the prefix ends in vowel and the second part starts with a vowel: *extraescolar, autoestrada*.

Diaeresis or Dieresis (TREMA)
will not be used, except in proper names and their derivatives.

Differential Stress Marker (ACENTO DIFERENCIAL)

There will be no more stress marker to differentiate:

1. "para" (from verb *parar*) and "para" (preposition);
2. "pela" (from verb *pelar*) and "pela" (contraction of por + a);
3. "polo" (noun) and "polo" (antiquated contraction of "por" and "lo");
4. "pelo" (from verb *pelar*), "pelo" (noun) and "pelo" (por + o);
5. "pera" (noun, fruit), "pera" (archaic noun for *pedra*) and "pera" (archaic preposition).

Alphabet (ALFABETO)

The alphabet will add the letters "k", "w" and "y", for a new total of 26 letters.

Circumflex (ACENTO CIRCUNFLEXO) Will Not Be Used

1. in third person plural of the present indicative and subjunctive moods of the verbs *crer, dar, ler, ver* and their derivatives. The new spelling will be *creem, deem, leem* and *veem*;
2. in words ending in hiatus "oo." Examples of new spelling: *enjoo* and *voo*.

Acute Marker (ACENTO AGUDO) Will Not Be Used

1. in diphthongs *ei* and *oi* of paroxytone words: *assembleia, ideia* and *heroica*;
2. in paroxytone words with stressed *i* and *u* after diphthongs: *feiura*;
3. in verbal forms with stressed *u* in its root, in between *g_e, g_i, q_e* or *q_i*: . The new spelling will be *averigue, arguem*.

Other Changes

In Peninsular Portuguese,

the letters *c* and *p* will be eliminated in words in which they are not pronounced: *acção, óptimo*, etc. become *ação, ótimo*, etc.;

In Brazil,

the *h* will not be used in words like *herva* and *húmido*, which will become *erva* and *úmido*.

Reading Aloud According to the Written Language: Placement of Stress in Spoken Language

Given the preceding explanation about written accentuation, we can in part infer how to stress a word properly, from a correctly written text.

1. Stress falls on vowels that have an acute or circumflex stress marker: *sábado, órfão, manhã, líder, mídia,* F*ábio*.

2. When there is no stress marker, the stress will fall on the penultimate syllable, if the last syllable of a word ends in **–m** or in **a**, **e**, **o** followed or not by **s**: *falam, levem, cinema, Adele, caroço, jovem*.

3. The stress generally falls on a vowel at the end of a word, if the word ends in two vowels or in *-l, -u, -z, -i,* or *r,* which be remembered by thinking of the word *luzir*, which means "to shine" in Portuguese: *falei, cantou, bacalhau, epidemia, burocracia, Maria, Farias, Brasil, urubus, colibri, honradez, sair, jogar, correr*.

Appendix-4 – *Por* and *Para*

Por and para (a)

The prepositions **por** and **para** can be explained in different ways. One of them is to imagine prepositions as "bridges" that connect words or other units. For example, the preposition **para** connects the units **Vou** and **o Brasil** in *Vou **para** o Brasil*. We can call *Vou* the **origin** and *Brasil* the **goal**.

With the *bridge* **para**, the **goal** may be reached or not. In other words, it simply indicate a direction, a goal:

Vou para lá. Ele já levou isso para vocês. Para que se entenda de vinho é preciso bebê-lo. Para se chegar a Roma, é preciso ter boca. Você vai comprar alguma coisa para ela? Para ser feliz, está sempre cantando. A casa foi feita para mim.

In general, **para** is used before infinitives when it means **a fim de**, a close equivalent of "in order to," in English: **Para** <u>se ganhar</u> dinheiro é preciso um pai rico.

Therefore, with the bridge **para**, the parts approximate, but don't actually come into contact, don't reach the goal.

NOTE: There is an important difference between **ir para** and **ir a**. **Ir para** indicates **definitively** and **ir a** is for a **temporary** period. If I say *Vou para o Brasil*, this means that I will **live** there. If I say *Vou ao Brasil*, it is for **a visit**.

In the case of the bridge **por**, the **origin** or what started at the origin is in contact with the **goal**; or yet metaphorically, the **origin** goes through or reaches the **goal**:

*Entrou **pela** janela. As chaves devem estar **por** aqui. Trabalharam **por** (=durante) muito tempo. As ondas são transmitidas **por** um fio. Acho que foram **pela** praia. Chegou acompanhado **por** um senhor elegante. Ele é senador **pelo** estado de Vermont. **Por** ser feliz está sempre cantando. A casa foi feita **por** mim.*

Appendix-5 – Articles, Their Combinations and Contractions with Prepositions

Definite Articles – In general, the function of the definite article (i.e. *o, os, a, as*) is to modify nouns that have already been introduced in a discourse. In other words, nouns that are considered part of everyone's universe.

O <u>céu</u> é o limite.   **A** <u>escola</u> é para todos.

It does make sense *Um céu é o limite,* because "céu" and "escola" are unique, they are part of everyone's universe, and they do not need introduction.

A terra está doente. (Idem *Uma terra está doente*)

For this reason, it can be said that "definite" is synonymous with "specific." Definite articles agree in gender and number with the noun they modify. Article can only be used with nouns or other types of words that function as nouns. Examples:

Masculino		Feminino	
Singular	**Plural**	**Singular**	**Plural**
o aluno	os alunos	a aluna	as alunas
o senhor	os senhores	a senhora	as senhoras

Note: There is a particular use of article with the word **casa**. When *casa* is modified, i.e. followed by another word that modifies it, we use the definite article: *Estive **na** casa <u>do Fábio</u>.* If *casa* is not modified, then no article is used: *Estive **em** casa.* English also has this same distinction with the words *house* and *home*: *I am in my house* (and never *I am house*) and *I am home.*

Indefinite Articles – The indefinite articles are *um, uns, uma, umas.* Their main function is to introduce new information, that is a new noun in discourse. Below, the noun "diretor" is being mentioned for the first time.

- Acabo de falar com **um** diretor dessa companhia.

Then after the director has been introduced in the conversation, one can talk about him using a more definite word or a definite article.

- E **esse** diretor é o mesmo que deu aquela entrevista sobre a poluição.
- **O** cara é boa gente. Não é aquilo que estão dizendo dele, não.

Definite articles agree in gender and number with the noun they are connected to.

Masculino		Feminino	
Singular	**Plural**	**Singular**	**Plural**
um aluno	uns alunos	uma aluna	umas alunas
um senhor	uns senhores	uma senhora	umas senhoras

The combination of definite articles with the prepositions *a*, *de*, *em* and *por* is **obligatory**:

Preposição	Artigo		Contração	Exemplos
A			ao, à, aos, às	Vou **ao** cinema **às** 7 horas.
De	+	o, a	do, da, dos, das	Essa é a filha **do** Marcelo.
Em		os, as	no, na, nos, nas	Coloque o feijão **na** panela.
Por			pelo, pela, pelos, pelas	Ele foi **pela** estrada.

The combination of indefinite articles with the prepositions *de* and *em* is **optional**. It is preferable not to combine them in written or formal language.

de		Um		dum, duma, duns, dumas	São palavras **dum** sábio.
		uma		de um, de uma, de uns, de umas	São palavras **de um** sábio.
	+	uns	=	num, numa, nuns, numas	Nasci **numa** cidadezinha do interior.
em		umas		em um, em uma, em uns, em umas	Nasci **em uma** cidadezinha do interior.

Appendix-6 – Gender and Number

Gender

Nouns in Portuguese have feminine and masculine forms. The other classes of words susceptible of agreement will follow the same rules of nouns.

1. Some forms have two genders: *o analista, a analista, o jornalista, a jornalista*

2. Nouns referring to machines and devices end in **–dor** and are masculine: *computador, gravador. Geladeira (fem)* is more common than *refrigerador*, though.

3. The majority of words ending in *-o* are masculine: *caderno, ensino*; and many ending in *-a* and *-ade* are feminine: *faca, cidade*.

4. Words ending in *-ma*, of Greek origin, are masculine: *problema, cinema, tema*. But *a cama*, is from Latin.

5. The letters of the alphabet are masculine: *o a*, *o b*, *o c*, etc.

6. The majority of fruit and flower trees keep the same gender of the fruit: *a maçã, a macieira; a manga, a mangueira; a noz, a nogueira; a rosa, a roseira; o cravo, o craveiro; o abacate, o abacateiro; o café, o cafeeiro ou cafezeiro*, etc. However, there are a couple of exceptions: *o figo, a figueira, a castanha, o castanheiro* (it is common to say *a castanheira*, though)*; a pinha, o pinheiro*.

Number

Nouns have singular and plural forms. Rules on plural formation:

1. Add **-s** to nouns ending in vowels.

a caneta	as canetas
a universidade	as universidades

2. Nouns ending in the consonants *–r, –s , –z* form the plural by adding **-es.**

o apagador	os apagadores
o chinês	os chineses
o rapaz	os rapazes

    Nouns ending in **s** in unstressed syllable do not change.

o lápis	os lápis
o ônibus	os ônibus

3.   Words ending in **-l** in stressed syllable change **-l** into **-is**:

azul   azuis
espanhol   espanhóis

4. Nouns ending in **-il** in stressed syllable change **-l** in **-s** to form the plural:

o fuzil   os fuzis
o funil   os funis

5. Words ending in –il in **unstressed** syllable form the plural by changing **-il** in **-eis**:

fácil   fáceis
difícil   difíceis

6. Nouns ending in *–m* change *–m* in *–ns*:

homem   homens
jovem   jovens

7. Nouns ending in **-ção** change it into **-ções**. Other nouns ending in **-ão** can change in **-ães**, **-ões**, or **-ãos**.

> **Note:** This rule, usually hard for natives, is generally easier for Spanish speakers or those who know Latin. Speakers of Spanish should do the following. (a) form the plural of the equivalent word in Spanish; (b) add a tilde to the vowel preceding the **-n-** and (c) delete the **–n-**. Observe:

> The plural of **união**:

> (a) In Spanish: *unión* becomes *uniones*
> (b) *uniones* receives a tilde: *uniõnes*
> (c) the **-n-** is deleted: **uniões**.

> Similarly, *mano* becomes *manos*, *mãnos*, **mãos**.

Appendix-7 – Cardinal and Ordinal Numbers; Related Expressions

Cardinal Numbers	Only the numbers *um*, *dois* and hundreds starting with 200 vary in gender: uma, duas, duzentas, novecentas. Note that in Brazil the period (.) separates thousands and the coma (,) separates cents (1.000,00). English uses coma and then period: *1,000.00*.
Ordinals Numbers	Represent order and vary in gender and number: *primeiro, primeiras*. They do not shorten before noun: Spanish *tercer piso*, but Portuguese *terceiro piso* or *terceiro andar*.
Multiplicative	Vary in gender and number.
Fractional	Vary in gender and number.

0 zero	29 vinte e nove	100 cem
1 um/ uma	30 trinta	101 cento e um(a)
2 dois/ duas	31 trinta e um(a)	102 cento e dois (duas)
3 três	32 trinta e dois/ duas	199 cento e noventa e nove
4 quatro	39 trinta e nove	200 duzentos/duzentas
5 cinco	40 quarenta	300 trezentos/trezentas
6 seis	41 quarenta e um(a)	400 quatrocentos/ quatrocentas
7 sete	42 quarenta e dois/duas	500 quinhentos/ quinhentas
8 oito	49 quarenta e nove	600 seiscentos/ seiscentas
9 nove	50 cinqüenta	700 setecentos/ setecentas
10 dez	51 cinqüenta e um/uma	800 oitocentos/ oitocentas
11 onze	52 cinqüenta e dois (duas)	900 novecentos/ novecentas
12 doze	59 cinqüenta e nove	1.000 mil
13 treze	60 sessenta	1.001 mil e um/uma
14 quatorze/ catorze	61 sessenta e um(a)	1.055 mil e cinqüenta e cinco
15 quinze	62 sessenta e dois/ duas	1.100 mil e̲ cem
16 dezesseis	69 sessenta e nove	1.101 mil cento e um/uma
17 dezessete	70 setenta	1.5̲0̲0̲ mil e̲ quinhentos/mil e quinhentas (usa-se o "*e*" porque é um número que termina em dois zeros)
18 dezoito	71 setenta e um/ uma	1.505 mil quinhentos e cinco/ mil quinhentas e cinco
19 dezenove	72 setenta e dois/ duas	1.916 mil novecentos e dezesseis/ mil novecentas e dezesseis
20 vinte	79 setenta e nove	1.969 mil novecentos e sessenta e nove /mil novecentas e sessenta e nove
21 vinte e um(a)	80 oitenta	2.202 dois mil duzentos e dois / duas dois mil duzentas e dois/duas

22 vinte e dois/ duas	81 oitenta e um(a)	100.000 cem mil
23 vinte e três	82 oitenta e dois/ duas	101.000 cento e um/uma mil
24 vinte e quatro	89 oitenta e nove	200.000 duzentos/duzentas mil
25 vinte e cinco	90 noventa	200.5<u>00</u> duzentos/duzentas mil <u>e</u> quinhentos/quinhentas
26 vinte e seis	91 noventa e um(a)	200.510 duzentos/duzentas mil /quinhentos/quinhentas e dez
27 vinte e sete	92 noventa e dois/ duas	1.000.000 um milhão (de)
28 vinte e oito	99 noventa e nove	3.250.000 três milhões, duzentos/ duzentas e cinqüenta mil

Related Words

adição	média	somar
adicionar	meia dúzia	subtração
dezena	meio quilo	subtrair
dividir	multiplicar	um quarto
divisão	menos	um terço
dois quilos	metade	vez (vezes)
dois quartos	multiplicação	
mais	quilo	

Dates in Brazilian Portuguese Are Written This Way

Porto Seguro, 22 de abril de 1500 (*descobrimento* do Brasil)
Porto Seguro, primeiro de abril de [ano] (*Dia da mentira*)

Cardinals

The cardinal numbers *um, dois* and the *centenas* from 200 on vary in gender.

um   uma   duzentos   duzentas   - duzentas maçãs, uma pera
dois   duas   trezentos   trezentas   - dois abacaxis, duas bananas

The feminine form of *um* and *dois* are used before nouns, but never before *milhão, bilhões, trilhões*, etc.

Duas mil pessoas e mil e uma razões
but not *duas milhões de pessoas

Milhão, bilhão, trilhão, etc. vary in number: *dois milhões, vinte trilhões,* etc.

The following cardinals are always masculine and followed by **de** before a noun.

Um milhão **de** pessoas   Um milhão de dólares

but Um milhão, trezentos e vinte cinco mil dólares = US$ 1.325.000,00

Ambos, which replaces *os dois*, vary in gender: *ambos os pés, ambas as mãos.*

The other cardinals are invariant.

Value and Use of Cardinals

1. *Cem* is the reduced form of *cento*, and it is used as an invariant adjective: **cem** *rapazes,* **cem** *meninas. Cento* is also invariant and nowadays it is used:

   a) to designate the numbers between *cem* and *duzentos:* **cento e dois** *homens,* **cento e duas** *mulheres*
   b) with a value of a noun, when preceded by article: *Comprou* **um cento** *de bananas. Pagou caro pel***o cento** *de peras.*
   c) in the expression *cem por cento.*

2. *Conto* (in old times equal to *um milhão de reis*) is still used in the sense of "mil."

   Essa brincadeira me custou **dois contos**.

3. *Bilhão* (also written as *bilião*) used to mean "um milhão de milhões," a value still used in Portugal, Great-Britain, Germany, and in the Hispanic world. In Brazil, France and USA and other countries it represents "mil milhões."

4. In Brazil, *quatorze* alternates with *catorze,* which is the normal Portuguese form.

5. In Portugal the forms *dezasseis, dezassete* and *dezanove,* are normally used, but not in Brazil.

Use of the Conjunction "e" With Cardinal Numbers

1. The conjunction *e* is always placed in between the *centenas, dezenas* and the units: *trinta* **e** *cinco, trezentos* **e** *quarenta* **e** *nove.*

2. This conjunction is not used between the thousands and the hundreds, except when the number ends in one hundreds ending in two zeros:
1892 = mil oitocentos **e** *noventa* **e** *dois, 1800 = mil* **e** *oitocentos.*

3. In higher numbers, the conjunction "e" is used between the members of the same order of units and omitted when passing from one order to another:
293.572 = duzentos e noventa e três mil, quinhentos e setenta e dois.
*332.415.741.211 = trezentos **e** trinta **e** dois bilhões, quatrocentos **e** quinze milhões, setecentos **e** quarenta e um mil, duzentos **e** onze.*

Ordinal Numbers

The ordinal numbers vary in gender and number.

primeiro   primeira   primeiros   primeiras
vigésimo   vigésima   vigésimos   vigésimas

Values and Use of Ordinals

1. Portuguese still preserves the Latinisms *primo, prima*, along with *primeiro*, which is the proper form of the ordinal. Therefore, it is used as a noun to mean "cousin" (*os primos, a prima*, etc.); *prima* also means the first of canonical orders and the highest cord in some musical instruments.

It is also used as adjectives in compound words like *obra-prima, matéria-prima*, or in expressions like *números primos.*

Other uses of ordinals:

Um carro de primeira.	Top quality car.
Uma escola de segunda categoria.	A second class school.
Os ases do automobilismo.	The best drivers in car races.
(as = primeiro)	
Comprei zerinho.	I bought it brand new.
Comprei de segunda mão.	I bought it used.

Use of Roman Numbers

1. In some cases the cardinal is used instead of the ordinal: *Luis quatorze* and not **Luis décimo-quarto.*

2. In the designation of popes, kings, centuries and periods of a work, the ordinals are used until *décimo*. Then, the cardinal is used if the numeral comes after a noun.

Gregório VII (sétimo)	João XXIII (vinte e três)
Pedro II (segundo)	Luis XIV (quatorze)
Século X (décimo)	Século XX (vinte)
Ato III (terceiro)	Capitulo XI (onze)
Canto VI (sexto)	Tomo XV (quinze)

However, if the number come before a noun, the ordinal is used.

Décimo século	Vigésimo século
Terceiro ato	Décimo primeiro capítulo
Sexto Canto	Décimo quinto turno

3. In Brazil, it is not common to use ordinals to express age.

No meu aniversário de 15 anos . . .
(*No meu décimo-quinto aniversário* . . . is not as common as the preceding one)

4. The numbering of laws, etc. the ordinals are used until the number 9.

Artigo 1° (primeiro)	Artigo 10 (dez)
Artigo 9° (nono)	Artigo 41 (quarenta e um)

5. When referring to the days of the month, the cardinals are used, except for the first of the month. The cardinals are also used to designate years and hours.

Amanhã vai ser o dia primeiro de agosto, está lembrado?
Esse jogo foi no dia 2 de julho, às dezessete horas.

6. Cardinals are used to number pages, houses, apartments, hotel rooms, etc. The word *número* is omitted.

Página 3 (três)	Casa 31 (trinta e um)
Folha 8 (oito)	Apartamento 102 (cento e dois)
Cabine 2 (dois)	Quarto 18 (dezoito)

7. If the numeral precedes the word, the ordinal is used.

Terceira página	Segunda cabine
Oitava folha	Trigésima primeira casa

Multiplicative Words

1. Multiplicative words are invariant if they function as nouns.

Isto me custou **o triplo** do que eu esperava.

2. If they function as adjective they agree in gender and number.

Hoje eu preciso de várias **doses duplas**.

3. The multiplicative words *dúplices, tríplices, etc.* only agree in number.

Essas eram cartas **tríplices** que ele escondia.

Use of Multiplicative Words

A few multiplicative terms are regularly used: *dobro, duplo* and *triplo*. The others are limited to learned language. Instead, the numeral is used with the word it modifies: *duas vezes, seis vezes, etc.*

Fractional Words

1. Fractional terms agree with the cardinals that indicate fractions.

Dizem que quase dois terços das palavras portuguesas são paroxítonas.

2. *Meio* agrees in gender with the nucleus of quantity expressed.

Precisamos de um **quilo** e **meio** de farinha.
Quatro quilômetros equivale mais ou menos a **duas** milhas e **meia**.

Note: In Brazil, despite repeated corrections by teachers, it is common to say *meio dia e meio* instead of *meio dia* e *meia (hora)*. However, it is common to say *meia noite e meia*.

3. In partitive expressions like *a metade, a maioria, a maior parte, uma porção, 50%,* the verb can go either to singular or plural. However, the singular is preferred.

A maioria dos estudantes já foi embora.
A maioria dos estudantes já foram embora. (rarely or never used)

Use of Fractional Expressions

1. Fractional expressions are usually expressed in digits (1/4, 1/8, 1/10, etc.) except *meio* (or *metade*) and *terço*.

2. Fractional terms are replaced by the corresponding ordinals when the number is composed of one root (stem): *quarto, quinto. décimo. vigésimo, milésimo, etc.;*

3. They are also replaced by cardinal if followed by **avos** (an "eenth," or a fraction) when the ordinal is a compound form: *quinze avos, duzentos e doze avos.*

4. Except for *meio,* fractional words are preceded by cardinals designating parts of a unit: *um terço, três quintos, cinco treze avos.*

Note: In Brazil, the expression *meia-dúzia* (commonly reduced to *meia*) often replaces the cardinal *seis,* especially over the phone to avoid confusion with the cardinal *três,* usually pronounced "treis." The fractional word *duodécimo* is still used in administrative contexts: *Já pagaram o* **segundo duodécimo.**

Number Table

Cardinals		Ordinals	Multiplicative Expressions	Fractional Expressions	
1	um/a	primeiro	uma unidade		
2	dois	segundo	duplo, dobro, dúplice	½	meio ou metade
3	três	terceiro	triplo, tríplice	1/3	(um) terço
4	quatro	quarto	quádruplo	¼	(um) quarto
5	cinco	quinto	quintuplo	1/5	(um) quinto
6	seis	sexto	sêxtuplo	1/6	(um) sexto
7	sete	sétimo	séptuplo	1/7	(um) sétimo
8	oito	oitavo	óctuplo	1/8	(um) oitavo
9	nove	nono	nônuplo	1/9	(um) nono
10	dez	décimo	décuplo	1/10	(um) décimo
11	onze	décimo-primeiro	undécuplo ou onze vezes	1/11	onze avos
12	doze	décimo-segundo	duodécuplo		doze avos
13	treze	décimo-terceiro			treze avos
14	catorze ou quatorze	décimo-quarto			catorze avos
15	quinze	décimo-quinto			quinze avos
16	dezesseis	décimo-sexto			dezesseis avos
17	dezessete	décimo-sétimo			etc.
18	dezoito	décimo-oitavo			
19	dezenove	décimo-nono			
20	vinte	vigésimo			
30	trinta	trigésimo			
40	quarenta	quadragésimo			
50	cinqüenta	quinquagésimo			
60	sessenta	sexagésimo			
70	setenta	setuagésimo ou septuagésimo			
80	oitenta	octogésimo			
90	noventa	nonagésimo			
100	cem	centésimo	cêntuplo	1/100	(um) centésimo

Grouping Numbers (*números coletivos*)

All grouping numbers agree in number: *um triênio, três séculos, oito décadas.*

Appendix-8 – Pronouns

A **pronoun**, as indicated in the Greek root *pro-* (in place of) + *noun*, is used as a substitute for a noun or noun equivalents such a noun phrases or noun clauses. Pronouns can be divided into stressed (**Eu** *dei o livro para* **ele** *ontem*) and unstressed pronouns (*Dei-**lhe** o livro ontem*). This appendix focuses on unstressed object pronouns, also known as *clitics*.

The traditional rules used in this appendix were adapted from several Portuguese grammars. Given the many details of these rules, it is preferable to have them in a separate appendix. Their actual application is a challenge even for native speakers who normally do not know most of them. Therefore, the coursework in this book simplified them. The teacher has the option of using the simplified explanation of the book (pages 248-249, 255; or the advanced explanation at 250-254) or this adapted and shorter version of the grammars.

Table of Subject and Object Pronouns

Subject Pronoun Stressed (Port. *Pronomes Retos*)	Object Pronouns (*Pronomes Oblíquos*)		
	Unstressed or Clitics		Stressed
	Direct Objects	Indirect Objects	*Preceded by a* **Preposition**
eu	me	me	mim, **migo**
tu, você (or **cê** as only, in the spoken language)	te (lhe)	te (lhe)	ti, **tigo**, você
ele, ela (**você** is a **form of address**. As all forms of address it is a 2nd person, but it is used with verbs in the 3rd person. In Brazil, it may be found either with 2nd or 3rd persons object pronouns)	o, a, se	lhe se	ele, ela si, **sigo**
nós	os	nos	nós, **nosco**
vós	vos	vos	vós, **vosco**
eles, elas, vocês (2nd person, but as a form of address, it is used with verbs in 3rd person plural)	os, as se	lhes se	eles, elas, vocês si, **sigo**

Examples:
   - **Você** *vem agora?*
   - *'**Cê** vem agora?*
   - *Quero* **você** *aqui agora.* (But not **Quero 'cê aqui agora.*)
   - *Trouxe isso p'ra* **você**. – *'**Cê me** trouxe isso? Legal.*
   - **Elas** *trouxeram isso* **para mim** *e* **não para ti**.
   - *Não falaram* **comigo**, *preferiram falar* **contigo**.
   - *Acabam de enviar essa caixa* **para você**.
   - **Te** *enviaram essa caixa.*

    Vieram entregá **los**. (*o, a, os, as* → *lo, la, los, las* after **r, s, z**)
    Viram-**no** sozinho. (*o, a, os, as* → *-no, -na, -nos, -nas* after **nasals**)

Clitic Attachment According to the Norm (*português-padrão*)

Clitic pronouns can be:

1. **Postverbal (Enclitic)**, when attached after the verb:
   *Enviei-**lhe** duas mensagens.*

2. **Preverbal (Proclitic)**, when attached before the verb:
   *Eu **lhe** enviei duas mensagens.*

3. **Inside the Verb (Mesoclitic)**: *Enviar-**lhe**-emos duas mensagens; Enviar-**lhe**-ia as duas, mas não pude.* It is only possible to put a pronoun inside the verb with the conditional and the synthetic forms of the future. In these cases, the verb ending is separated and the pronoun inserted before the verb ending.

In Portugal, the placement of pronouns inside the verb seems to be still in use. In Brazil, normally it is not used, but sometimes it can be found in literary style and for special effect, especially for humorous or ironic effects. In Brazil, it has in general been replaced by preverbal placement: *Nós lhe enviaremos duas mensagens. Eu lhe enviaria as duas, mas não pude.*

General Rules According to the <u>Norm</u>

Below is an adapted version of the rules of pronoun placement, but it is not the scope of *Pois não* to discuss all possible cases, especially the ones that are limited to personal preferences of Portuguese writers, e.g. "Conformado pelas suas palavras, o tio calará-se, só para **lhe não dar** assentimento." (Alves Redol). Such stylistic preferences can be treated more adequately in a regular Portuguese grammar course.

You will notice that sometimes the rules are unnecessary. For example, to say that a pause prevents preverbal placement (rule 2. below) is not actually needed, because it repeats a general rule that requires postverbal placement when a verb starts a sentence. But this appendix repeats many of the grammar explanations so that students will have a preliminary idea of what they will find when consulting Portuguese grammars.

Clitic Attachment With One Verb

Keep in mind that Brazilian Portuguese speakers prefer to place clitics **before** the **main verb** and not use the vowel-like pronouns *o, a, os, as*.

Before (and middle)

1. Verbs in the simple future and conditional: the pronoun goes either before (*próclise*) or in the middle (*mesóclise*) of the verb.

O professor **te** explicará tudo.	O professor explicar-**te**-á tudo.
Eu **lhe** diria tudo.	Eu dir-**lhe**-ia tudo.
Nós **o** venderemos.	Vendê-**lo**-emos.
Se quisessem **o** venderíamos.	Se quisessem vendê-**lo**-íamos.

2. It is recommended to place the pronoun **before** the verb, if the one-word verb is preceded by negative words (*não, nunca, jamais, ninguém, nada*, etc.), adverbs (*bem, mal, ainda, já, sempre, só, talvez*, etc.), the numeral *ambos* and the indefinite pronouns (*todo, tudo, alguém, outro, qualquer*, etc.) and there is no pause between these words and the verb.

Ainda não o achei.	Não desisto jamais. Achei-**o**! Aqui está.
Mal as viu e começou a chorar.	Bem... viu-**as** e começou a chorar.
Ambos **me** incomodam.	Referia-me a ambos. Incomodam-**me** sim.
Não **lhe** pareceu correto.	Não, pareceu-**lhe** correto.

3. In sentences starting with interrogative and exclamatory words in sentences expressing wishes or desires.

   Que essa viagem **lhes** traga muito sucesso.

4. In subordinate clauses even if the conjunction is omitted.

   Só vamos se **o** deixarem entrar.

5. When the gerund is the object of a preposition.

   Em **se** tratando de falar besteira pode deixar que ele é campeão.
   (In Brazil, this placement usually occurs for witty effects.)

6. In sentences with alternative words

   Decida de uma vez! Ou você **me** ama ou **me** adora.

7. When a sentence in reverse order starts with a direct object or a predicate.

   Limpinha **nos** deixaram a casa.

Neither Before Nor After

If the **past participle** is by itself, the stressed **prepositional** pronoun is used.

   Derrotado **por ela**, pediu-lhe perdão e chorou.

Either Before or After

1. In the case of an infinitive by itself, even if modified by a negative word, it is common to place the pronoun after the verb, but it is also acceptable to place it before the verb.

> Tive grande prazer em <u>conhecê</u>-**la**.
> Tive grande prazer em **a** <u>conhecer</u>. (Correct, but **much** less common)
> Fico sonhando com alguém para **me** <u>levar</u> daqui.
> Fico sonhando com alguém para <u>levar</u>-**me** daqui. (Correct, but less common in Brazil)
> Fico sonhando com alguém para <u>levá</u>-**lo** daqui.
> Fico sonhando com alguém para **o** <u>levar</u> daqui. (Correct, but less common in Brazil)

2. A lesser pause (with a coma, colon, etc. but not with a period) allows for postverbal or preverbal placement.

> <u>Depois</u>, <u>levaram</u>-**nos** ao sítio.
> Pensava com os meus botões <u>que eles</u>... <u>levaram</u>-**nos** ao lugar errado, ué!
> *(Cf.* Pensava com os meus botões <u>que eles</u> **nos** <u>levaram</u> (que eles **nos** haviam levado) ao lugar errado.*)*

After

1. Postverbal placement is required when the infinitive is preceded by the preposition **a** and when the pronoun is a vowel-like pronoun (**o, os, a, as**).

> Embora continuasse **a** <u>provocá</u>-**los**, não lhe deram a mínima atenção.

2. Postverbal placement is obligatory when a word that normally requires a preverbal placement does not refer to the verb it is adjacent to.

> - Sim, sim, disse ela desvairadamente, mas avisemos o cocheiro que nos leve até a casa de Cristiano.
> - <u>Não</u>, <u>apeio</u>-**me** aqui ... (Machado de Assis, OC, 1, 690 – Cited in Celso Cunha e Lindley Cintra, *Nova gramática do português contemporâneo*, Rio de Janeiro, Nova Fronteira, 1985, p. 304)

Clitic Attachment With More Than One Verb

Before the Auxiliary Verb

1. The pronoun is placed before the auxiliar verb when the same conditions for one verb are met: negative words (*não, nunca, jamais, ninguém, nada*, etc.), adverbs (*bem, mal, ainda, já, sempre, só, talvez,* etc.), the numeral *ambos* and the indefinite pronouns (*todo, tudo, alguém, outro, qualquer*, etc.).

> Não **se** <u>deve</u> dançar assim na mesa do professor.
> Ninguém **nos** <u>pôde</u> pagar.
> <u>Que</u> **o** <u>fez</u> vir?
> <u>Talvez</u> **nos** <u>venha</u> fazendo de bobo há muito tempo.
> <u>O que</u> **me** <u>poderia</u> acontecer?

Before the Main Verb

1. In Brazil, given the tendency toward preverbal placement, pronouns that start with a consonant go before the main verb in the **infinitive** and **gerund**, in written and spoken language. Vowel-like pronouns tend to go after the main verb (see below). In Portugal the pronoun is placed after, regardless of its type.

> Somente queria **lhe** <u>explicar</u> para que compreendesse.
> Estava **lhe** <u>explicando</u> para que compreendesse.

2. In subordinate clauses even if the conjunction is omitted, place the pronoun before the conjugated (auxiliary) verb. It is rare to omit the subordinate conjunction, but it is accepted by grammarians, when properly done.

> Peço-lhe **nos** <u>permita</u> analisar os documentos encontrados.
> (= Peço-lhe que **nos** <u>permita</u> analisar os documentos encontrados.)

After the Auxiliary Verb

1. The pronoun is placed after the auxiliary verb, when conditions for preverbal attachment are not "advised." (The use of a hyphen to reflect language prosody is more appropriate in Portugal than in Brazil)

> <u>Ia</u> **se** <u>deixando</u> levar pela paisagem.   **or**   <u>Ia</u>-**se** <u>deixando</u> levar pela paisagem.
> <u>Vão</u> **nos** <u>buscar</u>, espero.   <u>Vão</u>-**nos** <u>buscar</u>, espero.

After the Main Verb

1. The pronoun goes after the main verb when the main verb is in the **infinitive** or **gerund**. In practice, however, this placement is more common in Portugal. In Brazil, the placement after the main verb is more common when using vowel-like pronouns, as in examples b and g.

> a. Ninguém vai <u>falar</u>-**lhe**?
> b. Não porque isso vai <u>assustá</u>-**lo**.
> c. Qual o problema? Estamos <u>contando</u>-**lhe** a verdade.
> d. Somente queria <u>explicar</u>-**lhe** para que compreendesse.
> e. Estava <u>explicando</u>-**lhe** para que compreendesse.
> f. <u>Vieram</u> <u>comunicar</u>-**nos** o fato.
> g. Só <u>queria</u> <u>ajudá</u>-**los**.

Before or After

1. With the main verb in the **past participle**, the pronoun can go before or after the auxiliary verb. Normative grammars state that unstressed pronouns are linked to the supporting verb, not to the past participle, regardless of placing them before or after the supporting verb. Consequently, **do not place pronouns** of any kind **after** past **participles**.

In Brazil, <u>vowel-like</u> pronouns tend to appear <u>before</u> <u>the</u> <u>supporting</u> <u>verb</u>, in the presence of <u>past</u> <u>participles</u>. Pronouns starting with a consonant may go before the past participle.

> Recentemente <u>tenho</u>-**lhe** escrito todos os dias, mas antes eu não escrevia tanto assim, não.
> (The use of a hyphen is suggested, because it is supposed to reflect language prosody. However, some argue that this is more appropriate to the rhythmic trends of Peninsular Portuguese. But it is still a common practice in Brazil, to use the hyphen as illustrated here.)

However,

> Eu **lhe** <u>tenho</u> escrito muito nos últimos dias, algo que eu não fazia há muito tempo.
> (Common usage in Brazil)

> Eu **os** <u>havia</u> conhecido em uma festa.
> (Common usage in Brazil)

> Sua mãe **a** <u>havia</u> obrigado a sair de casa antes do incidente.
> (Common usage in Brazil)

Appendix-9 – Formal Forms of Address; *Querido* vs *Caro; Tu, Você, O Senhor, A Senhora, A gente*

Forms of address and courtesy (*pronomes de tratamento e cortesia*) are words and expressions like *você, a senhora, Vossa Senhoria*. Although these pronouns of address designate the person with whom one speaks –the 2nd person– they are used with verbs in the **third person**.

- Hoje **você** <u>janta</u> aonde?
- Espero que **Vossa Reverendíssima** não <u>faça</u> isso.
- **Vocês** <u>sabiam</u> que o nome do Pelé é Edson?
- **V. Sa.** <u>deveria</u> ir para o hospício. (ironic usage)
- **V. Exª.** não <u>sabe</u> do que está falando. (ironic usage)
- Vimos **sua** Santidade o Papa Paulo VI quando visitou o Rio.
  3rd. person
- Espero que **Vossa** Santidade possa conceder-me uma audiência.
  2nd. person

DD. is an abbreviation for *digníssimo*, which may be used when addressing dignitaries and alike, e.g. DD. Reitor da Universidade . . . , DD. Embaixador Brasileiro . . . , DD. Juiz de Direito . . . .

Since some of these forms of address are very formal, it is useful to discuss their use with other native speakers before making a public speech or a formal letter. <u>Brazilians though have been making their use more practical whenever possible</u>. However, it is still a good idea to have them available for highly formal situations.

***Vossa Excellencies*. (V. Exª.)** – Nowadays this form of address is limited in Portugal. Despite its limited use, *Vossa Excellencies* can still be found in the spoken language, in diplomatic relations and in similar contexts; it may also be found in interactions with customers, telephone operators, etc. Its use in the written language is more common, though, especially through the abbreviation *V. Exª.* in commercial and official correspondence.

In Brazil it is employed to address Presidents, ministers, state governors, political figures and generals. It is avoided but used in the oral language. It is also used in written correspondence, especially when addressing presidents of institutions, directors and authorities highly placed.

***Vossa Senhoria* (V. Sª.)** – It is a form of address almost inexistent in the oral language in Portugal and Brasil. In the written language it is still found in correspondence when it is not appropriate to use *Vossa Excelência*.

The other forms of address *–Vossa Eminência, Vossa Magnificência, Vossa Santidade,* **etc.** are highly formal and exclusive for the purposes indicated below. Often, if appropriate, they are replaced by less solemn forms. That is why a priest is often addressed as *o senhor*, instead of *Vossa Reverência* ou *Vossa Reverendíssima*; or, in Peninsular Portuguese, *o senhor Padre*.

The expressions below are some of the recommended ones for the written language, but they may be used in oral contexts as well. The terms in parentheses are optional.

Usage	Formula	How to Use Formulas in Envelopes and Letters
Autoridades, oficiais em geral e particulares	(Vossa) Senhoria	Ilmo. Sr. (*ilustríssimo senhor*)
No Brasil: altas autoridades do Governo, oficiais generais das Forças Armadas; em Portugal: qualquer pessoa a quem se quer manifestar grande respeito	(Vossa) Excelência	Exmo. Sr. (Governador, Desembargador, Deputado, Brigadeiro, Almirante, Presidente de Estado, Secretário de Estado, Senador, Marechal, Ministro, Prefeito, General, Vereador)
Abades, superiores de conventos	Paternidade, Excelência Reverendíssima	Revmo. Dom (Padre)
Abadessas	Caridade	Revma. Madre
Bispos e arcebispos	Excelência Reverendíssima	Exmo. e Revmo. Dom
Cardeais	Eminência (Reverendíssima)	Emmo. e Revmo. Cardeal Dom
Cônsul, coronel, major	(Vossa) Senhoria	Ilmo. Sr. (Cônsul, Coronel, Major)
Desembargador	(Vossa) Excelência	Exmo. Sr. Desembargador
Embaixador	(Vossa) Excelência	Exmo. Sr. Embaixador
Juiz	Excelência (Meretíssimo Juiz)	Exmo. Sr. Dr.
Papa	Santidade (Santíssimo Padre), (Beatitude)	A Sua Santidade Papa (Ao Beatíssimo Padre)
Patriarca	(Excelência) Reverendíssima, (Beatitude)	Exmo. e Revmo. Dom, (Ao Beatíssimo Padre)
Príncipe, princesa	Sua Alteza	A Sua Alteza Príncipe, Princesa
Rei, rainha, imperador, imperatriz	Majestade	A Sua Majestade (Rei, Rainha, Imperador/-triz.

Usage	Formula	How to Use Formulas in Envelopes and Letters
Reitores de universidades	(Vossa) Magnificência, (Magnífico Reitor)	Exmo. Sr. Reitor
Sacerdotes em geral	(Excelência) Reverendíssima	Revmo. Sr. (Padre, Monsenhor, Cônego, Frade, Freira—Revma. Ir.—, Madre—Revma. Ir.—, Sóror—Revma. Ir.—)

Querido and *Caro, Tu* and *Você*

Querido (or **querida**) is more appropriate among intimate people, especially in the opening of love letters. When writing to an acquaintance or a friend, use **Caro** or **Cara**, instead.

The pronoun *tu* is an intimate form of address in Portugal, traditionally used among members of a family, friends and people of same age. Nowadays this use has been extended, especially in urban areas.

In Brazil, the use of *tu* is restricted to some regions in the South, in Rio and also in some areas of the Northeast. In Brazil, the predominant familiar form is *você*.

Traditionally, the use of **você** in Portugal is a familiar form of address limited to the high social classes. In addition it is not appropriate to say *você* when addressing someone in a higher position such as a boss. Outside the higher social classes, it is used as an egalitarian form of address or from a superior to an inferior situation in terms of age, social class and any kind of hierarchy. However, due to increased contacts with other Lusophone regions, the use of **você** may be changing in Portugal. It is always helpful to *negotiate* its meaning, as speakers of foreign languages are used to.

O Senhor, a Senhora and *a Senhorita/ a Menina*

In Brazil the forms of politeness, namely the ones opposed to *você* and *tu*, are as follows.

o senhor, but also *seu* when *seu* is followed by the first and sometimes last name;

a senhora, but also *dona* when followed by the first name. Some people may still use the form a *senhorita*, instead of *a senhora*, but this usage is disappearing in Brazil. Nowadays, it sounds antique.

- *Seu Jair, como vai o senhor?*
- *Dona Elvira, a senhora viu meu namorado por aí?*

In Portugal, *o senhor, a senhora* and *a menina* are used, but *a menina* is only for unmarried women.

The title *Dom* (abbreviated as D.), is limited to members of the royal or imperial family, nobles, Benedictine monks and church dignitaries starting with bishops. Note that in Portugal and Brazil, the feminine *Dona* (also abbreviated as D.) applies, in principle, to women of any social class.

In Brazil, we find systematically the following titles followed by the first names:

- military: *O Sargento Getúlio, General Osório, O Brigadeiro Eduardo Gomes.*

- high positions and noble titles: *O Governador Sampaio, A Princesa Isabel, O Imperador D. Pedro.*

The title of *Doutor* has a generalized use in Portugal and Brazil, similar to *licenciado* in some Spanish speaking countries. It is used not only for medical doctors and those with a Ph.D. as well as those who finished a B.A. or a similar diploma. However, nowadays **in Brazil**, the title of **Dr.** is being used more appropriately only for those **with a Ph.D**. A "medical doctor" without a Ph.D. is gradually loosing the title "doctor."

The use of the title *Professor* is frequent in Portugal and Brazil. It applies to teachers in general, but in Portugal it seems to be avoided for teachers in secondary schools.

In Portugal, when someone addresses a person with a professional title or someone with a job position, it is common to use the forms *o senhor* and *a senhora* followed by his/her specific job function:

o senhor doutor	o senhor capitão
a senhora doutora	o senhor ministro
o senhor engenheiro	o senhor presidente

Less commonly, though, it is possible to find a usage that does not have the titles *senhor, senhora,* which can be considered less respectful, that is **o doutor, o engenheiro**. When this happen, the first or last name is often used. If the first name is used, it indicates some proximity. For instance, **o doutor Orlando, o engenheiro Silva**.

A Gente

In daily language use, it is common to use *a gente* instead of *nós* with the verb in third person singular. Spanish speakers tend to use *a gente* mistakenly to mean *las personas*. It the intention is to refer to "las personas," use the Portuguese equivalent, *as pessoas*, instead.

Fale com a gente, is an alternate way of saying *Fale conosco*.
A gente vai lá quando você quiser, is an alternate way of saying
Nós vamos lá quando você quiser.

Appendix-10 – Models of Formal and Informal Letters

Carta a um Reitor

Local e data

Excelentíssimo Senhor
Fulano de Tal
Reitor da Universidade X
    [Endereço]

Magnífico Reitor,

Sou professor de Educação Física da Escola de 1.º Grau Professor Roberto Torres e venho desenvolvendo, em finais de semana, atividades esportivas e recreativas de diversas modalidades com crianças da comunidade do Bairro Dois Pinheiros, uma localidade próxima ao Campus Universitário.

Esse trabalho vem suscitando interesse em um número cada vez maior de crianças e adolescentes, de modo que a área anteriormente destinada às atividades tornou-se insuficiente para absorver a demanda, razão pela qual estou solicitando a Vossa Magnificência autorização para usar a Quadra Poliesportiva da Universidade, aos sábados, das 8 às 11 horas, comprometendo-me a zelar pela manutenção da ordem da área em questão, em termos não só de disciplina mas também de limpeza e preservação.

Na expectativa de uma decisão positiva de Vossa Magnificência, agradeço antecipadamente.

Respeitosamente,

Assinatura

Ofício ao Presidente da República

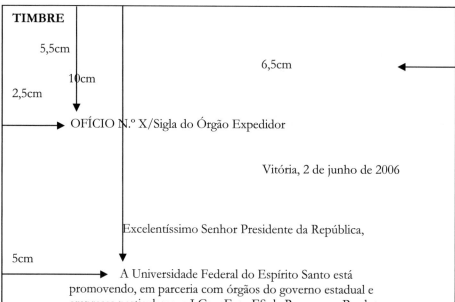

TIMBRE

5,5cm

10cm

2,5cm

6,5cm

OFÍCIO N.º X/Sigla do Órgão Expedidor

Vitória, 2 de junho de 2006

Excelentíssimo Senhor Presidente da República,

5cm

A Universidade Federal do Espírito Santo está promovendo, em parceria com órgãos do governo estadual e empresas particulares, a I GranExpoES de Recursos e Produtos Estaduais, evento de grandes proporções que tem como objetivo revelar, em âmbito estadual e, principalmente, nacional, as potencialidades do Estado do Espírito Santo.

Na oportunidade, também serão apresentadas pesquisas desenvolvidas nesta Instituição, não só as que ainda estão em andamento, mas também outras, que já foram concluídas e comprovadas como excelente contribuição para o desenvolvimento tecnológico e científico do País.

A Comunidade Capixaba sentir-se-á sobremaneira prestigiada com a presença de Vossa Excelência na cerimônia de abertura do evento, agendada para as 19 horas do dia 10 agosto, no Teatro da Universidade Federal do Espírito Santo.

Respeitosamente,
↓ 1cm
FULANO DE TAL
Coordenador da I GranExpoES

Excelentíssimo Senhor
Luís Inácio Lula da Silva
Presidente da República
Palácio do Planalto
Brasília (DF)

2cm

Bilhete

Fafá,

O Zizo acabou de ligar confirmando a data do Baile do Cafona. Será no próximo sábado, dia 7 de junho, com início previsto para as 21 horas.

Manda dizer que você foi escolhida para membro do júri, e, ainda, que todo o corpo de jurados deve apresentar-se vestido a caráter: todos em trajes bem "cafonas".

Acho que vai ser um "barato"!

Tenho algumas bijuterias que talvez lhe sirvam. Passe lá em casa hoje à noite. Estarei esperando.

Jane

(Local e data).

Recado aos Pais

(Timbre da Escola)

Senhores pais,

Na quarta-feira da próxima semana, dia 11 de junho, às 17 horas, a Escola vai prestar uma homenagem aos catadores de lixo do bairro.

Haverá números recreativos, distribuição de brindes e uma farta mesa de doces e salgados.

Qual poderia ser a contribuição de sua família?

Se os senhores puderem contribuir de alguma forma, entrem em contato com a Secretaria da Escola pelo telefone 3227-7056.

A Direção

(Local e data).

Carta de uma Amiga a um Amigo

Vitória, 2/6/2007

Querido Zeca/Chico,

Gostei muito da sugestão que me deu: comprei o DVD *Os Tribalistas*. Maria Monte, Carlinhos Brown e Arnaldo Antunes estão fantásticos! Eu, que não gostava do Carlinhos Brown, estou amando-o agora.

É incrível como os três tiram sons musicais até de pedras. Aquela de usar o som de um aspirador de pó para finalizar a "Passe em casa" foi sensacional! Adorei!

As letras das músicas também são incríveis! A poesia rola em todas elas. A gente nem sabe dizer quais as que têm os versos mais bem bolados, ou os melhores arranjos, ou a melhor melodia.

Você, que me conhece e sabe das coisas que me interessam, já deve ter apostado que gostei muito de "Carnavália". O jogo de frases e de palavras da letra é muito bem feito: "... vem <u>fazer</u> <u>história</u>, que hoje é dia de glória neste lugar...", "... vamos pra avenida, <u>desfilar</u> <u>a</u> <u>vida</u>, <u>carnavalizar</u>...", "... repique tocou, o surdo escutou e o meu <u>coraçamborim</u>...". Fantástico!

Posso arriscar um palpite? Romântico como você é, acho que suas músicas preferidas são "Velha infância" e "Um a um". As duas têm versos muito bonitos. Errei? Estou Quase certa de que não. Escreva-me contando, viu?

Como estão as coisas para você, agora que está em Campinas? Estou certa de que melhoraram bastante, não? Afinal, a cidade é muito bonita, com uma UNICAMP de dar água na boca e um movimento social bem saudável. Mudanças sempre dão um ar de novo que revigora. Espero que você já esteja usufruindo tudo isso e aproveitando bastante, principalmente depois de todos os aborrecimentos por que você passou durante sua estada em Vitória.

Conte comigo para o que for preciso, certo? Você sabe que pode.

Um abraço apertado,

Maria

Carta de um Amigo a uma Amiga

Curitiba, 15/5/2006

Caríssima amiga Natália,

Fico sorridente imaginando a sua surpresa com uma carta à moda antiga, entregue por um carteiro surpreso com a existência de alguém que ainda manda cartas.

Explico. Há muito você me mandou o seu endereço. Acho que é o único que guardo em minha agenda cheia de e-mails. Depois, sinto falta de epístolas, sinto falta da expectativa de o carteiro entregar um envelope com uma carta (atualmente os pobres carteiros só entregam contas).

Por isso tudo (e mais as saudades), resolvi lhe escrever uma carta à antiga. Acho que estou ficando coroa!

Até aqui tudo bem. Sinto dificuldades em manejar a caneta de forma que o texto saia inteligível ou que a letra seja legível e, pra dizer o mínimo, sinto um prazer lúdico em lhe fazer esta surpresa.

Por seu intermédio, quero reiterar as minhas sinceras saudades da nossa equipe de trabalho aí, em Vitória, embora eu soubesse que seria o fim de um período. Experiência..., sexto sentido..., sei lá.

Mas não falemos de trabalho.

E você? O que tem feito? Casou-se? Juntou as escovas de dentes? (Coisas e expressões interioranas, sem polidez, reconheço). Tem freqüentado os nossos barezinhos de sempre?

Hoje, do meu ático, avisto uma típica Curitiba cinzenta, embora calorenta para os padrões locais (uns 32ºC). Chuvisca. À minha frente, um livro com imagens de Cachoeiro. Que diabo tem aquela feia cidade que nos pega pela alma?

Tem dia que prevejo todos os passos para retornar ao solo capixaba, mas a previsão do tempo (Vitória 39ºC) é o que me segura neste Sul. Quem
sabe um dia apareço para um café e uma moqueca de siri (a última que degustei foi com a família, aqui em Curitiba, mas não tinha o sal da do restaurante São Pedro). Você me convida?

Bem, apareça em Curitiba. Tenho quarto de hóspede. Anote meu fone: (41) 33498284. Meu endereço você já tem. Não lhe mando meu e-mail porque estou preferindo receber cartas à moda antiga.

Um abraço muito saudoso,

Carlos

Carta de Amor de um Homem para uma Mulher

Vitória, 12/6/2005

Minha querida,

Gostaria de escrever-lhe, hoje, Dia dos Namorados, uma carta bem original, diferente em sua essência e estilo de tudo o que já escrevi ou falei. Uma carta original, sem desencantos, sem a mínima rasura ou cochilo, sem nenhuma nota destoante que desafinasse esta mensagem. Uma carta que, ao lê-la, seu coração pulsasse mais rápido, seus olhos brilhassem mais e seus lábios pudessem sorrir comovidos. Uma carta singela, espontânea, que a deixasse muito feliz e realizada. É muita pretensão, sem dúvida, mas eu quero que você esteja sempre bem, sempre feliz. A minha felicidade é a sua felicidade.

Quero encher este envelope de flores, de estrelas, de sorrisos, de palavras significativas, ao nível da sua beleza e de sua maneira de ser. Quero pôr dentro deste envelope todos os corações que a apreciam incondicionalmente.

Para ser original, não comprei nada e não conseguirei nada disso de que lhe falei. Porém vou presenteá-la com algo. É o que tenho de mais precioso, porque é um pouco de mim mesmo.

É uma chavezinha especial que abre um cofre interior, onde se encontra tudo o que há de mais puro, de mais verdadeiro, sagrado e pessoal. Essa chavezinha não é de ouro, mas tem um valor imenso porque vai embalada com aquela vontade de só fazê-la feliz, de querer o seu bem, de não a atrapalhar nunca. Se quiser, pode chamá-la de AMOR.

Que a felicidade a acompanhe sempre, sempre. Deus seja louvado por tudo, pelo dom da sua vida, pelo seu modo particular de ser. Meu beijo e minhas preces de gratidão ilimitada. Se você não existisse, haveria um vazio na Terra, no mundo, no meu coração.

E tem mais. Garanto que Deus subscreve sorrindo tudo o que acabei de escrever.

De quem muito a ama,

Thiago

Carta de Amor de uma Mulher para um Homem

Vitória, 12/6/2005

Meu amor,

Quanta indecisão! Quantos anos foram precisos para que eu me decidisse lhe escrever. Você naturalmente vai achar graça do motivo.

Em uma das minhas muitas noites insones, chego até a janela do meu quarto e, como de costume, olhando para o céu em oração, vejo crepitantes as "Três Marias". Você sempre dizia que, onde estivéssemos, juntos ou não, ao vê-las, nós nos lembraríamos um do outro. Pois bem, só que agora, ao vê-las, posso vê-lo também. A imagem fixa na minha memória, apesar de quase 50 anos passados, é a de um jovem alegre, um tanto debochado e cheio de ilusões para o futuro.

Foi assim que o conheci e, talvez pelo fato de não mais tê-lo visto, foi assim que sua imagem ficou guardada na minha mente.

Quanta covardia, quantos escrúpulos me impediram de forçar um encontro entre nós dois. Talvez isso tivesse significado o fim de tantas ilusões e de tanto sofrimento.

Éramos muito jovens quando nos relacionamos. Terminamos esse relacionamento por motivos tão fúteis!... Talvez pela distância, deixamos de lutar pelo nosso amor. Cada qual seguiu seu caminho, constituindo família, sem nos darmos conta de que algo forte havia ficado para trás, e esse algo era um amor infinito.

Engraçado, meu amor, chegamos a ser felizes à nossa maneira. Eu, particularmente, só percebi a imensidão desse amor quando, nas minhas horas de desilusões, de tristezas e amarguras, coisas comuns a todo ser humano, achava sempre a sua imagem para me consolar. Quantas vezes era em seus braços que eu aquecia o meu corpo gelado, quando o nervosismo do excesso de afazeres me transtornava. Eram seus beijos que calavam minha boca quando a vontade era de gritar, praguejar, colocar tudo para fora. Era segurando suas mãos que eu suportava algumas dores físicas de que era acometida.

Sabe, amor, quantas vezes adormeci nos seus ombros num momento de extrema necessidade de carinhos. Às vezes louvo esse nosso desencontro. Talvez, no dia-a-dia, não pudéssemos ser tão felizes. Nunca nos desentendemos, nunca nos traímos, nunca nos faltou carinho, amor, entendimento...

Para nós não houve futuro. Perdemos muito tempo. Você se foi sem que eu realizasse meu sonho de vê-lo, mesmo que à distância. Nas horas em que a saudade bate forte, lembro-me de uma música de Vinícius de Moraes:

"Se eu soubesse como é triste,
Eu saber que tu partiste,
Sem sequer dizer adeus.
Ah, meu amor, tu voltarias
e de novo cairias
a chorar nos braços meus!"

Segundo a nossa crença, pecamos em pensamento, embora não em palavras, nem em obras. Se seus pensamentos eram voltados para mim do mesmo modo como os meus eram voltados para você, chego a temer que o nosso reencontro seja no inferno. Não faz mal, tentaremos ser felizes juntos pelo menos lá!

Infelizmente esta carta tem endereço incerto, mas lhe dá a certeza de que o meu amor continuará o mesmo enquanto eu existir.

Beijos da sua
Lúcia

Memorando Oficial
(Tamanho do papel: ofício)

Timbre

Memorando n.º X/Sigla   Em 2 de junho de 2007

Ao Diretor do Centro de Ciências Jurídicas e Econômicas
Assunto: Administração. Estacionamento de veículos.

Tendo em vista as freqüentes reclamações sobre o congestionamento que sistematicamente compromete o trânsito no trecho do anel viário do Campus Universitário próximo a esse Centro nos horários de início e encerramento do expediente da Ufes, solicitamos a V. S.ª que faça ver aos chefes de Departamento a necessidade de ordenar o estacionamento de veículos motorizados nas áreas reservadas às respectivas Unidades de Ensino.

Atenciosamente,

CICRANO ZUTANO
Prefeito Universitário

Observações: Do memorando devem constar:

a) número do documento e sigla do órgão expedidor à margem superior do expediente e a 5,5cm da borda superior do papel;
b) data à direita e na mesma linha do número e identificação do memorando;
c) destinatário indicado apenas pelo cargo que ocupa;
d) assunto, resumo do teor da comunicação, digitado em espaço simples;
e) texto iniciado a 4cm abaixo do item assunto;
f) fecho: *Atenciosamente*, para destinatários iguais ou subalternos, e *Respeitosamente*, para superiores.

Memorando Expedido por Órgão Não Oficial
(Tamanho do papel: meio-ofício)

Timbre da Empresa

Memorando n.º 12/DA   Local e data

Ao Chefe da Divisão de Seleção
Assunto: Remoção de Funcionário

       Cumprindo determinação da Presidência desta Divisão, comunicamos que o agente de serviços João José da Silva foi removido, hoje, desta DS para o DRH.

Atenciosamente,

CICRANO
Diretor

Modelo de Ofício

Timbre

      Ofício n.º X/Sigla   Vitória, 2 de junho de 2006

      Excelentíssimo Senhor Presidente da República,

          A Universidade Federal do Espírito Santo está promovendo, em parceria com órgãos do governo estadual e empresas particulares, a I GranExpoES de Recursos e Produtos Estaduais, evento de grandes proporções que tem como objetivo revelar, em âmbito estadual e, principalmente, nacional, as potencialidades do Estado do Espírito Santo.

          Na oportunidade, também serão apresentadas pesquisas desenvolvidas nesta Instituição, não só as que ainda estão em andamento, mas também outras, que já foram concluídas e comprovadas como excelente contribuição para o desenvolvimento tecnológico e científico do País.

          A Comunidade Capixaba sentir-se-á sobremaneira prestigiada com a presença de Vossa Excelência na cerimônia de abertura do evento, agendada para as 19 horas do dia 10 agosto, no Teatro da Universidade Federal do Espírito Santo.

      Respeitosamente,

      FULANO DE TAL
      Coordenador da I GranExpoES

      A Sua Excelência o Senhor
      Luís Inácio Lula da Silva
      Presidente da República
      Palácio do Planalto
      Brasília (DF)

Carta Comercial Tradicional

Timbre

Vitória, 3 de junho de 2006

Ao Senhor
Fulano de Tal
Diretor do SINDIUPES
Rua César Helal, 200 – Sala 1003
<u>Vitória – ES</u>

Prezado Senhor,

    Em resposta à solicitação feita por esse Sindicato de um orçamento para a revisão dos artigos da Revista Idéias, discriminamos abaixo os preços praticados por esta Empresa pelos serviços de sua competência.

1. Pela revisão gramatical: R$ 2,50 (dois reais e cinqüenta centavos) por lauda, cada uma constituída de 1.800 caracteres.

2. Pela adequação do trabalho às normas da ABNT: acréscimo de R$ 0,50 (cinqüenta centavos) por lauda.

 Na oportunidade, informamos que a Revisa Ltda. cobra um percentual de 30% sobre o valor total do serviço prestado, caso fique sob sua responsabilidade a redigitação dos trabalhos revisados.

 Colocamo-nos à disposição de V.S.ª para outras informações.

Atenciosamente,

FULANA DE TAL
Secretária

Carta Comercial Moderna

Timbre

    Em 3 de junho de 2003

    Prezado Senhor,

    Os preços praticados pela Revisa Ltda. pelos serviços que presta são os seguintes: R$ 2,50 (dois reais e cinqüenta centavos) por lauda, cada uma constituída de 1.800 caracteres; R$ 0,50 (cinqüenta centavos) adicionais, por adequação do artigo às normas da ABNT; 30% do valor total do serviço prestado, se ficar responsável pela redigitação dos textos.

    Atenciosamente,

        FULANA DE TAL
        Secretária

Observação: Para as cartas comerciais modernas, há sugestões para que se eliminem informações redundantes, entre outras que podem aparecer em função do teor da carta. Por exemplo: parágrafos sem tabulação; local junto à data, uma vez que já consta no timbre; o endereço do destinatário, uma vez que já consta no envelope; a expressão "Em resposta", porque o destinatário foi quem a solicitou, etc.

Circulares

Universidade Federal do Espírito Santo
Diretório Central dos Estudantes

Carta-Circular n.º 27/2003-DCE

    Vitória, 4 de março de 2004

    Senhor Presidente,

    Comunicamos a V.S.ª que este Diretório solicitou ao Sr. João Batista Silva, Prefeito Universitário, a reserva do Espaço de Recreação da Ufes para que os diversos Diretórios Acadêmicos possam ali desenvolver a programação de recepção aos calouros.

    Em virtude de esse evento ocorrer em datas diferentes, conforme a conveniência de cada curso, ficou estabelecido que V.S.ª faça contato direto com a Secretaria da Prefeitura, a fim de que possam ser agendados o dia e o horário de seu interesse.

Atenciosamente,

FULANO DE TAL

 Presidente do DCE

Carta-Circular de um Clube para seus Associados

Timbre

Carta-Circular n.º 123/2003-CIB

Vitória, 4 de junho de 2004

Senhor (a),

Temos a satisfação de comunicar que já estão à disposição dos associados duas novas quadras de tênis.

Para inaugurar o espaço, foi organizado para os aficionados nesse tipo de esporte um torneio interno, cuja programação está a cargo da Diretoria Esportiva.

Em ocasião oportuna, V.S.ª receberá mais esclarecimentos sobre o cronograma do evento.

Atenciosamente,

CICRANA

Diretora Presidente

Carta a um Professor

Vitória, 14 de maio de 2005

Ao professor
Zutano de Tal

Senhor Professor,

Ao término destes quatro anos como Pró-Reitor de Pesquisa e Pós-Graduação, venho agradecer a valiosa colaboração que me prestou como Coordenador do Departamento de Pós-Graduação desta Pró-Reitoria.

A inteligência, a lealdade e a capacidade com que desempenhou essa função, aliadas à sua honestidade profissional, muito contribuíram para que eu cumprisse bem minha missão e para que a Pró-Reitoria atingisse seus objetivos.

Peço a V.S.ª que transmita a todos os que trabalharam sob sua coordenação meus agradecimentos pela dedicação e seriedade com que exerceram suas atividades.

Atenciosamente,

FULANO DE TAL
Pró-Reitor de Pesquisa e Pós-Graduação

Carta a um Diretor ou Presidente de Empresa

Vitória, 2 de junho de 2004

Antônio Villas-Boas de Souza
Gerente de Recursos Humanos da
Aracruz Celulose
Aracruz (ES)

Senhor Diretor / Presidente,

Os alunos do Curso de Ciências Biológicas da Faculdade X têm buscado espaços alternativos onde possam atuar como estagiários, a fim de cumprir a carga horária complementar da disciplina Estágio Supervisionado.

Temos conhecimento de que essa empresa dispõe de condições propícias ao exercício de atividades relacionadas com essa disciplina. Referimo-nos, em especial, à existência de um herbário, de um laboratório de pesquisa e de um viveiro, espaços em que os estudantes, sob orientação de especialistas, poderiam desenvolver trabalhos de coletas de espécies e atividades subseqüentes, tais como identificação, classificação e prensagem de grupos botânicos.

Animamo-nos, pois, a sugerir que V.S.ª, na condição de Gerente de Recursos Humanos dessa empresa, estude a possibilidade de abertura de vagas para estagiários nesse campo de estudos, de modo que os estudantes do Curso de Ciências Biológicas da Faculdade X a elas possam concorrer.

Na expectativa de um bom acolhimento à nossa proposta, subscrevemo-nos

Respeitosamente,

BELTRANA DE TAL

Professora de Taxionomia das Plantas Vasculares

Carta a um Arcebispo

Local e data

A Sua Excelência Reverendíssima
D. Fulano de Tal
Arcebispo Metropolitano da
Arquidiocese de X
[Endereço]

Excelentíssimo e Reverendíssimo Senhor Arcebispo,

A comunidade do Bairro X concluiu, em tempo recorde, as obras da igreja de São Miguel, empreendimento levado a efeito graças à ajuda significativa dos paroquianos da Igreja Matriz X e da generosa contribuição de moradores locais.

A solenidade de inauguração está programada para a segunda quinzena de junho, mais precisamente no dia 18, véspera do dia de *Corpus Christi*, caso se concluam também os novos paramentos cuja confecção foi encomendada especialmente para a ocasião

Confirmada a data da solenidade faremos chegar às suas mãos informações precisas sobre a programação, na expectativa de contarmos com as bênçãos de V. Ex.ª Rer.ma para a consagração do novo templo.

Respeitosamente,

ASSINATURA
Líder da Comunidade

Modelo de Memorando Oficial

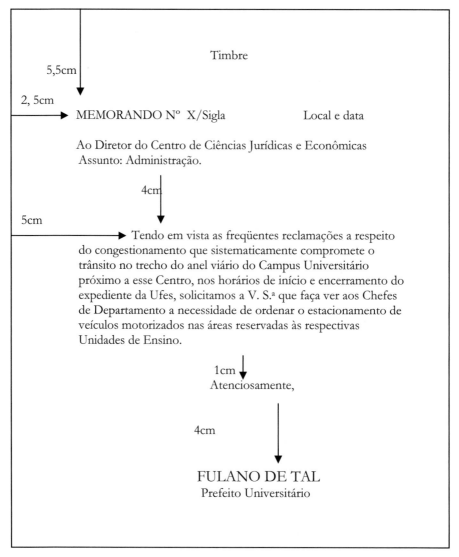

Timbre

5,5cm

2, 5cm

MEMORANDO Nº X/Sigla   Local e data

Ao Diretor do Centro de Ciências Jurídicas e Econômicas
Assunto: Administração.

4cm

5cm

Tendo em vista as freqüentes reclamações a respeito
do congestionamento que sistematicamente compromete o
trânsito no trecho do anel viário do Campus Universitário
próximo a esse Centro, nos horários de início e encerramento do
expediente da Ufes, solicitamos a V. S.ª que faça ver aos Chefes
de Departamento a necessidade de ordenar o estacionamento de
veículos motorizados nas áreas reservadas às respectivas
Unidades de Ensino.

1cm
Atenciosamente,

4cm

FULANO DE TAL
Prefeito Universitário

Appendix-11: Portuguese Verbs

Regular Verbs: falar, comer, garantir

In this appendix the forms *tu* and *vós* are shadowed because they are not as common as the other ones but it is necessary to have this information for use, if needed.

The form *tu* is still used in some regions of Brazil, e.g. the state of Rio Grande do Sul and in the city of Rio. The form *vós* is obsolete and limited to literary style.

The first person singular *eu* is not used in the **imperative mode**. Some verbs are not normally used in the imperative, because they sound awkward or make no sense in this mode, e.g. *Caiba!* However, some of these unusual forms are included because they may be helpful.

Keep in mind that in Brazil it is common to use the forms of the present of the indicative mode to express the imperative: *anda, andam*. In Brazil there is also some confusion, irregularity or simply alternation in the use of the imperative forms. The same individual may use the singular form of the present indicative above and the plural form of the grammatically correct imperative: *andem*. For more details, unit 8 discusses the imperative.

According to the norm, this is how the imperative is formed:

1. The affirmative imperative derives from the 2nd persons singular and plural of the present tense of the indicative mode: **anda tu** (from "andas") and **andai vós** (from "andais"); the other forms come from the present subjunctive.
2. The negative imperative derives from the forms of the present subjunctive: **não andes tu, não ande você**, etc.
3. The only exception is the verb **ser** in the 2nd persons of the affirmative: **sê tu, seja você, sejamos nós, sede vós, sejam vocês**. The negative follows the same general derivation: **não sejas tu, não seja você, não sejamos nós, não sejais vós, não sejam vocês**.

Infinitivo		FALAR	COMER/PÔR[13]	GARANTIR
Infinitivo pessoal	Por (eu)	falar	comer	garantir
	Por (tu)	falares	comeres	garantires
	Por (ele)	falar	comer	garantir
	Por (nós)	falarmos	comermos	garantirmos
	Por (vós)	falardes	comerdes	garantirdes
	Por (eles)	falarem	comerem	garantirem
Particípio presente (gerúndio)		falando	comendo	garantindo
Particípio passado		falado	comido	garantido

---

[13] The verb **pôr** is considered a 2nd conjugation verb, and for this reason it appears with **comer**. Its full conjugation is presented later on, in this verb table.

Tempos Verbais Simples
Modo Indicativo

Presente

falo	como	garanto
falas	comes	garantes
fala	come	garante
falamos	comemos	garantimos
falais	comeis	garantis
falam	comem	garantem

Pretérito imperfeito

falava	comia	garantia
falavas	comias	garantias
falava	comia	garantia
falávamos	comíamos	garantíamos
faláveis	comíeis	garantíeis
falavam	comiam	garantiam

Pretérito perfeito

falei	comi	garanti
falaste	comeste	garantiste
falou	comeu	garantiu
falamos	comemos	garantimos
falastes	comestes	garantistes
falaram	comeram	garantiram

Pretérito mais-que-perfeito (Span. *Pluscuamperfecto*; Eng. *Pluperfect* or *Past Perfect*)
(usado na linguagem escrita

falara	comera	garantira
falaras	comeras	garantiras
falara	comera	garantira
faláramos	comêramos	garantíramos
faláreis	comêreis	garantíreis
falaram	comeram	garantiram

Futuro
com o
verbo **ir**

vou	falar	comer	garantir
vais	falar	comer	garantir
vai	falar	comer	garantir
vamos	falar	comer	garantir
ides	falar	comer	garantir
vão	falar	comer	garantir

Futuro
(mais comum
na linguagem escrita)

falarei	comerei	garantirei
falarás	comerás	garantirás
falará	comerá	garantirá
falaremos	comeremos	garantiremos
falareis	comereis	garantireis
falarão	comerão	garantirão

Futuro do pretérito
(condicional)

falaria	comeria	garantiria
falarias	comerias	garantirias
falaria	comeria	garantiria
falaríamos	comeríamos	garantiríamos
falaríeis	comeríeis	garantiríeis
falariam	comeriam	garantiriam

Modo Imperativo
Imperativo no Brasil, línguagem falada = 3ª. p. sing. do Pres. do Ind. e 3ª. p. pl. do Pres. do Subjuntivo

(tu, você, o Sr.)	fala	come	garanta
(vocês, os Srs.)	falam	comem	garantam

For negative forms, just add "não."

Imperativo afirmativo	(tu)	fala	come	garante
	(você, o Sr.)	fale	coma	garanta
	(nós)	falemos	comamos	garantamos
	(vós)	falai	comei	garanti
	(vocês, os Srs.)	falem	comam	garantam

Imperativo negativo	(tu)	não fales	comas	garantas
	(você, o Sr.)	não fale	coma	garanta
	(nós)	não falemos	comamos	garantamos
	(vós)	não faleis	comais	garantais
	(vocês, os Srs.)	não falem	comam	garantam

Modo Subjuntivo

Presente	Que eu	fale	coma	garanta
	Que tu	fales	comas	garantas
	Que ele	fale	coma	garanta
	Que nós	falemos	comamos	garantamos
	Que vós	faleis	comais	garantais
	Que eles	falem	comam	garantam

Pretérito imperfeito ("passado" do subjuntivo)	Se eu	falasse	comesse	garantisse
	Se tu	falasses	comesses	garantisses
	Se ele	falasse	comesse	garantisse
	Se nós	falássemos	comêssemos	garantíssemos
	Se vós	falásseis	comêsseis	garantísseis
	Se eles	falassem	comessem	garantissem

Futuro (simples)	Quando eu	falar	comer	garantir
	Quando tu	falares	comeres	garantires
	Quando ele	falar	comer	garantir
	Quando nós	falarmos	comermos	garantirmos
	Quando vós	falardes	comerdes	garantirdes
	Quando eles	falarem	comerem	garantirem

Tempos Verbais Compostos
Modo Indicativo

Pretérito perfeito	Tenho	falado	comido	garantido
	Tens	falado	comido	garantido
	Tem	falado	comido	garantido
	Temos	falado	comido	garantido
	Tendes	falado	comido	garantido
	Têm	falado	comido	garantido

Pretérito mais-que-perfeito (Span. *Pluscuamperfecto*; Eng. *Pluperfect* or *Past Perfect*)

Tinha/Havia	falado	comido	garantido
Tinhas/Havias	falado	comido	garantido
Tinha/Havia	falado	comido	garantido
Tínha/*Havía*mos	falado	comido	garantido
Tínheis/Havíeis	falado	comido	garantido
Tinham/Haviam	falado	comido	garantido

Futuro

Terei/Haverei	falado	comido	garantido
Terás/Haverás	falado	comido	garantido
Terá/Haverá	falado	comido	garantido
Teremos/Haveremos	falado	comido	garantido
Tereis/Havereis	falado	comido	garantido
Terão/Haverão	falado	comido	garantido

Futuro do pretérito

Teria/Haveria	falado	comido	garantido
Terias/Haverias	falado	comido	garantido
Teria/Haveria	falado	comido	garantido
Tería/*Haverí*amos	falado	comido	garantido
Teríeis/Haveríeis	falado	comido	garantido
Teriam/Haveriam	falado	comido	garantido

Modo Subjuntivo

Pretérito perfeito

Que eu tenha/haja	falado	comido	garantido
Que tu tenhas/hajas	falado	comido	garantido
Que ele tenha/haja	falado	comido	garantido
Que nós tenhamos/hajamos	falado	comido	garantido
Que vós tenhais/hajais	falado	comido	garantido
Que eles tenham/hajam	falado	comido	garantido

Pretérito mais-que-perfeito (Span. *Pluscuamperfecto*; Eng. *Pluperfect* or *Past Perfect*)

Se eu tivesse/houvesse	falado	comido	garantido
Se tu tivesses/houvesses	falado	comido	garantido
Se ele tivesse/houvesse	falado	comido	garantido
Se tivéssemos/houvéssemos	falado	comido	garantido
Se tivésseis/houvésseis	falado	comido	garantido
Se eles tivessem/houvessem	falado	comido	garantido

Futuro

Quando eu tiver/houver	falado	comido	garantido
Quando tu tiveres/houveres	falado	comido	garantido
Quando ele tiver/houver	falado	comido	garantido
Quando *tiver*/houvermos	falado	comido	garantido
Quando tiverdes/houverdes	falado	comido	garantido
Quando tiverem/houverem	falado	comido	garantido

Irregular Verbs

The verbs here are conjugated only partially because the other forms can be easily guessed by using the regular verb as model or by following the verb model placed in parentheses.

Grupo I: abrir, aceitar, aderir, ... destruir, dirigir, distribuir, ... premiar, ... semear, suar, subtrair, tossir, trair, voar

abrir, aceitar, aderir, agredir, ansiar, aparecer, arrepender-se, basear, brincar, chegar, cobrir, começar, conhecer, contar, copiar, crer, crescer, criar, destruir, dirigir, distribuir, doer, eleger, engolir, entender, esquecer, ficar, fugir, gostar de, merecer, morar, negociar, parecer, pagar, parar, pegar, pensar, pentear, poluir, possuir, premiar, prevenir, pronunciar, proteger, queixar-se, reduzir, repetir, rir, semear, suar, subtrair, tossir, trair, voar.

abrir abrindo; aberto. **aceitar** aceitando; com ser/estar: aceit**o os/a/as**, porém com ter/haver: aceitado. **acender** acendendo; com ser/estar: aces**o os/a/as**, porém com ter/haver: acendido. **acudir** (ver **engolir**)
aderir *pres ind:* adiro, aderes, adere, aderimos, aderis, aderem; *pret ind:* aderi, aderiste, aderiu, aderimos, aderistes, aderiram; *pres subj:* adira, adiras, adira, adiramos, adirais, adiram; aderindo; aderido.
advertir (ver aderir)
agredir (ver prevenir)
ansiar (ver pronunciar)
aparecer *pres ind:* apareço, apareces, aparece, aparecemos, apareceis, aparecem; *pret ind:* apareci, apareceste, apareceu, aparecemos, aparecestes, apareceram; *pres subj:* apareça, apareças, apareça, apareçamos, apareçais, apareçam; aparecendo; aparecido.
arrepender-se *pres ind:* me arrependo, te arrependes, se arrepende, nos arrependemos, vos arrependeis, se arrependem; *pret ind:* me arrependi, te arrependeste, se arrependeu, nos arrependemos, vos arrependestes, se arrependeram; *pres subj:* me arrependa, te arrependas, se arrependa, nos arrependamos, vos arrependais, se arrependam
basear *pres ind:* baseio, baseias, baseia, baseamos, baseais, baseiam; *pret ind:* baseei, baseaste, baseou, baseamos, baseastes, basearam; *pres subj:* baseie, baseies, baseie, baseemos, baseeis, baseiem; baseando; baseado.
brincar *pres ind:* brinco, brincas, brinca, brincamos, brincais, brincam; *pret ind:* brinquei, brincaste, brincou, brincamos, brincastes, brincaram; *pres subj:* brinque, brinques, brinque, brinquemos, brinqueis, brinquem; brincando; brincado.
cerzir (ver aderir)
chegar *pres ind:* chego, chegas, chega, chegamos, chegais, chegam; *pret ind:* cheguei, chegaste, chegou, chegamos, chegastes, chegaram; *pres subj:* chegue, chegues, chegue, cheguemos, chegueis, cheguem; chegando; chegado.
conduzir (ver reduzir)

começar *pres ind:* começo, começas, começa, começamos, começais, começam;
pret ind: comecei, começaste, começou, começamos, começastes, começaram;
pres subj: comece, comeces, comece, comece, comecemos, comeceis, comecem;
começando; começado.

compelir (ver aderir)

competir (ver aderir)

conhecer *pres ind:* conheço, conheces, conhece, conhecemos, conheceis,
conhecem; *pret ind:* conheci, conheceste, conheceu, conhecemos, conhecestes,
conheceram; *pres subj:* conheça, conheças, conheça, conheçamos, conheçais,
conheçam; conhecendo; conhecido.

contar *pres ind:* conto, contas, conta, contamos, contais, contam; *pret ind:*
contei, contaste, contou, contamos, contastes, contaram; *pres subj:* conte,
contes, conte, contemos, conteis, contem; contando; contado.

convergir (ver aderir)

copiar *pres ind:* copio, copias, copia. copiamos, copiais, copiam; *pret ind:* copiei,
copiaste, copiou, copiamos, copiastes, copiaram; *pres subj:* copie, copies, copio,
copiemos, copieis, copiem; copiando; copiado.

crer (acreditar é usado mais amplamente) *pres ind:* creio, crês, crê, cremos,
credes, crêem; *pret ind:* cri, creste, creu cremos, crestes, creram; *pres subj:* creia,
creias, creia, creiamos, creiais, creiam; (crendo; crido).

crescer *pres ind:* cresço, cresces, cresce, crescemos, cresceis, crescem; *pret ind:*
cresci, cresceste, cresceu, crescemos, crescestes, cresceram; *pres subj:* cresça,
cresças, cresça, cresçamos, cresçais, cresçam; crescendo; crescido.

criar *pres ind:* crio, crias, cria, criamos, criais, criam; *pret ind:* criei, criaste, criou,
criamos, criastes, criaram; *pres subj:* crie, cries, crie, criemos, crieis, criem;
criando; criado.

cuspir (ver **engolir**, porém a vogal "u" da raíz tem que ser mantida: *cuspi,
cuspiste, cuspiu...*)

despir (ver aderir)

destruir *pres ind:* destruo, destróis, destrói, destruimos, destruís, destroem; *pret
ind:* destruí, destruíste, destruiu, destruímos, destruístes, destruíram; *pres subj:*
destrua, destruas, destrua, destruamos, destruais, destruam; destruindo;
destruido.

Note: With the exception of **construir** (see below) and **destruir**, verbs in **-uir**
(possuir, etc.) are regular.

digerir (ver aderir)

dirigir *pres ind:* dirijo, diriges, dirige, dirigimos, dirigis, dirigem; *pret ind:* dirigi,
dirigiste, dirigiu, dirigimos, dirigistes, dirigiram; *pres subj:* dirija, dirijas, dirija,
dirijamos, dirijais, dirijam; dirigindo; dirigido.

dispersar dispersando; com ser/estar: disperso os/a/as, porém com
ter/haver: dispersado.

distribuir *pres ind:* distribuo, distribuis, distribui, distribuímos, distribuís,
distribuem; *pret ind:* distribuí, distribuíste, distribuiu, distribuímos, distribuístes,

distribuíram; *pres subj:* distribua, distribuas, distribua, distribuamos, distribuais, distribuam; distribuindo; distribuído.

divergir (ver **aderir**)

divertir (ver **aderir**)

doer (**only 3rd. persons**) *pres ind:* dói, doem; *pret ind:* doeu, doeram; *pres subj:* doa, doam; doendo; doído.

doer-se (**all persons**) eu me dôo, tu te dóis, ele se dói, nós nos doemos, vós vos doeis, eles se doem, etc.

eleger elegendo; com ser/estar: eleito os/a/as, porém com ter/haver: elegido (ver **proteger**).

engolir *pres ind:* engulo, engoles, engole, engolimos, engulis, engolem; *pret ind:* engoli, engoliste, engoliu, engolimos, engolistes, engoliram; *pres subj:* engula, engulas, engula, engulamos, engulais, engulam; engolindo; engolido.

Note: Verbs that belong to this same group as engolir: acudir, cuspir, escapulir, fugir, sacudir, subir, sumir, etc.

entender *pres ind:* entendo, entendes, entende, entendemos, entendeis, entendem; *pret ind:* entendi, entendeste, entendeu, entendemos, entendestes, entenderam; *pres subj:* entenda, entendas, entenda, entendamos, entendais, entendam; entendendo; entendido.

entregar entregando; com ser/estar: entregue /es, porém com ter/haver: entregado.

escapulir (ver engolir)

escrever escrevendo; escrito.

esquecer *pres ind:* esqueço, esqueces, esquece, esquecemos, esqueceis, esquecem; *pret ind:* esqueci, esqueceste, esqueceu, esquecemos, esquecestes, esqueceram; *pres subj:* esqueça, esqueças, esqueça, esqueçamos, esqueçais, esqueçam; esquecendo, esquecido.

expressar expressando; com ser/estar: expresso os/a/as, porém com ter/haver: expressado.

extinguir extinguindo; com ser/estar: extinto os/a/as, porém com ter/haver: extinguido.

ferir (ver aderir)

ficar *pres ind:* fico, ficas, fica, ficamos, ficais, ficam; *pret ind:* fiquei, ficaste, ficou, ficamos, ficastes, ficaram; *pres subj:* fique, fiques, fique, fiquemos, fiqueis, fiquem; ficando; ficado.

fugir *pres ind:* fujo, foges, foge, fugimos, fugis, fogem; *pret ind:* fugi, fugiste, fugiu, fugimos, fugistes, fugiram; *pres subj:* fuja, fujas, fuja, fujamos, fujais, fujam; fugindo; fugido.

ganhar ganhando; com ser/estar: ganho os/a/as, porém com ter/haver: ganhado.

gastar gastando; com ser/estar: gasto os/a/as, porém com ter/haver: gastado.

gostar de *pres ind:* gosto, gostas, gosta, gostamos, gostais, gostam; *pret ind:* gostei, gostaste, gostou, gostamos, gostastes, gostaram; *pres subj:* goste, gostes, goste, gostemos, gosteis, gostem; gostando; gostado.

imprimir imprimindo; com ser/estar: impress**o os/a/as**, porém com ter/haver: imprimido.

ingerir (ver **aderir**)

inserir (ver **aderir**)

limpar limpando; com ser/estar: limp**o os/a/as**, porém com ter/haver: limpado.

luzir (ver reduzir)

matar matando; com ser/estar: mort**o os/a/as**, porém com ter/haver: matado.

mentir (ver aderir)

merecer *pres ind:* mereço, mereces, merece, merecemos, mereceis, merecem; *pret ind:* mereci, mereceste, mereceu, merecemos, merecestes, mereceram; *pres subj:* mereça, mereças, mereça, mereçamos, mereçais, mereçam; merecendo; merecido.

morar *pres ind:* moro, moras, mora, moramos, morais, moram; *pret ind:* morei, moraste, morou, moramos, morastes, moraram; *pres subj:* more, mores, more, moremos, moreis, morem; morando; morado.

morrer morrendo; com ser/estar: mort**o os/a/as**, porém com ter/haver: morrido.

negociar (ver pronunciar)

pagar *pres ind:* pago, pagas, paga, pagamos, pagais, pagam; *pret ind:* paguei, pagaste, pagou, pagamos, pagastes, pagaram; *pres subj:* pague, pagues, pague, paguemos, pagueis, paguem; pagando; pagado; com ser/estar: pag**o os/a/as**

parar *pres ind:* paro, paras, pára, paramos, parais, param.

parecer *pres ind:* pareço, pareces, parece, parecemos, pareceis, parecem; *pret ind:* pareci, pareceste, pareceu, parecemos, parecestes, pareceram; *pres subj:* pareça, pareças, pareça, pareçamos, pareçais, pareçam; parecendo; parecido.

passear *pres ind:* passeio, passeias, passeia, passeamos, passeais, passeiam; *pret ind:* passeei, passeaste, passeou, passeamos, passeastes, passearam; *pres subj:* passeie, passeies, passeie, passeemos, passeeis, passeiem; passeando; passeado.

pegar *pres ind:* pego, pegas, pega, pegamos, pegais, pegam; *pret ind:* peguei, pegaste, pegou, pegamos, pegastes, pegaram; *pres subj:* pegue, pegues, pegue, peguemos, pegueis, peguem; pegando; pegado.

pensar *pres ind:* penso, pensas, pensa, pensamos, pensais, pensam; *pret ind:* pensei, pensaste, pensou, pensamos, pensastes, pensaram; *pres subj:* pense, penses, pense, pensemos, penseis, pensem; pensando; pensado.

pentear (ver **passear**)

perdoar *pres ind:* perdôo, perdoas, perdoa, perdoamos, perdoais, perdoam; *pret ind:* perdoei, perdoaste, perdoou, perdoamos, perdoastes, perdoaram; *pres subj:* perdoe, perdoes, perdoe, perdoemos, perdoeis, perdoem; perdoando; perdoado.

poluir (ver **possuir**)

possuir *pres ind:* possuo, possuis, possui, possuímos, possuís, possuem; *pret ind:* possuí, possuíste, possuiu, possuímos, possuístes, possuíram; *pres subj:* possua, possuas, possua, possuamos, possuais, possuam; possuindo; possuído.

premiar *pres ind:* premio, premias, premia, premiamos, premiais, premiam; *pret ind:* premiei, premiaste, premiou, premiamos, premiastes, premiaram; *pres subj:* premie, premies, premie, premiemos, premieis, premiem; premiando; premiado.

prender prendendo; com ser/estar: pres**o os/a/as**, porém com ter/haver: prendido.

prevenir *pres ind:* previno, prevines, previne, prevenimos, prevenis, previnem; *pret ind:* preveni, preveniste, preveniu, prevenimos, prevenistes, preveniram; *pres subj:* previna, previnas, previna, previnamos, previnais, previnam; prevenindo; prevenido.

progredir (ver prevenir)

pronunciar *pres ind:* pronuncio, pronuncias, pronuncia, pronunciamos, pronunciais, pronunciam; *pret ind:* pronunciei, pronunciaste, pronunciou, pronunciamos, pronunciastes, pronunciaram; *pres subj:* pronuncie, pronuncies, pronuncie, pronunciemos, pronuncieis, pronunciem; pronunciando; pronunciado.

proteger *pres ind:* protejo, proteges, protege, protegemos, protegeis, protegem; *pret ind:* protegi, protegeste, protegeu, protegemos, protegestes, protegeram; *pres subj:* proteja, protejas, proteja, protejamos, protejais, protejam; protegendo; protegido.

queixar-se *pres ind:* me queixo, te queixas, se queixa, nos queixamos, vos queixais, se queixam; *pret ind:* me queixei, te queixaste, se queixou, nos queixamos, vos queixastes, se queixaram; *pres subj:* me queixe, te queixes, queixe, queixemos, queixeis, queixem; queixando; queixado.

reduzir *pres ind:* reduzo, reduzes, *reduz*, reduzimos, reduzis, reduzem; *pret ind:* reduzi, reduziste, reduziu, reduzimos, reduzistes, reduziram; *pres subj:* reduza, reduzas, reduza, reduzamos, reduzais reduzam; reduzindo; reduzido.

refletir (ver **aderir**)

repetir (ver **aderir**)

requerer *pres ind:* requeiro, requeres, requer, requeremos, requereis, requerem; *pret ind:* requeri, requereste, requereu, requeremos, requerestes, requereram; *pres subj:* requeira, requeiras, requeira, requeiramos, requeirais, requeiram; requerendo: requerido.

rir *pres ind:* rio, ris, ri, rimos, rides, riem; *pret ind:* ri, riste, riu, rimos, ristes, riram; *pres subj:* ria, rias, ria, riamos, riais, riam; rindo; rido.

sacudir (ver engolir)

seduzir (ver **reduzir**)

semear (ver **passear**)

servir (ver aderir)

soltar soltando; com ser/estar: solt**o os/a/as**, porém com ter/haver: soltado.

suar *pres ind:* suo, suas, sua, suamos, suais, suam; *pret ind:* suei, suaste, suou, suamos, suastes, suaram; *pres subj:* sue, sues, sue, suemos, sueis, suem; suando; suado.

subir (ver engolir)

subtrair (ver **trair**)

sugerir   *pres ind:* sugiro, sugeres, sugere, sugerimos, sugeris, sugerem; *pret ind:* sugeri, sugeriste, sugeriu, sugerimos, sugeristes, sugeriram; *pres subj:* sugira, sugiras, sugira, sugiramos, sugirais, sugiram; sugerindo, sugerido.

sumir (ver engolir)

suspender suspendendo; com ser/estar: suspenso **os/a/as**, porém com ter/haver: suspendido.

tossir *pres ind:* tusso, tosses, tosse, tossimos, tossis, tossem; *pret ind:* tossi, tossiste, tossiu, tossimos, tossistes, tossiram; *pres subj:* tussa, tussas, tussa, tussamos, tussais, tussam; tossindo; tossido.

trair *pres ind:* traio, trais, trai, traimos, traís, traem; *pret ind:* traí, traiste, traiu, traimos, traistes, trairam; *pres subj:* traia, traias, traia, traiamos, traiais, traiam; traindo; traido.

vestir (ver aderir)

voar *pres ind:* vôo, voas, voa, voamos, voais, voam; *pret ind:* voei, voaste, voou, voamos, voaste, voaram; *pres subj:* voe, voes, voe, voemos, voeis, voem; voando; voado.

Grupo II: ter, ser, estar, haver

Infinitivo		TER	SER	ESTAR	HAVER
Infinitivo pessoal	Por (eu)	ter	ser	estar	haver
	Por (tu)	teres	seres	estares	haveres
	Por (ele)	ter	ser	estar	haver
	Por (nós)	termos	sermos	estarmos	havermos
	Por (vós)	terdes	serdes	estardes	haverdes
	Por (eles)	terem	serem	estarem	haverem
Particípio presente (Gerúndio)		tendo	sendo	estando	havendo
Particípio passado		tido	sido	estado	havido

Modo Indicativo

Presente	TER	SER	ESTAR	HAVER
	tenho	sou	estou	hei
	tens	es	estás	hás
	tem	é	está	há
	temos	somos	estamos	havemos
	tendes	sois	estais	haveis
	têm	são	estão	hão

Pretérito imperfeito	TER	SER	ESTAR	HAVER
	tinha	era	estava	havia
	tinhas	eras	estavas	havias
	tinha	era	estava	havia
	tínhamos	éramos	estávamos	havíamos
	tínheis	éreis	estáveis	havíeis
	tinham	eram	estavam	haviam

Pretérito perfeito	TER	SER	ESTAR	HAVER
	tive	fui	estive	houve
	tiveste	foste	estiveste	houveste

teve	foi	esteve	houve
tivemos	fomos	estivemos	houvemos
tivestes	fostes	estivestes	houvestes
tiveram	foram	estiveram	houveram

Pretérito mais-que-perfeito (Span. *Pluscuamperfecto;* Eng. *Pluperfect* or *Past Perfect*)

(mais comum na	tivera	fora	estivera	houvera
linguagem escrita)	tiveras	foras	estiveras	houveras
	tivera	fora	estivera	houvera
	tivéramos	fôramos	estivéramos	houvéramos
	tivéreis	fôreis	estivéreis	houvéreis
	tiveram	foram	estiveram	houveram

Futuro	vou	ter	ser	estar	haver[14]
com o	vais	ter	ser	estar	
verbo ir	vai	ter	ser	estar	haver (impessoal)
	vamos ter		ser	estar	
	ides	ter	ser	estar	
	vão	ter	ser	estar	

Futuro	terei	serei	estarei	haverei
(mais comum	terás	serás	estarás	haverás
na linguagem escrita)	terá	será	estará	haverá
	teremos	seremos	estaremos	haveremos
	tereis	sereis	estareis	havereis
	terão	serão	estarão	haverão

Futuro do pretérito	teria	seria	estaria	haveria
(condicional)	terias	serias	estarias	haverias
	teria	seria	estaria	haveria
	teríamos	seríamos	estaríamos	haveríamos
	teríeis	seríeis	estaríeis	haveríeis
	teriam	seriam	estariam	haveriam

Modo Imperativo

Imperativo no Brasil, linguagem falada = 3ª. p. sing. do Pres. do Ind. e 3ª. p. pl. do Pres. do Subjuntivo

| (tu, você, o Sr.) | tem | seja | esteja | ----- |
| (vocês, os Srs.) | têm | sejam | estejam | ----- |

For the negative forms, add "não."

Imperativo afirmativo

(tu)	tem	sê	está	há
(você, o Sr.)	tenha	seja	esteja	haja
(nós)	tenhamos	sejamos	estejamos	hajamos
(vós)	tende	sede	estai	havei

---

[14] The forms of the periphrastic future of *haver* are omitted because they are not used except when *haver* means *ter: *Eu vou haver, *Tu vais haver"*, etc. However, it is used in its impersonal form meaning *ter: Vai haver uma festa no arraial.*

(vocês, os Srs.)	tenham	sejam	estejam	hajam

Imperativo negativo

(tu)	não	tenhas	sejas	estejas	hajas
(você, o Sr.)	não	tenha	seja	esteja	haja
(nós)	não	tenhamos	sejamos	estejamos	hajamos
(vós)	não	tenhais	sejais	estejais	hajais
(você, os Srs.)	não	tenham	sejam	estejam	hajam

Modo Subjuntivo

Presente

Que eu	tenha	seja	esteja	haja
Que tu	tenhas	sejas	estejas	hajas
Que ele	tenha	seja	esteja	haja
Que nós	tenhamos	sejamos	estejamos	hajamos
Que vós	tenhais	sejais	estejais	hajais
Que eles	tenham	sejam	estejam	hajam

Pretérito imperfeito ("passado" do subjuntivo)

Se eu	tivesse	fosse	estivesse	houvesse
Se tu	tivesses	fosses	estivesses	houvesses
Se ele	tivesse	fosse	estivesse	houvesse
Se nós	tivéssemos	fôssemos	estivéssemos	houvéssemos
Se vós	tivésseis	fôsseis	estivésseis	houvésseis
Se eles	tivessem	fossem	estivessem	houvessem

Futuro	Quando eu	tiver	for	estiver	houver
	Quando tu	tiveres	fores	estiveres	houveres
	Quando ele	tiver	for	estiver	houver
	Quando nós	tivermos	formos	estivermos	houvermos
	Quando vós	tiverdes	fordes	estiverdes	houverdes
	Quando eles	tiverem	forem	estiverem	houverem

Tempos Verbais Compostos
Modo Indicativo

Pretérito perfeito

Tenho	tido	sido	estado	
Tens	tido	sido	estado	
Tem	tido	sido	estado	havido (impessoal)
Temos	tido	sido	estado	
Tendes	tido	sido	estado	
Têm	tido	sido	estado	

Pretérito mais-que-perfeito (Span. *Pluscuamperfecto*; Eng. *Pluperfect* or *Past Perfect*)

Tinha/Havia	tido	sido	estado	
Tinhas/Havias	tido	sido	estado	
Tinha/Havia	tido	sido	estado	havido (impessoal)
Tínha/Havíamos	tido	sido	estado	
Tínheis/Havíeis	tido	sido	estado	
Tinham/Haviam	tido	sido	estado	

Futuro

Terei/Haverei	tido	sido	estado	
Terás/Haverás	tido	sido	estado	
Terá/Haverá	tido	sido	estado	havido (impessoal)
Teremos/Haveremos	tido	sido	estado	
Tereis/Havereis	tido	sido	estado	
Terão/Haverão	tido	sido	estado	

Futuro do pretérito (condicional)

Teria/Haveria	tido	sido	estado	
Terias/Haverias	tido	sido	estado	
Teria/Haveria	tido	sido	estado	havido (impessoal)
*Tería/Havería*mos	tido	sido	estado	
Teríeis/Haveríeis	tido	sido	estado	
Teriam/Haveriam)	tido	sido	estado	

Modo Subjuntivo

Pretérito perfeito

Q eu tenha/haja	tido	sido	estado	
Q tu tenhas/hajas	tido	sido	estado	
Q ele tenha/haja	tido	sido	estado	havido (impessoal)
Q tenhamos/hajamos	tido	sido	estado	
Q tenhais/hajais	tido	sido	estado	
Q eles tenham/hajam	tido	sido	estado	

Pretérito mais-que-perfeito (Span. *Pluscuamperfecto*; Eng. *Pluperfect* or *Past Perfect*)

Se tivesse/houvesse	tido	sido	estado	
Se tivesses/houvesses	tido	sido	estado	
Se tivesse/houvesse	tido	sido	estado	havido (impessoal)
Se *tivé/houvé*ssemos	tido	sido	estado	
Se *tivé/houvé*sseis	tido	sido	estado	
Se *tive/houve*ssem	tido	sido	estado	

Futuro perfeito

Qdo eu tiver/houver	tido	sido	estado	
Qdo tiveres/houveres	tido	sido	estado	
Qdo tiver/houver	tido	sido	estado	havido (impessoal)
Qdo *tiver/houver*mos	tido	sido	estado	
Qdo *tiver/houver*des	tido	sido	estado	
Qdo *tiver/houver*em	tido	sido	estado	

Grupo III: caber, cobrir, construir, dar, ... sentir, trazer, ver, vir

caber, cobrir, construir, dar, divertir, dizer, dormir, fazer, ir, ler, medir, odiar, ouvir, passear, pedir, perder, poder, pôr, preferir, querer, saber, sair, seguir, sentir, trazer, valer, ver, vir.

Infinitivo		CABER	COBRIR	CONSTRUIR	DAR
Infinitivo pessoal	Por (eu)	caber	cobrir	constuir	dar
	Por (tu)	caberes	cobrires	construíres	dares
	Por (ele)	caber	cobrir	construir	dar
	Por (nós)	cabermos	cobrirmos	construirmos	darmos
	Por (vós)	caberdes	cobrirdes	construirdes	dardes
	Por (eles)	caberem	cobrirem	construírem	darem
Particípio presente (gerúndio)		cabendo	cobrindo	construindo	dando
Particípio passado		cabido	coberto	construído	dado

Tempos Verbais Simples
Modo Indicativo

Presente		caibo	cubro	construo	dou
		cabes	cobres	constróis	dás
		cabe	cobre	constrói	dá
		cabemos	cobrimos	construímos	damos
		cabeis	cobris	construís	dais
		cabem	cobrem	constroem	dão
Pretérito imperfeito		cabia	cobria	construía	dava
		cabias	cobrias	construías	davas
		cabia	cobria	construía	dava
		cabíamos	cobríamos	construíamos	dávamos
		cabíeis	cobríeis	construíeis	dáveis
		cabiam	cobriam	construíam	davam
Pretérito perfeito		coube	cobri	construí	dei
		coubeste	cobriste	construíste	deste
		coube	cobriu	construiu	deu
		coubemos	cobrimos	construímos	demos
		coubestes	cobristes	construístes	destes
		couberam	cobriram	construíram	deram

Pretérito mais-que-perfeito (Span. *Pluscuamperfecto*; Eng. *Pluperfect* or *Past Perfect*)

(mais comum na linguagem escrita)	coubera	cobrira	construíra	dera
	couberas	cobriras	construíras	deras
	coubera	cobrira	construíra	dera
	coubéramos	cobríramos	construíramos	déramos
	coubéreis	cobríreis	construíreis	déreis
	couberam	cobriram	construíram	deram

Futuro com o	vou	caber	cobrir	construir	dar
	vais	caber	cobrir	construir	dar
verbo ir	vai	caber	cobrir	construir	dar
	vamos	caber	cobrir	construir	dar
	ides	caber	cobrir	construir	dar
	vão	caber	cobrir	construir	dar

Futuro	caberei	cobrirei	construirei	darei
(mais comum	caberás	cobrirás	construirás	darás
na linguagem escrita)	caberá	cobrirá	construirá	dará
	caberemos	cobriremos	construiremos	daremos
	cabereis	cobrireis	construireis	dareis
	caberão	cobrirão	construirão	darão

Futuro do pretérito	caberia	cobriria	construiria	daria
(condicional)	caberias	cobririas	construirias	darias
	caberia	cobriria	construiria	daria
	caberíamos	cobriríamos	construiríamos	daríamos
	caberíeis	cobriríeis	construiríeis	daríeis
	caberiam	cobririam	construiriam	dariam

Modo Imperativo

Imperativo no Brasil, línguagem falada = 3ª. p. sing. do Pres. do Ind. e 3ª. p. pl. do Pres. do Subjuntivo

(tu, você, o Sr.)	cabe	cobre	constrói	dá
(vocês, os Srs.)	caibam	cubram	construam	dêem

For the negative forms, add "não."

Imperativo afirmativo

(tu)	cabe	cobre	constrói	dá
(você, o Sr.)	caiba	cubra	construa	dê
(nós)	caibamos	cubramos	construamos	demos
(vós)	cabeis	cobri	construí	dai
(vocês, os Srs.)	caibam	cubram	construam	dêem

Imperativo negativo

(tu)	não	caibas	cubras	construas	dês
(você, o Sr.)	não	caiba	cubra	construa	dê
(nós)	não	caibamos	cubramos	construamos	demos
(vós)	não	caibais	cubrais	construais	deis
(vcs, os Srs.)	não	caibam	cubram	costruam	dêem

Modo Subjuntivo

Presente

Que eu	caiba	cubra	construa	dê
Que tu	caibas	cubras	construas	dês
Que ele	caiba	cubra	construa	dê
Que nós	caibamos	cubramos	construamos	demos
Que vós	caibais	cubrais	construais	deis
Que eles	caibam	cubram	construam	dêem

Pretérito imperfeito ("passado" do subjuntivo)

Se eu	coubesse	cobrisse	construísse	desse
Se tu	coubesses	cobrisses	construísses	desses
Se ele	coubesse	cobrisse	construísse	desse
Se nós	coubéssemos	cobríssemos	construíssemos	déssemos
Se vós	coubésseis	cobrísseis	construísseis	désseis
Se eles	coubessem	cobrissem	construíssem	dessem

Futuro				
Quando eu	couber	cobrir	construir	der
Quando tu	couberes	cobrires	construíres	deres
Quando ele	couber	cobrir	construir	der
Quando nós	coubermos	cobrirmos	construirmos	dermos
Quando vós	couberdes	cobrirdes	construirdes	derdes
Quando eles	couberem	cobrirem	construírem	derem

Tempos Verbais Compostos
Modo Indicativo
Pretérito perfeito

Tenho	cabido	coberto	construído	dado
Tens	cabido	coberto	construído	dado
Tem	cabido	coberto	construído	dado
Temos	cabido	coberto	construído	dado
Tendes	cabido	coberto	construído	dado
Têm	cabido	coberto	construído	dado

Pretérito mais-que-perfeito (Span. *Pluscuamperfecto*; Eng. *Pluperfect* or *Past Perfect*)

Tinha/Havia	cabido	coberto	construído	dado
Tinhas/Havias	cabido	coberto	construído	dado
Tinha/Havia	cabido	coberto	construído	dado
*Tínha/Havía*mos	cabido	coberto	construído	dado
Tínheis/Havíeis	cabido	coberto	construído	dado
Tinham/Haviam	cabido	coberto	construído	dado

Futuro

Terei/Haverei	cabido	coberto	construído	dado
Terás/Haverás	cabido	coberto	construído	dado
Terá/Haverá	cabido	coberto	construído	dado
Teremos/Haveremos	cabido	coberto	construído	dado
Tereis/Havereis	cabido	coberto	construído	dado
Terão/Haverão	cabido	coberto	construído	dado

Futuro do pretérito

Teria/Haveria	cabido	coberto	construído	dado
Terias/Haverias	cabido	coberto	construído	dado
Teria/Haveria	cabido	coberto	construído	dado
*Tería/Haverí*amos	cabido	coberto	construído	dado
Teríeis/Haveríeis	cabido	coberto	construído	dado
Teriam/Haveriam	cabido	coberto	construído	dado

Modo Subjuntivo
Pretérito perfeito

Que eu tenha/haja	cabido	coberto	construído	dado
Que tu tenhas/hajas	cabido	coberto	construído	dado
Que ele tenha/haja	cabido	coberto	construído	dado
Q nós *tenha/haja*mos	cabido	coberto	construído	dado
Q vós tenhais/hajais	cabido	coberto	construído	dado
Q eles tenham/hajam	cabido	coberto	construído	dado

Pretérito mais-que-perfeito (Span. *Pluscuamperfecto*; Eng. *Pluperfect* or *Past Perfect*)

Se tivesse/houvesse	cabido	coberto	construído	dado
Se tivesses/houvesses	cabido	coberto	construído	dado
Se tivesse/houvesse	cabido	coberto	construído	dado
Se *tivé/houvé*ssemos	cabido	coberto	construído	dado
Se *tivé/houvé*sseis	cabido	coberto	construído	dado
Se *tive/houve*ssem	cabido	coberto	construído	dado

Futuro

Qdo tiver/houver	cabido	coberto	construído	dado
Qdo tiveres/houveres	cabido	coberto	construído	dado
Qdo tiver/houver	cabido	coberto	construído	dado
Qdo *tiver/houver*mos	cabido	coberto	construído	dado
Qdo *tiver/houver*des	cabido	coberto	construído	dado
Qdo *tiver/houver*em	cabido	coberto	construído	dado

Infinitivo	**DIVERTIR**	**DIZER**	**DORMIR**	**FAZER**

Infinitivo pessoal

Por (eu)	divertir	dizer	dormir	fazer
Por (tu)	divertires	dizeres	dormires	fazeres
Por (ele)	divertir	dizer	dormir	fazer
Por (nós)	divertirmos	dizermos	dormirmos	fazermos
Por (vós)	divertirdes	dizerdes	dormirdes	fazerdes
Por (eles)	divertirem	dizerem	dormirem	fazerem

Particípio presente (*gerúndio*)	divertindo	dizendo	dormindo	fazendo
Particípio passado	divertido	dito	dormido	feito

Tempos Verbais Simples
Modo Indicativo

Presente				
	divirto	digo	durmo	faço
	divertes	dizes	dormes	fazes
	diverte	diz	dorme	faz
	divertimos	dizemos	dormimos	fazemos
	divertis	dizeis	dormis	fazeis
	divertem	dizem	dormem	fazem

Pretérito imperfeito				
	divertia	dizia	dormia	fazia
	divertias	dizias	dormias	fazias
	divertia	dizia	dormia	fazia
	divertíamos	dizíamos	dormíamos	fazíamos
	divertíeis	dizíeis	dormíeis	fazíeis
	divertiam	diziam	dormiam	faziam

Pretérito perfeito				
	diverti	disse	dormi	fiz
	divertiste	disseste	dormiste	fizeste
	divertiu	disse	dormiu	fez
	divertimos	dissemos	dormimos	fizemos
	divertistes	dissestes	dormistes	fizestes

		divertiram	disseram	dormiram	fizeram

Pretérito mais-que-perfeito (Span. *Pluscuamperfecto*; Eng. *Pluperfect* or *Past Perfect*)

(mais comum na		divertira	dissera	dormira	fizera
linguagem escrita)		divertiras	disseras	dormiras	fizeras
		divertira	dissera	dormira	fizera
		divertíramos	disséramos	dormíramos	fizéramos
		divertíreis	disséreis	dormíreis	fizéreis
		divertiram	disseram	dormiram	fizeram

Futuro	vou	divertir	dizer	dormir	fazer
com o	vais	divertir	dizer	dormir	fazer
verbo ir	vai	divertir	dizer	dormir	fazer
	vamos	divertir	dizer	dormir	fazer
	ides	divertir	dizer	dormir	fazer
	vão	divertir	dizer	dormir	fazer

Futuro	divertirei	direi	dormirei	farei
(mais comum	divertirás	dirás	dormirás	farás
na linguagem escrita)	divertirá	dirá	dormirá	fará
	divertiremos	diremos	dormiremos	faremos
	divertireis	direis	dormireis	fareis
	divertirão	dirão	dormirão	farão

Futuro do pretérito	divertiria	diria	dormiria	faria
(condicional)	divertirias	dirias	dormirias	farias
	divertiria	diria	dormiria	faria
	divertiríamos	diríamos	dormiríamos	faríamos
	divertiríeis	diríeis	dormiríeis	faríeis
	divertiriam	diriam	dormiriam	fariam

Modo Imperativo

Imperativo no Brasil, linguagem falada = 3ª. p. sing. do Pres. do Ind. e 3ª. p. pl. do Pres. do Subjuntivo

(tu, você, o Sr.)	diverte	diz	dorme	faz
(vocês, os Srs.)	divirtam	digam	durmam	façam

For the negative forms, add "não."

Imperativo afirmativo

(tu)	diverte	dize	dorme	faze
(você, o Sr.)	divirta	diga	durma	faça
(nós)	divirtamos	digamos	durmamos	façamos
(vós)	diverti	dizei	dormi	fazei
(vocês, os Srs.)	divirtam	digam	durmam	façam

Imperativo negativo

(tu)	não	divirtas	digas	durmas	faças
(você, o Sr.)	não	divirta	diga	durma	faça
(nós)	não	divirtamos	digamos	durmamos	façamos
(vós)	não	divirtais	digais	durmais	façais
(vocês, os Srs.)	não	divirtam	digam	durmam	façam

Modo Subjuntivo

Presente	Que eu	divirta	diga	durma	faça
	Que tu	divirtas	digas	durmas	faças
	Que ele	divirta	diga	durma	faça
	Que nós	divirtamos	digamos	durmamos	façamos
	Que vós	divirtais	digais	durmais	façais
	Que eles	divirtam	digam	durmam	façam

Pretérito imperfeito ("passado"do subjuntivo)

	Se eu	divertisse	dissesse	dormisse	fizesse
	Se tu	divertisses	dissesses	dormisses	fizesses
	Se ele	divertisse	dissesse	dormisse	fizesse
	Se nós	divertíssemos	disséssemos	dormíssemos	fizéssemos
	Se vós	divertísseis	dissésseis	dormísseis	fizésseis
	Se eles	divertissem	dissessem	dormissem	fizessem

Futuro	Quando eu	divertir	disser	dormir	fizer
	Quando tu	divertires	disseres	dormires	fizeres
	Quando ele	divertir	disser	dormir	fizer
	Quando nós	divertirmos	dissermos	dormirmos	fizermos
	Quando vós	divertirdes	disserdes	dormirdes	fizerdes
	Quando eles	divertirem	disserem	dormirem	fizerem

Tempos Verbais Compostos
Modo Indicativo

Pretérito perfeito composto

Tenho	divertido	dito	dormido	feito
Tens	divertido	dito	dormido	feito
Tem	divertido	dito	dormido	feito
Temos	divertido	dito	dormido	feito
Tendes	divertido	dito	dormido	feito
Têm	divertido	dito	dormido	feito

Pretérito mais-que-perfeito (Span. *Pluscuamperfecto*; Eng. *Pluperfect* or *Past Perfect*)

Tinha/Havia	divertido	dito	dormido	feito
Tinhas/Havias	divertido	dito	dormido	feito
Tinha/Havia	divertido	dito	dormido	feito
Tínhamos/Havíamos	divertido	dito	dormido	feito
Tínheis/Havíeis	divertido	dito	dormido	feito
Tinham/Haviam	divertido	dito	dormido	feito

Futuro

Terei/Haverei	divertido	dito	dormido	feito
Terás/Haverás	divertido	dito	dormido	feito
Terá/Haverá	divertido	dito	dormido	feito
Teremos/Haveremos	divertido	dito	dormido	feito
Tereis/Havereis	divertido	dito	dormido	feito
Terão/Haverão	divertido	dito	dormido	feito

Futuro do pretérito

Teria/Haveria	divertido	dito	dormido	feito
Terias/Haverias	divertido	dito	dormido	feito
Teria/Haveria	divertido	dito	dormido	feito
Tería/Haveríamos	divertido	dito	dormido	feito
Teríeis/Haveríeis	divertido	dito	dormido	feito
Teriam/Haveriam	divertido	dito	dormido	feito

Modo Subjuntivo

Pretérito perfeito

Que eu tenha/haja	divertido	dito	dormido	feito
Que tu tenhas/hajas	divertido	dito	dormido	feito
Que ele tenha/haja	divertido	dito	dormido	feito
Q tenhamos/hajamos	divertido	dito	dormido	feito
Q vós tenhais/hajais	divertido	dito	dormido	feito
Q eles tenham/hajam	divertido	dito	dormido	feito

Pretérito mais-que-perfeito (Span. *Pluscuamperfecto*; Eng. *Pluperfect* or *Past Perfect*)

Se tivesse/houvesse	divertido	dito	dormido	feito
Se tivesses/houvesses	divertido	dito	dormido	feito
Se tivesse/houvesse	divertido	dito	dormido	feito
Se *tivé/houvé*ssemos	divertido	dito	dormido	feito
Se *tivé/houvé*sseis	divertido	dito	dormido	feito
Se *tive/houve*ssem	divertido	dito	dormido	feito

Futuro

Qdo eu tiver/houver	divertido	dito	dormido	feito
Qdo tiveres/houveres	divertido	dito	dormido	feito
Qdo ele tiver/houver	divertido	dito	dormido	feito
Qdo *tiver/houver*mos	divertido	dito	dormido	feito
Qdo *tiver/houver*des	divertido	dito	dormido	feito
Qdo *tiver/houver*em	divertido	dito	dormido	feito

Infinitivo		**IR**	**LER**	**MEDIR**	**ODIAR**
Infinitivo	Por (eu)	ir	ler	medir	odiar
pessoal	Por (tu)	ires	leres	medires	odiares
	Por (ele)	ir	ler	medir	odiar
	Por (nós)	irmos	lermos	medirmos	odiarmos
	Por (vós)	irdes	lerdes	medirdes	odiardes
	Por (eles)	irem	lerem	medirem	odiarem

Particípio presente (*Gerúndio*)	indo	lendo	medindo	odiando
Particípio passado	ido	lido	medido	odiado

Tempos Verbais Simples
Modo Indicativo

Presente	vou	leio	meço	odeio
	vais	lês	medes	odeias

	vai	lê	mede	odeia
	vamos	lemos	medimos	odiamos
	ides	ledes	medis	odiais
	vão	lêem	medem	odeiam
Pretérito imperfeito	ia	lia	media	odiava
	ias	lias	medias	odiavas
	ia	lia	media	odiava
	íamos	líamos	medíamos	odiávamos
	íeis	líeis	medíeis	odiáveis
	iam	liam	mediam	odiavam
Pretérito perfeito	fui	li	medi	odiei
	foste	leste	mediste	odiaste
	foi	leu	mediu	odiou
	fomos	lemos	medimos	odiamos
	fostes	lestes	medistes	odiastes
	foram	leram	mediram	odiaram
Pretérito mais-que-perfeito (mais comum na linguagem escrita)	fora	lera	medira	odiara
	foras	leras	mediras	odiaras
	fora	lera	medira	odiara
	fôramos	lêramos	medíramos	odiáramos
	fôreis	lêreis	medíreis	odiáreis
	foram	leram	mediram	odiaram
Futuro com o verbo ir	vou ir[15]	ler	medir	odiar
	vais ir	ler	medir	odiar
	vai ir	ler	medir	odiar
	vamos ir	ler	medir	odiar
	ides ir	ler	medir	odiar
	vão ir	ler	medir	odiar
Futuro simples (mais comum na linguagem escrita)	irei	lerei	medirei	odiarei
	irás	lerás	medirás	odiarás
	irá	lerá	medirá	odiará
	iremos	leremos	mediremos	odiaremos
	ireis	lereis	medireis	odiareis
	irão	lerão	medirão	odiarão
Futuro do pretérito (condicional)	iria	leria	mediria	odiaria
	irias	lerias	medirias	odiarias
	iria	leria	mediria	odiaria
	iríamos	leríamos	mediríamos	odiaríamos
	iríeis	leríeis	mediríeis	odiaríeis
	iriam	leriam	mediriam	odiariam

---

[15] In general, the forms of the periphrastic future using of *ir* ("*vou ir, vais ir,*"etc) are not used very often. It is more common to say "*Vou, sim*" instead of "*Vou ir, sim.*"

Modo Imperativo

Imperativo no Brasil, linguagem falada = 3ª. p. sing. do Pres. do Ind. e 3ª. p. pl. do Pres. do Subjuntivo

(tu, você, o Sr.)	vai	lê	mede	odeia
(vocês, os Srs.)	vão	leiam	meçam	odeiem

For the negative forms, add "não."

Imperativo afirmativo

(tu)	vai	lê	mede	odeia
(você, o Sr.)	vá	leia	meça	odeie
(nós)	vamos	leiamos	meçamos	odiemos
(vós)	ide	lede	medi	odiai
(vocês, os Srs.)	vão	leiam	meçam	odeiem

Imperativo negativo

(tu)	não	vás	leias	meças	odeies
(você, o Sr.)	não	vá	leia	meça	odeie
(nós)	não	vamos	leiamos	meçamos	odiemos
(vós)	não	vades	leiais	meçais	odeieis
(vocês, os Srs.)	não	vão	leiam	meçam	odeiem

Modo Subjuntivo

Presente

Que eu	vá	leia	meça	odeie
Que tu	vás	leias	meças	odeies
Que ele	vá	leia	meça	odeie
Que nós	vamos	leiamos	meçamos	odiemos
Que vós	vades	leiais	meçais	odeieis
Que eles	vão	leiam	meçam	odeiem

Pretérito imperfeito (passado do subjuntivo)

Se eu	fosse	lesse	medisse	odiasse
Se tu	fosses	lesses	medisses	odiasses
Se ele	fosse	lesse	medisse	odiasse
Se nós	fôssemos	lêssemos	medíssemos	odiássemos
Se vós	fôsseis	lêsseis	medísseis	odiásseis
Se eles	fossem	lessem	medissem	odiassem

Futuro

Quando eu	for	ler	medir	odiar
Quando tu	fores	leres	medires	odiares
Quando ele	for	ler	medir	odiar
Quando nós	formos	lermos	medirmos	odiarmos
Quando vós	fordes	lerdes	medirdes	odiardes
Quando eles	forem	lerem	medirem	odiarem

Tempos Verbais Compostos
Modo Indicativo

Pretérito perfeito composto

Tenho	ido	lido	medido	odiado
Tens	ido	lido	medido	odiado
Tem	ido	lido	medido	odiado
Temos	ido	lido	medido	odiado

Tendes	ido	lido	medido	odiado
Têm	ido	lido	medido	odiado

Pretérito mais-que-perfeito

Tinha/Havia	ido	lido	medido	odiado
Tinhas/Havias	ido	lido	medido	odiado
Tinha/Havia	ido	lido	medido	odiado
Tínhamos/Havíamos	ido	lido	medido	odiado
Tínheis/Havíeis	ido	lido	medido	odiado
Tinham/Haviam	ido	lido	medido	odiado

Futuro

Terei/Haverei	ido	lido	medido	odiado
Terás/Haverás	ido	lido	medido	odiado
Terá/Haverá	ido	lido	medido	odiado
Teremos/Haveremos	ido	lido	medido	odiado
Tereis/Havereis	ido	lido	medido	odiado
Terão/Haverão	ido	lido	medido	odiado

Futuro do pretérito

Teria/Haveria	ido	lido	medido	odiado
Terias/Haverias	ido	lido	medido	odiado
Teria/Haveria	ido	lido	medido	odiado
*Tería/Havería*mos	ido	lido	medido	odiado
Teríeis/Haveríeis	ido	lido	medido	odiado
Teriam/Haveriam	ido	lido	medido	odiado

Modo Subjuntivo

Pretérito perfeito

Q eu tenha/haja	ido	lido	medido	odiado
Q tu tenhas/hajas	ido	lido	medido	odiado
Q ele tenha/haja	ido	lido	medido	odiado
Q tenhamos/hajamos	ido	lido	medido	odiado
Q vós tenhais/hajais	ido	lido	medido	odiado
Q eles tenham/hajam	ido	lido	medido	odiado

Pretérito mais-que-perfeito (Span. *Pluscuamperfecto*; Eng. *Pluperfect* or *Past Perfect*)

Se tivesse/houvesse	ido	lido	medido	odiado
Se tivesses/houvesses	ido	lido	medido	odiado
Se tivesse/houvesse	ido	lido	medido	odiado
Se *tivé/houvé*ssemos	ido	lido	medido	odiado
Se *tivé/houvé*sseis	ido	lido	medido	odiado
Se *tive/houve*ssem	ido	lido	medido	odiado

Futuro

Qdo tiver/houver	ido	lido	medido	odiado
Qdo tiveres/houveres	ido	lido	medido	odiado
Qdo tiver/houver	ido	lido	medido	odiado
Qdo *tiver/houver*mos	ido	lido	medido	odiado
Qdo *tiver/houver*des	ido	lido	medido	odiado
Qdo *tiver/houver*em	ido	lido	medido	odiado

Infinitivo		OUVIR	PASSEAR	PEDIR	PERDER
Infinitivo	Por (eu)	ouvir	passear	pedir	perder
pessoal	Por (tu)	ouvires	passeares	pedires	perderes
	Por (ele)	ouvir	passear	pedir	perder
	Por (nós)	ouvirmos	passearmos	pedirmos	perdermos
	Por (vós)	ouvirdes	passeardes	pedirdes	perderdes
	Por (eles)	ouvirem	passearem	pedirem	perderem
Particípio presente (*gerúndio*)		ouvindo	passeando	pedindo	perdendo
Particípio passado		ouvido	passeado	pedido	perdido

Tempos Verbais Simples
Modo Indicativo

Presente	ouço	passeio	peço	perco
	ouves	passeias	pedes	perdes
	ouve	passeia	pede	perde
	ouvimos	passeamos	pedimos	perdemos
	ouvis	passeais	pedis	perdeis
	ouvem	passeiam	pedem	perdem

Pretérito imperfeito	ouvia	passeava	pedia	perdia
	ouvias	passeavas	pedias	perdias
	ouvia	passeava	pedia	perdia
	ouvíamos	passeávamos	pedíamos	perdíamos
	ouvíeis	passeáveis	pedíeis	perdíeis
	ouviam	passeavam	pediam	perdiam

Pretérito perfeito	ouvi	passeei	pedi	perdi
	ouviste	passeaste	pediste	perdeste
	ouviu	passeou	pediu	perdeu
	ouvimos	passeamos	pedimos	perdemos
	ouvistes	passeastes	pedistes	perdestes
	ouviram	passearam	pediram	perderam

Pretérito mais-que-perfeito (Span. *Pluscuamperfecto*; Eng. *Pluperfect* or *Past Perfect*)

(*mais comum na*	ouvira	passeara	pedira	perdera
linguagem escrita)	ouviras	passearas	pediras	perderas
	ouvira	passeara	pedira	perdera
	ouvíramos	passeáramos	pedíramos	perdéramos
	ouvíreis	passeáreis	pedíreis	perdéreis
	ouviram	passearam	pediram	perderam

Futuro	vou	ouvir	passear	pedir	perder
com o	vais	ouvir	passear	pedir	perder
verbo ir	vai	ouvir	passear	pedir	perder
	vamos	ouvir	passear	pedir	perder
	ides	ouvir	passear	pedir	perder
	vão	ouvir	passear	pedir	perder

Futuro	ouvirei	passearei	pedirei	perderei
(mais comum	ouvirás	passearás	pedirás	perderás
na linguagem escrita)	ouvirá	passeará	pedirá	perderá
	ouviremos	passearemos	pediremos	perderemos
	ouvireis	passeareis	pedireis	perdereis
	ouvirão	passearão	pedirão	perderão

Futuro do pretérito	ouviria	passearia	pediria	perderia
(condicional)	ouvirias	passearias	pedirias	perderias
	ouviria	passearia	pediria	perderia
	ouviríamos	passearíamos	pediríamos	perderíamos
	ouviríeis	passearíeis	pediríeis	perderíeis
	ouviriam	passeariam	pediriam	perderiam

Modo Imperativo

Imperativo no Brasil, línguagem falada = 3ª. p. sing. do Pres. do Ind. e 3ª. p. pl. do Pres. do Subjuntivo

(tu, você, o Sr.)	ouve	passeia	pede	perde
(vocês, os Srs.)	ouçam	passeiem	peçam	percam

For the negative forms, add "não."

Imperativo afirmativo

(tu)	ouve	passeia	pede	perde
(você, o Sr.)	ouça	passeie	peça	perca
(nós)	ouçamos	passeemos	peçamos	percamos
(vós)	ouvi	passeai	pedi	perdei
(vocês, os Srs.)	ouçam	passeiem	peçam	percam

Imperativo negativo

(tu)	não	ouças	passeies	peças	perca
(você, o Sr.)	não	ouça	passeie	peça	perca
(nós)	não	ouçamos	passeemos	peçamos	percamos
(vós)	não	ouçais	passeeis	peçais	percais
(vocês, os Srs.)	não	ouçam	passeiem	peçam	percam

Modo Subjuntivo

Presente	Que eu	ouça	passeie	peça	perca
	Que tu	ouças	passeies	peças	percas
	Que ele	ouça	passeie	peça	perca
	Que nós	ouçamos	passeemos	peçamos	percamos
	Que vós	ouçais	passeeis	peçais	percais
	Que eles	ouçam	passeiem	peçam	percam

Pretérito imperfeito (passado do subjuntivo)

	Se eu	ouvisse	passeasse	pedisse	perdesse
	Se tu	ouvisses	passeasses	pedisses	perdesses
	Se ele	ouvisse	passeasse	pedisse	perdesse
	Se nós	ouvíssemos	passeássemos	pedíssemos	perdéssemos
	Se vós	ouvísseis	passeásseis	pedísseis	perdésseis
	Se eles	ouvissem	passeassem	pedissem	perdessem

Futuro	Quando eu	ouvir	passear	pedir	perder
	Quando tu	ouvires	passeares	pedires	perderes
	Quando ele	ouvir	passear	pedir	perder
	Quando nós	ouvirmos	passearmos	pedirmos	perdermos
	Quando vós	ouvirdes	passeardes	pedirdes	perderdes
	Quando eles	ouvirem	passearem	pedirem	perderem

Tempos Verbais Compostos
Modo Indicativo
Pretérito perfeito

Tenho	ouvido	passeado	pedido	perdido
Tens	ouvido	passeado	pedido	perdido
Tem	ouvido	passeado	pedido	perdido
Temos	ouvido	passeado	pedido	perdido
Tendes	ouvido	passeado	pedido	perdido
Têm	ouvido	passeado	pedido	perdido

Pretérito mais-que-perfeito (Span. *Pluscuamperfecto*; Eng. *Pluperfect* or *Past Perfect*)

Tinha/Havia	ouvido	passeado	pedido	perdido
Tinhas/Havias	ouvido	passeado	pedido	perdido
Tinha/Havia	ouvido	passeado	pedido	perdido
Tínhamos/Havíamos	ouvido	passeado	pedido	perdido
Tínheis/Havíeis	ouvido	passeado	pedido	perdido
Tinham/Haviam	ouvido	passeado	pedido	perdido

Futuro

Terei/Haverei	ouvido	passeado	pedido	perdido
Terás/Haverás	ouvido	passeado	pedido	perdido
Terá/Haverá	ouvido	passeado	pedido	perdido
Teremos/Haveremos	ouvido	passeado	pedido	perdido
Tereis/Havereis	ouvido	passeado	pedido	perdido
Terão/Haverão	ouvido	passeado	pedido	perdido

Futuro do pretérito

Teria/Haveria	ouvido	passeado	pedido	perdido
Terias/Haverias	ouvido	passeado	pedido	perdido
Teria/Haveria	ouvido	passeado	pedido	perdido
*Tería/Havería*mos	ouvido	passeado	pedido	perdido
Teríeis/Haveríeis	ouvido	passeado	pedido	perdido
Teriam/Haveriam	ouvido	passeado	pedido	perdido

Modo Subjuntivo
Pretérito perfeito

Que eu tenha/haja	ouvido	passeado	pedido	perdido
Que tu tenhas/hajas	ouvido	passeado	pedido	perdido
Que ele tenha/haja	ouvido	passeado	pedido	perdido
Q tenhamos/hajamos	ouvido	passeado	pedido	perdido
Q tenhais/hajais	ouvido	passeado	pedido	perdido
Q tenham/hajam	ouvido	passeado	pedido	perdido

Pretérito mais-que-perfeito (Span. *Pluscuamperfecto*; Eng. *Pluperfect* or *Past Perfect*)

Se tivesse/houvesse	ouvido	passeado	pedido	perdido
Se tivesses/houvesses	ouvido	passeado	pedido	perdido
Se tivesse/houvesse	ouvido	passeado	pedido	perdido
Se *tivé/houvé*ssemos	ouvido	passeado	pedido	perdido
Se *tivé/houvé*sseis	ouvido	passeado	pedido	perdido
Se *tive/houve*ssem	ouvido	passeado	pedido	perdido

Futuro

Qdo tiver/houver	ouvido	passeado	pedido	perdido
Qdo tiveres/houveres	ouvido	passeado	pedido	perdido
Qdo tiver/houver	ouvido	passeado	pedido	perdido
Qdo *tiver/houver*mos	ouvido	passeado	pedido	perdido
Qdo *tiver/houver*des	ouvido	passeado	pedido	perdido
Qdo *tiver/houver*em	ouvido	passeado	pedido	perdido

Infinitivo		**PODER**	**PÔR**[16]	**PREFERIR**	**QUERER**
Infinitivo pessoal	Por (eu)	poder	pôr	preferir	querer
	Por (tu)	poderes	pores	preferires	quereres
	Por (ele)	poder	pôr	preferir	querer
	Por (nós)	podermos	pormos	preferirmos	querermos
	Por (vós)	poderdes	pordes	preferirdes	quererdes
	Por (eles)	poderem	porem	preferirem	quererem
Particípio presente (gerúndio)		podendo	pondo	preferindo	querendo
Particípio passado		podido	posto	preferido	querido

Tempos Verbais Simples
Modo Indicativo

Presente				
	posso	ponho	prefiro	quero
	podes	pões	preferes	queres
	pode	põe	prefere	quer
	podemos	pomos	preferimos	queremos
	podeis	pondes	preferis	quereis
	podem	põem	preferem	querem

Pretérito imperfeito				
	podia	punha	preferia	queria
	podias	punhas	preferias	querias
	podia	punha	preferia	queria
	podíamos	púnhamos	preferíamos	queríamos
	podíeis	púnheis	preferíeis	queríeis
	podiam	punham	preferiam	queriam

Pretérito perfeito				
	pude	pus	preferi	quis
	pudeste	puseste	preferiste	quiseste
	pôde	pôs	preferiu	quis

---

[16] **Pôr** is considered a second conjugation verb.

	pudemos	pusemos	preferimos	quisemos
	pudestes	pusestes	preferistes	quisestes
	puderam	puseram	preferiram	quiseram

Pretérito mais-que-perfeito (Span. *Pluscuamperfecto*; Eng. *Pluperfect* or *Past Perfect*)

(mais comum na	pudera	pusera	preferira	quisera
linguagem escrita)	puderas	puseras	preferiras	quiseras
	pudera	pusera	pedira	quisera
	pudéramos	puséramos	preferíramos	quiséramos
	pudéreis	puséreis	preferíreis	quiséreis
	puderam	puseram	preferiram	quiseram

Futuro	vou	poder	pôr	preferir	querer
com o	vais	poder	pôr	preferir	querer
verbo ir	vai	poder	pôr	preferir	querer
	vamos	poder	pôr	preferir	querer
	ides	poder	pôr	preferir	querer
	vão	poder	pôr	preferir	querer

Futuro				
(mais comum	poderei	porei	preferirei	quererei
na linguagem escrita)	poderás	porás	preferirás	quererás
	poderá	porá	preferirá	quererá
	poderemos	poremos	preferiremos	quereremos
	podereis	poreis	preferireis	querereis
	poderão	porão	preferirão	quererão

Futuro do pretérito				
(condicional)	poderia	poria	preferiria	quereria
	poderias	porias	preferirias	quererias
	poderia	poria	preferiria	quereria
	poderíamos	poríamos	preferiríamos	quereríamos
	poderíeis	poríeis	preferiríeis	quereríeis
	poderiam	poriam	prefeririam	quereriam

Modo Imperativo

Imperativo no Brasil, línguagem falada = 3ª. p. sing. do Pres. do Ind. e 3ª. p. pl. do Pres. do Subjuntivo

(tu, você, o Sr.)	(pode)	põe	prefere	(quer)
(vocês, os Srs.)	(possam)	ponham	prefiram	(queiram)

For the negative forms, add "não."

Imperativo afirmativo

(tu)	(pode)	põe	prefere	quere
(você, o Sr.)	(possa)	ponha	prefira	queira
(nós)	(possamos)	ponhamos	prefiramos	queiramos
(vós)	(podei)	ponde	preferi	querei
(vocês, os Srs.)	(possam)	ponham	prefiram	queiram

Imperativo negativo

(tu)	não	(possas)	ponhas	prefiras	queiras
(você, o Sr.)	não	(possa)	ponha	prefira	queira
(nós)	não	(possamos)	ponhamos	prefiramos	queiramos
(vós)	não	(possais)	ponhais	prefirais	queirais

(vocês, os Srs.) não	(possam)	ponham	prefiram	queiram

Modo Subjuntivo

Presente	Que eu	possa	ponha	prefira	queira
	Que tu	possas	ponhas	prefiras	queiras
	Que ele	possa	ponha	prefira	queira
	Que nós	possamos	ponhamos	prefiramos	queiramos
	Que vós	possais	ponhais	prefirais	queirais
	Que eles	possam	ponham	prefiram	queiram

Pretérito imperfeito	Se eu	pudesse	pusesse	preferisse	quisesse
	Se tu	pudesses	pusesses	preferisses	quisesses
	Se ele	pudesse	pusesse	preferisse	quisesse
	Se nós	pudéssemos	puséssemos	preferíssemos	quiséssemos
	Se vós	pudésseis	pusésseis	preferísseis	quisésseis
	Se eles	pudessem	pusessem	preferissem	quisessem

Futuro	Quando eu	puder	puser	preferir	quiser
	Quando tu	puderes	puseres	preferires	quiseres
	Quando ele	puder	puser	preferir	quiser
	Quando nós	pudermos	pusermos	preferirmos	quisermos
	Quando vós	puderdes	puserdes	preferirdes	quiserdes
	Quando eles	puderem	puserem	preferirem	quiserem

Tempos Verbais Compostos
Modo Indicativo

Pretérito perfeito composto

Tenho	podido	posto	preferido	querido
Tens	podido	posto	preferido	querido
Tem	podido	posto	preferido	querido
Temos	podido	posto	preferido	querido
Tendes	podido	posto	preferido	querido
Têm	podido	posto	preferido	querido

Pretérito mais-que-perfeito (Span. *Pluscuamperfecto*; Eng. *Pluperfect* or *Past Perfect*)

Tinha/Havia	podido	posto	preferido	querido
Tinhas/Havias	podido	posto	preferido	querido
Tinha/Havia	podido	posto	preferido	querido
Tínhamos/Havíamos	podido	posto	preferido	querido
Tínheis/Havíeis	podido	posto	preferido	querido
Tinham/Haviam	podido	posto	preferido	querido

Futuro

Terei/Haverei	podido	posto	preferido	querido
Terás/Haverás	podido	posto	preferido	querido
Terá/Haverá	podido	posto	preferido	querido
Teremos/Haveremos	podido	posto	preferido	querido
Tereis/Havereis	podido	posto	preferido	querido
Terão/Haverão	podido	posto	preferido	querido

Futuro do pretérito (condicional)

Teria/Haveria	podido	posto	preferido	querido
Terias/Haverias	podido	posto	preferido	querido
Teria/Haveria	podido	posto	preferido	querido
*Tería/Havería*mos	podido	posto	preferido	querido
Teríeis/Haveríeis	podido	posto	preferido	querido
Teriam/Haveriam	podido	posto	preferido	querido

Modo Subjuntivo

Pretérito perfeito

Que eu tenha/haja	podido	posto	preferido	querido
Que tu tenhas/hajas	podido	posto	preferido	querido
Que ele tenha/haja	podido	posto	preferido	querido
Q tenhamos/hajamos	podido	posto	preferido	querido
Que tenhais/hajais	podido	posto	preferido	querido
Que tenham/hajam	podido	posto	preferido	querido

Pretérito mais-que-perfeito (Span. *Pluscuamperfecto*; Eng. *Pluperfect* or *Past Perfect*)

Se tivesse/houvesse	podido	posto	preferido	querido
Se tivesses/houvesses	podido	posto	preferido	querido
Se tivesse/houvesse	podido	posto	preferido	querido
Se *tivé/houvé*ssemos	podido	posto	preferido	querido
Se *tivé/houvé*sseis	podido	posto	preferido	querido
Se *tive/houve*ssem	podido	posto	preferido	querido

Futuro

Qdo tiver/houver	podido	posto	preferido	querido
Qdo tiveres/houveres	podido	posto	preferido	querido
Qdo tiver/houver	podido	posto	preferido	querido
Qdo *tiver/houver*mos	podido	posto	preferido	querido
Qdo *tiver/houver*des	podido	posto	preferido	querido
Qdo *tiver/houver*em	podido	posto	preferido	querido

Infinitivo		**SABER**	**SAIR**	**SEGUIR**	**SENTIR**
Infinitivo pessoal	Por (eu)	saber	sair	seguir	sentir
	Por (tu)	saberes	saires	seguires	sentires
	Por (ele)	saber	sair	seguir	sentir
	Por (nós)	sabermos	sairmos	seguirmos	sentirmos
	Por (vós)	saberdes	sairdes	seguirdes	sentirdes
	Por (eles)	saberem	sairem	seguirem	sentirem
Particípio presente (*gerúndio*)		sabendo	saindo	seguindo	sentindo
Particípio passado		sabido	saído	seguido	perdido

Tempos Verbais Simples
Modo Indicativo

Presente				
	sei	saio	sigo	sinto
	sabes	sais	segues	sentes
	sabe	sai	segue	sente
	sabemos	saímos	seguimos	sentimos
	sabeis	saís	seguis	sentis
	sabem	saem	seguem	sentem

Pretérito imperfeito				
	sabia	saía	seguia	sentia
	sabias	saías	seguias	sentias
	sabia	saía	seguia	sentia
	sabíamos	saíamos	seguíamos	sentíamos
	sabíeis	saíeis	seguíeis	sentíeis
	sabiam	saíam	seguiam	sentiam

Pretérito perfeito				
	soube	saí	segui	senti
	soubeste	saíste	seguiste	sentiste
	soube	saiu	seguiu	sentiu
	soubemos	saímos	seguimos	sentimos
	soubestes	saístes	seguistes	sentistes
	souberam	saíram	seguiram	sentiram

Pretérito mais-que-perfeito (Span. *Pluscuamperfecto*; Eng. *Pluperfect* or *Past Perfect*)				
(mais comum na	soubera	saíra	seguira	sentira
linguagem escrita)	souberas	saíras	seguiras	sentiras
	soubera	saíra	seguira	sentira
	soubéramos	saíramos	seguíramos	sentíramos
	soubéreis	saíreis	seguíreis	sentíreis
	souberam	saíram	seguiram	sentiram

Futuro					
Futuro	vou	saber	sair	seguir	sentir
com o	vais	saber	sair	seguir	sentir
verbo ir	vai	saber	sair	seguir	sentir
	vamos	saber	sair	seguir	sentir
	ides	saber	sair	seguir	sentir
	vão	saber	sair	seguir	sentir

Futuro				
(mais comum	saberei	sairei	seguirei	sentirei
na linguagem escrita)	saberás	sairás	seguirás	sentirás
	saberá	sairá	seguirá	sentirá
	saberemos	sairemos	seguiremos	sentiremos
	sabereis	saireis	seguireis	sentireis
	saberão	sairão	seguirão	sentirão

Futuro do pretérito				
(condicional)	saberia	sairia	seguiria	sentiria
	saberias	sairias	seguirias	sentirias
	saberia	sairia	seguiria	sentiria
	saberíamos	sairíamos	seguiríamos	sentiríamos
	saberíeis	sairíeis	seguiríeis	sentiríeis
	saberiam	sairiam	seguiriam	sentiriam

Modo Imperativo

Imperativo no Brasil, línguagem falada = 3ª. p. sing. do Pres. do Ind. e 3ª. p. pl. do Pres. do Subjuntivo

(tu, você, o Sr.)	saiba/sabe	sai	segue	sente
(vocês, os Srs.)	saibam	saiam	sigam	sintam

For the negative forms, add "não."

Imperativo afirmativo

(tu)	sabe	sai	segue	sente
(você, o Sr.)	saiba	saia	siga	sinta
(nós)	saibamos	saiamos	sigamos	sintamos
(vós)	sabei	saí	segui	senti
(vocês, os Srs.)	saibam	saiam	sigam	sintam

Imperativo negativo

(tu)	não	saibas	saias	sigas	sintas
(você, o Sr.)	não	saiba	saia	siga	sinta
(nós)	não	saibamos	saiamos	sigamos	sintamos
(vós)	não	saibais	saiais	sigais	sintais
(vocês, os Srs.)	não	saibam	saiam	sigam	sintam

Modo Subjuntivo

Presente

Que eu	saiba	saia	siga	sinta
Que tu	saibas	saias	sigas	sintas
Que ele	saiba	saia	siga	sinta
Que nós	saibamos	saiamos	sigamos	sintamos
Que vós	saibais	saiais	sigais	sintais
Que eles	saibam	saiam	sigam	sintam

Pretérito imperfeito (passado do subjuntivo)

Se eu	soubesse	saísse	seguisse	sentisse
Se tu	soubesses	saísses	seguisses	sentisses
Se ele	soubesse	saísse	seguisse	sentisse
Se nós	soubéssemos	saíssemos	seguíssemos	sentíssemos
Se vós	soubésseis	saísseis	seguísseis	sentísseis
Se eles	soubessem	saíssem	seguissem	sentissem

Futuro

Quando eu	souber	sair	seguir	sentir
Quando tu	souberes	saires	seguires	sentires
Quando ele	souber	sair	seguir	sentir
Quando nós	soubermos	sairmos	seguirmos	sentirmos
Quando vós	souberdes	sairdes	seguirdes	sentirdes
Quando eles	souberem	sairem	seguirem	sentirem

Tempos Verbais Compostos
Modo Indicativo

Pretérito perfeito

Tenho	sabido	saído	seguido	sentido
Tens	sabido	saído	seguido	sentido
Tem	sabido	saído	seguido	sentido
Temos	sabido	saído	seguido	sentido

Tendes	sabido	saído	seguido	sentido
Têm	sabido	saído	seguido	sentido

Pretérito mais-que-perfeito (Span. *Pluscuamperfecto*; Eng. *Pluperfect* or *Past Perfect*)

Tinha/Havia	sabido	saído	seguido	sentido
Tinhas/Havias	sabido	saído	seguido	sentido
Tinha/Havia	sabido	saído	seguido	sentido
Tínhamos/Havíamos	sabido	saído	seguido	sentido
Tínheis/Havíeis	sabido	saído	seguido	sentido
Tinham/Haviam	sabido	saído	seguido	sentido

Futuro

Terei/Haverei	sabido	saído	seguido	sentido
Terás/Haverás	sabido	saído	seguido	sentido
Terá/Haverá	sabido	saído	seguido	sentido
Teremos/Haveremos	sabido	saído	seguido	sentido
Tereis/Havereis	sabido	saído	seguido	sentido
Terão/Haverão	sabido	saído	seguido	sentido

Futuro do pretérito

Teria/Haveria	sabido	saído	seguido	sentido
Terias/Haverias	sabido	saído	seguido	sentido
Teria/Haveria	sabido	saído	seguido	sentido
*Tería/Havería*mos	sabido	saído	seguido	sentido
Teríeis/Haveríeis	sabido	saído	seguido	sentido
Teriam/Haveriam	sabido	saído	seguido	sentido

Modo Subjuntivo

Pretérito perfeito

Que eu tenha/haja	sabido	saído	seguido	sentido
Que tu tenhas/hajas	sabido	saído	seguido	sentido
Que ele tenha/haja	sabido	saído	seguido	sentido
Q tenhamos/hajamos	sabido	saído	seguido	sentido
Q tenhais/hajais	sabido	saído	seguido	sentido
Q tenham/hajam	sabido	saído	seguido	sentido

Pretérito mais-que-perfeito (Span. *Pluscuamperfecto*; Eng. *Pluperfect* or *Past Perfect*)

Se tivesse/houvesse	sabido	saído	seguido	sentido
Se tivesses/houvesses	sabido	saído	seguido	sentido
Se tivesse/houvesse	sabido	saído	seguido	sentido
Se *tivé/houvé*ssemos	sabido	saído	seguido	sentido
Se *tivé/houvé*sseis	sabido	saído	seguido	sentido
Se *tive/houve*ssem	sabido	saído	seguido	sentido

Futuro

Qdo tiver/houver	sabido	saído	seguido	sentido
Qdo tiveres/houveres	sabido	saído	seguido	sentido
Qdo ele tiver/houver	sabido	saído	seguido	sentido
Qdo *tiver/houver*mos	sabido	saído	seguido	sentido
Qdo *tiver/houver*des	sabido	saído	seguido	sentido
Qdo *tiver/houver*em	sabido	saído	seguido	sentido

Infinitivo		SERVIR	TRAZER	VER	VIR
Infinitivo pessoal	Por (eu)	servir	trazer	ver	vir
	Por (tu)	servires	trazeres	veres	vires
	Por (ele)	servir	trazer	ver	vir
	Por (nós)	servirmos	trazermos	vermos	virmos
	Por (vós)	servirdes	trazerdes	verdes	virdes
	Por (eles)	servirem	trazerem	verem	virem
Particípio presente (gerúndio)		servindo	trazendo	vendo	vindo
Particípio passado		servido	trazido	visto	vindo

Tempos Verbais Simples
Modo Indicativo

Presente	sirvo	trago	vejo	venho
	serves	trazes	vês	vens
	serve	traz	vê	vem
	servimos	trazemos	vemos	vimos
	servis	trazeis	vêdes	vindes
	servem	trazem	vêem	vêm
Pretérito imperfeito	servia	trazia	via	vinha
	servias	trazias	vias	vinhas
	servia	trazia	via	vinha
	servíamos	trazíamos	víamos	vínhamos
	servíeis	trazíeis	víeis	vínheis
	serviam	traziam	viam	vinham
Pretérito perfeito	servi	trouxe	vi	vim
	serviste	trouxeste	viste	vieste
	serviu	trouxe	viu	veio
	servimos	trouxemos	vimos	viemos
	servistes	trouxestes	vistes	viestes
	serviram	trouxeram	viram	vieram

Pretérito mais-que-perfeito (Span. *Pluscuamperfecto*; Eng. *Pluperfect* or *Past Perfect*)

(mais comum na linguagem escrita)	servira	trouxera	vira	viera
	serviras	trouxeras	viras	vieras
	servira	trouxera	vira	viera
	servíramos	trouxéramos	víramos	viéramos
	servíreis	trouxéreis	víreis	viéreis
	serviram	trouxeram	viram	vieram

Futuro com o verbo ir	vou	servir	trazer	ver	vir
	vais	servir	trazer	ver	vir
	vai	servir	trazer	ver	vir
	vamos	servir	trazer	ver	vir
	ides	servir	trazer	ver	vir
	vão	servir	trazer	ver	vir

Futuro	servirei	trarei	verei	virei
(mais comum	servirás	trarás	verás	virás
na linguagem escrita)	servirá	trará	verá	virá
	serviremos	traremos	veremos	viremos
	servireis	trareis	vereis	vireis
	servirão	trarão	verão	virão

Futuro do pretérito	serviria	traria	veria	viria
(condicional)	servirias	trarias	verias	virias
	serviria	traria	veria	viria
	serviríamos	traríamos	veríamos	viríamos
	serviríeis	traríeis	veríeis	viríeis
	serviriam	trariam	veriam	viriam

Modo Imperativo

Imperativo no Brasil, línguagem falada = 3ª. p. sing. do Pres. do Ind. e 3ª. p. pl. do Pres. do Subjuntivo

(tu, você, o Sr.)	serve	traz	vê	vem
(vocês, os Srs.)	sirvam	tragam	vejam	venham
	For the negative forms, add "não."			

Imperativo afirmativo

(tu)	serve	traze	vê	vem
(você, o Sr.)	sirva	traga	veja	venha
(nós)	sirvamos	tragamos	vejamos	venhamos
(vós)	servi	trazei	vêde	vinde
(vocês, os Srs.)	sirvam	tragam	vejam	venham

Imperativo negativo

(tu)	não	sirvas	tragas	vejas	venhas
(você, o Sr.)	não	sirva	traga	veja	venha
(nós)	não	sirvamos	tragamos	vejamos	venhamos
(vós)	não	sirvais	tragais	vejais	venhais
(vocês, os Srs.)	não	sirvam	tragam	vejam	venham

Modo Subjuntivo

Presente

Que eu	sirva	traga	veja	venha
Que tu	sirvas	tragas	vejas	venhas
Que ele	sirva	traga	veja	venha
Que nós	sirvamos	tragamos	vejamos	venhamos
Que vós	sirvais	tragais	vejais	venhais
Que eles	sirvam	tragam	vejam	venham

Pretérito imperfeito (passado do subjuntivo)

Se eu	servisse	trouxesse	visse	viesse
Se tu	servisses	trouxesses	visses	viesses
Se ele	servisse	trouxesse	visse	viesse
Se nós	servíssemos	trouxéssemos	víssemos	viéssemos
Se vós	servísseis	trouxésseis	vísseis	viésseis
Se eles	servissem	trouxessem	vissem	viessem

Futuro	Quando eu	servir	trouxer	vir	vier
	Quando tu	servires	trouxeres	vires	vieres
	Quando ele	servir	trouxer	vir	vier
	Quando nós	servirmos	trouxermos	virmos	viermos
	Quando vós	servirdes	trouxerdes	virdes	vierdes
	Quando eles	servirem	trouxerem	virem	vierem

Tempos Verbais Compostos
Modo Indicativo
Pretérito perfeito

Tenho	servido	trazido	visto	vindo
Tens	servido	trazido	visto	vindo
Tem	servido	trazido	visto	vindo
Temos	servido	trazido	visto	vindo
Tendes	servido	trazido	visto	vindo
Têm	servido	trazido	visto	vindo

Pretérito mais-que-perfeito (Span. *Pluscuamperfecto*; Eng. *Pluperfect* or *Past Perfect*)

Tinha/Havia	servido	trazido	visto	vindo
Tinhas/Havias	servido	trazido	visto	vindo
Tinha/Havia	servido	trazido	visto	vindo
Tínhamos/Havíamos	servido	trazido	visto	vindo
Tínheis/Havíeis	servido	trazido	visto	vindo
Tinham/Haviam	servido	trazido	visto	vindo

Futuro

Terei/Haverei	servido	trazido	visto	vindo
Terás/Haverás	servido	trazido	visto	vindo
Terá/Haverá	servido	trazido	visto	vindo
Teremos/Haveremos	servido	trazido	visto	vindo
Tereis/Havereis	servido	trazido	visto	vindo
Terão/Haverão	servido	trazido	visto	vindo

Futuro do pretérito

Teria/Haveria	servido	trazido	visto	vindo
Terias/Haverias	servido	trazido	visto	vindo
Teria/Haveria	servido	trazido	visto	vindo
*Tería/Havería*mos	servido	trazido	visto	vindo
Teríeis/Haveríeis	servido	trazido	visto	vindo
Teriam/Haveriam	servido	trazido	visto	vindo

Modo Subjuntivo
Pretérito perfeito

Que eu tenha/haja	servido	trazido	visto	vindo
Que tu tenhas/hajas	servido	trazido	visto	vindo
Que ele tenha/haja	servido	trazido	visto	vindo
Q *tenha/haja*mos	servido	trazido	visto	vindo
Q tenhais/hajais	servido	trazido	visto	vindo
Q tenham/hajam	servido	trazido	visto	vindo

Pretérito mais-que-perfeito (Span. *Pluscuamperfecto*; Eng. *Pluperfect* or *Past Perfect*)

Se tivesse/houvesse	servido	trazido	visto	vindo
Se tivesses/houvesse	servido	trazido	visto	vindo
Se *tivé/houve*sse	servido	trazido	visto	vindo
Se *tivé/houvé*ssemos	servido	trazido	visto	vindo
Se *tivé/houvé*sseis	servido	trazido	visto	vindo
Se *tivé/houve*ssem	servido	trazido	visto	vindo

Futuro

Qdo tiver/houver	servido	trazido	visto	vindo
Qdo tiveres/houveres	servido	trazido	visto	vindo
Qdo tiver/houver	servido	trazido	visto	vindo
Qdo *tiver/houve*rmos	servido	trazido	visto	vindo
Qdo *tiver/houve*rdes	servido	trazido	visto	vindo
Qdo *tiver/houve*rem	servido	trazido	visto	vindo

Appendix-12: Rubrics for Presentations; Sample of an Exam

The sample rubrics below are intended to serve as orientation to the teacher and student. The teacher can use them as they are, or modify them as needed. Areas of interest can be added or deleted. Likewise, weight may be changed and so forth. Regardless of what is done, it is helpful to let students know these rubrics before they work on their writing and oral assignments.

Basic Rubric for Written Work

Description	Symbols	Weight
Followed or did not follow the **i**nstructions for the writing assignment.	I	0-10
Socio-**l**inguistic competence, overall: inadequate use of socio-linguistic and cultural rules, formal vs. informal register. This can overlap with similar misuse of vocabulary.	SL	0-10
Incorrect use of **s**yntax, "grammar" in general: word order, mode, tense, etc. but it does not include general *concordância* (agreement).	S	0-10
*C*oncordância in general: gender, number and verb ending.	C	0-10
Vocabulary: excessive use of frequent words, word repetition (*também, então, ser, estar*, etc.), vague or "lazy" vocabulary use (imprecise words like *coisa*).	V	0-20
Organization of ideas: logical progression of ideas with clear introduction, development and conclusion; **content and quality of writing**: interest of topic, cohesion, coherence, paragraph unit, use of transitional words and strategies (linking between sentences), etc.	O	0-20
Miscellaneous: use of Spanish forms: spelling mistakes are very common among Spanish speakers learning Portuguese; use of capitals and small letters, quotes after punctuation marks (not "interior," but "interior**",** etc.), punctuation, etc.	M	0-20
TOTAL		**100pts**

Useful Symbols	Meaning
↔	Lack of transition
¶	Needs a new paragraph
f	Formal expression (vocabulary, phrase, etc.) in an informal situation
inf	Informal expression (vocabulary, phrase, etc.) in a formal situation

(*expressão*)	Teacher will put () around a problematic vocabulary or phrase that sounds inadequate, or it is possible but unknown to the teacher. The teacher may offer another or a better option.
vr	Unnecessary repetition of vocabulary.
vconf	Confusing or rare use of vocabulary. It sounds too elaborated, difficult to understand. There are simpler ways to say the same thing.
*	Not a valid word or phrase.
?	It doesn't make much sense.
~~word, phrase~~	Strikethrough: delete this part.

Basic Rubric for Oral Presentation

This rubric sample is mainly intended for skit presentations. For more professional presentations like a public paper, it is necessary to consider and add other areas such as bibliographical references, formal registers and others that may apply.

Description	Symbols	Weight
Followed or did not follow the instructions for the presentation. Lack of preparation, as observed in excessive hesitation and careless mistakes. This can overlap with most of the other domains.	I	0-10
Overall socio-linguistic competence: inadequate use of socio-linguistic and cultural rules, formal vs. informal register, vocabulary.	SL	0-5
Incorrect use of syntax, "grammar" in general: word order, mode, tense, etc. but it does not include general *concordância* (agreement).	S	0-10
Concordância in general: gender, number and verb ending	C	0-10
Vocabulary: excessive repetition of frequent words (*então, também, então, ser, estar*, etc.), vague or lazy vocabulary (imprecise words like *coisa*)	V	0-20
Organization and outline of ideas: clearly announces what the presentation will be; logical progression of ideas with clear introduction, development and conclusion (coherence).	O	0-20
Pronunciation: incorrect use of phonemes (s/z, v/b, e/é, o/ó, sh/j and exaggerated use of Spanish features	P	0-20
TOTAL		**100pts**

SAMPLE: Braz Port for Span Speakers – Final Exam (35%)

Nome: _____ **Sobrenome:** _____
Apelido? _____

1. Compreensão auditiva – Indique com um círculo a resposta correta. 10pts

Grupo 1
a) céu / seu
b) céu / seu
c) céu / seu
d) Iguais

Group 2
a) Nossa! Você pegou o mel/meu também?
b) Nossa! Você pegou o mel/meu também?
c) Nossa! Você pegou o mel/meu também?
d) Iguais

Grupo 3
a) Esse carro é da Célia/Zélia.
b) Esse carro é da Célia/Zélia.
c) Esse carro é da Célia/Zélia.
d) Iguais

Grupo 4 (r-caipira ou não)
a) Por favor, meu amor.
b) Por favor, meu amor.
c) Por favor, meu amor.
d) Iguais

Grupo 5 (-m ending)
a) Eles acham bom.
b) Eles acham bom.
c) Eles acham bom.
d) Iguais

Grupo 6 (-l syllable final)
a) Tenho mil reais.
b) Tenho mil reais.
c) Tenho mil reais.
d) Iguais

Os versos abaixo, de Ziraldo, serão lidos em voz alta, lenta e naturalmente, duas vezes. Indique quais são as vogais abertas. Em um nível de língua básico, espera-se que o aluno identifique cerca de 80-90% dessas vogais, no final do programa.

Era uma vez um menino maluquinho.
Ele tinha o olho maior do que a barriga
tinha fogo no rabo
tinha vento nos pés
        umas pernas enormes
        (que davam para abraçar o mundo).

Era um menino impossível!
Ele era muito sabido
ele sabia de tudo
a única coisa que ele não sabia
era como ficar quieto.

2. Ditado – Escrever as orações que serão lidas em voz alta. 10pts

3. Entrevistas individuais — 15pts

Critérios para a avaliação	Proble-mático	Exce-lente	Aceitá-vel	Muito bom	?
Compreensão **(5)** (necessidade de repetição ou reformulação da frase)	2	5	3	4	
Comunicação das idéias **(4)**	1	4	2	3	
Pronúncia **(6)** (precisão relativa, especialmente de fonemas como v, z, -m ending, r-caipira, -l em final de sílaba, vogais o/u, e/i, ti, di)	2	6	4	5	

4. Exercícios do livro. — Introdução e unidades 1-4. 15pts

4.1 Fill in the blank with the appropriate definite or indefinite article, according to the cues in parentheses.

1. Trabalho n_____ refeitório da universidade. (the only one)
2. Ela sempre fala de _____ chinês que estuda na faculdade. (not sure who he is)
3. Gosto d_____ relógios que estão aqui. (specifically these in front, nearby)
4. Acho que _____ senhores estão enganados. (these gentlemen in front of the speaker)
5. Gosto de _____ relógios que estão lá. (some of the watches over there)

4.2 Write correctly the definite (Spanish *el, la, los, las*) in Portuguese.

_____ xis (letra do alfabeto)   _____ colega
_____ liqüidificador   _____ sangue
_____ ponte   _____ mel
_____ aula   _____ leite
_____ giz   _____ computador

4.3 Put the following words in their plural forms.

aula de espanhol_____   lápis   _____
azul   _____   lição   _____
giz   _____   chinês   _____
dever de casa   _____   alemão   _____
senhor   _____   oração   _____

4.4 Complete the following sentences with the correct form of the present progressive (*estar* + *-ndo*). Use one of the following, *falar, abrir, comer, gostar.* Use each verb only once.

Acho que elas _____ a porta agora.
Estou gordo porque _____ muito.
Marina e eu _____ português muito bem.

4.5 Fill in the blanks with *por que, porque, por quê,* or *porquê.*

1. Afinal, nós estamos aqui _____?
2. _____ o César está atrasado?
3. Não sei _____ vocês estão cantando.
4. Você chegou (Span. *llegó*) mais cedo _____?
5. Quem pode explicar _____ desse telefonema?
6. Nós temos que começar agora _____?
7. _____ eles têm que trazer a família?
8. Minha irmã vem _____ ela gosta daqui.
9. Que coisa! É sempre eu! Sempre eu! _____? _____?

4.6 Fill in the blanks with the correct form (spelled out) of the numbers in ():

(2) _____ cores
(92) _____ árvores
(8) _____ computadores
(1) _____ viagem
(31) _____ equipes de futebol

4.7 In the following sentences, write the correct form of the verb. Some verbs are used more than once. The names used in the sentences are common *apelidos* in Brazil.

ouvir, dar, dizer, medir, fazer, poder, trazer, saber

Quem _____ vir amanhã? Venham porque _____ que a festa vai sacudir o planeta.
Eu _____ onde está o Jorginho, mas a Tetê não _____.
A Margô e a Gabi _____ telefonemas para os namorados todos os dias.
Eu _____ 1 metro e setenta e cinco centímetros, porém o Carlão _____ muito mais do que eu.
Eu _____ muito este programa de rádio, mas _____ que vai acabar.
Eu sempre _____ coisas p'ra Lena, mas não _____ se ela _____ que gosto muito dela, gosto p'ra valer.

A Fafá _____ que vai chegar na semana que vem, mas eu só acredito quando ela estiver (*cuando llegue*, Future Subjunctive) aqui.

5. Redação EM PORTUGUÊS – É permitido o uso das duas páginas sobre o uso e colocação dos pronomes átonos, porém nada mais. 20pts

Escreva uma redação **no passado** sobre qualquer assunto do seu interesse, verdadeiro ou inventado. Pode ser um sonho, uma experiência em um país estrangeiro, uma piada, um incidente que o tenha marcado na vida, qualquer tema que faça com que o seu leitor queira ler a sua redação até o final. Você enviará a sua redação a um concurso para um prêmio de melhor redação em língua estrangeira, nível de primeiro ano universitário, da sua universidade. Sua redação terá no mínimo 120 palavras.

6. Salada gramatical – 15pts

6.1 Escreva corretamente a data de hoje, incluindo o dia da semana, o mês e o ano.

6.2 Explique com exemplos, 6 das novas regras de pronúncia em português.

R1
2 exemplos

R2
2 exemplos

R3
2 exemplos

R4
2 exemplos

R5
2 exemplos

R6
2 exemplos

6.3 Explique o que você sabe entre o uso do **subjuntivo** em português e espanhol. Resuma o que você entendeu daquilo que se discutiu em aula. Não se esqueça de dar exemplos.

7. V ou **F** 15pts (with answers)

(v) In general, in Portuguese, names of countries are preceded by an article, but the names of cities are not, although there are exceptions.

(v) When c*asa* means "house," (Span. "casa") it must have an article before, but if it means "home" (Span. "mi hogar"), there is no article.

(v) In Braz. Port. it is rare to say *Estou casado* or *Estou casada*. Usually one says "Sou casado/a."

(v) Regarding the use of the verb *ir* in Brazilian Portuguese, there is a preposition after it only if a noun follows it: "Vamos ao teatro." If an infinitive follows *ir*, there is no *a* after ir: "**Vou dormir** agora."

(v) It is very common that Spanish stem-changing verbs change from stressed *e* to *ie*, and from stressed *o* to *ue*, whereas in Portuguese, under similar circumstances verbs in general change from /e/ to open /ɛ/ and from /o/ to open /ø/.

(v) The stress markers ^ and ´ have two functions in Portuguese, one is to indicate the stressed vowel and the other is to indicate if the vowel is closed (^) or open (´).

(f) All words stressed on the last syllable, ending in *i* and *u* require a stress marker, e.g. colibrí, urubú, etc.

(v) Portuguese does not use personal **a** as Spanish does in sentences like, *Conozco **a** Fernando.*

(v) Contrary to Portuguese and Spanish, English uses explicit subjects in nearly all English sentences because the verb morphology in English rarely changes.

(v) The imperfect is the typical form for description and the preterit is normally used for actions, for events that happened.

(f) In Brazilian Portuguese it is common to use *dele*, *dela*, *deles*, *delas* in the written language because of the loss of *tu*, in most parts of Brazil.

(f) *Quebrei a punheta ontem* means "I broke my wrist yesterday."

(f) The approximate but still correct translation of "No, gracias. Ya hemos comido" is *Não, obrigado. Já temos comido.*

(v) In Brazilian Portuguese, the plural **de vocês** should be used because it is the only option equivalent to "yours" in the plural.

(f) In Brazilian Portuguese, it is common to use **de você**, meaning "yours."

Vocabulary

- Hummm, aqui temos uma lista enorme de palavras para aprender.

Vale lembrar que o acento agudo (´) na ortografia portuguesa indica o acento principal e a vogal aberta; o acento circunflexo (^) indica o acento principal e a vogal fechada. Não se coloca acento circunflexo sobre as vogais *i* e *u* porque elas não requerem distinção de timbre vocálico. Na falta desses acentos, sempre que necessário, sublinharam-se certas palavras (cf. Port. democra̱cia vs Esp. democṟacia) para indicar o acento. De maneira similar, muitas palavras vêm com as vogais acentuadas **em negrito** para indicar abertura vocálica; em certos verbos a abertura ocorre segundo a indicação em parênteses. O locutor é um estudante universitário, do Rio, e tem cerca de 25 anos.

Abreviações

col. coloquial; familiar; gíria
imp impessoal
INFIN infinitivo
f substantivo feminino
IP modo indicativo, tempo verbal presente
m substantivo masculino
pl plural
PP particípio passado

Português	Espanhol	Inglês
A		
a, as	la, las	the
à, às	a la, a las	to the
abacaxi (*m*)	ananás (*m*)	pineapple
açafrão (*m*)	azafrán (*m*)	saffron
açougue (*m*)	carnicería (*f*)	butcher shop
açúcar (*m*)	azúcar (*m*)(*f*)	sugar
aí	entonces; ahí	then; there
à direita	a la derecha	to the right
à esquerda	a la izquierda	to the left
a fim de que	a fin de que	in order that
a não ser que	a no ser que	unless
aborrecer-se (com)	enojarse (con)	to get upset
abraçar	abrazar	to embrace
abraço (*m*)	abrazo (*m*)	embrace
abril (*m*)	abril (*m*)	April
abrir (PP aberto, ɛ)	abrir	to open
aceitar (PP aceito)	aceptar	accept
acender [PP aceso (ser/ estar), acendido (ter/haver)]	encender	to light
achar	pensar, creer; encontrar	to think, believe, find
acho que sim	creo que sí	I think so
acidente (*m*)	accidente (*m*)	accident

acompanhar	acompañar, seguir	to accompany
acontecer [*IP* ela(s)]:	pasar, suceder	to happen
acordar (nunca "acordarse;" *IP* eu, ela, elas: ø)	despertar	to awaken
açougue *(m)*	carnicería *(f)*	butcher shop
açougueiro *(m)*	carnicero *(m)*	butcher
acreditar (em)	creer	to believe
adeus *(m)*	adiós *(m)* (no se usa "adeus" en portugués en el sentido de "nos vemos")	goodbye
adicionar	añadir, agregar	to add
aduana *(f)* (cf. alfândega)	aduana *(f)*	customs
adubo *(m)*	abono *(m)*, estiércol *(m)*	fertilizer
aeroporto *(m)*	aeropuerto *(m)*	airport
afastar-se (de)	alejarse (de)	to stay far from
afilhado/a *(m)(f)*	ahijado/a *(m)(f)*	godchild, godson/daughter
agência (de viagens) *(f)*	agencia (de viajes) *(f)*	(travel) agency
agasalho *(m)*	abrigo *(m)*	jacket
agosto *(m)*	agosto *(m)*	August
agradável	agradable	pleasant
agrupamento *(m)*	agrupación *(f)*	group
ainda	todavía	still, yet
ainda que	aún que; aunque	even though; even if/so
ajoelhar-se	arrodillarse	to kneel
além (de); além disso; além do mais	además (de); además de eso	beyond, besides, furthermore, moreover, additionally
al**e**gre	contento, alegre	happy, glad
alemão *(m)* alemã *(f)*	alemán *(m)* alemana *(f)*	German
alfândega *(f)*	aduana *(f)*	customs
alface *(f)*	lechuga *(f)*	lettuce
alguma coisa l**e**ve	algo ligero	something light
alho *(m)*	ajo *(m)*	garlic
aliás	a propósito	in fact
ali	allí	over there
alm**o**çar (*PI* eu, ela[s]: ø)	almorzar	to have lunch
almoço *(m)*	almuerzo *(m)*	lunch
almofada *(f)*	almohada *(f)*	throw pillow
alto	alto	high
alugar	alquilar	to rent
alugu**e**l *(m)*	alquiler *(m)*	rent
aluno/a *(m)(f)*	alumno/a *(m)(f)*	student
amável	amable	nice
amanhã	mañana	tomorrow
amassar	machacar; abollar	to crush; to wrinkle; to dent
amazonense *(m)*	de Amazonas	from Amazonas state

ambiente (*m*)	ambiente (*m*)	atmosphere, environment
ambulância (*f*)	ambulancia (*f*)	ambulance
amigo/a (*m*)(*f*)	amigo/a (*m*)(*f*)	friend
ananás (*m*)	ananás (*m*)	pineapple
anúncio (*m*)	anuncio (*m*)	announcement
andar	andar, caminar	walk
andar (*m*)	piso (*m*)	floor
andar térreo (*m*)	planta baja (*f*)	ground floor
animal (*m*)	animal (*m*)	animal
aniversário (*m*)	cumpleaños (*sing. m*)	birthday
aniversário de casamento (*m*)	aniversario (*m*)	anniversary
Ano Novo (*m*)	Año Nuevo (*m*)	New Year
anteontem	anteayer	day before yesterday
antes que	antes (de) que	before
ao	al	to the
apagador (*m*)	borrador (*m*)	chalk eraser
apagar	apagar	to erase; to turn off; to put out
apagar (o quadro-negro)	borrar	to erase (the blackboard)
aparelho fotográfico (*m*)	cámara fotográfica (*f*)	camera
apelido (*m*)	apodo (*m*)	nickname
aperitivo (*m*)	aperitivo (*m*)	aperitif
apimentado	picante, caliente	spicy, hot
aprender	aprender	to learn
aprender de **cor**	saber de memoria	to memorize
apresentar-se (a)	presentarse (a)	to introduce him/herself
aproximar-se (de)	acercarse (de)	to approach; to come near
aqui	aquí	here
ar condicionado (*m*)	aire acondicionado (*m*)	air conditioning
arame (*m*)	alambre (*m*)	wire
aranha (*f*)	araña (*f*)	spider
arco (*m*)	arco (*m*)	bow, arch
areia (*f*)	arena (*f*)	sand
arisco	ágil, rápido	quick, spry
armário (*m*)	armario (*m*)	armoire, cupboard
arma (*f*)	(el) arma (*f*)	weapon
aro (*m*)	aro (*m*)	ring, circle
arrepender-se (de/por)	arrepentirse (de/por)	to repent
arroz (*m*)	arroz (*m*)	rice
árvore (*f*)	árbol (*m*)	tree
assanhado	agitado; contento	excited
assanhar-se	agitarse (por lo general en referencia a los niños)	to excite (in reference to children)
assento (*m*)	asiento (*m*)	seat
assim	así, de esta manera	so, like this
Assim não (dá)!	¡Esto no (es posible)!	No way! This won't do!
Assim não vale!	¡Esto no vale!	Not fair!
assim que, **lo**go que	tan pronto como	as soon as

assistir (*assistir a* is less common in Brazil.)	asistir (cf. freqüentar in Port.)	to attend
assunto (*m*)	asunto (*m*)	subject
até	hasta, mismo, incluso	until, even, including
até logo (tchau, *col*)	nos vemos, hasta pronto, adios	see you later
até que	hasta que	until
atender	contestar el teléfono	to answer the phone
aterrizar	aterrizar	to land
atiçar	inflamar, provocar	to provoke
atleta (*m*)(*f*)	atleta (*m*)(*f*)	athlete
atmosfera (*f*)	atmósfera (*f*)	atmosphere
atrasar-se (com/em)	retrasarse; atrasarse	to be late; to get late
atrasado	retrasado; atrasado	late
aula (*f*)	clase (*f*)	class
auto(móvel) (*m*)	auto(móvil) (*m*)	automobile
avô, avó (*m*)(*f*) (3rd. person)	abuelo/a (*m*)(*f*)	grandfather/mother
avós (*m pl*) (3rd. person)	abuelitos (*m pl*)	grandparents
avião (*m*)	avión (*m*)	airplane
azeite (*m*) (v. óleo)	aceite de oliva (*m*)	olive oil
azeite de dendê	aceite de palma	palm oil
azeite de oliva virgem	aceite de oliva virgen	virgin olive oil
azeite de oliva extra virgem	aceite de oliva virgen extra	extra virgin olive oil
azeitona (*f*)	aceituna (*f*)	olive
azeitona preta	aceituna negra	black olive
azeitona recheada	aceituna rellena	stuffed olive
azeitona verde	aceituna verde	green olive

B

baía (*f*)	bahía (*f*)	bay
bacana	padre, padrísimo	great
bagagem (*f*)	equipaje (*m*)	luggage
baguete (*f*), pão longo	pan alargado	baguette, long bread
baiano (*m*)	de Bahia	from Bahia state
baixo	bajo; chaparro	short
baleia (*f*)	ballena (*f*)	whale
banca (de jornais) (*m*)(*f*)	kiosco/puesto de periódicos	newsstand
banda (*f*)	banda (*f*)	band
bandeja (*f*)	bandeja (*f*), salvilla (*f*)	tray
banheira (*f*)	tina (*f*)	bathtub
banheiro (*m*)	baño (*m*); cuarto de bano (*m*)	bathroom
banho (de chuveiro) (*m*)	baño (de ducha) (*m*)	shower
barata (*f*)	cucaracha (*f*)	cockroach
barato/a	barato/a	inexpensive
barba (*f*)	barba (*f*)	beard
barbear-se	afeitarse	to shave
barbeiro (*m*)	peluquero (*m*), barbero (*m*)	barber
barraco (*m*)	cabaña (*f*)	shack
barriga (*f*)	barriga (*f*)	belly

barulho (*m*)	ruido (*m*)	noise
basque**te**(b**o**l) (*m*)	basquetbol (*m*)	basketball
batata (*f*)	papa (*f*)	potato
batata frita (*f*), batatinha frita	papas fritas (*f pl*)	french fries
bate-papo (*m*)	charla (*f*)	chat
bater	golpear; batir; agitar	to beat; to strike
bater (um) papo *(col)*	charlar, platicar	to chat
bater s**o**l	pegar el sol, hacer sol	to shine (the sun)
batom (*m*)	lápiz de labios (*m*)	lipstick
baunilha (*f*)	vainilla (*f*)	vanilla
be**ç**a *(col)*	mucho, en abundancia	a lot
bebê (*m*)	nené (*m*), bebé (*m*)	baby
beber (*PI* ela/s: ɛ)	beber	to drink
bebida (gas**o**sa) (*f*)	bebida (gaseosa) (*f*)	drink (soda)
beija-flor (*m*)	colibrí (*m*)	hummingbird
beijo (*m*)	beso (*m*)	kiss
beiseb**o**l (*m*)	béisbol (*f*)	baseball
bem gelado	bien frío	very cold
Bem, obrigado/a!	¡Bien, gracias!	Fine, thank you!
berimbau (*m*)	instrumento musical	type of musical instrument
besteira (*f*)	tontería (*f*), desmadrería (*f*)	nonsense
biblio**te**ca (*f*)	biblioteca (*f*)	library
bicheiro (*m*)	vendedor de lotería popular ilegal	bookmaker in illegal lottery
bicho (*m*)	animal (*m*) (v. jogo do bicho)	animal
bicicl**e**ta (*f*)	bicicleta (*f*)	bicycle
bife (*f*)	bisté (*m*)	beef
big**o**de (*m*)	bigote (*m*)	moustache
biguá (*m*)	cuervo marino, corvejón, biguá	cormorant
bilhete (*m*)	recado escrito (*m*); billete	note; ticket
biologia (*f*)	biología (*f*)	biology
birra (de birra) (*f*) *(col)*	terquedad (*f*), testarudez (*f*)	stubbornness (out of spite)
bl**o**co (*m*)	manzana de casas (*f*), cuadra (*f*); agrupación de personas durante el carnaval	block; housing unit; Carnival group
boca (*f*)	boca (*f*)	mouth
boda de ouro/prata (less used)	los 50/25 años de casado	golden/silver wedding
bodas de ouro (*f*)	los 50 años de casado	golden wedding anniversary
bodas de prata (*f*)	los 25 años de casado	silver wedding anniversary
b**o**de (*m*)	bode (*m*)	goat
b**o**d**o**que (*m*)	arco de flechas (*m*)	bow
boi (*m*) (see figure below)	buey (*m*)	ox

The figure below has useful vocabulary for carnivores in a *churrasco*. These names may change, depending on the region in Brazil. The English and Spanish translations may not be as accurate as intended, because of the way cattle are cut in different countries. With respect to the

Brazilian Portuguese, the favorite cuts tend to have the same names in all regions, e.g. *cupim* (very high fat), *filé mignon, maminha, fraldinha, alcatra* and *picanha*. These best-sellers are around areas 6-8, 11-17, 21, in the chart, which are generally considered *carne de primeira*.

Partes Mais Populares do Boi

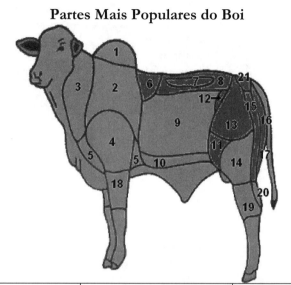

1 cupim	joroba; giba; morrillo	**hump**
2 acém	cogote; espaldilla; paleta; aguja	**chuck**, brisket
3 pescoço	cogote; cuello; pescuezo	**chuck**, neck
4 braço; paleta	marucha; paleta; espaldilla; llana; pez; brazuelo	**chuck**, shoulder; **brisket**, shank cross cut
5 peito	pecho (seis costillas)	breast; brisket (six ribs)
6 capa de (contra) filé	tapa de bife ancho; lomo alto	**rib**; prime rib; rib cap; short loin
7 filé mignon	filete; solomillo	tenderloin; filet mignon
8 contra filé; filé de lombo	solomillo (de lomo)	sirloin
9 ponta de agulha; costela	costilla; falda; chuleta	**rib**; short rib; rib
9 aba de filé (parte de cima)	falda de filete; lomo bajo	**rib**; skirt of tenderloin
10 barriguinha, matambre	matambre; falda	**flank**; tri-tip; skirt steak, flank steak
11 maminha (de alcatra)	colita de cuadril	**sirloin**; bottom sirloin
12 fraldinha	babilla	**sirloin**; top sirloin
13 alcatra	contra; cuadril; tapilla	**round**; **rump**; sirloin
14 patinho	culata de contra; corvejón; jarrete	**round**; shank; knuckle; thin flank
15 lagarto	redondo	**round**; eye of the round
16 chã de fora	nalga de afuera	**round**; sirloin butt; outside round
17 chã de dentro	nalga de adentro	**round**; top inside of round; eye of round
18 músculo do braço	brazuelo; bola de lomo	**shank**; muscle; hock
19 músculo traseiro	músculo trasero	**shank**; rump steak; hock
20 garrão do traseiro, músculo de segunda	garrón trasero; músculo de segunda	**shank**; muscle (not a prime cut)
21 picanha	tapa de cuadril; cadera	**round**; rump cover; cap of round

boi (*m*)	mensajero (*m*)	messenger
bola (*f*)	pelota (*f*)	ball
bolo (*m*), torta (*f*)	pastel (*m*)	cake, pastry shell, pie
bolo de casamento	pastel de bodas	wedding cake
bolo de carne	pastel de carne	meat pie
bolo de aniversário	pastel de cumpleaños	birthday cake
bom	bueno	good
bombeiro (*m*)	bombero (*m*)	firefighter
bonito/a	bonito/a, guapo/a	attractive, handsome
braço (*m*)	brazo (*m*)	arm
branco/a	blanco/a	white
brasileiro/a	brasileño/a, brasilero/a	Brazilian
brigar	pelear, pegarse	to fight
brincar	jugar; bromear	to play; to joke
brisa (*f*)	brisa (*f*)	breeze
burro (*m*)	burro (*m*)	ass, burro

C

cabaça (*f*)	calabaza (*f*)	gourd
cabeça (*f*)	cabeza (*f*)	head
cabeçudo (*m*)	terco (*m*), testarudo (*m*)	stubborn
cabelo (*m*)	pelo (*m*), cabello (*m*)	hair
cabide (*m*)	colgador (*m*), pedestal para sombreros (*m*)	hanger; hat rack
cabra (*f*)	cabra (*f*)	nanny goat
cabrito (*m*)	cabrito (*m*)	kid (baby goat)
caça (*f*)	caza (*f*)	quarry; hunt
caçar	cazar	to hunt
cachorro (*m*)	perro (*m*)	dog
cachorrinho (*m*)	cachorro (*m*)	puppy
Cadê?	¿Dónde está? (en sitio temporal)	Where is? (temporary location)
cadeira (*f*)	silla (*f*)	chair
cadeira de balanço (*f*)	(silla) mecedora (*f*)	rocking chair
cadeira de braço (*f*)	butaca (*f*)	armchair
caderno (*m*)	cuaderno (*m*)	notebook
café (*m*)	café (*m*)	coffee
café da manhã (*m*)	desayuno (*m*)	breakfast
cafezinho (*m*)	tacita de café (*f*)	demitasse coffee
caipira (*m*) (*f*)	serrano/a, montañés (*m*), montañesa (*f*), campesino/a, palurdo (*m*), pajuerano (*m*)	rustic, hick, hillbilly; country
caipirinha (*f*)	coctel de ron, limón y azúcar (brasileño)	cocktail of rum, lemon, and (Brazilian) sugar
calção (de banho) (*m*)	calzones; traje de baño (*m*)	bathing trunks
calçada (*f*)	acera (*f*)	sidewalk
calar-se	callarse	to keep quiet

calefação (*f*)	calefacción (*f*)	heating
calor (*m*)	calor (*m*)	heat
câmara (fotográfica) (*f*)	cámara fotográfica (*f*)	camera
cama (*f*)	cama (*f*)	bed
caminhão (*m*)	camión de mercancías (*m*)	truck
campeonato (*m*)	campeonato (*m*)	championship
campo (*m*)	cancha (*f*)	field
cancha (*f*)	cancha (*f*); elegancia (*f*) (*col.*)	sports field; elegance (*col.*)
caneta tinteiro (*f*)	pluma (*f*)	fountain pen
caneta esfereográfica (*f*)	bolígrafo (*m*)	ballpoint pen
cansado/a	cansado/a	tired
cantar	cantar	to sing
canto (*m*)	canto (*m*); rincón (*m*)	song, singing; corner
cão (*m*)	perro (*m*)	dog
capeta (*f*)(*m*)	diablo (*m*)	imp, devil
capixaba (*f*)(*m*)	de Espírito Santo	from Espírito Santo state
capoeira (*f*)	especie de lucha (o juego) atlético desarrollado por los esclavos africanos	Afro-Brazilian martial art
cara (*m*) (*col*)	sujeto (*m*), tipo (*m*)	guy
cara (*f*)	cara (*m*)	face
carcará (*m*)	especie de halcón	type of hawk
cardápio (*m*)	menú (*m*)	menu
careta (*f*)	mueca (*f*); gesto (*m*)	face (slang)
carioca (*m*)(*f*)	de Rio de Janeiro	from Rio de Janeiro
carne (*f*) (see *boi*)	carne (*f*)	meat
carne asada ao/no forno	carne asada al horno	roasted meat
carne asada na grelha	carne asada a la parrilla	grilled meat, broiled meat
carne branca	carne blanca	white meat
carne de carneiro	carne de carnero	mutton (meat)
carne de porco	carne de cerdo/de chancho/ de puerco	pork (meat)
carne de cordeiro	carne de cordero	lamb (meat)
carne desfiada	carne desmechada	shredded meat
carne sem osso	carne sin hueso	deboned meat
carne magra	carne magra	lean meat
carne moída	carne molida	ground beef
carne vermelha	carne roja	red meat
carne de vitela	carne de ternera	veal
carne de vaca	carne de vaca	beef
carne de gado, carne bovina	carne de vacuno	beef
carne de veado	carne de venado	venison
carneiro (*m*)	carnero (*m*)	sheep, ram
caro/a	caro/a	expensive; dear
carregador de malas (*m*)	maletero (*m*)	porter
carregar (*IP* eu, ela/s: ɛ)	transportar	to carry
carreira (*f*)	carrera (*f*)	career
carro (*m*)	coche (*m*), carro (*m*)	car; cart

carro alegórico (*m*)	carroza (*f*)	float
cartão (postal) (*m*)	tarjeta (postal) (*f*)	(post)card
cartão de crédito (*m*)	tarjeta de crédito (*f*)	credit card
cartão de identidade (*m*)	tarjeta de identificación (*f*)	identification card
carta (*f*)	carta (*f*)	letter (missive)
carvão (*m*)	carbón (*m*)	charcoal
casa de móveis (*f*)	mueblería (*f*)	furniture store
casamento (*m*)	boda (*f*)	marriage, wedding
casca (*f*) de ovo	cáscara (*f*) de huevo	egg shell
caso (*m*)	caso (*m*)	case; affair
caso	por si acaso	in case
catarinense (*f*)(*m*)	de Santa Catarina	from Santa Catarina state
catarro (*m*) (see meleca)	moco (*m*)	nasal mucus, catarrh; snot (*col.*)
catorze (or quatorze)	catorce	fourteen
cavalo (*m*)	caballo (*m*)	horse
caxixi (*m*)	instrumento de percusión	percussion instrument
cearense (*f*)(*m*)	de Ceará	from Ceará state
cebola (*f*)	cebolla (*f*)	onion
cedo	temprano	early
cem	cien	one hundred
centésimo/a	centésimo/a	hundredth
cento e um	ciento (y) uno	one hundred and one
cereal (*m*)	cereal (*m*)	cereal
cerveja (*f*)	cerveza (*f*)	beer
chá (*m*)	té (*m*)	tea
chamar-se	llamarse	to be called/named
chão (*m*)	piso (*m*)	floor, ground
charuteiro (*m*)	vendedor de puros (*m*)	tobacco seller
charuto (*m*)	cigarro (*m*), puro (*m*), tabaco (*m*)	cigar
chatear-se (com)	molestarse (con)	to get annnoyed (with)
chato/a	aburrido/a, monótono/a, molesto/a; pesado/a (col.); aplastado/a; aplanado/a	bored, boring
Chega!	¡Basta!	Enough!
chegada (*f*)	llegada (*f*)	arrival
chegar	llegar	to arrive
cheio/a (de)	lleno/a (de)	full (of)
chinês (*m*)	chino (*m*)	Chinese
chinesa (*f*)	china (*f*)	Chinese
chocar (eu, ela/s: ø)	chocar	to incubate; to shock
chocolate (*m*)	chocolate (*m*)	chocolate
chofer (*m*)	chofer (*m*)	driver
chorar (eu, ela/s: ø)	llorar	to cry
choro (*m*)	lloro (*m*); género musical	cry; popular music form
chover (PI: ø)	llover	to rain
churrasco (*m*) (see *boi*)	churrasco (*m*); barbacoa	churrasco; barbecue
chuteira (*f*)	zapato de fútbol (*m*)	soccer shoe

chuveiro (*m*)	ducha (*f*)	shower
cidade (*f*)	ciudad (*f*)	city
cientista (*m*)(*f*)	científico/a (*m*)	scientist
cigarro (*m*)	cigarrillo (*m*)	cigarette
cinco	cinco	five
cintura (*f*)	cintura (*f*)	waist
cinzeiro (*m*)	cenicero (*m*)	ashtray
ciúme (de) (*m*)	celo (de) (*m*)	jealousy
clara (*f*) de ovo	clara (*f*) de huevo	egg white
clínica (*f*)	clínica (*f*)	clinic
clima (*m*)	clima (*m*)	climate
cobertor (*m*)	cobertor (*m*); cobija(*f*)	blanket
cobra (*f*)	culebra (*f*)	snake
cobra (*gíria*) (*f*)	experto, estrella en un deporte u otra área	first-rate, crack; person of great ability
cobrir (coberto; ela/s: [ø]	cubrir	to cover
coelho (*m*)	conejo (*m*)	rabbit
colégio (*m*)	colegio (*m*)	school
colega (*m*)(*f*)	compañero/a de clase	classmate; colleague
colher (*f*)	cuchara (*f*); cucharada (*f*)	spoon
colher de chá (*f*)	cucharita (*f*), cucharadita (*f*); chance (argot)	teaspoon; chance
colherzinha (*f*)	cucharita (*f*)	little spoon
colibri (*m*)	colibrí (*m*)	hummingbird
colocar (eu, ela/s: ø)	poner	to place
com você	contigo	with you
combustível (*m*)	combustible (*m*)	fuel
começar (eu, ela/s: ɛ)	comenzar	to begin
comer	comer	to eat
comida (*f*)	comida (*f*)	food
comigo/a	conmigo	with me
comissário (de bordo)	camarero/a, aeromozo/a, sobrecargo/a	flight attendant
como (é que)	cómo	how?
Como se diz?	¿Cómo se dice?	How does one say?
cômoda (*f*)	cómoda (*f*)	chest of drawers, dresser
comprar	comprar	to buy
conforme	según	according to
conhecer (ela/s: ɛ)	conocer	to meet; to know; to be familiar with
conjunto (*m*)	conjunto (*m*)	set; whole
conosco	con nosotros/as	with us
conseguir (ela/s: ɛ)	conseguir	to obtain; to manage
conta (*f*)	cuenta (*f*)	tab, bill; count
contaminado/a	contaminado/a	contaminated, infected
contaminar	contaminar	to contaminate, to infect
contanto que	a condición que; con tal (de) que	if, provided that

contar	contar	to tell; to count
contar vantagem	ostentarse	to boast
contente	contento/a	content, contented
conterrâneo/a	coterráneo/a	compatriot
controlar (eu, ela/s: ø)	controlar	to control
contudo, todavia, porém	sin embargo	nevertheless
conversação (menos usado)(*f*)	conversación (*f*)	conversation
conversa (*f*)	conversación (*f*); charla (*f*)	conversation, chat
conversar (*PI* eu, elas/s: ɛ)	platicar, charlar, hablar	to talk, to chat
cooperação (*f*)	cooperación (*f*)	cooperation
copo (*m*)	vaso (*m*)	drinking glass
copinho (*m*) de ovo; potinho; pote	huevera (*f*)	eggcup
cor (*f*)	color (*m*)	color
cordeiro (*m*)	cordero (*m*)	lamb
corpo (*m*)	cuerpo (*m*)	body
corredor (*m*)	pasillo (*m*), corredor (*m*)	hall
correio (*m*)	correo (*m*)	post office
correr (ela/s: ø)	correr	to run
cortar (eu, ela/s: ø)	cortar	to cut
cortina (*f*)	cortina (*f*)	curtain
costa (*f*)	costa (*f*); espalda (*f*)	coast; back
costeleta (*f*)	patilla (*f*)	meat chop
costume (*m*)	costumbre (*f*)	custom, habit
cotovelo (*m*)	codo (*m*)	elbow
cozido/a (cozinhado/a)	cocido/a	cooked
cozinha (*f*)	cocina (*f*)	kitchen; cooking
cozinhar	cocinar	to cook
craque (*m*)(*f*)	estrella (*f*) (en un deporte u otra área)	first-rate; person of great ability
creme de barbear (*m*)	crema de afeitar (*f*)	shaving cream
crescer	crecer	to grow (intransitive)
crise (energética) (*f*)	crisis (energética) (*f*)	(energy) crisis
Cuméquié (col; contração de "Como é que é")	¿Qué tal? ¿Qué pasó?	What's up?
cunhado/a	cuñado/a	brother-/sister-in-law
cursinho (*m*)	curso preparatorio para el vestibular, o sea para el examen de ingreso a la facultad	prep course for university entrance exam
curso (*m*)	curso (*m*); conjunto de asignaturas/clases	course of study
curto/a	corto/a	short
custar	costar	to cost

D

da	de la	of the, from the
dançar	bailar	to dance
daqui a alguns dias	dentro de algunos días	a few days from now

daqui a dois meses	dentro de dos meses	two months from now
daqui a duas semanas	dentro de dos semanas	two weeks from now
dar	dar	to give
dar de cara (com alguém)	toparse	to run into (someone)
dar de ombros	encogerse de hombros, no importarse	to shrug the shoulders; to not mind/care
dar para + *INFIN*	ser posible + *INFIN*	to be able + *INFIN*
dar para segurar	aguantar	to tolerate
dar um jeitinho *(col)*	encontrar solución	to find a way
dar um telefonema	telefonear, llamar al teléfono	to call (telephone)
dar uma colher de chá *(col)*	darle chance a uno	to give someone a chance
dar uma palha *(col)*	improvisar una presentación breve en un escenario	give a brief improvisation on stage
dar-se por satisfeito	darse por satisfecho	to be satisfied
de	de	of, from
de altura	de alto	in height
de comprimento	de largo	in length
de cor	de memoria	by heart
de largura	de ancho	in width
de nada	de nada	you're welcome, it's nothing
debruçar-se	apoyarse	to lean forward
décimo/a	décimo/a	tenth
décimo/a-primeiro/a	undécimo/a	eleventh
décimo/a-segundo/a	duodécimo/a	twelfth
decolar (eu, ela/s: ø)	despegar	to take off
decorar (eu, ela/s: ø)	adornar; memorizar	to decorate; to memorize
dedo *(m)*	dedo *(m)*	finger, toe
deitar	acostarse	to lie down
dela, dele	de ella, de él; su	hers, his
delas, deles	de ellas, de ellos; suyos	their
delicioso, deliciosa	rico/a, delicioso/a	delicious
demais	demasiado	too much, too many
dente de alho *(m)*	diente de ajo *(m)*	clove of garlic
dentro de	adentro; dentro de	within
depois (de)	después (de)	after
depois de amanhã	pasado mañana	day after tomorrow
depois que	después (de) que	after
desagrádavel	desagradable	disagreeable, unpleasant
desaparecer (*IP* ela/s: ɛ)	desaparecer	to disappear
descalço	pies desnudos	barefoot
descobrir (*IP* ela/s: ø)	descobrir	to discover; to uncover
desfile *(m)*	desfile *(m)*	parade
desfrutar	disfrutar	to enjoy
desligar	colgar; apagar	to turn off (electricity); to hang up (telephone)
desligar-se (de)	deconnectarse (de)	to become separate (from)
despejar	vaciar, verter	to empty

despesa (*f*)	cuenta (*f*), gasto (*f*)	expense, cost
devagar	despacio	slow, slowly
dever (ela/s: ɛ)	deber	to owe
dever de casa (*m*)	tarea (*f*)	homework
devido a	debido a	due to
devolver (*IP* ela/as: ø; *PP* devolvido)	devolver	to return
d**e**z	diez	ten
dezembro	diciembre	December
dezena (*f*)	decena (*f*)	ten, group of ten
dezen**o**ve	diez y nueve, diecinueve	nineteen
dezesseis	diez y seis, dieciseis	sixteen
dez**ess**ete	diez y siete, diecisiete	seventeen
dezoito	diez y ocho, dieciocho	eighteen
diálogo (*m*)	diálogo (*m*)	dialogue
dia (*m*)	día (*m*)	day
diferente	diferente	different
diploma (*m*)	diploma (*m*), título (*m*)	diploma
dirigir	manejar, conducir; dirigir	to direct; to drive
discar	marcar el número	to dial
disfarçar	disfrazar	to disguise
dispersar (*IP* eu, ela/s: ɛ); *PP* disp**e**rso [ser/estar], dispersado [ter/haver])	dispersar	to scatter
distanciar-se (de)	alejarse (de)	to move away (from)
dividir	dividir	to divide
dizer (*PP* dito)	decir	to say; to tell; to mean
do	del	of the, from the
dobrar (eu, ela/s: ø)	dobrar	to double; to fold
doce (*m*)	dulce (*m*)	sweet; fresh (water); gentle
doer (d**ó**i, d**o**em: ø)	doler	to hurt (intransitive)
doido/a	loco/a	crazy
dois (*m*)	dos	two
dois quilos	dos quilos	two kilos
dois terços	dos tercios	two-thirds
domingo	domingo	Sunday
dona	señora; dueña; título de respeto que precede al nombre (no al apellido) de una persona	lady; owner; title of respect with woman's first name
dor (*f*)	dolor (*m*)	pain; sorrow
dor de cotovelo (*f*)	celos (*m*); tristeza (*f*); soledad (*f*)	jealousy
dormir (*IP* eu: u; ela/s: ø)	dormir(se)	to sleep
dormitório (*m*)	dormitorio (*m*)	room, dormitory
doutor (*m*)	doctor (*m*)	doctor (PhD), title of respect
doze	doce	twelve
drástico/a	drástico/a	drastic

droga (*f*)	droga (*f*)	drug; (col.) worthless object
duas (*f*)	dos	two
ducha (*f*)	ducha (*f*)	shower
dúvida (*f*)	duda (*f*)	doubt
duvidar	dudar	to doubt
duzentos	doscientos	two hundred

E

e	y	and
É/Foi engano	Me equivoco, me equivoqué en el número de teléfono	It's/was a mistake; wrong phone number
É o quê?	¿Qué pasó?	What happened?
É pena	Es una lástima	It's a shame
ecologia (*f*)	ecología (*f*)	ecology
economia (*f*)	economía (*f*)	economy
economizar	ahorrar	to save
edifício (*m;* cf. prédio)	edificio	building
égua (*f*)	yegua (*f*)	mare
ela, **e**las	ella/s	she, they
ele, eles	él/ellos	he, they
eleger (eu: i; **e**la/s: ɛ; *PP* eleito [ser/estar], elegido [ter/haver])	elegir	to elect
em	en	in
em dúvida	en/con duda, inseguro/a	in doubt
em geral	por lo general	in general
emb**o**ra	aunque	although
empurrar	empujar	to push
encaixar	encajarse, ajustarse	to fit
endereço (*f*)	dirección (*f*)	address
energia nuclear (*f*), solar (*f*)	energía nuclear (*f*), solar (*f*)	nuclear/solar energy
enganado/a	equivocado/a, engañado/a	mistaken; deceived
enganar	engañar	to deceive; to fool
engano (ver é/foi engano)	engaño	mistake
engolir sapo (*col*)	aguantar cosas desagradables sin quejarse o reaccionar	to tolerate unpleasant things without complaining or reacting
en**o**rme	enorme	huge, enormous
enquanto (que), à medida que	mientras (que)	whereas, while
ensinar	enseñar (sólo en el sentido de dictar, nunca en el sentido de *mostrar*)	to teach
ensino (*f*)	enseñanza (*f*)	education, teaching
ensopado (*m*)	guisado (*m*), ragú (*m*)	stew
então	entonces	then, so
entender	entender	to understand
entrada (*f*)	entrada (*f*)	entrance; entrée; down payment

entrar	entrar	to enter
entregar (*IP* eu, ela/s ɛ; *PP* entregue [ser/estar], entregado [ter/haver])	entregar	to deliver
entretanto	entretanto	meanwhile
envelope (*m*)	sobre (*m*)	envelope
epidemia (*f*)	epidemia	epidemic
equipe (*f*)	equipo (*m*)	team
era uma vez (ɛ)	érase una vez; érase lo que era	once upon a time
ervilha (*f*)	arveja (*f*)	pea
escada (*f*)	escalera (*f*)	stairs; ladder
escola (*f*)	escuela (*f*)	school
escorpião (*m*)	escorpión (*m*), alacrán (*m*)	scorpion
escova de dentes (*f*)	cepillo de dientes (*m*)	toothbrush
escravo/a	esclavo/a	slave
escrever (*IP* ela/s: ; *PP* escrito)	escribir	to write
escritório (*m*)	oficina (*f*)	office
escrivaninha (*f*)	escritorio (*m*)	desk
espalhar(-se)	extender(se); esparcise	to spread
espanhol (*m*)	español (*m*)	Spanish, Spaniard
espanhola (*f*)	española (*f*)	Spaniard
espécie (*f*)	especie (*f*)	kind, type
esperar (*IP* eu, ela/s: ɛ)	esperar	to hope; to wait
esperto	listo, experto	shrewd, sharp
esposo/a	esposo/a	spouse; husband, wife
esquecer(-se) (de) (*IP* ela/s: ɛ)	olvidar(se) (de)	to forget
esqui (*m*)	esquí (*m*)	ski
esquiador (*m*)	esquiador (*m*)	skier
esquiar	esquiar	to ski
esquina (*f*)	esquina (*f*)	intersection, corner
Essa é boa (ɛ) *(col)*	¡Imagínese Ud.! ¿Se da cuenta?	That's a good one! Can you imagine?
estação (*f*)	estación (*f*)	season; station
estação das chuvas (*f*)	estación de las lluvias	rainy season
estacionar	estacionar, aparcar	to park
estádio (*m*)	estadio (*m*)	stadium
estar	estar	to be (temporary state or condition)
estar atrasado/a	estar atrasado/a	to be late
estar claro/a	estar claro/a; estar despejado/a	to be obvious; to be clear (sky)
estar com ciúme(s) (de)	tener celos	to be jealous of
estar com raiva	enojarse	to be angry
estar com saudade(s) (de)	extrañar; tener añoranza	to be homesick for
estar com dor de cabeça	tener dolor de cabeza	to have a headache
estar de cara amarrada	estar de mal humor	to be in a bad mood
estar doido/a para *(col)*	tener ganas de	to be anxious to
estar fresco/a	hacer fresco	to be cool

estar nublado	estar nublado	to be cloudy
estar preto/a (col.)	estar bastante malo/a	to be grim
estar satisfeito/a	estar satisfecho/a	to be satisfied
estar ventando	hacer viento	to be windy
este	este	this
este (*m*) (também, leste [*m*])	este (punto cardinal)	east
estômago (*m*)	estómago (*m*)	stomach
estória (*f*)	cuento (*m*)	story
estudante (*m*)(*f*)	estudiante (*m*)(*f*)	student
estudar	estudiar	to study
estúdio (*m*)	estudio (*m*)	studio
eu	yo	I
exame	examen	investigation; exam
examinar	examinar	to examine; to test
exercício	ejercicio	exercise; practice
experimentar	probar	to experiment; to try
exposição (*f*)	exhibición	exhibition
expressar (*PP* expresso [ser/estar]; expressado [ter/haver])	expresar	to express
exterminar	exterminar	to exterminate
extinguir (*PP* extinto [ser/estar]; extinguido [ter/haver])	extinguir	to extinguish

F

fábrica (*f*)	fábrica (*f*)	factory
faca (*f*)	cuchillo (*m*)	knife
fachada	fachada; fanfarronada; farsa; ostentación; fanfarria; frente de una casa	façade
faculdade (*f*)	facultad (*f*)	college within a university
falar	hablar	to speak, to talk
família (*f*)	familia (*f*)	family
farmácia (*f*)	farmacia (*f*)	pharmacy
farol (*m*)	semáforo (*f*)	lighthouse; headlight; traffic light
farol verde, vermelho	semáforo en verde, en rojo	red/green traffic light
faroleiro (*m*)	ostentador (*m*)	braggart
fazer (*PP* feito)	hacer	to make; to do
fazer Cooper	trotar; correr	to jog
fazer a barba	afeitarse	to shave
fazer calor	hacer calor	to be hot (the weather)
fazer gargarejos	hacer gárgaras	to gargle
febre (*f*)	fiebre (*f*)	fever
fechar (*IP* eu, ela/s: ɛ)	cerrar	to close
feijão (*f*)	frijol (*m*)	bean
feijoada (*f*)	feijoada (*f*)	black bean and meat stew
feio/a	feo/a	ugly

feliz	feliz	happy
fêmea (*f*)	hembra (*f*)	female
ferido/a	herido/a	injured
ferir (*IP* eu: i; ela/s: ɛ)	herirse, cortarse	to injure
festa (*f*)	fiesta (*f*)	party
fevereiro	febrero	February
ficar	quedar(se)	to remain
ficar a par	ponerse al par; enterarse	to become informed about; to be aware of
ficar acordado	desvelarse	to be awake
ficar com a cara amarrada	ponerse de mal humor, enojarse	to become angry
ficar com a cara fechada	ponerse de mal humor, enojarse	to become angry
ficar de boca aberta	espantarse, sorprenderse	to be amazed, surprised
ficar de orelha em pé	asustarse	to be on the alert
ficar de queixo caído	espantarse, sorprenderse	to be amazed, surprised
ficar de cara amarrada	ponerse de mal humor, enojarse	to become angry
ficar de cara fechada	ponerse de mal humor, enojarse	to become angry
ficar quieto	calmarse	to keep quiet
filho/a	hijo/a	child, son, daughter
filhote (*m*)	cría (*f*)	young animal
filosofia (*f*)	filosofía (*f*)	philosophy
física (*f*)	física (*f*)	physics
fita (*f*)	cinta (*f*)	tape, ribbon
flecha (*f*)	flecha (*f*)	arrow
flor (*f*)	flor (*f*)	flower
floresta (*f*)	foresta (*f*)	jungle
fofocar (*col*)	chismear	to gossip
fofoca (*f*) (*col*)	chisme; rumor	gossip
fogão (*m*)	estufa (*f*)	range, stove
fogo (*m*)	fuego (*m*)	fire
fogo na roupa (*col*)	excelente; difícil de controlar	excellent; a handful
foi aí que	entonces	and then
Foi engano	Me equivoqué	It was a mistake; wrong phone number
folguedo	fiesta o diversión popular (literario)	popular festival (literary usage)
folha (*f*)	hoja (*f*)	leaf; sheet (paper); newspaper
fome (*f*)	(el) hambre (*f*)	hunger
fora (de)	afuera (de)	besides
formar (*IP* eu, ela/s: ø)	formar	to form; to graduate
formiga (*f*)	hormiga (*f*)	ant
forno (*m*)	horno (*m*)	oven
forte	fuerte	strong

fraco/a	débil	weak
francês (*m*)	francés (*m*)	French; Frenchman
francesa (*f*)	francesa (*f*)	French; Frenchwoman
frango (*m*)	pollo (*m*)	chicken
frango assado	pollo asado	roast chicken
frase (*f*)	frase (*f*)	phrase; sentence
frear	frenar	to brake
freguês (*m*)	cliente (*m*)(*f*)	client
frigideira (*f*)	cacerola (*f*), sartén (*f*)	frying pan
frio/a	frío/a	cold
fritar (*PP* frito [ser/estar]; fritado [ter/haver])	freír	to fry
frito/a	frito/a	fried
fugir (*IP* ela/s: ø)	huir	to flee
furacão (*m*)	huracán (*f*)	hurricane
furioso, furiosa	furioso	furious
futebol (*m*)	fútbol (*m*)	soccer

G

gaúcho (*m*)	gaucho; de Rio Grande do Sul	from Rio Grande do Sul state
galho (*m*)	rama (*f*)	branch
galinha (*f*)	gallina (*f*)	hen
galo (*m*)	gallo (*m*)	rooster
ganha-pão (*m*)	medio de vida (*m*), sustento (*m*)	livelihood
ganhar (*PP* ganho [ser/estar]; ganhado [ter/haver])	ganar	to earn; to win
garçom (*m*)	camarero (*m*)	waiter
garçonete (*f*)	camarera (*f*)	waitress
garagem (*f*)	garaje (*m*)	garage
garfo (*m*)	tenedor (*m*)	fork
garganta (*f*)	garganta (*f*)	throat
garoto (*m*)	chico (*m*), muchacho (*m*)	boy
garrafa (*f*)	botella (*f*)	bottle
gasolina (*f*)	gasolina (*f*)	gasoline
posto de gasolina (*m*)	gasolinera (*f*)	gas station
gastar (*PP* gasto [ser/estar]; gastado [ter/haver])	gastar	to spend; to wear out
gato/a	gato/a	cat
geladeira (*f*)	refrigerador (*m*)	refrigerator
gelado/a	frío/a	cold; frozen
gema (*f*) de ovo	yema (*f*) de huevo	egg yolk
gemada	leche merengada	drink of milk, egg whites, sugar and cinnamon
genro (*m*)	yerno (*m*)	son-in-law
geografia (*f*)	geografía (*f*)	geography
ginásio (esportivo)	gimnasio	gymnasium; secondary school

giz (*m*)	tiza (*f*)	chalk
goiabada (*f*)	pasta de guayaba (*f*)	guava paste
goiano/a	de Goiás	from Goiás state
gol (*m*)	portería (*f*), arco (*m*); gol (*m*)	goal
goleiro/a (*m*)	portero(*m*), arquero(*m*)	goalkeeper
gordo/a	gordo/a	fat
gostar (de) (*IP* eu, ela/s: ø)	gustar	to like
gostaria de lhe apresentar	me gustaría presentarle	I would like to introduce to you
gostoso, gost**o**sa	sabroso/a	delicious; pleasant
gozado/a	chistoso/a; curioso/a	funny; odd
grama (*f*)	césped (*m*)	grass
grande	grande, gran	large
gravador (*m*)	grabadora (*f*)	tape recorder
grilo (*m*)	grillo (*m*)	cricket
gripe (*f*)	gripe (*f*)	influenza
gritar	gritar	to shout
guarda-chuva (*m*)	paraguas (*sing. m*)	umbrella
guardanapo (*m*)	servilleta (*f*)	napkin
guia (*m*)(*f*)	guía (*m*)(*f*)	guide; guidebook

H

há (haver)	hay (haber)	there is, there are
Hein!	¡Eh! ¡No!	Uh! Right? Isn't it?
hemisfério (*m*)	hemisferio (*m*)	hemisphere
história (*f*) (veja-se também *estória*)	historia (*f*)	history; story
hoje	hoy	today
homem (*m*)	hombre (*m*)	man
hospital (*m*)	hospital (*m*)	hospital

I

idéia (*f*)	idea (*f*)	idea
igualmente	igualmente	likewise; equally
ilha (*f*)	isla (*f*)	island
impasse (*m*)	callejón sin salida; impase	impasse; dead end
imprimir (*PP* impr**e**sso [ser/estar]; imprimido [ter/haver])	imprimir	to print
indústria (*f*)	industria (*f*)	industry
infecção (*f*)	infección (*f*)	infection
ingênuo/a	ingenuo/a	naive
inglês (*m*)	inglés (*m*)	English, Englishman
inglesa (*f*)	inglesa (*f*)	Englishwoman
interessante	interesante	interesting
interesse (*m*)	interés (*m*)	interest
inundação (*f*)	inundación (*f*)	flood
inv**e**rno (*f*)	invierno (*m*)	winter
irônico/a	irónico/a	ironic

ir	ir	to go
ir embora	salir; irse	to leave
ir toda vida	seguir derecho	to go straight
irmã (*f*)	hermana (*f*)	sister
irmão (*m*)	hermano (*m*)	brother
isqueiro (*m*)	encendedor de bolsillo (*m*)	cigarette lighter
Isso mesmo!	¡Eso es! ¡Así es! ¡Sí!	Right!
italiano/a	italiano/a	Italian

J

já	ya	already; immediately; ever
já que	ya que	since
janeiro	enero	January
janela (*f*)	la ventana	window
janta (*f*), jantar (*m*)	cena (*f*)	dinner
jantar	cenar	to eat supper
japonês (*m*)	japonés (*m*)	Japanese
japonesa (*f*)	japonesa (*f*)	Japanese woman
jarda (*f*)	yarda (*f*)	yard (measure)
jardim (*m*)	jardín (*m*)	garden
jeito (*m*)	manera (*f*)	way; skill
joelho (*m*)	rodilla (*f*)	knee
jogador (*m*)	jugador (*m*)	player
jogar (*IP* eu, ela/s: ø)	jugar	to play
jogo (*m*)	juego (*m*)	game, match
jornal (*m*)	periódico (*m*)	newspaper
jornaleiro (*m*)	vendedor de periódicos (*m*); diariero (*m*)	newspaper carrier; day laborer
jornalista (*m*)(*f*)	periodista (*m*)(*f*)	journalist
jovem (*m*)(*f*)	joven (*m*)(*f*)	youth
julho	julio	July
jumento/a	jumento/a; asno/a	donkey
junho	junio	June
juntar	unir	to join
jurar	jurar	to swear

L

lá	allá	over there
lápis (*m*)	lápiz (*m*)	pencil
laboratório (*m*)	laboratorio (*m*)	laboratory
lagosta (*f*)	langosta (*f*)	lobster
lama (*f*)	lodo (*m*)	mud
largo/a	ancho/a	wide
lava-louça/prato (*m*)	lavaplatos (*m*)	dishwasher
largura	anchura	width
lavabo (*m*)	cuarto de aseo (*m*)	powder room
lavar	lavar	to wash
leão (*m*)	león (*m*)	lion

legal *(col)*	bien, padre *(col)*; legal	great; legal
legume *(m)*	legumbre *(f)*	legume, vegetable
leite *(m)*	leche *(f)*	milk
leite de coco	aceite de coco	coconut oil
leite condensado	leche condensada	condensed milk
leite descremado	leche descremada	skimmed milk
leite desnatado	leche desnatada	skimmed milk
leite integral	leche entera	whole milk
leite evaporado	leche evaporada	evaporated milk
leite homogeneizado	leche homogeneizada	homogenized milk
leite instantâneo	leche instantánea	powdered milk
leite em pó	leche en polvo	powdered milk
leiteiro/a	lechero/a	milkman
lembrança *(f)*	recuerdo *(m)*	souvenir, memory
lembrar(-se) (de)	acordarse de	to remember
lençol *(m)*	sábana *(f)*	bedsheet
leoa *(f)*	leona *(f)*	female lion
ler	leer	to read
levar susto	asustarse	to be frightened
lição *(f)*	lección *(f)*	lesson
libra *(f)*	libra *(f)*	pound
ligar	llamar al teléfono; unir	to telephone; to join
limpar *(PP* limpo [ser/estar]; limpado [ter/haver])	limpiar	to clean
linha telefônica *(f)*	línea telefónica *(f)*	telephone line
livraria *(f)*	librería *(f)*	bookstore
livro *(m)*	libro *(m)*	book
loção após barba	loción para después de afeitarse	aftershave lotion
locutor *(m)*	locutor *(m)*	speaker
logo	luego	soon
logo que	tan pronto como	as soon as
logo ali	por allá	just ahead
longo/a	largo/a	long
louça *(f)*	vajilla de porcelana *(f)*, loza *(f)*	dishes, china
louro/a	rubio/a; güero/a (Mex.)	blond, fair
lutar	luchar	to fight
luz *(f)*	luz *(f)*	light
luz verde/vermelha *(f)*	semáforo en verde/en rojo	red/green light

M

macaco *(m)*	mono *(m)*	monkey
macho	macho	male
machucar	lastimar	to injure
madeira *(f)*	madera *(f)*	wood, lumber
madrinha *(f)*	madriña *(f)*	godmother
madrugada *(f)*	madrugada *(f)*	early morning
de madrugada	de madrugada	in the early morning

mãe (*f*), mamãe (*f*)	madre (*f*), mamá (*f*)	mother, mom
maior	más grande, mayor	larger; adult
mais	más	more; plus
mais velho	mayor	older
mala (*f*)	maleta (*f*)	suitcase
malhar	hacer ejercicios	work out
maluco/a	loco/a	crazy
mandar	mandar	to send; to order
maneira (*f*)	manera (*f*)	manner, way
manhã (*f*)	mañana (*f*)	morning
de manhã	en la mañana	in the morning
mansão (*f*)	mansión (*f*), villa (*f*)	mansion
manteiga (*f*)	mantequilla (*f*)	butter
manteiga de amendoim	aceite de cacahuete	peanut oil
mão (*f*)	mano (*f*)	hand
mapa (*m*)	mapa (*m*)	map
maquiagem (*f*)	maquillaje (*m*)	makeup
máquina de lavar pratos (*f*)	lavaplatos (*sing. m*)	dishwasher
máquina de lavar roupa (*f*)	máquina de lavar ropa (*f*)	washing machine
máquina fotográfica (*f*)	cámara fotográfica	camera
março	marzo	March
mar (*m*)	mar (*m*)(*f*)	sea
maravilhoso, maravilhosa	maravilloso/a	marvelous
margarina (*f*)	margarina (*f*)	margarine
mas	pero	but
mata (*f*)	bosque (*m*)	forest, wood
matar (*PP* morto [ser/estar]; matado [ter/haver])	matar	to kill
matemática (*f*)	matemáticas (*pl. f*)	mathematics
matogrossense (*m*)	de Mato Grosso do Sul/Norte	from Mato Grosso do Sul/Norte state
matrícula (*f*)	matrícula (*f*)	registration; tuition
média (*f*)	promedio (*m*)	average
mês (*m*)	mes (*m*)	month
medida (*f*)	medida (*f*)	measurement
medir (*IP* eu meço, ela mede, elas medem)	medir	to measure
meia (no telefone, e às vezes, dando informação falada)	seis; media (docena)	six; half (dozen)
meia (*f*)	media (*f*)	sock
meia dúzia	media docena	half dozen
meia-noite	medianoche	midnight
à meia-noite	a la medianoche	at midnight
meio/a	medio/a	half
meio quilo	medio kilo	half kilo
meio-dia	mediodía	noon
ao meio-dia	al medio-día	at noon
meleca (*f*)	moco reseco (*m*)	dried up snot

melhor	mejor	better
melindrado/a	ofendido/a	offended
mencionar	mencionar	to mention
menino (*m*)	niño (*m*), muchacho (*m*), chico (*m*)	child, boy
menor	más pequeño	smaller; minor
menos	menos	less; minus; except
menu (*m*)	menú (*m*)	menu
mesa (*f*)	mesa (*f*)	table
mesa de cabeceira (*f*)	mesa de noche (*f*)	night table
mesma coisa	lo mismo	same thing
mesmo	mismo; hasta; incluso; en realidad	same; even, really, including
mesmo que	aunque	even though
mesmo assim, ainda assim	todavía, aún así	yet, even so
metade (*f*)	mitad (*f*)	half
metrô	metro (*m*)	subway
metro (*m*)	metro (*m*)	meter (measure)
meu	mi	my, mine
mexicano/a	mexicano/a	Mexican
mil	mil	thousand
milésimo/a	milésimo/a	thousandth
milhão (de)	millón (de)	million
milha (*f*)	milla (*f*)	mile
milionésimo/a	millonésimo/a	millionth
mina	mina (*f*); chica (*f*)(argot)	mine
mineiro (*m*)	de Minas Gerais	from Minas Gerais state
moço (*m*)	muchacho (*m*), chico (*m*)	boy
molho (*m*)	salsa (*f*); puñado; racimo	sauce; bunch
moqueca (*f*)	plato regional de pescado con ingredientes	regional fish dish
morar (em) (*IP* eu, ela/s: ø)	vivir (en)	to reside
moreno/a	moreno/a	dark-complexioned, brown
morno/a	tibio/a	warm
morrer (*PP* morto [ser/estar]; morrido [ter/haver])	morir(se)	to die
mostrar (*IP* eu, ela/s: ø)	mostrar	to show
moto(cicleta) (*f*); moto	moto(cicleta) (*f*)	motorcycle
motor (*m*)	motor (*m*)	motor
móvel (*m*)	mueble (*m*)	piece of furniture
motorista (*f*)	chofer (*m*)	driver, chauffeur
mudar de assunto	cambiar de tema	to change the subject
mudar de idéia	cambiar de opinión	to change one's mind
muito	muy, mucho	much, many; very
Muito prazer!	¡Mucho gusto!	Pleased to meet you!
mulher (*f*)	mujer (*f*)	woman
multiplicar	multiplicar	to multiply

mundo (*m*)	mundo (*m*)	world
mutreta (*f*)	muleta (*f*); trucaje(*m*)	trick

N

na	en la	in the
namorado/a (v. noivo)	novio/a	boy/girlfriend
não	no	no
Não é isso mesmo?	¿Qué opina?	Isn't that right?
Não é?	¿No? ¿Verdad?	Isn't that so?
nariz (*m*)	nariz (*f*)	nose
natação (*f*)	natación (*f*)	swimming
navio (*m*)	barco (*m*)	ship
Né? (contraction of *não é*)	¿No? ¿Verdad?	Right? Isn't it?
neto, neta	nieto/a	grandchild
nevar	nevar	to snow
neve (*f*)	nieve (*f*)	snow
ninguém	nadie	no one, nobody
nível (*m*)	nivel (*m*)	level
no	en el	in the
no entanto, ainda assim	todavía, aún así	yet, even so
nó (*m*)	nodo (*m*)	knot
noite (*f*)	noche (*f*)	night
à (de) noite	en la (de) noche	at night
noivo/a	fiancé/é, pretendiente (*m*), prometido/a	fiancé/e
nonagésimo/a	nonagésimo/a	ninetieth
nono/a	noveno/a	ninth
nora (*f*)	nuera (*f*)	daughter-in-law
norte (*m*)	norte (*m*)	north
notícia (*f*)	noticia (*f*)	news
nós	nosotros/as	we
nota (*f*)	nota (*f*); cuenta (*f*)	note; bill
noturno/a	nocturno/a	nocturnal, nightly
nove	nueve	nine
novecentos	novecientos	nine hundred
novembro	noviembre	November
novo, nova	nuevo/a; joven	new; young
nuca (*f*)	nuca (*f*)	nape

O

o, os	el, los	the
o que	lo que	what; which; the one that; the one who; he who
o quê (near a question mark)	qué	what?
obrigado/a	gracias	thank you
octagésimo/a	octogésimo/a	eightieth
óculos (de sol) (*pl. m*)	gafas (de sol) (*pl. m*)	(sun)glasses
oeste (*m*)	oeste (*m*)	west

oficina (*f*)	taller (*m*)	service station, workshop
Oi!	¡Hola!	Hi!
oitavo/a	octavo/a	eighth
oito	ocho	eight
oitocentos	ochocientos	eight hundred
óleo (*m*)	aceite (*m*)	oil
óleo; azeite	aceite	oil
óleo can**o**la	aceite de colza	canola oil
óleo de girass**o**l	aceite de girasol	sunflower oil
óleo de milho	aceite de maiz	corn oil
óleo de sésamo	aceite de sésamo	sesame oil
óleo de s**o**ja	aceite de soja	soybean oil
óleo vegetal	aceite vegetal	vegetable oil
oleoso	aceitoso	oily
olhar (*IP* eu, ela/s: ø)	mirar	to look
olho (*m*)	ojo (*m*)	eye
olimp**i**adas (*f*)	olimpiadas (*f*)	Olympic games
ombro (*m*)	hombro (*m*)	shoulder
onça (*f*)	onza (*f*)	ounce
onça (*f*)	especie de leona, o puma	jaguar, puma
onde	donde	where
ônibus (*m*)	(auto)bús (*m*)	bus
ontem	ayer	yesterday
onze	once	eleven
Ora só!	¡Imagínese Ud.! ¡Imagínate!	Can/would you believe?
oração (*f*)	oración (*f*)	prayer; sentence
orelha (*f*)	oreja (*f*)	ear
orqu**e**stra (*f*)	orquesta (*f*)	orquestra
osso (*m*)	hueso (*m*)	bone
ótimo	excelente	great
outono	otoño	autumn
outro/a	otro/a	other
outubro	octubre	October
ouvido (*m*)	oído (*m*)	ear
ouvir	oír	to hear
ovelha (*f*)	oveja (*f*)	ewe
ova (f)	hueva	fish roe
ovo (*m*)	huevo (*m*)	egg
ovo m**o**le	huevo a la copa	soft boiled egg
ovo cozido; ovo duro	huevo duro	hard boiled egg
ovo pochê or escalfado	huevo escalfado	poached egg
ovo estrelado or frito	huevo estrellado o frito	fried egg
ovo de granja	huevo de granja	free range egg
ovo de Páscoa	huevo de Pascua	Easter egg
ovo mexido	huevos pericos o revueltos	scrambled eggs

P

pacote (*m*)	paquete (*m*)	package
padaria (*f*); patisserie	panadería (*f*); pastelería	bakery; pastry chop, patisserie
padeiro (*m*)	panadero (*m*)	baker
padrinho (*m*)	padrino (*m*)	godfather
pagar (*PP* pago [ser/estar]); pagado [ter/haver])	pagar	to pay
pai (*m*), papai (*m*)	padre (*m*), papá (*m*)	father, dad
país (*m*)	país (*m*)	country, nation
palavra (*f*)	palabra (*f*)	word; promise
palito (*m*)	mondadientes (*sing. m*), limpiadientes (*sing. m*)	toothpick
panela (*f*)	olla (*f*), cazuela (*f*)	pot, pan
pão (*m*); migalhas de pão	pan (*m*); pan miga	bread; breadcrumbs
pão árabe	pan árabe	pita
pão integral	pan cereal entero	whole grain bread
pão de forma, pão comum	pan de molde, pan común	white bread
pão de carne	pan de carne	meatloaf
pão de centeio	pan de centeno	rye bread
pão francês	pan francés	French roll
pão de queijo	pan de queso	cheese bread
pão longo	pan alargado	baguette, long bread
papel (*m*)	papel (*m*)	paper; role
papo furado (*col.*)	conversa de poco contenido	idle conversation
para que	para que	so that
paraense (*m*)(*f*)	de Pará	from Pará state
paraibano/a	de Paraíba	from Paraíba state
paralama (*m*)	guardabarros (*sing. m*)	fender
paralelepípedo (*m*)	ladrillo de piedra para pavimentar calles	stone brick to pave streets
paranaense (*m*)(*f*)	de Paraná	from Paraná state
parar	pararto	stop
parecer (*IP* ela/s: ɛ)	parecer	to seem; to resemble
partir	partir	to depart; to sever
Páscoa (*f*)	Pascua (*f*)	Easter
passageiro (*m*)	pasajero (*m*)	passenger
passaporte (*m*)	pasaporte (*m*)	passport
passar	pasar, ocurrir, suceder	to pass; to occur, to take place
pássaro (*m*)	pájaro (*m*)	bird
passarinho (*m*)	pajarito (*m*)	little bird
passear	pasear	to take a walk; to take a ride
pasta (*f*)	maletín (*sing. m*); pasta (*f*)	briefcase; paste
pastel (*m*)	empanada (*f*), tarta (*f*)	fried meat pie
patinar	patinar	to skate
pátio (*m*)	patio (*m*)	patio

pau (*m*)	palo (*m*)	stick
paulista (*m*)(*f*)	de São Paulo (estado)	from São Paulo state
paz (*f*)	paz (*f*)	peace
pé (*m*)	pie (*m*)	foot
pedaço (*m*)	pedazo (*m*)	piece
pedido (*m*)	orden (*f*)	request
pedra (*f*)	piedra (*f*)	stone
pegar (*IP* eu, ela/s: ε)	sacar; agarrar; coger	to catch; to get; to grab
peito (*m*)	pecho (*m*)	chest, breast
peixe (*m*)	pez (*m*), pescado (*m*)	fish
pelo, pela	por el, por la	for the, by the
pêlo (*m*)	pelaje (*m*)	fur
pelo(a) qual	a través del/de la cual	whereby
pendurar	colgar	to hang
pente (*m*)	peine (*m*)	comb
pentear	peinar	to comb
pequeno/a	pequeño/a	small
perder (*IP* ela/s: ε)	perder	to lose; to miss (time)
perdoar	perdonar, disculpar	to forgive
pergunta (*f*)	pregunta (*f*)	question
perigoso, perigosa	peligroso/a	dangerous
perna (*f*)	pierna (*f*)	leg
pernambucano/a	de Pernambuco	from Pernambuco state
pesca (*f*)	pesca (*f*)	fishing
pescador (*m*)	pescador (*m*)	fisher
pescar (*IP* eu, ela/s: ε)	pescar	to fish
pescoço (*m*)	cuello (*m*), pescuezo (*m*)	neck
petróleo (*m*)	petróleo (*m*)	petroleum, oil
picar	picar	to mince
piloto (*m*)	piloto (*m*)	pilot
pimenta (*f*)	pimienta (*f*)	pepper
pinto (*m*)	pollito (*m*)	chick
pior	peor	worse
pirraça (*f*)	testarudez (*f*)	stubbornness
pirueta (*f*) (*col*)	pirueta, cabriola (*f*)	pirouette; caper
pisca-pisca (*m*)	luces intermitentes (*pl. f*)	turn signal
piscina (*f*)	piscina (*f*)	swimming pool
pista (de pouso) (*f*)	pista (de despegue) (*f*)	track; lane (runway)
pitada (*f*)	pizca (*f*)	pinch
planta (*f*)	planta (*f*)	plant; blueprint
pneu (*m*)	llanta (*f*)	tire
pó (*m*)	polvo (*m*)	powder; dust
poder (*m*)	poder (*m*)	power
poder	poder	to be able to; can
poeira (*f*)	polvo (*m*)	dust
Pois não	De acuerdo; Como no	Of course; Why not?
polegada (*f*)	pulgada (*f*)	inch
polícia (*f*)	policía (*f*)	police force

policial	policiaco/a	pertaining to police
policial (*m*)	policía (*m*)	police officer
poltrona (*f*)	butaca (*f*)	easy chair; armchair
poluição (*f*)	contaminación (*f*)	pollution
ponte (*f*)	puente (*m*)	bridge
por	por	by, for
pôr (*PP* posto)	poner	to put
por favor	por favor	please
por isso, portanto	por eso, por ello, por lo tanto	therefore
por que	por que	why
por quê?	por qué?	why? for what reason?
Por que diabo?	¿Por qué razón?	Why the devil?
por um lado ... por outro lado	por un lado ... por otro lado	on the one hand ...on the other hand
por via das dúvidas	por si acaso	just in case
porquê (*m*)	razón (*f*)	reason, cause
porque	porque	because
porta (*f*)	puerta (*f*)	door
porta-malas (*m*)	portaequipaje (*m*)	car trunk
portador (*m*)	portador (*m*), cartero (*m*)	messenger, carrier
português (*m*)	portugués (*m*)	Portuguese
portuguesa (*f*)	portuguesa (*f*)	Portuguese
possível	posible	possible
posto de gasolina	gasolinera	gas station
potiguar (*m*)	de Rio Grande do Norte	from Rio Grande do Norte state
pouco/a	poco/a	little
praça (*f*)	plaza (*f*)	town square
praia (*f*)	playa (*f*)	beach
prato (*m*)	plato (*m*)	plate; dish
prazer (em conhecê-lo/a)	mucho gusto (en conocerlo/a)	pleased to meet you
precisar	necesitar, tener que	to need; to specify
preço (*m*)	precio (*m*)	price
prédio (*m*) (never followed by a proper name: *Prédio Colatina; cf. *edifício*)	edificio (*m*)	building
prefeitura (*f*)	ayuntamiento (*m*), casa municipal (*f*)	city hall
prêmio (*m*)	premio (*m*)	prize
prender (*PP* preso [ser/estar]); prendido (ter/haver)	prender	to hold, to detain
primavera (*f*)	primavera (*f*)	spring
primeiro/a	primero/a	first
primo/a	primo/a	cousin
principal	principal	principal
problema (*m*)	problema (*m*)	problem
procurar	buscar; registrar	to search for; to strive for
pronto/a	listo/a, preparado/a	ready

Pronto! Alô!	Bueno!	Hello!
público (*m*)	público (*m*)	public
pular	brincar (el carnaval)	to jump, to dance (carnival)
puro/a	puro/a	pure
Puxa (vida)!	¡Hombre! ¡Dios Mio!	By Jove!; My goodness!; Is that true?
puxar	tirar de; jalar (Mex.); arrancar	to pull
puxar conversa	trabar conversación; comenzar a platicar	to strike up a conversation; to start a conversation

Q

quadragésimo/a	cuadragésimo/a	fortieth
quadro(-negro) (*m*)	pizarra (*f*); pizarrón (*m*)	blackboard
qual	cual	which, what
quando	cuando	when
quanto/a	cuanto/a	how much, how many
Quaresma (*f*)	Cuaresma (*f*)	Lent
quarta-feira (*f*)	miércoles (*m*)	Wednesday
quarto	cuarto	fourth, quarter; room, bedroom
quarto de dormir (*m*)	habitación	bedroom
quase	casi	almost
quatorze or catorze	catorce	fourteen
quatro	cuatro	four
quatrocentos	cuatrocientos	four hundred
que	que	that, what, which
Quê? Quê! . . . quê?	¿Qué? ¡Qué! ¡ . . . qué!	What? What! . . . what? . . . what!
Que gozado!	¡Qué curioso!	How strange!
Que nada!	¡Al contrario! ¡No!	not at all!
queijo (*m*)	queso (*m*)	cheese
queixar-se (de)	quejarse (de)	to complain (about)
queixo (*m*)	mentón (*m*), barbilla (*f*)	chin; jaw
quem	quien, quienes	who, whom
quente	caliente	hot
querer	querer	to want; to love; to intend
quibe (*m*)	pequeño bocadillo en forma de huevo, hecho de carne molida, trigo bulgur y otros ingredientes	egg-shaped hors d'oeuvres made with meat, bulgur, and other ingredients
quieto, quieta	calmado/a	quiet, calm
quilômetro, quilômetro (*m*)	kilómetro (*m*)	kilometer
quilo (*m*)	kilo (*m*)	kilo
quilombo (*m*)	colonia de esclavos escapados	colony of escaped slaves
Qu'inda (Que ainda)	Que todavía	that still
quinhentos	quinientos	five hundred
qüinqüagésimo/a	quincuagésimo/a	fiftieth

química (*f*)	química (*f*)	chemistry
quinta-feira (*f*)	jueves (*m*)	Thursday
quinto/a	quinto/a	fifth
quinze	quince	fifteen

R

rápido/a	rápido/a	quick; quickly
racionar	racionar	to ration
radioatividade (*f*)	radioatividad (*f*)	radioactivity
raiva (*f*)	rabia (*f*)	anger; rabies
rapaz (*m*)	joven (*m*), muchacho (*m*), chico (*m*)	youth, boy
raposa (*f*)	zorro (*m*)	fox
rato (*m*)	ratón (*m*)	rat
reação (*f*)	reacción (*f*)	reaction
recado (*m*)	recado (*m*)	message
receita (*f*)	receta (*f*)	recipe, prescription
receitar	recetar	to prescribe
recibo (*m*)	recibo (*m*)	receipt
refeitório (*m*)	cafetería (*f*)	cafeteria
relógio (*m*)	reloj (*m*)	clock; watch
remédio (*m*)	remedio (*m*)	remedy; medicine
remeter (*IP* ela/s: ε)	enviar por correo	to send
repetir (*IP* eu: i; ela/s: ε)	repetir	to repeat
repolho (*m*)	col (*m*), repollo (*m*)	cabbage
requentado/a	recalentado/a; viejo/a	reheated
requerer (*IP* ela/s: ε)	requerir, demandar	to request; to require; to requisition
resfriado (*m*)	resfriado (*m*), catarro (*m*)	cold
resolver (*PP* resolvido)	resolver (*PP* resuelto)	to decide; to solve
respirar	respirar	to breathe
resposta (*f*)	respuesta (*f*)	answer
restaurante (*m*)	restaurante (*m*)	restaurant
revista (*f*)	revista (*f*)	magazine; journal
rodovia (*f*)	carretera (*f*)	highway
rolo (*m*)	rollo (*m*)	roll, cylinder
rondoniense (*mf*)	de Rondônia	from Rondônia state
roraimense (*mf*)	de Roraima	from Roraima state
rosto (*m*)	rostro (*m*)	face
rua (*f*)	calle (*f*)	road, street
russo/a	ruso/a	Russian

S

sábado (*m*)	sábado (*m*)	Saturday
saída (*f*)	salida (*f*)	exit
saber	saber	to understand; to know
saber de tudo	saber de todo; saberlo todo	to know everything
sabido/a	experto/a	wise; shrewd

sabonete (*m*)	jabón (*m*)	soap
saci (*m*)	personaje del folklore brasileño, de una pierna que fuma pipa; protector de los bosques y animales	in folklore, one-legged black entity that smokes pipe; protector of forests and animals
sair	salir	to depart; to emerge
sair-se bem	salirse bien	to come out well
sal (*m*)	sal (*f*)	salt
sala (*f*)	sala (*f*)	room; living room
sala de banho (*f*)	baño (*m*)	bathroom
sala de classe (*f*)	(el) aula (*f*)	classroom
sala de estar (*f*)	sala (*f*)	living room
sala de jantar (*f*)	comedor (*m*)	dining room
salada (*f*)	ensalada (*f*)	salad
salgado/a	salado/a; bocadillo	salty; savory snack
salsa (*f*)	perejil (*f*)	parsley
saltar	saltar	to jump, to skip
sandália (*f*)	sandalia (*f*)	sandal
sapato (*m*)	zapato (*m*)	shoe
sarado/a *(col)*	bien físicamente; saludable; *curado* por los ejercícios físicos y excelente dieta	physically well; looking healthy; *healed* by great work out and diet
saradão/ona *(col)*	súper *curado/a* (véase *sarado*)	super *healed* (see *sarado*)
sarro (*m*), de sarro *(col)*	diversión (*f*); por placer, para divertirse	fun; for enjoyment, for pleasure
satisfeito/a	satisfecho/a	satisfied
saudade(s) (de)	nostalgia; añoranza	homesickness (for); lonesomeness; longing
se	si	if
seco/a	seco/a	dry; sarcastic
secretário/a	secretario/a	secretary
secretaria	secretaría	government office, registrar's office
sede (*f*)	sed (*f*)	thirst
s**e**de (*f*)	sitio principal	home office; seat
seguinte	siguiente	following, next
seguir (*IP* eu: i; ela/s: ɛ)	seguir	to follow
seguir r**e**to	seguir derecho, seguir recto	to go straight
seguir sempre/toda vida	seguir derecho	to keep going straight
segunda-feira (*f*)	lunes (*m*)	Monday
segundo	según	according to
segundo/a	segundo/a	second
segurar	agarrar	to secure; to hold
segurar esse rojão *(col)*	controlar una situación extremadamente difícil	to control a very difficult situation
sei	sé	I know
sei não	no sé	I have no idea

seis	seis	six
seiscentos	seiscientos	six hundred
sem	sin	without
semana (*f*)	semana (*f*)	week
semana que vem (*f*)	semana que viene (*f*)	next week
sempre	siempre	always
senão	de otra manera, si no	otherwise; except
(o) senhor, (a) senhora	(el) señor, (la) señora; Ud.	you; Mr., Mrs.
sentir saudades	extrañar	to miss; to be homesick
senzala (*f*)	conjunto de casas para los esclavos	plantation slave quarters
septuagésimo/a	septuagésimo/a	seventieth
ser	ser	to be (permanent or fundamental)
ser fogo (na roupa) (*col*)	ser experto; ser granuja; ser listo; ser desobediente; ser sorprendente	to be a little rascal; to be a handful; to be smart; to be desobedient
ser humano	ser humano	human being
ser legal (*col.*)	ser muy buena gente	to be great
serpente (*f*)	serpiente (*f*)	snake
servir (*IP* eu: i; ela/s: ɛ)	servir	to serve; to satisfy
sete	siete	seven
setecentos	setecientos	seven hundred
setembro	septiembre	September
sétimo/a	séptimo/a	seventh
seu	tu (su); señor	your, his, her, its; Mr.
sexagésimo/a	sexagésimo/a	sixtieth
sexta-feira (*f*) [sés.ta]	viernes (*m*)	Friday
sexto/a [sés.tu/a]	sexto/a	sixth
sim	sí	yes
sinal verde/vermelho (*m*)	semáforo en verde/en rojo (*m*)	green/red light
sintoma (*m*)	síntoma (*m*)	symptom
sistema de segurança (*m*)	sistema de seguridad (*m*)	security system
só	sólo	alone; only
sobrado (*m*)	edificio pequeño, 2–3 pisos	2–3 story house
sobrancelha (*f*)	ceja (*f*)	eyebrow
sobremesa (*f*)	postre (*m*)	dessert
sobrenome (*m*)	apellido (*m*)	surname; last name
sobrinho/a	sobrina/o	nephew, niece
sofá (*m*)	sofá (*m*)	sofa
sogro (*m*), sogra (*f*)	suegro/a (*m*)(*f*)	father-in-law, mother-in-law
sol (*m*)	sol (*m*)	sun
soltar (*IP* eu, ela/s: ø; *PP*: solto [ser/estar]; soltado [ter/haver])	soltar	to release; to loosen; to hurl
solução (*f*)	solución (*f*)	solution

som (*m*)	sonido (*m*)	sound
somar	sumar	to add
sonho (*m*)	sueño (*m*)	dream
sono (*m*)	sueño (*m*)	sleep; sleepiness
sopa (*f*)	sopa (*f*)	soup; (*col.*) easy
sorridente	sonriente	smiling
sorvete (*m*)	helado (*m*)	ice cream; sherbet
subúrbio (*m*)	suburbio (*m*)	outskirts
subtrair	restar	to subtract
suco (*m*)	jugo (*m*)	juice
sujeito (*m*)	sujeto (*m*), persona (*f*)	guy, person
sul (*m*)	sur (*m*)	south
suspender (*PP*: suspenso [ser/estar]; suspendido [ter/haver])	suspender	to suspend

T

'tá (*col*), a common spoken form of *está*	está	he, she, it is; (*col.*) OK
taça (*f*)	copa (*f*)	drinking cup; loving cup
talher (*m*)	cubierto(*m*)	utensil
tamanho (*m*)	tamaño (*m*)	size; such
também	también	also
tanque (*m*)	tanque (*m*)	washtub; tank
tapar	tapar to	cover; to fill
tapete (*m*)	alfombra (*f*)	rug
tarde à (de) tarde	tarde; por la tarde	late; afternoon; in the afternoon
tarefa (*f*)	tarea (*f*)	chore
táxi (*m*)	taxi (*m*)	taxi
tchau	adiós; nos vemos	bye-bye; see you later
teimoso, teimosa	taimado/a, testarudo/a, terco/a	stubborn
telefonar	llamar al teléfono, telefonear, llamar	to telephone
telefone (*m*)	teléfono (*m*)	telephone
telhado (*m*)	techo (*m*)	roof
tempo (*m*)	tiempo (*m*)	weather; time
tênis (*m*)	tenis (*m*)	tennis; tennis shoes
temporada (*f*)	estación (*f*)	season; period of time
tentar	intentar	to try; to tempt
terça-feira (*f*)	martes (*m*)	Tuesday
terço	tercio	third
ter	tener	to have; to be (age)
ter a mão fechada (*col*)	ser avaro	to be tightfisted
ter fogo no rabo (*col*)	estar agitado (se usa con los niños); no pararse quieto	to be rambunctious
ter graça	tener gracia; valer la pena	to be funny; to be

		worthwhile
ter o olho maior do que a boca	ser goloso	to have eyes bigger than stomach
ter vento nos pés *(col)*	ser rápido/a, ligero/a	to be fleet-footed
terceiro/a	tercero/a	third
terraço *(m)*	terraza *(f)*	terrace, porch
terremoto *(m)*	terremoto *(m)*	earthquake
teto *(m)*	cieloraso *(m)*	ceiling
tia *(f)*	tía *(f)*	aunt
time *(m)*	equipo *(m)*	team
tinteiro *(m)*	tintero *(m)*	inkwell
tio	tío	uncle
tirar	quitar(se), sacar	to remove
toa, à toa	tranquilo/a; sin compromiso, sin dirección; al acaso	idle; with no direction
toalete *(m)*	baño *(m)*	restroom
toalha *(f)*	toalla *(f)*	towel
toalha de mesa *(f)*	mantel *(m)*	tablecloth
tocantinense *(mf)*	de Tocantins	from Tocantins state
tocar	tocar; sonar	to ring (telephone)
todavia, contudo, porém	pero	but
tomar	tomar, beber, sacar	to take; to drink
tomar banho	tomar baño, bañarse	to bathe
Tomara (followed by pres subj; it is the simple form of the the past perfect of *tomar*)	Ojalá (plus pres or past subj)	I hope so; let's hope so
tomate *(m)*	tomate *(m)*	tomato
tonelada *(f)*	tonelada *(f)*	ton
torcedor *(m)*	hincha *(m)*, aficionado *(m)*	fan, supporter
tornar	volver, repetir	to change; to return
torta *(f)*	tarta *(f)*	pie
tossir *(IP eu: u; ela/s: ø)*	toser	to cough
trabalhar	trabajar	to work; to shape
trabalho *(m)*	trabajo *(m)*, tarea *(f)*	work, occupation
trânsito *(m)*	tránsito	transit, traffic
tráfico *(m)*	tráfico *(m)*	commerce, trade
travesseiro *(m)*	almohada *(f)*	bedpillow
trazer	traer	to bring
treinar	entrenar	to train; to practice
trem *(m)*	tren *(m)*	train
tremor *(m)*	temblor *(m)*	tremor
três	tres	three
treze	trece	thirteen
trezentos	trescientos	three hundred
trigésimo/a	trigésimo/a	thirtieth
truque *(m)*	trampa *(f)*	trick
tu (uso regional)	tú	you (familiar)
tubarão *(m)*	tiburón *(m)*	shark

Tudo bem/bom?	¿Qué tal?	What's new?
turco/a	turco/a	Turkish
turista *(m)(f)*	turista *(m)(f)*	tourist
turma *(f)*	grupo de personas	group

U

uirapuru *(m)*	pájaro de la Amazonia; uirapurú	Amazonian songbird
um/a	uno, un, una	a, an; one
umidade *(f)*	humedad *(f)*	humidity
universidade *(f)*	universidad *(f)*	university
urubu *(m)*	especie de buitre; urubú	vulture

V

vaca *(f)*	vaca *(f)*	cow
valer a pena	valer la pena	to be worthwhile
vareta *(f)*	palillo *(m)*	stick
velho, velha	viejo/a	old; ancient
vender	vender	to sell
ventar	hacer viento	to blow, to be windy
ver *(PP visto)*	ver	to see
verão *(m)*	verano *(m)*	summer
véspera de Natal *(f)*	Nochebuena *(f)*	Christmas Eve
vestibular *(m)*	examen de ingreso a la facultad	college entrance exam
vez *(f)*	vez *(f)*	time; turn; times (math)
vigésimo/a	vigésimo/a	twentieth
vigésimo-primeiro	vigésimo primero/a	twenty-first
vinagre *(m)*	vinagre *(m)*	vinegar
vinho *(m)*	vino *(m)*	wine
vinho tinto	vino tinto	red wine
vinte	veinte	twenty
vinte e um	veintiuno/a, veinte y uno/a	twenty-one
vir *(PP vindo)*	venir	to come
virar	tornarse; volverse	to turn; to become
virar um cara legal *(col.)*	hacerse un tipo genial	to become a great guy
vir embora	venir	to come from
visitante *(m)(f)*	visitante *(m)(f)*	visitor
visitar	visitar	to visit
vista *(f)*	vista *(f)*	view; sight
visto de entrada/ de saída *(m)*	visa *(f)*	visa
você	tú	you (2nd per. sing.)
vocês	Ustedes; vosotros	you (2nd pers. pl.)
volante *(m)*	volante *(m)*	steering wheel
vôo *(m)*	vuelo *(m)*	flight
vós (forma literária)	vosotros	you (2nd per. pl.)
vovó (2nd. & 3rd. persons; see avô)	abuelito	grandpa
vovó (2nd. & 3rd. persons; see avó)	abuelita	grandma

X

xadrez (*m*)	ajedrez (*m*)	chess
xará (*m*)(*f*)	tocayo (*m*)	namesake
Xi!; Nossa!	¡Hombre! ¡Dios mío¡	Gee!
xícara (*f*)	taza (*f*)	coffee cup; cup, cupful, bowl
xícara de chá	taza de té	teacup
xícara de medir	taza medidora	measuring cup
xicrinha (*f*)	tacita (*f*); taza de café	demi-tasse, coffee cup

Z

zangar-se (com)	enojar-se (con)	to get upset
zero	cero	zero
zona (*f*)	zona (*f*), (el) área (*f*)	zone, area

General Index